Informationssysteme im wertorientierten Controlling

Jürgen Petzold · Markus Westerkamp

Informationssysteme im wertorientierten Controlling

Grundlagen – Aufbau – Anforderungen – Integration – Anwendungen

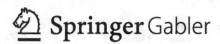

Jürgen Petzold
Jade Hochschule
Wilhelmshaven
Deutschland

Markus Westerkamp
Jade Hochschule
Wilhelmshaven
Deutschland

ISBN 978-3-658-12377-2   ISBN 978-3-658-12378-9 (eBook)
https://doi.org/10.1007/978-3-658-12378-9

Die Deutsche Nationalbibliothek verzeichnet diese Publikation in der Deutschen Nationalbibliografie; detaillierte bibliografische Daten sind im Internet über http://dnb.d-nb.de abrufbar.

Springer Gabler
© Springer Fachmedien Wiesbaden GmbH 2018

Gedruckt auf säurefreiem und chlorfrei gebleichtem Papier

Springer Gabler ist Teil von Springer Nature
Die eingetragene Gesellschaft ist Springer Fachmedien Wiesbaden GmbH
Die Anschrift der Gesellschaft ist: Abraham-Lincoln-Str. 46, 65189 Wiesbaden, Germany

Vorwort

Unternehmerisches Handeln zielt auf maximale Produktivität und effiziente Entscheidungswege. Mehr denn je stehen Unternehmen heute vor der Herausforderung, ihre Geschäftsprozesse zu optimieren. Attribute wie Aktualität, Schnelligkeit, Transparenz, Effektivität, Effizienz und unmittelbare Entscheidungsfindung sind nicht mehr den Global Players vorbehalten. Sie sind für jedes Unternehmen zu einer notwendigen Prämisse zur nachhaltigen Sicherung der Unternehmensexistenz und zur Steigerung des Unternehmenserfolges geworden.

Die nachhaltige Sicherung der Existenz, des Erfolges und der Liquidität sind jedoch nur erreichbar, wenn in Unternehmen eine Absicherung bzw. Optimierung der Wertschöpfung stattfindet. Zu diesem Zweck benötigt das Management *Informationen*, die eine derartige Ausrichtung des unternehmerischen Handelns erst ermöglichen. Der „Lotse" bzw. die „Lotsin" für die erforderliche Informationsbeschaffung, -verarbeitung und -distribution ist primär der *Controller*/die *Controllerin*, der/die den erhöhten Bedarf an „besseren" und schnelleren Informationen decken muss. Die Informationsbeschaffung, -aufbereitung und -verdichtung ist eines seiner/ihrer „Hoheitsgebiete", welches in Zukunft u. a. im Hinblick auf stagnierende Absatzmärkte und steigenden Wettbewerbsdruck stärker gestaltet und koordiniert werden muss. Dies lässt die Optimierung der internen Geschäftsprozesse eines Unternehmens als unumgänglich erscheinen.

Vor diesem Hintergrund steigen die Anforderungen an die ControllerInnen und an die zum Einsatz zu bringenden (*Controlling-*)*Informationssysteme*. Zu komplex sind die Geschäftsprozesse, zu groß die Datenmengen und zu kurz ist die Reaktionszeit auf unternehmensinterne Anforderungen sowie externe Veränderungen des Unternehmensumfeldes. In der heutigen Zeit ist es deshalb kaum mehr möglich, die Planung des Controllings ohne geeignete Informationssysteme *wertorientiert* zu steuern und/oder Entscheidungen ohne die Unterstützung betriebswirtschaftlicher Daten-IT zu untermauern. Insofern besitzen Controlling-Informationssysteme bereits bei der Entwicklung, Umsetzung und Kontrolle von Strategien und Maßnahmen eine immer größere Bedeutung. Daneben ist ihre Bedeutung im Rahmen der operativen Unternehmenssteuerung bereits seit einiger Zeit unumstritten. Sie sollten daher von Anfang an in die Controlling- und Managementprozesse mit einbezogen werden. Innovative und „passende" Controlling-Informationssysteme unterstützen Unternehmen dabei, als Glied eines komplexen wirtschaftlichen

Geflechtes zu handeln und auf Marktanforderungen flexibel und schnell reagieren zu können.

Aufgrund dessen müssen die Bereiche der Unternehmensführung einerseits und das Controlling andererseits integriert bzw. angepasst werden. Dazu sollte ein wertorientiert handelndes Management die Implementierung von geeigneten Controlling-Informationssystemen fordern und aktiv vorantreiben, denn derartige Systeme sind insb. darauf auszurichten, der Unternehmensführung rechtzeitig das erforderliche Wertschöpfungswissen bereitzustellen. Sie sind unabdingbar, um dem Controlling selbst Informationen als Entscheidungsgrundlage zu liefern. Das anschließende Filtern der Informationen in transformiertes Wissen ist eine Schlüsselressource für die Wettbewerbsfähigkeit von Unternehmen aller Branchen. Deshalb bilden Controlling-Informationssysteme eine für die Sicherung der Unternehmensexistenz und die nachhaltige Steuerung des Unternehmenswertes bedeutsame Instrumentierung. Ein wertorientiertes Controlling, unterstützt durch leistungsfähige und „passgenaue" Informationssysteme, gewinnt schlussfolgernd in der Unternehmenspraxis zunehmend an Bedeutung.

Neben der mittlerweile umfangreich existierenden Controlling-Literatur, zielt das vorliegende Lehr- und Arbeitsbuch auf ein Grundverständnis hinsichtlich der Controlling-Informationssysteme ab. Der am Beispiel der fiktiven Unternehmen *Campus Bicycle Allround GmbH* und *IDES* dargestellte praktische Einsatz ausgewählter Controlling-Informationssysteme soll Nutzenpotentiale/Chancen und ggf. Risiken für Unternehmen aufzeigen. Selten gelingt bei der Erstellung eines Lehr- und Arbeitsbuchs der Brückenbau zwischen der theoretischen Wissensvermittlung und der praktischen Anwendung in der unternehmerischen Praxis. Unser Ziel war es, mit „Der Einsatz von Informationssystemen im Controlling" ein Buch zu verfassen, welches diese Lücke schließt. Das Buch richtet sich an Studierende, Praktiker sowie an Entscheidungsträger, die einen wissenschaftlich fundierten Einstieg in das Themenfeld der Controlling-Informationssysteme mit großem Praxisbezug suchen.

Die Anwendung des Controlling-Instrumentariums wird dabei anhand praktischer Fälle sowie in real existierenden Controlling-Informationssystemen dargelegt. Im Fokus des Buches stehen die Unternehmensplanung und -steuerung der Campus Bicycle Allround GmbH. Deren Controlling-Arbeitstag wird in zwei unterschiedlichen Informationssystemen (Corporate Planner und Seneca (Edition: Global)) miteinander verglichen und in jeweils 7 Fallaufgaben, die sich alle auf die Campus Bicycle Allround GmbH beziehen, simuliert. Des Weiteren werden Übungen im Bereich der Finanzbuchhaltung und eine Kostenstellenplanung mit der IDES im SAP R/3 (FI/CO-Modul) simuliert. Außerdem werden sonstige Informationssysteme – Diamant/3 IQ, macsControlling und proALPHA – dargestellt.

Im Ergebnis kann festgehalten werden, dass wir, die Autoren, das Potenzial von Fallstudien und -aufgaben in der deutschsprachigen Controlling-Literatur mit dem von uns erstellten Lehrbuch „Der Einsatz von Informationssystemen im Controlling" hinreichend verwirklichen möchten. Diese Forschungsweise wird zu unserem Bedauern nur vereinzelt genutzt, die mannigfaltigen Einsatzmöglichkeiten werden nur partiell ausgeschöpft und einer von außen nachvollziehbaren Qualitätssicherung wird in der Regel keine Beachtung geschenkt. Im Hinblick auf das subalterne Potenzial ist die Conclusio naheliegend: Es gilt, einer (nachvollziehbar) qualitativ hochwertigen Fallstudienforschung auch vonseiten deutschsprachiger ForscherInnen mehr Raum zu geben (vgl. Schäffer und Brettel 2005, S. 46)!

. Wir, die Autoren, wünschen unseren LesernInnen viel Freude und Erkenntnisgewinn bei der Anwendung bzw. Aneignung ihres persönlichen Controllingwissens in der Campus Bicycle Allround GmbH und mit dem IDES. Bei uns selbst hat das Beisteuern unserer Kenntnisse in den Fallaufgaben und -studien viel Begeisterung ausgelöst und wir hoffen, dass sich diese auf Sie überträgt.

Wir danken unseren Kooperationspartnern, die mit der Bereitstellung ihres Controlling-Informationssystems wesentlich zur entstandenen Praxisnähe des vorliegenden Buches beigetragen haben. Zudem bedanken wir uns bei den studentischen Hilfskräften Sandra Bogdahn und Marc-André Jecht.

Dem Springer Gabler Verlag und insb. Irene Buttkus und Surabhi Sharma gilt unser Dank für die Aufnahme dieses Lehr- und Arbeitsbuchs in das Verlagsprogramm und die gute Zusammenarbeit.

Wilhelmshaven, im Frühjahr 2017
Dr. rer. pol Jürgen Petzold   Markus Westerkamp, M.A

Inhaltsverzeichnis

Abkürzungsverzeichnis

Abb.	Abbildung
Abs.	Absatz
AG	Aktiengesellschaft
APS	Advanced Planning and Scheduling (englisch für Softwaresystem zur Konfiguration, Planung und Steuerung von Supply Chains)
AS	Anwendungssoftware
ASCII	American Standard Code for Information Interchange (englisch für Amerikanischer Standard-Code für den Informationsaustausch)
AT	Arbeitstage
AZ	Arbeitszeit
BAB	Betriebsabrechnungsbogen
BI	Business Intelligence
BIC	Business Information Collection
BPS	Business Planning and Simulation
BCS	Business Consolidation
BDE	Betriebsdatenerfassung
bspw.	beispielsweise
BSC	Balanced Scorecard
BV	Bestandsveränderung
BW	Business Information Warehouse (englisch für Data-Warehouse-Anwendung)
BWA	Betriebswirtschaftliche Auswertungen
bez.	bezüglich
bzw.	beziehungsweise
CBA	Campus Bicycle Allround
CIS	Controlling-Informationssystem(e)
CO	Controlling
CP	Corporate Planner
CPM	Corporate Performance Monitor
CRM	Customer-Relationship-Management (englisch für Kundenbeziehungsmanagement)

CSS	Controlling Support System
CSV	Comma-separated values (englisch für: Textdatei zur Speicherung/zum Austausch einfach strukturierter Daten)
CTP	Capable to Promise (englisch für Prozess der globalen Verfügbarkeitsprüfung)
DB	Deckungsbeitrag
dB	Deckungsbeitrag pro Stück
DBU	Deckungsbeitrag des Umsatzes (relative(r) Deckungsbeitrag)
DE	Deutschland
DEB	*im SAP System* für Debitor
d. h.	das heißt
DRD	Debitorenregister Deutschland
DSS	Decision Support Systeme/Data Support Systems
DV	Datenverarbeitung
ebd.	ebenda
EBIT	earnings before interests and taxes (englisch für Gewinn vor Zinsen und Steuern)
EBITDA	earnings before interests, taxes, depreciation and amortization (englisch für Ergebnis vor Zinsen, Steuern und Abschreibungen)
EBT	earnings before taxes (englisch für Ergebnis vor Steuern, Vorsteuergewinn)
EIS	Executive Information System
EK	Eigenkapital
ERP-System(e)	Enterprise Resource Planning System(e)
ESB	Enterprise Service Bus
ESS	Executive Support System
et. Al	et. alii (englisch für und andere)
etc.	et cetera
EUR	Euro
EUS	Entscheidungs-Unterstützungssystem(e)
e. V.	eingetragener Verein
evtl.	eventuell/eventuelle/eventueller/eventuellen
EZB	Europäische Zentralbank
FI	Finanzwesen
FiBu	Finanzbuchhaltung
FIS	Führungsinformationssystem(e)
FL	Fertigungslöhne
FTP	File Transfer Protocol (englisch für Dateiübertragungsprotokoll)
G	Gewinn
GAAP	Generally Accepted Accounting Principles (englisch für Allgemein anerkannte Rechnungslegungsgrundsätze)
GB	Gigabyte
ggf.	gegebenenfalls

ggü.	gegenüber
GKV	Gesamtkostenverfahren
GmbH	Gesellschaft mit beschränkter Haftung
GoBD	Grundsätze zur ordnungsmäßigen Führung und Aufbewahrung von Büchern, Aufzeichnungen und Unterlagen in elektronischer Form sowie zum Datenzugriff
GUI	Graphical User Interface (englisch für Grafische Benutzeroberfläche)
GuV	Gewinn- und Verlustrechnung
HCM	Human Capital Management (*im SAP System:* englisch für Personalmanagement)
HGB	Handelsgesetzbuch
HK	Herstellkosten
HR	Handelsrecht/Handelsregister
Hrsg.	HerausgeberIn
HTML	Hypertext Markup Language (englisch für Hypertext-Auszeichnungssprache)
HOLAP	Hybrid Online Analytical Processing
IAS	International Accounting Standards
IBAN	International Bank Account Number (englisch für Internationale Bankkontonummer)
ibL	innerbetriebliche Leistungsverrechnung
IDES	International Demonstration and Education System
ICV	Internationale Controller Verein
i. A. a.	in Anlehnung an
i. d. R.	in der Regel
i. e. S.	im engeren Sinn(e)
IFRS	International Financial Reporting Standards (englisch für internationale Rechnungslegungsvorschriften)
i. H. v.	in Höhe von
IKR	Industrie-Kontenrahmen
inkl.	inklusive
insb.	insbesondere
INT	*im SAP System* für Internationaler Kontenplan
INWB	*im proALPHA System* für Integration Workbench
IOS	Internetwork Operating System (Betriebssystem von Routern und -Switches des Unternehmens Cisco)
IS	Informationssystem(e)
i. S. e.	im Sinne einer, im Sinne eines
ISW	Individualsoftware
IT	Informationstechnik
i. V. m.	in Verbindung mit
kfm.	kaufmännisch

KG	Kommanditgesellschaft
KHBV	Krankenhaus-Buchführungsverordnung
KMU	Kleinere und mittlere Unternehmen
KonTraG	Gesetz zur Kontrolle und Transparenz im Unternehmensbereich
KRD	Kontenrahmen für Dienstbezüge
KRED	*im SAP System* für Kreditor
KSt	Kostenstelle
Lkw	Lastkraftwagen
Lmi	leistungsmengeninduziert
Lmn	leistungsmengenneutral
lt.	laut
MA	MitarbeiterIn
max.	maximal/maximieren
MDDB	multidimensional database (englisch für multidimensionale Datenbank)
ME(S)	Materialentnahme(schein)
MEK	Materialeinzelkosten
MGK	Materialgemeinkosten
MIS	Management-Informationssystem(e)
MM	MitarbeiterInnenmonaten
MOLAP	Multidimensional Online Analytical Processing
MS	Microsoft
MSS	Management Support Systems
MTB	Mountainbike (englisch für Bergfahrrad)
MUS	Management-Unterstützungssystem(e)
o. a.	oder andere
o. Ä.	oder Ähnlich(e)
ODBC	Open Database Connectivity (englisch für Offene Datenbank-Verbindungsfähigkeit)
o. g.	oben genannt(e)
OLAP	Online Analytical Processing
OLTP	Online Transaction Processing
OP	offene(r) Posten
PA	*im SAP System* für Personaladministration
PB	*im SAP System* für Personalbeschaffung
PBV	Pflege-Buchführungsverordnung
PC	Personal Computer
PD	*im SAP System* für Personalentwicklung
PDF	portable document format (englisch für (trans) portables Dokumentenformat)
PE	*im SAP System* für Veranstaltungsmanagement
PP	*im SAP System* für Produktionsplanung und -steuerung
PPS-System	Produktionsplanungs- und Steuerungssystem
PT	*im SAP System* für Personalzeitwirtschaft

PY	*im SAP System* für Personalabrechnung
resp.	respektive
ROI	Return on Investment (englisch für Kapitalrentabilität/-rendite)
ROLAP	Relational Online Analytical Processing
ROS	Return on Sales (englisch für Umsatzrendite)
S	*im SAP System* für Scheck
SaaS	Software as a Service (englisch für Software als Service)
SAP	Systeme, Anwendungen, Produkte
SB	Selbstbedienung
SBU(s)	Strategic Business Unit(s) (englisch für Strategische Geschäftseinheiten (SGE))
SD	Sales and Distribution *(im SAP System:* englisch für Vertrieb)
SE	Societas Europaea (Europäische Gesellschaft)
SEK	Sondereinzelkosten
SEM	Strategic Enterprise Management
SEPA	Single Euro Payments Area(englisch für Einheitlicher Euro-Zahlungsverkehrsraum)
SGB	Sozialgesetzbuch
SKR	Standard-Kontenrahmen
SOA	service-oriented architecture (englisch für Serviceorientierte Architektur)
sog.	sogenannte
SQL	Structured Query Language
SRM	Stakeholder Relation Management
SSW	Standardsoftware
Std.	Stunde(n)
StR	Steuerrecht
SWIFT	Society for Worldwide Interbank Financial Telecommunication (englisch für*ein Begriff aus dem Auslandszahlungsverkehr*)
SWOT	Strengths/Weaknesses/Opportunities/Threats (englisch für Stärken/ Schwächen/Chancen/Bedrohungen)
Txt	Textdatei
U	*im SAP System* für Überweisung
u. a.	unter anderem
u. Ä.	und Ähnlich(e)
UKV	Umsatzkostenverfahren
UNIX	Uniplexed Information and Computing Service (englisch für Mehrbenutzer Betriebssystem)
u. s.	und sonstige(s)
Ust	Umsatzsteuer
usw.	und so weiter
u. U.	unter Umständen
u. v. m.	und vieles mehr

VE	Verpackungseinheit
vgl.	vergleiche
XML	Extensible Markup Language (englisch für erweiterbare Auszeichnungssprache)
XPS	Expertensystem
z. B.	zum Beispiel
z. T.	zum Teil
ZVEI	Zentralverband der Elektrotechnik- und Elektronikindustrie
zz.	zurzeit

Abbildungsverzeichnis

Tabellenverzeichnis

Controlling: Funktionen, Aufgaben und Instrumente

1

Die in diesem Kapitel dargestellten Grundlagen eines modernen, effizienten und effektiven Controllings, welches aus unserer Sicht auch einen klaren Zukunftsbezug aufweisen muss, bilden die Basis für die sich anschließenden Ausführungen zu den Controlling-Informationssystemen. Ohne diese Kenntnisse wird es schwer fallen, die Zusammenhänge zwischen Controlling und Informationssystem nachzuvollziehen und/oder das für das eigene Unternehmen bzw. die eigene Organisation passende Controlling-Informationssystem auszuwählen und bedarfsgerecht anzupassen.

Wirtschaftliche Akteure die das Controlling bislang nur passiv wahrgenommen haben, setzen es mit „Kontrolle" gleich und fassen Controller/-innen bestenfalls als Zahlenjongleure auf. Eine weitere gängige Auffassung ist es auch, dass die ControllerInnen neben der strikten zahlenbezogenen Planung, Steuerung und Kontrolle anhand objektiver Daten ausschließlich das Rohmaterial für Managemententscheidungen zur Verfügung stellen. Soweit einige Vorurteile über den Controlling-Sachverhalt!

Bei näherer Betrachtung umfasst das Controlling weitere viel komplexere Aufgaben aus allen betrieblichen Bereichen des Unternehmens. Die Aufgaben des Controllings beinhalten mehr als Datenbank-Abfragen und/oder das buchhaltungsnahe Aufbereiten von Kennzahlen. Studien zufolge erwartet die Unternehmensführung vom Controller bzw. der Controllerin nicht nur profunde Kenntnisse der Geschäftsprozesse und Produkte, sondern ebenso strategisches Wissen. Letztlich trifft zwar das Management die Entscheidungen, bei einer offenen Unternehmenskultur und im Zuge der strategischen und operativen (Planungs-)Transparenz nehmen jedoch Controller/-innen als *Business Partner* wichtige Funktionen im Abstimmungsprozess wahr. Als Business Partner beraten, empfehlen, mahnen und warnen sie. ControllerInnen haben nichts mit Entscheidungen zu tun? Weit gefehlt! Ihr Mitdenken insb. in Unternehmen mit einer offenen Kommunikationskultur ist gefragt und gefordert. Selbst der beste Manager bzw. die beste Managerin verwechselt hin und wieder Korrelation mit Kausalität (Brandl 2016, S. 4).

© Springer Fachmedien Wiesbaden GmbH 2018
J. Petzold, M. Westerkamp, *Informationssysteme im wertorientierten Controlling*,
https://doi.org/10.1007/978-3-658-12378-9_1

Des Weiteren ist hinsichtlich der volatileren und digitaleren (Unternehmens-)Welt der übliche Fokus des Controllings – (Planungs-)Transparenz und formale operative und strategische Prozesse der Unternehmenssteuerung sicherzustellen – zu überdenken. In ihrer Funktion als Business Partner werden ControllerInnen nicht nur auf Mängel in Entscheidungsvorlagen hinweisen, sondern auch auf rationale Entscheidungen mithilfe von Controlling-Informationssystemen hinarbeiten. *Rationalitätssicherung* ist eine der Kernaufgaben des Controllings. Entsprechend gilt es, auch informellen Aspekten im Entscheidungsprozess die Aufmerksamkeit zukommen zu lassen, d. h. mögliche Problemlösungen anzubieten (Schäffer und Weber 2016, S. 12 f.).

Strategisches Wissen und die daraus abzuleitenden Entscheidungen sind darüber hinaus weitreichender und sollten (auch) in wirtschaftlich guten Unternehmensjahren getroffen werden. Jedoch führt Apathie in der Praxis dazu, erforderliche Weichenstellungen zu versäumen, denn bspw. leiten hohe Gewinne zu nachlässigem Handeln und machen zukunftsfaul. Warum neue Ziele manifestieren, wenn das Unternehmen gutgläubig den bisherigen Kurs weiterfahren kann? „Problemlose" bzw. „wirtschaftlich ruhende" Unternehmenszeiten sollten jedoch dazu genutzt werden, Szenarien für schlechtere Unternehmensjahre zu erarbeiten, um dann zeitnah Gegenmaßnahmen treffen zu können. Anstatt vorzeitige Erkennungszeichen zu ignorieren, gilt es, darauf zu reagieren und geeignete Entscheidungen zu treffen (Brandl 2016, S. 5).

Wegen der Forderung *Planungs-, Steuerungs- und Kontrollfunktionen* umzusetzen, die folglich mit einer *aktiven Informationsversorgung* betrieblicher Fach- und Führungskräfte verbunden ist, finden (Controlling-)Informationssysteme in Wissenschaft und Praxis zunehmend große Beachtung (Chamoni und Gluchowski 2006, S. VIII). (Controlling-)Informationssysteme sollen auf mehreren Ebenen dabei unterstützen, nachhaltig richtige Entscheidungen zu treffen. Der Dreiklang von ControllerInnen mit den richtigen Fähigkeiten, effektiven und effizienten Prozessen in der passenden Organisationsstruktur und den erforderlichen Controlling-Werkzeugen (u. a. Controlling-Informationssystem) dient dazu als Grundlage (Abb. 1.1). Alle drei Komponenten bedingen sich jeweils gegenseitig.

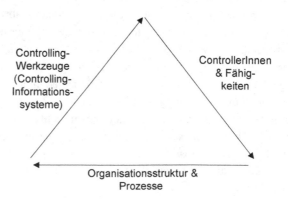

Abb. 1.1 Dreiklang – Werkzeuge, Fähigkeiten und Prozesse (Eigene Darstellung in Anlehnung an: Kottbauer 2016, S. 29)

Controlling-Werkzeuge (Controlling-Informationssysteme)

ControllerInnen & Fähigkeiten

Organisationsstruktur & Prozesse

Kerngedanke ist, die Chance zu erkennen und die Entscheidungsvoraussetzungen zu optimieren (Kottbauer 2016, S. 28).

Die qualifiziertesten Fach- und Führungskräfte bzw. ControllerInnen und/oder Business Partner sind nicht in der Lage richtige Entscheidungen zu treffen, wenn nicht die grundlegenden betriebswirtschaftlichen Fakten zur richtigen Zeit zur Verfügung stehen. Informationen und das daraus implizierte Wissen sind die Grundlage für richtige Entscheidungen. Die passenden Informationen können nur dann vorliegen, wenn die richtigen Werkzeuge (hier: Controlling-Informationssysteme) im Einsatz und die für das Unternehmen passenden Prozesse etabliert sind. Ist dann die richtige Entscheidung getroffen, muss diese noch erfolgreich umgesetzt werden (Kottbauer 2016, S. 34 f.).

Neben den auszugsweise genannten Controlling-Funktionen und -Aufgaben bleibt jedoch festzuhalten, dass sich die deutschsprachige Betriebswirtschaftslehre seit fünf Jahrzehnten mit dem Controlling befasst. Währenddessen haben sich unzählige Denkweisen, Begriffsdefinitionen und Konzeptionen herausgebildet. Bei Betrachtung der Anzahl der in den letzten Jahren erschienenen Publikationen zu einzelnen theoretischen Themen des Controllings sowie der Unterstützungsfunktion für ein *wertorientiertes Controlling* in der Praxis als Indikatoren für die Bedeutung, die dem Controlling beizumessen ist, wird die praktische und wissenschaftliche (Problem-)Relevanz, der in diesem Lehr- und Arbeitsbuch angesprochenen Thematik bez. eines Einsatzes von Controlling-Informationssystemen im Unternehmen evident.

Eine Erforschung, ob eingesetzte Controlling-Informationssysteme zur Wertorientierung im Unternehmen beitragen, setzt zunächst Wissen über die Begriffe „*Controlling*" und „*Informationssysteme*" voraus. Ungeachtet der steigenden Controlling-Aktivitäten in der Unternehmenspraxis existiert über die Begriffsdefinition „Controlling" weder in der Wissenschaft noch in der Praxis Einklang.

Für die fehlende Eindeutigkeit des Controlling-Begriffs in der Wissenschaft und Praxis gibt es folgende Gründe: Erstens hat sich der Begriff des Controllings in der Unternehmenspraxis über die Jahrzehnte weiterentwickelt und wurde nicht auf Grundlage eindeutiger theoretischer Prämissen konzipiert. Zweitens diente und dient er zur Beurteilung äußerst heterogener Organisationseinheiten in Unternehmungen unter differierenden Umweltbedingungen. Drittens wurde er den sich im Laufe der Zeit ändernden Vorstellungen entsprechend mit den verschiedensten Ansätzen zur Aufgabenerfüllung in Relation gebracht.

Demnach ließ und lässt sich das Controlling den spezifischen Unternehmensbedürfnissen des Unternehmens anpassen. Der Fokus des Controllings besteht in der Aufgabe, die Entscheidungen des Managements zu unterstützen und ein auf rationale Überlegungen gegründetes Informationssystem zu gestalten. Controlling versorgt die Entscheidungsträger mit den zur Erfüllung der jeweiligen Aufgaben erforderlichen Informationen in wirtschaftlicher Form. Dabei umfassen die inhaltlichen Informationen Unternehmensziele, Handlungsmöglichkeiten und/oder mögliche Umweltentwicklungen. Insgesamt nimmt das Controlling, als *Subsystem der Unternehmensführung*, wichtige Planungs-, Steuerungs- und Kontrollfunktionen wahr (Drerup und Wömpener 2014, S. 26 ff.).

1.1   Controlling als Subsystem des Führungssystems

Das Controlling ist unter funktionalen Aspekten und unter Beachtung der systemtheoretischen Darlegungen als Steuerungs- und Kontrollaufgabe des Managements und demzufolge als Führungsaufgabe anzusehen. Aus institutioneller Sicht stehen demgegenüber die
Akteure, die das Management bei der Durchführung des Controllings als Führungsaufgabe unterstützen, im Zentrum. Controlling schließt somit sowohl eine *Führungsfunktion*
als auch eine *Führungsunterstützungsfunktion* ein. Diese erfolgt auf allen operativen und
strategischen Managementstufen. Im Ganzen dient das Controlling der ergebnisorientierten Steuerung der Unternehmensaktivitäten in einem *kybernetischen System*, das durch
Vor- und Rückkopplungen charakterisiert ist (Becker und Benz 1996, S. 14). Abb. 1.2
verdeutlicht das kybernetische Controllingsystem:

Ziel des kybernetischen Controllingsystems ist es, das Management durch Vorschläge,
Organisation und Durchführung des Handelns der Aufgabenträger bzw. der Aufgabenerfüllungsprozesse auf die Wertschöpfungszwecke des Unternehmens zu komplementieren
bzw. zu unterstützen.

Der erste Vorgang hierbei ist die *Planung*, die in mehrere Teilplanungen gegliedert
werden kann: In der allgemeinen Zielplanung werden formale Ziele (z. B. Oberziele wie
Gewinn und Liquidität), sachliche Ziele (z. B. das Produktionsprogramm) und soziale
Ziele (z. B. die Kooperation mit Lieferanten) festgelegt. Auf Basis der vorgegebenen Ziele
wird die strategische Planung erarbeitet, die ebenfalls in einzelne Subkomponenten zerlegt
werden kann (vgl. strategischer Planungsprozess Abb. 1.7). Die strategische Planung ist
letztlich der Ausgangspunkt für die folgende operative Planung. Sie umfasst die tatsächliche Umsetzung der Strategien bzw. bereitet die operativen Entscheidungen vor. Hieran
werden innerhalb gesamtunternehmensbezogener Planungen die dezentralen Planungen

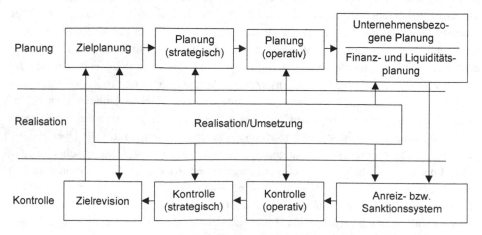

Abb. 1.2 Kybernetisches Controllingsystem (Eigene Darstellung in Anlehnung an: Baum et al.
2013, S. 7.)

zusammengefasst, um Entscheidungen hinsichtlich der Unternehmensfinanzierung und der Liquiditätssicherung vorzubereiten. Dies geschieht i. d. R. zentral.

Der zweite, sich anschließende Vorgang ist die *Realisation*. In der Realisationsphase sind die einzelnen Teilpläne umzusetzen. Die daraus resultierenden Erkenntnisse werden in der anschließenden Kontrollebene (dritter Vorgang) bez. Einhaltung und Sanktionierung (Feedback) und bezüglich evtl. notwendiger Korrekturmaßnahmen (Feed Forward) überprüft: Ein Anreiz- bzw. Sanktionssystem (z. B. Prämien, Beförderungen, Abmahnungen, Geldbußen, etc.), das sowohl negative als auch positive Effekte nach sich ziehen kann, dient der Kontrolle gesamtunternehmensbezogener Planungen. Hierbei ist u. a. aus Gründen der Motivation dem Anreizsystem stets der Vorrang gegenüber einem Sanktionierungssystem zu gewähren. Letzteres sollte immer nur als Ultima Ratio gewählt werden. Ergänzend kann die *Kontrolle* auch in untergeordnete Teilplanungen gegliedert sein: Die operative Kontrolle überprüft z. B. mithilfe von Abweichungsanalysen, inwiefern die Ziele der operativen Pläne erreicht worden sind. Im Rahmen der strategischen Kontrolle werden die Realisierbarkeit und die erreichten Ziele von Strategien untersucht. Als letzter Vorgang, falls die drei vorangehenden (Teil-)Vorgänge nicht zur Gegensteuerung ausreichen, müssen die Unternehmensziele (teil-)revidiert werden (Zielrevision).

Vor dem Hintergrund der Ableitung von Controlling-Funktionen im Controllingsystem sind die erforderlichen Zielsetzungen des Controllings erkennbar. Das Controlling bzw. der/die ControllerIn als Business Partner soll ggf. auftretende Unsicherheiten bei der Entscheidungsfindung im Management einschränken. Um einen Informationsvorsprung realisieren zu können und somit Wettbewerbsvorteile zu generieren und folglich die unternehmerische Existenz zu sichern, streben Unternehmen danach, sämtliche Unsicherheiten bez. ihrer internen und externen Umwelteinflussfaktoren zu reduzieren, zu vermeiden oder zu transformieren. Dazu müssen diese Risiken bekannt sein. Vor allem soll das sog. *Führungssystem* den Bestand des Systems Unternehmung in einer komplexen und veränderlichen Umwelt erhalten. Das Unternehmen kann seine Anpassungsfähigkeit durch eine Innendifferenzierung stabilisieren, was jedoch einen erhöhten Integrationsbedarf der spezialisierten Teilbereiche zur Folge hat. Zur verbesserten Steuerung des Unternehmens und um eine zukünftige Unsicherheitsreduktion herbeizuführen, sollte demnach ein eigenständiger und differenzierter Bereich, das Controlling, geschaffen werden. Seiner Zielsetzung wird das Controlling gerecht, indem es interne und externe (Unternehmens-)Informationen sammelt, verarbeitet und weiterleitet sowie den Informationsaustausch zwischen den Entscheidungsträgern unterstützt. Ein Vorteil des Controllings besteht somit darin, sich bessere Einblicke in die Steuerungsprobleme des Unternehmens zu verschaffen. Das Controlling stellt also sicher, dass die Führungsaktivitäten der Organisation und Steuerung zueinander passen und betreibt Komplexitätsreduzierung (Becker und Benz 1996, S. 14 f.).

Das Controllingsystem selbst setzt sich aus Teilsystemen zusammen. Die Bestandteile eines Controllingsystems mit ihren Beziehungen zueinander werden in Abb. 1.3 dargestellt.

Ziele lassen sich in *direkte und indirekte Ziele* einteilen. Die direkten Controlling-Ziele sind die Sicherstellung der Wandlungs-, Anpassungs- und Entwicklungsfähigkeit des Unternehmens. Indirekte Controlling-Ziele definieren eine Konkretisierung der Ziele des

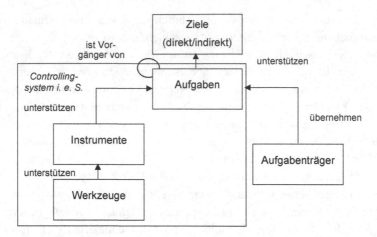

Abb. 1.3 Bestandteile eines Controllingsystems (Eigene Darstellung in Anlehnung an: Wolf und Schlüchtermann 2010, S. 81)

zu unterstützenden Managements. Die Aufgaben des Controllings dienen grundsätzlich dazu diese Ziele zu verwirklichen. Sie sind als Aktivitäten aufzufassen, mit denen die Zielerreichung gewährleistet werden kann. Bei einer differenzierten Betrachtung lassen sie sich in operative und strategische Aufgaben sowie nach ihrer Ausführung in systembildende und systemkoppelnde Aufgaben gliedern. Weiterhin ist auch eine Einteilung nach dem Objekt in Planungs- und Kontrollaufgaben oder nach Informationsversorgungsaufgaben nützlich. Instrumente *(synonym: Techniken oder Verfahren)* wiederum, welche als Hilfsmittel zur Erledigung dieser Aufgaben verwendet werden, ermöglichen es, den definierten Zustand zu erreichen. Werkzeuge des Controllings stellen (Controlling-)Informationssysteme dar, welche die Anwendung von Controlling-Instrumenten unterstützen und ergänzen. *Aufgabenträger* sind letztendlich Controlling-Abteilungen, leitende Stellen oder das Management selbst, die die Verantwortung der Aufgabenumsetzung übernehmen. Zu berücksichtigen ist, dass ohne eine eindeutige Zielausrichtung die Aufgaben des Controllings auch mit den viel versprechenden Werkzeugen und Instrumenten nicht als Hilfestellung zu deren Erreichung beitragen.

Neben dem bereits aufgeführten und interpretierten Controllingsystem wird nachfolgend die Einordnung des Controllingsystems in das Gesamtgefüge der Unternehmung anhand der Abb. 1.4 dargestellt.

Das Unternehmen ist in ein Führungs- und ein Ausführungssystem unterteilt. Abgegrenzt davon ist die (Unternehmens-)Umwelt. Das Ausführungssystem dient der betrieblichen Leistungserstellung und steht in kontinuierlicher Austauschbeziehung zur Umwelt und zum Führungssystem. Die Flussrichtungen in diesem Teilsystem sind prinzipiell entgegengesetzt, d. h., reale Güter wie Produkte, Waren und Dienstleistungen fließen in die andere Richtung wie der Nominalgüter- bzw. der Geldstrom. Überdies wird das Ausführungssystem durch das Planungs- und Kontrollsystem determiniert und erwirkt zugleich einen Input für das Informationsversorgungssystem. Diese beiden Subsysteme bilden, neben dem Personalführungs- und Organisationssystem, die wesentlichen Schwerpunkte des Controllingsystems.

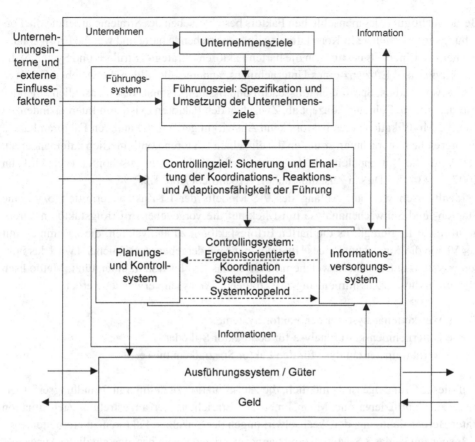

Abb. 1.4 Controllingsystem (Eigene Darstellung in Anlehnung an: Horváth et al. 2015, S. 57)

1.2   Erfolgsfaktoren eines wertorientierten Controllings (7-S-Modell)

Für das Management zählt oft nur das, was messbar ist. So lautet eine häufig zitierte Aussage, die dem US-amerikanischen Ökonomen Peter Drucker zugeschrieben wird:*„If you can't measure it, you can't manage it."* Diese Aussage ist nur zum Teil richtig, denn ein derartiger ausschließlich quantitativer Ansatz vernachlässigt relevante qualitative („weiche") Aspekte und Faktoren insb. des strategischen Managements.

Eines der ersten Modelle im strategischen Management, welches auch die weichen Erfolgsfaktoren des Unternehmens einbezieht, ist das *7-S-Modell.* Ziel dieses Modells ist es, eine ganzheitliche Unternehmensanalyse vorzunehmen, insb. zur Identifizierung von Schwachstellen. Angesichts der ganzheitlichen Sichtweise und des Berücksichtigens harter und weicher Erfolgsfaktoren kann das 7-S-Modell weiterhin für die Implementierung von Strategien verwendet werden. Ende der 1970er-Jahre untersuchte eine interne Forschungsgruppe der Unternehmensberatung McKinsey & Company Unternehmen mit einer starken Unternehmenskultur, um deren Faktoren des Unternehmenserfolgs festzustellen. Sie waren der Meinung, dass keine vollkommene Unternehmensstruktur ohne

Berücksichtigung des menschlichen Faktors besteht. Neben der Strategie arbeitete die Forschungsgruppe weitere in Korrelation zueinander stehende harte und weiche Erfolgsfaktoren heraus. Einerseits bestimmen die harten Faktoren (Strategie, Struktur und Systeme) die Effektivität und Effizienz eines Unternehmens, andererseits bilden die weichen Faktoren (Selbstverständnis, Spezialkenntnisse, Stil und Stammpersonal) den menschlichen Faktor und das interne Führungskonzept ab. Zwischen den Faktoren existieren Interdependenzen und die Modifikation eines Faktors kann Auswirkungen auf die anderen Faktoren haben. Erfolgreiche Unternehmen stimmen die einzelnen Faktoren kontinuierlich aufeinander ab, um damit die Nutzenpotenziale der sieben Erfolgsfaktoren auszuschöpfen (vgl. Pillkahn 2007, S. 434 ff.). Diesen Zusammenhang verdeutlicht Abb. 1.5.

Idealtypisch wird am Anfang des 7-S-Modells der Ist-Zustand ermittelt bzw. eine Stärken- und Schwächenanalyse mit Blick auf die vorgegebenen Erfolgsfaktoren durchgeführt. Zu Beginn gilt es die harten Erfolgsfaktoren zu analysieren, die zusammen mit der Vision die Ausrichtung eines Unternehmens wiedergeben. Anschließend wird das Führungssystem untersucht, in welchem Maße es das Erfolgssystem unterstützt. Methodisch können in diesem Zusammenhang z. B. folgende Analysen verwendet werden:

- die Wertkettenanalyse für den Faktor Systeme,
- die Unternehmenskulturanalyse für den Faktor Stil oder
- die Kernkompetenzanalyse für den Faktor Spezialkenntnisse.

Auf dieser Grundlage ist es möglich, die Ziel-Situation zu definieren, Handlungserfordernisse zu identifizieren und Maßnahmen zur Erreichung der angestrebten Ziel-Situation unter Berücksichtigung der Wechselwirkungen der einzelnen Faktoren zu erarbeiten.

Insgesamt ist das 7-S-Modell ein Diagnosewerkzeug, welches eine nützliche Ausgangsbasis für eine vollständige Unternehmensanalyse bildet. Es ermöglicht einen Überblick

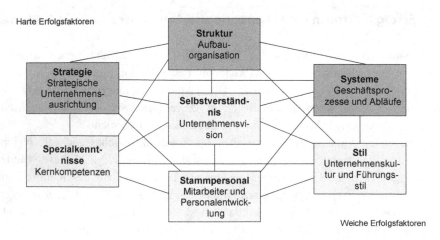

Abb. 1.5 7-S-Konzept von McKinsey (Eigene Darstellung in Anlehnung an: Bär-Sieber et al. 2014, S. 70)

über die aktuelle Unternehmenssituation und die Identifizierung von Stärken und Schwächen. Positiv anzumerken ist dabei die gleichwertige Berücksichtigung von harten und weichen Erfolgsfaktoren. Ein Kritikpunkt ist demgegenüber, dass keine exakte Definition der sieben grundlegenden Faktoren bzw. keine eindeutige Abgrenzung der einzelnen Faktoren vorgenommen wird und die Wechselbeziehungen der einzelnen Faktoren in nicht ausreichendem Maße festgelegt werden. Ein weiterer Mangel des 7-S-Modells ist es, dass externe Umweltfaktoren nicht explizit einbezogen werden. Des Weiteren ist es auf Basis des Modells problematisch, die diffizil zu erfassenden weichen Erfolgsfaktoren zu beschreiben. Um diese Schwächen wettzumachen, wird oft ergänzend die *Balanced Scorecard* als integriertes Managementsystem eingesetzt (Fell 1994, S. 89 ff.).

Neben der Nutzung des 7-S-Modells von McKinsey ist es für eine „moderne Wertorientierung" wichtig, vor allem die Entwicklungen und Trends der Wertorientierung, die das Umfeld unternehmerischer Wertschöpfung nachhaltig verändern, zu kennen. Abb. 1.6 zeigt relevante Trends für die Wertorientierung:

Die zunehmende Vernetzung im technischen Bereich und zwischen den Menschen verändert beinahe alle Wertschöpfungsprozesse. In diesen internen und externen Vernetzungsstrukturen stehen die Akteure häufig vor den Aufgaben, „eigenverantwortlich" handeln und eine Umsetzung für Problemlösungen finden zu müssen. Angesichts dessen, dass bspw. Führungskräfte mit wenigen Zielen führen sollen, bedarf es *Kennzahlen*, die Probleme bei der Zielerreichung aufzeigen und bei der Erarbeitung von Lösungen unterstützen. Die anwachsende Vernetzung umfasst auch die Internationalisierung und Globalisierung unternehmerischer Aktivitäten. Dabei geht es konkret um die Exporttätigkeit und darum, diese zu festigen (Internationalisierung) sowie internationale Märkte in die gesamte Wertschöpfung (Globalisierung) zu integrieren. Erforderlich dafür ist die Einhaltung eines dynamischen Gleichgewichts zwischen dem Miteinander unterschiedlicher Kulturen und den Anforderungen einheitlicher Unternehmensführung.

Ein weiterer Trend für die Wertorientierung ist „*Big Data*". Die unter dem Oberbegriff vereinten Technologien verändern bereits heutzutage die Wertschöpfung und eröffnen

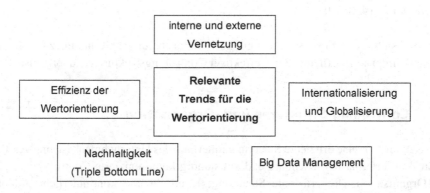

Abb. 1.6 Relevante Trends für die Wertorientierung (Eigene Darstellung in Anlehnung an: Schmidt 2014, S. 19)

neuartige Chancen. Sie schaffen bspw. neue Formen der Zusammenführung aller Beteiligten in individualisierten Prozessen, indem sie effiziente Möglichkeiten der schnellen Verarbeitung massenhaft anfallender strukturierter und unstrukturierter Signale zu Daten und ihrer Nutzung für die Kooperation der Menschen eröffnen. Im Kontext mit weiteren relevanten Trends der Wertorientierung hat sich die *Nachhaltigkeit* wirtschaftlicher Aktivitäten zu einem bedeutsamen Wettbewerbsfaktor entwickelt. Ergo führt dies zum einen dazu, dass die *Triple Bottom Line* von Ökonomie, Ökologie und Sozialem intensiver in der Öffentlichkeit fokussiert wird und für eine wachsende Zahl von Unternehmen auf deren Geschäftsgrundlage, z. B. für die kaufbeeinflussende Wirkung von Marken, einwirkt. Das Ökonomische muss ökologisch und sozial sein, wenn Nachhaltigkeit geschaffen werden soll. Zum anderen entwickelt sich auch die Denkweise, dass Ökologie und Soziales ebenso nur dann nachhaltig werden, wenn sie ökonomisch sind (Schmidt 2014, S. 19).

Vernetzung, Internationalisierung und Globalisierung, Volatilität und Nachhaltigkeit erweitern die Anforderungen an die (Führungs-)Prozesse für die Zielsetzung, Planung und Steuerung. Aus diesem Grund werden Effektivität und Effizienz des Controllings selber hinterfragt. Die Gestaltung von Zweck, Wirkung und Kosten von Kennzahlen bzw. der dahinter stehenden Erfassungs-, Verarbeitungs-, Reporting- und Steuerungssysteme wird zu einem eigenständigen Bereich wertorientierter Unternehmensführung. Dem muss das Controlling aktiv begegnen, indem es bspw. folgende Handlungsweisen beachtet:

- Fokus auf Strategien und Zukunftsorientierung,
- Organisationsgestaltung auf der Basis eines Geschäftsmodells mit seinen Antworten auf die Umfeld-Bedürfnisse und den sich stellenden Chancen und Risiken,
- relevante Stakeholder einbinden und alle Aktivitäten nach den Chancen und Risiken der verschiedenen „*Vermögens-Arten*" differenzieren, die eine Organisation in ihr Geschäftsmodell integriert und beeinflusst,
- Vernetzung von Informationen und ihrer differenzierten, aktionsspezifischen Individualisierung mithilfe von Big-Data-Technologien,
- Sicherstellung der Wertschöpfung über die Zeit und zwar kurz-, mittel- und langfristig (Schmidt 2014, S. 20).

Die Berücksichtigung dieser Faktoren gilt auch und insb. für die Gestaltung zukunfts- und leistungsfähiger sowie effizienter und effektiver Controllingstrukturen und -organisationen.

1.3   Controlling-Strukturen und -Organisation

Voraussetzung für eine effiziente Steuerung innerhalb des Unternehmens ist eine verständlich strukturierte, nachvollziehbare und vollständig kommunizierte Controlling-Struktur und -Organisation. Die effiziente Steuerung, Kontrolle und kontinuierliche Adaption interner Geschäftsprozesse ist ein zentraler Erfolgsfaktor für den unternehmerischen Erfolg. Dies gilt prinzipiell für alle Unternehmen, ungeachtet der Branche, Größe oder anderer auf sie wirkenden externer sowie interner Einflussfaktoren.

Einwandfreie Controlling-Strukturen und eine eindeutige Controlling-Organisationsgestaltung zählen zu den Eckpfeilern der modernen Unternehmensführung. Die Organisation selbst zum Bezugsobjekt[1] des Controllings zu gestalten ist ein nahe liegender und richtiger Gedanke. Sowohl VertreterInnen der wissenschaftlichen Seite wie auch VertreterInnen der Unternehmenspraxis, die den Nutzen eines systematischen Controllings würdigen, empfehlen den Aufbau entsprechender Organisationen und Strukturen.

Im Folgenden werden daher die Spezifika verschiedener Controlling-Strukturen und -Organisationen betrachtet. Die Strukturen lassen sich in operatives, taktisches und strategisches Controlling gliedern. Des Weiteren werden die Kernidee und die Grundzüge der jeweiligen Controlling-Organisationsform beschrieben und kurz skizziert. Dabei zeigt sich, dass es bislang vor allem an geeigneten Bewertungskriterien fehlt.

1.3.1 Controlling-Strukturen

Das Controllingsystem orientiert sich an der Planungsstruktur und ist in eine strategische und eine operative Komponente unterteilt. In der wissenschaftlichen Literatur finden sich zudem Dreiteilungen in strategisches, taktisches und operatives Controlling. Hinsichtlich der zeitlichen Ausrichtung wird im weiteren Verlauf auf die Komponenten des strategischen und operativen Controllings eingegangen. In der Praxis ist es generell so, dass das taktische und strategische Controlling direkt ineinander übergehen und sich nicht immer klar voneinander abgrenzen lassen. Deshalb werden im Folgenden nach einer kurzen getrennten Darstellung in Tab. 1.1, die die Unterschiede zwischen den Controlling-Zielebenen beschreibt, beide unter dem Begriff strategisches Controlling vereint (vgl. Schulze 2014, S. 41).

Zudem ist es wichtig zu verstehen, dass operatives und strategisches Controlling nicht getrennt voneinander zu sehen sind, da sie sich ergänzen, einander bedingen und ineinander übergehen.

1.3.1.1 Strategisches Controlling
Das strategische Controlling ist ein Teilsystem des kybernetischen Controllingsystems. Der Begriff des strategischen Controllings ist dabei sowohl in der Praxis als auch in der Theorie nicht eindeutig belegt, wie z. B. Vergleiche verschiedener Konzepte zeigen. Unterschiede liegen in der verwendeten Terminologie und im geforderten Umfang des strategischen Controllingsystems z. B. bezüglich des Einbezugs von Schnittstellen zur operativen und gesamtunternehmensbezogenen Planung bzw. von Realisation und Kontrolle.

---

[1] Qualitativ, quantitativ, räumlich und/oder zeitlich abgegrenzte Größe, der bestimmte Kosten, Erlöse, Mengenverbräuche und andere Geld- und Mengengrößen gegenübergestellt oder zugeordnet werden.

Tab. 1.1 Unterschiede zwischen den Controlling-Zielebenen (Eigene Darstellung in Anlehnung an: Schulze 2014, S. 41)

	Operatives Controlling	Taktisches Controlling	Strategisches Controlling
Zeithorizont	1 bis 3 Jahre	3 bis 5 Jahre	Ab 5 Jahre
Planungshorizont	Operative kurz- und mittelfristige Planung	Taktische mittelfristige Planung	Strategische langfristige Planung
Richtungen	Wirtschaftlichkeit, Abbau vermeidbarer Verluste, Erwirtschaftung von Gewinn	Mittelfristige Sicherung der Wirtschaftlichkeit, Motivierung der Mitarbeiter für neue Aufgaben	Zukunftsorientierte Erfolgspotentiale, Adaption der Leistungen an neue Markterfordernisse
Inhalte	Soll-Ist-Vergleiche: Kosten/Leistungen, Aufwand/Ertrag	Stärken- und Schwächen-Profile, Abwägungen Chancen und Risiken	Umweltanalysen, Beobachtung und Auswertung von Frühwarnsignalen
Ziele	Rentabilität, Gewinn, höhere Wirtschaftlichkeit	Mittelfristige Erfolgssicherung	Langfristige Erfolgs- und Existenzsicherung

Die Aufgabe des strategischen Controllings ist es, die Zielsetzung der nachhaltigen Sicherung der Unternehmensexistenz und des Unternehmenserfolges zu unterstützen. Hierzu werden externe Chancen und Risiken mit internen Stärken und Schwächen des eigenen Unternehmens in Einklang gebracht, um die Voraussetzungen für zukünftige Erfolge und zukünftige Liquidität zu schaffen. Das strategische Controlling ist in der Planung dem operativen Controlling vorgeschaltet, da aus Unternehmensvision und -leitbild eingangs strategische Ziele abgeleitet werden. Im nachfolgenden strategischen Planungsprozess, der die strategische Analyse, Strategiefindung und -bewertung umfasst, wird eine umzusetzende Strategie erarbeitet. Diese schafft die Basis für die operative und gesamtunternehmensbezogene Planung und die Realisierung. Im analogen Kontrollprozess sollen Anreizsysteme strategieadäquat ausgestaltet, eine strategische Kontrolle einbezogen bzw. letztendlich gesetzte strategische Ziele einer Revision unterzogen werden.

Bei dieser zugrunde liegenden Auslegung lassen sich folgende Auswirkungen für die Konzeption eines strategischen Controllings festhalten:

- Strategische Maßnahmen sind zu planen und nach erfolgter Umsetzung bez. der Zielerreichung der gesetzten Prämissen oder des verfolgten Leitbildes zu kontrollieren.
- Das strategische Controlling ist in das Controllingsystem zu integrieren. Schlussfolgernd ergibt sich daraus, dass das verfolgte Oberziel *„nachhaltige Existenzsicherung"* neben die operativen Oberziele *„Gewinn"* und *„Liquidität"* tritt und dass die strategische Planung mit der operativen Planung abzustimmen ist. Ebenso ergeben sich aus der operativen Kontrolle Rückwirkungen auf die strategische Kontrolle, z. B. bezüglich der

Eignung der verfolgten Strategie, und letztendlich auch auf die Zielsetzung. Gegebenenfalls sind Strategieziele zu revidieren (Zielrevision).

- Zur Entscheidungsunterstützung sind zweckfähige strategische Entscheidungskriterien und Analysewerkzeuge zu entwickeln. Die hier zugrunde gelegte Definition des strategischen Controlling-Begriffs impliziert jedoch auch, dass Strategien für die Umsetzung geeignet heruntergebrochen werden müssen, um die Realisation zu unterstützen. Als Beispiel ist hier zu nennen, dass Expansionsstrategien in adäquate operative Maßnahmen zu zerlegen sind, die über eine Meilensteinkontrolle bez. ihrer Zielerreichung bewertet werden können.

Aufgrund der Einbettung des strategischen Controllings in den Gesamt-Controlling-Prozess und durch die beabsichtigte Verzahnung von strategischer und operativer Planung werden die verschiedenen Teilmodule des strategischen Controllings in Abb. 1.7 zerlegt und veranschaulicht.

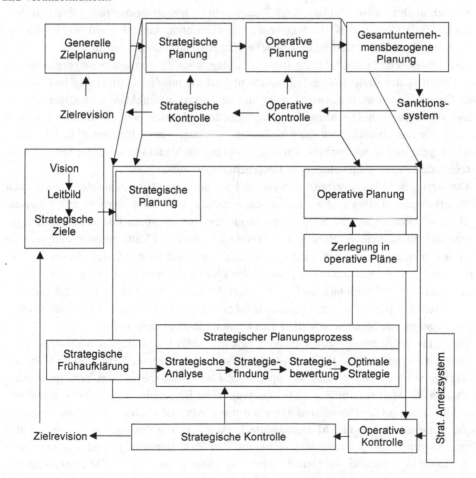

Abb. 1.7 Teilmodule des strategischen Controllingsystems (Eigene Darstellung in Anlehnung an: Baum et al. 2013, S. 10)

In Abb 1.7 sind die Teilmodule des strategischen Controllings dargestellt und können wie folgt interpretiert werden: Der generelle Zielbildungsprozess lässt sich 3-stufig gliedern. Zunächst wird eine *Unternehmensvision* entwickelt. Die Vision ist das „Bewusstwerden eines Wunschtraumes einer Änderung der Umwelt" (Hinterhuber 2011, S. 52). Aus der Unternehmensvision ergeben sich Grundsätze für die unternehmerische Tätigkeit *(Leitbild).* In vielen Unternehmen werden diese auch als Leitlinien bezeichnet bzw. niedergeschrieben. Leitlinien legen Sachziele wie das angestrebte Tätigkeitsgebiet, z. B. Beschränkung auf Herstellung und Vertrieb von Fahrrädern, dar, die für die Strategiegewinnung wegweisend und unter Umständen auch beschränkend wirken. Ein Leitbild beinhaltet weitere generelle Aussagen bspw. zu Formalzielen, z. B. die Gewährleistung einer zufriedenstellenden Rendite für die Investoren, und/oder zu Sozialzielen, z. B. der Schutz der Umwelt oder der kooperative Mitarbeiter-, Lieferanten- und Kundenumgang. Das Leitbild ist auch die Basis für die Gewinnung strategischer Ziele *(= Zielsystem),* die die Leitbilder bez. der drei Kategorien Formal-, Sach- und Sozialziel konkretisieren und hierdurch auch messbar und bez. ihrer Zielerreichung bewertbar machen. Derartige strategische Ziele können z. B. die Steigerung der Gesamtkapitalrendite auf 10 % oder die Steigerung des Marktanteils im europäischen Fahrradmarkt um 5 % sein.

Die strategische Frühaufklärung ist dem strategischen Planungsprozess vorgeschaltet. Die Funktion der strategischen Frühaufklärung ist es, möglichst frühzeitig bedrohende oder Chancen eröffnende Entwicklungen im Unternehmensumfeld oder im Unternehmen selbst vorherzusehen. Die Mitwirkung in Branchenverbänden oder politischen Gremien eröffnet für das Unternehmen die Möglichkeit, wichtige Entwicklungen z. B. rechtliche Änderungen oder technologische Umbrüche bereits im Vorfeld kennenzulernen und entsprechende (Gegen-)Maßnahmen im Unternehmen vorzubereiten.

Der strategische Planungsprozess berücksichtigt die Informationen aus der strategischen Frühaufklärung. Hierbei sind die strategischen Ziele in konkrete Unternehmensstrategien, z. B. Konzentration auf die Kernkompetenzen des Unternehmens im Portfolio-Management, oder funktionale Strategien, z. B. Entwicklung einer IT-Strategie für den Vertrieb über das Internet, umzusetzen. Eingangs ist dazu eine Umfeld- und Unternehmensanalyse (strategische Analyse) vorzunehmen, auf deren Grundlage neue Strategieideen zu kompilieren sind (Strategiefindung). Im Weiteren sind dann die unterschiedlichen Strategiealternativen seitens erreichbarer strategischer Erfolgsfaktoren zu bewerten und zu priorisieren, um die geeignetste Strategie selektieren zu können *(Strategiebewertung).*

Zur Schnittstelle der operativen Planung sind die verfassten Strategien in adäquate Maßnahmenpakete aufzuteilen, für die zeitlich abgestufte Meilensteine formuliert werden. Der Übergang von der strategischen zur operativen Ebene und speziell das Verfolgen sowie Einhalten der Meilensteinpläne ist für die praktische Umsetzung i. d. R. ein erschwertes Problem. Zur Problemlösung sind zwischen operativer und strategischer Planung einige Controllinginstrumente und Managementtechniken z. B. die Prozesskostenrechnung, das Target Costing, die Qualitätskostenrechnung, das Fixkostenmanagement und die Wertzuwachskurve entwickelt worden. Diese Controllinginstrumente und Managementtechniken werden unter dem Oberbegriff *„Strategic Management Accounting"* subsumiert.

Zielsetzung ist es, der operativen Planung strategisch relevante Informationen als Analyse- und Entscheidungsgrundlage bereitzustellen.

Im Anschluss sind die einzelnen operativen Pläne zu einer gesamtunternehmensbezogenen Planung zu konsolidieren. Gegebenenfalls ergeben sich hieraus wiederum Rückkopplungen auf die Strategieplanung, wenn bspw. vorgegebene Finanzleitlinien zur Bilanzstruktur verletzt werden und strategische Planungen demgemäß angepasst werden müssen. Nach Umsetzung der operativen Pläne sind die sich auf Gesamtunternehmens- und auf Geschäftsebene ergebenden Resultate bez. ihrer Zielerreichung zu kontrollieren (*operative Kontrolle*).

Strategische Ziele können zudem unterstützt bzw. erreicht werden, indem bewusst strategische Anreizsysteme ausgestaltet werden. Ein Beispiel ist der *„Shareholder Value-Ansatz"*. Über die Kopplung der Managementvergütung an den langfristig geschaffenen Unternehmenswert wird eine verstärkte Orientierung an langfristigen Unternehmensstrategien erwartet.

Die letzte Komponente des strategischen Controllingprozesses ist die *strategische Kontrolle*. Im Hinblick auf die Relevanz, die der Strategieentwicklung für die Unternehmensentwicklung zukommt, sind die i. d. R. mehrjährigen Strategiepläne unterjährig dahingehend zu kontrollieren, ob gesetzte Meilensteine erreicht wurden. Des Weiteren ist zu überprüfen, ob die bei der Planung vorliegenden Prämissen, z. B. geschätzte Wachstumszahlen bei Einstieg in neue Märkte, immer noch erfüllt sind oder ob sich sogar das zugrunde liegende Leitbild verändert hat.

Um das strategische Controlling und dessen Aufgaben erfüllen zu können, stehen dem/der ControllerInnen eine Vielzahl von Instrumenten und Werkzeugen zur Verfügung, z. B. die Portfolio-Analyse, die Erfahrungskurve, die Stärken- und Schwächen-Analyse und die Wettbewerbsanalyse (vgl. Jung 2014, S. 17).

1.3.1.2 Operatives Controlling

Ein Ergebnis der strategischen Planung ist der Orientierungs- und Handlungsrahmen für das *operative Controlling*. Zielsetzung des operativen Controllings ist nicht die Strukturierung, sondern die Erfassung und Anwendung der Erfolgspotenziale des Unternehmens. Generell sind die kurz- bis mittelfristigen Aktivitäten des Unternehmens so zu steuern, dass die Hauptziele, Gewinnerzielung und Liquiditätssicherung, erreicht werden. Das operative Controlling fokussiert Unternehmensaktivitäten sowie den Aufbau und die Durchführung der kurz- und mittelfristigen Unternehmensplanung, die Kontrolle der Planerreichung sowie die Informationsversorgung des Managements mithilfe des Berichtswesens oder Reportings (vgl. Joos-Sachse 2006, S. 43).

Im Mittelpunkt des operativen Controllings steht die interne Unternehmenssituation. Es orientiert sich dabei an Zahlen, Daten und quantifizierten Größen aus der Vergangenheit und Gegenwart, die sich als Aufwand und Ertrag bzw. Kosten und Leistung darstellen lassen. Die generellen Aufgaben und Bereiche des operativen Controllings lassen sich wie folgt zusammenfassen: Im Bereich der operativen Planung analysiert und setzt das operative Controlling operative Planungsinstrumente und -methoden ein. Zudem werden für die operative Planung die erforderlichen Informationen ermittelt, aufbereitet und bereitgestellt. Es dient außerdem der betriebswirtschaftlichen Unterstützung der Führungsinstanzen bei der Aufstellung periodenbezogener Teilpläne.

Ein weiterer Aufgabenbereich, der dem operativen Controlling zukommt, ist die Budgetierungsunterstützung. Im Kern unterstützt das operative Controlling hier die einzelnen Verantwortungsbereiche bei der Aufstellung bereichsbezogener Budgetansätze *(Bottom-up-approach)*. Ebenfalls leitet es Top-down gerichtete bereichsbezogene Budgets aus dem von der Unternehmensführung vorgegebenen Unternehmensbudget ab. Dabei werden allgemein auch die Bottom-up und Top-down ermittelten Budgetansätze gegenübergestellt. Die Unterbreitung von Vorschlägen zur Behebung von Abweichungen zwischen den jeweils ermittelten Budgetwerten ist hier eine weitere Aufgabe des operativen Controllings im Kontext der Budgetierungsunterstützung.

Das operative Controlling umfasst zudem den Bereich der Budgetkontrolle. Es zeichnet für die einzelnen betrieblichen Verantwortungsbereiche die anfallenden Kosten und erzielten Erträge auf. Gleicherweise werden sonstige erfolgszielrelevante Informationen, z. B. Ausfallzeiten von Anlagen, Ausschussquoten, aufgezeichnet und ausgewiesen, Abweichungen zwischen Plan- und Ist-Werten ermittelt und deren Ursachen analysiert z. B. mithilfe von Verbrauchs- und/oder Leistungsabweichungen und letztendlich Vorschläge zur Gegensteuerung erarbeitet.

Weiterhin beinhaltet das operative Controlling den Aufgabenbereich der Informationsversorgung. Es stellt die Informationsbedarfe für die unterschiedlichen Empfänger fest und stellt diese Informationen bedarfsgerecht bereit. Im Ganzen koppelt es die Informationen unterschiedlicher Unternehmensbereiche.

Der Schwerpunkt der Controllertätigkeit hat sich aufgrund der einwirkenden Umwelteinflüsse, der erhöhten Dynamik und Komplexität der Unternehmensumwelt jedoch zugunsten des strategischen Controllings verschoben (vgl. Jung 2014, S. 17).

1.3.2 Controlling-Organisation

Die *Organisation* ist ein Instrument des Managements zur Zielerreichung. Stetige Umweltveränderungen, sich ständig weiterentwickelnde und neue Technologien und der „Faktor Mensch" führen zu dem Erfordernis von kontinuierlichen organisatorischen Prozessanpassungen, damit das Unternehmen nicht unflexibel und ineffizient wird. Die Organisation legt dabei die Rahmenbedingungen für die Umsetzung der Planungsstrategien fest, bspw. über Weisungsrechte, Kompetenzen und Informationswege. Wichtig ist auch zu verstehen, dass eine Organisation personenunabhängig (also stellenbezogen) aufgebaut wird, um Neuorganisationen aufgrund des Verlassens einzelner Mitarbeiter des Unternehmens zu vermeiden. Organisation gliedert sich in eine Aufbau- und in eine Ablauforganisation (vgl. Jung 2014, S. 28). Hierauf wird in den Abschn. 1.3.2.1 und 1.3.2.2 näher eingegangen.

Allgemein definiert der Begriff Organisation bzw. das Organisieren den Prozess des planvollen Erstellens langfristiger Unternehmensstrukturen sowie das Ergebnis daraus, die Strukturen selbst und ein soziales Gebilde.

In funktioneller Hinsicht beschreibt die Controlling-Organisation die Gesamtheit aller Aufgaben, Methoden und Techniken zur Planung, Steuerung, Überwachung und Kontrolle des Unternehmens. Sie beinhaltet dabei sowohl die Aufbau- oder Strukturorganisation als auch die Ablauf- oder Prozessorganisation. Des Weiteren ist zu beachten, dass aus funktioneller Sicht auch die Tätigkeiten des Reorganisierens die Controlling-Organisation umfassen und damit auch der Prozess der organisatorischen Gestaltung selbst Gegenstand sein kann und sollte (vgl. Grundei und Becker 2009, S. 117).

Um Unternehmensziele bestmöglich zu erfüllen und einen innerbetrieblich einwandfreien Ablauf zu gewährleisten, ist die Integration des Controlligs an der richtigen Stelle innerhalb des Unternehmens notwendig. Ihr kommt die Aufgabe zu, die einzelnen Prozesse untereinander abzustimmen. Oft wird eine Stellenstruktur des Controllings realisiert, welche der Ablauforganisation des Unternehmens folgt. Dabei richtet sich die Controllingorganisation an der Managementorganisation aus und ändert sich nachweisbar mit den Kernkompetenzen der Unternehmenstätigkeit und der -größe.

Alles in allem kann ein Controlling noch so lückenlos strukturiert und organisiert sein, wenn es nicht an der richtigen Stelle im Unternehmen integriert ist, kann es seine Wirkung nicht voll entfalten. Umkehrschluss ist demnach, dass der organisatorische Aufbau des Controllings den ControllernInnen bei der Ausführung der Tätigkeiten unterstützen muss.

1.3.2.1   Aufbauorganisation des Controllings

Allgemeine Aufgabe der *Aufbauorganisation* ist es, von der Gesamtaufgabe des Unternehmens ausgehend eine Aufspaltung in Teilaufgaben vorzunehmen. Durch anschließende Verknüpfung dieser Stellen entsteht eine zweckmäßige arbeitsteilige Struktur unternehmerischer Handlungsprozesse. Dies ist dann der jeweilige Grundriss der Position innerhalb der Aufbauorganisation. Aus der Stellenaufgabe leitet sich dann sowohl die Kompetenz als auch die Verantwortung des/der Stelleninhabers/Stelleninhaberin bzw. des/der ControllersIn ab.

Bei größeren Unternehmen wird aufgrund der klassischen Trennung von Eigentum und Verfügungsmacht die Geschäftsführung oft auf ein angestelltes Management übertragen. Folglich besitzt die Kontrolle und Überwachung innerhalb der Organisation eine besondere Relevanz. Eine optimale Aufbauorganisation trägt deshalb zur Unternehmensexistenz bei und verstärkt die Wettbewerbsposition gegenüber den Wettbewerbern (vgl. Strieder 2005, S. 25).

Wenn die Aufbauorganisation mit einem Stadtplan verglichen werden kann, so betrifft die Ablauforganisation die Nutzung der Straßen der Stadt. Die Grundidee der Aufbauorganisation ist daher, dass sie durch die vorherrschende Form der Aufgabenspezialisierung, Verteilung der Weisungsbefugnisse und Verteilung der Entscheidungsaufgaben bestimmt wird. Sie bestimmt, wie das Controlling in einem Unternehmen umgesetzt wird und welche Funktionen und Aufgaben das Controlling im Unternehmen übernehmen kann und soll.

Im Folgenden werden die in der Aufbauorganisation unterschiedlichen Organisationsformen, Linien- und Stabsorganisation, dargestellt, die sich durch die Weisungsbefugnis in disziplinarischen und fachlichen Fragen differenzieren. Außerdem beschreiben

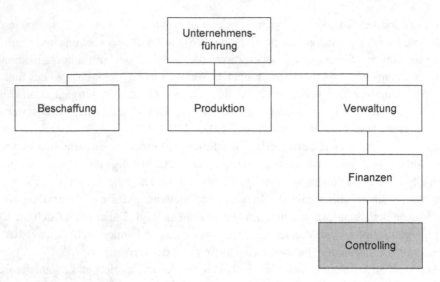

Abb. 1.8 (Finanz-)Controlling als Linienfunktion (Eigene Darstellung)

die Autoren in diesem Zusammenhang jeweils kurz das zentrale, dezentrale, interne und externe Controlling.

1.3.2.1.1 Controlling als Linienfunktion

Linienfunktionen in einem Unternehmen sind direkt am Wertschöpfungsprozess beteiligt. Das bedeutet, dass ihre Aufgaben in der Umsetzung von Maßnahmen bestehen, die sich aus den Unternehmenszielen ableiten, etwa der Einkauf von Rohmaterial, die Produktion von Gütern oder die Einhaltung von Kostenzielen.

In diesem Beispiel (Abb. 1.8) ist das Controlling als Linienfunktion eingeordnet und berichtet an den Leiter/die Leiterin der Finanzabteilung, der/die wiederum dem Leiter/der Leiterin der Verwaltungsabteilung unterstellt ist. In einer derartigen Controlling-Organisation wird das Controlling im Wesentlichen *Aufgaben aus dem Bereich Finanzcontrolling* übernehmen. Eine Steuerung und Kontrolle kann nur für die eigene Controllingabteilung erfolgen, jedoch nur in dem Maß, das durch den Leiter/die Leiter in der Verwaltungsabteilung vorgegeben wird. Eine Einflussnahme auf die anderen Bereiche Beschaffung und Produktion ist so nicht möglich.

In Abb. 1.9 ist das Controlling ebenfalls in einer Linienfunktion, jedoch *gleichberechtigt* mit den anderen Unternehmensbereichen und damit Teil der obersten Führungsebene, dargestellt. Im Vergleich bieten sich hier bereits größere Gestaltungsmöglichkeiten für das Controlling, allerdings sind bei einer solchen Organisation Interessenkonflikte möglich. Denn das Controlling muss einerseits als Linienfunktion Vorgaben der Unternehmensführung in Bezug auf Kosten und Leistungen umsetzen, ist gleichzeitig aber auch an der Entwicklung der Vorgaben durch die Bereitstellung und Auswertung von Daten beteiligt.

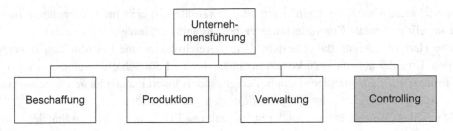

Abb. 1.9 Controlling als gleichberechtigte Linienfunktion (Eigene Darstellung)

1.3.2.1.2 Controlling als Stabsfunktion

Eine *Stabsfunktion* hat vor allem beratende und unterstützende Aufgabenschwerpunkte und ist damit i. d. R. direkt der Unternehmensführung unterstellt (Abb. 1.10). Anders als Linienverantwortliche haben MitarbeiterInnen in Stabsfunktionen keine Weisungsbefugnisse anderen gegenüber.

Die Controlling-Organisation als Stabsfunktion bietet einige Vorteile gegenüber einer Linienfunktion. ControllerInnen in Stabsstellen haben keine personelle und finanzielle Verantwortung, sind also frei von Eigeninteressen und damit vor Interessenskonflikten geschützt. Auch die notwendige Neutralität in Bezug auf die interne Organisation ist so gegeben, da keine Verflechtungen mit den anderen Abteilungen bestehen. Diese Form der Controlling-Organisation ist die in der Praxis am häufigsten anzutreffende.

Neben der Linien- und der Stabsorganisation gibt es noch die sog. Matrixorganisation auf die in Abschn. 1.3.2.3.3 näher eingegangen wird.

1.3.2.1.3 Zentrales Controlling

In größeren, divisionalisierten Unternehmen muss sich die Unternehmensführung Gedanken darüber machen, wie die organisatorische Controlling-Struktur auszurichten ist, d. h., ob es passender und zweckmäßiger ist, das Controlling (ausschließlich) in der

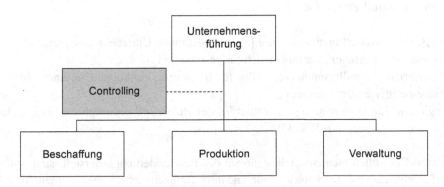

Abb. 1.10 Controlling als Stabsfunktion (Eigene Darstellung)

Unternehmenszentrale zu organisieren oder ob (zusätzlich) einzelne Unternehmensbereiche jeweils dezentrale ControllerInnen in ihre Organisation integrieren sollten.

Die Herausforderung dabei besteht darin, bereichsintern eine Koordination sicherzustellen. Eine der notwendigen Voraussetzungen dafür ist die Schaffung eines homogenen Leitbildes, um ein einheitliches Controllerverständnis untereinander zu gewährleisten und die Bildung von sog. „*Controlling-Insellösungen*" zu vermeiden.

Damit das Controlling das Ziel der Steigerung von Effizienz und Effektivität der Unternehmensführung ermöglichen kann, muss das Controlling die Koordinationsfunktionen bei der Planung, Kontrolle und Informationsversorgung immer wieder überprüfen. Die Aufgaben *eines Zentral-Controllers bzw. einer Zentral-Controllerin* umfassen u. a. die Übernahme der Funktion als zentrale Anlaufstelle für dezentrale Controllingstellen, die Bearbeitung fallweise bereichsübergreifend auftretender Problemstellungen sowie die Aufstellung und Weiterentwicklung von Controlling-Methoden, d. h. die in unterschiedlichen Anwendungsfällen gesammelten Methodenerfahrungen zu bündeln und diese den Ansprechpartnern zur Verfügung zu stellen (vgl. Jung 2014, S. 33).

Allgemein ist ein zentrales Controlling vorteilhaft, um eine unmittelbare Zielsteuerung des Gesamtunternehmens zu verfolgen. Ein/e Zentral-ControllerIn ist unabhängig von unter Umständen dominierenden Zielkonkurrenzen, welche sich zwischen Bereichs- und Unternehmenszielen herausbilden könnten. Er/Sie würde die Sichtweise der Gesamtunternehmung bei seiner/ihrer Tätigkeit verstärkt berücksichtigen. Ein Nachteil des zentralen Controllings besteht darin, dass hinreichende Detailinformationen über den entsprechenden Unternehmensbereich vorliegen müssen, um zentral möglicherweise falsche Schlussfolgerungen zu vermeiden (vgl. Amann und Petzold 2014, S. 34).

1.3.2.1.4   Dezentrales Controlling

Dezentral-ControllerInnen sind als Typus AnwendungsberaterInnen in den dezentralen Unternehmensbereichen aufzufassen. Es besteht eine hohe Interaktion mit den entsprechenden BereichsmanagerInnen sowie anderen Controllerstellen, um den ManagerInnen bereichsübergreifende Informationen zu vermitteln. In der Praxis existieren differente Dezentral-ControllerInnen-Genre:

- DivisionscontrollerInnen, zuständig für eine bestimmte Unternehmenssparte,
- ProjektcontrollerInnen, verantwortlich für gesonderte Projekte,
- Bindestrich-ControllerInnen, zuständig für bestimmte Funktionen in einem verrichtungsorientierten Unternehmen,
- RegionalcontrollerInnen, verantwortlich in der Betreuung geographisch abgesteckter Bereiche (vgl. Jung 2014, S. 33).

Dezentral-ControllerInnen, speziell wenn sie der Bereichsleitung unterstellt sind, sollten darauf achten, dass die Bereichsziele während ihrer Tätigkeit nicht tangiert werden. Ansonsten können sich Konflikte ergeben, deren Problemlösung i. d. R. mehr für den Teilbereich ausfällt. Aus diesem Grund besteht eine Gefahr der Suboptimierung. Dezentral-ControllerInnen haben jedoch den Vorteil, dass sie „näher am Geschäft" eingeordnet sind und die Interna der jeweiligen Bereichsorganisation kennen. Sie können ad hoc eine bessere Auskunft von Zielabweichungen verwirklichen (vgl. Amann und Petzold 2014, S. 34).

„Es besteht grundsätzlich die Möglichkeit, die zentralen und dezentralen ControllerInnen organisatorisch zu verknüpfen. Dabei werden drei Varianten unterschieden:

1. Dezentrale Controllerstellen unterstehen der Controlling-Zentrale: Diese Möglichkeit bietet den Vorteil, dass alle ControllerInnen untereinander eng verbunden sind. Sie hat aber den Nachteil, dass die ControllerInnen in den Bereichen isoliert werden.
2. Dezentrale ControllerInnen werden fachlich und disziplinarisch den Bereichsmanagern/-managerinnen unterstellt: Hierbei wird zwar eine enge Zusammenarbeit mit den Bereichsmanagern gewährleistet, es besteht aber die Gefahr der Entfernung vom Zentralbereich, wobei die gesamte Koordination und der gesamte Informationsfluss behindert werden.
3. Dotted-Line-Prinzip: Diese Variante findet am häufigsten in der Praxis Anwendung. Es wird eine Trennung zwischen dem fachlichen und dem disziplinarischen Weisungsrecht vorgenommen, wobei keine der beiden Möglichkeiten favorisiert wird." (Jung 2014, S. 33)

Vor diesem Hintergrund bietet sich, insb. für größere Unternehmen mit mehreren Standorten vielleicht sogar in verschiedenen Ländern, eine Kombination aus der zentralen und der dezentralen Controlling-Organisationform an.

1.3.2.1.5 Internes Controlling

Das *interne Controlling* übernimmt alle Controlling-Funktionen im Unternehmen selbst. Vorteile des internen Controllings bestehen in der räumlichen und zeitlichen Nähe zu den Entscheidungsträgern, deren schnelle Informationsversorgung und Kenntnisse über die betriebseigene IT. Internes Controlling kann durch unterschiedliche organisatorische Lösungen realisiert werden. Abhängig sind diese von den unternehmensspezifischen Bedingungen und der Unternehmensgröße. Das Ausmaß der Controlling-Aufgaben in kleineren Unternehmen rechtfertigt das Einrichten einer eigenen Stelle i. d. R. nicht, da diese auch vom Geschäftsführer/von der Geschäftsführerin oder dem Leiter/der Leiterin des Rechnungswesens wahrgenommen werden können. Bei mittelständischen Unternehmen ist es analog. In Großunternehmen und global agierenden Konzernen ist es entgegengesetzt, denn hier werden, je nach Aufbauorganisation, vollständige Controlling-Einheiten mit mehreren ControllerInnen-Stellen gegründet (vgl. Gottfreund 2015, S. 16).

1.3.2.1.6 Externes Controlling

„Das *externe Controlling* wird meist von Unternehmensberatern oder fachlich spezialisierten Dienstleistern durchgeführt. Dies wird insb. dann notwendig, wenn im Unternehmen das eigene „Know-how" dazu nicht ausreicht. Insbesondere für KMU bietet dies einige Vorteile, wie z. B. die Schnelligkeit einer Konzeptionierung eines Controlling-Systems durch fachkompetente Spezialisten oder die Unabhängigkeit eines externen Beraters gegenüber dem Unternehmen und dessen Mitarbeitern, sowie eine bessere Objektivität gegenüber unternehmensinternem Personal. Nachteilig kann externes Controlling dann werden, wenn bspw. ein Unternehmensberater/eine Unternehmensberaterin oder Dienstleister die ControllerInnen-Funktion permanent ausübt und die dabei entstehenden Kosten die einer eigenen Controllerstelle im Unternehmen übersteigen." (vgl. Gottfreund 2015, S. 16).

Zudem muss sich das Management die Frage stellen lassen, ob Controlling-Tätigkeiten und deren Ergebnisse nicht zu den Kernkompetenzen des eigenen Unternehmens gehören. Diese sollten dann nicht extern durchgeführt bzw. outgesourct werden.

1.3.2.2 Ablauforganisation des Controllings

Neben der Aufbauorganisation in einem Unternehmen soll an dieser Stelle die *Ablauforganisation* des Controllings untersucht werden. Die Zweckmäßigkeit Arbeitsschritte festzulegen und diese im Rahmen der Ablauforganisation zeitlich und räumlich anzuordnen, lässt sich anhand vieler Kriterien bewerten. Falls bspw. ein bestimmter Output zu erzielen ist, ist die Ablauforganisation so zu gestalten, dass dieses Ergebnis möglichst effizient erreicht wird. Klassisches Ziel der Ablauforganisation ist demnach u. a. die Durchlaufzeiten, also die gesamte Zeitdauer, die für die Vorgangsbearbeitung z. B. eines Auftrags inkl. Transport- und Liegezeiten notwendig ist, zu minimieren. Ein weiteres Ziel ist es, eine hohe Kapazitätsauslastung zu erreichen. Die beiden Ziele stehen jedoch in einer konfliktären Beziehung zueinander. Dieser Zielkonflikt ist ggf. mit steigender Flexibilität der Sach- und Personalkapazitäten bis zu einem gewissen Grade zu beheben (vgl. Werder et al. 2006, S. 32 f.).

Die Ablauforganisation des Controllings im Speziellen orientiert sich an den klassischen Prozessen der Unternehmensführung und unterteilt sich in Planungs-, Steuerungs- und Kontrollprozess des Controllingsystems. Diese einzelnen Prozesse der Ablauforganisation innerhalb des Controllingsystems werden im Folgenden vorgestellt.

1.3.2.2.1 Planungsprozess des Controllingsystems

Der *Planungsprozess* beinhaltet den Aufbau und die Ausgestaltung des Controllingsystems, den Aufbau des Informationssystems und die Implementierung verschiedener Controlling-Instrumente. Vor Beginn der eigentlichen Controlling-Tätigkeit hat das Controlling selbst den Steuerungs- und Kontrollprozess zu gestalten und zielbezogen zu organisieren. Diese Aufgabe ergibt letztlich das Gesamtgebilde des Planungssystems. Der Ablauf erfolgt nach den klassischen Phasen des Planungsprozesses. Als Frage stellt sich hier, wer in einem Unternehmen (PlanungsträgerIn) für wen (PlanungsadressatIn) welche Pläne (Planungsinhalt) über welchen Zeitraum (Planungshorizont) mit welchen Methoden und Instrumenten und mit welchem Informationsbedarf aufstellen soll und wer die Planungsverantwortung übernimmt? Der Planungsprozess besteht zudem aus einem Datenbankaufbau, um Umfelddaten für das Informationssystem zu erfassen und aufzubereiten. Die Planung des Controllingsystems kann als Top-Down-Planung, als Bottom-Up-Planung oder in einem Gegenstromverfahren erfolgen. Des Weiteren kann die Planung in sämtlichen Bereichen simultan oder sukzessiv nacheinander ausgeführt werden (vgl. Pünsch 1996, S. 16 f.).

1.3.2.2.2 Steuerungsprozess des Controllingsystems

Der *Steuerungsprozess* folgt in seiner Struktur dem Planungsprozess. Er fügt die einzelnen Planungen und Pläne zu einem zielbezogenen, gesamtaussagefähigen Informationssystem zusammen. Synonym wird der Steuerungsprozess deshalb auch als Koordinationsprozess bezeichnet. Schwerpunktmäßig werden innerhalb des Steuerungsprozesses die verschiedenen Teilpläne zielorientiert kombiniert und die einzelnen Unternehmens-Teilbereiche zweckmäßig in das Controlling- und das Informationssystem einbezogen, um evtl. Engpässe zu analysieren und Synergieeffekte zu nutzen. Der Steuerungsprozess ist vom Aufwand her geringer, je zentraler und idealer der Planungsprozess im Vorfeld erfolgte, d. h. je geringerer Abstimmungsbedarf zwischen langfristiger und kurzfristiger Planung besteht. Umgekehrt besteht ein umso größerer Steuerungsaufwand, je mehr Interdependenzen zwischen langfristiger und kurzfristiger Planung vorhanden sind (vgl. Pünsch 1996, S. 17).

1.3.2.2.3 Kontrollprozess des Controllingsystems

Der *Kontrollprozess* des Controllings subsumiert die Überprüfung des ausgewählten Informations- und Controllingsystems. Es wird überprüft, ob die beste Performance und Kombination der Einzelelemente und letztendlich die wirtschaftlichste Auswahl vorgenommen wurde. Der Kontrollprozess beinhaltet auch, ein Berichtssystem zur Dokumentation und Festigung der Pläne zu erstellen, sowie beim Abgleich zwischen Bottom-Up- und Top-Down-Planungen zu unterstützen. Er nützt letztendlich auch der Qualitäts- und Effizienzmessung der Informationsversorgung durch das Controllingsystem (vgl. Pünsch 1996, S. 17).

1.3.2.3 Einbindung des Controllings in die Unternehmensorganisation

Das Controlling kann in die Unternehmensorganisation anhand der Gestaltungsparameter Form der Aufgabenspezialisierung, Verteilung der Weisungsbefugnisse und Verteilung der Entscheidungsaufgaben in verschiedene Strukturmodelle ausgerichtet werden. Im Folgenden werden daher die unterschiedlichen Einbindungsalternativen des Controllings aufgezeigt und es wird auf Vorteile und Nachteile der jeweiligen Controlling-Organisationsform eingegangen.

Allgemein vertritt die Organisationstheorie die Annahme, dass eine strukturierte Aufgabenerfüllung zu einem höheren Grad an Effizienz führt als eine nicht strukturierte. In Anlehnung an diese Auffassung wurde und wird diejenige Alternative der Unternehmensorganisation entwickelt, die bei gegebenen Rahmenbedingungen das höchste Maß an Effizienz ermöglicht.

1.3.2.3.1 Controlling in Funktionaler Organisation

Eine unter mehreren Varianten der aufbauorganisatorischen Anordnungen ist die *funktionale Organisation*. Der Begriff funktional leitet sich vom lateinischen functio ab und bedeutet Verrichtung. Da Aufgaben als Verrichtungen an Objekten definiert sind, wird mit funktionaler Organisation lediglich ein spezifischer Wesensteil der Aufgabe als organisatorisches Element angesprochen. Die funktionale Organisation ist demzufolge eine verrichtungsorientierte Einlinienorganisation. Unterhalb des Unternehmensvorstandes finden sich entsprechende Abteilungen wie z. B. Beschaffung, Produktion, Absatz, Personal, Controlling etc. Die Vorteile der funktionalen Organisation sind, dass sie hinsichtlich quantitativer Veränderungen flexibel und anpassungsfähig ist sowie nach der optimalen Finanz- und Sachressourcen-Effizienz strebt. Nachteilig sind die fehlende Wettbewerbsorientierung der einzelnen Abteilungen und der hohe Koordinationsbedarf. Das Controlling kann auf unterschiedliche Varianten in die funktionale Organisationsstruktur integriert werden.

Einerseits kann das Controlling als Unterkomponente einer Servicekomponente z. B. Verwaltung, Finanz- und Rechnungswesen etc. eingeordnet werden. Die Vorteile dieser Einteilung liegen in der Aggregation der Fachkompetenz und aller entstehenden Informationen. Nachteilig bzw. bedenklich hierbei ist die Eventualität des einseitigen Interessenkalküls, d. h., ein/e ControllerIn ist nur so gut, wie es der/die entsprechende Abteilungs- bzw. BereichsleiterIn zulässt.

Andererseits kann das Controlling als eigenständige (Haupt-)Abteilung auf gleichgestellter hierarchischer Ebene wie die anderen originären Unternehmensfunktionen eingeordnet sein. Das Controlling wird hierdurch zwar hierarchisch aufgewertet, allerdings besteht das Risiko, den Kontakt zu den Informationsquellen an der Basis zu verlieren bzw. von anderen Unternehmensbereichen nicht mit den erforderlichen Informationen versorgt zu werden.

Da bei der ganzheitlichen Strukturierung eines Unternehmens sämtliche Aufgaben zu berücksichtigen sind, drückt eine einseitige organisatorische Fokussierung auf einer Ebene zwingend einen Perspektivenwechsel auf einer anderen, nach- oder vorgelagerten Ebene, aus. Bei der normalerweise vertikal abwärts erfolgenden Analyse einer Unternehmensorganisation heißt das, dass die funktionale Organisation von einer objektorientierten innerhalb einer Funktion gefolgt wird, da Verrichtungen nicht beliebig weit in sich differenziert und die Objekte nicht ausgelassen werden können.

Eine funktionale Organisation ist sinnvoll bei der Konzentration auf ein Produkt bzw. ein relativ homogenes Produktprogramm, da hier Größen- und Spezialisierungsvorteile genutzt werden können. Zudem bei Tätigkeiten auf Märkten mit stabilem Umfeld und geringer Unsicherheit, da das Unternehmen hier nicht flexibel reagieren muss. Abb. 1.11 zeigt den Strukturaufbau der funktionalen Organisation.

Abb. 1.11 Funktionale Organisation (Eigene Darstellung)

1.3.2.3.2 Controlling in divisionaler Organisation

Eine *divisionale Organisation* beschreibt eine Spartenbildung z. B. einzelner Produkte, Abnehmergruppen oder Regionen etc., die ihrerseits wiederum in funktionaler Hinsicht strukturiert sein können. In ihrer Anordnung ist sie eine Art Leitungsdezentralisation in der Organisationsstruktur eines Unternehmens. Durch die Generierung von *„divisions"* *(Sparten)* wird ein komplexes System in Teilsysteme aufgeteilt, die zu Unternehmen im Unternehmen werden. Die divisionale Organisation (Spartenorganisation) breitete sich in den 1940er- und 50er-Jahren in den USA und ab den 1960er- Jahren auch in Europa aus. Gründe dafür sind das (Größen-)Wachstum der Unternehmen, bspw. mehr Ebenen und längere Kommunikationswege, sowie die Produkt- und Marktdiversifikation. Vorteile der divisionalen Organisation sind die Marktnähe, die Wettbewerbsorientierung sowie die rasche Anpassungsfähigkeit an qualitative Umweltänderungen. Vor allem in größeren Unternehmen wird diese Organisationsform angewendet, da u. a. eine gewinnorientierte Unternehmensführung der einzelnen Sparten mittels Eigenverantwortlichkeit bspw. in Form von Profitcentern eingängiger und für die Akteure häufig auch motivierender ist.

Die bei der divisionalen Organisation geschaffenen einzelnen Sparten können rechtlich selbstständig oder unselbstständig sein. Gegliedert werden können diese entweder nach dem Center-Konzept wie Cost-Center, Profitcenter, Investmentcenter oder nach der Einteilung in Zentralbereiche und operative Einheiten.

Die Controlling-Integration in ein spartenorganisiertes Unternehmen erfolgt als Controllingabteilung auf der Unterebene innerhalb der einzelnen Sparten. In der Praxis schließen sich diese Controlling-Bereiche häufig an ein Zentralcontrolling an, welches an der oberen Hierarchieebene angesiedelt ist. Die jeweiligen ControllerInnen sind dennoch als MitarbeiterInnen der Sparte bzw. des Profitcenters an deren Ziele gebunden. Dies kann in einem konfliktären Verhältnis zu den Zielen des Zentralcontrollings stehen. Ein ergänzender Vorteil der divisionalen Organisation ist die Nähe des Controllings zum direkten Unternehmensprozess in den einzelnen Sparten. En bloc kann das Spartencontrolling spezielles Know-how ansammeln, während sich das Zentralcontrolling auf strategische und übergreifende Aufgaben fokussieren kann und sollte.

In der Organisation von Profitcentern ist das Zentralcontrolling als eigenständige Abteilung ergebnisverantwortlich und kann die eigene Effizienz steigern. Nachteile hierbei sind das o. g. konfliktäre Interessenverhältnis sowie die mögliche Ausnutzung von Detailwissen der SpartencontrollerInnen gegenüber dem Zentralcontrolling. Zu beachten ist, dass eine Gewährleistung der Ergebnisverantwortlichkeit der SpartenleiterInnen nur dann erfüllt werden kann, wenn ihnen alle Abteilungen und damit auch das Spartencontrolling untergeordnet sind. Der Interessenkonflikt kann ggf. behoben werden, wenn eine Teilung in disziplinarische und fachliche Weisungsbeziehungen vorgenommen wird. Abb. 1.12 illustriert eine divisionale Organisation (Spartenorganisation).

1.3.2.3.3 Controlling in Matrixorganisation

Die *Matrixorganisation* ist eine Kombination aus funktionaler und divisionaler Organisation. Das Unternehmen wird zunächst in eine funktionale Organisationsstruktur eingeteilt

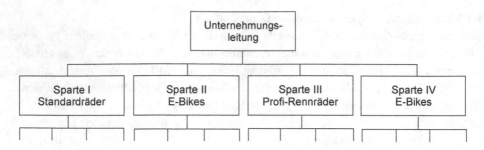

Abb. 1.12 Divisionale Organisation (Spartenorganisation) (Eigene Darstellung)

und im Anschluss werden die Funktionsbereiche mit einer divisionalen Strukturierung kombiniert. Aufgrund dieser Organisation entstehen mehrdimensionale Weisungsbeziehungen.

Die entsprechenden (Controlling-)MitarbeiterInnen erhalten gleichberechtigte Anweisungen vom zuständigen Funktionsmanagement und vom zuständigen Spartenmanagement. Sparten-ControllerInnen beraten dabei die SpartenleiterInnen und vertreten deren Interessen. Aufgabe des Fachcontrollers bzw. der Fachcontrollerin ist es hingegen, die Unternehmensleitung systemübergreifend und strategisch orientiert zu unterstützen. Vorteilhaft ist die Matrixorganisation hinsichtlich der Transparenz der komplexen Zusammenhänge, zumal fachkompetente ControllerInnen „vor Ort" sind. Als nachteilig wird der hohe Koordinations- und Verwaltungsaufwand angesehen.

In summa ist die Matrixorganisation die Grundstruktur einer mehrdimensionalen Organisationsstruktur, bei der anlässlich der Einrichtung von Bereichen für sämtliche Teilhandlungen Entscheidungskompetenzen formuliert und auf Entscheidungseinheiten übertragen werden. Abb. 1.13 veranschaulicht eine Matrixorganisation.

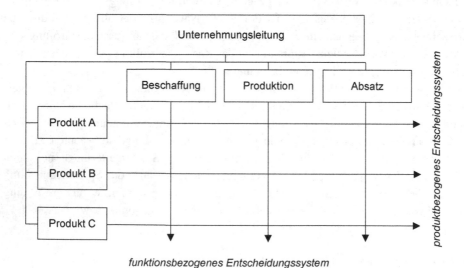

Abb. 1.13 Matrixorganisation (Eigene Darstellung)

Die Matrixorganisation ist eine Variante möglicher Organisationsmodelle in einem Unternehmen und gleicht dem Matrix-Projektmanagement. Sie ist ein Mehrliniensystem mit gleichzeitiger Verrichtungs- und Objektgliederung. Die Verrichtungsanordnung, d. h. die Anordnung nach Funktionsbereichen wie bspw. Beschaffung, Produktion, Absatz bildet üblicherweise die vertikale Dimension (Linieninstanz). Im Gegensatz dazu bildet die Objektgliederung normalerweise die horizontale Dimension bspw. die Gliederung nach Produkten oder Märkten (Matrixinstanz). Durch diese Anordnung entsteht die Matrixorganisation. Diese stellt allerdings auch hohe bzw. neue Anforderungen besonders für:

- das Management, da es für zwei Linien bez. Führung verantwortlich ist,
- gleichberechtigte Matrix-ManagerInnen, die mit der Koordination betraut sind,
- doppelt berichtende MitarbeiterInnen, da sie an zwei Vorgesetzte berichten müssen.

Die Matrixorganisation findet vorwiegend in größeren (international tätigen) Unternehmen, bei denen mindestens zwei Gliederungsdimensionen für die Wettbewerbsfähigkeit wichtig sind, Anwendung. In der Praxis wird die Matrixorganisation auch zur Ergänzung der Linienorganisation um zusätzliche koordinationsrelevante Aspekte herangezogen. Die langfristigen Ziele einer planbaren und übergeordneten Unternehmensentwicklung lassen sich oft nur mit erhöhtem Aufwand in einer Matrixorganisation realisieren. Infolgedessen setzen Unternehmen die Matrixorganisationen besonders erfolgreich vor allem in projektorientierten Branchen, wie im Bauwesen, der Fahrzeugentwicklung und in Profitcentern ohne nachhaltige Unternehmensziele ein. In der Verwaltung und in der Massenproduktion, z. B. in Großbäckereien, finden reine Matrixorganisationen dagegen nur vereinzelt Anwendung.

1.4   Controlling-Instrumente in ausgewählten Controlling-Konzeptionen

Der folgende Abschnitt wird nicht die gesamte Fülle existierender Controlling-Konzeptionen widerspiegeln können, allerdings wird eine adäquate und themenbezogene Auswahl dieser beschrieben. Den Autoren erscheint es angebracht, sich auf die im deutschsprachigen Raum geläufigsten Konzeptionen zu beschränken sowie auf eine von Weber et al. verwendete Einteilung Bezug zu nehmen. Bezüglich der inhaltlich einheitlichen Ausrichtung sind den Controlling-Konzeptionen vorwiegend mehrere Vertreter zuzurechnen. Ebenso ist hier eine Auswahl erforderlich. Eine Auswahl wurde auf Grundlage der Verbreitungsintensität vorgenommen, die die von den Vertretern der Controlling-Konzeptionen geschriebenen Lehr- und Fachbücher aufweisen. Auf Grundlage der dargestellten Überlegungen wurden die folgenden Konzeptionen und Vertreter selektiert. Die Aufzählung und die in den folgenden Abschnitten vorgenommenen Beschreibungen der einzelnen Controlling-Konzeption erfolgen in der Reihenfolge der zeitlichen Entwicklung:

- Controlling als Informationsversorgung nach *Reichmann,*
- Controlling als erfolgszielorientierte Planung und Kontrolle nach *Hahn und Hungenberg,*
- Controlling als Koordination von Führungsteilsystemen nach *Horváth,*
- Controlling als Koordination des gesamten Führungssystems nach *Küpper,*
- Controlling als Rationalitätssicherung der Führung nach *Weber und Schäffer* (vgl. Becker und Baltzer 2009, S. 13).

Die Auswahl wird zudem durch die vertretene Konzeption „Controlling als wertschöpfungsorientierte Führungsteilfunktion" nach *Becker* ergänzt sowie zur Berücksichtigung der Unternehmenspraxis durch das ControllerInnen-Leitbild des *Internationalen Controller Vereins* erweitert.

1.4.1   Controlling-Konzeption von Reichmann (Vgl. Becker and Baltzer 2009, S. 14 f.; Reichmann 2006, S. 1–18.)

Reichmann definiert Controlling als zielbezogene Unterstützung von Führungsaufgaben, die der systemgestützten Informationsbeschaffung und Informationsverarbeitung zur Planerstellung, Koordination und Kontrolle dient. Es handelt sich hierbei um eine rechnungswesens- und vorsystemgestützte Systematik zur Verbesserung der Entscheidungsqualität auf allen Führungsstufen des Unternehmens. Als Funktion des Controllings nennt *Reichmann* prinzipiell eine angemessene Informationsversorgung aller Managementebenen und betont dabei die Relevanz der Informationstechnologie.

   Reichmann konkretisiert die als Erfolg, Rentabilität oder Produktivität kennzeichnende Wirtschaftlichkeit sowie die Liquidität als Ziele, an denen sich das Controlling auszurichten hat. Die Aufgaben des Controllings ordnet *Reichmann* vorwiegend in Prozesse der Kommunikation und der Informationsverarbeitung ein, welche sich wiederum in drei Dimensionen abbilden lassen:

- nach den Funktionsbereichen z. B. Beschaffung, Produktion, Absatz,
- nach den Informationskategorien z. B. Kosten/Leistungen, Aufwendungen/Erträge, nicht monetäre Größen,
- nach dem Zeithorizont [strategisch (mittel-langfristig), operativ (kurzfristig)].

Das Resultat einer Dimensionsausprägung zuordenbarer Controlling-Aufgabe ist in dem Fall z. B. der Aufgabenbereich des Beschaffungs-Controllings, des Kosten- und Erfolgs-Controllings oder des strategischen Controllings. Gemäß der führungsunterstützenden Auffassung von Controlling gibt *Reichmann* vorrangig ControllerInnen als InhaberInnen eigenständiger Stellen als Träger der Controllingaufgaben an. Dabei setzen der/die ControllerIn, die aus dem durch die (informationsorientierte) Controlling-Konzeption vorgegebenen Methodenvorrat vorhandenen Controlling-Instrumente ein. *Reichmann* differenziert zudem zwischen betriebswirtschaftlichen und datenverarbeitungstechnischen

Instrumenten. Als übereinstimmenden Begriff für Instrument nutzt er „Applikation" und zählt Methoden, Techniken und Verfahren dazu.

1.4.2   Controlling-Konzeption von Hahn und Hungenberg (Vgl. Becker and Baltzer 2009, S. 16 f.; Hahn und Hungenberg 2001, S. 265–286.)

Die Vertreter *Hahn und Hungenberg* definieren die Ergebnisoptimierung in Form einer Gewinnmaximierung bzw. Unternehmenswertmaximierung als Controlling-Ziel, jeweils unter Berücksichtigung der Sicherung der Liquidität. Daraus folgt die allgemeine Aufgabe des Controllings der „informationellen Sicherung bzw. Sicherstellung ergebnisorientierter Planung, Steuerung und auch Überwachung des gesamten Unternehmensgeschehens – vielfach verbunden mit einer Integrations- bzw. Systemgestaltungsfunktion, grundsätzlich verbunden mit einer Koordinationsfunktion."

Aus dieser Aufgabe ergeben sich nach *Hahn und Hungenberg* spezielle Nutzungs- und Gestaltungsaufgaben des Controllings. Die Nutzungsaufgaben umfassen die Planung und Kontrolle des Unternehmens und dabei insbesondere die ergebnis- und liquiditätsorientierte Planungs- und Kontrollrechnung, das (interne) Rechnungswesen als Dokumentationsrechnung sowie die primär ergebnisorientierte Informationserstellung und -erstattung. Die Gestaltungsaufgaben umfassen die für die Nutzungsaufgaben notwendigen Systeme, Verfahren und organisatorischen Strukturen.

Hahn und Hungenberg verstehen Controlling primär als Führungsunterstützungsfunktion, wobei die Controlling-Aufgaben außer von ControllerInnen auch von anderen Personen übernommen werden können. Unter Controlling-Instrumenten fassen die beiden genannten Vertreter betriebswirtschaftliche Systeme und Verfahren auf, wobei diese in einem fortwährend einflussreicheren Ausmaß IT-unterstützt eingesetzt werden. Die Controlling-Instrumente werden dabei den definierten Aufgabenkomplexen zugeordnet.

1.4.3   Controlling-Konzeption von Horváth (Vgl. Becker and Baltzer 2009, S. 17 f.; Horváth 2009, S. 123–126.)

Horváth definiert Controlling auf einer systemtheoretischen Grundlage als „Subsystem der Führung, das Planung und Kontrolle sowie Informationsversorgung systembildend und systemkoppelnd ergebniszielorientiert koordiniert und so die Adaption und Koordination des Gesamtsystems unterstützt". Die Koordinationsfunktion des Controllings betrifft somit nicht das Ausführungssystem (Primärkoordination), sondern lediglich die Führungsteilsysteme Planung und Kontrolle sowie Informationsversorgung (Sekundärkoordination). Die Funktion ist im Hinblick auf die Ergebnisziele des Unternehmens vorzunehmen.

Zur Strukturierung der Aufgaben des Controllings nennt *Horváth* drei wichtige Dimensionen:

- Zielaspekte (operativ, strategisch),
- Verrichtungsaspekte (systembildend, systemkoppelnd) sowie
- Objektaspekte (das Planungs- und Kontrollsystem oder das Informationsversorgungssystem betreffend).

Die Systembildung erklärt den Entwurf und die Implementierung von aufeinander abgestimmten Systemen. Die Systemkopplung definiert die laufende Abstimmung innerhalb der und zwischen den bestehenden Systemen. Als Träger der aufgezählten Controlling-Aufgaben nennt *Horváth* die ControllerInnen, während Controlling im englischen Sprachgebrauch als Steuerung verstanden, Aufgabe der ManagerIn ist und von den ControllerInnen lediglich unterstützt wird.

Zu den Controlling-Instrumenten zählt *Horváth* ideelle Hilfsmittel wie Methoden, Techniken, Verfahren und Modelle sowie die Informationsverarbeitung als reales Hilfsmittel. Zur Einteilung der Controlling-Instrumente verwendet er dieselben Dimensionen wie zur Strukturierung der Controlling-Aufgaben.

1.4.4   Controlling-Konzeption von Küpper (Vgl. Becker and Baltzer 2009, S. 18 f.; Küpper 2008, S. 28–44.)

Küpper fokussiert Controlling als Koordination des Führungssystems, dem er als Subsysteme, neben dem Controlling, das Planungssystem, das Kontrollsystem, das Informationssystem, die Organisation sowie das Personalführungssystem zuordnet. Aus dieser Koordinationsfunktion des Controllings deduziert *Küpper* weitere Funktionen. Die reaktive Anpassungsfunktion und die proaktive Innovationsfunktion lassen sich als Koordination der Unternehmensführung mit der Unternehmensumwelt präzisieren. Die Servicefunktion fixiert die Koordinationsfunktion und manifestiert sich insb. im Bereitstellen zweckmäßiger (Koordinations-)Methoden. Ebenso kennzeichnet die Zielausrichtungsfunktion auf das Unternehmensziel bzw. auf die Unternehmensziele die Koordinationsfunktion. Sie kommt allerdings nicht alleine dem Controlling zu. Das Controlling hat sich nach Auffassung von *Küpper* grundsätzlich an allen Zielen des Unternehmens auszurichten, wobei er das Erfolgsziel sowie die Liquiditätssicherung verdeutlicht.

Aus den genannten Controlling-Funktionen leiten sich als konkrete Aufgaben die Koordination innerhalb einzelner Führungssubsysteme sowie die Koordination zwischen mehreren Führungssubsystemen ab. Des Weiteren betont *Küpper*, dass als Controlling-Instrumente nur solche Hilfsmittel verstanden werden sollten, die zur Lösung von Koordinationsproblemen beitragen. Diese sog. isolierten Controlling-Instrumente unterstützen die Koordination innerhalb eines Führungssubsystems, stellen allerdings keine spezifischen Instrumente des Controllings dar. Übergreifende Controlling-Instrumente werden dagegen zur Koordination zwischen mehreren Führungssubsystemen genutzt und drücken charakteristische Controlling-Instrumente aus. Als gleichbedeutendes Wort für Instrumente nennt *Küpper* Methoden und Systeme.

Des Weiteren hebt *Küpper* die Notwendigkeit der Aufteilung in eine funktionale und eine institutionale Controlling-Perspektive hervor. Controlling fasst er als eigenständige Führungsfunktion auf, die von Managern oder sonstigen Stellen mit wahrgenommen oder aber von speziell dafür eingerichteten ControllerInnen-Stellen übernommen werden kann. Eine gänzliche Übertragung aller Controlling-Aufgaben auf ControllerInnen ist demnach nach *Küpper* nicht geeignet.

1.4.5   Controlling-Konzeption von Weber und Schäffer (Vgl. Becker and Baltzer 2009, S. 20 ff.; Weber und Schäffer 2008, S. 33–53.)

Weber und Schäffer fokussieren die Rationalitätssicherung der Führung als originären Inhalt des Controllings. Defizite der (Führungs-)Rationalität können als Wollens- und Könnensbeschränkungen vorkommen, da ManagerInnen eigenständige Ziele verfolgen und in ihrer Person begrenzte Fähigkeiten besitzen. Ziel des Controllings ist es daher, diese Rationalitätsdefizite zu erkennen, zu vermeiden bzw. zu beseitigen oder zumindest zu verringern. In diesem Zusammenhang definiert Rationalitätssicherung demzufolge eine Erhöhung der Wahrscheinlichkeit, dass das Führungshandeln entgegen der genannten Schwächen rational erfolgt. Des Weiteren umfassen die Controlling-Aufgaben nach *Weber und Schäffer* die Sicherstellung einer angemessenen Transparenz, die Sicherstellung der effektiven und effizienten Realisierung von Willensbildung, -durchsetzung und -kontrolle sowie die Sicherstellung einer angemessenen handlungsleitenden Ordnung. Die Organisation des Controllings erfolgt dabei prinzipiell auf alle Unternehmensziele hin ausgerichtet.

Die Funktion der Rationalitätssicherung kommt indes nicht alleine den ControllerInnen zu, sie stellt dessen ungeachtet aber den Schwerpunkt ihrer Tätigkeiten dar. Somit sind in der Konzeption von *Weber und Schäffer* die funktionale und die institutionale Perspektive des Controllings überwiegend identisch. Die führungsunterstützenden ControllerInnen-Aufgaben lassen sich zudem als Entlastungs-, Ergänzungs- und Begrenzungsaufgaben einteilen. Damit vertreten die beiden Autoren die Auffassung, dass die übrigen (gebräuchlichen) Controlling-Konzeptionen im Controlling-Ansatz als Rationalitätssicherung der Führung integrierbar sind und ausschließlich kontextspezifische Ausprägungen ihres Ansatzes darstellen. Diese sind vom aktuellen, zentralen Rationalitätsengpass eines Unternehmens abhängig.

Die Controlling-Instrumente implizieren nach *Weber und Schäffer* alle diejenigen betriebswirtschaftlichen Methoden und Verfahren, die in Bezug auf rationalitätssichernde

Aufgaben eingesetzt werden. Zur Strukturierung der Instrumente verwenden *Weber und Schäffer* die bekannten klassischen Aufgabenbereiche der Informationsversorgung sowie die unterschiedlichen Planungs- und Kontrollhorizonte.

1.4.6 Controlling-Konzeption von Becker (Vgl. Becker and Baltzer 2009, S. 22 ff.; Becker 1999, S. 8 ff.; Becker 2009, S. 58–74.)

Becker definiert Controlling als „eine integrierte Aufgabe der Unternehmensführung [...], die im Dienste der Optimierung von Effektivität und Effizienz das initialisierende Anstoßen sowie das Ausrichten des Handelns von Betrieben auf den Zweck der Wertschöpfung sicherzustellen hat. Diese originäre Funktion des Controllings wird [...] als Lokomotion bezeichnet. Die Wahrnehmung der originären Funktion der Lokomotion setzt insb. eine begleitende Erfüllung von derivativen Funktionen des Controllings voraus. Hierzu zählen die Sicherung wechselseitiger Abstimmung (Integration, Koordination und Adaption) von Führung und Ausführung sowie die dementsprechende Schaffung von Informationskongruenz innerhalb der Führung und Ausführung." Alles in allem folgt aus dieser führungsintegrativen sowie funktionsgenerischen Controlling-Sicht die Option, Unternehmen als Controlled Managed Systems zu betrachten.

Das Controlling soll in diesem Kontext mithelfen, die langfristige Existenz des Unternehmens zu sichern, indem es die Effektivität und die Effizienz unternehmerischen Handelns erhöht. Die Controlling-Ziele lassen sich weiter hinsichtlich der Zielkategorien Wertziele, Produkt- und Marktziele, Prozessziele sowie Ressourcenziele detaillieren. Unter den primären Wertschöpfungsbegriff als Orientierungsrahmen der Lokomotionsfunktion können gleichgestellt die Bedürfnisbefriedigung, die Bedarfsdeckung sowie die Entgelterzielung subsumiert werden. Die Abstimmungsfunktion hat aus zeitlichen Aspekten nichtsdestotrotz im präsituativen Kontext (Integration), im situativen Kontext (Koordination) wie auch im postsituativen Kontext (Adaption) zu erfolgen. Die Informationsfunktion soll letztendlich eine optimale Kongruenz zwischen Informationsnachfrage, -angebot und -bedarf sicherstellen. Unter Beachtung der Controlling-Objekte können aus den genannten Funktionen des Controllings entsprechende Aufgaben deduziert werden. In Anbetracht dessen das *Becker* die Lokomotion neben der Gestaltung, der Lenkung und der Leitung zu den grundlegenden Funktionen der Unternehmensführung zählt, werden die aus der originären Lokomotionsfunktion resultierenden Aufgaben primär von ManagernInnen wahrgenommen. Die sich aus den abgeleiteten Funktionen der Abstimmung und der Information ergebenden Aufgaben werden hingegen nach *Becker* primär von ControllerInnen erfüllt.

Außerdem fasst *Becker* diejenigen Hilfsmittel zu den Controlling-Instrumenten zusammen, die der Erfüllung der Lokomotions-, Abstimmungs- und Informationsaufgaben förderlich sind. Dabei kann das Controlling grundsätzlich alle betriebswirtschaftlichen Methoden, Verfahren und Techniken verwenden.

1.4.7   Controlling-Leitbild des Internationalen Controller Vereins (Vgl. Becker and Baltzer 2009 S. 24 ff.; Internationaler Controller Verein e.V. 2007.)

Der 1975 gegründete *Internationale Controller Verein e.V. (ICV)* ist eine Interessenvertretung der hauptsächlich in Unternehmen im deutschsprachigen Raum tätigen ControllerInnen. Das Controller-Leitbild des *ICV* ist daher eine anwendungsbezogene Ziel- und Aufgabenbeschreibung dessen, was ControllerInnen sind und was ControllerInnen tun, nicht jedoch ein Erklärungsansatz im wissenschaftlichen Sinne und keine theoretische Begründung der Rolle und Funktion der ControllerInnen.

Der *ICV* sieht sein Controller-Leitbild indessen als Orientierungshilfe und weist darauf hin, dass Leitbilder stets unternehmensindividuell zu entwickeln sind. Das Leitbild des *ICV* definiert, dass ControllerInnen den Management-Prozess der Zielfindung, Planung und Steuerung gestalten und begleiten und damit eine Mitverantwortung für die Zielerreichung tragen. Generell lassen sich hier folgende Aussagen über ControllerInnen vornehmen:

- ControllerInnen sorgen für Strategie-, Ergebnis-, Finanz- und Prozesstransparenz und tragen somit zu höherer Wirtschaftlichkeit bei.
- ControllerInnen koordinieren Teilziele und Teilpläne ganzheitlich und organisieren unternehmensübergreifend das zukunftsorientierte Berichtswesen.
- ControllerInnen moderieren und gestalten den Management-Prozess der Zielfindung, der Planung und der Steuerung so, dass jeder Entscheidungsträger zielorientiert handeln kann.
- ControllerInnen leisten den dazu erforderlichen Service der betriebswirtschaftlichen Daten- und Informationsversorgung.
- ControllerInnen gestalten und pflegen die Controllingsysteme.

Der *ICV* interpretiert Controlling als Prozess der zielorientierten Planung und Steuerung und somit als Führungsfunktion. Die führungsunterstützenden Tätigkeiten der ControllerInnen verlaufen dabei parallel zum Managementprozess. Controlling wird somit im Zusammenspiel von ControllerInnen und ManagerInnen ausgeübt. ControllerInnen werden nach dem *ICV* als ManagementpartnerInnen betrachtet.

1.4.8   Vergleich der Controlling-Konzeptionen (Vgl. Becker and Baltzer 2009, S. 26 ff.)

Ein Vergleich der ausgewählten und dargestellten Controlling-Konzeptionen verdeutlicht zunächst, dass es im Zeitverlauf zu einer inhaltlichen Ausweitung der Controlling-Funktionen gekommen ist. Das enge informationsorientierte Controlling-Verständnis stellt die

Grundlage dieses Upgrading-Prozesses dar, an dessen (vorläufigem) Ende die umfassenden Controlling-Ansätze der Rationalitätssicherung sowie auch der Wertschöpfungsorientierung der Unternehmensführung stehen. Wenn die verschiedenen Konzeptionen nach der jeweils genannten Zielausrichtung des Controllings untersucht werden, dann kristallisieren sich zwei unterschiedliche Arten heraus: Einerseits richten sich die Konzeptionen der Controlling-Aktivitäten an Erfolgszielen, ggf. auch an Finanzzielen aus. Andererseits erfolgt eine Ausrichtung an grundsätzlich allen Unternehmenszielen. Abb. 1.14 gibt unter Berücksichtigung des Funktionsumfangs und der Orientierung des Controllings einen zusammenfassenden Gesamtüberblick über die vorgestellten Controlling-Konzeptionen.

In der Mehrzahl der Konzeptionen sind die institutionalen und die funktionalen Controlling-Aspekte nicht synonym, wobei neben ControllernInnen insb. ManagerInnen als bedeutsame TrägerInnen von Controlling-Aufgaben genannt werden. Die Aufgaben des Controllings verändern sich entsprechend mit den in den Konzeptionen aufgezeigten Controlling-Funktionen.

Nachdem wir in diesem Kapitel die Grundlagen bez. eines modernen, zukunfts- und wertschöpfungsorientierten Controlling-Ansatzes vermittelt haben, schauen wir nun in Kapitel 2 auf die Controlling-Informationssysteme. Hier interessieren uns insb. die Anforderungen an derartige Systeme, die sich aus den hier angestellten Untersuchungen des Controlling-Ansatzes ableiten lassen. Aber auch ein Blick auf die historische Entwicklung der Controlling-Systeme wird nicht fehlen.

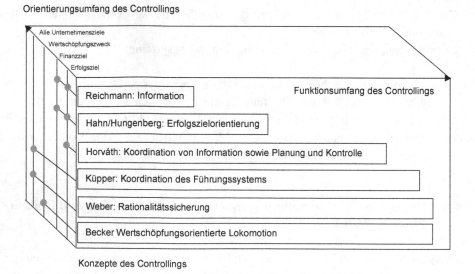

Abb. 1.14 Synopse bedeutsamer Controlling-Konzeptionen (Eigene Darstellung. Das Controller-Leitbild des ICV wurde nicht in die Grafik aufgenommen.)

Literatur

Amann K, Petzold J (2014) Management und Controlling. Instrumente – Organisation – Ziele, 2. Aufl. Springer Gabler Verlag, Wiesbaden

Bär-Sieber M, Krumm R, Wiehle H (2014) Unternehmen verstehen, gestalten, verändern. Das Graves-Value-System in der Praxis, 3. Aufl. Springer Gabler Verlag, Wiesbaden

Baum H-G, Coenenberg AG, Günther T (2013) Strategisches Controlling, 5. Aufl. Schäffer-Poeschel Verlag, Stuttgart

Becker W (1999) Begriff und Funktionen des Controllings. Nr. 106. Bamberger Betriebswirtschaftliche Beiträge. Lehrstuhl für Betriebswirtschaftslehre, insbes. Unternehmensführung & Controlling, Universität Bamberg, Bamberg

Becker W (2009) Konzepte, Methoden und Instrumente des Controllings, 5. Aufl. Lehrstuhl für Betriebswirtschaftslehre, insbes. Unternehmensführung & Controlling, Universität Bamberg, Bamberg

Becker W, Baltzer B (2009) Controlling. Eine instrumentelle Perspektive. Nr. 162. Bamberger Betriebswirtschaftliche Beiträge. Lehrstuhl für Betriebswirtschaftslehre, insbes. Unternehmensführung & Controlling, Universität Bamberg, Bamberg

Becker W, Benz K (1996) Effizienz des Controllings. Nr. 108. Bamberger Betriebswirtschaftliche Beiträge. Lehrstuhl für Betriebswirtschaftslehre, insbes. Unternehmensführung & Controlling, Universität Bamberg, Bamberg

Brandl P (2016) Mitdenken und Entscheiden. Controller müssen mehr als Zahlenjongleure sein. Controller Magazin. Heft 02/2016

Chamoni P, Gluchowski P (2006) Analytische Informationssysteme – Business Intelligence-Technologien und -Anwendungen, 3. Aufl. Springer Verlag, Heidelberg

Drerup B, Wömpener A (2014) Controlling-Transformation – Erfolgreiche Gestaltung durch Change Management. Controller Magazin. Heft 04/2014

Fell M (1994) Kreditwürdigkeitsprüfung mittelständischer Unternehmen. Entwicklung eines neuen Ansatzes auf der Basis von Erfolgsfaktoren, 1. Aufl. Gabler Verlag, Wiesbaden

Gottfreund KM (2015) Kommunale Unternehmen und Controlling. Entwicklung eines Konzeptes am Beispiel der KDI GmbH, 1. Aufl. Diplomica Verlag, Hamburg

Grundei J, Becker L (2009) Herausforderung Organisations-Controlling – Entwicklung von Bewertungskriterien für die Aufbau- und Führungsorganisation. Controlling & Management. Heft 2. 53. Jg

Hahn D, Hungenberg H (2001) PuK – Wertorientierte Controllingkonzepte, 6. Aufl. Gabler Verlag, Wiesbaden

Hinterhuber HH (2011) Strategische Unternehmensführung. I. Strategisches Denken – Vision – Ziele – Strategie, 8. Aufl. Erich Schmidt Verlag, München

Horváth P (2009) Controlling, 11. Aufl. Vahlen Verlag, München

Horváth P, Gleich R, Seiter M (2015) Controlling, 13. Aufl. Vahlen Verlag, München

Internationaler Controller Verein e.V. (2007) Controller-Leitbild. Controller-Statements. Gauting

Joos-Sachse T (2006) Controlling, Kostenrechnung und Kostenmanagement. Grundlagen – Instrumente – Neue Ansätze, 4. Aufl. Gabler Verlag, Wiesbaden

Jung H (2014) Controlling, 4. Aufl. Oldenbourg Wissenschaftsverlag, München

Kottbauer M (2016) Richtig Entscheiden. Der Dreiklang von Fähigkeiten, Strukturen und Werkzeugen führt zu richtigen Entscheidungen. Controller Magazin. Heft 02/2016

Küpper HU (2008) Controlling, 5. Aufl. Schäffer-Poeschel Verlag, Stuttgart

Pillkahn U (2007) Trends und Szenarien als Werkzeuge zur Strategieentwicklung. Der Weg in die unternehmerische Zukunft, 1. Aufl. Publicis Corporate Publishing, Erlangen

Pünsch FM (1996) Einsatz von Controlling-Instrumenten bei Lebensversicherungsunternehmen. Diplomarbeit, Justus-Liebig-Universität Gießen

Reichmann T (2006) Controlling mit Kennzahlen und Managementberichten, 7. Aufl. Vahlen Verlag, München

Schäffer U, Weber J (2016) Wirklich rationale Entscheidungen. Die nächste Herausforderung für das Controlling. Controller Magazin. Heft 02/2016

Schmidt W (2014) Moderne Wertorientierung – vom „Wertobjekt" zur „Teilhabe an der Wertschöpfung". Controller Magazin. Heft 05/2014

Schulze S (2014) Controlling im Krankenhaus – Empirische Untersuchung zu Nutzungsmöglichkeiten etablierter Controlling-Instrumente im Zuge der zunehmenden Globalisierung von Gesundheitsdienstleistungen. disserta Verlag, Hamburg

Strieder T (2005) DCGK – Deutscher Corporate Governance Kodex, 1. Aufl. Erich Schmidt Verlag, Berlin

Weber J, Schäffer U (2008) Einführung in das Controlling, 12. Aufl. Schäffer-Poeschel Verlag, Stuttgart

Werder AV, Stöber H, Grundei J (Hrsg. 2006) Organisations-Controlling. Konzepte und Praxisbeispiele, 1. Aufl. GWV Fachverlage, Wiesbaden

Wolf RJ, Schlüchtermann J (Hrsg. 2010) Risikoorientiertes Netzwerkcontrolling. Bestimmung der Risikoposition von Unternehmensnetzwerken und Anpassung kooperationsspezifischer Controllinginstrumente an die Anforderungen des Risikomanagements. Reihe Produktionswirtschaft und Industriebetriebslehre. Band 21, 1. Aufl. Dissertation, Josef Eul Verlag, Lohmar

Controlling-Informationssysteme zur Unterstützung des wertorientierten Controllings

Zahlreiche Unternehmen haben die Relevanz der Informationsgewinnung und -auswertung verstanden. Die Analyse kritischer betrieblicher Kennzahlen leistet einen wichtigen Beitrag zur langfristigen Unternehmenssicherung und verhilft, erforderliche Maßnahmen frühzeitig einzuleiten. Pauschal lässt sich die Steuerung des Unternehmens mit der Steuerung eines Schiffes vergleichen, das mit Ruder und Antrieb (Steuerungsmittel) in schwerer See (Umweltbedingungen) auf Kurs gehalten werden soll (Zielorientierung) (vgl. Spremann und Zur 1992, S. 229).

Bei der Unternehmenssteuerung sind insb. die Steuerungsziele, Steuerungsmittel und Umweltbedingungen maßgebend. Auch die Perspektive ist in beiden Fällen identisch: Es geht um die Zukunftsbewältigung, d. h., für die Steuerung des Schiffes ist es von Bedeutung, wie der derzeitige Zustand ist (Besatzung, Antrieb, Vorräte, Schiffsführung, etc.), wie die Position und wo der Zielhafen ist. Ein Vergleich zwischen der Steuerung eines Schiffes und der Steuerung eines Unternehmens zeigt: Die Schiffsbesatzung entspricht dem Personal, der Antrieb entspricht dem (Informations-)System, die Vorräte entsprechen den Ressourcen und die Schiffsführung und Navigation entsprechen der Unternehmensleitung und -steuerung. Die Aufgabe der Unternehmenssteuerung ist es demzufolge, durch gezieltes Bereitstellen von Steuerungsinformationen (Unternehmens-)Aktivitäten auszulösen, sodass unter Berücksichtigung von Umweltveränderungen die Unternehmensziele bestmöglich erreicht werden (vgl. Spremann und Zur 1992, S. 229 f.).

Zur Steuerung der Unternehmensziele sowie für die Koordination des gesamten betrieblichen Informationsflusses ist es zwingend erforderlich, Informationen zu beschaffen, aufzubereiten, zu prüfen und zu interpretieren. Diese Aufgaben übernehmen ControllerInnen, welche Informationen bereitstellen, sodass sich die EntscheidungsträgerInnen im Konnex der Plandaten und im Hinblick auf ihre Ziele möglichst selbst steuern können. Mithilfe eines Controlling-Informationssystems (CIS) und Einsatzes diverser Controlling-Instrumente werden Steuerungsinformationen für die EntscheidungsträgerInnen erarbeitet.

Diese Steuerungsinformationen sollen die EntscheidungsträgerInnen unterstützen, ihre Entscheidungen so zu treffen, dass sie bestmöglich zur Erreichung der Unternehmensziele beitragen (vgl. Spremann und Zur 1992, S. 232).

2.1   Information und Informationssysteme

Stichworte wie *„Information-Highway"*, *„Informationsgesellschaft"* und *„Wettbewerbs-faktor – Information"* verdeutlichen die unternehmerische und gesellschaftliche Relevanz von Information. Unser Arbeitsleben befindet sich in einem Verdichtungsprozess, d. h., das Aufgabenvolumen und die Informationsflut steigen, jedoch stagnieren oder sinken die MitarbeiterInnenzahlen. Unternehmen die dieser Herausforderung erfolgreich begegnen wollen, benötigen nicht nur Informationen, sondern auch die passenden Systeme, die Informationen verarbeiten, speichern sowie übertragen und die Technologien, auf denen sie beruhen.

Diese Aufgabe, einen bestmöglichen Einsatz der Ressource Information zu gewährleisten, kommt dem *Informationsmanagement* zu. Es zählt daher sowohl aus managementorientierter wie technologieorientierter Sicht zu den wesentlichen Bestandteilen heutiger Unternehmensführung. Generell lassen sich Prozesse mit Informationen steuern und regeln. Vergleichbar ist dies mit dem Regelkreis eines Thermostats: Sobald die Information eingeht, dass die Temperatur unter einen bestimmten Wert gefallen ist, wird die Wärmezufuhr verstärkt. Sie wird wieder gedrosselt, sobald die Information eingeht, dass es ausreichend warm ist. In einem Unternehmen sind es weitaus komplexere Relationen und doch ist das Grundprinzip gleich: „Informationen bewirken etwas, sie setzen etwas in Gang. Und der *„Regelkreis"* sollte sich schließen, die Information muss zurückfließen. Es muss erkennbar sein, welche Auswirkungen der Eingriff hat." (vgl. Mentzel und Nölke 2012, S. 74 f.)

Um zielgerichtete Entscheidungen treffen zu können, werden Informationen benötigt. Informationen sind das Rohmaterial für Entscheidungen. Je besser die Informationsqualität ist, desto besser ist die Grundlage und desto besser sind die Entscheidungen. Demgegenüber werden Informationen, die für eine konkrete Entscheidung keinerlei Relevanz besitzen, nicht benötigt. Hierbei ist jedoch zu beachten, dass das aus Informationen generierte Wissen schnell veralten kann, die Innovationszyklen immer kürzer werden und der Informationsbedarf für Management und ControllerInnen gestiegen ist. Es sind fortwährend Informationen aufzunehmen, um Einzelheiten nicht zu übersehen. Allerdings existiert eine kritische Grenze, bei der aufgrund einer *„Informationsflut"* sich Entscheidungen verschlechtern können. Der Grund dafür ist, dass für jede Entscheidung nur eine beschränkte Zeit zur Verfügung steht. D. h. also, je mehr Informationen zu berücksichtigten sind, desto weniger Zeit haben Management und ControllerInnen dazu, sie aufzubereiten und zu verstehen und desto entscheidungsunfähiger werden sie. Das genannte Dilemma lässt sich durch ein effektives Informationsmanagement nicht abschaffen, jedoch deutlich bereinigen (vgl. Mentzel und Nölke 2012, S. 75 f.).

Ohne EDV-Einsatz und ein passendes Controlling-Informationssystem ist für Unternehmen ab einer gewissen Größe ein effektives Informationsmanagement so gut wie unmöglich. Es muss jedoch berücksichtigt werden, dass es um mehr als das *„Managen von (Controlling-)Informationssystemen"* geht, sodass die EDV allein nicht weiterhilft.

2.1.1   Begriffsdefinition: Zeichen, Daten, Information und Wissen

In volatilen Zeiten kann das Management in eine kritische Problemlage geraten: Wer oder was sichert den Erfolg des Unternehmens? Oder anders formuliert: Wer oder was generiert aus Zeichen Daten, aus Daten Information, aus Information Wissen und aus Wissen Wettbewerbsvorteile (vgl. Ratzek 2013, S. 31)?

Bevor der Begriff *„Informationssystem"* definiert wird, soll auf die grundlegenden Begriffe „Zeichen, Daten, Information und Wissen" eingegangen werden. Einheitliche Definitionen des jeweiligen Begriffs sind in der Literatur nicht zu finden. Generell muss das aus Zeichen, Daten und letztendlich Information erzeugte Wissen in Handlungsbereitschaft überführt werden. Das Wollen gepaart mit Kompetenz stärkt die Wettbewerbsfähigkeit eines Unternehmens. Diese qualitativen Veränderungsprozesse lassen sich anhand der *North'schen Wissenstreppe* (dargestellt in Abb. 2.1) nachvollziehen. Die Pflege des Humankapitals, insbesondere der sog. High Potentials, erhält vor diesem Hintergrund einen besonderen Stellenwert (vgl. Ratzek 2013, S. 31).

Die Ausprägung und Nutzung der Kernkompetenzen gibt Aufschluss über die Wettbewerbsfähigkeit eines Unternehmens und dadurch letzten Endes auch über die Fähigkeiten des Unternehmens, die zur Verfügung stehenden (Roh-)Daten über die verschiedenen Stufen hinweg zu transformieren und (Wettbewerbs-)Vorteile generierend zu nutzen.

In Anbetracht dessen, dass eine klare Einteilung der dargestellten Stufen nur vereinzelt treffend ist, empfiehlt es sich von den Stufen Abstand zu nehmen und stattdessen einen kontinuierlichen Übergang zwischen den Termini *„Daten"* und *„Wissen"* anzunehmen. Diese Termini werden dabei in Tab. 2.1 durch bezeichnende Attribute beschrieben, die jeweils extreme Ausprägungen annehmen.

Schlagwörter wie Restrukturierungen, Umverteilung und zunehmende virtuelle Strukturen bzw. Systeme der Zusammenarbeit und Wissensteilung charakterisieren das aktuelle (wirtschaftliche) Handeln. Infolgedessen wird das Wissen von Unternehmen dynamischer und deren Produkte, Dienstleistungen und Prozesse wissensintensiver. Ergo wird die optimale Nutzung der strategischen Ressource Wissen und deren „Vorstufe: Information" immer relevanter. Ungenaue oder womöglich falsche Informationen und dementsprechend auch ungenaues und falsches Wissen können in vielen Unternehmensbereichen gravierende Konsequenzen haben. Unter Berücksichtigung des zunehmend dynamischeren und wissensintensiveren Wettbewerbsumfelds wird der rationale Umgang mit interner und externer Informationen sowie dessen Wissensbeständen für immer mehr Unternehmen zur primären Herausforderung.

Heutzutage mangelt es Unternehmen nicht an Daten bzw. Informationen, im Gegenteil, sie haben eher zu viel davon. Richtige Information am richtigen Ort ist allerdings noch

Abb. 2.1 Wissenstreppe nach North (Eigene Darstellung in Anlehnung an: North 1999, S. 40)

Tab. 2.1 Kontext von Daten und Informationen zum Wissen (Eigene Darstellung in Anlehnung an: Probst et al. 2012, S. 18)

Daten	Informationen	Wissen
Unstrukturiert		Strukturiert
Isoliert		Verankert
Kontextunabhängig		Kontextabhängig
Geringe Verhaltenssteuerung		Hohe Verhaltenssteuerung
Zeichen		Kognitive Handlungsmuster
Distinction		Mastery/Capability

immer Mangelware und man kann sich nicht darauf verlassen, dass alle ManagerInnen und/oder ControllerInnen wissen, wie sie von Daten zu Informationen und von Information zu Wissen kommen. Diese Aussage zeigt ein Problem, zu welchem es durch die nicht selten auftretende, synonyme Verwendung der Begriffe Daten, Informationen und Wissen kommen kann. Notwendigerweise wird deshalb an dieser Stelle eine wissenschaftliche Unterscheidung dieser Begriffe vorgenommen.

2.1.1.1   Zeichen und Daten

Die Grundlage dieser Wissenstreppe-Hierarchie nach North bilden *Zeichen*. Zeichen definieren das kleinste bei einer Programmausführung zugreifbare Datenelement und werden durch Schriftzeichen wie Zahlen, Buchstaben, Sonderzeichen oder Impulsfolgen wiedergegeben (Abb. 2.2). Reiht man bspw. als Zahlen die Schriftzeichen „1", „7", „0" und als Sonderzeichen das Schriftzeichen „ „ " aneinander, so ist anfangs kein Zusammenhang dieser Aneinanderreihung zu erkennen.

Abb. 2.2 Definition (Sonder-) Zeichen und Daten (Eigene Darstellung in Anlehnung an: Rehäuser und Krcmar 1996, S. 6)

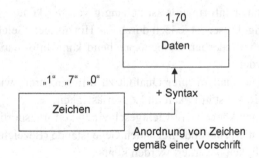

Jedes Zeichen ist für sich alleinstehend und daher zusammenhanglos. Zeichen werden von dem Betrachter/der Betrachterin zwar als Zeichen erfasst, ihre Bedeutung erschließt sich jedoch nicht. Als Beispiel kann ein ausländisches Verkehrsschild dienen, welches zwar als Verkehrsschild und demnach als Zeichen wahrgenommen wird, seine Bedeutung wird jedoch nicht verständlich, der Betrachter/die Betrachterin weiß nicht worauf das Zeichen hinweisen soll (vgl. Geiger 2006, S. 26). Zeichen bilden als Summe die Grundlage für alle nachfolgenden Begriffe der oberen Ebenen. In einem regelbasierten Kontext werden aus diesen Zeichen *Daten*.

Erst durch syntaktische Regeln werden Zeichen kodiert und in eine zusammenhängende Ordnung überführt. Infolgedessen werden aus Zeichen(-folgen) Daten, in unserem Beispiel wird, wie in Abb. 2.2 dargestellt, aus den Zeichen ein Preis. Es ist zu beachten, dass Daten keine inhärente Relevanz besitzen und keine Wertung aufweisen und daher für die NutzerInnen bedeutungslos sind. Insofern sind Daten als Handlungsbasis nicht tragfähig, weil Daten objektive Fakten zu Vorgängen und Ereignissen ohne Interpretation oder Werturteil darstellen.

Daten besitzen erst eine Aussagekraft bzw. werden zu Informationen, sobald diese in einen Bedeutungskontext bzw. Problemzusammenhang eingebettet und zur Zielerreichung verwendet werden.

2.1.1.2 Information

In der Betriebswirtschaftslehre wird *Information* als *zweckorientiertes Wissen* definiert. Zweckorientierung drückt in diesem Zusammenhang nur solches Wissen als Information aus, welches für Entscheidungen benötigt wird. Die Eigenschaften von Informationen sind vielfältig:

- Informationen sind immaterielle Güter, sodass sie auch bei mehrmaliger Nutzung nicht verbraucht werden.
- Informationen schaffen Nutzen, bspw. wenn sie in Handlungen umgesetzt werden.
- Informationen sind keine freien Güter und können demzufolge einen kostenadäquaten Wert besitzen.

- Der Wert einer Information ist abhängig von der kontextspezifischen und zeitlichen Verwendung. Dieser ist jedoch durch das Hinzufügen, Selektieren, Konkretisieren und Weglassen veränderbar. Dementsprechend kann Information erweitert und/oder verdichtet werden.
- Informationen sind in ihrer Qualität zu differenzieren, wie z. B. hinsichtlich (Zeit-) Genauigkeit, Vollständigkeit und Zuverlässigkeit.
- Informationen können mit Lichtgeschwindigkeit transportiert werden, auch wenn die der Information zugrunde liegenden Gegenstände (Bezeichnetes) nicht mit identischer Geschwindigkeit befördert werden können.
- Informationen werden kodiert übertragen, sodass für ihren Transfer gemeinsame Standards notwendig sind (vgl. Helmut Krcmar 2015, S. 16 f.).

Die Begriffsdefinition des Wortes „Information" kann zudem im Vergleich mit einem materiellen Wirtschaftsgut erfolgen. In Tab. 2.2 sind beispielhaft einige Unterschiede aufgeführt.

Aus Tab. 2.2 ist zu erkennen, dass Managementmethoden und -verfahren, die für materielle Produktionsfaktoren geeignet sind, nicht direkt auf das Management von Informationen übertragen werden können. Hingegen darf das Management von Informationen nicht auf rein immaterielle Aspekte beschränkt werden. Informationsspeicherung und -übertragung ist jederzeit an eine materielle Infrastruktur gebunden, die z. B. aus Papier und Tinte oder aus Servern, Glasfasern, etc. bestehen kann.

Allgemein ist eine Information im Bedeutungskontext auf subjektive und relative Relevanzkriterien zurückzuführen, die jedem Datum eine spezifische Relevanz zuschreiben. Um unser Beispiel fortzuführen, erhält das Datum „1,70" eine handlungsweisende Bedeutung, wenn dieses bspw. das Austauschpreisverhältnis von in- zu ausländischer Währung darstellt. Diesen Zusammenhang verdeutlicht Abb. 2.3.

Unabhängig von der Art und dem Inhalt der Informationen ist generell festzuhalten, dass diese zeitnah und fehlerfrei sein müssen, um eventuell vorhandene Schwachstellen und Abweichungen frühzeitig erkennen zu können. Des Weiteren haben sich Informationen inhaltlich, zeitlich und in ihrer Form am Bedarf des Empfängers/der Empfängerin zu orientieren. Informationen – insb. Controlling-Informationen – sind knapp, einfach und übersichtlich zu halten. Der Nutzen der Informationen sollte ihre Kosten übersteigen.

Tab. 2.2 Vergleich von materiellen Wirtschaftsgütern und Information (Eigene Darstellung in Anlehnung an: Pietsch et al. 2004, S. 46)

Materielles Wirtschaftsgut	Information
Hohe Vervielfältigungskosten	Niedrige Vervielfältigungskosten
Preis / Wert im Markt ermittelbar	Preis / Wert nur schwer (subjektiv) bestimmbar
Individueller Besitz	Vielfacher Besitz möglich
Identifikations- und Schutzmöglichkeit	Probleme des Datenschutzes und der Datensicherheit

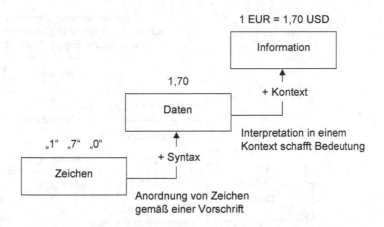

Abb. 2.3 Definition Information (Eigene Darstellung in Anlehnung an: Rehäuser und Krcmar 1996, S. 6)

Informationen müssen zusammenhängend verfügbar sein. EntscheidungsträgerInnen einer hohen Hierarchie-Ebene erhalten überwiegend verdichtete und verknüpfte Informationen, bspw. in Form von Kennzahlen. Es muss allerdings gewährleistet sein, dass die Informationen jederzeit in detaillierter Form zugänglich sind (vgl. Biethahn und Huch 1994, S. 44). Ausführliche Beschreibungen zum Informationsbedarf bietet Abschn. 2.1.2.

2.1.1.3 Wissen

Informationen werden angesichts einer Ursache in einem Zusammenhang verbunden und dadurch in einen subjektiven Verwendungszusammenhang *(Pragmatik)* gebracht. Das Resultat dieses kognitiven Zusammenhangs ist *Wissen*, das neben Informationen u. a. auch Erfahrungen subsumiert und sich durch seinen Zweckbezug erweist. „Wissen bezeichnet die Gesamtheit der Kenntnisse und Fähigkeiten, die Individuen zur Lösung von Problemen einsetzen. Dies umfasst sowohl theoretische Erkenntnisse als auch praktische Alltagsregeln und Handlungsanweisungen. Wissen stützt sich auf Daten und Informationen und ist im Gegensatz zu diesen jedoch immer an Personen gebunden. Es wird von Individuen konstruiert und repräsentiert deren Erwartungen über Ursache-Wirkungs-Zusammenhänge." (Probst et al. 2012, S. 23).

Dem einleitenden Beispiel folgend, würden die subjektiven Vorstellungen bspw. über das Funktionieren des Devisenmarktes Wissen darstellen. Diesen Zusammenhang visualisiert Abb. 2.4.

Zusammenfassend ist zu beachten, dass es für die Fülle an Daten und Informationen nur vereinzelt bis hin zu keinerlei Grenzen gibt. Vor diesem Hintergrund können Daten bzw. Informationen z. T. desorganisierte Ausmaße im unternehmerischen Handeln annehmen, welches auch das Verständnis und die Übertragung von Informationen zu Wissen durch menschliche Verarbeitungskapazitäten einschränken kann. Das vorhandene Wissen nimmt mit den verfügbaren Informationen stetig ab. Es kommt sozusagen zu einem

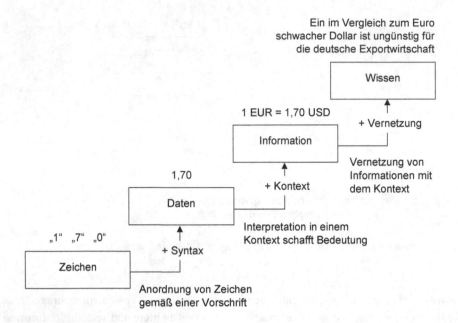

Abb. 2.4 Definition Wissen (Eigene Darstellung in Anlehnung an: Rehäuser und Krcmar 1996, S. 6)

Wissensmangel aufgrund einer Informationsflut. Dieser Sachverhalt wird in der Literatur als *Informationsparadoxon* diskutiert.

Widmen wir uns der produzierenden Perspektive von Wissen, sind zwei Merkmale bei der Wissensbetrachtung relevant. Erstens, hat das Gesetz der abnehmenden Grenzerträge, das aus der industriellen Produktion bekannt ist, bei der Wissensschaffung keine Gültigkeit. Der Input, der zur Schaffung von Wissen erforderlich ist, in Form von Nahrung ist zu vernachlässigen, sodass Wissen ohne weiteren Faktoreneinsatz produziert werden kann. Zweitens mindert sich das Wissen durch seine Teilung oder seinen Verkauf nicht, im Gegenteil es vermehrt sich. Diese Wechselbeziehung kann wie folgt erklärt werden: Wenn ich Ihnen einen Euro gebe und Sie mir einen Euro geben, haben wir jeder nur einen Euro. Gebe ich Ihnen aber eine Idee und Sie geben mir eine Idee, so haben wir bereits zwei Ideen.

ControllerInnen müssen vor diesem Hintergrund dafür Sorge tragen, dass sie die zweckbezogene Umwandlung von Daten in sinnvolle Informationen und daraus entstehendem Wissen schaffen und nicht stattdessen bereits in einer Datenflut ertrinken. Grundlage hierfür ist ihre notwendige Fähigkeit, das gegenwärtige Angebot an aufbereiteter Information produktiv, unter Berücksichtigung der Nachfrage bzw. der Bedarfe zu nutzen.

Je nach Denkweise bzw. Blickrichtung lässt sich Wissen anhand unterschiedlicher Attribute differenzieren. Tab. 2.3 gibt einen Überblick über das Umfeld derzeitiger Wissenskategorien mit ihrem jeweiligen definitorischen Ansatz.

Tab. 2.3 Übersicht über Wissensarten (In Anlehnung an: Al-Laham 2003, S. 31 f.)

Kategorien	Definition
Individuelles Wissen	Individuelles Wissen ist an einzelne Personen gebunden und nur diesen zugänglich. Das für die Organisation relevante individuelle Wissen umfasst jegliche Kenntnisse einzelner Organisationsmitglieder, die diese der Organisation zur Verfügung stellen.
Kollektives Wissen/Gruppenwissen	Kollektives Wissen ist von mehreren Organisationsmitgliedern geteiltes und zugängliches Wissen.
Organisatorisches Wissen	Von allen Organisationsmitgliedern geteiltes Wissen.
Implizites Wissen/Tacit Knowledge	Implizites Wissen ist verborgenes Wissen, d. h. Wissen, das der Wissensträger hat, aber nicht in Worte fassen kann.
Explizites Wissen/Explicit Knowledge	Explizites Wissen ist weniger kontextgebunden, portionierbar, dokumentationsfähig, automatisierbar und relativ leicht imitierbar.
Prozesswissen/Know-how/Operatives Wissen	Operatives Wissen/Prozesswissen, auch prozedurales Wissen genannt, bezieht sich auf das Wissen über Vorgehensweisen oder Strategien, also auf Wissen über Abläufe und Zusammenhänge (Wie? Womit?). Operatives Wissen bezieht sich auf das Instrumentarium und die Methodologie des Wissenserwerbs und der Wissensprüfung.
Ereigniswissen/Know-what/ Strategisches Wissen	Ereigniswissen, auch als deklaratives Wissen, faktisches Wissen bezeichnet, umfasst Kenntnisse über die Realität und beinhaltet feststehende Tatsachen, Gesetzmäßigkeiten und bestimmte Sachverhalte (Was?).
Kausales Wissen/Know-why/Normatives Wissen	Kausales Wissen/Know-why ist Wissen, durch das Beweggründe und Ursachen festgehalten werden (Warum?) und bezieht sich auf Annahmen über Weltbilder, die den Prozess der Wissensgewinnung und -nutzung tragen.
Dictionary Knowledge/Begriffswissen/ Wörterbuchwissen	Das dictionary knowledge umfasst die allgemein geteilten Beschreibungen, d. h. die Beziehungen und Definitionen, die systemweit benutzt werden. Es beinhaltet den Sprachgebrauch sowie die Terminologie.
Directory Knowledge/Handlungswissen/ Beziehungswissen	Das directory knowledge bezieht sich auf die allgemein geteilten Praktiken und umfasst Kenntnisse über Ursache-Wirkungs-Zusammenhänge und Ereignisketten.

Tab. 2.3   (Fortsetzung)

Kategorien	Definition
Recipe Knowledge/Rezeptwissen	Das recipe knowledge beschreibt Vorschriften und Empfehlungen, i. A. aber bestimmte geteilte Normen. Es umfasst Handlungsanweisungen.
Axiomatic Knowledge/Grundsatzwissen	Beim axiomatic knowledge handelt es sich um Prämissen des organisationalen Handelns.
Kenntnisgebundenes Wissen	Kenntnisgebundenes Wissen entsteht aus dem gedanklichen Erfassen und Verarbeiten von Aspekten der Realität. Dabei kann es sich um eher subjektives (bspw. Gedanken, Gefühle) oder um eher objektives Wissen (bspw. Regeln, Strukturen, Theorie) handeln.
Handlungsgebundenes Wissen	Handlungsgebundenes Wissen ist dagegen Wissen, das bei der Durchführung einer Handlung entsteht.
Aktuelles Wissen	Das aktuelle Wissen bezieht sich auf das für die Organisation gegenwärtig notwendige Wissen.
Zukünftiges Wissen	Das zukünftige Wissen umfasst das in Zukunft zusätzliche oder substitutiv notwendige Wissen.

Innerhalb des Unternehmens lassen sich diverse Zusammenhänge identifizieren, welche den Wissenseinfluss charakterisieren. Summa summarum werden sie in Mensch, Technik und Organisation klassifiziert. Der Mensch charakterisiert dabei ein denkendes und arbeitendes Individuum, welches durch Einflussgrößen bez. Wissen und Lernprozessen determiniert wird (= Kompetenz). Die Technik stellt demgegenüber die unterstützenden Arbeitsinstrumente (= Informationssysteme) bereit (= Datenquelle). Die Organisation unterstützt die Gestaltung der Organisation bez. des Wissensmanagements, an dieser Stelle werden wissensverarbeitende Prozesse zur Gestaltung herangezogen (= Prozesse) (vgl. Hasler Roumois 2010, S. 71 ff.).

In der Wissenschaft werden mehrere Modelle des Wissensmanagements diskutiert. Neben der bereits dargestellten Wissenstreppe von *North* gibt es sog. Bausteine des Wissensmanagements nach *Probst/Raub/Romhardt*. Der Ansatz der Wissenstreppe fokussiert ein siebenstufiges Treppenmodell, welches das Konzept von Zeichen, Daten, Informationen und Wissen um die Aspekte Handeln, Kompetenz bis hin zur Wettbewerbsfähigkeit erweitert. Im Gegensatz dazu kennzeichnen die Bausteine des Wissensmanagements die Kernprozesse des Wissensmanagements. Diese weisen auf den Zusammenhang der Bausteine untereinander hin, d. h., Veränderungen in einem der Kernprozesse führen zu Veränderungen der anderen Kernprozesse. Die einzelnen Bausteine, welche in Zusammenarbeit mit Unternehmen aus der Praxis entwickelt wurden und somit einen integrierten Bezugsrahmen des Wissensmanagements bilden, werden im Folgenden (vgl. Szer 2013, S. 11–16) näher erläutert und zuvor in Abb. 2.5 zusammengefasst.

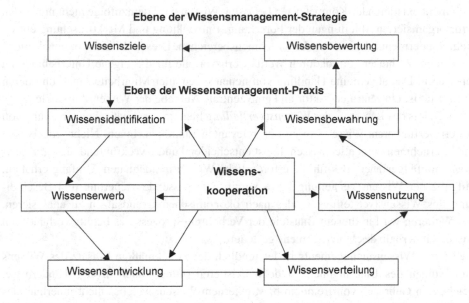

Abb. 2.5 Erweiterung der Bausteine des Wissensmanagements (In Anlehnung an: Moser et al. 2004, S. 229)

Bevor internes und externes Wissen verwendet werden können, muss das Wissen aus dem Wissensumfeld des Unternehmens transparent gemacht werden. Diese Aufgabe übernimmt die sog. *Wissensidentifikation*, die dazu dient, das Wissen wahrzunehmen und eine Kenntnis dessen zu ermöglichen. Es wird keinesfalls nur unternehmenseigenes Wissen identifiziert, sondern auch externes Wissen, wie bspw. Benchmarks oder Best Practices. Um Unklarheiten und daraus folgende Ineffizienzen im Vorfeld zu vermeiden, muss der Wissensidentifikationsprozess von jedem/r einzelnen MitarbeiterIn durchgeführt und analog gefördert werden. Nur so ist eine maximale Transparenz möglich.

Der Baustein *Wissenserwerb* umfasst u. a. Wissen, welches in vielen Unternehmen auch von außerhalb erworben wird. Externer Wissenserwerb wird durch Personen, welche in Bezug zum Unternehmen stehen, erlangt, wie bspw. durch Kunden- und Partnerbeziehungen oder durch Wettbewerbsanalysen (Konkurrenten). Auch dieses vorhandene Wissenspotential sollten Unternehmen für sich in Form eines systematischen Wissensmanagements nutzbar machen. Zusätzlich können sie Wissen durch kurz-, mittel- oder langfristige Zusammenarbeit mit Experten erlangen, durch Zugang zu Fachliteratur oder ähnlichen Dokumenten sowie durch Teilnahme an wissensintensiven Workshops, Konferenzen o. Ä.

Ergänzend zum Wissenserwerbs-Baustein wird Wissen zudem unternehmensintern geschaffen und entwickelt. Es bietet Unternehmen neue Fähigkeiten, Ideen, Kompetenzen und verbesserte organisationale Prozesse. Mit dem Baustein der *Wissensentwicklung* werden sämtliche Aktivitäten des Managements berücksichtigt, welche sich mit der Produktion bislang intern noch nicht vorhandener oder um die Schaffung intern oder extern noch nicht existierender Kompetenzen befassen. Wissen wird demzufolge nicht nur in den dafür organisierten Abteilungen der Forschung, Entwicklung und Marktforschung entwickelt, sondern entsteht in *allen* Unternehmensbereichen. Dieses Wissenspotenzial gilt es konsequent zu nutzen, um dadurch Wettbewerbsvorteile für das eigene Unternehmen zu generieren. Das allgemeine Handling von neuen Ideen aller MitarbeiterInnen und deren Kreativität ist ein zentraler Faktor und eine zentrale Aufgabe der Wissensentwicklung.

Der Fokus des Bausteins der *Wissens(ver)teilung* liegt im systematischen Übergang von isoliert verfügbarem Wissen hin zu den relevanten EmpfängerInnen. Nicht jede Person im Unternehmen muss alles wissen. Es ist entscheidend und zweckführend, dass *die richtigen* EmpfängerInnen, das für sie erforderliche Wissen in adäquatem Umfang erhalten. Aufgabe der Wissens(ver)teilung ist es somit, eine passende Steuerung und Beschreibung des Wissens(ver)teilungsgrades nach ökonomischen Grundsätzen zu analysieren. Des Weiteren wird in diesem Baustein der Verbreitungsprozess des bereits vorhandenen Wissens innerhalb des Unternehmens gesteuert.

Ziel des Wissensmanagements ist letztendlich der zweckmäßige Einsatz des Wissens zum Nutzen des Unternehmens. Jedoch existieren oftmals auch diverse Hindernisse, welche den Gebrauch von fremdem bzw. externem Wissen, welches nicht innerhalb des Unternehmens geschaffen wurde, erschweren oder vollständig verhindern. Die *Wissensnutzung* fokussiert und beinhaltet demzufolge die Sicherstellung der Nutzung von sinnvollen Wissensbeständen und Fähigkeiten ebenso wie den Abbau der Barrieren.

Des Weiteren ist zu beachten, dass in der Vergangenheit erworbenes Wissen nicht unbedingt auch zukünftig zur Verfügung steht. Die Kernaufgabe des Bausteins *Wissensbewahrung* ist daher, die durchgängige Existenz von bereits erlangtem Wissen zu gewährleisten. Aufgrund von (Re-)Organisationen u. Ä. kann es im Unternehmen zu Wissensdefiziten bzw. -verlusten kommen. Um dieser Problematik im Vorfeld entgegenzuwirken, sind die Selektion, Speicherung und Aktualisierung des Wissens zu berücksichtigen. Vor der angemessenen Wissensspeicherung blockiert ein Selektionsverfahren gezielt einen Überfluss an nutzlosem Wissen. In diesem Zusammenhang führt eine kontinuierliche Aktualisierung des selektierten und angemessen gespeicherten Wissens zu einer effizienten Wissensbewahrung.

Neben den beschriebenen operativen Wissensmanagementprozessen fügen *Probst et al.* ihrer Konzeption zwei weitere Bausteine hinzu, die Wissensziele und die Wissensbewertung. Durch diese beiden zusätzlichen Bausteine wird ihr Konzept zu einem Managementregelkreis. Sie unterstreichen damit die Relevanz, die Thematik des Wissensmanagements in der Unternehmensstrategie zu vertiefen.

Im Baustein *Wissensziele* wird den Aktivitäten des Wissensmanagements eine Ausrichtung gegeben. Hierbei werden normative, strategische und operative Wissensziele differenziert. Funktion eines normativen Wissensziels ist die Schaffung einer wissensbewussten Unternehmenskultur. Strategische Wissensziele hingegen legen das organisationale Kernwissen des Unternehmens fest und fixieren somit den zukünftigen Wissensbedarf eines Unternehmens. Die Priorität operativer Wissensziele liegt in der Umsetzung strategischer und der Konkretisierung normativer Wissensziele innerhalb des Tagesgeschäfts.

Die normative, strategische und operative *Wissensbewertung* verfolgt das Ziel, den Erfolg oder Misserfolg der Aufwendungen durch Messung in einen Kontext zu setzen. Ohne diese Messung ist die Qualität der durchgeführten Maßnahmen nicht bestimmbar und es ist kein effizientes Wissensmanagement durchführbar. Die Instrumentarien und Indikatoren der Messung von Wissensmanagementerfolg sind dem Controlling zuzurechnen und die Prämisse für potentielle Kurskorrekturen.

2.1.2 Informationsbedarf für das Controlling

Der *Informationsbedarf* vermittelt die Art, den Umfang und die Qualität der Informationen, die EntscheidungsträgerInnen im gegebenen Informationskontext zur Controlling-Aufgabenerfüllung benötigen. Der Bedarf an Informationen, den ein Controlling-Informationssystem erfassen soll, ist pauschal nicht feststellbar, sondern ist von der tatsächlichen Verwendung im Unternehmen abhängig. Um eine genaue Interpretation des Informationsbedarfs vorzunehmen, wird im Folgenden der Informationsbedarf aus formaler und aus sachlicher Sicht beschrieben (vgl. Biethahn und Huch 1994, S. 36).

2.1.2.1 Informationsbedarf aus formaler Sicht (Im Folgenden: Biethahn und Huch 1994, S. 36 ff.)

Informationen können nach unterschiedlichen formalen Attributen eingeteilt werden. Zu differenzieren sind:

Der Ort des Informationsanfalls (unternehmensintern versus unternehmensextern): *Unternehmensinterne Informationen* sind Informationen, die in den jeweiligen Unternehmensbereichen anfallen und einen direkten Kontext mit dem Zweck des Unternehmens aufweisen. *Unternehmensexterne Informationen* definieren u. a. Informationen über die Branche, den Wettbewerb und/oder die Märkte. Sie können ökonomischer, technologischer oder sozialer Art sein. In der Vergangenheit wurden externe Informationen bei der Gestaltung (früherer) Informationssysteme für das Management häufig missachtet. Der Mangel an externen Informationen war ein Grund für den Misserfolg von *Management-Informationssystemen (MIS)*.

Ferner existiert das inhaltliche Ausmaß der Informationen (operativ-taktisch und strategisch): Der operative Informationsbedarf kennzeichnet den Bedarf an Informationen, der auf der Erfüllung von kontinuierlichen, regelmäßigen Aufgaben basiert. Der operative Informationsbedarf bleibt im Zeitablauf so gut wie unveränderlich, da aus den Arbeitsinhalten größtenteils auf die zukünftigen Anforderungen an Informationen zu schließen ist. Der operative Informationsbedarf ist demzufolge ebenso die Grundlage periodischer Routineentscheidungen. Des Weiteren sind operative Entscheidungen in erster Linie vergangenheits- und gegenwartsbezogen. Strategisch ist es relevant, alle Größen zu berücksichtigen, die für die langfristige Unternehmensentwicklung von Bedeutung sind. Der strategische Bedarf an Informationen besteht somit auch aus einer internen und einer externen Komponente.

Zusätzlich relevant ist das funktionale Ausmaß der Informationen: Informationen, die nur einen Teil des Unternehmens zum Inhalt haben oder Informationen, die sich auf das ganze Unternehmen beziehen.

Ergänzt wird der zeitliche Bezug der Informationen (vergangenheits-, gegenwarts- und zukunftsbezogen): Planwerte und Plangrößen als zukunftsbezogene Informationen sind für die zweckbezogene Gestaltung und Steuerung des unternehmerischen Handelns und die Antizipation von Unternehmensumweltentwicklungen notwendig. Istwerte und Istgrößen als vergangenheits- und gegenwartsbezogene Informationen beurteilen die eingetretenen Zustände, insb. durch den Vergleich mit den Plan- bzw. Sollwerten und -größen.

Nicht zu vergessen ist der Aggregationsgrad der Informationen (Einzelinformationen, verdichtete und verknüpfte Informationen): Verdichtete Informationen ergeben sich, wenn zwei oder mehr Informationen gleichen Typs zusammengefasst werden, z. B. kumulierte Umsätze. Verknüpfte Informationen basieren dagegen auf zwei oder mehr Informationen unterschiedlichen Typs. Verknüpfte Informationen sind bspw. Kennzahlen. Informationen erhalten durch eine Verdichtung oder Verknüpfung eine größere Aussagefähigkeit. Hervorzuheben ist, dass verknüpfte Informationen wie Kennzahlen den EntscheidungsträgerInnen eine systematische, also ganzheitliche Betrachtung der Zustände in ihrem Entscheidungsbereich gewährleisten. Im Allgemeinen steigt der Bedarf an verdichteter Information mit zunehmender Hierarchiestufe, d. h., dass das Topmanagement stärker verdichtete Informationen benötigt, als die MitarbeiterInnen auf der untersten Hierarchiestufe.

Der Integrationsgrad der Informationen (alleinstehende Informationen oder Informationen, die mit anderen Informationen des Unternehmens oder der Unternehmensumwelt verknüpft werden können): Der Integrationsgrad von Informationen hängt davon ab, wie viele Unternehmensbereiche in das Controlling-Informationssystem integriert werden. Es ist ein hoher Integrationsgrad anzustreben, um viele Auswertungen für das Controlling zu ermöglichen.

Die Struktur der Informationen (qualitativ und quantitativ): Quantitative Informationen umfassen Angaben über Kosten, Umsätze, Gewinne usw. Sie werden überwiegend im Rahmen des operativen Controllings angewendet. Qualitative Informationen können z. B. Unternehmensziele, Bewertungen quantitativer Informationen oder zu erwartende Entwicklungen in der Umwelt des Unternehmens enthalten. Sie spielen insb. im Rahmen des strategischen Controllings eine wichtige Rolle.

Der formale Integrationsbedarf ist von der Führungsebene abhängig, der die jeweiligen EntscheidungsträgerInnen angehören. Wird eine obere und eine untere Führungsebene differenziert, so lassen sich den Ebenen die nachstehenden Merkmalsausprägungen zuordnen, Tab. 2.4.

Zudem ist zu diesen formalen Kriterien nach dem Zeitpunkt, wann ein/e EntscheidungsträgerIn Informationen für sein/ihr Handeln oder die Kontrolle seines/ihres Handelns benötigt, zu differenzieren. Dabei kann klassifiziert werden nach

- der Notwendigkeit einer tatsächlichen Situation: Informationen werden grundsätzlich dann benötigt, wenn EntscheidungsträgerInnen einen Vorgang vorbereiten, durchführen oder die Auswirkung von Maßnahmen überprüfen. Ein konkreter Informationsbedarf ist daher nur schwerlich planbar.
- der Option, bei Planabweichungen Gegensteuerungsmaßnahmen einzuleiten: Informationen, die es den Entscheidungsträgern ermöglichen, bei Planabweichungen Gegensteuerungsmaßnahmen einleiten zu können, sind von größerer Bedeutung als Informationen, die keine Gegensteuerungsmaßnahmen mehr auslösen können, weil keine Handlungsmöglichkeiten mehr bestehen. Letzteres beinhaltet z. B. den Sachverhalt, wenn es sich um Informationen für bereits abgeschlossene Projekte handelt. Erstgenannte Informationen sind dem/der EntscheidungsträgerIn unverzüglich mitzuteilen.
- der Kontinuität eines Zustands im Zeitverlauf: Die Informationsnachfrage über den Zustand eines Objektes ergibt sich aus der Beständigkeit des Zustands. Abschreibungen auf das Anlagevermögen eines Unternehmens sind im Allgemeinen im Zeitverlauf weitaus konstanter als bspw. Produktumsätze. Mit fallender Beständigkeit erhöht sich ceteris paribus der Informationsbedarf.
- der Relevanz des Objekts, des Zustands oder Prozesses, den die Information darstellt: Die Nachfrage nach Informationen ergibt sich außerdem aus der Relevanz eines Objektes. Mit steigender Relevanz erhöht sich ceteris paribus der Informationsbedarf.
- den von der vorgesetzten Ebene i. V. m. dem Controller/der Controllerin festgesetzten Zeitpunkten: Zwar können die EntscheidungsträgerInnen zu fixen Zeitpunkten mit Informationen versorgt werden, z. B. mithilfe eines institutionalisierten Berichtswesens bzw. Reportings, doch sollten sie i. d. R. unabhängig von dem derzeitigen Zeitpunkt Informationen über die Auswirkungen ihrer Handlungen erhalten.

Tab. 2.4 Informationsbedarf in Abhängigkeit vom Managementbereich (In Anlehnung an: Biethahn und Huch 1994, S. 40)

	Unteres Management	Oberes Management
Ort des Informationsanfalls	unternehmensintern	unternehmensintern unternehmensextern
Inhaltliche Reichweite	operativ-taktisch	strategisch
Funktionale Reichweite	bereichsspezifisch	ganzheitlich
Zeitlicher Bezug	vergangenheitsbezogen	zukunftsbezogen
Aggregationsgrad	verdichtet und verknüpft	stark verdichtet und verknüpft
Integrationsgrad	integriert	hoch integriert
Struktur	quantitativ	qualitativ und quantitativ

2.1.2.2   Informationsbedarf und -bedarfsermittlung aus sachlicher Sicht (Im Folgenden: Vgl. Biethahn und Huch 1994, S. 41 ff.)

Die Informationsverarbeitung innerhalb des Controllings hat ihre Aufgabe in erster Linie nicht in der Steuerung der Realprozesse, sondern darin, Informationen über sämtliche Realprozesse des gesamten Unternehmens zu steuern. Die für das Controlling erforderlichen Informationen ergeben sich aus dem Tätigkeitsfeld, in dem das Controlling durchgeführt wird. Beispiele für Tätigkeitsfelder des Controllings sind einzelne Bereiche wie Beschaffung, Produktion und Absatz o. a. Herangezogen werden Informationen von Größen, über die eine Steuerung des Tätigkeitsfeldes erfolgt oder die für diese relevant sind.

Ein Verfahren zur Ermittlung des strategischen Informationsbedarfs ist die Methode der *kritischen Erfolgsfaktoren*. Kritische Erfolgsfaktoren sind die Schlüsselgrößen, die den Erfolg oder Misserfolg eines Unternehmens determinieren, bspw. Betriebsklima, Markterfolg, Gewinnspanne je Auftrag etc. Das Ziel dieser Methode ist es, für die EntscheidungsträgerInnen die bedeutsamen Einflussgrößen für den Unternehmenserfolg zu spezifizieren, um aus ihnen den Bedarf an Informationen ableiten zu können. Für das Ableiten des strategischen Informationsbedarfs sind die kritischen Erfolgsfaktoren jedoch zu allgemein. Infolgedessen sind Maßgrößen zu schaffen, die als Grundlage für die Bestimmung der benötigten Informationen herangezogen werden können.

Eine Prämisse, den taktisch-operativen Bedarf an Informationen zu ermitteln, bilden die Unternehmensziele. Controlling wird als Führung durch Ziele definiert. Demzufolge lassen sie sich als Bestimmungsgrößen des Informationsbedarfs charakterisieren. Die möglichen Inhalte beinhalten größtenteils den Gewinn, die Sicherheit, die soziale Verantwortung ggü. der Belegschaft und der Gesellschaft, den angestrebten Marktanteil, die Unabhängigkeit von anderen Unternehmen, die Kundenpflege, das Wachstum oder das Prestige. So ergeben sich bspw. für das Ziel Gewinnerzielung als Unterziele die Kosten zu senken *und* Erlöse zu steigern. Maßnahmen Kosten zu senken sind bspw. die Senkung der Materialkosten, der Personalkosten und der Betriebsmittelkosten. Des Weiteren lassen sich die Unternehmensziele für die einzelnen Unternehmensfunktionen weiter spezifizieren.

2.2   Historische Entwicklung hin zu Controlling-Informationssysteme

Durch die hohe Komplexität und sich rasch intern und extern verändernde Rahmenbedingungen sind die Anforderungen, die an Informationen entstehen, in den letzten Jahren gestiegen. Mittels einer gezielten Informationslogistik wird sichergestellt, dass die benötigten Informationen rechtzeitig in der erforderlichen Qualität und am richtigen Ort zur Verfügung stehen. Dabei übernimmt die Informationstechnologie die Aufgabe, entsprechende „Zugänge" bereitzustellen und aus den umfassenden Datenbeständen personen-, problem- und situationsgerechte Ergebnisse zusammenzustellen. Das Potenzial besteht darin, kontinuierliche Lösungen zu konzipieren, die den gegenwärtigen Ansprüchen der AnwenderIn gerecht werden und informationstechnologisch mittel- und langfristig stabil sind.

Aufgrund der sich fortwährend ändernden Trends und Entwicklungen, die immer schneller aufgenommen und verarbeitet werden müssen, ist es erforderlich, dass Unternehmen eine flexible Wandlungs- und Anpassungsfähigkeit aufweisen. Notwendig ist diese Flexibilität wegen der zunehmenden Globalisierungstendenzen mit den einhergehenden globalen und lokalen Instabilitäten und einem verstärktem Wettbewerbsdruck sowie der technologischen Entwicklung, die in allen Umfeldern Verbesserungen, aber auch Herausforderungen mit sich bringt. Des Weiteren gibt es derzeit viele Unternehmen in denen Umstrukturierungen stattfinden. Dazu zählen Veränderungen in den Aufbaustrukturen sowie auch in den Prozessabläufen. Auch diesem Sachverhalt muss informationstechnisch Rechnung getragen werden.

Gegenstand dieses Abschnittes ist daher, die historische Entwicklung im Hinblick auf (Controlling-)Informationssysteme aufzuzeigen, deren Aufgabe es ist, Informationen für MitarbeiterInnen und Management in Unternehmen aufzubereiten, zu verarbeiten und zur Verfügung zu stellen.

Generell kommt Informationssystemen die Hauptaufgabe zu, die richtige Information zur richtigen Zeit in der richtigen Form am richtigen Ort anzubieten. Außerdem stehen u. a. (Controlling-)Informationssysteme in der betriebswirtschaftlichen Diskussion im Fokus, was neben konstruktiven Beiträgen auch zu einem desorganisierten Überangebot an Begriffen führt. Im Allgemeinen beinhalten diese jedoch das Gleiche, nämlich die informationstechnische Unterstützung der Führungsebene. Vor diesem Hintergrund wird in den folgenden Kapiteln eine Benennung von Informationssystemen und deren (minimalen) Unterschieden vorgenommen (vgl. Gibiino 1995, S. 22).

2.2.1 Management-Informationssysteme (MIS – 1960)

Der Begriff *Management-Informationssystem* stammt aus den 1960er-Jahren. Management-Informationssysteme (MIS) interpretierten zu damaligen Zeit einen vollständig integrierten Gesamtansatz zur Unterstützung des Managements. Aufgrund technischer Einschränkungen und irrealer Annahmen über die Steuerungsmöglichkeiten von Unternehmen waren MIS jedoch erfolglos und konnten sich in der Unternehmenspraxis nicht etablieren. In der amerikanischen Management-Landschaft wurden unter dem Begriff MIS als Sammelbegriff schlussendlich alle partiellen IT-Systeme zur Managementunterstützung zusammengefasst (vgl. Schermann 2007, S. 24).

Im deutschsprachigen Raum etablierte sich eine treffendere, von den Autoren präferierte Begriffsdefinition: MIS werden hierbei als berichtsorientierte Analysesysteme definiert, die in erster Linie auf interne, operative Daten zurückgreifen und hauptsächlich auf die Planung, Steuerung und Kontrolle der operativen Wertschöpfungskette ausgerichtet sind.

Ein MIS sollte derzeitige, entscheidungsorientierte und für den/die jeweilige/n ManagerIn passende Informationen in grafischer, tabellarischer oder Textform zeitnah bereitstellen.

Informationen werden dabei in externer und interner Form zur Verfügung gestellt. Allgemein beschreibt ein MIS (als Sammelbegriff) ein umfassendes, koordiniertes Informationssystem, welches aus unterschiedlichen Subsystemen besteht. Der rein berichtende Aufbau des MIS wird oft als *Executive Information System (EIS)* beschrieben. Je nach Ausmaß dient ein MIS auch für die Wahrnehmung von Planungs- und Datenanalyseaufgaben, die aber ein entsprechendes Know-how der BenutzerInnen bez. der Methoden der Datenanalyse voraussetzen.

Zusammenfassend sollen mit einem MIS vorwiegend folgende Anforderungen erfüllt werden:

- periodische Bereitstellung standardisierter Berichte,
- Ad-hoc-Abfragen nach neuen Auswertungskriterien,
- Verfügbarkeit auf allen hierarchischen Führungsebenen,
- verdichtete, zentralisierte Informationen über alle Geschäftsaktivitäten,
- größtmögliche Aktualität und Korrektheit,
- dynamische Auswertungsmöglichkeiten,
- grafische Darstellung,
- Verknüpfung von Zahlen und Kommentaren,
- Berücksichtigung von harten (quantitativen, Zahleninformationen) und weichen (qualitativen) Faktoren,
- Unterstützung des Planungs- und des Soll-Ist-Vergleichsprozesses und
  intuitive Bedienung des Systems (vgl. International Group of Controlling, 2005, S. 180).

Da sich moderne MIS, EIS und *Decision Support Systeme (DSS)* (vgl. hierzu Abschn. 2.2.2) sehr stark kongruent verhalten und oftmals eine klare Unterscheidung nicht möglich ist, definieren die Autoren im Rahmen dieses Buches MIS als Synonym für ein umfassendes, entscheidungsunterstützendes und visualisierendes Informationssystem.

Ein MIS ist nicht nur ein realtechnisches Konzept i. S. e. konfigurierten Hardware oder eines Software-Pakets. Es stellt vielmehr ein anwendungsorientiertes Mensch-Maschine-System dar, welches den Informationsbedarf des Managements befriedigen soll. Aus diesem Blickwinkel ist das MIS, wie zuvor beschrieben, ein Hilfesystem zur Unterstützung der Planungs- und Steuerungssysteme der Unternehmungen. Zu beachten ist jedoch, dass ein MIS niemals mit einem Planungs- und Steuerungssystem 1:1 verglichen werden kann.

Das Planungs- und Steuerungssystem beinhaltet Aufgaben wie das Festlegen der langfristigen Unternehmungspolitik und der strategischen und taktischen Planung, z. B. Produkt- und Marktentscheidungen, Festlegung des Budgets und Allokation der Ressourcen, sowie die fortlaufende Steuerung insb. des operativ-administrativen Basissystems des Unternehmens. Allerdings fließen im MIS i. V. m. dem Management und dem automatisierten Subsystem die Informationsprozesse (Problemfindung und Problemlösung), die Voraussetzung für die Planung und Steuerung sind. Dabei stellt das automatisierte Subsystem des MIS die Informationen zur Verfügung, die für die ManagerInnen übertragenen Abschnitte dieser Prozesse erforderlich sind. Das Ausmaß dieses Informationsbedarfs ist an der bei jeder einzelnen Entscheidung umgesetzten Intensität der Aufgabenteilung zwischen dem Computersystem als automatisiertem Subsystem des MIS und dem Management gebunden (vgl. Grochla und Szyperski 1971, S. 21).

Durch die damalige Einführung eines MIS wurden nicht nur die Strukturen der Organisation hinterfragt, sondern ebenso die Führungsaufgabe sowie die Entscheidungsfindung, die Entscheidungsdurchsetzung und/oder die Mitarbeiterführung. Insgesamt reduziert ein MIS die Zeitspanne der Aufwendungen der ManagerInnen. Dies kommt wiederrum ManagerInnen zugute, ihre MitarbeiterInnen intensiver in ihrer Arbeit anzuleiten und sie im Rahmen der Erfüllung ihrer Aufgaben zu unterstützen und zu fördern. Zu berücksichtigen ist auch, dass, um mit einem MIS ggf. komplexere Prozesse im Vorfeld zu erkennen und die erforderliche(n) Entscheidung(en) vornehmen zu können, zwangsweise ein kooperativer Führungsstil anzuwenden ist. Der kooperative Führungsstil ist somit u. a. eine Teamarbeit, in der jede Person Spezialwissen und Kritik übt, um zukünftig zweckmäßige Entscheidungen treffen zu können (vgl. Dreger 1973, S. 124 f.).

2.2.2 (Wissensbasierte) Entscheidungs-Unterstützungssysteme (EUS/ wEUS – 1970) (Vgl. im Folgenden: Küpper et al. 2001, S. 369–374.)

Entscheidungs-Unterstützungssysteme (EUS) sind rechnergestützte Systeme, die EntscheidungsträgerInnen in unsystematischen Situationen bei ihrer Entscheidungsfindung helfen. Sie gehören neben den MIS bzw. DSS zu den *Management Support Systems (MSS)*. EUS-Applikationen verfügen als Datenbasis i. d. R. über ein Data Warehouse. Ein EUS setzt sich aus einem Datenbanksystem, einem Modellbank- und Methodenbanksystem sowie einer Ablaufsteuerung und einer adaptiven Benutzungsschnittstelle zusammen.

Die Methode der EUS-Problemlösung ist interaktiv, demzufolge existiert hier ein Mensch-Maschine-Dialog. Ziel ist es nicht, Entscheidungen vollständig zu automatisieren, sondern die Erfahrungen und das Urteilsvermögen der EntscheidungsträgerInnen in die zu treffenden Entscheidungen einfließen zu lassen. EUS sollen die Prozesse der Entscheidungsfindung in erster Linie nicht effizienter, jedoch effektiver gestalten. Abb. 2.6 veranschaulicht die begriffliche Einordnung von EUS in Bezug auf konvergierende Systeme.

MSS steht als Hyperonym für jegliche Systeme, die unter informations- und kommunikationstechnischem Einsatz EntscheidungsträgerInnen bei Aufgaben des Managements unterstützen. Von den EUS zu differenzieren sind die sog. MIS, die präziser auch als *Data Support Systems (DSS)* bezeichnet werden. Letztere Systeme stellen einzig eine für festgelegte Entscheidungsfelder passende Datenversorgung i. V. m. zweckbezogener Datenselektion und Datensicht sicher, ohne dass Methoden für die unmittelbare Entscheidungsfindung zur Verfügung stehen. DSS richten sich an einen größeren Anwenderkreis (Controlling, Fachabteilungen) und Anwendungsbereich als EUS. EUS-Anwendungen explizit aus operativen Datenbeständen zu versorgen, die Transaktionssystemen z. B. für die Auftragsabwicklung, Materialwirtschaft oder das Rechnungswesen zugeordnet sind, hat sich als technisch oder wirtschaftlich nicht durchführbar erwiesen. Deshalb werden

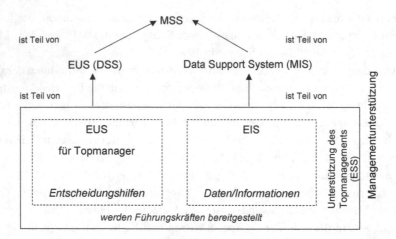

Abb. 2.6 Management-Unterstützungssystematik (In Anlehnung an: Mertens et al. 2001, S. 287)

Daten aus unternehmensinternen und -externen Quellen (Datenbanken, Internet und Intranet), z. B. demoskopische Daten und Daten über den Markt, vermehrt in einem Data Warehouse organisiert. Auf diesem setzen wiederum Analysetools der Data Support Systemklasse und EUS auf. Anwendungen und Tools auf der Auswertungsschicht von solchen Data Warehouses werden von den Softwareanbietern auch mit dem Begriff *Business Intelligence (BI)* charakterisiert. Dieser kann variierend sowohl für DSS als auch für EUS stehen. Gleicherweise ist der Begriff *Führungsinformationssystem (FIS)* sehr dehnbar und kann MSS, MIS und/oder EIS meinen.

In Bezug auf Data Support hat sich zur Unterstützung des Managements der Begriff EIS etabliert. EIS sind Systeme, die insb. für das Topmanagement als Anwenderkreis geschaffen sind. Anfangs lediglich als Dokumentenbibliothek mit formatierten Berichten aus beliebigen Quellsystemen ausgelegt, wird die EIS-Datenbasis nun überwiegend als relationale Datenbank für flexible, datengetriebene und sichtenspezifische Abfragen organisiert. Des Weiteren kann ein EIS zudem Schnittstellen zu externen Datenbankdiensten oder zu Modelldaten und -funktionen von EUS integrieren. Eine bedeutende Funktion von EIS ist es, die Informationsflut und -komplexität zu reduzieren. Problematisch bei EIS ist, dass diese in Unternehmen oftmals alleinstehend und in Konkurrenz zu anderen, dezentralen Informationssystemen organisiert wurden und sich folglich nicht behaupten können.

Die Verknüpfung rechnergestützter Entscheidungshilfen (EUS) für TopmanagerInnen und EIS wird als *Executive Support System (ESS)* gekennzeichnet. EUS werden für Entscheidungen, wie z. B. Planung des Werbebudgets, respektive gleichwohl für ganze Klassen von Entscheidungen entwickelt und eingesetzt.

Die Unterstützung bei Entscheidungen besteht in EUS in formalen, computergestützten Verfahren, die mit unterschiedlichen Daten und Annahmen durchgerechnet werden können und What-if- sowie How-to-Achieve-Fragen beantworten. Solche Verfahren setzen sich aus rudimentären Definitions- bis zu komplexen Verhaltensgleichungen zusammen. Je nach vorliegender Entscheidungsproblematik können die Modelle als

Tabellenkalkulations- oder als Expertisesystem (Expertensystem-Variante), auch als wissensbasierte Systeme bezeichnet, realisiert sein.

Die Bestandteile von EUS sind das Datenbanksystem, Modellbank- und Methodenbanksystem. Modellbank und Methodenbank sind mit dem Datenbanksystem gekoppelt. Sie können die bewährten Tools für den Zugriff auf Daten und deren Selektion in Datenbanken nutzen. Hinzu kommt die Ablaufsteuerung, welche diese drei Indikatoren untereinander verbindet und über die Benutzungsschnittstelle als weiterer eigenständiger Indikator die Interaktion mit dem/der AnwenderIn ermöglicht. Diese sollte eine insb. adaptive Benutzungsschnittstelle aufgrund individuell unterschiedlicher Benutzertypen sein, z. B. kontinuierlich versierte NutzerInnen mit tiefen Fachkenntnissen im Gegensatz zu sporadischen Anwendern mit nur rudimentären (Fach-) Kenntnissen.

2.2.3 Führungsinformationssysteme (FIS – 1980)

Ziel eines *Führungsinformationssystems (FIS)* ist es, die immer kürzer werdenden Reaktionszeiten zu meistern und ebenso die Entscheidungszeiten des Managements zu verkürzen bzw. Managemententscheidungen zu unterstützen. Um ein FIS zu erstellen, werden mithilfe eines Vorgehensmodells unterschiedliche Faktoren herausgearbeitet, die letztendlich zur Herleitung einer FIS-Architektur verwendet werden (vgl. Holten et al. 1997, S. 2).

Bei FIS handelt es sich um interaktive, graphikorientierte Informationssysteme, die auf bedarfsgerechte Versorgung des Managements mit Informationen ausgerichtet sind. Sie sollen demnach externe und qualitative Informationen berücksichtigen und bereitstellen, die ManagerInnen zur Unternehmensführung benötigen. Mittels der Unterstützung durch ein FIS, im Rahmen der Analyse und Steuerung betriebswirtschaftlicher Entscheidungen, können Sachverhalte zeitnah analysiert und darauf mit fundierter Entscheidungsbasis reagiert werden. Im Allgemeinen beruhen FIS auf Kennzahlensystemen als Analyse- und Berichtssystem. FIS kennzeichnen – im Gegensatz zu Kennzahlensystemen, die vielmehr die inhaltliche Ebene fokussieren – ihre formale Ausgestaltung (vgl. Jaeger 2001, S. 12 f.).

Ein weiterer Vorteil eines FIS ist die verbesserte Grundlage für operative und strategische Entscheidungen. Dadurch das Daten aufgearbeitet und Kennzahlen berechnet werden, wird die Informationsbasis, auf welcher operative und strategische Entscheidungen getroffen werden, erweitert und verbessert. Außerdem lassen sich die Reduktion von Komplexität, die Identifikation von Kostentreibern und die einfache detaillierte Problemanalyse als weitere Vorteile eines FIS nennen.

Mit der Einführung eines FIS werden i. d. R. zwei (Haupt-)Ziele verfolgt, die jeweils wiederum an Anforderungen gebunden sind. Das erste Ziel ist es, die Effizienz der Informationsaufbereitung zu steigern. Um dieses Ziel zu realisieren, sind u. a. folgende Anforderungen relevant bzw. nötig:

- schnelle und einfache Aneignung,
- kurze Antwortzeiten,
- Verfügbarkeit betriebswirtschaftlicher Funktionen/Modelle/Methoden,

- flexible Datenabfragemöglichkeiten und
- Datenschutzmöglichkeiten.

Das zweite Ziel ist es, die Effektivität bei den EntscheidungsträgernInnen zu erhöhen. Um dieses Ziel zu realisieren, sind u. a. folgende Anforderungen relevant bzw. nötig:

- bessere Informationsqualität u. a. hinsichtlich der Aktualität,
- höhere Transparenz betriebswirtschaftlicher Zusammenhänge und
- Verfügbarmachung von Plan- und Zielwerten.

Zu beachten ist, dass ein FIS aus verschiedenen Bausteinen besteht. Es werden folgende Elemente unterschieden:

- Informationsquellen,
- Ein-/Ausgabekomponenten,
- Datenhaltung,
- Benutzeroberfläche,
- Methoden zur Analyse/Prognose/Simulation und Entwicklungsumgebung (vgl. im Folgenden: Spath 2012, S. 62–66).

Abb. 2.7 stellt die Bausteine eines FIS und deren Zusammenhänge dar:

Die erforderlichen Bestandteile eines FIS sind die Informationsquellen. Sie lassen sich in zwei Informationskategorien differenzieren: externe Informationen *(Umweltinformationen)* und interne Informationen *(Inweltinformationen)*. Einerseits sind dies externe

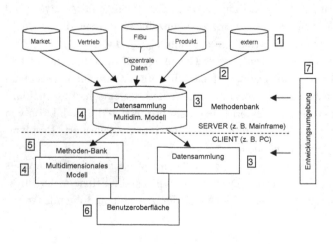

Abb. 2.7 FIS-Bausteine (In Anlehnung an: Spath 2012, S. 62)

Informationen bzw. Umweltinformationen, Informationen über die ökonomische Unternehmensumwelt wie z. B. Kunden, Wettbewerber und/oder Kooperationspartner. Andererseits ist das externe Rechnungswesen die wichtigste interne Informationsquelle vieler Unternehmen. Das „klassische" externe Rechnungswesen (Bilanz, GuV u. a.) als alleinige Informationsquelle zu nutzen, ist jedoch mit Einschränkungen behaftet. So misst das externe Rechnungswesen nur Wirkungen, aber nicht deren Ursachen. Die Reduzierung der Werte auf eine einzige Dimension (Vereinfachung/Aggregation) kann einen Informationsverlust zur Folge haben. Ein weiterer Nachteil liegt in der deskriptiven, vergangenheitsorientierten Sichtweise des externen Rechnungswesens.

Unter dem Aspekt „Ein- und Ausgabekomponente" von FIS ist neben der Tastatur als Eingabemedium zur manuellen Dateneingabe und Ablaufsteuerung auch die Maussteuerung erforderlich. Weitere Eingabemedien sind Touch-Screens, Lichtstifte oder die handschriftliche Direkteingabe. Das wesentlichste Ausgabemedium zur Datenvisualisierung ist der Bildschirm.

Des Weiteren wird unter dem Aspekt „Datenhaltung" die Gewährleistung der (Daten-) Versorgung einer FIS-Anwendungsdatenbasis definiert. Diese Datenhaltung bzw. -speicherung kann dabei mit drei unterschiedlichen Methoden stattfinden. Erstens können die Daten auf einem Zentral-Server gespeichert werden und am PC temporär zur Verfügung stehen. Die zweite Möglichkeit ist es, um Antwortzeiten zu verkürzen und eine Bearbeitung der Daten zu gewährleisten, alternativ eine redundante Datenspeicherung auf dem Arbeitsplatzrechner durchzuführen. Die dritte Methode ist der dynamische Zugriff ohne redundante Datenspeicherung (Client/Server-Architektur).

Damit ein FIS von den ManagerInnen sofort anwendbar ist, wird vorausgesetzt, dass es intuitiv zu bedienen sein sollte. Dies setzt wiederrum eine zweckmäßige Benutzeroberfläche[1] voraus, die leicht verständlich aufgebaut sein muss, sodass sich der/die ManagerIn unmittelbar im FIS-Ablauf zurechtfindet und die Relevanz der verwendeten grafischen Symbole direkt erkennt. Letztlich werden diese zur Ein- und Ausgabegestaltung einer FIS-Anwendung verwendet und bedingen sich durch die Arbeitsaufgabe und die Fähigkeiten, Kenntnisse und Fertigkeiten des/der AnwendersIn. Dies umfasst dabei Fragen der Menügestaltung, d. h., wie sind die Funktions- und Kommandostrukturen angeordnet, sowie der Darstellungselemente, die es den NutzernInnen auf dem Bildschirm ermöglichen, seine/ihre Aktionen durchzuführen.

Es gibt verschiedene Methoden zur Analyse, Prognose und Simulation, um die Informationen des FIS darzustellen und auszuwerten. Die erste Visualisierungsmöglichkeit ist die Fensterdarstellung. Sie unterteilt den Bildschirm in horizontale oder vertikale Teilbereiche (Fenster), um zeitgleich verschiedene Anwendungsrelationen darzustellen. Die zweite Visualisierungsmöglichkeit ist die Tabellendarstellung, die dazu genutzt wird, um eine Vielzahl zueinander gehörender absoluter Daten in Spalten und Zeilen aufzulisten. Bei

---

[1] Im Allgemeinen werden unter dem Begriff „Benutzeroberfläche" die Bedienelemente der Hardware sowie Dialogelemente der Software zusammengefasst

der Datendarstellung ist ein Kompromiss zwischen Menge und Lesbarkeit zu finden. Eine weitere Visualisierungsmöglichkeit sind grafische Darstellungen. Der Vorteil numerische Daten visuell in Grafiken und Diagrammen darzustellen, ist die verstärkte Anschaulichkeit eines Sachverhaltes und die dadurch (ggf.) verbesserte Entscheidungsunterstützung und -findung. Grundsätzlich sind folgende grafische Darstellungen zu differenzieren:

- Balken- und Säulendiagramme, die zum Wertevergleich vergleichbarer Datengruppen dienen.
- Flächen- oder Kreisdiagramme, die sich zum Vergleich relativer Quantitäten eignen.
- Liniengrafiken, die eine direkte Visualisierung numerischer Daten (z. B. Preisentwicklung) darstellen und diese in einem bestimmten Zeitabschnitt aufzeigen.
- kombinierte Grafiken (Portfolio- oder Szenario-Grafiken), die das Ergebnis unterschiedlicher Analysemethoden aufzeigen.

Ein weiterer Baustein des FIS ist die Entwicklungskomponente, die Werkzeuge zur Realisierung der FIS-Anwendung bereitstellt.

Insgesamt ist es sinnvoll, die Aspekte und Begriffe, die FIS betreffen, in drei FIS-bezogene Objektbereiche zu differenzieren: FIS-Anwendungen, FIS-Projekte und FIS-Produkte. Abb. 2.8 gibt die Differenzierung und Definition der FIS-Objektbereiche wieder.

2.2.4   Management-Unterstützungssysteme (MUS – 1990) (Im Folgenden: Hichert und Moritz 1995, S. 1–7.)

Um ManagerInnen wirksam unterstützen zu können, müssen diese effektiv informiert werden. Dazu müssen u. a. ControllerInnen neben der Beschaffung von Informationen insb. die Selektion, Verdichtung und Gegenüberstellung von Informationen realisieren. Die technischen Aspekte sind dabei zwar relevant, als Grundlage ist allerdings die Informationskultur eines Unternehmens von entscheidender Bedeutung. Die differierende Gewichtung rechnertechnischer Details führte zu zahlreichen Definitionen von *Management-Unterstützungssystemen (MUS)*, die in ihrer Diversifikation allerdings nur zu Unklarheit führen und jede/m AnwenderIn eine „eigene" Interpretation abverlangen.

Des Weiteren finden sich ebenso in der Praxis vielfältige inhaltliche Interpretationen zum Begriff MUS, die einen weiten Definitionsbereich abdecken. Der Umfang der Definitionen reicht von der integrierten Software bis zur Einordnung als System zur Managementunterstützung oder als System zur Aufbereitung von Kennzahlen für Planungs- und Entscheidungsprozesse. Aus diesem Grund ist es nicht ratsam, nach einzelnen Definitionen für ein Management-Unterstützungssystem zu suchen und diese zu fixieren. Es ist zweckmäßiger, ausschließlich Merkmale zu lokalisieren und diese situativ zusammenzuführen.

Eine Gegenüberstellung der unterschiedlichen Abgrenzungsversuche von MUS zeigt, dass Hard- und Software, zugriffs- und kommunikationsorientierte Komplexitäten, organisatorische sowie zeitliche und räumliche Aspekte, benutzer- und aufgabenorientierte, soziale und gruppendynamische Attribute differierend gewichtet werden. Zielführend ist

FIS-Anwendungen

Computergestützte informations- und kommunikationstechnische Systeme zur Deckung des Informationsbedarfs der Führungskräfte. Sie werden nach Art, Umfang und Inhalt bestimmt sowie durch die Unternehmensgröße, die Managementebene, den Funktions- und Aufgabenbereich und den BenutzerInnen- und AnwenderInnen-Typ festgelegt.

FIS-Projekte

Maßnahmenkatalog zur Realisierung einer FIS-Anwendung. FIS-Projekte erfordern meist Aktivitäten in/auf verschiedenen Unternehmensbereichen und -ebenen. Hierzu zählen einerseits Veränderungsmaßnahmen im Bereich der informations- und kommunikationstechnischen Infrastruktur, andererseits umfassen sie technokratische und organisatorische Gestaltungsaufgaben.

FIS-Produkte

Werkzeuge zur Implementierung von FIS-Anwendungen. Diese Anwendungssysteme umfassen meist verschiedene Komponenten und bieten Funktionen zur Analyse, Prognose und Visualisierung von Daten.

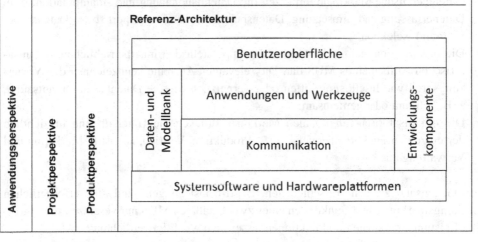

Abb. 2.8 Abgrenzung der FIS-Objektbereiche (In Anlehnung an: Spath 2012, S. 68)

es daher, situativ und problembezogen einzelne Attribute eines MUS getrennt aufzuzeigen sowie eine abstrakte Gewichtung zu unterlassen. Generell sind sechs Merkmalsgruppen, die in Abb. 2.9 dargestellt sind, zu unterscheiden.

Die Merkmalsgruppen lassen sich im Einzelnen wie folgt definieren:

- Die problemlösungsorientierten Merkmale beziehen sich auf die Unterstützung der unterschiedlichen Problemlösungsphasen, z. B. Planungs-, Entscheidungs-, Durchsetzungs- und Kontrollphase.
- Die anwenderorientierte Merkmalsgruppe inkludiert die verschiedenen Anwendergruppen eines MUS. Zu differenzieren sind dabei entweder allgemeine AnwenderInnen wie

Abb. 2.9 Merkmalsgruppen von Management-Unterstützungssystemen (In Anlehnung an: Hichert und Moritz 1995, S. 6)

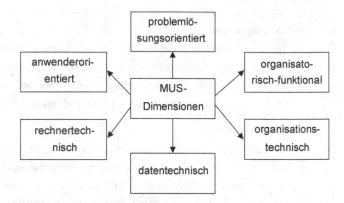

EinzelbenutzerIn, Abteilung und Gesamtunternehmen oder aufgabenbezogene Zuordnungen wie Sekretariat, SachbearbeiterIn, AssistentIn und EntscheidungsträgerIn.

- Die rechnertechnische Merkmalsgruppe beinhaltet nicht nur die Hardware-, sondern auch die Softwaretechnik. Neben anderen Faktoren ist in erster Linie die Prozessorentechnik relevant.
- Datentechnische Merkmale umfassen die Datenhandhabung und -manipulation, d. h. Datenerfassung und -umsetzung, Datenspeicherung und -transport sowie Datensortierung und -selektion.
- Die organisationstechnische Merkmalsgruppe stellt den innerbetrieblichen, organisatorischen Aufbau eines MUS dar. Die relevanten Attribute kennzeichnen den Vernetzungsgrad wie Insellösung, offen oder vernetzt, sowie die Datenbasen-Organisation, z. B. getrennt oder gemeinsam.
- Die organisatorisch-funktionalen Merkmale drücken die Unterstützung hinsichtlich der einzelnen Funktionsbereiche, z. B. Produktion, Vertrieb, Logistik, Marketing und Verwaltung aus.

Im Gegensatz zu den verschiedenen Begriffsauslegungen sind die erforderlichen Leistungsmerkmale und Funktionen eines zweckmäßigen MUS nur vereinzelt umstritten. Die Leistungsmerkmale und Funktionen lassen sich wie folgt verdichten:

- Versorgung mit Informationen und Unterstützung bei Entscheidungen,
- detaillierte Anwendungs- und Unterstützungsbandbreite durch mathematisch-statistische Funktionen/Prognosen, Analyse- und Grafikfähigkeit, Kommunikation und Datenaustausch,
- Möglichkeit betriebsindividuelle Strukturen und Abläufe zu berücksichtigen,
- Möglichkeit auf eine zentrale und unternehmensweit gültige Datenbasis zurückzugreifen,
- schnelle, flexible, unabhängige und einfache Handhabung.

Diese allgemeinen Praxisanforderungen legitimieren es, auf die interne Struktur und den Aufbau eines MUS zurückzuschließen.

2.2.5   Controlling-Informationssysteme (CIS – 2000)

Den AufgabenträgernInnen des Controllings wird eine hohe Relevanz in Bezug auf die Bereitstellung von Informationen beigemessen. Nicht nur in der Bereitstellung, sondern auch infolge der Erfassung, Verarbeitung und Aufbereitung führungsrelevanter Informationen sind ControllerInnen in diesem Kontext die InformationsdienstleisterInnen für das Management. Zur Bewältigung dieser (Haupt-)Aufgabe werden ControllerInnen bereits in vielen Unternehmen durch eingesetzte *Controlling-Informationssysteme (CIS)* unterstützt, um gleichzeitig die Abläufe ad hoc und effizienter darstellen zu können.

Zur Steuerung in Richtung einer Erreichung der Unternehmensziele sowie für die Koordination des gesamten betrieblichen Informationsflusses ist heutzutage ein marktgerechtes Controlling ohne ein leistungsfähiges CIS weder wirtschaftlich noch inhaltlich umsetzbar. CIS sind informationsverarbeitende Systeme, die in der organisatorischen Verantwortlichkeit der ControllerInnen und/oder der ManagerInnen des Unternehmens *die* Informationen bereitstellen, welche für eine zielorientierte Unternehmensführung erforderlich sind. Im Allgemeinen unterstützen CIS das Planungs-, Kontroll- sowie das Informationsversorgungssystem, indem die relevanten Informationen mit einem entsprechenden Genauigkeitsgrad sowie mit der erforderlichen Qualität und Quantität dem richtigen Adressatenkreis zum richtigen Zeitpunkt zur Verfügung gestellt werden.

Die relevanten Informationen, die ein CIS bereitstellen muss, sind solche, die vom Management und/oder weiteren Funktionsverantwortlichen zur Planung und Steuerung des Unternehmens benötigt werden. Dabei können Diskrepanzen zwischen und an den Schnittstellen von Informationsangebot (instrumentendominiert), Informationsbedarf (verhaltensdominiert) sowie Informationsnachfrage (problemdominiert) entstehen. Ein Fokus bei der Gestaltung eines CIS ist demzufolge die Definition des Informationsangebots im Spannungsfeld zwischen Informationsnachfrage und -bedarf. Mit dem Bereitstellen von Informationen und leistungsfähiger Instrumente schaffen CIS das primäre Unterstützungssystem für ein wert- und zukunftsorientiertes Controlling.

Ein Schwerpunkt des CIS ist generell die Anwendung für die interne Ergebnisrechnung. Außerdem setzt ein Plan-Ist-Reporting eine Systemunterstützung für die Planung der Ergebnisrechnung voraus. Plan-Ist-Abweichungen müssen mithilfe des CIS zeitnah festgestellt werden können. Diese und weitere Informationen sind für das Management zu verdichten und bereitzustellen. Ferner können und müssen ControllerInnen mithilfe des Einsatzes eines CIS für eine zielorientierte Unterstützung der Unternehmensführung neben monetären Größen wie Gewinn oder Umsatz auch nicht-monetäre Größen wie Kundenzufriedenheit oder Auslastungsgrad einbeziehen. Als Methodik und Instrument hat sich dabei die *Balanced Scorecard (BSC)* bewährt, die den steuerungsrelevanten Schwerpunkt eines Unternehmens u. a. um kunden-, geschäftsprozess- und mitarbeiterbezogene Kennzahlen erweitert. Ein weiteres Ziel ist es, ein gänzlich transparentes CIS zu erstellen, das den Großteil der Controlling-Aufgaben erfüllen kann. Um dies zu erreichen, müssen die Controlling-Anwendungen auf einen zentralen Datenbestand zugreifen können, dessen

Inhalt auch zukünftigen Anwendungen zur Verfügung zu stehen hat. Solche Datensammlungen bezeichnet man als *Data Warehouse* (siehe hierzu Abschn. 3.3.1).

Eine vollständige Verzahnung ist in der unternehmerischen Praxis allerdings kaum zu realisieren, da z. B. im strategischen Controlling in vielen Fällen auch Wettbewerbsdatenbanken mit vorwiegend qualitativen Informationen über Wettbewerber, Markttrends und Verbrauchergewohnheiten vom Controlling, in Kooperation mit dem strategischen Marketing, betrieben werden. Der Einsatz von CIS ist jedenfalls kein Selbstzweck, sondern er unterstützt letztendlich eine erfolgreiche Positionierung des Unternehmens mit seinen Leistungen am Markt und ggü. dem Wettbewerb sowie eine effiziente Leistungserbringung.

Tab. 2.5 gibt einen Überblick über die wesentlichen Funktionen von CIS:

Ausführlichere Beschreibungen zu Begriff, Aufbau und den Komponenten eines CIS werden im nächsten Kapitel vorgenommen.

Tab. 2.5 Funktionen von CIS (Auszug) (Eigene Darstellung)

Tätigkeitsfeld	Funktionen von Controlling-Informationssystemen (Auszug)
Planung und Koordination	• Bereitstellen von planungsrelevanten Informationen • Erstellen und Erfassen einer multidimensionale Planung (Zeitraum, Kunde, Region, Produkt,…) • Koordination von Teilplanungen, Zusammenfassen von Plänen, Herunterbrechen von Plänen • Dokumentation, Visualisierung und Verfügbarmachen der Planungsergebnisse • Unterstützung der strategischen Planung durch den Einsatz von Simulationen und Szenarien
Analyse	• Ermitteln von Produkt-, Kunden- und/oder Regionenprofitabilitäten und deren Entwicklung • Ermitteln von Verbesserungspotenzialen (u. a. Kundenzufriedenheit, Geschäftsprozesseffizienz) • Dokumentation des Wettbewerbsverhaltens, von Marktentwicklungen, Kundenverhalten usw.
Steuerung und Kontrolle	• Ermitteln von Plan-Ist-Abweichungen • Automatisierte oder zumindest unterstützende multidimensionale Abweichungsanalyse (= Data Mining) • Messen und Dokumentieren von eingeleiteten Maßnahmen • Erstellen von Forecast-Rechnungen
Informationsversorgung	• Vermitteln von steuerungsrelevanten Informationen an die Entscheidungsträger • Strategiekommunikation durch Aufzeigen der wesentlichen Kennzahlen und der Soll-Werte

Literatur

Al-Laham A (2003) Organisationales Wissensmanagement. Eine strategische Perspektive, 1. Aufl. Franz Vahlen Verlag, München

Biethahn J, Huch B (Hrsg 1994) Informationssysteme im Controlling. Konzepte, Methoden und Instrumente zur Gestaltung von Controlling-Informationssystemen, 1. Aufl. Springer Verlag, Heidelberg

Dreger W (1973) Management-Informationssysteme, 1. Aufl. Gabler Verlag, Wiesbaden

Geiger D (2006) Wissen und Narration. Der Kern des Wissensmanagements, 1. Aufl. Erich Schmidt Verlag, Berlin

Gibiino S (1995) Möglichkeiten der Unterstützung organisatorischer Koordinationsmechanismen durch computergestützte Informationssysteme. Diplomarbeit

Grochla E, Szyperski N (1971) Management-Informationssysteme. Eine Herausforderung an Forschung und Entwicklung. Schriftenreihe des Betriebswirtschaftlichen Instituts für Organisation und Automation an der Universität zu Köln, Bd 14

Hasler Roumois U (2010) Studienbuch Wissensmanagement. Grundlagen der Wissensarbeit in Wirtschafts-, Non-Profit- und Public-Organisationen, 2. Aufl. UTB Verlag, Stuttgart

Hichert R, Moritz M Hrsg (1995) Management-Informationssysteme. Praktische Anwendungen, 2. Aufl. Springer Verlag, Heidelberg

Holten R, Knackstedt R, Becker J, Grob HL, Müller-Funk U, Vossen G (Hrsg. 1997) Führungsinformationssysteme. Historische Entwicklung und Konzeption. Arbeitsberichte des Instituts für Wirtschaftsinformatik. Arbeitsbericht Nr. 55. Westfälische Wilhelms-Universität Münster 10

International Group of Controlling (2005) Controlling-Wörterbuch. Die zentralen Begriffe der Controllerarbeit mit ausführlichen Erläuterungen, 3. Aufl. Schäffer-Poeschel Verlag, Stuttgart

Jaeger M (2001) Ganzheitliches Performance Management mit der Balanced Scorecard? Diplomarbeit, 1. Aufl. Diplomica Verlag, Norderstedt

Krcmar H (2015) Informationsmanagement, 6. Aufl. Springer Verlag, Wiesbaden

Küpper HU, Wagenhofer A, Back A (2001) Handwörterbuch Unternehmensrechnung und Controlling (HWU). Entscheidungsunterstützungssysteme, 4. Aufl. Schäffer-Poeschel Verlag, Stuttgart

Mentzel W, Nölke M (2012) Managementwissen, 1. Aufl. Haufe Verlag, Freiburg

Mertens Peter, Back Andrea, Becker Jörg, König Wolfgang, Krallmann Herrmann, Rieger Bodo, Scheer August-Wilhelm, Seibt Dietrich, Stahlknecht Peter, Strunz Horst, Thome Rainer und Wedekind Hartmut (Hrsg. 2001) Lexikon der Wirtschaftsinformatik, 4. Aufl. Heidelberg, Springer Verlag

Moser KS, Schaffner D, Wyssusek B (Hrsg.) Wissensmanagement komplex. Perspektiven und soziale Praxis, 1. Aufl. Erich Schmidt Verlag, Berlin

North K (1999) Wissensorientierte Unternehmensführung – Wertschöpfung durch Wissen, 2. Aufl. Gabler Verlag, Wiesbaden

Pietsch T, Martiny L, Klotz M (2004) Strategisches Informationsmanagement – Bedeutung, Konzeption und Umsetzung, 4. Aufl. Erich Schmidt Verlag, Berlin

Probst G, Raub S, Romhardt K (2012) Wissen managen. Wie Unternehmen ihre wertvollste Ressource optimal nutzen, 7. Aufl. Gabler Verlag, Wiesbaden

Ratzek W (2013) Daten – Information – Wissen. Synonyme oder Mehrwerte. Wissensmanagement. Heft 07/2013

Rehäuser J, Krcmar H (1996) Wissensmanagement im Unternehmen. In: Schreyögg G, Conrad P (Hrsg) Wissensmanagement. Managementforschung, Bd 6. de Gruyter, Berlin, New York

Schermann M (2007) Managementinformationssysteme. Praxisgerechte Steuerungstools auf Basis der Balanced Scorecard, 1. Aufl. Linde Verlag, Wien

Spath D (2012) Führungsinformationssysteme. Manuskript zur Vorlesung. Universität Stuttgart. Institut für Arbeitswissenschaft und Technologiemanagement

Spremann K, Zur E (Hrsg. 1992) Controlling – Grundlagen – Informationssysteme – Anwendungen, 1. Aufl. Gabler Verlag, Wiesbaden

Szer B (2013) Cloud-Computing und Wissensmanagement. Bewertung von Wissensmanagementsystemen in der Cloud, 1. Aufl. Diplomica Verlag, Hamburg

Begriff, Aufbau und Komponenten von Controlling-Informationssystemen

3

Um die unterschiedlichen Aufgaben des Controllings erfüllen zu können bedarf es heutzutage einer leistungsfähigen DV-Unterstützung. Diese ist insb. durch schnelle Entwicklungsprozesse und Änderungen der Controlling-Einsatzgebiete und -Instrumente begründet. In den vergangenen Jahren haben viele mittlere und große Unternehmen ihr unternehmensindividuelles rechnungswesenbasiertes operatives Controlling aufgebaut bzw. installiert und ausgebaut. Der Praxis-Fokus der gegenwärtigen Entwicklung des Controllings orientiert sich zunehmend an den Möglichkeiten der Zusammenfügung der strategischen mit der operativen Unternehmenssteuerung. Der Annahme folgend, dass sich die verfügbaren Datenmengen für das Controlling ungefähr alle 20 Monate verdoppeln, jedoch lediglich 5 – 10 % der Daten analysiert werden können, so wird der sog. *Business Intelligence (BI)* ein zunehmender Stellenwert beigemessen (vgl. Müller-Hedrich 2002, S. 404 f.).

Im Strategieprozess selbst sollen ControllerInnen die Strategien nach Möglichkeit rechenbar machen, sodass diese in ihren Auswirkungen kontrolliert, gesteuert und in einen gemeinsamen Plan integriert werden können. Nur durch eine Verzahnung mit der strategischen Perspektive ist eine Korrelation zur operativen Steuerung möglich. Die Erfolgsmessung von Strategien ist eine weitere wichtige derzeitige und zukünftige Aufgabe eines wertorientierten Controllings. Es ist zu beachten, dass die ControllerInnen in diesem Kontext lernen müssen, „die richtige" Strategie-Balance zu halten (vgl. Weber 2012, S. 63).

Nach dem Scheitern der MIS steht erneut die bedarfsgerechte Versorgung des Managements mit Informationen im Fokus. Das anwendbare Informationsinstrumentarium, sog. *Enterprise Resource Planning Systeme (ERP-Systeme)*, basieren oftmals noch auf rechnungswesenbasierten Komponenten entlang der Wertschöpfungskette. Funktional sind

© Springer Fachmedien Wiesbaden GmbH 2018
J. Petzold, M. Westerkamp, *Informationssysteme im wertorientierten Controlling*,
https://doi.org/10.1007/978-3-658-12378-9_3

diese an den Strategien des jeweiligen Unternehmens und ergo an den Prozessen der strategischen Analyse, Planung und Kontrolle anzuordnen. Als ein (Produkt-)Beispiel, das diese Bedingung erfüllt bzw. auf die oben formulierten Anforderungen reagiert, nennen mehrere Autoren SAP mit *Strategic Enterprise Management (SEM)*.

SAP SEM besteht aus fünf Modulen:

- *Business Planning and Simulation (BPS)*,
- *Corporate Performance Monitor (CPM)*,
- Business Consolidation (BCS),
- Business Information *Collection (BIC)*,
- *Stakeholder Relation Management (SRM)*.

Diese fünf Module sind durch die Nutzung einheitlicher Anwendungs- und Metadaten inhaltlich miteinander verbunden. Sie bedienen sich des *SAP Business Information Warehouse (BW)* und können schließlich über dieselbe Benutzeroberfläche betrieben werden. Im Unterschied zur horizontalen Anordnung, wie sie bei SAP ERP vorzufinden ist, wird mit SEM eine sog. vertikale Gestaltungsorientierung beabsichtigt. Zudem werden die SEM-Funktionalitäten durch einen vordefinierten Business Content und durch Strategie-Templates (Strategie-Vorlagen) für ausgewählte Branchen ergänzt (vgl. Müller-Hedrich 2002, S. 405).

Im betrieblichen Alltag ist Controlling ohne die Unterstützung durch Informationssysteme heute praktisch nicht durchführbar. Als Komponente eines ganzheitlichen integrierten Controllingsystems sorgen Informationssysteme für die Koordination von Informationsangebot und -nachfrage und sichern letztendlich die in- und externen Informationsströme. Als Erfolgsgröße des Controllings dient dabei bspw. der Deckungsgrad von Informationsbedarf, -angebot und -nachfrage. Die sog. *Informationskongruenz* herzustellen, ist eine primäre Controllingaufgabe, wobei das Controlling ebenso die konzeptionellen Bedingungen für unternehmensindividuell passende Informationssysteme entwickeln muss. Für eine erfolgreiche CIS-Konzeption ist es wichtig, dass der Kennzahlenbedarf, die Entscheidungsobjekte sowie die Methoden zu fixieren sind, damit alle erforderlichen Analysen durchgeführt werden können (vgl. Totok 2000, S. 1).

Nach ersten Misserfolgen mit MUS gab es mehrere Ansätze (Informations-)Systeme in Unternehmen einzuführen, doch erst seit Mitte der neunziger Jahre haben dispositive Informationssysteme mit den Konzepten des Data Warehouse und des *Online Analytical Processing (OLAP)* Einzug in der unternehmerischen (Controlling-)Praxis gehalten. Die Intention dieser Informationssystem-Konzepte ist jedoch immer noch dieselbe, wie in den sechziger Jahren: Das Management mit entscheidungsrelevanten Informationen zu versorgen! Es ist allerdings zu berücksichtigen, dass sich die Informationssysteme in sich und die Instrumente erheblich verändert haben. Die derzeit am Markt befindlichen CIS beinhalten die Möglichkeit einer multidimensionalen Sichtweise für

Controllinganalysen unter Berücksichtigung größerer Datenbestände komprimiert in
einer intuitiven und benutzerfreundlichen Form. Diese Multidimensionalität ist ein
wesentliches Attribut für Daten in Controlling-Informationssystemen. Voraussetzung
hierbei ist der Aufbau einer entscheidungsorientierten betriebswirtschaftlichen Datenbasis (vgl. Totok 2000, S. 1).

3.1   Definition Informationssysteme (allgemein)

Informationssysteme (IS) sind soziotechnische („Mensch-Maschine-")Systeme, die
menschliche und maschinelle Bestandteile (Teilsysteme) implizieren. Ziel des IS-Einsat-
zes ist es, die Informationen optimal bereitzustellen und optimal nach wirtschaftlichen
Kriterien (Kosten-Nutzen-Aspekten) zu kommunizieren. Vor diesem Hintergrund sind
Systeme generell als eine Menge von Elementen aufzufassen, die im Kontext zueinander stehen. Die Kommunikation in Informationssystemen ist dabei zu verstehen als der
erforderliche Informationstransfer zwischen den Elementen eines Systems und zwischen
dem System und seiner Umwelt. Hierbei werden Maschinen als Anwendungen beschrieben, die auf einer Hardware betrieben werden. Anwendungen hingegen nutzen Daten für
interne Prozesse. Letztere können wiederum in Funktionen und Verbindungen aufgeteilt
werden (vgl. Krcmar 2015, S. 22). Diesen Zusammenhang verdeutlicht Abb. 3.1.

Einerseits sind Informationssysteme in der Betriebswirtschaftslehre:

- „*offene Systeme*", da eine Interaktion ihrer Elemente mit der Umwelt stattfindet;
- „*dynamische Systeme*", weil sich durch das Interagieren der Elemente die Eigenschaften abändern können und
- wegen der Elementen-Vielzahl und der zahlreichen Zusammenhänge untereinander:
  „*komplexe Systeme*".

Abb. 3.1 Informationssysteme
als Mensch-Maschine-Systeme
(In Anlehnung an: Krcmar
2015, S. 25)

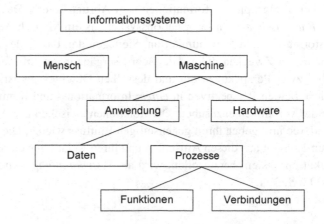

Andererseits erfolgt oft im Bereich der Wirtschaftsinformatik anhand des Begriffs *„Informationssysteme"* eine Aufspaltung des Gesamtsystems in einzelne Subsysteme. Je nach Nutzung können Anwendungssysteme unterschieden werden in:

- *Administrationssysteme:* Für die Administration, wie das Speichern und Verarbeiten von Massendaten z. B. in der FiBu eines Unternehmens.
- *Dispositionssysteme:* Für die Disposition, die für die Entscheidungsunterstützung bspw. in der Bestellabwicklung oder in der Materialbeschaffung eingesetzt werden.
- *Entscheidungsunterstützungssysteme:* Für die Entscheidungsvorbereitung der mittleren und oberen Managementebene (vgl. Krcmar 2015, S. 26).

Des Weiteren können in einem Unternehmen Informationssysteme funktions- und unternehmensbezogen klassifiziert werden. Funktionsbezogene Informationssysteme teilen sich in die Bereiche wie Produktion, Technik, Beschaffung, Absatz, Personal, Rechnungswesen und Verwaltung und werden letztendlich durch Schnittstellen zu einem unternehmensbezogenen integrierten Gesamtsystem der betriebswirtschaftlichen Informationsverarbeitung weiterentwickelt.

Kremar definiert Informationssysteme als Systeme, die zur Informationsbedarfsdeckung führen sollen und deren personellen, organisatorischen und technischen Attribute aufeinander abgestimmt sind. Sein Leitgedanke ist es, dass ein Informationssystem Daten sammelt, speichert und bereitstellt sowie dass das Handlungsobjekt der Informationssystem-Ebene die jeweiligen Anwendungen impliziert. *Abts und Müller* fokussieren die Anwendungen von Informationssystemen. Ihre Definition beschreibt computergestützte Informationssysteme als soziotechnische Systeme mit menschlichen und maschinellen Bestandteilen. Das heißt, Informationssysteme führen die zweckbezogenen Aufgaben automatisch aus und unterstützen ihre BenutzerInnen, indem sie die erforderlichen Informationen bereitstellen, die die menschliche Arbeit dadurch entlasten. *Kubicek et al.* fassen Informationssysteme als Systeme auf, die für die erforderlichen Zielgruppen Informationen „auf Abruf" liefern. Des Weiteren definieren *Heinrich und Lehners* ein Informationssystem als ein Mensch/Aufgabe/Technik-System zur Information und Kommunikation. Sie legen dar, dass jedes System einem Zweck oder mehreren Zwecken dient. Die Begriffsergänzungen Information und Kommunikation sind zwei Perspektiven ein und desselben Objektes. Es ist demnach auch notwendig, diese beiden Perspektiven in *einem* Informations- und Kommunikationssystem miteinander verbunden anzusehen. Die Relationen zwischen den Attributen Mensch, Aufgabe und Technik geben ihren gegenseitigen Einfluss wieder. Die Aktivität in einem gegebenen Kontext aus diesen Attributen und ihren Relationen ein Informations- und Kommunikationssystem herzustellen, wird als *Systemplanung* charakterisiert (vgl. Schermann 2007, S. 20 f.).

3.2   Definition Controlling-Informationssysteme (speziell) (Vgl. im Folgenden: Totok 2001, S. 47–51.)

Es ist oft sehr diffizil, Informationssysteme für das Management einerseits und für das Controlling andererseits gegen einander abzugrenzen, da die Zielsetzungen und Aufgabenstellungen dieser jeweiligen Informationssysteme in der Praxis nur minimal oder gar nicht voneinander abweichen. In der Unternehmenspraxis ist es sogar häufig so, dass es gleiche (Informations-)Systeme sind, wobei ausschließlich das Funktionsverhalten in der Arbeit am (Informations-)System differiert und der/die BenutzerIn infolgedessen funktionsgebunden verschiedene Sichten auf dieselben Daten festsetzt. Der Controller oder/ und die Controllerin nutzen das Informationssystem aufgrund der Erfüllung der Informationsversorgungsfunktion und, um dadurch die Informationskongruenz sicherzustellen und als Verantwortliche/r einen fehlerfreien Inhalt für die EntscheidungsträgerInnen bereitzustellen. Im Gegensatz dazu ist das Management selbst reiner Nachfrager am Informationssystem und versorgt sich mit den für den Entscheidungsprozess benötigten Daten. In der Literatur finden sich jedoch auch Auffassungen und Denkansätze, die Informationssysteme so definieren, dass diese für Management und Controlling voneinander abgrenzt zu interpretieren sind. Eine Informationssystem-Einordnung nach *Henneböle* gibt Tab. 3.1 wieder.

Diese Informationssystem-Einordnung differenziert einerseits nach den AnwendernInnen des Informationssystems, hier Controlling und Management, andererseits nach der Art der Unterstützung durch das Informationssystem. Ein Controllingsystem setzt sich dabei aus einem Controlling-Informationssystem und einem entscheidungsunterstützendenControlling *Support System (CSS)* zusammen. Für das Management ist dagegen der Einsatz der informationsorientierten *Executive Information Systems (EIS)* realistisch, während *Executive Support Systems (ESS)* in der Praxis weniger relevant sind. In diesem Buch wird nicht näher zwischen den unterschiedlichen Unterstützungsarten von Informationssystemen für Controlling und Management eingegangen. Abgegrenzt wird lediglich das mit dem Anwendertyp verbundene differierende Funktionsverhalten am identischen Informationssystem.

Tab. 3.1 Informationssysteme für Controlling und Management (In Anlehnung an: Henneböle 1995, S. 21)

Unterstützung AnwenderIn	Daten- bzw. Informationsorientiert	Methoden- und Modellorientiert
ControllerIn	Controlling-Informationssystem	Controlling Support System
ManagerIn	Executive Information System	Executive Support System

Unter Controlling-Informationssystemen verstehen die Autoren sämtliche Informationssysteme, die ControllerInnen und EntscheidungsträgerInnen durch die Bereitstellung von Informationen, Modellen und Methoden für die einzelnen Entscheidungsprozesse unterstützen.

Historisch betrachtet fußt die Grundidee der Controlling-Informationssysteme auf *Management Information Systems (MIS)* aus den sechziger Jahre. Durch anfängliche Misserfolge bedingt, wie in Abschn. 2.2.1 geschildert, besaßen MIS eine negative unternehmerische Wertschätzung. Hierzu legt *Ackoff* in seiner Stellungnahme zu MIS fünf wesentliche Mängel dar, die bei der Konzeption und Implementierung ausgelöst wurden:

• Das Management wurde durch ein Überangebot mit Daten „überflutet" (information overload), anstatt zweckbezogene Informationen zur Verfügung gestellt zu bekommen.
• Der subjektive Bedarf an Informationen für den/die EntscheidungsträgerIn wurde fokussiert, allerdings weniger die notwendigen Informationen.
• Für die Verbesserung der Qualität von Entscheidungen fehlen zusätzliche brauchbare Methoden und Modelle zur Entscheidungsunterstützung.
• MIS erlaubte dem Manager bzw. der Managerin Einblicke in andere Unternehmensbereiche, um die Kommunikation zwischen den Unternehmensbereichen zu verbessern. Eine alleinige Kenntnis von anderen Unternehmensbereichen ersetzt jedoch keine zentrale Planung und Koordination, sondern führt u. U. womöglich zu einer Kommunikationsverschlechterung.
• Eine weitere Annahme war es, dass der Anwender bzw. die Anwenderin die Funktionen nicht verstehen musste, sondern nur die Bedienung. Folglich führte dies dazu, dass der Entscheidungsträger bzw. die Entscheidungsträgerin nicht beurteilen konnte, ob das Informationssystem einwandfrei funktioniert, was auch zu einer späteren Fehleridentifikation führte.

Gerade wegen anfänglicher Probleme wurden kontinuierlich neue Ansätze entwickelt, um ManagerInnen bei ihrer Entscheidungsfindung zu helfen. Die große Bandbreite an Begriffen von diversen Konzepten, die im Grundgedanken allerdings dieselbe Zielrichtung verfolgten, wurde bereits in 2. Kapitel interpretiert. Eine weitere ergänzende Systematisierung der Begriffsvielfalt von MIS nach *Oppelt* zeigt Tab. 3.2.

Die Autoren differenzieren Controllingsysteme wie MIS im engeren Sinne nach Führungsinformations-, Entscheidungsunterstützungs- und Berichts- und Abfragesystemen. Die Anforderungen an Controlling-Informationssysteme können nach folgenden Merkmalen klassifiziert werden:

• betriebswirtschaftliche und informationstechnische Anforderungen,
• konzeptionelle, funktionale und modellbezogene Anforderungen,
• Struktur- und auswertungsbezogene Flexibilität.

Tab. 3.2 Systematisierung von MIS-Begriffen (In Anlehnung an: Oppelt, 1995, S. 9)

MIS im weitesten Sinne – Computerbasierte Informationssysteme				
MIS im weiteren Sinne – Betriebliche Informationssysteme				
Administra-tions- und Dispositions-systeme	MIS im engeren Sinne – MSS bzw. MUS			Bürokommuni-kations-systeme
	Berichts- und Abfragesysteme	Planungs- und Entscheidungssysteme		
	MIS im engsten Sinne	EUS/ DSS	XPS/ XSS	FIS/EIS/ ESS

Diese Merkmale sind nicht getrennt voneinander zu betrachten, sondern werden i. d. R. miteinander verknüpft. So können bspw. betriebswirtschaftliche Anforderungen hinsichtlich der strukturbezogenen Flexibilität bestehen. Die wesentliche (betriebswirtschaftliche) Erwartung an ein Informationssystem ist die Informationsbedarfsdeckung, welche sich aus der Informationsversorgungsfunktion des Controllings ableitet. Die Aufgabe des Informationssystems ist es, hierfür benötigte Daten und Methoden adäquat zu verknüpfen. Bei der Konzeption eines Controlling-Informationssystems ist es zudem wichtig dessen Wirtschaftlichkeit zu berücksichtigen. Außerdem sind die betriebswirtschaftlichen Anforderungen bzw. Erwartungen an die Controlling-Informationssystem-Funktionalität durch die jeweiligen Anwendungen bedingt. Ausgewählte Funktionen, die aus der Praxis hervorgehen, sind in Tab. 3.3 dargestellt.

Eine bedeutende informationstechnische Aufgabe ist es, ein adäquates Datenmodell für den umzusetzenden Bereich herzustellen. Des Weiteren sind eine grafische Benutzeroberfläche (Customizing), eine Client-/Serverarchitektur und ein einwandfreies Sicherheits- und Zugriffskonzept zu schaffen. Außerdem sollte ein Controlling-Informationssystem einen hohen Grad an Automatisierung bieten und sich in die existierende „IT-Systemlandschaft" integrieren lassen.

Tab. 3.3 Funktionale Anforderungen an FIS und MIS (In Anlehnung an: Hichert und Moritz 1995, S. 350)

Analyse	Planung, Prognose	Berichtswesen
• Ergebnis- und Abweichungs-analyse für unterschiedliche Fragestellungen	• Planung mit Saisonfaktoren, Wachstumsannahmen und unter-schiedlichen Szenarien	• Reports an das (Top-)Management
• Produktvergleiche	• Individuelle Planungsmodelle	• Standardberichte mit Berichtsgenerator
• Zeitvergleiche (monatlich, quartalsweise und jährlich)	• schnelle Prognosemöglichkeiten	• Ad-hoc-Berichte „auf Knopfdruck"
• Wechselbeziehung diverserer Kenngrößen	• Integration verschiedener Hochrechnungsmodelle	• vielfältige Grafik-darstellungen
• Strukturanalysen (hierarchisch)		
• interne Konsolidierung		

3.3   Referenzarchitektur für Controlling-Informationssysteme (Vgl. im Folgenden: Becker und Fuchs 2004, S. 18 ff.)

Die gegenwärtige Informationstechnologie stellt viele Methoden bzw. Verfahren bereit, um praxisnahe Controlling-Informationssysteme zu realisieren und diese dementsprechend einwandfrei zu implementieren und letztlich damit wertorientiert arbeiten zu können. In diesem Kontext werden das Data Warehousing, das Online Analytical Processing (OLAP), die Business Intelligence (BI) und das Data Mining diskutiert.

Die genannten Methoden bzw. Verfahren sind als wesentliche Komponenten von Controlling-Informationssystemen zu verstehen und lassen sich, wie in Abb. 3.2 dargestellt, in einem Referenzarchitekturschema idealtypisch anordnen.

Die Grundlage für Controlling-Informationssysteme schaffen Data Warehouse-Systeme. Data Warehouse-Systeme stellen eine bereinigte und konsolidierte Datenbasis der operativen Informationssysteme bereit. Auf den Data Warehouse-Systemen setzen OLAP-Systeme auf, die einen mehrdimensionalen Zugriff auf das zur Verfügung stehende Datenmaterial ermöglichen. Des Weiteren gibt es in Controlling-Informationssystemen Business Intelligence-Tools, die dem Anwender/der Anwenderin die für die Analysen benötigten Funktionalitäten anbieten. Supplementär werden Data Mining-Tools zur Datenanalyse

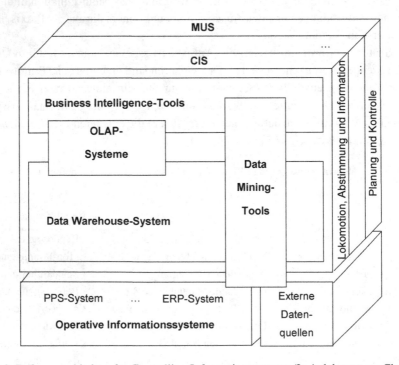

Abb. 3.2 Referenzarchitektur für Controlling-Informationssysteme (In Anlehnung an: Chamoni und Gluchowski 2006, S. 12)

verwendet, um Muster in den Datenbeständen zu erkennen und aufzuzeigen. Zu beachten ist, dass Data Mining-Tools zwar als Business Intelligence-Tools klassifiziert werden, diese in der Referenzarchitektur jedoch gesondert darzustellen sind. Der Grund hierfür ist, dass sie nicht allein auf die Daten des Data Warehouse, sondern auch auf die Daten der operativen Informationssysteme zugreifen.

Controlling-Informationssysteme sind, wie in Abb. 3.2 dargestellt, auf die Unterstützung der Controlling-Funktionen Lokomotion, Abstimmung und Information ausgerichtet. Im Gegensatz dazu dienen Management-Unterstützungssysteme der Unterstützung der Führungsfunktionen Planung und Kontrolle.

Die genannten und visualisierten Bestandteile von Controlling-Informationssystemen werden in den folgenden Abschnitten eingehend erläutert.

3.3.1 Data Warehousing (Vgl. im Folgenden: Schirp 2001, S. 81 ff.)

Der Terminus *Data Warehouse* ist in der IT-Umgebung inzwischen eine verbreitete Maxime. Ziel des Data Warehouse ist es, eine verbesserte Versorgung von Informationen für ManagerInnen zu schaffen. Zielgruppe ist hierbei vorwiegend das Controlling, welches ein Data Warehouse für ein kennzahlengestütztes Berichtswesen anwenden soll. Insgesamt stellt das Data Warehousing einen für Auswertungs- und Analysezwecke strukturierten Datenbestand dar, der von den Daten der operativen Systeme gesondert zu nutzen bzw. zu betrachten ist. Idealerweise soll es dabei Daten aller zweckbezogenen Unternehmensprozesse beinhalten. Grundlage des Data Warehouse ist eine für den Anwender/die Anwenderin eingängige Datenbeschreibung *(sog. Metadaten)*.

Des Weiteren ist das Data Warehouse eine Prämisse für die Berichts- und Controllingsysteme, da diese sich des Data Warehouse bedienen. Sie liefern ManagerInnen entscheidungsrelevante Informationen. Ein solches Berichtssystem beschreibt eine Data-Warehouse-Anwendung, welche die Mängel üblicher Berichtssysteme beseitigen soll. Weitere Ziele eines Data-Warehouse-Systems sind:

- Informationen themenorientiert aus diversen Quellen zu integrieren,
- Möglichkeit eines einfachen und schnellen Zugriffs auf die in Analyseprozessen relevanten Informationen zu schaffen,
- Nachvollziehbarkeit von Daten und Verbesserung der Entscheidungsqualität bei der Nutzung von analytischen Systemen aufzubauen,
- Entstehung einer flexibel anpassbaren Infrastruktur, die die Bedarfsdeckung an Informationen sicherstellt.

Vor allem die *Multidimensionalität bei Analysen* und die *Erweiterungsflexibilität* sind ohne großen Aufwand erzielbare Profits *(„Quick Wins")*. Insgesamt kann dadurch die Informationsbasis eines unternehmens- und bereichsspezifischen Controllings deutlich verbessert werden.

Zur Darstellung von Berichtssystemen hat sich in der Umweltsystematik des Data-Warehousing eine Terminologie entwickelt: Der Anwender/die Anwenderin kann mit dem Berichtssystem bei Planungs- und Kontrollprozessen sog. *multidimensionale Analysen* realisieren. Er/sie kann Kennzahlen aus unterschiedlichen Perspektiven/Dimensionen interpretieren, z. B. können in Handelsunternehmen die Kontrolle und Steuerung des Verkaufsprozesses anhand der drei Perspektiven/Dimensionen: Struktur des Sortiments (Artikel/-gruppen etc.), Organisation des Verkaufs (Filialen, Filialbereiche etc.) und Zeit (Tag, Monat, Jahr) durchgeführt werden.

Die Konzeption von Data-Warehouse-Anwendungen stützt sich oft auf eine bereits existierende Berichtsumgebung. Anfänglich ist dies aus IT-Perspektive infolge eines schnelleren Verständnisses für den fachlichen Hintergrund und den Bedarf an Information vorteilhaft. Es besteht jedoch das Manko, dass das existierende Berichtswesen häufig lediglich in eine andere Infrastruktur, wie z. B. das Web, verlagert wird, wodurch keine substanzielle Verbesserung erfolgt. Dennoch ist eine unternehmensweit konsistente Data-Warehouse-Konzeption ein Ziel, dem intuitiv sicherlich jedes Managementmitglied zustimmt. Die Aufwendungen und Hindernisse eines unternehmensweit konsistenten Data Warehousing stellen sich sehr schnell im Projektalltag heraus. In der Zeit, in der die Informationsbedarfsanalyse auf ein einziges Projekt begrenzt wird, ist es relativ mühelos möglich, konsistente Perspektiv- bzw. Dimensionsbegriffe und Berechnungsformeln für Kennzahlen zu filtern. Kritisch wird es regelmäßig immer dann, wenn unterschiedlichste Anforderungen mehrerer Projekte zusammen komprimiert werden müssen und zwischen einzelnen Projektinteressen und übergeordneten Interessen des Unternehmens zu entscheiden ist.

Eine Problemlösung ist nur dann möglich, wenn eine projektübergreifende Stelle, die den fachlichen Vorsitz über das Data Warehouse besitzt, geschaffen wird. Diese Stelle sollte i. d. R. nicht in der IT angesiedelt sein, denn dort ist vielmehr das technologische und weniger das fachliche Know-how gegenwärtig. Das Management sollte sich zudem dafür aussprechen, ein Data-Warehouse-Team aufzubauen, welches fachliche Beschlüsse fasst, die für alle Projekte verbindlich sind, bzw. entscheidet, inwiefern Inkonsistenzen zwischen den Projekten hinzunehmen sind.

Die Projekterfahrungen zeigen, dass die sog. Anforderungsanalyse, insb. im Data-Warehouse-Projekt, außerordentliche Relevanz besitzt. Die Anforderungen sind zu Projektbeginn in vielen Fällen sehr allgemein, d. h., sie beschränken sich bspw. auf das Schema der existierenden Informationssysteme. Für diesen Sachverhalt bietet sich der Aufbau eines Prototyps als Grundlage für den Entwicklungsprozess an. Die AnwenderInnen können ihr fachliches Know-how und die Data-Warehouse-SpezialistenInnen ihre Erfahrungen mit neuen Technologien bereitstellen, sodass ein beiderseitiger Lernprozess stattfindet, der zu substanziell besseren Informationssystemen führt. Die Konzeption eines umfassenden und unternehmensweiten Data Warehousing ist in der Praxis insgesamt aufgrund der kurz skizzierten organisatorischen Schwierigkeiten jedoch ein anspruchsvolles Projekt.

3.3.2   Online Analytical Processing (OLAP) (Vgl. im Folgenden: Azevedo et al. 2006, S. 38 ff.)

Die Abkürzung *OLAP* steht für *Online Analytical Processing*. Der Begriff wurde erstmals im Jahr 1993 in einem White Paper von *E. F. Codd, S. B. Codd und C. T. Salley* bekannt gemacht. Diese untersuchten in diesem Papier die Thematik, in welchem Ausmaß gebräuchliche relationale Datenbanken und die damit verbundene Abfragesprache *SQL (Structured Query Language)* verwendbar sind, um eine multidimensionale Datenanalyse durchzuführen. Unter einer multidimensionalen Analyse fassen die Autoren auf, die Daten zu konsolidieren und diese in verschiedener Art und Weise abzubilden sowie so zu analysieren, dass diese für alle MitarbeiterInnen im Unternehmen verständlich und zweckmäßig sind. Statt des Begriffs multidimensionale Datenanalyse sprechen sie von OLAP, der nach ihrer Auffassung die multidimensionale Datenanalyse als ein Feature neben anderen enthält. Aus den Veröffentlichungen der letzten Jahre kristallisiert sich heraus, dass die Begriffe multidimensional bzw. OLAP überwiegend gleichbedeutend verwendet werden. Anzumerken ist jedoch, dass der Begriff OLAP eher eingesetzt wird, wenn es sich um technische Beziehungen handelt und der Begriff multidimensional dagegen eher zur Analyse inhaltlicher Datenstrukturen verwendet wird. Heutzutage wird i. d. R. einerseits von einem OLAP-Server anstelle eines multidimensionalen Datenbankservers gesprochen. Andererseits wird eine Charakterisierung multidimensionaler Daten identisch definiert und nicht etwa als OLAP-Datenanalyse. Letzten Endes ist eine detaillierte begriffliche Trennung von OLAP und multidimensional nicht möglich.

Die Notwendigkeit, alle relevanten Unternehmensdaten analysieren zu können und entsprechende Instrumente verfügbar zu haben, war bei ManagerInnen bereits in den achtziger Jahren immer stärker geworden. Es wurden unterschiedlichste Informationssysteme wie bspw. MIS oder EIS konzipiert und angeboten. Einerseits sicherten diese eine unkomplizierte und sofortige Analyse der wesentlichen Unternehmensdaten zu. Andererseits waren sie i. d. R. unflexibel, d. h., sie gewährleisteten es der Anwenderin bzw. dem Anwender nicht, flexibel auf veränderte Unternehmens- und Datenstrukturen zu reagieren. Hierbei musste regelmäßig eine Informationssystemanpassung des MIS durch IT-FachspezialistenInnen stattfinden. Diese Inflexibilität war einer der primären Gründe, weswegen die anfänglich konzipierten Management-Informationssysteme gescheitert sind. Demgegenüber wurde das Verlangen der ManagerInnen nach einer einfachen, leistungsfähigen und flexiblen Analysemöglichkeit permanent größer. In vielen Fällen hätte das Bedürfnis, in denen mit relationalen Datenbanksystemen gearbeitet wird, befriedigt werden können. Die dazugehörige Abfragesprache SQL bietet die Möglichkeit, flexible Sichtweisen heterogener relevanter Daten zu schaffen. Die SQL-Abfragen sind oftmals nur beschränkt nutzbar, vor allem hinsichtlich ihrer Performance und in ihrer mangelnden Funktionalität für multidimensionale Fragestellungen.

Der Terminus *OLAP* wird häufig antonym zu einem relationalen, transaktionsorientierten Datenbanksystem genutzt. In dieser Beziehung hat sich der Begriff *OLTP* für Online

Transaction Processing gefestigt. Aus diesem Grund wird auch prinzipiell über einen OLTP-Server anstelle eines OLAP-Servers diskutiert, wenn auf einen transaktionsorientierten Datenbankserver verwiesen werden soll.

Die Definitionen multidimensionaler Daten werden dabei in einem *Cube ((Daten-) Würfel)* gespeichert. Zu beachten ist jedoch, dass nicht notwendigerweise auch die dazugehörigen detaillierten und aggregierten Daten im identischen Cube gespeichert werden müssen. Einerseits ist es aus Performance-Sichtweise vorteilhaft, eine Datenspeicherung im selben Cube vorzunehmen, da dies jedem Anwender bzw. jeder Anwenderin den schnellsten Zugriff auf die multidimensionalen Daten ermöglicht. Andererseits besteht ein Zielkonflikt mit dem Speicherplatz, den Cubes mit physikalisch darin gespeicherten Daten beanspruchen können. Infolgedessen wurden Techniken geschaffen, die die multidimensionalen Daten statt im Cube in der zugrunde liegenden relationalen Datenbank speichern. Der letztere Sachverhalt definiert ein relationales OLAP, sog. *ROLAP*. Eine vollständige Speicherung sämtlicher multidimensionaler Daten in einem Cube wird hingegen als multidimensionales OLAP *(MOLAP)* beschrieben. Jedes dieser Verfahren hat Vor- und Nachteile. Des Weiteren offerieren unterschiedliche Anbieter ein Speicherkonzept, das eine Mischvariante von MOLAP und ROLAP bildet. Dieses Verfahren wird als hybrides OLAP *(HOLAP)* gekennzeichnet. In Abb. 3.3 sind die verschiedenen OLAP-Verfahren abgebildet:

Bei der Speicherung multidimensionaler Daten im *MOLAP-Verfahren* werden die Aggregationen, die aus den Verbindungen der Dimensionselemente folgen, berechnet und im Cube gespeichert. Weiterhin werden alle Detaildaten aus der Datenquelle in den Cube übernommen und gespeichert.

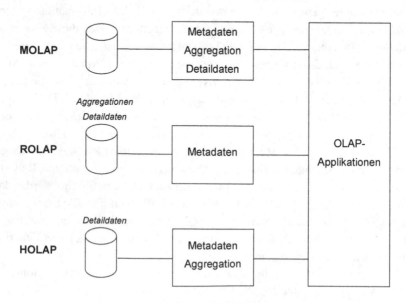

Abb. 3.3 OLAP-Verfahren: MOLAP, ROLAP und HOLAP (Eigene Darstellung)

Beim *ROLAP-Verfahren* werden die multidimensionalen Definitionen im Cube gespeichert, alle Daten hingegen in der relationalen Datenbank, die als Datenquelle zur Verfügung steht. Die Detaildaten befinden sich dabei in der relationalen Datenbank. Die aggregierten Werte werden dagegen berechnet und in Tabellen, die für diesen Zweck in der relationalen Datenbank angelegt werden, gespeichert.

Das *HOLAP-Verfahren* kombiniert die Merkmale des MOLAP- und ROLAP-Verfahrens, um die optimale Lösung aus diesen beiden Verfahren zu finden. Die aggregierten Daten werden vorberechnet und im multidimensionalen Cube gespeichert. Die Detaildaten stehen indessen im relationalen Data Warehouse zur Verfügung. *Hinweis:* Falls Abfragen auf aggregierten Daten fußen, entspricht das HOLAP dem MOLAP-Verfahren. Im Gegensatz dazu entspricht der Zugriff auf Detaildaten dem ROLAP-Verfahren. HOLAP-Cubes sind kleiner als MOLAP-Cubes, aber größer als ROLAP-Cubes. Tab. 3.4 fasst die Vor- und Nachteile der hier diskutierten Verfahren (ROLAP, MOLAP und HOLAP) zusammen.

Tab. 3.4 Gegenüberstellung der Vor- und Nachteile von ROLAP, MOLAP und HOLAP (In Anlehnung an: Dahnken et al. 2005, S. 45)

	MOLAP	ROLAP	HOLAP
Vorteile	• Gute Antwortzeiten bei kleineren Datenmengen (< 1 GB) • Leichte Änderbarkeit des Datenmodells • Gesamter Datenwürfel wird im Hauptspeicher gehalten • Meist eigene, multidimensionale angepasste Abfragesprache (intuitiv und verständlich)	• Einsatz robuster Datenbanktechnologie • Leichter Datenimport • Sicherheitsmechanismen sind bereits auf relationaler Ebene vorhanden • Verwaltung großer Datenmengen • Vorhandenes Know-how im Unternehmen	• Vereinigt die optimale Lösung aus ROLAP und MOLAP • MDDB-System greift auf ein relationales Datawarehouse zu • Relativ geringe Anzahl an Aggregaten • Komplexes Architekturkonzept, diverse OLAP-Technologien werden vermischt
Nachteile	• Problematik von dünnbesetzten Würfeln/Matrizen • Proprietäre Ansätze bei Abfragesprachen • Eingeschränktes Datenvolumen	• Standard-SQL ist für multidimensionale Analysen nur bedingt ausreichend (fehlender Befehlsumfang) • Sicherheit muss zusätzlich noch durch Metadaten gewährleistet werden	• Komplexer Maintenance-Prozess bei den einzelnen Aggregaten • Keine einheitliche OLAP-Abfragesprache

3.3.3   Business Intelligence (BI) (Vgl. im Folgenden: Veit 2007, S. 39 ff.)

Seit Beginn der 1990er-Jahre hat sich der Begriff *Business Intelligence (BI)* immer stärker etabliert. Business Intelligence definiert inhaltlich und nicht rein technologisch den Zweck von Informationssystemen. Diese Denkweise unterstützt dabei, Projekte zielführend durchzuführen, denn BI sollte insb. Angelegenheit der ManagerInnen sowie der Fachbereiche sein, während die IT ausschließlich eine beratende und ausführende Funktion einnimmt. Bevor ein BI-System im Unternehmen eingeführt wird, müssen grundsätzliche organisatorische Fragen geklärt werden, die u. a. ebenso Bereiche wie die Datenqualität, das Projektmanagement sowie den Bedarf an Informationen der differierenden Benutzergruppen abdecken. Im Anschluss daran kann eine adäquate Technologieauswahl eingeleitet werden, wobei hier die Unternehmensgröße und Organisationsstruktur wesentlichen Einfluss auf die Architektur und somit das Vorgehen in BI-Projekten haben. Aufgrund dessen ist es bspw. in multinationalen Großunternehmen sehr schwierig, konzeptionell ein unternehmensweites Datenmodell aufzustellen. Unterschiedliche Interessen, bereits existierende Informationssysteme, Anforderungen von Fachabteilungen sowie internationale Tochtergesellschaften sind hierfür zu vereinheitlichen. Dies ist eine Herausforderung, die eine große Anzahl derartiger Projekte bereits in der Konzeption scheitern lässt.

Aus Rohdaten Informationen zu generieren, konfrontierte insb. (Groß-)Unternehmen in den 1990er- Jahren deshalb mit großen informationstechnischen Schwierigkeiten. Viele Projekte glichen endlosen Baustellen und „Millionengräbern". Heutzutage haben diese Entscheidungsunterstützungsprogramme allerdings einen hohen Reifegrad erreicht. Viele BI-Softwareprogramme sind etabliert, zudem legen die Hersteller mehr Gewicht auf die Interoperabilität mit anderen Informationssystemen. Des Weiteren steigt das Interesse an BI bei mittelständischen Unternehmen. Begründet ist dies dadurch, dass kleinen und mittleren Unternehmen häufig Lösungen fehlen, um eine höhere und bessere Informationstransparenz zu eröffnen sowie eine zeitnahe Dokumentation zu gewährleisten.

Aufgrund des gestiegenen Unternehmensdrucks werden daher professionellere Informationssysteme benötigt, da die ManagerInnen täglich mit der Aufgabe konfrontiert sind, den Unternehmenserfolg zu sichern und/oder auszubauen und somit für den langfristigen Erhalt des Unternehmens Sorge zu tragen. Sie benötigen die relevanten Informationen zeitnah in einer verständlichen, interpretierbaren Form.

Falls BI überwiegend für das *Corporate Performance Management* bestimmt ist, stellt sich die Frage, welche Erfolgsfaktoren sich im Mittelstand als geeignet erweisen. Der größte Teil der mittelständischen Unternehmen verspricht sich bedienungsfreundliche Werkzeuge, die zeitnahe und flexible Auswertungen ermöglichen und intuitiv einsetzbar sind, ohne großen Aufwand für das Customizing zu verursachen. Des Weiteren sollten die BI-Lösungen jedem Anwender/jeder Anwenderin eine individuelle Perspektive eröffnen. Ebenfalls stellen die mittelständischen Unternehmen an BI die Erwartung, dass sie so eingesetzt werden kann, ohne dafür externe und interne IT-Unterstützung einplanen zu müssen. Zuletzt sollen sich die BI-Lösungen zusätzlich durch intelligente Berechtigungskonzepte beweisen. Für viele mittelständische Unternehmen bieten BI-Lösungen deshalb eine wünschenswerte Ergänzung zu betriebswirtschaftlichen Standardprogrammen und sind daher zweifellos eine gute Alternative.

Insgesamt definiert BI somit einen sinnvollen, integrierten, unternehmensspezifischen und IT-basierten Gesamtansatz zur Entscheidungsunterstützung. Die BI-Werkzeuge dienen einzig der Entwicklung von BI-Anwendungen und BI-Anwendungssysteme kennzeichnen wiederum Teilaspekte des BI-Gesamtansatzes (vgl. Kemper et al. 2010, S. 9). Abb. 3.4 zeigt das umfangreiche Einsatzfeld von BI-Anwendungssystemen in Unternehmen.

Wie aus Abb. 3.4 zu erkennen, liegt das Einsatzfeld von BI-Anwendungssystemen im gesamten Führungssystem einer Organisation. Die Adressaten für BI-Lösungen sind letztlich MitarbeiterInnen aller Ebenen des Managements. Zudem sind ferner unterstützende Organisationseinheiten als EntscheidungsvorbereiterInnen, wie das Controlling, in Entscheidungsprozessen impliziert. Kernaufgaben des Controllings bestehen in diesem Zusammenhang bspw. darin, die Planung zu koordinieren und zu kontrollieren sowie eine bedarfsgerechte Informationsversorgung sicherzustellen.

3.3.4   Data Mining (Im Folgenden: Bankhofer 2004, S. 395–410.)

Der Terminus *Data Mining* beschreibt, zielführende Methoden zur Entdeckung von Strukturen und Beziehungen in großen Datenmengen anzuwenden. Grundlage der Betrachtung

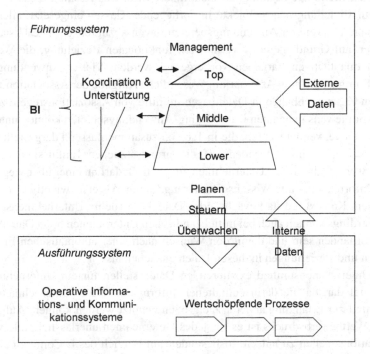

Abb. 3.4 Einsatzfeld von BI-Anwendungssystemen (Kemper et al. 2010, S. 9)

ist es, die in den Daten enthaltenen Informationen zur Theorieentwicklung zu nutzen. Durch die in den Daten gefundenen Muster können Hypothesen aufgestellt werden, die anschließend durch Verwendung neuer Datensätze und konfirmatorischer (unterstützender) Verfahren überprüft werden können. Außerdem ist es bereits oft schon im Vorfeld ökonomisch sinnvoll, Strukturen zu entdecken, was primär mit betrieblichen Data-Mining-Anwendungen erreicht werden kann.

In der Disziplin des Data Mining gibt es grundsätzlich die folgenden vier Anwendungsbereiche:

- die Segmentierung,
- die Klassifikation,
- die Vorhersage sowie
- der Ansatz der Assoziation.

Die Aufgabe des Anwendungsbereichs der *Segmentierung* besteht darin, Sektionen (Gruppen) mit ähnlichen Objekten zu bilden. Die traditionelle betriebswirtschaftliche Anwendung ist die Kundensegmentierung bzw. kongruente Kategorien zu bilden, mit dem Ziel, Produkte, Dienste und Kommunikationsmaßnahmen auf die Bedürfnisse der homogenen Zielgruppen abstimmen zu können. Ein weiterer Anwendungsbereich des Data Mining ist die Klassifikation, in der die Klassenzugehörigkeit der Objekte durch die gegebenen Merkmale bestmöglich identifiziert wird. Das Resultat dieser Klassifikation wird zur Einteilung neuer Objekte in vorliegende Klassen eingesetzt, allerdings ist die Vorhersage als weiterer Anwendungsbereich davon abzugrenzen. Die Ursache dafür ist, dass hier, auf Grundlage einer vermuteten funktionalen Beziehung, die Werte einer abhängigen quantitativen Variablen vorhergesagt werden. Vierter Anwendungsbereich des Data Mining ist die sog. Assoziation. Wesentliche Aufgabe der Assoziation ist es, die strukturellen Zusammenhänge in Datenbasen mithilfe von Assoziationsregeln zu finden. Abhängig vom jeweils genannten Data Mining-Anwendungsbereich können unterschiedliche Methoden verwendet werden, die in Tab. 3.5 zusammenfassend dargestellt sind.

Des Weiteren soll im Folgenden auf die grundsätzlichen Einflussfaktoren Bezug genommen werden, die in den Unternehmen zu einem Bedarf an einer überwiegend automatischen Informations- und Wissensgenerierung führen. Als erste wichtige Komponente sind in diesem Kontext die stark wachsenden Datenbestände im Unternehmensumfeld zu nennen. Allerdings können auch bei mittelständischen Unternehmen hohe Datenbestandsvolumina vorhanden sein und damit den Wunsch nach einer automatischen Entdeckung von Mustern und Beziehungen in diesen Daten entstehen lassen.

Die im Unternehmensumfeld existierenden Daten stellen für ein Unternehmen prinzipiell Kapital dar, da die darin enthaltenen Informationen zur Unternehmenserfolgssteigerung und zur Erlangung anderer Zielgrößen genutzt werden können. Aufgrund des steigenden Wettbewerbsdrucks ist es für jedes Unternehmen unerlässlich, alle verfügbaren Informationsquellen zu nutzen. Insbesondere im Bereich des E-Commerce resp. des Online-Handels und der Online-Dienstleistung liegen zum Teil erhebliche, noch nicht genutzte Datenpotenziale vor.

Tab. 3.5 Anwendungsbereiche und Methoden des Data Mining (Bankhofer 2004, S. 397)

Anwendungsbereich	Aufgabenstellung	Wesentliche Methoden
Segmentierung	Bildung von Klassen aufgrund von Ähnlichkeiten der Objekte	• Clusteranalyse • Neuronale Netze
Klassifikation	Identifikation der Klassenzugehörigkeit von Objekten auf der Basis gegebener Merkmale	• Diskriminanzanalyse • Neuronale Netze • Entscheidungsbäume
Vorhersage	Prognose der Werte einer abhängigen kontinuierlichen Variable auf Basis einer funktionalen Beziehung	• Regressionsanalyse • Neuronale Netze • Entscheidungsbäume
Assoziation	Aufdeckung von strukturellen Zusammenhängen in Datenbasen mit Hilfe von Regeln	• Assoziationsanalyse

Neben den unternehmensinternen Daten sind auch die unternehmensexternen Daten zu nennen, auf die ein Unternehmen zurückgreifen muss. Des Weiteren sind auch wegen der zunehmenden Umweltkomplexität immer mehr Faktoren zu berücksichtigen, die für das Unternehmen entscheidungsrelevant sind.

Als ein weiterer Auslöser, der zur Entwicklung und Anwendung von Data Mining-Verfahren im Unternehmen führt, kann die Unzufriedenheit mit den existierenden Auswertungsmethoden genannt werden, da häufig allein die Datenmenge eine erfolgreiche und zielführende, den Unternehmenserfolg verbessernde Anwendung dieser herkömmlichen Ansätze verhindert. Zu guter Letzt sei in diesem Zusammenhang auch auf die permanente Verbesserung der Leistungsfähigkeit der Informationstechnik sowie auf die Entwicklung neuer Informationstechnologien hingewiesen, durch die eine Verarbeitung großer Datenmengen überhaupt erst möglich wird.

In Abb. 3.5 sind die genannten Komponenten, die im betrieblichen Umfeld als Promotoren für eine weitgehend automatische Informations- und Wissensgenerierung angesehen werden können, zusammengefasst.

Trotz des dargestellten Einsatzbedarfs von Data Mining-Verfahren im Unternehmen stellt sich für die Praxis die Problematik, dass im Unternehmen die Fähigkeit zur sinnvollen Datenauswertung vorhanden sein muss. Ohne diese Data Mining-Kompetenz sind die im Unternehmen existierenden Daten nutzlos. Der Aufbau entsprechender Kompetenzen ist eine der wichtigsten Herausforderungen, der sich die Unternehmen heute und in der Zukunft stellen müssen.

In der heutigen Zeit ist es für die Unternehmen erforderlich, nahezu alle aus betrieblicher Sicht zweckbezogenen Beziehungen und Strukturen aufzubereiten, um daraus Erkenntnisse zur Ableitung des „richtigen" unternehmerischen Handeln zu gewinnen. Aus dieser Notwendigkeit heraus haben sich unterdessen betriebliche Einsatzgebiete des Data

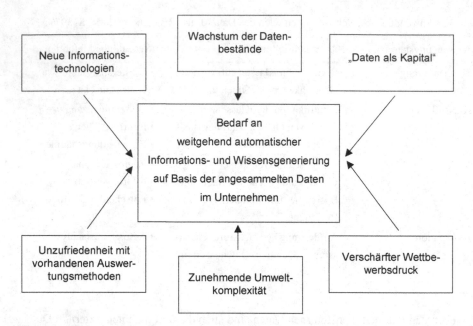

Abb. 3.5 Promotoren des Data Mining im Unternehmensumfeld (Bankhofer 2004, S. 406 f.)

Mining gebildet: Das führende betriebswirtschaftliche Einsatzgebiet des Data Mining ist das Marketing. Neben der Kundensegmentierung sind hierbei u. a. Anwendungen aus den Bereichen der Preisfindung, der Warenkorbanalysen sowie der Storno- bzw. Kündigungs-analysen aufzufassen. Zudem sind in der Fachliteratur weitere betriebswirtschaftliche Anwendungen vorzufinden, die sich größtenteils den Bereichen Beschaffung/Produk-tion, Controlling sowie Finanzdienstleistungen zuordnen lassen. Mit Abb. 3.6 wird ein grober Überblick über die wesentlichen Anwendungen aus den zuvor genannten Berei-chen gegeben, der allerdings aufgrund der Komplexität der Thematik nicht vollständig sein kann.

Es bleibt festzuhalten, dass das Data Mining eine bedeutungsvolle Komponente im Prozess des Knowledge Discovery[1] in Databases ist. Dadurch, dass passende Methoden eingesetzt werden, können Muster und Beziehungen in großen Datenmengen entdeckt werden. Bezüglich der betriebswirtschaftlichen Relevanz kann das Data Mining hingegen bei der Generierung von Hypothesen und der Entwicklung von Theorien unterstützen, obwohl in betrieblichen Anwendungen häufig das alleinige Entdecken von Strukturen bereits ökonomisch wertvoll ist. Außerdem können die Methoden des Data Mining in einer Vielzahl betrieblicher Anwendungen eingesetzt werden und sind damit im Sinne

---

[1] Der Begriff „Knowledge Discovery in Databases" (KDD) beschreibt den gesamten Prozess der interaktiven und iterativen Entdeckung und Interpretation von nützlichem Wissen aus Daten.

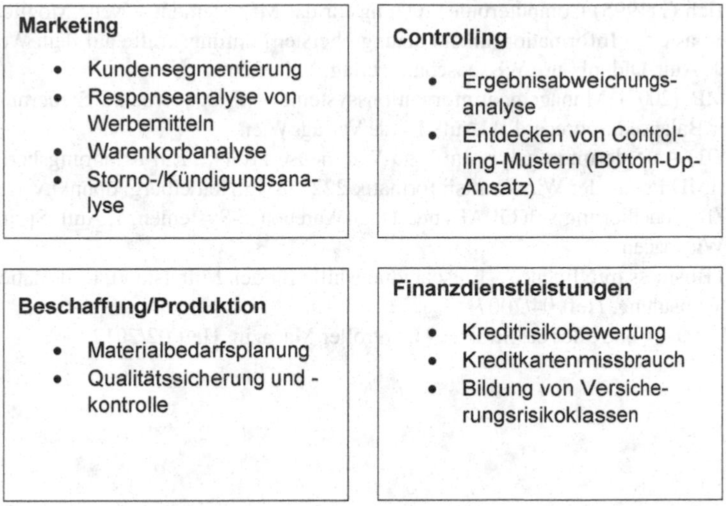

Marketing

- Kundensegmentierung
- Responseanalyse von Werbemitteln
- Warenkorbanalyse
- Storno-/Kündigungsanalyse

Controlling

- Ergebnisabweichungsanalyse
- Entdecken von Controlling-Mustern (Bottom-Up-Ansatz)

Beschaffung/Produktion

- Materialbedarfsplanung
- Qualitätssicherung und -kontrolle

Finanzdienstleistungen

- Kreditrisikobewertung
- Kreditkartenmissbrauch
- Bildung von Versicherungsrisikoklassen

Abb. 3.6 Betriebliche Anwendungen des Data Mining im Überblick (Bankhofer 2004, S. 408)

einer Querschnittstechnologie über alle betrieblichen Funktionsbereiche, in denen große Datenmengen vorkommen, nutzbar.

Nachdem in diesem Kapitel Begriff, Aufbau und Komponenten von Controlling-Informationssystemen eingehend diskutiert wurden, wenden wir uns nun den konkreten Nutzenpotentialen von Controlling-Informationssystemen zu.

Literatur

Azevedo P, Brosius G, Dehnert S, Neumann B, Scheerer B (2006) Business Intelligence und Reporting mit Microsoft SQL Server 2005, 1. Aufl. Microsoft Press Deutschland, Unterschleißheim

Bankhofer U (2004) Data Mining und seine betriebswirtschaftliche Relevanz. Betriebswirtschaftliche Forschung und Praxis (BFuP).04/2004. Herne, NWB Verlag

Becker W, Fuchs R (2004) Controlling-Informationssysteme, Bd 130. Bamberger Betriebswirtschaftliche Beiträge. Bamberg

Chamoni P, Gluchowski P (2006) Analytische Informationssysteme – Business Intelligence-Technologien und -Anwendungen, 3. Aufl. Springer Verlag, Heidelberg

Dahnken O, Keller P, Narr J, Bange C (2005) Planung und Budgetierung. 21 Software-Plattformen für den Aufbau unternehmensweiter Planungsapplikationen, 1. Aufl. Oxygon Verlag, München

Henneböle J (1995) Executive Information Systems für die Unternehmensführung und Controlling, 1. Aufl. Springer Gabler Verlag, Wiesbaden

Hichert R, Moritz M (1995) Management-Informationssysteme, 1. Aufl. Springer Verlag, Berlin

Kemper HG, Baars H, Mehanna W (2010) Business Intelligence – Grundlagen und praktische Anwendungen. Eine Einführung in die IT-basierte Managementunterstützung, 3. Aufl. Vieweg + Teubner Verlag, Wiesbaden

Krcmar H (2015) Informationsmanagement, 6. Aufl. Springer Gabler Verlag, Wiesbaden

Müller-Hedrich BW (2002) Controlling mit SAP R/3 sowie SAP BW und SEM. Betrieb und Wirtschaft. Heft 10/2002

Oppelt R, Ulrich G (1995) Computerunterstützung für das Management – Neue Möglichkeiten der computerbasierten Informationsunterstützung oberster Führungskräfte auf dem Weg von MIS zu EIS, 1. Aufl. Oldenbourg Wissenschaftsverlag, München

Schermann MP (2007) Managementinformationssysteme – Praxisgerechte Steuerungstools auf Basis der Balanced Scorecard, 1. Aufl. Linde Verlag, Wien

Schirp G (2001) Anforderungsanalyse im Data-Warehouse-Projekt. Ein Erfahrungsbericht aus der Praxis. HMD Praxis der Wirtschaftsinformatik 222. 38. Jg.Heidelberg: dpunkt.verlag.12/2001.

Totok A (2000) Modellierung von OLAP- und Data-Warehouse-Systemen, 1. Aufl. Springer Gabler Verlag, Wiesbaden

Veit T (2007) Business Intelligence – Entscheidungshilfe für den Mittelstand. Information Management & Consulting. Heft 04/2007

Weber J (2012) Der Controller als Stratege? Controller Magazin. Heft 02/2012

Nutzenpotentiale von Controlling-Informationssystemen

4

Nachdem in den vorangegangenen Kapiteln das Konzept der Controlling-Informationssysteme ausführlich vorgestellt wurde, welches im Folgenden mit Anwendungsbeispielen unterlegt wird, wird in diesem Kapitel kurz auf die vielfältigen Nutzenpotenziale und die damit verbundenen Kosten derartiger Systeme eingegangen. In diesem Kontext treten, neben technischen Aspekten, Wirtschaftlichkeitsanalysen als Entscheidungsgrundlage *vor* der Entscheidung für ein bestimmtes Controlling-Informationssystem in das Zentrum des Interesses.

4.1 Technische und betriebswirtschaftliche Nutzenpotenziale

Die Nutzenpotenziale von Controlling-Informationssystemen lassen sich in technische und betriebswirtschaftliche Nutzenpotenziale untergliedern.

Zu den *technischen Nutzenpotenzialen* zählen:

- *eine* integrierte Datenbasis für managementunterstützende Systeme,
- die Entlastung der operativen DV-Anwendungssysteme,
- schnelle und bedarfsgerechte Datenabfragen und Reporterstellung aufgrund multidimensionaler Datenstrukturen.

Operative DV-Anwendungssysteme haben in erster Linie die Aufgabe der leistungs- und wertorientierten Abbildung und Lenkung der entlang der Wertschöpfungskette des Unternehmens stattfindenden Transaktionen. Diese Systeme sind i. d. R. ungeeignet für die Unterstützung der Informationsfunktion des Controllings. Die auf diesen Systemen aufsetzenden Controlling-Informationssysteme, die, wie oben gezeigt, verschiedene

© Springer Fachmedien Wiesbaden GmbH 2018
J. Petzold, M. Westerkamp, *Informationssysteme im wertorientierten Controlling*,
https://doi.org/10.1007/978-3-658-12378-9_4

Informations- und Kommunikationstechnologien integrieren, sind speziell für die bedarfs-gerechte Informationsversorgung des Managements konzipiert.

Durch die Trennung von operativen und entscheidungsunterstützenden Daten und Systemen werden die operativen Systeme nicht durch Datenanalysen sowie aufwendige und ressourcenintensive Abfragen belastet. Zudem wird durch diese Trennung die Komplexität der operativen Systeme reduziert. Hinzu kommt, dass durch multidimensionale Datenstrukturen und verschiedene Verdichtungsstufen die Antwortzeiten verkürzt werden und ein Ad-hoc-Reporting möglich wird.

Als *betriebswirtschaftliche Nutzenpotentiale* sind in erster Linie die folgenden zu nennen:

- Erhöhung von Entscheidungsqualität und -geschwindigkeit aufgrund effizienter Informationsversorgung,
- Steigerung der Wettbewerbsfähigkeit,
- Verbesserung der Kundenservices und damit der Kundenzufriedenheit.

Durch Controlling-Informationssysteme wird eine qualitativ und quantitativ bessere Informationsversorgung der Entscheider möglich. Dies führt zu besseren und schnelleren Entscheidungen.

Durch die vielfältigen Auswertungsmöglichkeiten, die ein Controlling-Informationssystem bereitstellt, können unternehmensinterne und -externe Trends früher erkannt werden. Durch dieses rechtzeitige Erkennen können geeignete Maßnahmen des Managements erfolgen und so zu einer Verbesserung der eigenen Wettbewerbsfähigkeit führen.

Kundenservice und Kundenzufriedenheit werden durch die Bereitstellung umfassender Kundendaten im Controlling-Informationssystem verbessert, da auf die Kundenbedürfnisse gezielt eingegangen werden kann.

4.2   Bedeutung von Informationssystemen für ein wertorientiertes Controlling (Vgl. im Folgenden Becker und Fuchs 2004, S. 61ff.)

Die in einem Controlling-Informationssystem bereitgestellten horizontal und vertikal integrierten und konsistenten Daten stiften einen erheblichen Nutzen für das wertorientierte Controlling, da im Zuge der durchgeführten Transformationen die Qualität der Daten erheblich gesteigert wird. Dies ist einerseits auf eine einheitliche Verwendung der betriebswirtschaftlichen Terminologie sowie die Standardisierung von Berechnungen und andererseits auf die Bereitstellung von externen Vergleichsdaten zurückzuführen. Ferner wird eine immense Verkürzung der Antwortzeiten aufgrund des effizienteren Zugriffs erreicht.

Innerhalb des Controlling-Informationssystems werden die Daten zudem mehrdimensional aufbereitet. OLAP-Systeme gewähren den Nutzern mithilfe der Navigationsarten Rotate, Slice und Dice frei wählbare Sichten auf das (Roh-)Datenmaterial und erlauben ihnen, sich per Drill Down und Roll Up flexibel durch einen meist großen, mehrdimensionalen Datenbestand zu bewegen.

Ein für das wertorientierte Controlling weiterer bedeutsamer Nutzen ist die mehrdimensionale Aufbereitung der Daten, wodurch eine bis zu diesem Punkt eindimensionale Datenstruktur an die mehrdimensionale analytische Betrachtungsweise des Controllings angepasst wird. Dies ist bspw. im Rahmen von Ergebnisanalysen erforderlich. Des Weiteren verbessern Controlling-Informationssysteme mittels einer unterstützenden Navigation in Form einer Benutzerführung die Analysemöglichkeiten der ControllerInnen und des Managements, die das relevante Datenmaterial bedarfsgerecht und intuitiv entlang der verschiedenen Dimensionen und deren Aggregationsebenen untersuchen können. Ferner sind Controlling-Informationssysteme die Voraussetzung für die Durchführung von gerichteten Analysen in großen Datenbeständen.

Der Einsatz von Controlling-Informationssystemen leistet nicht nur einen wesentlichen Beitrag zur Erfüllung der Informationsfunktion des Controllings, sondern ebenso zur Erfüllung der Koordinationsfunktion. Eine verbesserte Wahrnehmung der derivativen Funktionen des Controllings wirkt sich konsequenterweise positiv auf die notwendige wertorientierte Ausrichtung des gesamten unternehmerischen Handelns aus und führt idealerweise zu einer wesentlich verbesserten wettbewerbsstrategischen Position des Unternehmens. Demzufolge resultiert aus der Einführung eines Controlling-Informationssystems eine erhebliche Leistungssteigerung des Controllings, was zu einer Steigerung von Effizienz und Effektivität des unternehmerischen Handelns führt.

Um diese Nutzenpotenziale realisieren zu können, müssen Controlling-Informationssysteme stets unternehmensspezifisch unter Berücksichtigung der jeweiligen Informationsbedarfe ausgestaltet und angepasst werden. Hier wird häufig von dem sogenannten „Customizing" der Systeme gesprochen. Zudem ist im Vorfeld der Entscheidung für ein bestimmtes Controlling-Informationssystem immer auch dessen Wirtschaftlichkeit zu analysieren, d. h., dass dem erwarteten Nutzen die damit in Verbindung stehenden Kosten gegenüberzustellen sind. Aufgrund des Problems, dass eine Vielzahl der Nutzengrößen nicht monetär quantifizierbar ist, werden hierzu auch qualitative Verfahren der Wirtschaftlichkeitsbeurteilung einzusetzen sein.

4.3 Wirtschaftlichkeit von Controlling-Informationssystemen (Vgl. im Folgenden Franke 1995 und Hoffmann et al. 1996), S. 211–218.)

Die Wirtschaftlichkeit stellt eine zentrale Anforderung an Controlling-Informationssysteme dar. Im Rahmen einer vorzunehmenden Wirtschaftlichkeitsanalyse sollen möglichst *alle* Faktoren, die die wirtschaftliche Zweckmäßigkeit eines Controlling-Informationssystems beeinflussen, zusammengefasst und anschließend für die Beurteilung des jeweiligen Systems aufbereitet werden. Die Zweckmäßigkeit eines Controlling-Informationssystems wird dabei durch den gewonnenen (Informations-)Nutzen und die entstehenden (Informations-)Kosten bestimmt. Ziel ist dabei die Optimierung des Verhältnisses von (Informations-)Nutzen zu (Informations-)Kosten. Die Ermittlung der (Informations-) Kosten und vor allem des (Informations-)Nutzens erweist sich in der Praxis häufig als problematisch, da für Informationen, als Output eines Controlling-Informationssystems, kein echter Markt und somit auch kein Marktpreis existieren.

Im Folgenden soll eine nähere Betrachtung der (Informations-)Kosten und des (Informations-)Nutzens erfolgen, um trotz eines fehlenden Marktes die Wirtschaftlichkeit eines computergestützten Informationssystems bestimmen zu können. Die Begriffe „(Informations-)Kosten" und „Kosten eines Controlling-Informationssystems" sowie die Begriffe „(Informations-)Nutzen" und „Nutzen eines Controlling-Informationssystems" werden dabei synonym verwendet.

4.3.1 Kosten eines Controlling-Informationssystems

Die durch den Einsatz eines Controlling-Informationssystems entstehenden Kosten lassen sich grundsätzlich leichter als der erzielte Nutzen abschätzen. Die (Informations-)Kosten sind dabei in Beschaffungskosten und sonstige Kosten zu unterscheiden.

Beschaffungskosten: Beschaffungskosten eines Controlling-Informationssystems umfassen sowohl die Kosten für die Anschaffung der Software (Softwarekosten) als auch die Kosten für die Anschaffung der erforderlichen Hardware (Hardwarekosten).

Da viele Unternehmen bereits über leistungsstarke IT-Systeme verfügen, die für vielfältige Zwecke genutzt werden können, erfordert die Implementierung eines Controlling-Informationssystems auf der gerätetechnischen Seite oftmals lediglich die Investition in zusätzliche Arbeitsplatzrechner. Darüber hinaus kann die Einführung eines Controlling-Informationssystems die Anschaffung von Ein- und Ausgabegeräten sowie die Vernetzung der Geräte untereinander und mit dem Zentralrechner erfordern. Bei der Abschätzung der Hardwarekosten sollte zudem stets eine Berücksichtigung von Folgekosten für Instandhaltung und Ersatzbeschaffung erfolgen.

Die Softwarebeschaffungskosten sind von der Wahl der Anwendungssoftware abhängig. Je nachdem, ob das Unternehmen für das Controlling-Informationssystem eine am Markt vorhandene sogenannte Standardsoftwarelösung mit der Möglichkeit der Anpassung an unternehmensindividuelle Bedürfnisse wählt oder sich für die Entwicklung einer speziell auf die Anforderungen des Unternehmens zugeschnittene Individualsoftwarelösung entscheidet, fallen die Softwarebeschaffungskosten unterschiedlich aus. Mit zunehmender Individualisierung steigen die Kosten für die Softwarebeschaffung. Die Entscheidung der Unternehmen über den Grad der Individualisierung ist dabei wesentlich davon abhängig, inwiefern eine Standardsoftwarelösung unter Berücksichtigung der Möglichkeit des Customizings den Anforderungen des Unternehmens gerecht werden kann oder ob letztendlich eine vollkommen auf die unternehmensspezifischen Belange abgestimmte Software die beste Lösungsvariante darstellt. Insgesamt gesehen lassen sich die Kosten für die Beschaffung der Hard- und Software jedoch relativ leicht und exakt abschätzen.

Sonstige Kosten: Neben den Beschaffungskosten fallen für den Einsatz eines Controlling-Informationssystems sonstige Kosten an, die im Vergleich zu den Beschaffungskosten wesentlich schwieriger abschätzbar sind. Zu den sonstigen Kosten gehören u. a. die Kosten für die Anpassung der betrieblichen Organisation an das einzuführende Controlling-Informationssystem. Ein Controlling-Informationssystem führt durch seine Funktionalitäten und die Vernetzung mit den anderen betrieblichen Informationssystemen zu Änderungen des betrieblichen Berichtswesens. Durch die Zusammenfassung von Informationen aus den verschiedenen Teilbereichen ist eine bessere Koordination der verschiedenen Aktivitäten möglich. Oftmals ist daher eine Anpassung des betrieblichen Weisungssystems durch die Verlagerung von Entscheidungskompetenzen bei der Einführung eines Controlling-Informationssystems sinnvoll.

Des Weiteren beinhalten die sonstigen Kosten Aufwendungen für Schulungen, die nötig sind, um den AnwendernInnen eine effektive Nutzung der Software zu ermöglichen. Die Kosten für Schulungen hängen nicht nur von der Komplexität der Software ab, sondern auch davon, inwiefern die komplizierteren Teile der Software von den AnwendernInnen genutzt werden sollen.

Sonstige Kosten können auch durch die regelmäßige manuelle Erfassung von entscheidungsrelevanten Daten entstehen, sofern diese nicht bereits durch die anderen betriebliche Informationssysteme automatisiert zur Verfügung gestellt werden können.

4.3.2 Nutzen eines Controlling-Informationssystems

Im Rahmen der Wirtschaftlichkeitsanalyse ist neben der Ermittlung der anfallenden Kosten auch die Ermittlung des Nutzens erforderlich, der durch den Einsatz eines Controlling-Informationssystems generiert wird. Die Bestimmung des (Informations-)Nutzens erweist sich im Vergleich zur Ermittlung der Kosten als relativ schwierig.

Ausgangspunkt für die Ermittlung des (Informations-)Nutzens ist der Informationsstand, der dem Unternehmen *vor* der Einführung des computergestützten Informationssystems zur Verfügung steht. Die durch die Einführung eines Controlling-Informationssystems ermöglichten Verbesserungen des Informationsstandes stellen den (Informations-)Nutzen dar. Der (Informations-)Nutzen ist dabei lediglich im Rahmen spezifischer Aufgabenerfüllungsprozesse bestimmbar, d. h., der (Informations-) Nutzen ist die in Bezug auf seinen Beitrag zur Erledigung bestimmter Aufgaben bewertete Leistung.

Die erzielte Verbesserung des Informationsstandes lässt sich allerdings nur schwerlich in Geldeinheiten messen. Aus diesem Grund müssen andere Wege zur Messung des Nutzens herangezogen werden. Dazu gehören die Messung der Verbesserung der Entscheidungsqualität, der Zeitersparnis für den/die EntscheiderInnen sowie der Verbesserung der Nutzung des Controlling-Informationssystems durch den eingeleiteten Lernprozess.

Entscheidungsqualität: Bei der Messung der Auswirkungen auf die Entscheidungsqualität erfolgt eine Analyse, inwiefern durch die umfassenderen Informationen, die ein Controlling-Informationssystem liefert, Entscheidungen sorgfältiger und besser vorbereitet werden können. Bei der Vorbereitung von Entscheidungen geht es dabei häufig nicht um die vom Controlling-Informationssystem zur Verfügung gestellten Datenmengen, sondern vielmehr um die Möglichkeiten, die für bestimmte Entscheidungen erforderlichen Informationen aufarbeiten und auf dem Bildschirm zusammenfassen zu können. Die Möglichkeit der Aufbereitung von Informationen stellt die Stärke „guter" computergestützter Informationssysteme dar, denn sie ermöglicht eine bedarfsgerechte Selektion der benötigten Informationen, zur richtigen Zeit, am richtigen Ort, in der richtigen Menge, sowohl tabellarisch als auch grafisch, aber vor allem übersichtlich und verständlich. So lassen sich bspw. Daten für bestimmte Kundengruppen, Kunden, Produktgruppen oder Produkte darstellen. Controlling-Informationssysteme bieten durch Auswertungsmethoden zahlreiche Möglichkeiten, vorhandene Datenbestände wirkungsvoll zu nutzen und damit die Qualität anstehender Entscheidungen wesentlich zu verbessern. Eine exakte monetäre Bezifferung dieses Nutzens ist allerdings nur näherungsweise möglich.

Zeitersparnis: Die Anwendung eines Controlling-Informationssystems ermöglicht im Vergleich zu papiergespeicherten Daten eine wesentlich schnellere Selektion relevanter Informationen. Vor allem dann, wenn Entscheidungen unter Zeitdruck zu treffen sind, ist eine schnelle (just-on-time) Bereitstellung von Informationen erforderlich. Je weniger Zeit für die Datensammlung und Aufbereitung aufgewendet wird, desto mehr Zeit verbleibt für die eigentliche Entscheidung. Durch die Möglichkeit der schnelleren Selektion relevanter Informationen und durch die gewonnene Zeit für die eigentliche Entscheidung wird die Qualität von Entscheidungen unter Zeitdruck wesentlich verbessert.

Die durch den Einsatz eines Controlling-Informationssystems gewonnene Zeit wirkt sich allerdings nicht nur positiv auf zu treffenden Entscheidungen aus. Durch die wesentlich schnellere Arbeitsweise und Selektion von relevanten Informationen, die ein Controlling-Informationssystem ermöglicht, lässt sich grundsätzlich Arbeitszeit gewinnen, die für die Erfüllung anderer wichtiger Aufgaben zur Verfügung steht. Durch den Einsatz eines Controlling-Informationssystems lässt sich daher vor allem teure Management-Arbeitszeit einsparen bzw. gewinnen, da dem Management ebenfalls die Möglichkeit gegeben ist, die relevanten Informationen direkt aus dem Controlling-Informationssystem abrufen und mithilfe möglichst intuitiver Auswertungsmethoden entsprechend aufbereiten zu können.

Lernprozess: Controlling-Informationssysteme bieten oftmals eine Vielzahl an Programmapplikationen, von denen der/die AnwenderIn unmittelbar nach Implementierung nur ausgewählte Applikationen für die tägliche Arbeit anwenden. Die Nutzung eines Controlling-Informationssystems unterliegt jedoch einem Lernprozess, der individuell kürzer oder länger sein kann. Im Rahmen des Lernprozesses kommt es erfahrungsgemäß zu neuen Erkenntnissen, die eine Verbesserung und intensivere Nutzung des computergestützten Informationssystems ermöglichen und einen potentiellen Nutzen für die Zukunft darstellen. Der potentielle Nutzen sollte ebenfalls bei der Bewertung des (Informations-) Nutzens berücksichtigt werden. Das Controlling-Informationssystem sollte hinsichtlich der Bewertung des (Informations-)Nutzens daher nicht nur nach seinem gegenwärtigen Entwicklungsstand bewertet werden. Zu bewerten sind auch die Möglichkeiten, das Controlling-Informationssystem an neue Informationsbedarfe und Entscheidungsprobleme im

Rahmen des Lernprozesses anpassen und es nach neuen Erkenntnissen weiterentwickeln zu können.

Auch hier ist eine direkte monetäre Bezifferung des (Informations-)Nutzens nur schwer möglich, sie sollte aber versucht werden, um die qualitative Bewertung des jeweiligen Controlling-Informationssystems zu unterstützen.

4.3.3 Vergleich von (Informations-)Kosten und Nutzen

Eine klassische Beurteilung der Wirtschaftlichkeit eines Investitionsvorhabens knüpft an den Vergleich von Kosten und Nutzen oder von Aus- und Einzahlungen an. Der Kapitalwert der Aus- und Einzahlungen erlaubt, die Vorteilhaftigkeit der Investition abzuschätzen. Bei der Beurteilung der Wirtschaftlichkeit von Controlling-Informationssystemen versagt jedoch der Vergleich von Aus- und Einzahlungen, da die Einzahlungen im Rahmen des (Informations-)Nutzens i. d. R. nicht oder nur mit vielen Annahmen in Geldeinheiten gemessen werden können und somit überwiegend auf Schätzungen beruhen. Sowohl der (Informations-)Nutzen als auch die (Informations-)Kosten sind dabei wesentlich von der Wahl der Anwendungssoftware abhängig. Je nachdem wie die ausgewählte Software den Anforderungen des Unternehmens gerecht werden kann, fallen die Kosten und der Nutzen des Controlling-Informationssystems höher oder niedriger aus.

Sofern Unternehmen jedoch vor der Wahl zwischen verschiedenen Controlling-Informationssysteme stehen, stellen die Kosten der Software und deren Anpassung an die unternehmensindividuellen Informationsbedarfe die ausschlaggebenden Entscheidungsfaktoren dar. Diese sollten daher so genau wie möglich kalkuliert werden.

Zusammenfassend kann festgehalten werden, dass das Nutzenpotential von Controlling-Informationssystemen vielfältig ist. Es kann als die Unterstützung besserer und schnellerer Managemententscheidungen auf der Basis einer bedarfsgerechten Informationsversorgung der EntscheidungsträgerIn subsumiert werden. Demgegenüber stehen die mit dem jeweiligen Controlling-Informationssystem verbundenen (Informations-)Kosten, die sowohl qualitativ als auch quantitativ ermittelt werden sollten, *bevor* die Entscheidung für ein bestimmtes System getroffen wird.

Literatur

Becker W, Fuchs R (Hrsg. 2004) Controlling-Informationssysteme. Bamberger Betriebswirtschaftliche Beiträge, Bd 130. Bamberg

Franke G (1995) Zur Wirtschaftlichkeit von Management-Informationssystemen. In: Hichert R, Moritz M (Hrsg.) Management-Informationssysteme – Praktische Anwendungen, 2. Aufl. Springer Verlag, Berlin und Heidelberg

Hoffmann F, Brauweiler H-C, Wagner R (1996) Computergestützte Informationssysteme – Einführung in die Bürokommunikation und Datentechnik für Wirtschaftswissenschaftler, 2. Aufl. Oldenbourg Wissenschaftsverlag, München

Das Referenzunternehmen: Campus Bicycle Allround GmbH

5

5.1 Allgemeine Hinweise

Die folgenden einzelnen Fallaufgaben können unabhängig voneinander bearbeitet und gelöst werden. Ein Bezug bzw. Vorwissen zu den vorhergehenden und nachfolgenden Aufgaben ist nicht erforderlich. Notwendig ist dagegen eine Kenntnis über das eigene fiktive Unternehmen *Campus Bicycle Allround GmbH*, welche sich der/die AnwenderIn mit dem vorliegenden Kapitel aneignen sollte und das SAP Modellunternehmen *IDES*. Zu beachten ist, dass eine Eins-zu-eins-Fallaufgaben-Umsetzung ein Vorhandensein des jeweiligen Controlling-Informationssystems (Corporate Planner, Seneca Global und SAP R/3) sowie vor allem eine Adaption der hier vorgestellten Situation und Daten der Campus Bicycle Allround GmbH voraussetzt.

Die Fallaufgabenlösungen sollten sich die AnwenderInnen mithilfe des eigenen Basiswissens selbst erarbeiten und dann mit den vorgestellten Lösungskonzepten vergleichen, die als denkbare Lösungsvorschläge und nicht als ausschließlich mögliche und allein richtige Lösungen gedacht sind. Die Autoren haben dabei mehr die Machbarkeit der möglichen Umsetzbarkeit der Konzepte und weniger gänzliche und theoretisch einwandfreie Musterlösungen angestrebt, welche in der breiten Unternehmenspraxis keine Akzeptanz finden würden oder nicht nützlich wären.

Dies bedeutet auch, sich von für das Verständnis der Konzepte unnötigen (theoretischen) Barrieren zu trennen. Literaturquellen haben die Autoren folglich zweckmäßig eingesetzt und infolgedessen nur an den Stellen genutzt und zitiert, an denen sie zur problemadäquaten Erweiterung des in den vorherigen Kapiteln vermittelten Grundverständnisses und Grundwissens sinnvoll erschienen.

© Springer Fachmedien Wiesbaden GmbH 2018
J. Petzold, M. Westerkamp, *Informationssysteme im wertorientierten Controlling*,
https://doi.org/10.1007/978-3-658-12378-9_5

5.2   Unternehmensbeschreibung – Geschäftsmodell

Die Campus Bicycle Allround GmbH mit Sitz in Wilhelmshaven ist, gemessen am Gesamt-unternehmensumsatz und an der Anzahl der ArbeitnehmerInnen (§ 267 Abs. 2 HGB), ein mittelständischer Fahrradproduzent in Deutschland. Mit der Hauptmarke *„LEGUAN"* und den Nebenmarken *„FALKE"*, *„ORCA"* und *„GEPARD"* ist das Unternehmen in Europa bekannt. Allen voran stehen E-Bikes, bei denen die Campus Bicycle Allround GmbH in Deutschland zu den Markt- und Innovationsführern zählt. Mountainbikes und Profi-Rennräder sowie qualitativ hochwertige Standardräder (Trekking- und Cityräder) für Alltag und Reise komplettieren das Sortiment.

Zur detaillierten Beschreibung des eigenen Geschäftsmodells setzt das Unternehmen Campus Bicycle Allround GmbH das sog. 7-Komponenten-Modell (auch als 7-K-Modell (Zu den Details des 7-Komponenten-Modells vgl. Amann und Petzold 2014, S. 114 ff.) bezeichnet) ein. Mithilfe dieses Modells lassen sich die einzelnen Komponenten des Geschäftsmodells, die in Abb. 5.1 dargestellt sind, einfach, strukturiert und eindeutig beschreiben.

Das Geschäftsmodell der Campus Bicycle Allround GmbH sieht zusammengefasst folgendermaßen aus:

1. Strategischer Kern:
Das Leistungsangebot der Campus Bicycle Allround GmbH besteht in der Herstellung und dem Vertrieb von Fahrrädern verschiedener Ausführung, Qualitäten und Preiskategorien.

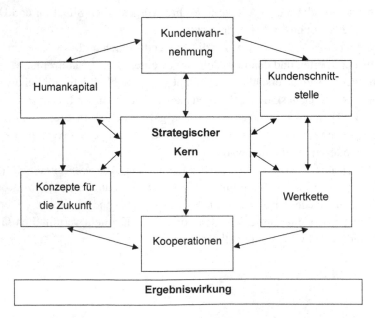

Abb. 5.1 Das 7-Komponenten-Modell (Eigene Darstellung in Anlehnung an: Amann und Petzold 2014, S. 115)

Zielkunden sind moderne, freizeit- und gesundheitsbewusste Menschen aller Altersklassen im In- und Ausland. Die Kunden wissen eine hohe Qualität zu einem angemessenen Preis zu schätzen.

Die Kernkompetenzen des Unternehmens liegen in den Bereichen Entwicklung, Design und Vertrieb von Fahrrädern, die auf dem neuesten technischen Stand sind.

Aufgrund seiner langen Existenz und einer soliden Liquidität finanziert das Unternehmen Investitionen in erster Linie intern. Nur in Einzelfällen werden die Dienste von Banken und Crowdfunding- Plattformen in Anspruch genommen.

2. Kundenwahrnehmung:

Die Fahrräder der Campus Bicycle Allround GmbH werden von den Kunden als hochklassig und technisch auf dem neuesten Stand wahrgenommen. Dadurch sind die Produkte eher im gehobenen Marktsegment angesiedelt. Von „*Billiganbietern*" grenzt sich das Unternehmen klar ab. Dies wird auch durch das Unternehmensimage und die seit vielen Jahren etablierte Hauptmarke *LEGUAN* und den bekannten Nebenmarken *FALKE*, *ORCA* und *GEPARD* der Campus Bicycle Allround GmbH deutlich unterstrichen.

3. Kundenschnittstellen:

Seine Fahrräder verkauft das Unternehmen über den klassischen stationären Handel. Hier bestehen seit Jahrzehnten enge und erprobte Kooperationen mit nationalen und internationalen Fahrradhändlern und -händlerketten. Seit dem Jahr 2008 geht das Unternehmen zusätzlich den Weg des Onlinevertriebs über einen eigenen Internetshop sowie über Handelsplattformen wie Amazon und eBay.

Die Kundenbindung erfolgt in erster Linie über die Wartung der ge- bzw. verkauften Fahrräder, aber zunehmend auch über ein Stammkundenrabattsystem im Onlinehandel.

Die Vergangenheit hat bewiesen, dass das beste Marketing für die Campus Bicycle Allround GmbH zufriedene KundenInnen sind, die ihre Zufriedenheit auch kommunizieren.

Das Unternehmen verfolgt eine gemäßigte Preispolitik, was im gehobenen Preissegment des Fahrradmarktes durchaus möglich ist, da hier der Wettbewerb weniger über den Preis als vielmehr über die Qualität der Produkte geführt wird.

Die Zielgewinnmarge des Unternehmens liegt bei durchschnittlich 20 %, variiert allerdings bei den unterschiedlichen Fahrradmodellen.

4. Wertkette:

Die Organisationsstruktur der Campus Bicycle Allround GmbH ist klar und einfach aufgebaut. Man hat sich hier für die Form der *Matrixorganisation* (Markt – Marke) entschieden. Die Hierarchie des Unternehmens ist flach. Ist gibt lediglich 4 Hierarchiestufen.

Da die Entwicklung von technisch hochwertigen und modernen Fahrrädern sowie deren Montage zu den Kernkompetenzen des Unternehmens gehört, werden diese Tätigkeiten ausschließlich im eigenen Unternehmen an den unterschiedlichen Standorten von den eigenen MitarbeiternInnen durchgeführt.

Allerdings werden einzelne Fahrradkomponenten und -bauteile von externen Zulieferern zugekauft.

Die (End-)Montage der Fahrräder erfolgt nach dem sog. *„Werkstattprinzip"*. Dies bedeutet, dass die kompletten Fahrräder in einem Team aus ExpertenInnen montiert werden. Das Unternehmen hat sich u. a. aus Qualitätsgründen gegen die sog. *„Fließ(band)fertigung"* entschieden.

Für den Transport der Fahrräder zu den Vertriebspartnern und zu den Kunden nutzt das Unternehmen erfahrene Logistikpartner. Es betreibt keinen eigenen Lkw-Fuhrpark.

Die IT-Infrastruktur der Campus Bicycle Allround GmbH ist modern: Alle Produktions- und Vertriebsinformationen laufen in der Zentrale zusammen und können dort tagesaktuell genutzt werden.

Im Controlling wird zz. noch mit Excel gearbeitet. Dies soll in Zukunft geändert werden, denn trotz einer ausgezeichneten Flexibilität kommt das Tabellenkalkulationsprogramm im Rahmen des Controllings an seine Grenzen. Aus diesem Grund schauen sich Management und Controlling zz. verschiedene Controlling-Informationssysteme an, die für die Nutzung im Unternehmen infrage kommen. Begleitet wird dieser Analyse- und Auswahlprozess von einem spezialisierten unabhängigen Berater, der alle aktuell zur Verfügung stehenden IT-Controlling-Lösungen kennt.

5. Kooperationen:

Das Unternehmen sieht seine Zulieferer und Vertriebspartner als Partner und setzt dabei auf langjährige kooperative Zusammenarbeit. Aus diesem Grund bestehen auch verschiedene Überkreuz-Minderheitsbeteiligung an und von Zuliefer- und Vertriebsunternehmen.

6. Konzepte für die Zukunft:

Die Campus Bicycle Allround GmbH verfügt über ein recht umfangreiches Innovationsportfolio. Dabei stehen insb. innovative Antriebstechniken und die Weiterentwicklung der Energiespeicherung und (Rück)-Gewinnung im Zentrum der Forschung und Entwicklung, die zum Teil mit Hochschulen betrieben wird.

Bei den Zukunftstechnologien setzt das Unternehmen zurzeit auf die Weiterentwicklung des Wasserstoffs als Energieträger der Zukunft.

7. Humankapital:

Bez. der Personalstruktur verfolgt das Unternehmen einen ähnlich langfristigen Ansatz wie mit den Zulieferern und Abnehmern. Viele MitarbeiterInnen sind schon seit Jahrzehnten im Unternehmen. Manche bereits in der zweiten Generation.

Das Personal wird konsequent und individuell weiterentwickelt. Dies geschieht in erster Linie im Rahmen von Schulungen und Weiterbildungsmaßnahmen.

Die Unternehmenskultur setzt auf Partizipation der MitarbeiterInnen, da ist der Führungsstil überwiegend kooperativ. Geführt und motiviert werden die MitarbeiterInnen nach dem *„Management by Objectives"*-Ansatz (Führen durch Zielvereinbarungen).

5.2.1 Unternehmenshistorie

Historisch gesehen gründete der damals 19-jährige Hans Leguan im Jahr 1935 den Vorläufer der Campus Bicycle Allround GmbH. Leguan begann vorerst mit dem Handel mit gebrauchten, aber einwandfrei erhaltenen Herren-, Damen- und Kinderfahrrädern, sowie Fahrradersatzteilen.

Im Jahr 1938 nahm Leguan mit zwei Freunden, Thomas Falke und Andreas Orca, die Herstellung von eigenen Fahrrädern auf. Bereits Ende 1938 verließen die ersten vollständig selbstgefertigten Fahrräder die Wilhelmshavener Produktionsstätte. Die drei Freunde bauten das Kleingewerbe über eine Montagefirma zu einer deutschlandweit agierenden Fahrradfabrik aus. Bis 1945 wurden in Wilhelmshaven 2.000 Fahrräder hergestellt. Mit damals 15 MitarbeiterInnen stellte der Fahrradhersteller in der strukturschwächeren Region einen verlässlichen Arbeitgeber dar.

Ab 1950 arbeiteten zeitweise 40 MitarbeiterInnen in der Lenker-, Sattel- und Laufrad-Produktion. Damals erreichte die Tagesproduktion 50 Fahrradrahmen. Im gleichen Jahr erfolgte die Eintragung der Fahrradmarke *„LEGUAN"* in Deutschland. 35 Jahre später (1985) übergab Hans Leguan die Geschäftsleitung an seine beiden Kinder Heinz und Martina. Die Produktionshallen wurden in den folgenden Jahren stetig weiter ausgebaut.

1987 wurde die Falke Fahrräder GmbH zum Vertrieb von Fahrrädern der Fahrradmarke *„FALKE"* gegründet.

1988 erfolgte die Gründung der heutigen Campus Bicycle Allround GmbH.

1989 lizenzierte die Campus Bicycle Allround GmbH die Fahrradmarke *„ORCA"*.

1994 erweiterte die Campus Bicycle Allround GmbH mit der jüngsten Marke des Hauses *„GEPARD"* ihr Produktportfolio. Neben dem Marketing-Slogan *„Ultimative, sportliche, attraktive Profi-Rennräder"*, erweiterte die Campus Bicycle Allround GmbH das Sortiment um hochwertige Rennräder (und später um E-Bikes).

Im Jahr 2000 war die Campus Bicycle Allround GmbH Mitbegründerin eines bundesweiten Fahrradlogistikunternehmens. Im gleichen Jahr feierte die Traditionsmarke *„LEGUAN"* ihr 50-jähriges Jubiläum.

2005: Peter Schmidt, der bisher den „Zentralbereich Controlling" geleitet hat, wurde Geschäftsführer der Campus Bicycle Allround GmbH. Im selben Jahr erfolgte die Verschmelzung der Falke Fahrräder GmbH mit der Campus Bicycle Allround GmbH.

2008: Die ersten Carbon-Rennräder wurden produziert.

2009: Start der Serienproduktion von E-Bikes.

2011: Einstieg in den Spitzensport. Seit März 2011 ist die Campus Bicycle Allround GmbH mit der Marke *„GEPARD"* als Materialsponsor bei den wichtigsten nationalen und internationalen Radrennen vertreten. Des Weiteren sponsert die Marke *„LEGUAN"* junge talentierte Radrennsportler. Im selben Jahr erhielt die Campus Bicycle Allround GmbH als erste Herstellerin überhaupt die EU-Zulassung für E-Bikes mit Geschwindigkeiten bis zu 40 km/h.

2012: Campus Bicycle Allround GmbH präsentierte die 18 Ah Batterie für E-Bikes.

2015: Das Bike *„DEATH VALLEY"* definiert den Begriff MTB Trail neu. „DEATH VALLEY" ist das prämierte Bike für All-Mountain-Strecken mit schwierigen Abfahrten. Es ist das leichteste MTB Trail-Carbonmodell mit einer einzigartigen Verstellung des Federwegs von 185 mm bis auf 110 mm.

5.2.2 Unternehmensvision

Die Unternehmensvision der Campus Bicycle Allround GmbH lautet: *„Wir bewegen Menschen und Ideen!"* Das Ziel des Unternehmens ist es und darin liegt auch die Verwirklichung der Vision des Fahrradherstellers, den Status des Fahrrads in der Gesellschaft aktiv positiv zu beeinflussen und innovative neue Produkte zu entwickeln. Campus Bicycle Allround GmbH nimmt dazu gesellschaftliche Entwicklungen auf und setzt neue (Fertigungs-)Technologien ein. Die hergestellten Fahrräder sollen in den Bereichen neue Mobilität, gesundheitsorientierte Freizeitgestaltung und sportliche Selbstverwirklichung eine anerkannte Position einnehmen.

Dem Management ist es wichtig, dass diese Vision von allen MitarbeiternInnen mitgetragen und gelebt wird.

5.2.3 Unternehmensstrategie

Aufbauend auf der Vision, Menschen und Ideen zu bewegen, strebt die Campus Bicycle Allround GmbH danach, auch zukünftig ein nachhaltiges profitables Wachstum zu generieren. Dieses Ziel unterstreicht die Aussage des Geschäftsführers Peter Schmidt: *„Wir verfolgen einen konsequenten aber gemäßigten Wachstumskurs. Dabei stehen für uns Ertragssteigerungen eindeutig vor Absatzsteigerungen."*

Zur Erreichung dieses strategischen Ziels will das Unternehmen:

- die (führende) Marktstellung bei E-Bikes ausbauen,
- das Geschäft weiter internationalisieren,
- den Vertrieb und die Marken weiter ausbauen und
- die Innovations-, Qualitäts- und Trendposition sichern.

Um diese strategischen Ziele auch in die Tat umsetzen zu können, setzt die Campus Bicycle Allround GmbH auf den sog. *„Transfer Strategy into Action Ansatz"*, im Rahmen dessen das Management unterstützt durch das Controlling eine Kombination aus Balanced Scorecard (BSC) und Strategy Map zum Einsatz bringt. Hierdurch werden die überwiegend qualitativ formulierten strategischen Ziele konkretisiert und mit Einzelmaßnahmen zur Zielerreichung versehen. Dies geschieht in einem kooperativen Unternehmensprozess unter Einbezug der Führungskräfte und eines Großteils der MitarbeiterInnen. Hierdurch wird eine größtmögliche Identifikation aller Beteiligter mit den Zielen und eine hohe Motivation in Bezug auf deren Erreichung gewährleistet.

Die Balanced Scorecard des Unternehmens ist dabei in die vier klassischen Perspektiven (Finanz-, Prozess-, Potenzial- und Kundenperspektive) unterteilt. Wobei diese vier Perspektiven sich gegenseitig beeinflussen und bedingen. Abb. 5.2 visualisiert den Aufbau der BSC der Campus Bicycle Allround GmbH.

Es ist erkennbar, dass jedem strategischen Ziel eine Messgröße, konkrete Zielwerte und Maßnahmen zugeordnet werden. Für das Ziel die „(Führende) Marktstellung bei E-Bikes ausbauen" sieht dies in einem Auszug aus der Finanzperspektive wie in Tab. 5.1 dargestellt aus:

Hinzu kommen weitere Maßnahmen und ein Budget je Maßnahme sowie ein Datum zur Zielerreichung.

Durch den Einsatz der Balanced Scorecard über die vier Perspektiven ergibt sich für die Campus Bicycle Allround GmbH ein komplettes System der Unternehmensstrategie, mit Zielen, deren Erreichung aufgrund ihrer Messgrößen, Zielwerte und Maßnahmen kontrollier- und steuerbar wird.

Das Controlling des Unternehmens visualisiert die einzelnen strategischen Ziele und deren Entwicklung über die einzelnen Perspektiven der Balanced Scorecard mittels der

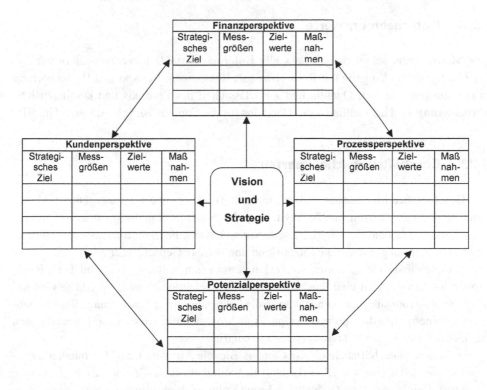

Abb. 5.2 Die Balanced Scorecard (Eigene Darstellung in Anlehnung an: Amann und Petzold 2014, S. 115)

Tab. 5.1 Die Finanzperspektive (Eigene Darstellung)

Finanzperspektive			
Strategisches Ziel	Messgrößen	Zielwerte	Maßnahmen
Marktstellung bei E-Bikes ausbauen	Relativer Marktanteil	56 %	Marketing intensivieren
	…	…	…
	…	…	…
…	…	…	…
…	…	…	…

Strategy Map. Für das o. a. Ziel bez. der E-Bikes sieht die Strategy Map wie in Abb. 5.3 dargestellt aus.

Der Geschäftsführer Herr Schmidt ist von diesem System zur strategischen Steuerung seines Unternehmens überzeugt. Jetzt braucht er nur noch das passende Controlling-Informationssystem, das vielleicht sogar auch die Werte des Unternehmens berücksichtigt.

5.2.4   Unternehmenswerte

Das Management achtet darauf, dass alle Unternehmensaktivitäten *nachhaltig* wirken. Nachhaltigkeit im Umgang mit Rohstoffen und Ressourcen, Respekt und Verantwortung in der Zusammenarbeit, Qualität und Zuverlässigkeit des Produkts und kontinuierliche Verbesserung sind die Leitlinien des Handelns für die Campus Bicycle Allround GmbH.

5.2.5   Geschäftsbereiche/-sparten

Der Geschäftsbereich *„Standardräder"* umfasst Trekking- und Citräder. Die Trekkingräder besitzen eine tourengemäße Ausstattung, hochwertige Rahmenkonstruktion und fitnessorientierte Geometrie. Citräder zeichnen sich durch Fahrkomfort, kopfsteinpflastertauglicher Federung, entspannte Sitzposition und robuste Gepäckträger aus.

Der Geschäftsbereich *„Mountainbikes"* unterteilt sich in Race, Sport und Trail. Race-Mountainbikes besitzen eine durchdachte Rahmentechnologie sowie sportliche Geometrien. Sport-Mountainbikes kennzeichnet die alltagstaugliche Ausstattung, fitnessorientierte Geometrie und das sportive Design. Trail-Mountainbikes basieren auf durchdachten Rahmentechnologien mit ausgewogenen Geometrien.

Ein weiterer Geschäftsbereich der Campus Bicycle Allround GmbH beinhaltet *„Profi-Rennräder"*. Unterteilt in Elite (Leichtbau, Steifigkeit, Race-Geometrie), Performance (Komfort, Leichtbau, Race-Geometrie), Ergo (Komfort, Vielseitigkeit, gemäßigt sportive Geometrie) und Fitness (Komfort, fitnessorientierte Geometrie, Vielseitigkeit).

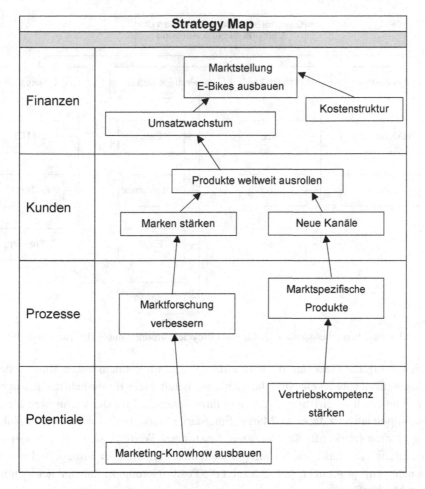

Abb. 5.3 Die Strategy Map (Eigene Darstellung in Anlehnung an: Amann und Petzold 2014, S. 112)

Der vierte und letzte Geschäftsbereich umfasst „*E-Bikes*" mit den Sparten E-MTB, E-Cross und E-Trekking. E-MTB zeichnen sich durch eine durchdachte Rahmentechnologie und hochwertige Anbauteile aus. E-Cross bestechen durch ihre Vielseitigkeit, alltagstaugliche Ausstattungen und sportive Geometrien. E-Trekkings sind alltagstauglich und besitzen dennoch Komfort sowie fitnessorientierte Geometrien.

Abb. 5.4 stellt die Geschäftsbereiche/-sparten der Campus Bicycle Allround GmbH dar.

5.2.6 Campus Bicycle Allround GmbH: Marken

Die Campus Bicycle Allround GmbH gehört zu den führenden und innovativen Fahrradherstellern Deutschlands. Dies ist das Resultat von gut positionierten Marken, einem starken Vertrieb sowie der führenden Position bei E-Bikes in Deutschland.

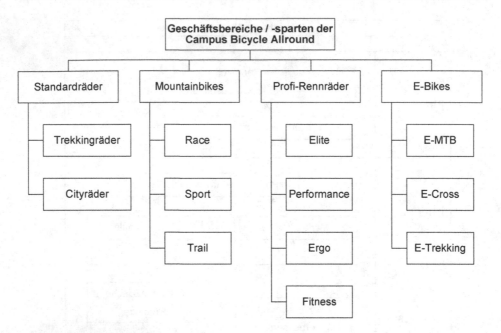

Abb. 5.4 Geschäftsbereiche/-sparten der Campus Bicycle Allround GmbH (Eigene Darstellung)

Da sich Fahrräder mehr und mehr zu einem Produkt mit einem hohen Kundenidenti-
fikationspotenzial entwickeln, sind die Menschen bereit, mehr für ihr Fahrrad auszugeben
und erwarten einen langfristigen Werterhalt ihres Fahrrads. Eine der wichtigsten Identifi-
kationskomponenten ist dabei die Marke. Eine starke Marke besitzt das Potenzial, Inhalte
von Botschaften (Herkunft, Kompetenzen, Leistungen, Werte, Visionen) zu assoziieren.
Die Bedeutung der Marke auf Nachfrager steht dem Verhalten der MitarbeiterInnen und
des Managements gegenüber. Abb. 5.5 zeigt die Positionierung im Rahmen der identitätsbasierten Markenführung.

Die Campus Bicycle Allround GmbH tritt daher verstärkt mit eigenen Marken an den
Markt. Mit *LEGUAN* hat das Unternehmen eine bereits etablierte und in der Kundenwelt
emotional positiv besetzte Fachhandelsmarke im eigenen Portfolio integrieren können.
Abb. 5.6 stellt die Marken der Campus Bicycle Allround GmbH dar.

5.2.6.1   Marke: LEGUAN

LEGUAN bietet RadsportlernInnen Rennräder und MTB-Räder. LEGUAN hat sich u. a.
dem professionellen Radfahren verschrieben. Deshalb sichert sich LEGUAN die Zusammenarbeit mit ehemaligen Radsport-Profis und stattet Amateure mit Material aus. Ein
weiteres Gebiet, das LEGUAN abdeckt sind E-Bikes. LEGUAN-Räder stehen für über
60 Jahre Erfahrung, hohe Produktionsqualität *„Made in Germany"* und hohe Ansprüche
bei Fahrkomfort und Nutzerfreundlichkeit. Bei LEGUAN findet jeder ein Rad, ob City-
oder Trekkingräder, Mountainbikes, Profi-Rennräder oder E-Bikes.

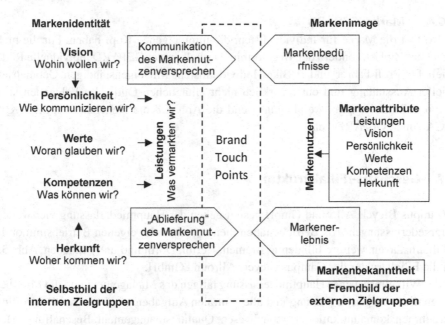

Abb. 5.5 Positionierung im Rahmen der identitätsbasierten Markenführung (Eigene Darstellung in Anlehnung an: Burmann et al. 2015, S. 115)

Abb. 5.6 Marken der Campus
Bicycle Allround GmbH
(Eigene Darstellung)

Hauptmarke

LEGUAN

NEBENMARKEN

FALKE

ORCA

GEPARD

5.2.6.2 Marke: FALKE

Im deutschsprachigen Raum genießt *FALKE* große Beliebtheit. Der Grund: FALKE kombiniert bei seinen City- und Trekkingrädern Produktqualität sowie die deutschen Produktionsstandards mit internationalen Designs.

5.2.6.3 Marke: ORCA

ORCA steht für Qualität und Zuverlässigkeit im Zweirad-Markt. Die Fahrräder verkörpern die Tugenden des zeitgemäßen Fahrrad-Baus: klug durchdachte, ergonomisch ausgereifte Rahmenkonzepte, ein erstklassiger Komponenten-Mix und ein attraktives Preis-/ Leistungsverhältnis. ORCA bietet Rad-Begeisterten E-Trekking- und E-Cross-Bikes an.

5.2.6.4   Marke: GEPARD

GEPARD ist die Marke für Individualisten, die ihren eigenen Kopf haben. Für die nicht das Ziel das Ziel ist, sondern der Weg dorthin. Deshalb bietet GEPARD individuelle Räder speziell für Profi-Fahrer und E-Bikes-Individualisten. Mit eigenständigen Geometrien, spezieller Ausstattung und einer wirklich nicht alltäglichen Optik. Im Folgenden stellt die Abb. 5.7 die Hauptmarke „Leguan" und die Abb. 5.8 die Nebenmarken „FALKE", „ORCA" und „GEPARD" dar

5.2.7   Geschäfts-/Filialstruktur

Die Campus Bicycle Allround GmbH besitzt neben der Hauptniederlassung vier weitere Zweigniederlassungen. Als Betriebsstätten dienen, neben der eigenen Betriebsimmobilie in Wilhelmshaven, weitere Filialen in Bremen, Berlin, Dortmund und München. Abb. 5.9 zeigt die Filialstruktur der Campus Bicycle Allround GmbH.

In der Wilhelmshavener Hauptniederlassung tätigen das Management und die MitarbeiterInnen die strategische Planung und alle zentralen Aufgaben wie Finanzen/Controlling, Unternehmenskommunikation, Personalwesen, Qualitätsmanagement, Beschaffung, Marketing, Lager/Logistik und Vertrieb für den Geschäftsbereich Standardräder. Die Niederlassungen in Bremen und Dortmund teilen sich die Zuständigkeiten für den Geschäftsbereich E-Bikes. In München wird der Geschäftsbereich Mountainbikes und in Berlin der Geschäftsbereich Profi-Rennräder verwaltet. Abb. 5.10 stellt das Geschäftsstruktur-Organigramm der Campus Bicycle Allround GmbH dar.

5.2.8   Partnerschaften/Lieferanten

Bei der Herstellung aller Fahrräder setzt das Produkt- und Qualitätsmanagement bei der Auswahl der Komponenten auf Qualität und Sicherheit. Des Weiteren setzt die Campus Bicycle Allround GmbH, wie bei der Beschreibung des Geschäftsmodells dargestellt, bei der Auswahl und Zusammenarbeit mit den Lieferanten auf zuverlässige und langfristige Partnerschaften.

5.2.9   Kunden

Bezüglich seiner Kunden konkretisiert das Management die Aussagen des Geschäftsmodells wie folgt:

Mit Großabnehmern hat die Campus Bicycle Allround GmbH im Berichtsjahr Anschlussaufträge vereinbart. Das Absatzvolumen hängt aber auch in Zukunft stets von der privaten Konsumneigung und der Ausrichtung der Großabnehmer ab. Das wichtigste

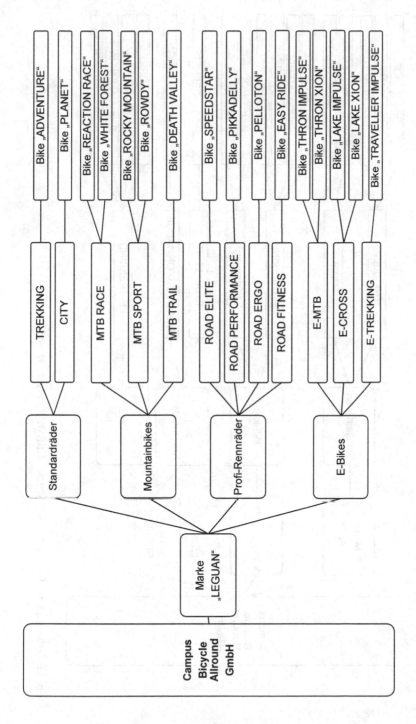

Abb. 5.7 Hauptmarke „LEGUAN" (Eigene Darstellung)

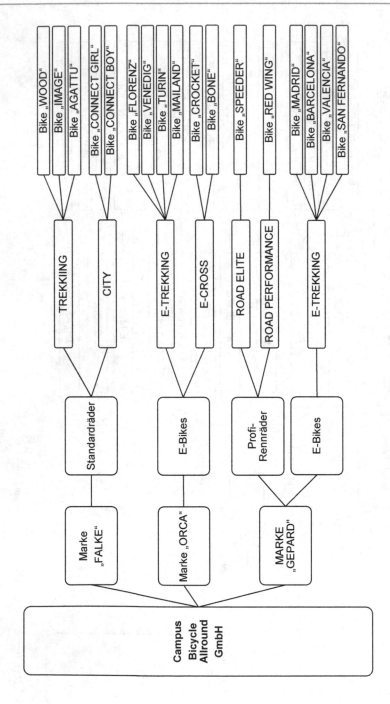

Abb. 5.8 Nebenmarken „FALKE", „ORCA" und „GEPARD" (Eigene Darstellung)

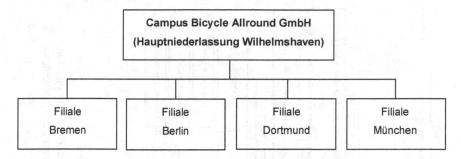

Abb. 5.9 Filialstruktur der Campus Bicycle Allround GmbH (Eigene Darstellung)

Entscheidungskriterium war und bleibt für die meisten Kunden weiterhin der Preis. Nicht zuletzt deshalb wird die Campus Bicycle Allround GmbH auch im aktuellen Geschäftsjahr wieder gezielte Aktionen mit dem Fach- und Einzelhandel durchführen. Untergliedern lassen sich die einzelnen Abnehmer wie folgt:

- *Groß- und Einzelhandel*: Im sog. *Volumengeschäft* fertigt die Campus Bicycle Allround GmbH auftragsbezogen für Warenhäuser, Baumärkte und Lebensmitteldiscounter des Groß- und Einzelhandels – vor allem für das SB-Segment, zu dem Adressen wie Madro Cash & Marry, tuum, Oldi Süd und Oldi Nord, OCI und reall in Deutschland, Dedathlon in Frankreich und Mofer in Österreich zählen. Die Räder zeichnen sich durch ein sehr gutes Preis-/Leistungsverhältnis aus.
- *Fachhandel*: Die Campus Bicycle Allround GmbH bietet zudem klassische Fahrräder und E-Bikes im gehobenen Preissegment über den qualifizierten deutschen Fachhandel an. Zielgruppe des Fachhandels sind Endkunden, die besonderen Wert auf eine professionelle Beratung und umfassenden Service vor Ort legen. Die Campus Bicycle Allround GmbH spricht die Fachhändler gezielt über AußendienstmitarbeiterInnen an, die jeweils eine bestimmte Zahl von Händlern regional betreuen und diese ggf. für den Verkauf schulen.
- *Endkunden (online und offline)*: In geringerem Umfang verkauft die Campus Bicycle Allround GmbH auch Fahrräder der Eigenmarken direkt an den Endkunden. Dies erfolgt über den Onlineshop (http://www.Campus-Bicycle-Allround-Onlineshop.de) und über den Werksverkauf in Wilhelmshaven und München. In dem Onlineshop sind alle gängigen Produktgruppen und -modelle mit technischen Daten und Verkaufspreisen aufgeführt. Die Campus Bicycle Allround GmbH ist auch auf Facebook vertreten und damit in den zunehmend bedeutenderen Social Media präsent.

Zu den Kernmärkten im Ausland zählen vor allem Italien, Spanien und die Beneluxstaaten. In diesen Ländern hat die Campus Bicycle Allround GmbH im Berichtsjahr neue Kunden hinzugewonnen.

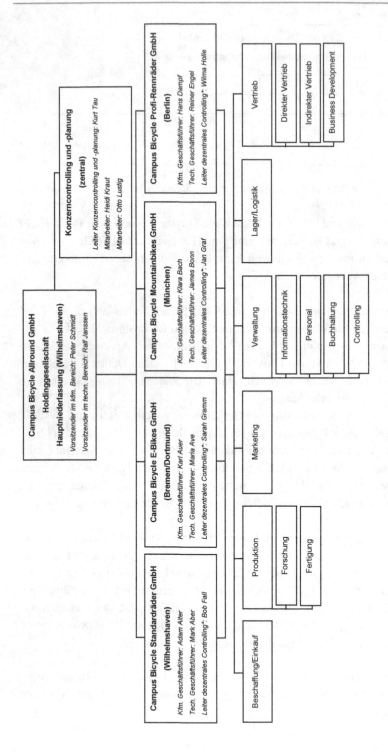

Abb. 5.10 Geschäftsstruktur-Organigramm der Campus Bicycle Allround GmbH (Eigene Darstellung)[1]

1 Anmerkung: MitarbeiterInnen des dezentralen Controllings sind dem jeweiligen Leiter/der jeweiligen Leiterin des dezentralen Controllings funktional und disziplinarisch unterstellt. Der/Die jeweilige LeiterIn des dezentralen Controllings ist dem/der LeiterIn des zentralen Konzerncontrollings bzw. der zentralen Konzernplanung (*Herrn Kurt Tau*) funktional unterstellt, sowie dem jeweiligen kfm. Geschäftsführer disziplinarisch unterstellt.

5.2.10 Beschaffung und Produktion

Im Einkaufsprozess wählt die Campus Bicycle Allround GmbH ihre Lieferanten sorgfältig aus. Alle wesentlichen Fertigungskomponenten erwirbt die Campus Bicycle Allround GmbH von führenden Herstellern oder Distributoren, die zu den Technologieführern der Branche zählen. Im Berichtsjahr konnte das Unternehmen die Bezugsbedingungen mit den Lieferanten weiter verbessern. Bezugsengpässe sind im Berichtsjahr nicht aufgetreten und werden auch für das aktuelle Geschäftsjahr nicht erwartet.

Um die hohe Qualität der Fahrräder zu gewährleisten, wird vor Produktionsbeginn eine standardisierte Wareneingangsprüfung durchgeführt. Diese Testverfahren sind langjährig erprobt und erlauben eine fortlaufende In-Prozess-Kontrolle.

Das Unternehmen arbeitet kontinuierlich daran, die Produktion noch wirtschaftlicher zu gestalten. Im Berichtsjahr wurden daher insgesamt 2,3 Mio. EUR investiert, die vor allem für technische Anlagen und Betriebsausstattung verwendet wurden. Für das aktuelle Geschäftsjahr plant die Campus Bicycle Allround GmbH, die Lager- und Logistikprozesse weiter zu beschleunigen und so Kosten zusätzlich zu senken.

5.2.11 Personal und Sozialbereich

Die MitarbeiterInnen werden, wie bereits im Geschäftsmodell dargestellt, als wesentlicher Faktor für den langfristigen Unternehmenserfolg der Campus Bicycle Allround GmbH angesehen. Über alle Abteilungen hinweg legt der Fahrradhersteller daher besonderen Wert auf die Aus- und Fortbildung. Zum Bilanzstichtag absolvierten zwanzig Mitarbeiter ihre Ausbildung im Unternehmen. Auch erfahrene ArbeitnehmerInnen der Campus Bicycle Allround GmbH bilden sich fortlaufend in betriebsinternen Schulungen und Workshops fort. Durch Trainings- und Praktikumsprogramme sowie gezielte Bachelor- und Masterthemen gewinnt die Campus Bicycle Allround GmbH darüber hinaus neue Talente für das eigene Unternehmen.

5.2.12 Umweltschutz

Die Campus Bicycle Allround GmbH begreift sich als „clean factory" und steht daher für einen schonenden Umgang mit natürlichen Ressourcen. Bei der Beschaffung wird besonders auf die Angaben der Lieferanten zur Umweltverträglichkeit der Produkte und der Produktionsprozesse – auch über die gesetzlichen Auflagen hinaus – geachtet.

5.3   Chancen- und Risikenlandschaft

Das unternehmerische Handeln der Campus Bicycle Allround GmbH ist einer Vielzahl von Risiken ausgesetzt. Unter einem Risiko wird die Möglichkeit (Wahrscheinlichkeit) einer Abweichung des tatsächlichen Ergebnisses vom erwarteten Ergebnis verstanden. Diese Abweichung kann sowohl positiv als auch negativ sein (vgl. Königs 2009, S. 9).

Bei negativen Risiken (Verluste) besteht die Gefahr, dass gewünschte Ereignisse oder Handlungen des Unternehmens nicht eintreten. Risiken hindern ein Unternehmen daran, seine Ziele zu erreichen, was sich jeweils negativ auf den Erfolg auswirkt. Gleichzeitig ist es für die Campus Bicycle Allround GmbH wichtig, mögliche Chancen zu identifizieren, um diese im Zuge des unternehmerischen Handelns zu nutzen und so die Wettbewerbsfähigkeit zu sichern und auszubauen. Eine Chance bezeichnet die Möglichkeit, aufgrund von Ereignissen oder Handlungen die geplanten Ziele zu sichern oder zu übertreffen. Als Chance wird erstens die Aussicht auf Erfolg oder eine günstige Gelegenheit und zweitens eine jemandem gebotene Möglichkeit, etwas Bestimmtes zu erreichen, verstanden. Eine Chance stellt also grundsätzlich eine lohnende Handlungsoption für ein Unternehmen dar. Grundsätzlich gilt: *„Ohne Risiko keine Chance, ohne Chance kein Gewinn."* (Ahrendts und Marton 2008, S. 73)

Chancen und Risiken resultieren aus den Entscheidungen des Marktes und der Kunden und sind externe Faktoren. Sie können nur durch massive Mehrwertangebote beeinflusst werden (vgl. Biesel 2013, S. 16). Die Verantwortung, Risiken und Chancen frühzeitig zu identifizieren und zu steuern, liegt bei den Geschäftsbereichen/-sparten. Im Strategieprozess werden Risiken, die mit der erwarteten längerfristigen Entwicklung verbunden sind, und Chancen für weiteres ökonomisches Wachstum ermittelt und in einem Entscheidungsprozess vereint. Um unternehmerische Risiken und Chancen frühzeitig festzustellen, zu bewerten und zu bewältigen, werden wirksame Steuerungs- und Kontrollsysteme eingesetzt, die jeweils in einem Risiko- und Chancenmanagementsystem gebündelt sind. Das Risiko- und Chancenmanagementsystem bildet einen integralen Bestandteil der Unternehmenssteuerung, wobei eine Verrechnung von Chancen und Risiken nicht erfolgt (vgl. Zülsdorf 2008, S. 129).

5.3.1   Chancen künftiger Entwicklungen

Die Campus Bicycle Allround GmbH bewegt sich auf einem Wachstumsmarkt, der von gesellschaftlichen Megatrends profitiert: Das Fahrrad ist das Verkehrsmittel der Zukunft. Verbraucher legen zunehmend Wert auf Gesundheit und Umwelt, das Qualitätsbewusstsein bei Fahrrädern steigt. Zudem gewinnt das Fahrrad als Verkehrsmittel der urbanen Mobilität an Bedeutung. Hinzu kommt der Trend zum E-Bike: Aller Voraussicht nach wird der Marktanteil in ganz Europa auf mittlere Sicht weiter stark steigen.

Für das aktuelle Geschäftsjahr erwartet die Campus Bicycle Allround GmbH weitere Absatz- und Umsatzsteigerungen. Dieses Wachstum wird durch die dynamische Entwicklung der Fahrradmärkte begünstigt. Die Philosophie der Campus Bicycle Allround GmbH belegt, dass nur Projekte durchzuführen sind, die den Unternehmenserfolg nachhaltig aufwerten. Dazu hat das Management mit weiteren Kunden, MitarbeiternInnen und Produkten und Services für die nächsten Jahre die Basis geschaffen, um den Umsatz unter Beibehaltung der Zielrendite weiter zu steigern.

Die Chancenlandschaft der Campus Bicycle Allround GmbH stellt sich, wie in Abb. 5.11 visualisiert, dar.

5.3.2   Risiken künftiger Entwicklungen

Auf das wirtschaftliche Jahr der Campus Bicycle Allround GmbH könnte sich eine schwache Konjunktur in den wichtigen Absatzländern negativ auswirken, vor allem in Deutschland, Italien, Spanien und den Beneluxstaaten. Sollte die Konsumneigung und im Speziellen die Fahrradnachfrage auf diesen Märkten dauerhaft zurückgehen, könnte das Umsatzeinbrüche für die Campus Bicycle Allround GmbH zur Folge haben. Eine große Rolle spielen in diesem Zusammenhang auch die Witterungsbedingungen. Ähnliches gilt für das Produktsegment „E-Bike": Sollte sich der Trend zum E-Bike abschwächen, kann dies zu Ertragsrückgängen führen. Seitens des Unternehmens wird daher darauf geachtet, auch im traditionellen Fahrradgeschäft weiterhin stabile Absatzzahlen zu erzielen.

Die Fahrradmärkte sind seit Jahren durch einen starken Wettbewerb gekennzeichnet, der vor allem über die Preise ausgetragen wird. Diese Entwicklung wird sich voraussichtlich auch im aktuellen Berichtsjahr fortsetzen. Sollte sich der Wettbewerb verstärken oder

Umfeld- und Branchenchancen	Unternehmensstrategische Chancen
• Chancen aus der konjunkturellen Erholung in Europa • Stark wachsender Markt für E-Bikes	• Synergiepotenziale bei Einkauf, Produktion und Vertrieb • Wandel in der Kundenstruktur • Wachstum der Marken
Operative Chancen	
• Verstärkte Kapazitätsauslastung außerhalb der Spitzenmonate • Ausbau der eigenen Entwicklungsabteilung • Ausbau des Servicegeschäfts	

Abb. 5.11 Chancenlandschaft der Campus Bicycle Allround GmbH (Eigene Darstellung)

treten neue Konkurrenten in den Markt ein, könnte die Campus Bicycle Allround GmbH dadurch Marktanteile verlieren.

Im Bereich der Beschaffungsmärkte können ebenso Risiken auftreten: Der Konzentrationsprozess auf der Lieferantenseite könnte sich weiter fortsetzen, was den Preisdruck erhöhen würde. Auch Anstiege oder Schwankungen bei den Energie- und Transportkosten könnten den Margendruck weiter erhöhen. Darüber hinaus beeinflussen Wechselkursrisiken die Einkaufs- und Verkaufspreise auf den Weltmärkten. Inwiefern sich der Austritt Großbritanniens aus der EU auf das Geschäft der Campus Bicycle Allround GmbH auswirken wird, bleibt abzuwarten.

Das Risiko von Qualitätsproblemen vermindert die Campus Bicycle GmbH durch fortlaufende Kontrollen beim Wareneingang und durch interne Mitarbeiterschulungen. Die Auswirkungen möglicher Betriebsunterbrechungen und -störungen vermindert das Unternehmen durch Fortbildungen und Notfallpläne sowie den Einkauf von Versicherungsschutz für diese Fälle.

Aus technologischer Sicht hängt die Produktweiterentwicklung von Zulieferern ab. Allerdings betrifft diese Abhängigkeit auch andere Wettbewerber.

Die Gesamtrisikoposition sieht das Management der Campus Bicycle Allround GmbH als angemessen und nicht bestandsgefährdend an. Weder im abgelaufenen Geschäftsjahr noch bis dato waren bestandsgefährdende Risiken zu erkennen.

Die Risikenlandschaft der Campus Bicycle Allround GmbH stellt sich, wie in Abb. 5.12 dargestellt, dar.

Umfeld- und Branchenrisiken	Unternehmensstrategische Risiken
• Konjunkturrisiken • Wettbewerbsrisiken • Marktentwicklungsrisiken • Standortrisiken • Saisonale Risiken • Witterungsrisiko	• Abhängigkeitsrisiko Kunden • Abhängigkeitsrisiko Zulieferer • Restrukturierungsrisiko
Operative Risiken	**Finanzwirtschaftliche Risiken**
• Qualitätsrisiken • Umweltrisiken • Logistische Risiken • Personalrisiken • IT-Risiken	• Wechselkurs- und Rohstoffpreisrisiken • Zinsrisiken • Kreditrisiken

Abb. 5.12 Risikolandschaft der Campus Bicycle Allround GmbH (Eigene Darstellung)

5.4   Ertrags-, Finanz- und Vermögenslage

5.4.1   Ertragslage

Der steigende Auftragseingang wirkte sich im Berichtsjahr positiv auf die Erlöse der Campus Bicycle Allround GmbH aus. Beflügelt wurde das Geschäft vor allem durch den Verkauf von E-Bikes, die grundsätzlich höhere Durchschnittspreise erzielen. Insgesamt konnte das Unternehmen den Umsatz daher um ca. 33,10 % auf 26.401 TEUR (Vorjahr: 19.835 TEUR) steigern.

Die Ausweitung der Geschäftstätigkeit führte auch zu einem Anstieg der Materialaufwendungen um 3.556 TEUR. Trotz des intensiven Wettbewerbs auf dem Fahrradmarkt lag die Handelsspanne bzw. Rohertragsmarge[2] (in % vom Umsatz) bei 68,20 %, nach 69,90 % im Vorjahr. Die Personalaufwandsquote ist im Berichtsjahr auf 3,37 % gestiegen (Vorjahr: 2,30 %); die Abschreibungen sind nahezu konstant geblieben.

Das operative Ergebnis (EBIT) beläuft sich damit auf 1.602 TEUR im Berichtsjahr – das entspricht einer EBIT-Marge von 6,07 % (Vorjahr: 5,50 %). Das Finanzergebnis[3] beträgt -450 TEUR (Vorjahr: -299 TEUR) und ist vor allem von höheren Zins- und ähnlichen Aufwendungen beeinflusst. Das Ergebnis der gewöhnlichen Geschäftstätigkeit (EBT) betrug 1.152 TEUR nach 791 TEUR im Vorjahr.

Unter dem Strich ist der Jahresüberschuss in Höhe von 390 TEUR im Berichtsjahr um ca. 32,65 % gegenüber dem Vorjahreswert von 294 TEUR gestiegen.

5.4.2   Finanzlage

Im Berichtsjahr entwickelte sich die Finanzlage der Campus Bicycle Allround GmbH insgesamt positiv. Der Cashflow im engeren Sinne (i. e.S.), den wir als Summe aus Jahresergebnis und Abschreibungen definieren, lag bei 1.066 TEUR und überstieg den Vorjahreswert von 970 TEUR um 9,90 %.

---

[2] Anmerkung: Der Rohgewinn ist der Saldo aus Umsatzerlösen und dazugehörigem Wareneinsatz. Der Rohgewinn lässt sich berechnen, indem von den in der Gewinn- und Verlustrechnung ausgewiesenen Umsatzerlösen die Aufwendungen für bezogene Waren abgezogen werden. Der Rohgewinn ist Ausgangspunkt für weitere Betrachtungen bzw. Kennzahlen, z. B. die Handelsspanne bzw. Rohertragsmarge, die den Rohgewinn im Verhältnis zum Umsatz als Prozentzahl angibt.

[3] Anmerkung: Das Finanzergebnis bezeichnet den Saldo der aus dem Finanzbereich des Unternehmens zuzurechnenden Erträge und Aufwendungen. Gemäß HGB und im wesentlichen auch IFRS wird das Finanzergebnis wie folgt ermittelt: Erträge aus Beteiligungen + Erträge aus anderen Wertpapieren und Ausleihungen des Finanzanlagevermögens + Sonstige Zinsen und ähnliche Erträge - Abschreibungen auf Finanzanlagen - Abschreibungen auf Wertpapiere des Umlaufvermögens - Zins- und ähnliche Aufwendungen oder Allgemein: Ergebnis der gewöhnlichen Geschäftstätigkeit (EBT) - Betriebsergebnis (EBIT) = Finanzergebnis.

Insgesamt verfügte die Campus Bicycle Allround GmbH zum Jahresende des Berichtsjahrs über flüssige Mittel von 4.746 TEUR (Vorjahr: 3.598 TEUR); das entspricht einer Zunahme von 1.184 TEUR im Vergleich zum Vorjahr.

5.4.3   Vermögenslage

Im Berichtsjahr verringerte sich die Bilanzsumme um 17,33 %. Dabei erhöhte sich die Anlagenintensität auf 20,83 %, im Vorjahr hatte sie noch bei 17,80 % gelegen. Der Vorratsbestand verringerte sich um 42,49 % auf 26.634 TEUR. Die Forderungen aus Lieferungen und Leistungen lagen niedriger als im Vorjahr und beliefen sich auf 7.510 TEUR (Vorjahr: 11.800 TEUR). Die flüssigen Mittel überstiegen das Vorjahresniveau mit 4.746 TEUR (Vorjahr: 3.598 TEUR).

Durch den Jahresüberschuss stieg die Eigenkapitalquote weiter auf 15,51 % (Vorjahr: 12,82 %); sie liegt damit unter dem Branchenniveau.[4] Die Rückstellungen beziehen sich auf Rückstellungen für Pensionen und ähnliche Verpflichtungen, Steuerrückstellungen und sonstige Rückstellungen wie Rückstellungen für Gewährleistung, Rückstellungen für andere ungewisse Verbindlichkeiten und Rückstellungen für drohende Verluste aus schwebenden Geschäften. Im aktuellen Geschäftsjahr verringerten sich die Verbindlichkeiten; sie beliefen sich auf insgesamt 49.461 TEUR (Vorjahr: 57.293 TEUR).

5.5   Geschäfts-/Prognosebericht

- 26.401 TEUR Umsatz im Berichtsjahr
- 33,10 % Umsatzwachstum zum Vorjahr
- 656.000 verkaufte Fahrräder im Berichtsjahr

In Tab. 5.2 ist der Geschäfts- und Prognosebericht dargestellt.

5.5.1   Lagebericht für das Berichtsjahr – Der deutsche Fahrradmarkt

Der deutsche Fahrradmarkt gewann im Berichtsjahr an Dynamik. Die Rohstoffpreise steigen, das Umweltbewusstsein wächst und Gesundheit/Fitness bekommen für die VerbraucherInnen eine immer höhere Bedeutung. Darüber hinaus stößt das Thema *„E-Mobilität"* auf dem Fahrradmarkt auf zunehmendes Interesse. Über die E-Bikes wurden bereits in den vergangenen Jahren neue Käuferschichten erschlossen. Im Berichtsjahr

---

[4] Die vertikale Finanzierungsregel fordert als Richtwert eine Quote von 50 %. Üblicherweise liegt sie aber nur zwischen 20 und 30 %. Die Höhe dieses Wertes ist, wie auch bei anderen Kennzahlen, branchenabhängig. Eine Erhöhung des Eigenkapitals, bspw. durch die Ausgabe junger Aktien, hat eine Verbesserung der Eigenkapitalquote zur Folge und dämpft die Gefahr einer Überschuldung.

Tab. 5.2 Geschäfts- und Prognosebericht (Eigene Darstellung)

Kennzahlen nach HGB	Einheit	Vorjahr	Berichtsjahr	Veränderung
Verkaufte Fahrräder	Stück	580.000	656.000	+13,10 %
Umsatzerlöse	TEUR	19.835	26.401	+33,10 %
Materialaufwand	TEUR	14.043	17.599	+25,32 %
Rohertragsmarge	%	69,90	68,20	−1,70 %
Personalaufwand	TEUR	2.471	2.995	+21,21 %
Personalaufwandsquote	%	2,30	3,37	+1,07 %
EBIT	TEUR	1.090	1.602	+46,94 %
EBIT-Marge	%	5,50	6,07	+0,57 %
Jahresüberschuss	TEUR	294	390	+32,65 %
Anlagenintensität	%	17,80	20,83	+3,03 %
Eigenkapitalquote	%	12,82	15,51	−2,69 %
Bilanzsumme	TEUR	107.600	88.950	−18.650

lag ihr Anteil am Fahrradabsatz (gemessen an den Umsatzerlösen) bei 32,11 % (Vorjahr: 28,57 %). Noch drei Jahre zuvor war weniger als 10,00 % der verkauften Fahrräder mit einem Elektroantrieb ausgestattet. Für die kommenden Jahre wird allgemein mit einem weiteren Anstieg der Marktanteile gerechnet.

Das Geschäft mit klassischen Fahrrädern entwickelte sich auch im Berichtsjahr weiterhin relativ stabil. Die größten Marktanteile konnten mit 50,64 % (Vorjahr: 56,89 %) nach wie vor Trekking- bzw. Cityräder auf sich vereinigen. Die Marktanteile lagen im Segment Mountainbikes im Berichtsjahr bei 7,25 % (Vorjahr: 5,08 %) sowie im Segment Profi-Rennräder im Berichtsjahr bei 10,00 % (Vorjahr: 9,46 %). Insgesamt ist der Markt seit Jahren von starkem Wettbewerb gekennzeichnet, der vor allem über die Preise ausgetragen wird.

Die Kennzahlen der Campus Bicycle Allround GmbH haben sich vor diesem Hintergrund wie folgt entwickelt:

• Umsatz Berichtsjahr: 26.401 TEUR (Vorjahr: 19.835 TEUR),
• Ergebnis der gewöhnlichen Geschäftstätigkeit (EBT) Berichtsjahr: 712 TEUR (Vorjahr: 455 TEUR),
• Jahresüberschuss Berichtsjahr: 390 TEUR (Vorjahr: 294 TEUR).

5.5.2 Gesamtwirtschaftliche Entwicklung und Auswirkungen auf die Branche

Die gesamtwirtschaftliche Entwicklung setzte im Berichtsjahr positive Impulse für die private Konsumneigung. Verbunden mit dem Trend zum E-Bike beflügelte dies die Fahrradmärkte weltweit und insb. auf den Absatzmärkten der Campus Bicycle Allround GmbH.

5.5.3 Umsatz- und Auftragsentwicklung

Von diesem Trend konnte auch die Campus Bicycle Allround GmbH im Berichtsjahr profitieren. Die Auftragslage entwickelte sich im Berichtsjahr positiv. Die Zahl der abgesetzten Fahrräder stieg um 13,10 % auf 656.000 Stück (Vorjahr: 580.000 Stück).

5.6   Gewinn- und Verlustrechnung für das Berichtsjahr

Die Tab. 5.3 zeigt die detaillierte Gewinn- und Verlustrechnung für das Berichtsjahr der Campus Bicycle Allround GmbH.

5.7   Bilanz für das Berichtsjahr

Die Tab. 5.4 zeigt die detaillierte Bilanz das Berichtsjahr der Campus Bicycle Allround GmbH.

Tab. 5.3 Gewinn- und Verlustrechnung für das Berichtsjahr (Eigene Darstellung)

Bezeichnung	Kontonummer		Berichtsjahr	Vorjahr
		EUR	EUR	TEUR
1. Umsatzerlöse für eigene Erzeugnisse	**50**			
a) Erlösberichtigung	5001	1.263.555,01		501
b) Umsatzerlöse für Standardräder	5010	13.369.329,88		11.284
c) Umsatzerlöse für Mountainbikes	5020	1.915.360,54		1.008
d) Umsatzerlöse für Profi-Rennräder	5030	2.637.989,63		1.877
e) Umsatzerlöse für E-Bikes	5040	8.478.228,75		5.666
			25.137.353,79	*19.334*
2. Erhöhung oder Verminderung des Bestandes an unfertigen und fertigen Erzeugnissen	**52**			
a) Veränderung des Bestandes an fertigen Erzeugnissen	5202		*953.794,76*	*1.327*
3. Andere aktivierte Eigenleistungen	**53**			

Tab. 5.3 (Fortsetzung)

Bezeichnung	Kontonummer		Berichtsjahr	Vorjahr
		EUR	EUR	TEUR
a) Aktivierte Eigenleistungen	5300		*39.242,23*	*68*
4. Sonstige betriebliche Erträge	**54**			
a) Mieterträge	5400	180.692,71		180
b) Entnahme von Gegenständen und sonstigen Leistungen	5420	40.006,33		25
c) Andere sonstige betriebliche Erträge	5430	138.092,54		60
			358.791,58	*265*
5. Sonstige Zinsen und ähnliche Erträge	**57**			
a) Zinserträge	5710	1.204,44		1
b) Sonstige zinsähnliche Erträge	5790	604,19		0
			1.808,63	*1*
Σ Erträge			**26.490.990,99**	**20.995**
6. Materialaufwand				
a) Aufwendungen für Roh-, Hilfs- und Betriebsstoffe und für bezogene Waren	**60**			
aa) Aufwendungen für Rohstoffe	6000	5.263.635,03		5.234
ab) Aufwendungen für Hilfsstoffe	6020	2.412.411,04		1.823
ac) Aufwendungen für Betriebsstoffe	6030	1.156.743,41		689
ad) Aufwendungen für Waren	6040	8.395.253,60		5.971
		17.228.043,08		*13.717*
b) Aufwendungen für bezogene Leistungen	**61**			
ba) Fremdleistungen für Erzeugnisse und andere Umsatzleistungen	6100	70.720,03		75
bb) Frachten und Fremdlager	6140	142.589,64		124

Tab. 5.3 (Fortsetzung)

Bezeichnung	Kontonummer		Berichtsjahr	Vorjahr
		EUR	EUR	TEUR
bc) Vertriebsprovisionen	6150	89.412,29		76
bd) Fremdinstandhaltung	6160	29.147,23		24
be) sonstige Aufwendungen für bezogene Leistungen	6170	39.251,66		27
		371.120,85		*326*
			17.599.163,93	**14.043**
7. Personalaufwand				
a) Löhne	**62**			
aa) Löhne einschl. tariflicher, vertraglicher oder arbeitsbedingter Zulagen	6200	1.004.267,23		868
ab) Urlaubs- und Weihnachtsgeld	6210	291.937,26		271
ac) Freiwillige Zuwendungen	6230	59.248,37		57
ad) Sachbezüge	6250	152.025,35		141
		1.507.478,21		*1.337*
b) Gehälter	**63**			
ba) Gehälter und Zulagen	6300	735.194,65		524
bb) Urlaubs- und Weihnachtsgeld	6310	141.637,29		98
bc) Freiwillige Zuwendungen	6330	69.654,54		44
bd) Sachbezüge	6350	40.329,82		40
		986.816,30		*706*
c) Soziale Abgaben und Aufwendungen für Altersversorgung und für Unterstützung	**64**			
ca) Arbeitgeberanteil zur Sozialversicherung (Lohnbereich)	6400	245.523,48		209
cb) Arbeitgeberanteil zur Sozialversicherung (Gehaltsbereich)	6410	132.077,14		107
cc) Beiträge zur Berufsgenossenschaft	6420	45.892,72		38
cd) Aufwendungen für Altersversorgung	6440	6.261,93		4

Tab. 5.3 (Fortsetzung)

Bezeichnung	Kontonummer		Berichtsjahr	Vorjahr
		EUR	EUR	TEUR
ce) Sonstige soziale Aufwendungen	6495	71.028,19		70
		500.783,46		*428*
			2.995.077,97	*2.471*
8. Abschreibungen	**65**			
a) Abschreibungen auf immaterielle Vermögensgegenstände des Anlagevermögens	6510	246.728,20		247
b) Abschreibungen auf Sachanlagen	6520	429.425,71		429
			676.153,91	*676*
9. Sonstige betriebliche Aufwendungen	**66-70**			
9.1 Sonstige Personalaufwendungen	**66**			
a) Aufwendungen für Personaleinstellung	6600	175.439,42		130
b) Aufwendungen für Werksarzt und Arbeitssicherheit	6620	93.333,89		60
c) Aufwendungen für Fort- und Weiterbildung	6640	674.121,11		424
		942.894,42		*614*
9.2 Aufwendungen für Kommunikation (Dokumentation, Information, Reisen, Werbung)	**68**			
a) Büromaterial	6800	465.987,55		380
b) Portokosten	6820	23.745,12		18
c) Kosten der Telekommunikation	6830	90.321,78		87
d) Reisekosten	6850	1.000.303,93		980
e) Werbung	6870	1.093.853,21		635
		2.674.211,59		*2.100*
9.3 Betriebliche Steuern	**70**			

Tab. 5.3 (Fortsetzung)

Bezeichnung	Kontonummer		Berichtsjahr	Vorjahr
		EUR	EUR	TEUR
a) Grundsteuer	7020	193.409,22		147
b) Kraftfahrzeugsteuer	7030	160.800,07		125
c) sonstige betriebliche Steuern	7090	85.423,98		64
		439.633,27		*336*
			4.056.739,28	***3.050***
10. Zinsen und ähnliche Aufwendungen	**75**			
a) Zinsaufwendungen	7510	420.821,69		286
b) Sonstige zinsähnliche Aufwendungen	7590	31.123,86		14
			451.945,55	***300***
11. Steuern vom Einkommen und Ertrag	**77**			
a) Gewerbesteuer	7700	140.987,37		71
b) Körperschaftsteuer	7710	90.872,22		48
c) Kapitalertragssteuer	7720	89.854,81		42
			321.714,40	***161***
Σ Aufwendungen			**26.100.795,04**	**20.701**
Jahresüberschuss			**390.195,95**	**294**

Tab. 5.4 Bilanz für das Berichtsjahr (Eigene Darstellung)

Bezeichnung	Kontonummer		Berichtsjahr	Vorjahr
		EUR	EUR	TEUR
AKTIVSEITE				
A. Anlagevermögen	**0 / 1**			
I. Immaterielle Vermögensgegenstände				
Entgeltich erworbene gewerbliche Schutzrechte und ähnliche Rechte und Werte sowie Lizenzen an solchen Rechten und Werten	**02**			

Tab. 5.4   (Fortsetzung)

Bezeichnung	Kontonummer		Berichtsjahr	Vorjahr
		EUR	EUR	TEUR
a) Konzessionen	0200	*203.185,50*		*1.142*
Σ Immaterielle Vermögensgegenstände			**203.185,50**	**1.142**
II. Sachanlagen				
1. Grundstücke, grundstücksgleiche Rechte, und Bauten einschließlich der Bauten auf fremden Grundstücken	**05**			
a) Unbebaute Grundstücke	0500	606.899,09		264
b) Bebaute Grundstücke	0510	1.600.000,33		2.510
c) Betriebsgebäude	0530	2.440.263,78		2.477
d) Verwaltungsgebäude	0540	699.173,21		645
e) Andere Bauten	0550	378.943,05		420
		5.725.279,46		*6.316*
2. Technische Anlagen und Maschinen	**07**			
a) Anlagen und Maschinen der Energieversorgung	0700	1.445.543,96		1.220
b) Anlagen der Materiallagerung und -bereitstellung	0710	1.721.136,81		1.511
c) Anlagen und Maschinen der mechanischen Materialbearbeitung, -verarbeitung und -umwandlung	0720	2.231.067,90		2.679
d) Anlagen für Arbeitssicherheit und Umweltschutz	0740	455.685,50		485
e) Transportanlagen und ähnliche Betriebsvorrichtungen	0750	426.867,73		395
f) Sonstige Anlagen und Maschinen	0770	843.873,61		1.006

Tab. 5.4 (Fortsetzung)

Bezeichnung	Kontonummer		Berichtsjahr	Vorjahr
		EUR	EUR	TEUR
		7.124.175,51		7.296
3. Andere Anlagen, Betriebs- und Geschäftsausstattung	**08**			
a) Andere Anlagen	0800	513.152,36		266
b) Werkzeuge, Werksgeräte und Modelle, Prüf- und Messmittel	0820	110.111,54		76
c) Lager- und Transporteinrichtungen	0830	270.512,97		130
d) Fuhrpark	0840	1.680.699,34		1.165
e) Sonstige Betriebsausstattung	0850	243.967,73		155
f) Büromaschinen	0860	90.556,12		68
g) Büromöbel und sonstige Geschäftsausstattung	0870	310.637,94		285
		3.219.638,00		2.145
Σ **Sachanlagen**			16.069.092,97	15.757
III. Finanzanlagen	**1**			
a) Beteiligungen	1300	1.678.943,66		1.679
b) sonstige Finanzanlagen	1600	577.635,89		578
		2.256.579,55		2.257
Σ **Finanzanlagen**			2.256.579,55	2.257
Σ **Anlagevermögen**			18.528.858,02	19.156
B. Umlaufvermögen	**2**			
I. Vorräte				
1. Roh-, Hilfs- und Betriebsstoffe	**20**			
a) Rohstoffe	2000	10.592.376,21		20.124
b) Fremdbauteile	2010	9.631.799,87		16.345
c) Hilfsstoffe	2020	4.873.341,66		5.963
d) Betriebsstoffe	2030	1.536.904,38		3.878
		26.634.422,12		46.310

Tab. 5.4 (Fortsetzung)

Bezeichnung	Kontonummer		Berichtsjahr	Vorjahr
		EUR	EUR	TEUR
2. Unfertige Erzeugnisse, unfertige Leistungen	**21**			
a) Unfertige Erzeugnisse	2100	10.873.333,75		10.101
b) Unfertige Leistungen	2190	2.523.503,58		3.066
		13.396.837,33		*13.167*
3. Fertige Erzeugnisse und Waren	**22**			
a) Fertige Erzeugnisse	2200	8.012.423,99		7.832
b) Waren (Handelswaren)	2280	5.887.321,65		3.172
		13.899.745,64		*11.004*
Σ Vorräte			*53.931.005,09*	*70.481*
II. Forderungen und sonst. Vermögensgegenstände	**24 / 26**			
1. Forderungen aus Lieferungen und Leistungen	**24**			
a) Forderungen aus Lieferungen und Leistungen	2400	7.155.398,12		˙11.333
b) Kaufpreisforderungen	2420	354.601,62		467
		7.509.999,74		*11.800*
2. Sonst. Vermögensgegenstände	**26**			
a) Vorsteuer	2600	1.965.780,48		1.352
b) Sonst. Forderungen an Finanzbehörden	2630	1.487.333,99		899
c) Forderungen an Mitarbeiter	2650	278.878,96		103
d) Übrige sonst. Forderungen	2690	501.983,44		211
		4.233.976,87		*2.565*
Σ Forderungen und sonst. Vermögensgegenstände			*11.743.976,61*	*14.365*
III. Kassenbestand und Guthaben bei Kreditinstituten	**28**			
1. Flüssige Mittel	**28**			

Tab. 5.4   (Fortsetzung)

Bezeichnung	Kontonummer		Berichtsjahr	Vorjahr
		EUR	EUR	TEUR
a) Guthaben bei Kreditinstituten (Bank)	2800	1.771.147,73		951
b) Postbank	2850	401.098,37		364
c) Schecks	2860	471.826,85		641
d) Kasse	2880	2.102.087,33		1.642
		4.746.160,28		*3.598*
Σ Kassenbestand und Guthaben bei Kreditinstituten			*4.746.160,28*	*3.598*
Σ Umlaufvermögen			*70.421.141,98*	*88.444*
BILANZSUMME AKTIVA			*88.950.000,00*	*107.600*
PASSIVSEITE				
A. Eigenkapital und Rücklagen	**30 / 36**			
I. Eigenkapital	**30**			
a) Eigenkapital	3000	12.000.559,99		12.001
b) Privatkonto	3001	1.798.366,01		1.798
		13.798.926,00		*13.799*
Σ Eigenkapital			*13.798.926,00*	*13.799*
II. Kapitalrücklage	**31**			
a) Kapitalrücklage	3100	12.677.777,12		25.212
		12.677.777,12		*25.212*
Σ Kapitalrücklage			*12.677.777,12*	*25.212*
III. Gewinnrücklage	**32**			
a) Gesetzliche Rücklagen	3210	267.555,90		191
b) Andere Gewinnrücklagen	3240	45.324,00		21
		312.879,90		*212*
Σ Gewinnrücklage			*312.879,90*	*212*
Σ Eigenkapital und Rücklagen			*26.789.583,02*	*39.223*
B. Rückstellungen	**37 / 39**			
1. Rückstellungen für Pensionen und ähnliche Verpflichtungen	**37**			
a) Rückstellungen für Pensionen und ähnliche Verpflichtungen	3700	6.558.754,96		6.283

Tab. 5.4 (Fortsetzung)

Bezeichnung	Kontonummer		Berichtsjahr	Vorjahr
		EUR	EUR	TEUR
		6.558.754,96		*6.283*
2. Steuerrückstellungen	**38**			
a) Steuerrückstellungen	3800	3.297.778,12		2.803
		3.297.778,12		*2.803*
3. Sonstige Rückstellungen	**39**			
a) Rückstellungen für Gewährleistung	3910	1.363.857,52		1.220
b) Rückstellungen für andere ungewisse Verbindlichkeiten	3930	678.963,12		457
c) Rückstellungen für drohende Verluste aus schwebenden Geschäften	3970	799.647,33		321
		2.842.467,97		*1.998*
Σ Rückstellungen			***12.699.001,05***	***11.084***
C. Verbindlichkeiten	**40 / 48**			
1. Verbindlichkeiten gegenüber Kreditinstituten	**42**			
a) Kurzfristige Bankverbindlichkeiten	4210	1.764.106,55		3.260
b) Mittelfristige Bankverbindlichkeiten	4230	901.001,55		1.989
c) Langfristige Bankverbindlichkeiten	4250	1.988.634,00		2.455
		4.653.742,10		*7.704*
2. Verbindlichkeiten aus Lieferungen und Leistungen	**44**			
a) Verbindlichkeiten aus Lieferungen und Leistungen	4400	24.820.028,52		22.701
		24.820.028,52		*22.701*
3. Sonstige Verbindlichkeiten	**48**			
a) Umsatzsteuer	4800	13.904.677,05		17.295

Tab. 5.4   (Fortsetzung)

Bezeichnung	Kontonummer		Berichtsjahr	Vorjahr
		EUR	EUR	TEUR
b) sonstige Verbindlichkeiten gegenüber Finanzbehörden	4830	2.145.330,78		2.580
c) Verbindlichkeiten gegenüber Mitarbeitern	4850	1.648.999,46		3.111
d) Übrige sonstige Verbindlichkeiten	4890	2.288.638,02		3.902
		19.987.645,31		*26.888*
Σ Verbindlichkeiten			*49.461.415,93*	*57.293*
Σ BILANZSUMME PASSIVA			**88.950.000,00**	**107.600**

Literatur

Ahrendts F, Marton A (2008) IT-Risikomanagement leben! Wirkungsvolle Umsetzung für Projekte in der Softwareentwicklung, 1. Aufl. Springer Verlag, Heidelberg

Amann K, Petzold J (2014) Management und Controlling. Instrumente – Organisation – Ziele, 2. Aufl. Springer Gabler Verlag, Wiesbaden

Biesel HH (2013) Vertriebsarbeit leicht gemacht. Die besten Strategiewerkzeuge, Checklisten und Lösungsmuster, 2. Aufl. Springer Gabler Verlag, Wiesbaden

Burmann C, Halaszovich T, Schade M, Hemmann F (2015) Identitätsbasierte Markenführung. Grundlagen-Strategie-Umsetzung-Controlling, 2. Aufl. Springer Gabler Verlag, Wiesbaden

Königs HP (2009) IT-Risiko-Management mit System. Von den Grundlagen bis zur Realisierung – Ein praxisorientierter Leitfaden, 3. Aufl. Vieweg+Teubner Verlag, Wiesbaden

Zülsdorf RG (2008) Strukturelle Konflikte in Unternehmen. Strategien für das Erkennen, Lösen, Vorbeugen, 1. Aufl. Gabler Verlag, Wiesbaden

Controlling-Informationssysteme in der Praxis

Informationen allein nutzen dem Unternehmen relativ wenig. Von Bedeutung sind hingegen die Verzahnung der Informationen und damit die Informationsverarbeitung im Gesamtsystem. Controlling-Informationssysteme müssen demzufolge in ihrem Zusammenwirken mit der Strategie, der Organisationsstruktur, den Führungsphilosophien und -instrumenten u. Ä. Faktoren bewertet werden. In der Praxis werden jedoch oft suboptimale Entscheidungen zum Teil aus Unkenntnis der Leistungsfähigkeit der jeweiligen Controlling-Informationssysteme getroffen.

Heutzutage ist eine Controlling-Informationssystem-Unterstützung erforderlich, da ansonsten die Controlling-Prozesse aufgrund des großen Umfangs und der Komplexität kaum umzusetzen sind. Eine effektive Unternehmensplanung führt demnach permanent dazu, die bis dato eingesetzten Informationssysteme ggf. zu überdenken. In der Praxis werden oft ungeeignete Werkzeuge eingesetzt: Alle Unternehmen verwenden zwar DV-Werkzeuge, allerdings sind dies dann i. d. R. Office-Instrumente, die nicht für die Aufgabenstellung bzw. Problemlösung des Controllings wie Planung, Budgetierung etc. konzipiert worden sind. Außerdem ist es in der Praxis häufig so, dass zahlreiche nicht integrierte Insellösungen vorhanden sind, die zum Teil vom Controlling selbst erstellt worden sind und seit Jahren genutzt werden. Generell ist es kontinuierlich erforderlich, eine sachgerechte Einschätzung bez. des Einsatzes des *„zweckbezogensten"* Controlling-Informationssystems im Unternehmen vorzunehmen (vgl. Chamoni und Gluchowski 2006, S. 330).

Deutsche Unternehmen, die Controlling-Informationssysteme einsetzen, fordern und fördern i. d. R., dass ControllerInnen verständige PartnerInnen des Managements sein sollen (Business-Partner), die die strategischen Erfolgsfaktoren des Unternehmens kennen und den Anpassungsbedarf von Controllinginstrumenten lokalisieren und realisieren. Die komplexe Aufgabe des Controllings unterstützt durch Informationssysteme muss im wirtschaftlichen Handeln von Management und MitarbeiterInnen verankert werden.

© Springer Fachmedien Wiesbaden GmbH 2018
J. Petzold, M. Westerkamp, *Informationssysteme im wertorientierten Controlling*,
https://doi.org/10.1007/978-3-658-12378-9_6

Kap. 6 zeigt Beispiele von in der Praxis eingesetzten Controlling-Informationssystemen und wird anhand praxisnaher Fallaufgaben das Aufgaben- und Leistungsspektrum des jeweiligen Controlling-Informationssystems darstellen. Gezielt werden hierdurch die Controlling-Informationssysteme *Corporate Planning Suite (Corporate Planner)* und *Seneca Business Software (Seneca Global)* sowie *SAP R/3 (CO/FI-Modul)* umfassend beschrieben. Außerdem werden weitere (Controlling-) Informationssysteme: *Diamant/3 IQ, macsControlling* und *proALPHA* vorgestellt.

Vor diesem Hintergrund sollen im vorliegenden Kapitel einzelne Konzepte, Techniken und Bandbreiten an Leistungen des jeweiligen Controlling-Informationssystems aufgegriffen und anhand unterschiedlicher Fallaufgaben diskutiert werden. Die Autoren vermitteln neben der internen, eher informatikorientierten Funktionsweise, auch die Gestaltungsaspekte bis zur Endbenutzerschicht des einzelnen Controlling-Informationssystems und -Ansatzes. Neben diesen technischen Komponenten ist es uns wichtig, auch die betriebswirtschaftlich-organisatorischen Aspekte keinesfalls zu vernachlässigen.

6.1   Corporate Planning Suite[1]

In der Corporate Planning Suite *(CP-Suite)* sind alle Corporate Planning Softwaremodule zusammengefasst. Die CP-Suite bietet ein einheitliches Bedienkonzept, dass das Arbeiten im Controlling effektiv gestaltet. Sie bildet somit den technologischen Rahmen für eine ganzheitliche Unternehmenssteuerung und die Plattform für:

- die Planung, das Reporting und die Analysen im operativen Controlling,
- die integrierte Finanz- und Erfolgsplanung,
- die Konsolidierung,
- das Risikomanagement und
- die strategische Planung.

Die Controlling-Lösung integriert beliebige Plan-, Forecast-, Szenario- und Ist-Informationen konsistent über die wichtigen Teilpläne von Bilanz, GuV sowie Cashflow bis hin zu Konsolidierungsaufgaben. Ein Markenzeichen der Software ist die *Baumstruktur (Business Logic Tree)*. Sie macht die Navigation logisch sowie intuitiv und stellt die strukturellen Zusammenhänge grafisch übersichtlich und mit einer hohen Transparenz dar.

---

[1] Vgl. o. V., Imageprospekt „CP Corporate Planning - Pioniere im Controlling" 2015, S. 12.

6.1.1 Corporate Planning AG[2]

Bei der Unternehmensgründung 1989 in Hamburg zählte Corporate Planning nur eine Handvoll MitarbeiterInnen. Von einem fast klassischen Hinterhof-Startup hat sich das Unternehmen zu einem mittelständischen Unternehmen mit 130 Mitarbeitern und einem Netzwerk von mehr als 50 fachlich qualifizierten Partnerunternehmen in der ganzen Welt entwickelt. Bis dato ist die Corporate Planning AG mit über 4.000 Unternehmen als Kunden einer der führenden Anbieter von Corporate Performance Management Software und das einzige Softwarehaus, dessen Portfolio *alle* Controllingbereiche auf einer einzigen Plattform anbietet.

Die Corporate Planning AG entwickelt die Software ausschließlich in ihrem Hauptsitz in Hamburg mit festangestellten MitarbeiternInnen. In der Softwareentwicklung arbeiten nicht nur SoftwareentwicklerInnen, sondern auch MitarbeiterInnen mit betriebswirtschaftlichem Background. Das Unternehmen hat sich über die letzten Jahrzehnte trotz gegenläufiger Trends am Markt seine finanzielle und strategische Unabhängigkeit bewahrt. So ist sichergestellt, dass bei der Verfolgung der Unternehmensziele auch stets die Interessen der Kunden und MitarbeiterInnen verfolgt und umgesetzt werden und dass keine äußeren Einflüsse oder externen Kräfte die Ausrichtung bestimmen. 2013 erhielt die Corporate Planning AG die Auszeichnung „Top-Innovator".

6.1.2 Module[3]

„Modularer Aufbau für flexiblen Einsatz": Aus einer Vielzahl sofort einsatzbereiter Einzelmodule stellt der Anwender/die Anwenderin relativ einfach selbst seine/ihre benötigte Controlling-Komplettlösung entsprechend der unternehmens- und funktionsindividuellen Anforderungen zusammen. Die Software entspricht somit stets den aktuellen Bedürfnissen: nur Funktionen, die benötigt werden und keine Funktionen, die fehlen. Das Unternehmen selbst nennt dies „eine Komplettlösung, passend für alle Unternehmensgrößen und Branchen". Tab. 6.1 zeigt die Modulübersicht der CP-Suite.

Die Corporate Planning Suite basiert auf einer sequentiellen In-Memory Technologie. Durch die effiziente Nutzung der In-Memory Technologie in Zusammenhang mit Vorteilen einer relationalen Datenbank-Technik im Backend wird ein Höchstmaß an Rechengeschwindigkeit für Anwendungen der Planung, Analyse und des Reportings erreicht, ohne Restriktionen im Multiuserbetrieb hinnehmen zu müssen.

---

[2] o. V., Imageprospekt „CP Corporate Planning - Pioniere im Controlling" 2015, S. 4ff.
[3] o. V., Imageprospekt „CP Corporate Planning - Pioniere im Controlling" 2015, S. 13.

Tab. 6.1 Modulübersicht der CP-Suite (Eigene Darstellung in Anlehnung an: o. V., Imageprospekt „CP Corporate Planning – Pioniere im Controlling" 2015, S. 13)

Alle Module, in der CP-Suite vereint	
Corporate Planner	Integrierte Planung, Analyse, Reporting; Integrierte Finanz- und Erfolgsplanung
CP-Air	Dezentrale Planung, Analyse und Reporting im Web
CP-Cockpit	Individuelle Live Dashboards
CP-Excel	Integration von Corporate Planner und MS Excel
CP-Finance	Integrierte Finanz- und Erfolgsplanung
CP-Strategy	Strategische Planung
CP-Cons	Management- und Legalkonsolidierung nach HGB und IAS/IFRS
CP-Risk	Risikomanagement
CP-Cash	Kurzfristiges Liquiditätsmanagement
CP-BSC	Unternehmenssteuerung mit Vision und Strategie anhand von Zielen, Messgrößen und Maßnahmen

6.1.2.1   Modul: Corporate Planner[4]

Das flexible Controlling-Informationssystem *Corporate Planner* lässt sich individuell an die controllingspezifischen Bedürfnisse eines Unternehmens anpassen. Das Alleinstellungsmerkmal des Corporate Planners bildet die Baumstruktur, die sämtliche Zusammenhänge grafisch darstellt. Beim Navigieren durch die Informationen der Baumstruktur werden im unteren Bereich des Bildschirms die Unternehmensdaten dynamisch angepasst.

Die AnwenderInnen haben die Möglichkeit u. a. folgende Strukturen automatisch zu generieren:

- GuV-Strukturen, Bilanzen, Deckungsbeitragsrechnungen,
- Abbildung von Profitcentern, Filialen etc.,
- Darstellung von Kostenstellen, Kostenarten, Kostenträgern,
- Abbildung vertrieblicher Strukturen nach Produktgruppen, Regionen, Vertriebswegen etc.,
- Personalplanstrukturen und mehr.

Bedeutend für die Planung ist sowohl die Möglichkeit, sehr detailliert bottom-up als auch schnell auf höheren Hierarchieebenen top-down planen zu können. Beide Verfahren stehen im Corporate Planner zur Verfügung und können auch im Gegenstromverfahren eingesetzt

---

[4] o. V., Prospekt „Corporate Planner (operatives Controlling)" 2015, S. 4ff.

werden. Insgesamt vereint der Corporate Planner alle drei Eckpfeiler des Controllings: Planung, Analyse und Reporting in einem einzigen Informationssystem.

Sofort einsetzbare Analysetools, die für jeden Bereich, Zeitraum und verschiedene Detailtiefen zur Verfügung stehen, unterstützen die AnwenderInnen bei ihrer Entscheidungsvorbereitung und -findung. Die Analysen sind dabei dynamisch und können nach Bedarf verändert und erweitert werden. AnwenderInnen haben die Möglichkeit sich folgende betriebswirtschaftliche Analysen generieren zu lassen:

Abweichungsanalysen zur Überwachung der Ergebnisse, Kosten und anderer Unternehmensgrößen. Die Hauptaufgabe besteht darin, die vorgegebenen Planwerte (Sollwerte) mit den tatsächlich erzielten Istwerten zu vergleichen (Soll-/ Ist-Vergleiche). Die CP-Navigation für AnwenderInnen ist der Funktionsbereich *Analyse,* mit der Funktion *Abweichungsanalyse.* Alternativ können AnwenderInnen auf das entsprechende Symbol für die Abweichungsanalyse in der Iconleiste klicken . Per Doppelklick auf eine Zeile führt Corporate Planner einen *Drill-Down* durch und springt eine Hierarchiestufe tiefer auf die zugehörigen (Tochter-)Felder. Dadurch ist ein detaillierter Einblick in die eigentliche Abweichungsursache möglich (o. V., Handbuch – Corporate Planner 2016, S. 293).

Break-even-Analysen, um die Zusammenhänge zwischen Umsatz (Erlösen), Kosten, Gewinn und Beschäftigung (Absatzmenge, Produktionsmenge) darzustellen, mit dem Ziel, den Kostendeckungspunkt, also den sog. Break-even-Point, zu ermitteln. Der *Break-even-Point* bezeichnet die *kritische Menge,* bei deren Überschreiten ein Unternehmen die Verlustzone verlässt und in die Gewinnzone eintritt, indem nicht nur die Kosten gedeckt werden, sondern zusätzlich ein Ertrag erzeugt wird. Die Break-even-Analyse wird daher auch als *Gewinnschwellenanalyse* bezeichnet. Für den Break-even-Point gilt die Bedingungsgleichung *Umsatzerlöse = Gesamtkosten.* Bei den Kosten wird zwischen *fixen Kosten* (diese Kosten sind bei einer Veränderung des Umsatzes weitgehend konstant) und *variablen Kosten* (ausbringungs- bzw. beschäftigungsabhängig) unterschieden. Voraussetzung für die Berechnung des Break-even-Points ist, dass eine entsprechende *Baumstruktur* in Corporate Planner angelegt ist. Die Felder *Erlöse* (oder Preis und Menge), *variable Kosten* und *fixe Kosten* sind hierbei mindestens auszufüllen. Die CP-Navigation für AnwenderInnen ist der Funktionsbereich *Analyse,* mit der Funktion *Break-even-Analyse.* Alternativ können AnwenderInnen auf das entsprechende Symbol für die Break-even-Analyse in der Iconleiste klicken (o. V., Handbuch – Corporate Planner 2016, S. 334).

ABC-Analysen, die die Darstellung von Rangfolgen und „Rennerlisten" in auf- und absteigender Reihenfolge unterstützen. Als Ordnungsverfahren analysiert und klassifiziert die ABC-Analyse eine große Anzahl von Daten nach einem einfachen Schema und ordnet Objekte wie z. B. Erzeugnisse, Kunden, Filialen oder Prozesse in *A-, B- oder C-Klassen.* Ob ein Objekt der A-, B- oder C-Kategorie angehört, hängt von der Festlegung der Grenzwerte ab, die unternehmensindividuell bestimmt werden. Anhand der entstehenden Rangfolge wird die Bedeutung von Objekten herausgestellt, was die Basis für unternehmerische Entscheidungen darstellen kann. AnwenderInnen können die ABC-Analyse für jedes Feld nutzen, welches in der Baumstruktur Tochterfelder besitzt. Die Hauptanwendungsgebiete ergeben sich in der Absatzplanung, Umsatzplanung und im Materialbereich. In Corporate Planner können alle Bereiche (auch Kosten) auf diese Weise analysiert werden. Die CP-Navigation für AnwenderInnen ist der Funktionsbereich *Analyse,* mit der Funktion *ABC-Analyse.* Alternativ können die AnwenderInnen auf das entsprechende Symbol für die ABC-Analyse in der Iconleiste klicken ≞ (o. V., Handbuch – Corporate Planner 2016, S. 298).

Portfolioanalysen unterstützen das Ziel, Handlungsempfehlungen zur optimalen Gestaltung eines Portfolios, bestehend aus innovativen, reifen und älteren Elementen, geben zu können. Die Portfolioanalyse kann strategische Geschäftseinheiten und Produkte, aber auch Standorte, Filialen und andere Objekte nach verschiedenen Kriterien (Dimensionen) bewerten und diese innerhalb eines Koordinatensystems übersichtlich abbilden. Voraussetzung für den Aufbau und die Abbildung einer Portfolioanalyse in Corporate Planner ist, dass alle benötigten Felder in der Baumstruktur hinterlegt sind. Innerhalb der Portfolioanalyse werden keine eigenen Berechnungen durchgeführt, um Objekte nach verschiedenen Kriterien im Koordinatensystem zu platzieren. Die CP-Navigation für AnwenderInnen ist der Funktionsbereich *Analyse,* mit der Funktion *Portfolioanalyse.* Alternativ können AnwenderInnen auf das entsprechende Symbol für die Portfolioanalyse in der Iconleiste klicken ⊞ (o. V., Handbuch – Corporate Planner 2016, S. 341).

Kennzahlenanalysen für betriebswirtschaftliche Kennzahlen, die detailliert und in verdichteter Form über zahlenmäßig abbildbare Situationen und Entwicklungen des Unternehmens oder dessen Teilbereiche informieren. Anhand von Kennzahlen werden Informationen verdichtet, um betriebliche Sachverhalte quantitativ messbar zu machen. Kennzahlen dienen dazu, betriebliche Entscheidungen fundiert treffen und Abläufe sowie Ergebnisse im Unternehmen kontrollieren und steuern zu können. Corporate Planner bietet dafür ein umfangreiches Kennzahlen-Informationssystem, mit dem beliebige betriebswirtschaftliche Kennzahlen angelegt und für unterschiedliche Zeiträume per Mausklick berechnet werden können. Die CP-Navigation für AnwenderInnen ist der Funktionsbereich *Analyse,* mit der Funktion *Kennzahlenanalyse.* Alternativ können AnwenderInnen auf das entsprechende Symbol für die Kennzahlenanalyse in der Iconleiste klicken ⁑ (o. V., Handbuch – Corporate Planner 2016, S. 319).

Kennzahlensysteme, indem Corporate Planner die wichtigsten Kennzahlensysteme, wie z. B. das ROI-Kennzahlensystem nach DuPont und/oder das ZVEI-Kennzahlensystem, bereits hinterlegt hat. Nachdem der Anwender/die Anwenderin in der Baumstruktur die Kennzahlenfelder definiert hat, können diese dann den jeweiligen Kennzahlensystemen zugeordnet werden. Die CP-Navigation für AnwenderInnen ist der Funktionsbereich *Analyse,* mit der Funktion *Kennzahlensysteme.* Alternativ können AnwenderInnen auf das entsprechende Symbol für die Kennzahlensysteme in der Iconleiste klicken ⧉ (o. V., Handbuch – Corporate Planner 2016, S. 329).

Außerdem können sich AnwenderInnen eine *Ergebnisvorausschau,* diverse dynamische *Business-Grafiken* (Linien-, Balken-, Kreis-, Flächengrafiken etc.), *Zeitreihenanalysen* mit grafischer Unterstützung durch Sparklines, *mehrdimensionale Analysen* sowie *individuell definierbare Analysen* u. v. m. generieren lassen.

Für die Präsentation von Plan- und Ist-Ergebnissen, Abweichungen und Analysen über beliebige Zeiträume bietet Corporate Planner ein *Reportingsystem*. Mithilfe eines *empfängerorientierten Berichtswesens* erhält jede/r ManagerIn oder GeschäftsführerIn die für ihn/sie bestimmten Informationen zur richtigen Zeit. AnwenderInnen haben die Möglichkeit sich folgende Berichte generieren zu lassen und auf verschiedenste Anforderungen zu reagieren:

- zahlreiche Berichtsvorlagen zum sofortigen Einsatz,
- Tabellen-Report zur Erstellung individueller Tabellenansichten,
- leichte Bedienung durch Drag and Drop,
- unbegrenzte Layout-Möglichkeiten, Einbinden von Firmenlogos und beliebigen Farben, Schriften etc.,
- einfache Empfängerorientierung durch Reportgruppen,
- Zellkommentar-Reports,
- Favoritensystem für personalisiertes Berichtswesen,
- Aufzeigen von Abweichungen durch Ampelfarben,
- Controlling-Report für die beliebige Kombination von Tabellen, Reports, Grafiken und Texten und
- Export nach Microsoft Excel, Microsoft Word, PDF, HTML (o. V., Prospekt „Corporate Planner (operatives Controlling)" 2015, S. 9).

6.1.2.2   Modul: CP-Strategy[5]

Erfolgreiche Unternehmen überlassen nichts dem Zufall. Sie denken und handeln strategisch und erarbeiten frühzeitig Erfolgspotenziale. Sie haben eine Vision, ein Ziel, sind über ihre Geschäftsfelder informiert, kennen ihre eigenen Fähigkeiten und Schwächen und wissen einiges über ihre Wettbewerber, ihre Märkte sowie ihre Branche. Mit *CP-Strategy* sind Unternehmen in der Lage, Strategien zu entwickeln, die sich auch an externen Einflüssen orientieren, die rechtzeitig und effektiv umgesetzt werden können und eine langfristige Perspektive bieten. Im Folgenden wird die Leistungsbeschreibung des Moduls CP-Strategy in einem Überblick dargestellt:

- Leitbild, Vision, Strategie:
  - Unternehmensvision entwickeln als Grundlage für strategisches Handeln,
  - Verdeutlichung der Kernkompetenzen und Leistungsfähigkeit des Unternehmens,
  - Definition der langfristigen Ziele,
  - Berücksichtigung externer Chancen und Risiken sowie interner Stärken und Schwächen,
  - Ermittlung der Erfolgspotenziale,
  - Entwicklung einer Strategie mit konkreten Zielen.

---

[5] o. V., Prospekt „CP-Strategy" 2015, S. 2f.

- Analysefelder definieren und bewerten:
  - Bestimmung einzelner Analysefelder für die Steuerung des Unternehmens,
  - Aufteilung in strategische Geschäftseinheiten (Strategic Business Units, SBUs),
  - abgegrenzte, detaillierte Analysen der jeweiligen Märkte,
  - Berücksichtigung von Kriterien, wie z. B. Marktattraktivität, relative Wettbewerbsvorteile und Erfolgsfaktoren.
- Wettbewerbsbeobachtungen und strategische Analysen:
  - Bewertung der Analysefelder und gezielte Beobachtung des Wettbewerbs durch spezielle Analysewerkzeuge und grafische Auswertungen,
  - SWOT-Analyse (Strengths, Weaknesses, Opportunities and Threats) zur Herausstellung der unternehmensinternen Stärken und Schwächen und Verknüpfung dieser mit den Chancen und Risiken des relevanten Unternehmensumfelds,
  - Portfolioanalysen, Polardiagramme, multidimensionale Tabellen (OLAP) zur regelmäßigen Überprüfung und Steuerung des Strategieerfolgs.
- Berichtswesen für strategische Entscheidungen und Maßnahmen:
  - Analysen und Auswertungen in Form von Berichten,
  - empfängerorientierte Berichte,
  - Berichtswesen zur optimalen Entscheidungsunterstützung für strategische Entscheidungen und die Überarbeitung langfristiger Ziele sowie zur Einleitung strategischer Maßnahmen.

CP-Strategy ist ein universelles multidimensionales Planungswerkzeug auf Client-Server Basis mit modernster OLAP-Technologie, hierarchischen Dimensionen und Datenhaltung in relationalen Datenbanken. Neben multidimensionalen Tabellen und Grafiken werden Portfolio-, Profil- und Polardiagramme dargestellt. Eingaben auf höherem Aggregationsniveau können automatisch heruntergebrochen werden (drill down). Die Berichtsausgabe ermöglicht eine freie Formatierung und Gestaltung z. B. über die Textverarbeitung MS-Word (o. V., Handbuch – CP-Strategy 2016, S. 10).

CP-Strategy Architektur (Im Folgenden: o. V., Handbuch – CP-Strategy 2016, S. 34 ff.): Im Mittelpunkt von CP-Strategy steht der OLAP-Datenwürfel. Er besteht im Wesentlichen aus den Dimensionen und den Daten. Der Begriff des dreidimensionalen „Würfels" eignet sich gut zur Veranschaulichung von Oberflächen und Schnitten (Slicing and Dicing) bei mehrdimensionalen Objekten. In der Praxis haben AnwenderInnen meistens mit mehr als drei Dimensionen zu tun.

Die Dimensionen sind Listen oder Bäume, welche die Struktur des Würfels definieren. Hierbei wird zwischen festen und freien Dimensionen unterschieden. Die festen Dimensionen sind *„Zeit"*, *„Fakten"* und *„Ebenen"*. Sie spielen bei Berechnungen eine Sonderrolle und sind daher in ihrer Funktion vorbestimmt. Freie Dimensionen werden vom Anwender/von der Anwenderin vergeben und können z. B. „Regionen", „Produkte" oder „Wettbewerber" sein.

Die virtuelle SBU-Dimension bildet in CP-Strategy das Konzept der *„Strategic Business Units"* (Strategische Geschäftseinheiten – SGE) ab. Mit der SBU-Dimension ist es möglich, sowohl mit detaillierten Basisdaten als auch mit – auf diesen beruhenden – strategischen Einheiten zu arbeiten.

Durch die Angabe eines Feldes aus jeder Dimension wird ein Datenpunkt definiert. Zu jedem Datenpunkt können ein Wert, ein Text und eine Maßnahme existieren. Werte können hierbei auch dynamisch aus anderen Werten berechnet sein. Hierfür werden in den Dimensionen Regeln hinterlegt.

Datenbasis: Jede Datenbasis beinhaltet genau einen Datenwürfel. Im Normalfall wird nur eine Datenbasis benötigt. Gründe für mehrere Datenbasen sind z. B. Schulungen, Planspiele, mandanten-orientiertes Arbeiten oder Sicherheitsaspekte. Die Datenbasis-Verwaltung wird über den Suite-Point (links oben) erreicht. Back-ups und Restores werden durch Export und Import von Datenbasen als Files erreicht.

Architektur: CP-Strategy hat eine 3-Tier Architektur. Der CP-Suite Client dient der Analyse, Ein-und Ausgabe von Daten. Der Strategy Server verwaltet die OLAP-Würfel, berechnet mehrdimensionale Formeln und gewährleistet die Zugriffsrechte der Benutze-rInnen. Der Datenbankserver (MS-SQL) hält die Daten als relationales OLAP-Modell.

Client/Server: Der Client/Server-Betrieb ermöglicht den konfliktfreien gleichzeitigen Zugriff verschiedener BenutzerInnen – lesend sowie schreibend. Er erfordert den Zugang zu einem gemeinsamen Server über ein Netzwerk. Der *„CP-Strategy Server"* enthält die *„Business Logic"* und das *„Data Access Layer"*, kümmert sich also um die Berechnungen und die Verbindung zur Datenhaltung. Weiterhin enthält er die Rechteverwaltung und die Administrator-Bedienoberfläche für die Rechte. Die Datenbank kann sich an beliebiger Stelle im Netzwerk befinden, sodass Datenmenge und Rechenleistung der Datenbank beliebig aufgestockt werden können.

Einrichtung der Datenbank: CP-Strategy verwendet zum Speichern der Datenbasen einen MS-SQL-Server. Hierfür muss CP-Strategy konfiguriert werden. Sollen mehrere CP-Strategy Server mit eigener Datenhaltung eingerichtet werden, bekommt jeder Server eine eigene Datenbank im SQL-Server.

Die Anbindung des MS-SQL Servers erfolgt über eine 32 bit ODBC Datenquelle, welche hierfür angelegt werden muss.[6] Hierbei ist zu beachten, dass die angelegte Datenbank als „Standarddatenbank" für diese Datenquelle eingerichtet wird (Option „Standarddatenbank ändern auf:"). Sobald die Datenquelle erstellt worden ist, kann sie im CP-Strategy Server als Datenquelle eingerichtet werden.

Datenmigration und Sicherung: Um Datenbasen zwischen Datenbanken auszutauschen und um Sicherheitskopien der gesamten Datenbasis anzulegen, kann eine Datenbasis einfach in ein CP-StrategyeXchange File (.spx) exportiert werden.

6.1.2.3   Modul: CP-Cons[7]

CP-Cons bietet konzernartig strukturierten Unternehmen eine flexible Komplettlösung zur Management- und Legalkonsolidierung, die den Anforderungen von HGB und IAS/IFRS

---

[6] Windows: C:\Windows\SysWOW64\odbcad32.exe

[7] o. V., Prospekt „CP-Cons" 2015, S. 4ff.

entspricht. Schritt für Schritt begleitet CP-Cons die AnwenderInnen systematisch durch den gesamten Konsolidierungsprozess. Im Folgenden wird die Leistungsbeschreibung des Moduls CP-Cons in einem Überblick dargestellt:

- Management- und Legalkonsolidierung nach HGB und IAS/IFRS,
- übersichtlicher Konzernsteuerungsprozess von der Definition der Einzelgesellschaften bis zur Erstellung des Konzernabschlusses,
- Erstellung eines revisionstauglichen Berichtswesens,
- systemintegriertes Berichtswesen,
- Mehrmandantenfähigkeit sowie
- Vollintegration zur integrierten Finanz- und Erfolgsplanung.

Der Konzernsteuerungsprozess führt die AnwenderInnen interaktiv durch die einzelnen Konsolidierungsschritte. Beginnend mit allgemeinen Definitionen für die Benutzerverwaltung, den Konsolidierungskreis, die Definition und Verwaltung der Kontenrahmen sowie weiterer Grundeinstellungen, werden bspw. Parameter für die Vereinheitlichung der Einzelabschlüsse und für die Datenübernahme festgelegt.

In den *Basics* werden vorab alle grundlegenden Informationen wie Gesellschaften oder Konzerne individuell angelegt. Für den Strukturaufbau greifen BenutzerInnen auf diverse Kontenrahmenvorlagen nach HGB und IFRS zurück. Des Weiteren bietet CP-Cons Importschnittstellen zu allen gängigen Vorsystemen. Daneben kann eine automatische Daten- und Strukturpflege erfolgen, indem ein neues Konto in der Summen- und Saldenliste des Vorsystems automatisch erkannt und angelegt wird. Das neue Konto kann per drag & drop einer Bilanz- oder GuV-Position zugeordnet werden. Durch die Nutzung von Kontenbereichen kann die Zuordnung auch automatisch erfolgen. Die Datensicherheit und -konsistenz ist somit gewährleistet. Eine weitere Besonderheit ist die *Währungsumrechnung*, die anhand der Stichtagsmethode, der modifizierten Stichtagsmethode oder der Zeitbezugsmethode erfolgen kann. Die notwendigen Wechselkurse können per Direktlink von der EZB heruntergeladen werden. Diese Wechselkurse werden einmalig den Positionen von Bilanz, GuV und Ergebnisverwendung zugeordnet. Entstehende Währungsdifferenzen können erfolgsneutral, erfolgswirksam oder verursachungsgerecht verbucht werden.

Insgesamt erfolgt die Konsolidierung über einen Workflow. Dabei können die Konsolidierungsschritte unabhängig voneinander durchgeführt werden. Gleichzeitig besteht die Möglichkeit, jederzeit manuelle Korrekturbuchungen vorzunehmen.

6.1.2.4   Modul: CP-Risk[8]

Ein aktives *Risikomanagement* ist für alle Unternehmen überlebenswichtig. Zum Risikomanagement gehört es, Risiken rechtzeitig zu erkennen und geeignete Maßnahmen einzuleiten, um damit die unternehmerische Existenz zu sichern und gleichzeitig der

---

[8] o. V., Prospekt „CP-Risk" 2015, S. 2ff.

gesetzlichen Verpflichtung durch das Gesetz zur Kontrolle und Transparenz im Unternehmensbereich (KonTraG) nachzukommen. Das Modul *CP-Risk* erfüllt diese Anforderungen und hilft bei der systematischen Auseinandersetzung mit allen Risiken. CP-Risk begleitet die AnwenderInnen durch den gesamten Risikomanagementprozess, von der Risikoidentifikation bis hin zu einem umfangreichen Risikohandbuch. Im Folgenden wird die Leistungsbeschreibung des Moduls CP-Risk in einem Überblick dargestellt:

- systematisches Erkennen, Bewerten, Steuern und Kontrollieren von Risiken,
- übersichtlicher Risikomanagementprozess von der Risikoidentifikation bis zur Erstellung eines Risikohandbuchs sowie
- Erfüllung der Anforderungen durch das Gesetz zur Kontrolle und Transparenz im Unternehmensbereich (KonTraG).

Im Schritt der *Risikoidentifikation* können alle auf das Unternehmen einwirkenden Risiken identifiziert, definiert und qualifiziert werden. Außerdem besteht die Möglichkeit, die Risiken in verschiedene Risikozonen wie z. B. Betriebs-, Partner- und Marktrisiken zu gliedern. Diese Risikozonen können wiederum zu konkreten Risikofeldern und Einzelrisiken für eine strukturierte Abbildung der Unternehmensrisiken aggregiert werden.

Im zweiten Schritt des Risikomanagementprozesses erfolgt die *Risikobewertung*. BenutzerInnen des Moduls CP-Cons weisen hier das entsprechende Schadenspotenzial durch eine Risikobewertung bez. Auswirkung und Eintrittswahrscheinlichkeit aus. Sie können eine selbstdefinierte Rating-Skala und/oder Zuordnung von Geldwerten hinterlegen und so den Schadenswert unter Berücksichtigung der geschätzten Eintrittswahrscheinlichkeit des Risikofalles automatisch berechnen lassen.

Für die *Risikoanalyse* haben AnwenderInnen die Option, sich die Risiken z. B. nach der Schadenshöhe oder Eintrittswahrscheinlichkeit grafisch sortiert anzeigen zu lassen, ein Schadens-Portfolio oder Risiko-Rating zu erstellen, die Risiko-Entwicklung über den gesamten Zeitverlauf darzustellen und/oder beliebige Filter zur Darstellung relevanter Risiken zu definieren.

In der Phase der *Risikosteuerung und -kontrolle* können individuelle Steuerungsinstrumente wie z. B. Schulungen, Marktbeobachtungen und Mitarbeiterbefragungen oder der Abschluss von Versicherungen festgelegt werden. Zudem lässt sich die Effektivität durch passende Kontrollinstrumente, wie z. B. Soll-Ist-Vergleiche oder ausführliche Dokumentationen, überprüfen.

6.1.2.5   Modul: CP-Cash[9]

Mit *CP-Cash* können AnwenderInnen finanziellen Engpässen im Unternehmen rechtzeitig entgegenwirken, denn sie erhalten einen tagesaktuellen Überblick über alle Zahlungszu- und -abflüsse. Durch eine automatische Problemermittlung werden für alle Fälle konkrete

---

[9] o. V., Prospekt „CP-Cash" 2015, S. 2ff.

Handlungsempfehlungen gegeben. Genauso werden Liquiditätsüberschüsse erkannt, sodass diese über einen bestimmten Zeitraum zu einem bestmöglichen Zinssatz angelegt bzw. anderweitig investiert werden können. Die mittel- und langfristige Liquiditätssteuerung wird damit verfeinert und unterstützt die Steuerung der finanziellen Unternehmensressourcen. Im Folgenden wird die Leistungsbeschreibung des Moduls CP-Cash in einem Überblick dargestellt:

- Cash-Pooling
  - ganzheitliche Betrachtung von Liquiditätslücken und -überschüssen,
  - Bestimmung der jeweils effizientesten Zahlungsströme über definierte Hierarchien,
  - Lieferung fundierter Vorschläge für einen kontenübergreifenden Liquiditätsausgleich,
  - direkte Umsetzung von Entscheidungen aufgrund unmittelbarer Anpassungsmöglichkeit der Zahlungsströme und paralleler Kontaktaufnahme mit den Banken.
- Liquiditätsanalyse Konzern/Unternehmen
  - übersichtliche Liquiditätsanalysen in Form von Grafiken oder Tabellen,
  - Anzeige des aktuellen Liquiditätsstatus pro Bankkonto oder pro Gesellschaft,
  - Analyse anhand Übersicht fälliger und erwarteter Zahlungen.
- Maßnahmen zur kurzfristigen Finanzdisposition
  - Realisierung konkreter Maßnahmen wie z. B. das Managen von Kreditorenzahlungen,
  - Durchführung von Planszenarien im Bereich Debitoren und Kreditoren.
- Automatische Skonto- und Zinsoptimierung
  - Skonto- und Zinsoptimierungen fließen automatisch in die Berechnung von Zahlungsströmen und Ermittlung von Cash-Pooling-Vorschlägen ein.
- Überwachung der Debitoren/Kreditoren
  - Speicherung des Zahlungsverhaltens sowie Ermittlung des erwarteten Zahlungsdatums,
  - Übersicht über Debitoren, Kreditoren, Einzelbelege und überfällige Posten,
  - exakte Analysen der eigenen Verbindlichkeiten,
  - Vorausschau über einen frei definierbaren Zeitraum (Tage, Wochen, Quartal, Halbjahr).

6.1.2.6   Modul: CP-BSC[10]

Jedes Unternehmen sollte eine Vision und strategische Ziele haben. Mit *CP-BSC* lassen sich die strategischen Ziele eines Unternehmens visualisieren, messbar machen und in Richtung jedes Mitarbeiters/jeder Mitarbeiterin kommunizieren. Die AnwenderInnen können die Vision und Strategie in den operativen Geschäftsprozess integrieren sowie strategische Ziele, Messgrößen und Maßnahmen mit CP-BSC zu einem ganzheitlichen

---

[10] o. V., Prospekt „CP-BSC" 2015, S. 2ff.

System verbinden. Im Folgenden wird die Leistungsbeschreibung des Moduls CP-BSC in einem Überblick dargestellt:

- Definition unternehmensspezifischer Organisationsstrukturen
  - Integration von Vision und Strategie in den operativen Geschäftsprozess,
  - Definition einer hierarchischen Organisationsstruktur für jedes Unternehmen mit Bezug auf Geschäftseinheiten, Abteilungen, MitarbeiterInnen.
- Perspektiven
  - Unterstützung der vier klassischen Perspektiven zur Realisierung strategischer Ziele: Finanzperspektive, Kundenperspektive, Prozessperspektive, Potenzialperspektive,
  - beliebige Erweiterung der Anzahl der Perspektiven,
  - Zuordnung zu den jeweiligen strategischen Zielen, Messgrößen, Kennzahlen, Zielwerten und Maßnahmen.
- Warngrenzen/Ampelfarben
  - Ampelfarben und Web-Grafiken zur Veranschaulichung des aktuellen Status der Zielerreichung,
  - Ampelsignale zur Anzeige des Handlungsbedarfs und zur Maßnahmeneinleitung,
  - Trendpfeile zur Darstellung der Entwicklung der Zielerreichung gegenüber der Vorperiode.
- Definition und Dokumentation strategischer Ziele
  - Definition der individuellen strategischen Ziele als Basis der Balanced Scorecard,
  - Verknüpfung der strategischen Einzelziele mit derUnternehmensstrategie,
  - Zuordnung zu den Perspektiven und Organisationseinheiten,
  - Detaillierte Beschreibung der Ziele zur Information der am Balanced-Scorecard-Prozess beteiligten MitarbeiterInnen.
- Strategisch relevante Ursache-/Wirkungszusammenhänge
  - Ursache-Wirkungs-Matrix zur übersichtlichen Darstellung der Interdependenzen,
  - Horizontaler und vertikaler Drilldown zur Verfolgung von Ursachen und Auswirkungen auf andere strategische Ziele.
- Definition der Messgrößen
  - Messgrößenbestimmung zur Überprüfung der Zielerreichung,
  - qualitative (Zufriedenheitsindex) und quantitative (Verkaufszahlen, Anzahl Beschwerden) Kenngrößen können definiert werden,
  - individuelle Definition und Zuordnung der Messgrößen zu strategischen Zielen innerhalb der Perspektiven und Organisationseinheiten.
- Maßnahmen und strategische Aktionen
  - konkrete Maßnahmen, Projekte oder Initiativen zur Erreichung der strategischen Ziele des Unternehmens können festgelegt und überprüft werden (z. B. Kundenfragebogen, Telefoninterviews o. A.).

6.1.3　Einsatz von Corporate Planner bei der CBA GmbH[11]

In den nachfolgenden Abschnitten werden ausgewählte Fallaufgaben dargestellt sowie weitere Funktionen und Anwendungsmöglichkeiten aus dem Leistungsumfang des Corporate Planners zunächst theoretisch beschrieben, um sie anschließend, anhand von Fallaufgaben, in der täglichen Arbeit der ControllerInnen darzustellen. Der Corporate Planner verfügt über einige weitere wichtige Funktionen eines Controlling-Informationssystems, die in jedem Abschnitt, unabhängig von der/den primären Fallaufgabe/n, kurz dargestellt werden sollen.

Märkte und Unternehmen befinden sich in einem Prozess des ständigen Wandels. Diese Dynamik müssen auch moderne Controlling-Informationssysteme abbilden, daher sind auch gute CIS niemals wirklich fertig, sondern sie werden stetig weiterentwickelt.

Die hier gezeigten weiteren Funktionen können für diesen Hintergrund nicht vollständig und allumfassend sein. Sind aber aus unserer Sicht wichtige Funktionen des Systems, die nach unserer Auffassung die Controlling-Prozesse in den Unternehmen unterstützen und damit verbessern können, wodurch sie das Recht erlangen, an diese Stelle Erwähnung zu finden.

6.1.3.1　Fallaufgabe 1: Bilanzkennzahlen zur Bilanzanalyse (Kennzahlenkatalog)

Ohne (Bilanz-)Kennzahlen gibt es kein Controlling. Ohne Rücksicht darauf, ob Budgets überwacht oder Projekte gesteuert werden, letzten Endes geht es immer um Kennzahlen. Sie werden im Allgemeinen mit Formeln aus Zahlen, die das Unternehmen aus der Buchführung (Erfolgs- und Bilanzkennzahlen), aus dem internen Kosten- und Leistungsrechnungssystem oder aus Statistiken der einzelnen Bereiche (Produktion, Personal, Vertrieb …) erhält, berechnet. In der Regel werden Verhältniskennzahlen ermittelt. Ein Beispiel dafür ist, dass der Umsatz ins Verhältnis zur Anzahl der Kunden gesetzt und als Ergebnis der durchschnittliche Umsatz je Kunde errechnet wird. Im Bereich der GuV und Bilanz kann so z. B. das Eigenkapital ins Verhältnis zum Gesamtkapital gesetzt werden. Das Ergebnis ist die Eigenkapitalquote.

Mithilfe von Kennzahlen kann ein Unternehmen prägnant bewertet und mit Branchenkennzahlen verglichen werden. Liegen diese nicht vor, ist es ebenfalls erforderlich die Kennzahlenentwicklung zu betrachten. Voraussetzung dafür ist allerdings, dass die Berechnungsmethode beibehalten wird. Des Weiteren bringt die Verwendung von Kennzahlen Vor- und Nachteile mit sich (Tab. 6.2):

---

[11] Hinweis: Für die Fallaufgaben werden der Einfachheit halber für die Budget- und Ist-Ebene identische Werte benutzt (keine weiteren Interpretationen)! In den Eigenschaften wurden zudem die Felder im Ergebnis im Berechnungszeitraum als „Mittel" angelegt, soweit es den Autoren sinnvoll erschien. Unterschiedliche Ebenen-Werte und Feldeigenschaften wurden nur verwendet, sofern es für die Fallaufgabe zwingend notwendig erschien!

Tab. 6.2 Vor- und Nachteile von Kennzahlen (Eigene Darstellung)

Vorteile von Kennzahlen	Nachteile von Kennzahlen
Kontinuierliche Kennzahlenerfassung führt zur Erkennung von Schwachstellen und Abweichungen	Auswahl beliebiger Kennzahlen und somit entsprechende Interpretationsmöglichkeiten
Erstellung kritischer Kennzahlenwerte als Zielgröße für Teilbereiche	Reine Kennzahlenausrichtung führt zur Vernachlässigung langfristiger Gewinne zu Gunsten kurzfristiger Gewinne
Vereinfachung der Steuerungsprozesse	Kritische Kennzahlenwerte können als anstrebsam gedeutet werden.
Quantitativ genaue Operationalisierung von Zielen	Einseitige Sichtweise (Umweltschutz, Mitarbeiterzufriedenheit,… werden nicht beachtet)

Im Folgenden besteht die Aufgabe darin, eine umfangreiche Kennzahlen-Übersicht in Corporate Planner abzubilden: Kurt Tau überträgt Heidi Kraut die Aufgabe, eine umfassende Kennzahlenanalyse im Controlling-Informationssystem Corporate Planner durchzuführen. Sie soll dabei sowohl die gängigsten Erfolgs- und Bilanzkennzahlen als auch Liquiditätskennzahlen berücksichtigen. Die Konten inkl. der Werte liegen bereits sowohl für die Gewinn- und Verlustrechnung sowie für die Bilanz als auch für das Berichtsjahr und das Vorjahr in Corporate Planner vor. Durch eine vor Kurzem besuchte CP-Schulung in Hamburg ist Frau Kraut bekannt dafür, den Funktionsbereich *Analyse* und die Funktion *Kennzahlenanalyse* anwenden zu können. Prompt macht sie sich fleißig an die Arbeit, um die Erfolgs- und Bilanzkennzahlen (Eigenkapitalrentabilität, Return on Investment, Personalintensität, Eigenkapitalquote, Fremdkapitalquote, Abschreibungsquote, Materialintensität, EBT, EBIT, EBIT-Marge, EBITDA, EBITDA-Marge, Umschlagshäufigkeit und Verschuldungsgrad) und die Liquiditätskennzahlen (Liquidität 1., 2. und 3. Grades, Working Capital, Net Working Capital, Working Capital Ratio, Deckungsgrad I, II und III) für das Berichts- und das Vorjahr in Corporate Planner als jeweils getrennte Kennzahlenanalysen anzulegen. Bevor Frau Kraut die Kennzahlenanalysen durchführen kann, hat sie die entsprechenden Felder in der Baumstruktur angelegt, teilweise als Kennzahlenfeld, teilweise als Formelfeld.

Das *Kennzahlenfeld* ist ein Feld, welches mithilfe einer *Kennzahlenformel* berechnet wird. Corporate Planner unterstützt den Aufbau und das Anlegen von allen in der Betriebswirtschaft üblichen Kennzahlen und Kennzahlensystemen. Das Symbol für ein *Kennzahlenfeld* ist ⊞. Kennzahlenfelder saldieren *nicht* in Elternfeldern, da diese in ihren Feldeigenschaften automatisch als *„informativ, nicht saldierend"* definiert werden. Bei der Definition eines Kennzahlenfeldes, dargestellt am Beispiel *Eigenkapitalrentabilität*, ist Frau Kraut wie folgt vorgegangen: In der Strukturbearbeitung, die eine individuelle

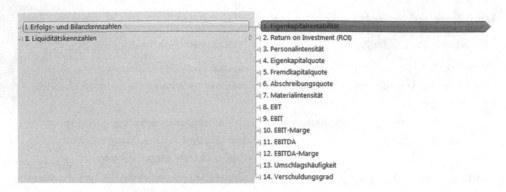

Abb. 6.1 Strukturbearbeitung – Übersicht der Erfolgs- und Bilanzkennzahlen (Eigene Darstellung, Corporate Planner, Version 4.4.103.47)

Gestaltung der Baumstrukturen bietet, hat sie die Baumstrukturen mit den geforderten Kennzahlen vorab wie folgt aufgebaut. Abb. 6.1 zeigt die Übersicht der Erfolgs- und Bilanzkennzahlen.

Abb. 6.2 zeigt die Übersicht der Liquiditätskennzahlen.

Für das Feld *Eigenkapitalrentabilität* hat sie in den Feldeigenschaften (Symbol: 🖼) unter der Feldart den Typ *Kennzahl* ausgewählt (Abb. 6.3).

Daraufhin öffnet sich das Fenster *Eigenschaften der Kennzahl* (Abb. 6.4).

Für die Definition der Kennzahlen stehen den BenutzerInnen *fünf Kennzahlentypen* zur Verfügung. Die Kennzahlentypen werden durch den Einsatz von *Platzhaltern* flexibel und können somit für die meisten Unternehmenskennzahlen genutzt werden. Nach Auswahl des Kennzahlentyps hat Frau Kraut die Platzhalter (f1 und f2) mit den entsprechenden Feldern aus der Baumstruktur festgelegt. Für die einzelnen Platzhalter bestimmt Sie, wie diese in der Kennzahlenberechnung verwendet werden sollen. Standardmäßig wird die Ergebnisdarstellung verwendet, wie sie in den Feldeigenschaften eines Feldes hinterlegt wurde. Ist für die Berechnung der Kennzahl eine andere Ergebnisdarstellung erforderlich, wählen die AnwenderInnen diese entsprechend über die Optionsschalter aus. Für die Berechnung der Eigenkapitalrentabilität wurde der Kennzahlentyp *f1/f2 * C* gewählt,

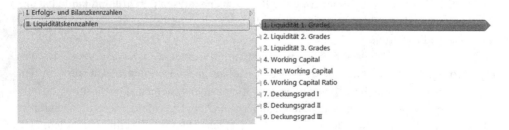

Abb. 6.2 Strukturbearbeitung – Übersicht der Liquiditätskennzahlen (Eigene Darstellung, Corporate Planner, Version 4.4.103.47)

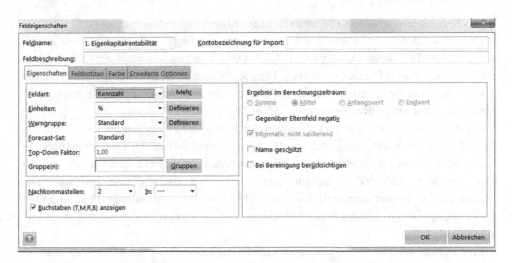

Abb. 6.3 Feldeigenschaften – Feldart: Kennzahl (Eigene Darstellung, Corporate Planner, Version 4.4.103.47)

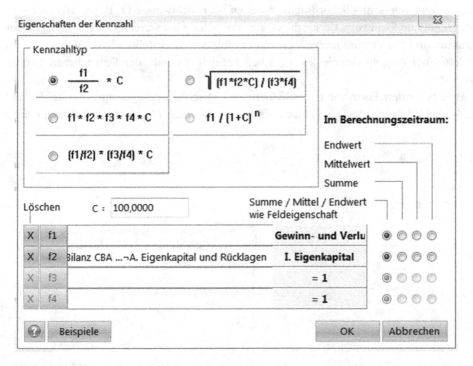

Abb. 6.4 Eigenschaften der Kennzahl „Eigenkapitalrentabilität" (Eigene Darstellung, Corporate Planner, Version 4.4.103.47)

indem f1 = Jahresüberschuss (Summe) und f2 = Eigenkapital (Summe) sowie C = 100,00 festgelegt wurden. Beide Parameter werden gemäß der Ergebnisdarstellung, wie in den Feldeigenschaften definiert, verwendet. Nach Definition der Kennzahl erhält das Kennzahlenfeld ein blaues Dreieck am rechten Feldrand, durch welches ein direktes Navigieren bzw. Springen in die Kennzahlendefinition möglich ist. Eine Änderung der Kennzahl ist in den Feldeigenschaften über den Button „*Mehr*" möglich.

Für die Kennzahlenanalyse wurde neben der Funktion *Kennzahlen* auch die Funktion *Formel* von Frau Kraut verwendet. Die Funktion Formel soll an der Liquiditätskennzahl *Liquidität 1. Grades* dargestellt werden. Das *Formelfeld* ist ein Feld, welches sich aus den Werten anderer Felder (Zahlenreihen) über eine mathematische Formel berechnet. Die mathematische Formel setzt sich dabei aus Feld-Platzhaltern zusammen. Frau Kraut hat das Feld Liquidität 1. Grades in den Feldeigenschaften direkt mit der Feldart *Formel* versehen (Abb. 6.5).

Eine Formel kann auch über einen direkten Bezug zu einem anderen Feld, einem sogenannten Querverweis (1:1-Zuordnung) definiert werden. Ein *Querverweisfeld* ist ein Feld, welches seine Daten über eine Referenz auf *ein anderes Feld der gleichen Datenbasis* erhält (Eins-zu-eins-Zuordnung). Durch den Querverweis wird eine Verknüpfung zwischen den beiden Feldern erzeugt. Die Zuordnung von Querverweis-Feldern ermöglicht den Aufbau unterschiedlicher Baumstrukturen oder Sichtweisen (z. B. produktorientierte oder regionale Sichtweise), ohne dass Daten doppelt erfasst werden müssen. In der Baumstruktur sind Felder mit Querverweis an dem folgend dargestellten Symbol zu erkennen, welches bei Anwahl des Feldes im Arbeitsbereich oberhalb der Datenebenen sichtbar wird 📋.

Eine besondere Form von Formelfeldern sind Mischfelder, sogenannte *Formel-Hybridfelder*. Das Hybridfeld ist ein Feld, das für *unterschiedliche Datenebenen unterschiedliche*

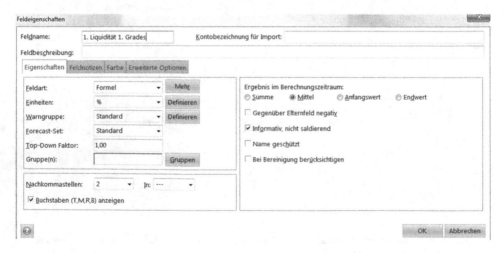

Abb. 6.5 Feldeigenschaften – Feldart Formel (Eigene Darstellung, Corporate Planner, Version 4.4.103.47)

Feldarten erhalten kann. Es gibt Hybridfelder mit *Formel- und Eingabeebenen* (Ebenen-Hybridfeld) und *Hybridfeld mit zeitlich variabler Eingabe/Formel-Umschaltung* (Zeithybridfeld). Hybridfelder mit *Formel- und Eingabeebenen* setzen sich aus Datenebenen zusammen, die zum einen über die hinterlegte Formel berechnet werden (Einstellung *Feld*) und zum anderen ihre Informationen in Form von Quelldaten erhalten (Einstellung *Daten*). Ein *Zeithybridfeld* weist im Gegensatz dazu auf der gleichen Datenebene für *unterschiedliche Zeiträume unterschiedliche Feldarten* auf. Eine Datenebene erhält bis zu einem gewissen Zeitpunkt Werte, z. B. über einen Import *(Daten)*, und ab diesem Zeitpunkt werden Werte über eine Formel berechnet *(Feld)*.

In der *Zentralen Sicht* von Corporate Planner erkennen BenutzerInnen Formelfelder an folgendem Symbol, welches bei Selektion des Feldes links oberhalb der Tabelle erscheint: ⌘. Zusätzlich erscheint in der Baumstruktur am rechten Rand des angelegten Formelfeldes ein kleines blaues Dreieck. Über einen Klick öffnet sich das Fenster *Eigenschaften des Formelfeldes*. Die dem Feld hinterlegte Formel wird angezeigt und die BenutzerInnen erkennen sofort, aus welchen Feldern oder Parametern sich der angezeigte Wert errechnet. Eine Änderung der Formel ist an dieser Stelle nicht möglich. Änderungen können nur innerhalb der Funktion *Struktur bearbeiten* vorgenommen werden.

Für die Definition des Formelfeldes Liquidität 1. Grades öffnet Frau Kraut die Funktion *Struktur bearbeiten* und selektiert in der Baumstruktur das entsprechende Feld. Sie öffnet die Feldeigenschaften und wählt unter der Feldart die Option Formel aus (siehe Abb. 6.5). Es erscheint der sogenannte Formeleditor. Im Eingabefeld des Editorfensters trägt Frau Kraut die mathematische Formel manuell ein. Als Variablen stehen ihr Feldplatzhalter (f0 … f9), die sie mit beliebigen Feldern der Baumstruktur belegen kann, zur Verfügung. Indem sie auf den entsprechenden Button für Feld-Platzhalter klickt (f0 … f9), erscheint eine verkleinerte Baumstruktur. Innerhalb dieser Struktur kann sie das gewünschte Feld per Doppelklick als Platzhalter auswählen. Nachdem sie alle in der Formel verwendeten Platzhalter zugeordnet hat, kann sie mit OK das Fenster verlassen. Die Formel wird dem Feld hinterlegt und sofort aktiviert. Die von Frau Kraut hinterlegten Eigenschaften für das Formelfeld Liquidität 1. Grades werden in Abb. 6.6 dargestellt.

Über den Button *Formelsyntax anzeigen* erhält Frau Kraut im Formeleditor weitere Informationen über die in Corporate Planner verfügbaren mathematischen Funktionen (Abb. 6.7).

Über den Button *Mehr* kann Frau Kraut ein Formel-Hybridfeld definieren. Mit der Option *Abbrechen* werden alle Änderungen verworfen.

Mit dem Formeleditor kann Frau Kraut einzelnen Feldern mathematische Formeln zuordnen. Eine Formel setzt sich aus *Feld-Variablen* (f0-f9), *mathematischen Operationen* und *Funktionen* zusammen: + (Addition), – (Subtraktion), * (Multiplikation), / (Division) und ^ (Exponent) (mathematische Operationen) sowie f0 bis f9 (Variablen). Zusätzlich stehen Frau Kraut die folgenden kurz beschriebenen *Funktionen* zur Verfügung:

- Die *Absolut-Funktion ABS(…)* gibt den absoluten Betrag eines Wertes zurück.
- Die *Integral-Funktion I(…)* rechnet die Bewegungsdaten in Bestände um. Die monatlichen Veränderungen eines Feldes werden hiermit als monatliche Bestände angezeigt.

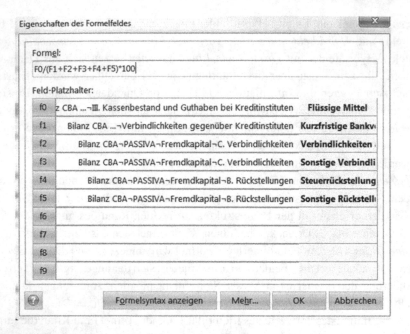

Abb. 6.6 Eigenschaften des Formelfeldes: Liquidität 1. Grades (Eigene Darstellung, Corporate Planner, Version 4.4.103.47)

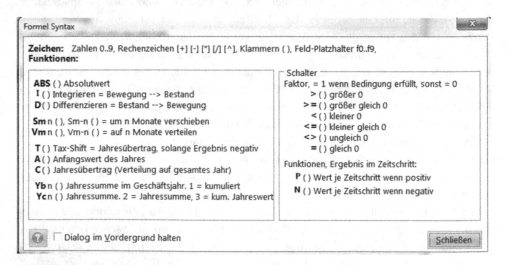

Abb. 6.7 Formel Syntax – Verfügbare mathematische Funktionen in CP (Eigene Darstellung, Corporate Planner, Version 4.4.103.47)

- Die *Differenzierungs-Funktion D(…)* rechnet Bestände in Bestandsveränderungen um. Die monatlichen Bestandsdaten eines Feldes werden als monatliche Veränderungen angezeigt.
- Die *Verschiebe-Funktion SM(), SY(), SD(), SP():* Die Funktionen *SM n(…)* bzw. *SY n(…)* verschieben die Werte des angegebenen Feldes um *n Monate (SM)/Jahre (SY)* in die Zukunft bzw. um *-n Monate (SM)/Jahre (SY)* in die Vergangenheit. Die Funktion *SD n(…)* verschiebt die Werte eines Feldes um n Tage in die Zukunft bzw. um -n Tage in die Vergangenheit. Die Funktion *SP n(…)* verschiebt die Werte des angegebenen Feldes um *n Perioden* in die Zukunft bzw. um *-n Perioden* in die Vergangenheit.
- Die *Verteilungsfunktion VYn(…) bzw. VY-n(…)* verteilt einen Betrag auf die zukünftigen bzw. vergangenen Jahre *unabhängig vom verwendeten Basiszeitschritt.* Die Variable n steht hier für die Anzahl der Jahre. Die Verteilungsfunktion *VMn(…) bzw. VM-n(…)* verteilt einen Betrag auf die zukünftigen bzw. vergangenen Monate. Die Variable n steht hier für die Anzahl der Monate. Anwendung findet diese Funktion beispielsweise bei der Darstellung einer linearen Abschreibung. Analog zu der Verteilungsfunktion VM(…) verteilt die Funktion *VDn(…) bzw. VD-n(…)* einen Betrag auf die zukünftigen bzw. vergangenen Tage. Die Variable n steht hier für die Anzahl der Tage. Analog zu der Verteilungsfunktion VM(…) verteilt die Funktion *VPn(…) bzw. VP-n(…)* einen Betrag auf die zukünftigen bzw. vergangenen Perioden. Die Variable n steht hier für die Anzahl der Perioden.
- Mit der *Tax-Shift-Funktion T(…)* wird der Jahresübertrag solange in das folgende Jahr verschoben, wie das Ergebnis negativ ist. Die Werte werden mit etwaigen Gewinnen des folgenden Jahres verrechnet und ein positives Ergebnis wird erst dann eingetragen. Diese Funktion würde z. B. in Verlustvorträgen bei Geldanlagen verwendet werden.
- Mit der *Anfangswert-Funktion A(…)* wird der Anfangswert des Jahres aus dem letzten Wert des Vorjahres übernommen, z. B. für monatliche Bestandsvergleiche mit einem Anfangswert.
- Die *Jahresübertrags-Funktion C(…)* steht für den Jahresübertrag. Sie übernimmt den letzten Wert des Vorjahres (Dezember) und trägt diesen für jeden Monat des aktuellen Jahres ein.
- Die *Jahressummen-Funktion Y(…)* kumuliert die Monatswerte eines Geschäftsjahres bzw. Kalenderjahres (Yb bzw. Yc). Das Kalenderjahr (Funktion Yc() – calendar year) besitzt als Zeitraum immer Januar – Dezember. Das Geschäftsjahr (Funktion Yb() – busines year) kann, je nach Einstellung der Datenbasis, hiervon abweichen (z. B. Geschäftsjahresbeginn = März).

Nachdem Frau Kraut nun alle Formel- und Kennzahlenfelder angelegt hat, stellt sie eine von Herrn Tau gewünschte Kennzahlenanalyse, getrennt sowohl nach Erfolgs- und Bilanzkennzahlen als auch nach Liquiditätskennzahlen, dar. Für die individuelle Ordnung hat sie dazu die Kennzahlengruppe „Erfolgs- und Bilanzkennzahlen" und „Liquiditätskennzahlen" definiert. Beim Anlegen einer Kennzahlengruppe hat sie das Symbol Kennzahlengruppen verwalten ▦ in der Werkzeugleiste der Kennzahlenanalyse genutzt. Anschließend

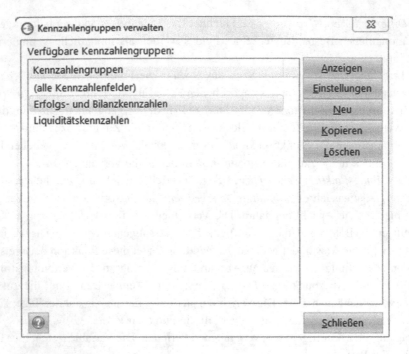

Abb. 6.8 Kennzahlengruppen verwalten (Eigene Darstellung, Corporate Planner, Version 4.4.103.47)

hat sie die notwendigen Kennzahlen- und Formelfelder der entsprechenden Kennzahlengruppe aus der Baumstruktur zugeordnet (Abb. 6.8).

Im Fenster *Kennzahlengruppen verwalten* hat Frau Kraut die folgenden Möglichkeiten:

- Kennzahlengruppen anzeigen
- Einstellungen ändern
- Neue Kennzahlengruppen erstellen
- Kennzahlengruppen kopieren
- Kennzahlengruppen löschen.

Über *Anzeigen* wird ihr die ausgewählte Kennzahlengruppe dargestellt.

Über den Button *Einstellungen* gelangt sie in die Einstellungen der Kennzahlengruppe (Abb. 6.9).

Hier hat Frau Kraut die folgenden Möglichkeiten, die Einstellungen zu ändern:

- Sie kann eine neue Kennzahl aus der Baumstruktur der aktiven Kennzahlengruppe hinzufügen.
- Sie kann eine bestehende Kennzahl aus der aktiven Kennzahlengruppe entfernen.
- Sie kann alle Kennzahlen der aktiven Gruppe entfernen.

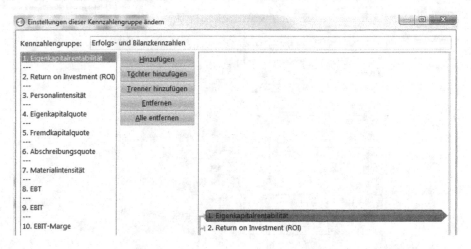

Abb. 6.9 Einstellungen der Kennzahlengruppe (Eigene Darstellung, Corporate Planner, Version 4.4.103.47)

- Sie kann die Tochterfelder des aktiven Feldes in der Baumstruktur der eingestellten Kennzahlengruppe hinzufügen.
- Sie kann Trennzeilen einfügen.
- Sie kann die Reihenfolge der Kennzahlen einer Gruppe durch Verschieben ändern (nach oben bzw. nach unten).

Das aktuelle Feld (die Kennzahl) erscheint in der Auswahlmaske mit seinem Langnamen (Feldbeschreibung) unter der zuvor markierten Kennzahl und steht nun in dieser Kennzahlengruppe für Abfragen permanent zur Verfügung. Frau Kraut bestätigt Ihre Einstellungen anschließend mit OK. Die definierte Kennzahlengruppe können sie und Herr Tau u. a. jetzt immer im Kennzahlenfenster mit dem jeweils gerade gewünschten Berechnungszeitraum und den gewünschten Datenebenen anzeigen lassen und ausdrucken.

Über den Button *Neu* hat Frau Kraut die zweite Kennzahlengruppe Liquiditätskennzahlen (neu) angelegt und dieser die zugehörigen Kennzahlen zugeordnet. Sie hätte noch die Möglichkeiten, über den Button *Kopieren* von der ausgewählten Kennzahlengruppe eine Kopie zu erzeugen und/oder über den Button Löschen die ausgewählte Kennzahlengruppe zu löschen.

Die Ergebnisse der Kennzahlenanalyse für die Erfolgs- und Bilanzkennzahlen sind für das Vorjahr in der Budget- und Ist-Ebene in Abb. 6.10 dargestellt.

Die Ergebnisse der Kennzahlenanalyse für die Erfolgs- und Bilanzkennzahlen sind für das aktuelle Berichtsjahr in der Budget- und Ist-Ebene in Abb. 6.11 dargestellt.

Die Ergebnisse der Kennzahlenanalyse für die Liquiditätskennzahlen sind für das Vorjahr in der Budget- und Ist-Ebene in Abb. 6.12 dargestellt.

Die Ergebnisse der Kennzahlenanalyse für die Liquiditätskennzahlen sind für das aktuelle Berichtsjahr in der Budget- und Ist-Ebene in Abb. 6.13 dargestellt.

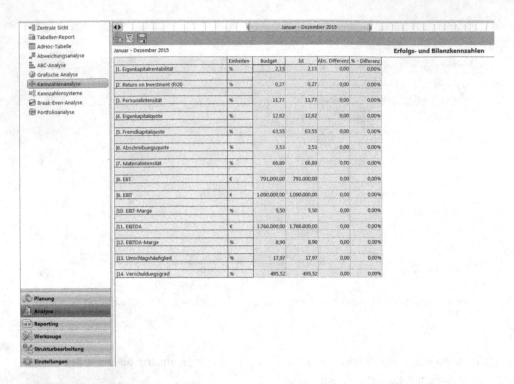

Abb. 6.10 Kennzahlenanalyse der Erfolgs- und Bilanzkennzahlen (Vorjahr) (Eigene Darstellung, Corporate Planner, Version 4.4.103.47)

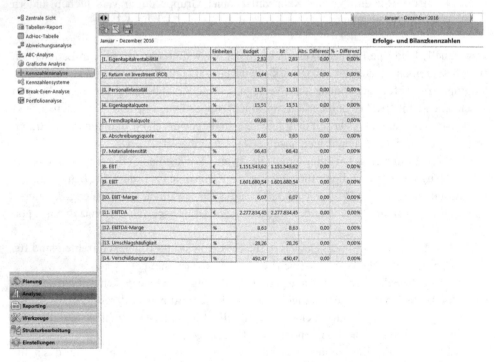

Abb. 6.11 Kennzahlenanalyse der Erfolgs- und Bilanzkennzahlen (Berichtsjahr) (Eigene Darstellung, Corporate Planner, Version 4.4.103.47)

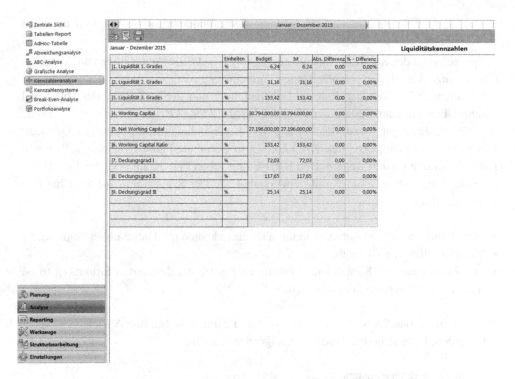

Abb. 6.12 Kennzahlenanalyse der Liquiditätskennzahlen (Vorjahr) (Eigene Darstellung, Corporate Planner, Version 4.4.103.47)

Januar - Dezember 2015 — Liquiditätskennzahlen

	Einheiten	Budget	Ist	Abs. Differenz	% - Differenz
1. Liquidität 1. Grades	%	6,24	6,24	0,00	0,00%
2. Liquidität 2. Grades	%	31,16	31,16	0,00	0,00%
3. Liquidität 3. Grades	%	153,42	153,42	0,00	0,00%
4. Working Capital	€	30.794.000,00	30.794.000,00	0,00	0,00%
5. Net Working Capital	€	27.196.000,00	27.196.000,00	0,00	0,00%
6. Working Capital Ratio	%	153,42	153,42	0,00	0,00%
7. Deckungsgrad I	%	72,03	72,03	0,00	0,00%
8. Deckungsgrad II	%	117,65	117,65	0,00	0,00%
9. Deckungsgrad III	%	25,14	25,14	0,00	0,00%

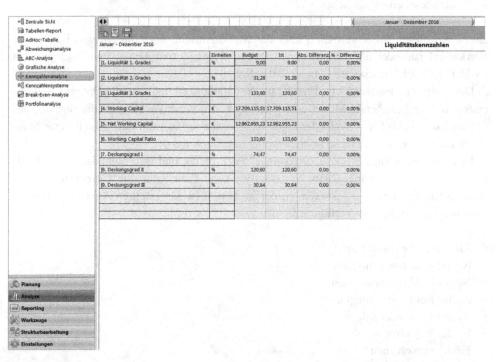

Abb. 6.13 Kennzahlenanalyse der Liquiditätskennzahlen (Berichtsjahr) (Eigene Darstellung, Corporate Planner, Version 4.4.103.47)

Januar - Dezember 2016 — Liquiditätskennzahlen

	Einheiten	Budget	Ist	Abs. Differenz	% - Differenz
1. Liquidität 1. Grades	%	9,00	9,00	0,00	0,00%
2. Liquidität 2. Grades	%	31,28	31,28	0,00	0,00%
3. Liquidität 3. Grades	%	133,60	133,60	0,00	0,00%
4. Working Capital	€	17.709.115,51	17.709.115,51	0,00	0,00%
5. Net Working Capital	€	12.962.955,23	12.962.955,23	0,00	0,00%
6. Working Capital Ratio	%	133,60	133,60	0,00	0,00%
7. Deckungsgrad I	%	74,47	74,47	0,00	0,00%
8. Deckungsgrad II	%	120,60	120,60	0,00	0,00%
9. Deckungsgrad III	%	30,84	30,84	0,00	0,00%

Tab. 6.3 zeigt den Kennzahlenkatalog der Erfolgs- und Bilanzkennzahlen und der Liquiditätskennzahlen mit den entsprechenden Formeln.

In einem *„Vorgang"* der Kennzahlenberechnung und der Erstellung der GuV- und Bilanz-Übersicht kann zudem der *Kontenrahmen-Editor (KRD-Editor)* genutzt werden, der für die Erzeugung und Bearbeitung von Kontenrahmendefinitionen (KRD) dient. Diese im KRD-Editor erstellten KRD können in Corporate Planner für den Aufbau von Baumstrukturen genutzt werden. Den KRD-Editor öffnet Frau Kraut über den Funktionsbereich „Strukturbearbeitung" mit dem Symbol ⊞. Der Kontenrahmen-Editor hat drei Hauptfunktionen:

- die Definition hierarchischer Strukturen (Strukturknoten mit Unterknoten/Feldern),
- die Definition von Kontenbereichen,
- die Zuordnung von Kontenbereichen zu den Knoten der definierten Strukturen (o. V. Handbuch – Corporate Planner2016, S. 518).

In der Benutzeroberfläche des KRD-Editors kann dafür zwischen drei Ansichten gewechselt werden. Unterschieden werden die folgenden Ansichten:

- Kontenzuordnungsansicht,
- Strukturbearbeitungsansicht,
- Kontenbearbeitungsansicht.

Zwischen diesen Ansichten kann über das Menü Ansicht, über die Auswahlbox in der Werkzeugleiste oder über die Tastenkürzel Alt+1, Alt+2 und Alt+3 gewechselt werden (o. V. Handbuch – Corporate Planner 2016, S. 518).

Der Corporate Planner bietet Frau Kraut die Möglichkeit, individuelle Datenmodelle zu erstellen oder bestehende Modelle zu verändern. Auf diese Weise kann die Struktur auf unternehmensspezifische Anforderungen angepasst oder es kann auf mitgelieferte Standards zurückgreifen und diese können weiter angepasst werden.

Über die Funktion *„Struktur bearbeiten"* (vgl. hierzu und im Folgenden o. V. Handbuch – Corporate Planner 2016, S. 100–136) kann Frau Kraut die Corporate Planner Baumstrukturen beliebig gestalten. In der in Abb. 6.14 dargestellten Ansicht stehen ihr folgende Funktionen zur Verfügung:

- Ein neues Feld anlegen
- Neues Feld unten anlegen
- Neues Feld rechts anlegen
- Neues Feld oben anlegen
- Neues Feld links anlegen
- Felder kopieren
- Felder verschieben
- Ausgewählte Felder löschen

Tab. 6.3 Kennzahlenkatalog inkl. Formel – Erfolgs- und Bilanzkennzahlen und Liquiditätskennzahlen (Eigene Darstellung)

I. Erfolgs- und Bilanzkennzahlen

Kennzahl	Formel
1. Eigenkapitalrentabilität	$\dfrac{\text{Jahresüberschuss}}{\text{Eigenkapital}} * 100\%$
2. Return on Investment (ROI)	$\dfrac{\text{Gewinn}}{\text{Umsatz}} * \dfrac{\text{Umsatz}}{\text{Gesamtkapital}} * 100\,\%$
3. Personalintensität	$\dfrac{\text{Personalaufwendungen}}{\text{Betriebsleistung}[2]} * 100\,\%$
4. Eigenkapitalquote	$\dfrac{\text{Eigenkapital}}{\text{Gesamtkapital}} * 100\,\%$
5. Fremdkapitalquote	$\dfrac{\text{Fremdkapital}}{\text{Gesamtkapital}} * 100\,\%$
6. Abschreibungsquote	$\dfrac{\text{Abschreibungen auf Anlagevermögen}}{\text{Anlagevermögen}} * 100\,\%$
7. Materialintensität	$\dfrac{\text{Materialaufwand}}{\text{Betriebsleistung}} * 100\,\%$
8. EBT (Ergebnis der gewöhnlichen Geschäftstätigkeit)	EAT (Jahresüberschuss) + Steueraufwand (Betriebliche Steuern, Steuern vom Einkommen und Ertrag) – Steuerträge

II. Liquiditätskennzahlen

Kennzahl	Formel
1. Liquidität 1. Grades	$\dfrac{\text{flüssige Mittel}}{\text{kurzfristige Verbindlichkeiten}[1]} * 100\%$
2. Liquidität 2. Grades	$\dfrac{\text{flüssige Mittel + kurzfristige Forderungen}}{\text{kurzfristige Verbindlichkeiten}} * 100\,\%$
3. Liquidität 3. Grades	$\dfrac{\text{flüssige Mittel + kurzfristige Forderungen + Vorräte}}{\text{kurzfristige Verbindlichkeiten}} * 100\,\%$
4. Working Capital	Umlaufvermögen – kurzfristige Verbindlichkeiten
5. Net Working Capita	Umlaufvermögen – flüssige Mittel – kurzfr. Fremdkapital
6. Working Capital Ratio[3]	$\dfrac{\text{Umlaufvermögen}}{\text{kurzfristige Verbindlichkeiten}} * 100\,\%$
7. Deckungsgrad I	$\dfrac{\text{Eigenkapital}}{\text{Anlagevermögen}} * 100\,\%$
8. Deckungsgrad II	$\dfrac{\text{Eigenkapital + langfristiges Fremdkapital}[4]}{\text{Anlagevermögen}} * 100\,\%$

Tab. 6.3 (Fortsetzung)

I. Erfolgs- und Bilanzkennzahlen		II. Liquiditätskennzahlen	
Kennzahl	Formel	Kennzahl	Formel
9. EBIT	EBT + Zinsaufwand und sonst. Finanzaufwand - Zinsertrag und sonst. Finanzertrag	9. Deckungsgrad III	$\dfrac{\text{Eigenkapital + langfristiges Fremdkapital}}{\text{Anlagevermögen + Vorräte}} * 100\,\%$
10. EBIT-Marge	$\dfrac{\text{EBIT}}{\text{Umsatzerlöse}} * 100\,\%$		
11. EBITDA	EBIT + Abschreibungen auf das AV - Zuschreibungen zum AV		
12. EBITDA-Marge	$\dfrac{\text{EBITDA}}{\text{Umsatzerlöse}} * 100\,\%$		
13. Umschlagshäufigkeit	$\dfrac{\text{Umsatzerlöse}}{\text{(durchschnittl.) Gesamtkapital}} * 100\,\%$		
14. Verschuldungsgrad	$\dfrac{\text{Fremdkapital}}{\text{Eigenkapital}} * 100\,\%$		

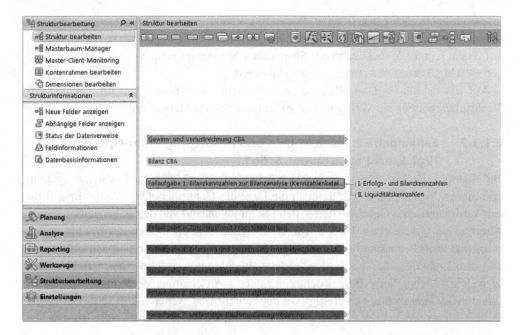

Abb. 6.14 Ansicht Struktur bearbeiten (Eigene Darstellung, Corporate Planner, Version 4.4.103.47)

- Eigenschaften dieses Feldes ändern
- Felder mit anderen Dateien austauschen
- Formeln in Tochterfeldern automatisch generieren
- Kennzahlen in Tochterfeldern automatisch generieren
- Datenabgleich
- Datenverweise automatisch generieren
- Endfelder wandeln
- Feldgruppen
- Forecastübersicht
- Investitionsbäume der Datenbasis aktualisieren
- Nicht bebuchte Felder ausblenden
- Zuordnung von Datenverweisen
- Status der Datenverweise
- Berechnungsabhängige Felder im Baum markieren
- Neue Felder im Baum anzeigen
- Neue Felder im Baum selektieren
- Sortieren.

Diese Funktionen kann sich Frau Kraut ebenfalls in Form einer Arbeitsleiste anzeigen lassen. Die Änderung der Darstellungsform erfolgt über die Funktion *„Moduleinstellungen"* im Funktionsbereich Einstellungen. In der Registerkarte „*Darstellung*" sind im Bereich „*Struktur ändern*" die zwei Kontrollkästchen zu aktivieren. Alternativ dazu ist es möglich, mit einem rechten Mausklick in der Strukturbearbeitung ein Kontextmenü zu öffnen und den Befehl „*Symbolleiste anzeigen*" zu aktivieren.

Auf die detaillierte Darstellung dieser hilfreichen Funktionen, die im Rahmen der Strukturbearbeitung zur Verfügung stehen, muss an dieser Stelle verzichtet werden.

6.1.3.2   Fallaufgabe 2: Produktions- und Absatzprogramm-Optimierung (Vgl. Specht et al. (2006), S. 66 f.)

Die Campus Bicycle Allround GmbH möchte ihr Produktions- und Absatzprogramm optimieren. Versetzen Sie sich dafür in die Lage des Controllers Otto Lustig. Er soll für den kaufmännischen Geschäftsführer Peter Schmidt anhand von drei Kapazitätsangaben-Alternativen (Alternativen 1 bis 3) für die Geschäftsbereiche Standardräder, Mountainbikes und Profi-Rennräder für Januar folgende unten stehenden Informationen aufbereiten und ihm Ergebnisse darüber liefern, welche Produkte von welchen Geschäftsbereichen in welcher Menge unter Berücksichtigung der Erwirtschaftung eines möglichst hohen Gesamt-Deckungsbeitrages gefertigt werden sollen. Des Weiteren soll Otto Lustig die Produktionsprogramme der Kostenstellen sowie das Absatzprogramm erstellen und den Deckungsbeitrag ermitteln.

In der *Baumstruktur* hat Herr Lustig unter „*Allgemeine Angaben*" Informationen hinterlegt, die ihm für die Produktions- und Absatzprogrammoptimierung zur Verfügung stehen. Die allgemeinen Angaben werden im Folgenden anhand der Funktion des *Tabellen-Reports* dargestellt. Der Tabellen-Report bietet AnwenderInnen Möglichkeiten zur Erstellung einer individuellen Tabellenansicht. Im Gegensatz zu einer AdHoc-Tabelle können die Ansichten abgespeichert und jederzeit wieder aufgerufen werden. Insgesamt stellt der Tabellen-Report das Grundgerüst eines Reports dar, sodass der Tabellen-Report ins Reporting überführt und mit allen Layoutfunktionen angepasst werden kann. Im Corporate Planner gelangt Herr Lustig über die drei Funktionsbereiche Planung, Analyse und Reporting zur Funktion Tabellen-Report. Das Symbol des Tabellen-Reports ist: 🖩. Folgende Angaben stehen Herrn Lustig zur Verfügung.

Tab. 6.4 stellt als Tabellen-Report die zur Verfügung gestellten Produktinformationen dar.

Tab. 6.5 stellt als Tabellen-Report die zur Verfügung gestellten Fertigungszeiten dar.

Tab. 6.6 stellt als Tabellen-Report die zur Verfügung gestellten Lagerbestände dar.

Unter dem Dialog *Feldeigenschaften* kann Herr Lustig Einstellungen, wie z. B. die Namens- oder Einheitsvergabe, die farbliche Gestaltung eines Feldes sowie die Darstellungsweise von Zahlen bestimmen. Außerdem besteht die Möglichkeit, Feldnotizen zu hinterlegen. Herr Lustig hinterlegt hier folgende Feldnotiz: „*Die Lagerbestände sind Mindestbestände. Sie sollen nur im äußersten Notfall und dann auch nur produktspezifisch angegriffen werden!*" Tab. 6.7 zeigt die Kapazitätsangaben im Monat Januar des aktuellen Geschäftsjahres für die Montage und Löterei je Alternative 1, 2 und 3.

Tab. 6.4 Tabellen-Report „Produktinformationen" (Eigene Darstellung, Corporate Planner, Version 4.4.103.47)

Beschreibung	Einheit	Budget ▾	Ist	Abs. Differenz Ist - Budget	% - Differenz Ist - Budget
⌄ Produktinformationen		0,00	0,00	0,00	
⌄ Absatzplan (pro Monat)	ME	0,00	0,00	0,00	
Standardräder	ME	10.000,00	10.000,00	0,00	0,00%
Mountainbikes	ME	8.500,00	8.500,00	0,00	0,00%
Profi-Rennräder	ME	6.000,00	6.000,00	0,00	0,00%
⌄ Erlös (pro Stück)	€	0,00	0,00	0,00	
Profi-Rennräder	€	2.500,00	2.500,00	0,00	0,00%
Mountainbikes	€	2.000,00	2.000,00	0,00	0,00%
Standardräder	€	1.000,00	1.000,00	0,00	0,00%
⌄ variable Kosten (pro Stück)	€	0,00	0,00	0,00	
Profi-Rennräder	€	750,00	750,00	0,00	0,00%
Mountainbikes	€	700,00	700,00	0,00	0,00%
Standardräder	€	250,00	250,00	0,00	0,00%

Tab. 6.5 Tabellen-Report „Fertigungszeiten" (Eigene Darstellung, Corporate Planner, Version 4.4.103.47)

Beschreibung	Einheit	Budget ▾	Ist	Abs. Differenz Ist - Budget	% - Differenz Ist - Budget
⌄ Fertigungszeiten	Std	0,00	0,00	0,00	
⌄ Montagezeit (pro Stück)	Std	0,00	0,00	0,00	
Mountainbikes	Std	2,00	2,00	0,00	0,00%
Profi-Rennräder	Std	1,80	1,80	0,00	0,00%
Standardräder	Std	1,20	1,20	0,00	0,00%
⌄ Lötzeit (pro Stück)	Std	0,00	0,00	0,00	
Mountainbikes	Std	0,60	0,60	0,00	0,00%
Profi-Rennräder	Std	0,50	0,50	0,00	0,00%
Standardräder	Std	0,40	0,40	0,00	0,00%

Tab. 6.6 Tabellen-Report „Lagerbestände" (Eigene Darstellung, Corporate Planner, Version 4.4.103.47)

Beschreibung	Einheit ▾	Budget	Ist	Abs. Differenz Ist - Budget	% - Differenz Ist - Budget
⌄ Lagerbestände	ME	0,00	0,00	0,00	
⌄ Anfangsbestände unfertige Erzeugnisse (gelötete Rahmen)	ME	0,00	0,00	0,00	
Standardräder	ME	650,00	650,00	0,00	0,00%
Mountainbikes	ME	850,00	850,00	0,00	0,00%
Profi-Rennräder	ME	600,00	600,00	0,00	0,00%
⌄ Fertigwarenlager	ME	0,00	0,00	0,00	
Standardräder	ME	135,00	135,00	0,00	0,00%
Mountainbikes	ME	425,00	425,00	0,00	0,00%
Profi-Rennräder	ME	90,00	90,00	0,00	0,00%

Bevor Herr Lustig für die jeweiligen Alternativen die Kapazitätsprüfung, die Festlegung der Produktrangfolge, den Produktions- und Absatzplan festlegt, ermittelt er im Corporate Planner anhand der Formelfunktion den Lötzeitbedarf für die Standardräder, Mountainbikes und Profi-Rennräder. Die Formelfunktion für die Berechnung des Lötzeitbedarfes der Standardräder ist in Abb. 6.15 dargestellt.

Tab. 6.7 Tabellen-Report „Kapazitätsangaben" (Eigene Darstellung, Corporate Planner, Version 4.4.103.47)

Beschreibung	Einheit ▾	Budget	Ist	Abs. Differenz Ist - Budget	% - Differenz Ist - Budget
⌄ Kapazitätsangaben (pro Monat)	Std	0,00	0,00	0,00	
⌄ Alternative 1	Std	0,00	0,00	0,00	
Montage	Std	42.130,00	42.130,00	0,00	0,00%
Löterei	Std	13.300,00	13.300,00	0,00	0,00%
⌄ Alternative 2	Std	0,00	0,00	0,00	
Montage	Std	37.900,00	37.900,00	0,00	0,00%
Löterei	Std	13.300,00	13.300,00	0,00	0,00%
⌄ Alternative 3	Std	0,00	0,00	0,00	
Montage	Std	37.900,00	37.900,00	0,00	0,00%
Löterei	Std	11.050,00	11.050,00	0,00	0,00%

Eigenschaften des Formelfeldes

Form**e**l:

F0*F1

Feld-Platzhalter:

| f0 | ...nd Absatzprogramm-Optimierung ...¬Absatzplan (pro Monat) | **Standardräder** |
| f1 | ...ons- und Absatzprogramm-Optimierung ...¬Lötzeit (pro Stück) | **Standardräder** |

Abb. 6.15 Formelfeld „Lötzeitbedarf der Standardräder" (Eigene Darstellung, Corporate Planner, Version 4.4.103.47)

Der Tabellen-Report in Tab. 6.8 stellt alle Lötzeitbedarfe übersichtlich dar.

Herr Lustig beginnt mit der Kapazitätsprüfung für Alternative 1. Für die Ist-Kapazität der Montage verweist er mithilfe des Querverweises auf die *Allgemeinen Angaben → Kapazitätsangaben (pro Monat) → Alternative 1 → Montage.* Analog geht er für die Darstellung der Ist-Kapazität für die Löterei vor: *Allgemeinen Angaben → Kapazitätsangaben (pro Monat) → Alternative 1 → Löterei.* Ein *Querverweisfeld* ist ein Feld, welches seine Daten über eine Referenz auf ein anderes Feld der gleichen Datenbasis erhält (Eins-zu-eins-Zuordnung). Durch den Querverweis wird somit eine Verknüpfung zwischen den beiden Feldern generiert. Die Zuordnung von Querverweis-Feldern ermöglicht den

Tab. 6.8 Tabellen-Report „Übersicht der Lötzeitbedarfe" (Eigene Darstellung, Corporate Planner, Version 4.4.103.47)

Beschreibung	Einheit ▾	Budget	Ist	Abs. Differenz Ist - Budget	% - Differenz Ist - Budget
⌄ Lötzeitbedarf	Std	12.100,00	12.100,00	0,00	0,00%
Standardräder	Std	4.000,00	4.000,00	0,00	0,00%
Mountainbikes	Std	5.100,00	5.100,00	0,00	0,00%
Profi-Rennräder	Std	3.000,00	3.000,00	0,00	0,00%

Aufbau unterschiedlicher Baumstrukturen oder Sichtweisen, ohne dass Daten doppelt erfasst werden müssen. Ein Querverweisfeld hat im Corporate Planner folgendes Symbol: 🗗. Im Bereich Struktur bearbeiten → *Feldeigenschaften* → *Feldart: Querverweis* wird der Querverweis erzeugt. Es erscheint das Fenster *Feldauswahl*, in dem das Feld in der Baumstruktur auszuwählen ist, auf das verwiesen werden soll. Die Ist-Kapazität beträgt für Alternative 1 für die Montage 42.130 Std. und für die Löterei 13.300 Std.

Die Plan-Kapazität wird anhand eines Formelfeldes berechnet. Abb. 6.16 gibt die Eigenschaften des Formelfeldes für die Berechnung der Plan-Kapazität der Montage an.

Analog ist Herr Lustig für die Berechnung der Plan-Kapazitätsstunden der Löterei vorgegangen. Für die Montage ergibt sich demnach eine Plan-Kapazität in Höhe von 39.800 Std. und für die Löterei von 12.100 Std. Nach der Ist- und Plan-Kapazitätsprüfung hat Herr Lustig die Über- bzw. Unterdeckung mithilfe der Formelfunktion berechnet. Abb. 6.17 zeigt die Berechnung der Über- bzw. Unterdeckung für die Montage.

Abb. 6.18 zeigt den Tabellen-Report inklusive der Baumstruktur für die Kapazitätsprüfung der 1. Alternative.

Das Entscheidungskriterium ist hier der absolute Deckungsbeitrag! Der absolute Deckungsbeitrag oder Gesamtdeckungsbeitrag ist die Gesamtsumme der erzielten Deckungsbeiträge über einen festgelegten Zeitraum. Die Formel für den absoluten Deckungsbeitrag lautet: *Erlös – variable Kosten*. Herr Lustig hat deshalb im nächsten Schritt die Produktrangfolge anhand des Deckungsbeitrages festgelegt. Erlös und

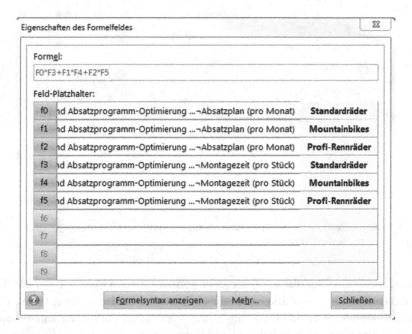

Abb. 6.16 Eigenschaften des Formelfeldes „Plan-Kapazität Montage" (Eigene Darstellung, Corporate Planner, Version 4.4.103.47)

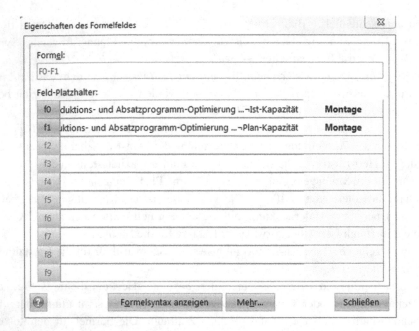

Abb. 6.17 Eigenschaften des Formelfeldes „Über-Unterdeckung Montage" (Eigene Darstellung, Corporate Planner, Version 4.4.103.47)

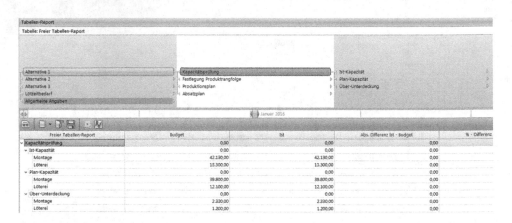

Abb. 6.18 Tabellen-Report inkl. Baumstruktur „Kapazitätsprüfung (Alternative 1)" (Eigene Darstellung, Corporate Planner, Version 4.4.103.47)

variable Kosten hat er hierfür als Querverweise und für die Grundlage der Deckungsbeitragsberechnung in seiner Baumstruktur als jeweilige Felder hinterlegt. Mithilfe der Formelfeldfunktion hat er den Deckungsbeitrag für die drei Fahrradvarianten Standardräder, Mountainbikes und Profi-Rennräder berechnet. Abb. 6.19 zeigt die Berechnung des Deckungsbeitrages für die Variante Standardräder.

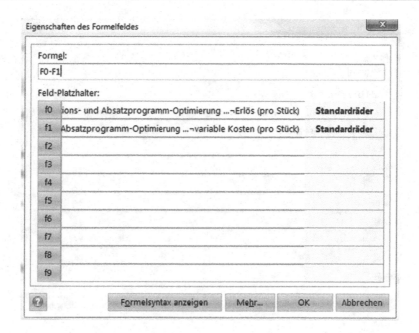

Abb. 6.19 Eigenschaften des Formelfeldes „Deckungsbeitrag I – Standardräder (Alternative 1)" (Eigene Darstellung, Corporate Planner, Version 4.4.103.47)

Für die Variante Standardräder ergibt sich somit ein Deckungsbeitrag in Höhe von 750,00 EUR/Stück (= 3. Produktrangfolge), für die Variante Mountainbikes in Höhe von 1.300,00 EUR/Stück (2. Produktrangfolge) und für die Variante Profi-Rennräder in Höhe von 1.750,00 EUR/Stück (1. Produktrangfolge). Der Deckungsbeitrag pro Einheit ist relevant, wenn bei einem Kunden oder in einem Marktsegment ein mengenmäßiger Engpass besteht. Die Produkte mit den höchsten Deckungsbeiträgen pro Einheit sind dann förderungswürdig. Hieraus resultiert die gezeigte Produktrangfolge.

Des Weiteren hat Herr Lustig den Deckungsbeitrag in Prozent des Umsatzes (DBU) berechnet. Der DBU-Faktor ist die wesentliche Kennzahl, wenn der Engpass der Umsatz des Kunden ist. Das ist dann der Fall, wenn ein Kunde einen Einkaufs-Etat einhalten muss oder wenn der Anbieter aus Finanz-Engpassgründen die Debitorenhöhe zu begrenzen hat. Die Formelfunktion bzw. die Berechnung des Deckungsbeitrags in Prozent des Umsatzes für die Variante Standardräder ist in Abb. 6.20 dargestellt.

Abb. 6.21 zeigt den Tabellen-Report inklusive der Baumstruktur für die einzelnen Fahrradvarianten sowie die gewählte Produktrangfolge der 1. Alternative.

Im nächsten Schritt hat Herr Lustig den Produktionsplan erstellt und zwar für jede Fahrradvariante je Kostenstelle. Herr Lustig hat bspw. für die Kostenstelle Löterei eine Produktion (Lötzeitbedarf Profi-Rennräder/Lötzeit (pro Stück) Profi-Rennräder) in Höhe von 6.000 Profi-Rennrädern mithilfe der Formelfunktion berechnet. Für die Kostenstelle Montage hat er ebenfalls mithilfe der Formelfunktion (Absatzplan (pro Monat) Profi-Rennräder*Montagezeit (pro Stück) Profi-Rennräder/Montagezeit (pro Stück) Profi-Rennräder) 6.000 Profi-Rennräder berechnet. Hier liegt somit kein Engpass vor. Der

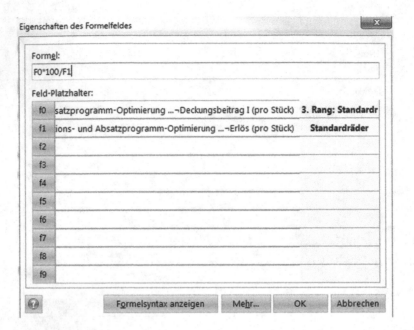

Abb. 6.20 Eigenschaften des Formelfeldes „DBU I – Standardräder (Alternative 1)" (Eigene Darstellung, Corporate Planner, Version 4.4.103.47)

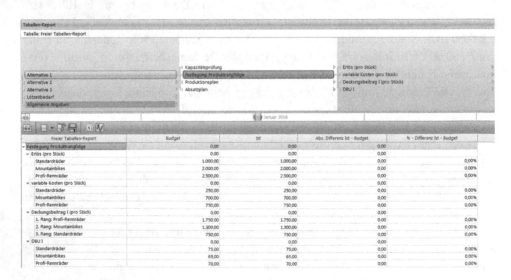

Abb. 6.21 Tabellen-Report inkl. Baumstruktur „Festlegung der Produktrangfolge (Alternative 1)" (Eigene Darstellung, Corporate Planner, Version 4.4.103.47)

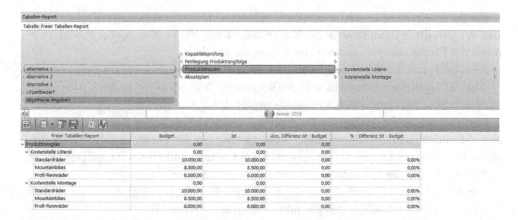

Abb. 6.22 Tabellen-Report inkl. Baumstruktur „Produktionsplan (Alternative 1)" (Eigene Darstellung, Corporate Planner, Version 4.4.103.47)

Tabellen-Report inklusive der Baumstruktur, dargestellt in Abb. 6.22, stellt den Produktionsplan der Kostenstellen und der jeweiligen Fahrradvarianten dar.

Der Absatzplan für Alternative 1 inklusive der zu produzierenden und max. abzusetzenden Fahrradvarianten (unter Berücksichtigung des Fertigwarenbestandes) und die Berechnung des Deckungsbeitrages je Fahrradvariante sowie des Deckungsbeitrags insgesamt werden in Abb. 6.23 veranschaulicht.

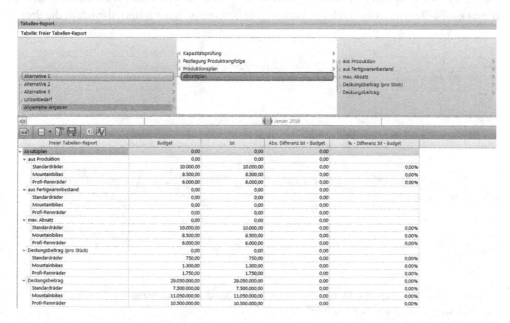

Abb. 6.23 Tabellen-Report inkl. Baumstruktur „Absatzplan (Alternative 1)" (Eigene Darstellung, Corporate Planner, Version 4.4.103.47)

Für die Alternativen 2 und 3 werden im Folgenden in Form von Tabellen-Reports inklusive der jeweiligen Baumstruktur die Kapazitätsprüfung, die Festlegung der Produktrangfolge, der Produktionsplan und der Absatzplan dargestellt.

Abb. 6.24 stellt die Kapazitätsprüfung für Alternative 2 dar.

Abb. 6.25 gibt einen Überblick über die festgelegte Produktrangfolge der 2. Alternative.

Abb. 6.26 veranschaulicht den Produktionsplan der 2. Alternative.

In Abb. 6.27 ist der Absatzplan für Alternative 2, inklusive der produzierten und max. abzusetzenden Fahrradvarianten (unter Berücksichtigung des Fertigwarenbestandes) und die Berechnung des Deckungsbeitrages je Fahrradvariante und insgesamt, dargestellt.

Abb. 6.28 stellt die Kapazitätsprüfung für Alternative 3 dar.

Tab. 6.9 gibt einen Überblick über die festgelegte Produktrangfolge der 3. Alternative.

Abb. 6.29 veranschaulicht den Produktionsplan der 3. Alternative.

In Abb. 6.30 ist der Absatzplan für Alternative 3, inklusive der zu produzierenden und max. abzusetzenden Fahrradvarianten (unter Berücksichtigung des Fertigwarenbestandes) und die Berechnung des Deckungsbeitrages je Fahrradvariante und insgesamt, dargestellt.

Eine weitere Möglichkeit, die Herr Lustig in Corporate Planner verwenden kann, ist der *Datenimport* (vgl. hierzu und im Folgenden o. V. Handbuch – Corporate Planner 2016, S. 450–485). Hiermit kann er aus externen Anwendungen (z. B. aus der FiBu) über ASCII-Listen (Textquellen), Excel-Tabellen, CSV-Dateien, Datenbanken oder XML-Dateien sowie über die Definition eines Importscripts für Investitionen Daten importieren. Eine Importkonfiguration wird mithilfe des Import-Wizards ausgeführt.

Zum Nachvollziehen der Importmethoden wird im Folgenden im Funktionsbereich *Werkzeuge* die Funktion „*Daten importieren*" durchgeführt. Das Symbol für Daten importieren ist ⯈. Der Arbeitsbereich der Funktion *Daten importieren* unterteilt sich in die drei

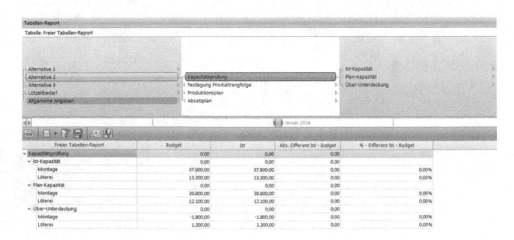

Abb. 6.24 Tabellen-Report inkl. Baumstruktur „Kapazitätsprüfung (Alternative 2)" (Eigene Darstellung, Corporate Planner, Version 4.4.103.47)

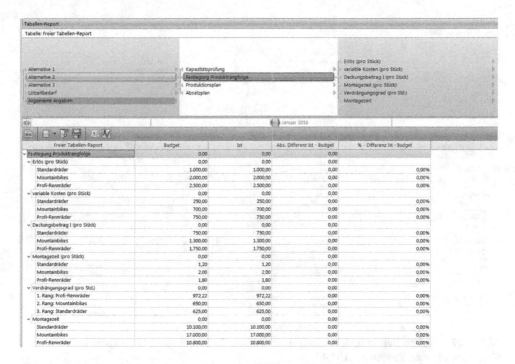

Abb. 6.25 Tabellen-Report inkl. Baumstruktur „Festlegung der Produktrangfolge (Alternative 2)" (Eigene Darstellung, Corporate Planner, Version 4.4.103.47)

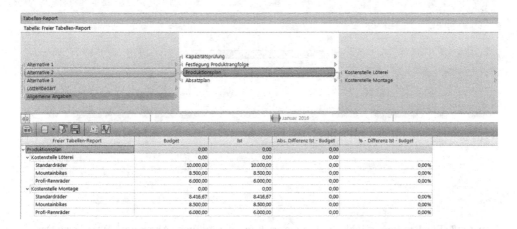

Abb. 6.26 Tabellen-Report inkl. Baumstruktur „Produktionsplan (Alternative 2)" (Eigene Darstellung, Corporate Planner, Version 4.4.103.47)

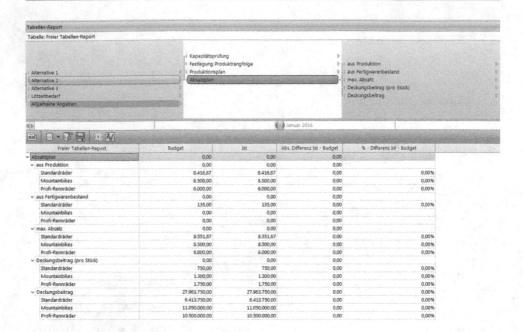

Abb. 6.27 Tabellen-Report inkl. Baumstruktur „Absatzplan (Alternative 2)" (Eigene Darstellung, Corporate Planner, Version 4.4.103.47)

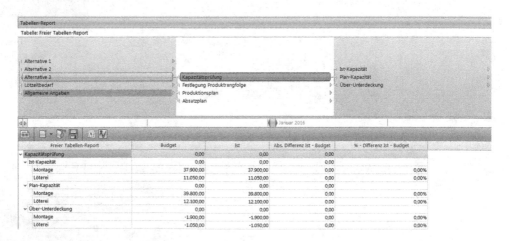

Abb. 6.28 Tabellen-Report inkl. Baumstruktur „Kapazitätsprüfung (Alternative 3)" (Eigene Darstellung, Corporate Planner, Version 4.4.103.47)

Tab. 6.9 Tabellen-Report „Festlegung der Produktrangfolge (Alternative 3)" (Eigene Darstellung, Corporate Planner, Version 4.4.103.47)

Freier Tabellen-Report	Budget	Ist	Abs. Differenz Ist - Budget	% - Differenz Ist - Budget
∨ Festlegung Produktrangfolge	0,00	0,00	0,00	
∨ Erlös (pro Stück)	0,00	0,00	0,00	
Standardräder	1.000,00	1.000,00	0,00	0,00%
Mountainbikes	2.000,00	2.000,00	0,00	0,00%
Profi-Rennräder	2.500,00	2.500,00	0,00	0,00%
∨ variable Kosten (pro Stück)	0,00	0,00	0,00	
Standardräder	250,00	250,00	0,00	0,00%
Mountainbikes	700,00	700,00	0,00	0,00%
Profi-Rennräder	750,00	750,00	0,00	0,00%
∨ Deckungsbeitrag I (pro Stück)	0,00	0,00	0,00	
Standardräder	750,00	750,00	0,00	0,00%
Mountainbikes	1.300,00	1.300,00	0,00	0,00%
Profi-Rennräder	1.750,00	1.750,00	0,00	0,00%
∨ Montagezeit (pro Stück)	0,00	0,00	0,00	
Standardräder	1,20	1,20	0,00	0,00%
Mountainbikes	2,00	2,00	0,00	0,00%
Profi-Rennräder	1,80	1,80	0,00	0,00%
∨ DB Montagestd. Verdrängungsgrad (pro Std.)	0,00	0,00	0,00	
1. Rang: Profi-Rennräder	972,22	972,22	0,00	0,00%
2. Rang: Mountainbikes	650,00	650,00	0,00	0,00%
3. Rang: Standardräder	625,00	625,00	0,00	0,00%
∨ Montagezeit	0,00	0,00	0,00	
Standardräder	10.100,00	10.100,00	0,00	0,00%
Mountainbikes	17.000,00	17.000,00	0,00	0,00%
Profi-Rennräder	10.800,00	10.800,00	0,00	0,00%
∨ Lötzeit (pro Stück)	0,00	0,00	0,00	
Standardräder	0,40	0,40	0,00	0,00%
Mountainbikes	0,60	0,60	0,00	0,00%
Profi-Rennräder	0,50	0,50	0,00	0,00%
∨ DB Lötereistd. Verdrängungsgrad (pro Std.)	0,00	0,00	0,00	
1. Rang: Profi-Rennräder	3.500,00	3.500,00	0,00	0,00%
2. Rang: Mountainbikes	2.166,67	2.166,67	0,00	0,00%
3. Rang: Standardräder	1.875,00	1.875,00	0,00	0,00%
∨ Lötzeit	0,00	0,00	0,00	
Standardräder	2.950,00	2.950,00	0,00	0,00%
Mountainbikes	5.100,00	5.100,00	0,00	0,00%
Profi-Rennräder	3.000,00	3.000,00	0,00	0,00%

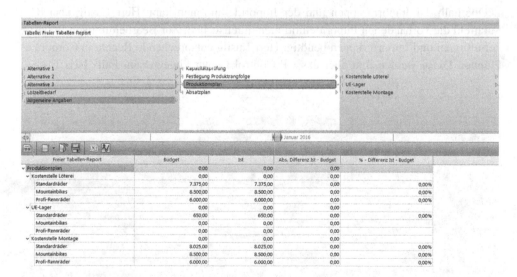

Abb. 6.29 Tabellen-Report inkl. Baumstruktur „Produktionsplan (Alternative 3)" (Eigene Darstellung, Corporate Planner, Version 4.4.103.47)

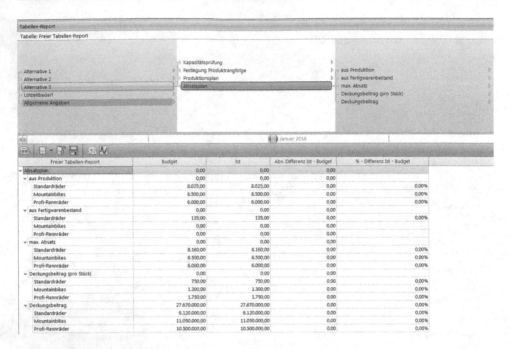

Abb. 6.30 Tabellen-Report inkl. Baumstruktur „Absatzplan (Alternative 3)" (Eigene Darstellung, Corporate Planner, Version 4.4.103.47)

Bereiche Importgruppen (links), Importdefinitionen (rechts) und Importstatus (unten), Abb. 6.31 stellt den Arbeitsbereich des Datenimports dar.

Oberhalb der Importgruppen und der Importdefinitionen kann Herr Lustig über das Suchfeld die vorhandenen Importdefinitionen durchsuchen. Zur Bearbeitung von Import-definitionen und Importgruppen benötigt Herr Lustig entsprechende Rechte in Corporate Planner. Diese werden ihm über das CP-Control Center zugewiesen. Falls Herr Lustig

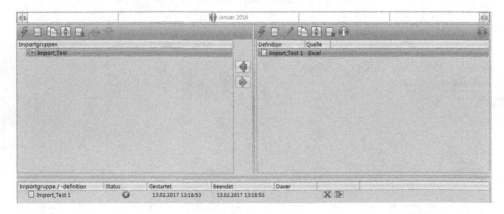

Abb. 6.31 Arbeitsbereich des Datenimports (Eigene Darstellung, Corporate Planner, Version 4.4.103.47)

beim Import nur die Daten für einen bestimmten Zeitraum importieren möchte, wählt er hier den gewünschten Zeitraum über den Zeitschieber aus. Innerhalb des Import-Wizards kann er im Verlaufsschritt *„Erweiterte Einstellungen"* über die Option *„Daten nach Zeitraum filtern"* den Import bez. der Einstellung des Zeitschiebers filtern.

Auf der rechten Seite des Arbeitsbereichs sind, sofern bereits vorhanden, *Importdefinitionen* hinterlegt. In der Arbeitsleiste stehen Herrn Lustig die folgenden Funktionen zur Anpassung der Importdefinitionen zur Verfügung.

- Über den Button *„Importdefinition ausführen"* startet Herr Lustig den Datenimport der ausgewählten Importdefinition. Um zu überprüfen, ob der Datenimport erfolgreich war, wird ihm der Status im unteren Arbeitsbereich angezeigt. Symbol für Importdefinition ausführen: ⚡.
- Um eine neue Importdefinition zu erstellen, muss Herr Lustig den Button *„Neue Importdefinition erstellen"*, bestätigen. Anschließend gibt er seiner Importdefinition einen Namen und wählt den Typ der Datenquelle aus. Symbol für Neue Importdefinition erstellen: 🗎.
- Wählt Herr Lustig aus der Liste eine bereits vorhandene Importdefinition aus und klickt auf den Button „Importdefinition bearbeiten", öffnet sich der Import-Wizard, der ihm durch die Konfiguration des Imports leitet. Hier kann er an der gewünschten Stelle die notwendige/n Änderung/en vornehmen. Symbol für Importdefinition bearbeiten: ✏.
- Über den Button *„Importdefinition kopieren"* legt Herr Lustig von einer bereits erzeugten Importdefinition eine Kopie an. Diese Kopie erscheint in der Liste der Importdefinitionen und enthält bis auf die Zuordnung des Importbereichs die identischen Einstellungen wie die kopierte Importdefinition. Symbol für Importdefinition kopieren: 🖺.
- Herr Lustig kann zudem nach Auswahl aus der Importdefinition-Liste per Klick auf den Button *„Importdefinition umbenennen"* den Namen dieser Importdefinition abändern. Symbol für Importdefinition umbenennen: 🅰🅱.
- Über den Button *„Importdefinition löschen"* kann Herr Lustig eine oder mehrere ausgewählte Importdefinitionen entfernen. Symbol für Importdefinition löschen: 🗎×.
- Falls Herr Lustig einen XML-Import definiert hat, kann er auf den Button *„Importdefinition anzeigen"* klicken und sich eine Zusammenfassung dieser Importdefinition aufrufen, in der er seine vorgenommene Konfiguration überprüfen kann. Bei *allen* anderen Importtypen gelangt er in den Konfigurationsschritt *„Beschreibung"*, in dem er manuell eine Notiz hinterlegen kann. Symbol für Importdefinition anzeigen: ❶.
- In den *Logeinstellungen* ist es Herrn Lustig möglich den Detaillierungsgrad für das Log festzulegen. Es stehen Herrn Lustig dieselben Stufen wie in den CP-Suite Einstellungen zur Verfügung.

Im unteren Arbeitsbereich findet Herr Lustig eine Übersicht zum Status der ausgeführten Importdefinitionen. In dieser Statusübersicht erhält er Detailinformationen zu den ausgeführten Imports. Hier sieht er die Importgruppe/-definition, den Status, Start- und Endzeitpunkt sowie die Dauer. Des Weiteren kann er mit der Maus über das Symbol in der Spalte „*Status*" fahren und es erscheint eine kurze Übersicht zum jeweiligen Import. Diese enthält z. B. die Anzahl der aufgetretenen Fehler, Warnungen, neuer Felder oder unbekannter Konten. Folgende Symbole können nach dem abgeschlossenen Datenimport in der Spalte „*Status*" erscheinen:

- Symbol für Import erfolgreich ausgeführt: ✓,
- Symbol für Warnung: ⚠,
- Symbol für Fehler: ✖.

Es empfiehlt sich, nach jedem wichtigen Import den Status zu überprüfen, um Fehlern vorzubeugen. Mit einem Klick auf „*Importlog anzeigen*" öffnet sich das Importlog des entsprechenden Datenimports. Im Importlog werden prinzipiell alle Aktionen des Imports mitgeschrieben, die für eine spätere Untersuchung eines Vorgangs erforderlich sind oder sein könnten. Sofern Herr Lustig im Status bspw. eine Warnung oder einen Fehler entdeckt hat, kann er im Importlog mögliche Ursachen herausfinden. Der Umfang des Importlogs ist abhängig von den Logeinstellungen des Imports (Button rechts in der Arbeitsleiste).

- Symbol für Importlog zeigen: 📑.
- Symbol für Logeinstellung: ⚙.

Falls Herr Lustig einen Import aus der Statusübersicht entfernen möchte, klickt er auf „*Importstatistik löschen*" in der entsprechenden Zeile. Symbol für Importstatistik löschen: ✖.

Derweilen kann Herr Lustig Daten aus unterschiedlichen Datenquellen in Corporate Planner importieren: Text, MS Excel, CSV, Datenbank, XML Datei, Import aus Datev oder Import in das Investitionsmanagement (.xls,.xlsx). Falls eine Integration zu einem Vorsystem (z. B. SAP, DATEV, SAP R3, FibuNet, Varial) lizenziert wurde, stehen ihm diese Schnittstelle in der Typliste zur Auswahl. Abhängig von der gewählten Importquelle gestalten sich die Konfigurationsschritte des Import-Wizards teilweise unterschiedlich.

Im Folgenden werden die einzelnen Schritte der Importkonfiguration mithilfe des Import-Wizards am Beispiel einer Text-Datei und einer Excel-Quelle erläutert. Da die Reihenfolge und die Einstellungsmöglichkeiten des Import-Wizards bei diesen Quelltypen nahezu identisch sind, werden diese gemeinsam erläutert. Sofern Unterschiede im Aufbau der einzelnen Schritte auftreten, werden diese separat aufgezeigt.

Über den Button „*Neue Importdefinition erstellen*" im rechten Bereich der Arbeitsleiste öffnet Herr Lustig den gleichnamigen Dialog. Er gibt der Importdefinition einen Namen und wählt anschließend den Typ der Quelle aus. Dabei bestimmt er, dass er in diesem Beispiel einen *Excel-Import* durchführen möchte. Nach Bestätigung der Einstellungen mit „*OK*" gelangt er in das Fenster „*Konfiguration für den [Importtyp] Import [Name der Importdefinition]*". An dieser Stelle startet der Import-Wizard, der Herrn Lustig schrittweise durch die notwendigen Importeinstellungen führt. Dieser wird in den nächsten Abschnitten näher erläutert.

Nach dem Anlegen einer neuen Importdefinition befindet sich Herr Lustig im ersten Schritt des Import-Wizards. Hier wählt er den Importbereich aus. Er bestimmt sozusagen, wo die Daten und Strukturen aus dem Vorsystem in der Baumstruktur eingefügt werden sollen. Dabei stehen Herrn Lustig zwei Optionen zur Auswahl:

- Nach Auswahl der Option *„Gesamte Datenbasis"* gilt der Datenimport für die gesamte Datenbasis.
- Nach Auswahl der Option *„Nur aktueller Zweig"* definiert er über den Button *„Eltern-feld"* ein Feld in der Baumstruktur, von dem ausgehend der Import erfolgen soll. Falls er diese Option auswählt, selektiert er anschließend das zuvor angelegte Feld *„Daten-import"*. Mit *„Weiter"* gelangt er in den nächsten Konfigurationsschritt, mit *„Fertig-stellen"* speichert er seine Einstellungen und mit *„Abbrechen"* verwirft er diese und springt zurück in das Ausgangsfenster *„Datenimport"*.

Unter *Datenquelle auswählen* wählt Herr Lustig die Quelle aus, aus der die Daten importiert werden sollen. Über den Button *„Suchen"* öffnet sich das Fenster *„Datei öffnen"*. Hier wählt Herr Lustig über den Pfad die zu importierende Datei aus und klickt auf *„Öffnen"*. Seine ausgewählte Datenquelle erscheint als Vorschau im Fenster. In diesem Schritt empfiehlt es sich eine Quelldatei immer mit demselben Namen in demselben Pfad abzulegen. Ein sich wiederholender Import muss dann nur einmal erstellt werden, kann aber jederzeit ausgeführt werden, um aktuelle Daten in Corporate Planner zu übertragen. Mit *„Weiter"* gelangt er in den nächsten Arbeitsschritt.

Im Rahmen der Funktion *„Daten importieren"* kann neben dem Import von Werten in Corporate Planner auch der Strukturaufbau definiert werden. Beide Vorgänge können gleichzeitig jedoch auch einzeln ausgeführt werden. In dem Fenster *„Erweiterte Einstel-lungen"* kann Herr Lustig seinen Import in Hinblick auf den Datenimport und den Struk-turaufbau konkretisieren. Dabei hat er folgende Einstellungsmöglichkeiten zum Festlegen seiner Optionen:

- *Strukturaufbau:* Es erfolgt ausschließlich ein Aufbau von Feldern in der Baumstruktur. Daten bleiben dabei vollständig unberücksichtigt. Für einen Strukturaufbau sollte Herr Lustig im Konfigurationsschritt *„Struktur/Kontenauswahl"* die hierarchische Anord-nung der Felder bestimmen oder einen automatischen Strukturaufbau unter Verwen-dung eines Kontenrahmens durchführen.
- *Import von Daten*: Es werden Daten in bereits bestehende Strukturen importiert. Im Schritt *„Struktur/Kontenauswahl"* muss Herr Lustig dafür den Importschlüssel definieren.
- *Strukturaufbau und Import von Daten*: Es erfolgt die Erzeugung neuer Felder, die gleichzeitig mit Daten befüllt werden. Im Schritt *„Struktur/Kontenauswahl"* muss Herr Lustig dafür den Importschlüssel definieren sowie die hierarchische Anordnung der Elternfelder bestimmen.
- *Struktur:* Diese Funktion steht nur dann zur Verfügung, wenn Herr Lustig im Bereich *„Optionen"* die Alternative *„Strukturaufbau"* bzw. *„Strukturaufbau"* i. V. m. der

Alternative *„Import von Daten"* ausgewählt hat. Ist die Alternative *„Struktur und Feld"* aktiviert, die Option *„Bei Bereinigung berücksichtigen"* jedoch deaktiviert, so wird in den Feldeigenschaften von bereits angelegten Feldern die Option *„Bei Bereinigung berücksichtigen"* deaktiviert. Dies gilt allerdings nur für Felder, die von diesem Import verwendet werden.

- *Vorhandene Werte vor dem Import löschen:* Diese Funktion steht nur dann zur Verfügung, wenn Herr Lustig im Bereich *„Optionen"* die Alternative *„Import von Daten"* bzw. *„Import von Daten"* i. V. m. der Alternative *„Strukturaufbau"* ausgewählt hat. Er legt hier fest, wie seine Daten importiert werden sollen:
  - *Vollständig:* Für den Zeitbereich des Imports werden für *ALLE* Felder, die einen Eintrag in *„Kontenbezeichnung für den Import"* haben, die Daten der ausgewählten Ebenen auf null gesetzt.
  - *Selektiv:* Für den Zeitbereich des Imports werden nur die Daten der Felder vor dem Import gelöscht, die mit dem aktuellen Import eingelesen werden. Dabei werden die Importzeitschritte sowie die ausgewählten Datenebenen berücksichtigt.
  - *Keine:* Es werden keine Werte gelöscht. Nur die Werte des im Import festgelegten Zeitpunktes werden überschrieben.
- *Import:* Diese Funktion steht nur dann zur Verfügung, wenn Herr Lustig im Bereich *„Optionen"* die Alternative *„Import von Daten"* bzw. *„Import von Daten"* i. V. m. der Alternative *„Strukturaufbau"* ausgewählt hat. Er legt hier fest, wie seine Daten importiert werden sollen:
  - *Daten beim Import addieren:* Die zu importierenden Werte werden zu den bisherigen Werten addiert.
  - *Kontenbereiche:* Konten gleicher Bereiche werden beim Import summiert und als ein Wert importiert.
  - *Daten nach Zeitraum filtern:* Importierte Daten werden auf Basis der Einstellung des Zeitschiebers im View *„Daten importieren"* gefiltert.
  - *Namens- und Strukturabgleich:* Diese Funktionen stehen Herrn Lustig nur dann zur Verfügung, wenn er im Bereich *„Optionen"* die Alternative *„Strukturaufbau"* bzw. *„Strukturaufbau"* i. V. m. der Alternative *„Import von Daten"* ausgewählt hat. Die Kurznamen und/oder die Feldbeschreibung in Corporate Planner werden mit den Namen der Importquelle abgeglichen und aktualisiert. Der Abgleich erfolgt anhand der Schlüssel. Bei Auswahl der Option *„Struktur und Feld"* werden bestehende Felder der Baumstruktur nach Position, Beschreibung etc. mit den Konten des KRD abgeglichen und bei Abweichungen entsprechend angepasst. Der Strukturaufbau gilt auch für den streng hierarchischen Strukturaufbau.

Im Fenster *Ebenenzuordnung* aktiviert Herr Lustig die Datenebene, in die seine Daten importiert werden sollen. Zur Auswahl stehen die in den *Datenbasiseinstellungen* (Funktionsbereich *Einstellungen*) angelegten Datenebenen. Er kann jedoch auch mehrere Datenebenen gleichzeitig auswählen. Um fortzufahren, klickt Herr Lustig auf *„Weiter"*.

Der Konfigurationsschritt *Struktur-/Kontenauswahl* dient Herrn Lustig zur *Auswahl des Importschlüssels* für den Datenimport und der *hierarchischen Anordnung von Feldern* im Rahmen des Strukturaufbaus. Im oberen Bereich, der Vorschau, sieht er die zuvor geladene Quelldatei, aus der er die notwendigen Spalteninformationen für die Eingabe in die darunter liegende Tabelle entnehmen kann. Die Excel-Quelle sieht in der Vorschau des Import-Wizards folgendermaßen aus: Aus der Vorschau entnimmt Herr Lustig die Informationen, die er nun in die untere Tabelle einfügt. Sofern er die Zeilen *„x Elternfeld"* befüllt hat, ist es erforderlich, dass er entweder die Option *„Teilschlüssel additiv"* oder die Option *„Streng hierarchischer Aufbau"* auswählt. Nur so kann er die definierte Hierarchie in der Baumstruktur abbilden. Die Optionen werden nachfolgend erläutert:

- *Teilschlüssel additiv:* Die Option *„Teilschlüssel additiv"* bewirkt, dass die erzeugte Kontobezeichnung für den Import eines Datenfeldes hierarchisch zusammengesetzt wird. Diese Option muss Herr Lustig auswählen, wenn der für den Import notwendige Schlüssel (Konto) des Suchbegriffs nicht explizit in einer Spalte zu finden ist. Die einzelnen Schlüsselteile, die sich auf unterschiedliche Spalten verteilen, werden entsprechend verknüpft. Das Datenfeld, auf welches importiert wird, erhält dann einen Schlüssel, der sich aus den Bestandteilen der Elternfelder und dem eigenen Schlüssel zusammensetzt.
- *Feldnamen abkürzen:* Die Länge der Feldnamen in der Baumstruktur wird gekürzt, sofern der Name des Kontos zu lang ist.
- *Führende und anhängende Leerzeichen im Suchbegriff ignorieren:* Sollte der Schlüssel innerhalb der Spalte *„Suchbegriff „von : bis:"* zu Beginn oder am Ende Leerzeichen enthalten, können diese durch Aktivierung der Option ignoriert und der Schlüssel trotzdem einwandfrei erkannt und verwendet werden.
- *Streng hierarchischer Aufbau:* Im Gegensatz zur Option *„Teilschlüssel additiv"*, bei der die einzelnen Schlüsselteile verknüpft werden, wird bei dieser Option jede Spalte (Hierarchiestufe) einzeln mit dem einfachen zugehörigen Schlüssel (Suchbegriff) versehen. Ein streng hierarchischer Aufbau erzeugt also eine Struktur ohne zusammengesetzten Importschlüssel. Herr Lustig erhält somit eine Struktur, die am Ende keine eindeutigen Importschlüssel, sondern mehrfach wiederkehrende Importschlüssel enthält. Die Funktion wird vor allem dann verwendet, wenn in einer Datenquelle bereits eindeutige Importschlüssel vorliegen, z. B. Kostenstellen.

Im nächsten Schritt *Zeilenauswahl* gibt Herr Lustig an, wo sich die zu importierenden Werte in seiner Liste befinden. In der Vorschau sieht er weiterhin die geladene Datenquelle, der er die zu importierenden Werte entnimmt. Hier legt er fest, ab welcher Zeile der Import der Werte erfolgen soll und wann er endet bzw. ob alle Zeilen importiert werden sollen.

In dem Fenster *Datenauswahl* gibt Herr Lustig an, wo sich die zu importierenden Werte in seiner Liste befinden. In der Vorschau sieht er weiterhin die geladene Datenquelle, der er die zu importierenden Werte entnimmt. Die notwendigen Einstellungen nimmt er wie folgt vor:

- In der *Spaltenauswahl* trägt er in dem Eingabefeld die Spalte ein, in der sich seine Werte befinden. Importiert er die Werte aus unterschiedlichen Spalten, kann er dies über „*Spalten von*" „*Spalten bis*" ebenfalls angeben.
- In der rechten Spalte der Tabelle befindet sich eine *Drop-down-Liste*. Standardmäßig ist die Option „*Saldo*" voreingestellt. Dies bedeutet, dass die Daten der Importquelle bereits als Saldo vorliegen und dieser Wert entsprechend der angegebenen Vorzeichen-anpassung direkt in Corporate Planner importiert werden kann. Die Optionen „*Soll/ Haben*" bzw. „*Haben/Soll*" werden dann ausgewählt, wenn die Importquelle *keine saldierten Werte* in den Spalten enthält, sondern stattdessen unsaldierte Soll-Spalten und Haben-Spalten vorliegen. Steht die Soll-Spalte voran, muss Herr Lustig die Option „*Soll/Haben*" wählen, die Haben-Werte werden dann von den Soll-Werten subtrahiert und der Saldo in Corporate Planner importiert. Für die korrekte Darstellung der Salden in Corporate Planner aktiviert Herr Lustig die FiBu-Vorzeichenanpassung (im nächs-ten Schritt „*Datenformat*"). Steht die Haben-Spalte voran, wählt er entsprechend die Option „*Haben/Soll*", die Soll-Werte werden von den Haben-Werten subtrahiert. Eine FiBu-Vorzeichenanpassung ist nicht erforderlich.

Der Bereich „*Datenformat*" bezieht sich auf die Darstellung von Werten im Datenbereich der zentralen Sicht. In Corporate Planner werden Werte nach dem *Grundsatz der positiven Datenhaltung i. V. m. strukturellen Vorzeichen* beschrieben. Ziel dieses Grundsatzes ist es, die Rechenweise in der Baumstruktur und nicht im Vorsystem zu definieren. Negativ rechnende Felder werden in der Baumstruktur mit einem *negativen Vorzeichen* (rotes-Minuszeichen) gekennzeichnet. Gleichzeitig werden ausschließlich *positive Werte* in die jeweilige Datenbasis importiert. Liegen diese im Vorsystem nicht ausschließlich positiv vor, werden die Vorzeichen durch den Punkt „*Vorzeichenanpassung*" umgewandelt. Dies hat zur Folge, dass sowohl Ertrags- als auch Aufwandspositionen im Arbeitsbereich als Werte ohne negatives Präfix abgebildet werden. Die einzelnen Optionen haben folgende Bedeutung:

- *Keine:* Die Werte fließen so in Corporate Planner, wie diese in der Quelldatei angege-ben sind, unabhängig davon, ob es sich um Ertrags- oder Aufwandsfelder handelt.
- *Standard:* Alle Aufwandskonten werden mit umgekehrtem Vorzeichen und alle Ertrag-skonten direkt eingelesen.
- *FiBu:* Alle Ertragskonten werden mit umgekehrtem Vorzeichen und Aufwandskonten direkt eingelesen.

In einer FiBu werden die Erträge üblicherweise positiv und die Aufwendungen negativ dargestellt oder umgekehrt. Angenommen, in der FiBu liegen Herrn Lustig die Erträge als negative Kosten vor. In diesem Falle aktiviert er die Option „*FiBu*". Corporate Planner wird für alle Ertragskonten beim Import das *Vorzeichen ändern/drehen*. Ob ein Konto der Baumstruktur ein Ertragskonto ist, erkennt Corporate Planner daran, dass dieses Feld zum Gesamtergebnis positiv rechnet, es also das Gesamtergebnis (Wurzelfeld) erhöht. Resultat der *„FiBu-Vorzeichenanpassung"* ist also, dass die Erträge zwar in der FiBu mit negativen Werten geführt werden, aber als Erträge mit positiven Werten in die Corporate Planner-Baumstruktur einfließen. In diesem Beispiel würde Herr Lustig die Option *„FiBu"* wählen, da Erlöse als negative Kosten vorliegen.

Sofern die Quelldatei von Herrn Lustig ein auslesbares Datum enthält, gibt er im Bereich *„Datumszuordnung"* an, ob es *einmal vorhanden* oder mehrfach *in jeder Spalte* bzw. *in jeder Zeile* vorhanden ist. Anschließend konkretisiert er die Angabe im Bereich *„Position"*, indem er den *Zeilen- und Spaltenbereich* angibt. Zusätzlich wird eine Information über die Reihenfolge, in der das Datum angegeben werden soll, festgelegt. Nach den gewünschten und korrekt hinterlegten Eingaben gelangt Herr Lustig mit *„Weiter"* in den nächsten Konfigurationsschritt *„Alternative Sichten"*.

Die *alternativen Sichten* sind für Herrn Lustig ein optionaler Bestandteil des Strukturaufbaus. Dieser Konfigurationsschritt kann demnach in vielen Fällen übersprungen werden. Bei einem Strukturaufbau basierend auf einem Kontenrahmen oder unter Verwendung der Option *„streng hierarchischer Aufbau"* steht Herrn Lustig die Möglichkeit, alternative Sichten zu generieren, nicht zur Verfügung. Bei alternativen Sichten handelt es sich um Strukturen, die sich *mit Querverweisen auf den originären Import-Baum* der Hauptstruktur beziehen. Die aus dem Import bzw. Strukturaufbau resultierende Baumstruktur (Primärsicht) kann mithilfe der alternativen Sichten um mehrere Sekundärsichten ergänzt und so für Analysezwecke verwendet werden. Per Klick auf den Button *„Weiter"* gelangt Herr Lustig in den Konfigurationsschritt *„Filter"*.

Im Fenster *„Filter"* hat Herr Lustig die Möglichkeit, einzelne Zeilen seiner Importquelle zu unterdrücken und so vom Import auszuschließen. Wie die alternativen Sichten sind auch Filter optionaler Bestandteil eines Datenimports bzw. Strukturaufbaus. Dieser Konfigurationsschritt kann in vielen Fällen übersprungen werden. Über den Button des sog. *„Spalten-Filters"* gelangt Herr Lustig zurück in das Ausgangsfenster. Mit *„Weiter"* gelangt Herr Lustig in das Fenster *„Spalten auffüllen"*.

Das Fenster *„Spalten auffüllen"* ist ähnlich aufgebaut wie der Konfigurationsschritt *„Filter"* und auch ein optionaler Bestandteil des Imports. Dieser Konfigurationsschritt kann in vielen Fällen übersprungen werden.

Im letzten Schritt hat Herr Lustig die Möglichkeit, seiner Importdefinition eine *Beschreibung* zu hinterlegen. Bspw. kann er seinen Kollegen/seine Kollegin über bestimmte Importkonfigurationen informieren. Dieser Schritt ist optional verwendbar. Über den Button *„Importdefinition anzeigen"* in der Übersicht der Importdefinitionen gelangt er ebenfalls in den Schritt der Beschreibung. Möchte Herr Lustig Änderungen in der Importdefinition vornehmen, springt er über den Button *„Zurück"* zu dem entsprechenden Fenster. Alternativ klickt Herr Lustig auf der linken Seite direkt im *Verlauf* auf den änderungsbedürftigen Konfigurationsschritt.

Sofern Herrn Lustig seine Konfiguration abgeschlossen hat, klickt er auf den Button *„Fertig stellen"* und seine Importeinstellungen werden gespeichert. Er gelangt zurück zur Funktion *„Daten importieren"*. Per Klick auf den Button *„Importdefinition ausführen"* wird der Datenimport gestartet. Herr Lustig sieht den Status seines ausgeführten Datenimports in der unteren Statusübersicht. Hier erhält er Detailinformationen zu seinem Import. Er sieht z. B. die Dauer, den Fortschritt, die Anzahl aufgetretener Fehler, Warnungen, neue Felder oder unbekannte Konten sowie die Information, ob ein Filter gesetzt wurde.

Bevor er in die zentrale Sicht zurückkehrt, ist es sinnvoll, das Importlog über den Button *„Importlog zeigen"* abzurufen. Im Importlog werden prinzipiell alle Aktionen mitgeschrieben, die für eine spätere Untersuchung eines Vorgangs erforderlich sind oder sein könnten. Sofern Herr Lustig im Status bspw. eine Warnung oder einen Fehler entdeckt hat, kann er im Importlog mögliche Ursachen herausfinden. Der Umfang des Importlogs ist abhängig von den Logeinstellungen, die er mit einem Klick auf *„Logeinstellungen ändern"* in der Arbeitsleiste anpassen kann. Anschließend wechselt Herr Lustig in die zentrale Sicht und prüft den Datenbereich nach Korrektheit und Vollständigkeit der Daten sowie den Aufbau seiner Baumstruktur. Sollte während der Ausführung des Imports ein Problem aufgetreten sein, ist es ratsam, dass er das Importlog nach Hinweisen überprüft.

6.1.3.3   Fallaufgabe 3: Zuschlags- und Prozesskostenkalkulation (Vgl. Kicherer et al. (2001), S. 32.)

Für die Campus Bicycle Profi-Rennräder GmbH mit Sitz in Berlin möchte Wilma Holle eine Zuschlags- und Prozesskostenkalkulation für die Geschäftssparte *ELITE* (Road Elite – Bike Speeder) und für die Geschäftssparte *PERFORMANCE* (Road Performance – Bike Red Wing) der Nebenmarke *GEPARD* durchführen lassen. Dazu beauftragt sie Bernd Hörtz, Mitarbeiter des dezentralen Controllings der Campus Bicycle Profi-Rennräder GmbH, die entsprechenden Berechnungen und Analysen durchzuführen. Für die Kostenstelle „Einkauf" wurde in der Campus Bicycle Profi-Rennräder GmbH folgendes Jahres-Einkaufsbudget, das in Tab. 6.10 dargestellt ist, ermittelt.

Herr Hörtz soll nun mithilfe der Zuschlagskalkulation die Materialkosten für die Aufträge des Bikes *Speeder* und des Bikes *Red Wing* ermitteln *(Aufgabe 1)*. Das Fertigungsmaterial beträgt pro Bike 2.500,00 EUR. Die Tab. 6.11 zeigt den Tabellen-Report in Bezug des Fertigungsmaterials „Bike Speeder und Bike Red Wing".

Den Materialgemeinkostenzuschlag errechnet Herr Hörtz mithilfe der Formelfunktion. Abb. 6.32 stellt die Eigenschaften des Formelfeldes für den Materialgemeinkostenzuschlagssatz dar.

Der Materialgemeinkostenzuschlagssatz beträgt somit 20,00 % je Bike. Die Materialgemeinkosten für Bike Speeder und Bike Red Wing somit jeweils 500,00 EUR. Im Ergebnis ergeben sich Materialkosten in Höhe von 3.000,00 EUR je Bike. Tab. 6.12 zeigt im Tabellen-Report die Zusammensetzung und Höhe der Materialkosten.

Die Campus Bicycle Profi-Rennräder GmbH stellt auf die *Prozesskostenrechnung* um *(Aufgabe 2)*. Der Einkauf plant nach der durchgeführten Tätigkeitsanalyse folgendes in Tab. 6.13 dargestellte Mengengerüst.

Tab. 6.10 Tabellen-Report „Jahres-Einkaufsbudget" (Eigene Darstellung, Corporate Planner, Version 4.4.103.47)

Freier Tabellen-Report	Einheit	Budget	Ist	▾ Abs. Differenz Ist - Budget	% - Differenz Ist - Budget
∨ Kostenarten für die Kostenstelle Einkauf (Jahres-Einkaufsbudget)		0,00	0,00	0,00	
∨ Summe Materialgemeinkosten	€	162.500,00	0,00	-162.500,00	-100,00%
Gehaltskosten	€	137.500,00	0,00	-137.500,00	-100,00%
Kommunikation	€	12.500,00	0,00	-12.500,00	-100,00%
Büromaterial	€	2.500,00	0,00	-2.500,00	-100,00%
Kalk. Abschreibungen	€	2.500,00	0,00	-2.500,00	-100,00%
Kalk. Zinsen	€	1.250,00	0,00	-1.250,00	-100,00%
Restl. Kosten	€	6.250,00	0,00	-6.250,00	-100,00%
Fertigungsmaterial	€	812.500,00	0,00	-812.500,00	-100,00%
∨ Beschäftigte	MA	0,00	0,00	0,00	
Einkaufsleiter	MA	1,00	0,00	-1,00	-100,00%
Mitarbeiter	MA	4,00	0,00	-4,00	-100,00%

Tab. 6.11 Tabellen-Report „Fertigungsmaterial Bike Speeder und Bike Red Wing" (Eigene Darstellung, Corporate Planner, Version 4.4.103.47)

Freier Tabellen-Report	Einheit	Budget	Ist	▾ Abs. Differenz Ist - Budget	% - Differenz Ist - Budget
∨ Fertigungsmaterial	€	0,00	0,00	0,00	
Bike Speeder	€	2.500,00	0,00	-2.500,00	-100,00%
Bike Red Wing	€	2.500,00	0,00	-2.500,00	-100,00%

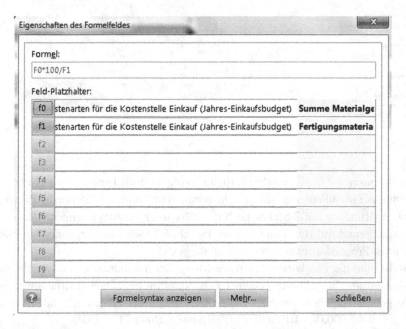

Abb. 6.32 Formeleigenschaften des Materialgemeinkostenzuschlagssatzes (Eigene Darstellung, Corporate Planner, Version 4.4.103.47)

Tab. 6.12 Tabellen-Report – Zusammensetzung der Materialkosten (Eigene Darstellung, Corporate Planner, Version 4.4.103.47)

Freier Tabellen-Report	Einheit	Budget	Ist	Abs. Differenz Ist - Budget	% - Differenz Ist - Budget
˅ Materialkosten-Zuschlagskalkulation	€	0,00	0,00	0,00	
˅ Fertigungsmaterial	€	0,00	0,00	0,00	
Bike Speeder	€	2.500,00	0,00	-2.500,00	-100,00%
Bike Red Wing	€	2.500,00	0,00	-2.500,00	-100,00%
Materialgemeinkostenzuschlagssatz	%	20,00	0,00	-20,00	-100,00%
˅ Materialgemeinkosten	€	0,00	0,00	0,00	
Bike Speeder	€	500,00	0,00	-500,00	-100,00%
Bike Red Wing	€	500,00	0,00	-500,00	-100,00%
˅ Materialkosten	€	0,00	0,00	0,00	
Bike Speeder	€	3.000,00	0,00	-3.000,00	-100,00%
Bike Red Wing	€	3.000,00	0,00	-3.000,00	-100,00%

Tab. 6.13 Tabellen-Report – Mengengerüst (Eigene Darstellung, Corporate Planner, Version 4.4.103.47)

Freier Tabellen-Report	Einheit	Budget	Ist	Abs. Differenz Ist - Budget	% - Differenz Ist - Budget
˅ Prozesskostenrechnung (Mengengerüst des Einkaufs)		0,00	0,00	0,00	
˅ Teilprozesse (Vorgänge)		0,00	0,00	0,00	
˅ 1. Angebote einholen		0,00	0,00	0,00	
˅ Maßgröße: Anzahl Angebote		0,00	0,00	0,00	
Planprozessmengen	ME	1.500,00	0,00	-1.500,00	-100,00%
Mannjahre	Jahre	2,00	0,00	-2,00	-100,00%
˅ 2. Bestellungen durchführen		0,00	0,00	0,00	
˅ Maßgröße: Anzahl Bestellungen		0,00	0,00	0,00	
Planprozessmengen	ME	625,00	0,00	-625,00	-100,00%
Mannjahre	Jahre	1,00	0,00	-1,00	-100,00%
˅ 3. Termine überwachen		0,00	0,00	0,00	
˅ Maßgröße: 60 % der Bestellungen		0,00	0,00	0,00	
Planprozessmengen	ME	375,00	0,00	-375,00	-100,00%
Mannjahre	Jahre	0,50	0,00	-0,50	-100,00%
˅ 4. Reklamationen bearbeiten		0,00	0,00	0,00	
˅ Maßgröße: 20 % der Bestellungen		0,00	0,00	0,00	
Planprozessmengen	ME	125,00	0,00	-125,00	-100,00%
Mannjahre	Jahre	0,50	0,00	-0,50	-100,00%
˅ 5. Zwischensumme		0,00	0,00	0,00	
Mannjahre	Jahre	4,00	0,00	-4,00	-100,00%
˅ 6. Abteilung leiten (lmn)		0,00	0,00	0,00	
Mannjahre	Jahre	1,00	0,00	-1,00	-100,00%
˅ 7. Gesamt		0,00	0,00	0,00	
Mannjahre	Jahre	5,00	0,00	-5,00	-100,00%

In Abstimmung mit der Einkaufsmitarbeitern Angela Berkel erstellt Herr Hörtz das o. a. Einkaufsbudget nach Prozesskostengesichtspunkten und ermittelt zudem die Planprozesskostensätze (Rundung auf 2 Stellen nach dem Komma): leistungsmengeninduziert (lmi), leistungsmengenneutral (lmn) und gesamt. In Tab. 6.14 wird das Ergebnis des Einkaufsbudgets nach Prozesskostengesichtspunkten dargestellt.

Zunächst sind die Plankosten durch die Menge zu dividieren. Daraus ergibt sich der Prozesskostensatz (lmi). Dieser bedeutet z. B., dass im betrachteten Erfassungszeitraum 1.500 Angebote eingeholt wurden (Maßgröße: Anzahl der Angebote), dabei entstanden Kosten i. H. v. 65.000,00 EUR, d. h. pro Teilprozess (lmi) 43,33 EUR.

Die „Ableitung leiten"-Kosten sind leistungsmengenneutral (lmn). Um sie auf die anderen Teilprozesse (Vorgänge) verrechnen zu können, werden sie durch die Kostensumme

Tab. 6.14 Tabellen-Report – Einkaufsbudget nach Prozesskostengesichtspunkte (Eigene Darstellung, Corporate Planner, Version 4.4.103.47)

Freier Tabellen-Report	Einheit	Budget	Ist	Abs. Differenz Ist - Budget	% - Differenz Ist - Budget
Teilprozesse (Vorgänge)		0,00	0,00	0,00	
7. Gesamt		0,00	0,00	0,00	
Mannjahre	Jahre	5,00	0,00	-5,00	-100,00%
Plankosten	€	162.500,00	0,00	-162.500,00	-100,00%
1. Angebote einholen		0,00	0,00	0,00	
Maßgröße: Anzahl Angebote		0,00	0,00	0,00	
Planprozessmengen	ME	1.500,00	0,00	-1.500,00	-100,00%
Mannjahre	Jahre	2,00	0,00	-2,00	-100,00%
Plankosten	€	65.000,00	0,00	-65.000,00	-100,00%
Prozesskostensatz (lmi) (je Teilprozess/Vorgang)	€	43,33	0,00	-43,33	-100,00%
Umlagesatz (lmn) (je Teilprozess/Vorgang)	€	10,83	0,00	-10,83	-100,00%
Gesamtprozesskostensatz (je Teilprozess/Vorgang)	€	54,17	0,00	-54,17	-100,00%
2. Bestellungen durchführen		0,00	0,00	0,00	
Maßgröße: Anzahl Bestellungen		0,00	0,00	0,00	
Planprozessmengen	ME	625,00	0,00	-625,00	-100,00%
Mannjahre	Jahre	1,00	0,00	-1,00	-100,00%
Plankosten	€	32.500,00	0,00	-32.500,00	-100,00%
Prozesskostensatz (lmi) (je Teilprozess/Vorgang)	€	52,00	0,00	-52,00	-100,00%
Umlagesatz (lmn) (je Teilprozess/Vorgang)	€	13,00	0,00	-13,00	-100,00%
Gesamtprozesskostensatz (je Teilprozess/Vorgang)	€	65,00	0,00	-65,00	-100,00%
3. Termine überwachen		0,00	0,00	0,00	
Maßgröße: 60 % der Bestellungen		0,00	0,00	0,00	
Planprozessmengen	ME	375,00	0,00	375,00	-100,00%
Mannjahre	Jahre	0,50	0,00	-0,50	-100,00%
Plankosten	€	16.250,00	0,00	-16.250,00	-100,00%
Prozesskostensatz (lmi) (je Teilprozess/Vorgang)	€	43,33	0,00	-43,33	-100,00%
Umlagesatz (lmn) (je Teilprozess/Vorgang)	€	10,83	0,00	-10,83	-100,00%
Gesamtprozesskostensatz (je Teilprozess/Vorgang)	€	54,17	0,00	-54,17	-100,00%
4. Reklamationen bearbeiten		0,00	0,00	0,00	
Maßgröße: 20 % der Bestellungen		0,00	0,00	0,00	
Planprozessmengen	ME	125,00	0,00	-125,00	-100,00%
Mannjahre	Jahre	0,50	0,00	-0,50	-100,00%
Plankosten	€	16.250,00	0,00	-16.250,00	-100,00%
Prozesskostensatz (lmi) (je Teilprozess/Vorgang)	€	130,00	0,00	-130,00	-100,00%
Umlagesatz (lmn) (je Teilprozess/Vorgang)	€	32,50	0,00	-32,50	-100,00%
Gesamtprozesskostensatz (je Teilprozess/Vorgang)	€	162,50	0,00	-162,50	-100,00%
5. Zwischensumme		0,00	0,00	0,00	
Mannjahre	Jahre	4,00	0,00	-4,00	-100,00%
Plankosten	€	130.000,00	0,00	-130.000,00	100,00%
6. Abteilung leiten (lmn)		0,00	0,00	0,00	
Mannjahre	Jahre	1,00	0,00	-1,00	-100,00%
Plankosten	€	32.500,00	0,00	-32.500,00	-100,00%

der Teilprozesse (lmi) geteilt und mit dem jeweiligen Prozesskostensatz (lmi) multipliziert und somit gewichtet. Beispiel „Angebote einholen": (32.500,00/130.000,00) x 43,33 = 10,83 EUR (Umlage).

Dann müssen noch der Prozesskostensatz (lmi) und der Umlagesatz (lmn) addiert werden, um den Gesamtprozesskostensatz zu erhalten. Für jede Durchführung des Teilprozesses „Angebote einholen" sind in der Kostenplanung somit 54,17 EUR anzusetzen!

Zur Ermittlung der Kosten des Geschäftsprozesses, bei dem jeder Teilprozess einmal durchlaufen wird, werden alle Prozesskostensätze aufaddiert. Kommt ein Teilprozess mehrfach vor, muss er entsprechend oft berücksichtigt werden.

Des Weiteren soll Herr Hörtz mithilfe der Prozesskostenkalkulation (mit dem Planprozesskostensatz gesamt) die Materialkosten für die o. a. Bikes *Speeder* und *Red Wing* ermitteln *(Aufgabe 3)*. Das Fertigungsmaterial für das Bike Speeder und Red Wing beträgt je 2.500,00 EUR. Tab. 6.15 zeigt die Anzahl der Teilprozesse (Vorgänge) je Bike.

Im Ergebnis ergeben sich unter Berücksichtigung des Fertigungsmaterials und der Prozesskosten je Teilprozess (des Vorgangs) für das Bike Speeder Materialkosten in Höhe von 3.009,17 EUR und für das Bike Red Wing Materialkosten in Höhe von 3.865,00 EUR. Tab. 6.16 zeigt anhand des Tabellen-Reports die Höhe der Kosten für Fertigungsmaterial, die Höhe der Prozesskosten je Teilprozess (Vorgang) sowie die Prozesskosten insgesamt und die Materialkosten (Summe Fertigungsmaterial und Prozesskosten) für das Bike Speeder und das Bike Red Wing.

Außerdem unterstützen u. a. *Planobjekte* (vgl. hierzu und im Folgenden o. V. Handbuch – Corporate Planner 2016, S. 189–205) Herrn Hörtz bei der täglichen Arbeit mit dem Corporate Planner. Das manuelle Anlegen komplexer Formeln wird durch die automatische Erstellung verknüpfter Felder ersetzt. Alle für die Berechnung notwendigen Felder werden nach der Definition eines Planobjektes automatisch in der Baumstruktur angelegt. Zudem bleibt die automatisch erzeugte Formel flexibel und berücksichtigt zeitgleich alle Änderungen der relevanten Parameter.

Tab. 6.15 Tabellen-Report – Anzahl der Teilprozesse (Vorgänge) (Eigene Darstellung, Corporate Planner, Version 4.4.103.47)

Freier Tabellen-Report	Einheit	Budget	Ist	Abs. Differenz Ist - Budget	% - Differenz Ist - Budget
Teilprozesse (Vorgänge)		0,00	0,00	0,00	
1. Angebote einholen	ME	0,00	0,00	0,00	
Bike Speeder	ME	3,00	0,00	-3,00	-100,00%
Bike Red Wing	ME	12,00	0,00	-12,00	-100,00%
2. Bestellungen durchführen	ME	0,00	0,00	0,00	
Bike Speeder	ME	2,00	0,00	-2,00	-100,00%
Bike Red Wing	ME	6,00	0,00	-6,00	-100,00%
3. Termine überwachen	ME	0,00	0,00	0,00	
Bike Speeder	ME	1,00	0,00	-1,00	-100,00%
Bike Red Wing	ME	3,00	0,00	-3,00	-100,00%
4. Reklamationen bearbeiten	ME	0,00	0,00	0,00	
Bike Speeder	ME	1,00	0,00	-1,00	-100,00%
Bike Red Wing	ME	1,00	0,00	-1,00	-100,00%

Tab. 6.16 Tabellen-Report – Materialkostenermittlung Bike Speeder und Bike Red Wing (Eigene Darstellung, Corporate Planner, Version 4.4.103.47)

Freier Tabellen-Report	Einheit	Budget	Ist	Abs. Differenz Ist - Budget	% - Differenz Ist - Budget
Ermittlung Materialkosten für Bikes Speeder und Red Wing		0,00	0,00	0,00	
Materialkosten - Bike Speeder	€	3.009,17	0,00	-3.009,17	-100,00%
Fertigungsmaterial	€	2.500,00	0,00	-2.500,00	-100,00%
Prozesskosten	€	509,17	0,00	-509,17	-100,00%
1. Angebote einholen	€	162,50	0,00	-162,50	-100,00%
2. Bestellungen durchführen	€	130,00	0,00	-130,00	-100,00%
3. Termine überwachen	€	54,17	0,00	-54,17	-100,00%
4. Reklamationen bearbeiten	€	162,50	0,00	-162,50	-100,00%
Materialkosten - Bike Red Wing	€	3.865,00	0,00	-3.865,00	-100,00%
Fertigungsmaterial	€	2.500,00	0,00	-2.500,00	-100,00%
Prozesskosten	€	1.365,00	0,00	-1.365,00	-100,00%
1. Angebote einholen	€	650,00	0,00	-650,00	-100,00%
2. Bestellungen durchführen	€	390,00	0,00	-390,00	-100,00%
3. Termine überwachen	€	162,50	0,00	-162,50	-100,00%
4. Reklamationen bearbeiten	€	162,50	0,00	-162,50	-100,00%

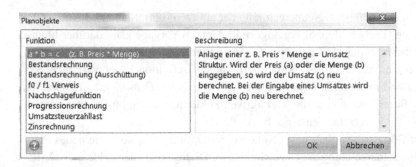

Abb. 6.33 Übersicht der Planobjekte (Eigene Darstellung, Corporate Planner, Version 4.4.103.47)

Planobjekte haben gegenüber Formelfeldern u. a. den Vorteil, dass Werte in die dafür vorgesehenen Datenfelder direkt eingegeben werden können. Bei der Definition eines Planobjektes muss Herr Hörtz wie folgt vorgehen: Unter *Feldart* wählt er den Typ „Planobjekt" aus. Herr Hörtz gelangt so zu dem Fenster *Planobjekte*. Per Doppelklick auf eine der Funktionen wird die Definition der unterschiedlichen Planobjekte angesteuert.

Die folgenden, in Abb. 6.33 dargestellten Planobjekte stehen zur Verfügung:

- a*b = c (z. B. Preis * Menge),
- Bestandsrechnung,
- Bestandsrechnung (Ausschüttung),
- f0/f1 Verweis,
- Nachschlagefunktion,
- Progressionsrechnung,
- Umsatzsteuerzahllast und
- Zinsrechnung.

Erstellte Planobjekte können gelöscht werden, indem eines der Felder des Planobjektes auswählt wird und dann über die Ansicht *„Struktur bearbeiten"* eineinzelnes Feld gelöscht wird. Bei einigen Planobjekten, wie z. B. *„a*b = c"*, stehen die Felder in direkter Beziehung zueinander, so dass alle Felder gelöscht werden.

Teilweise können erstellte Planobjekte nicht umbenannt werden. Im Falle des Planobjektes a*b = c kann jedoch der in Klammern angezeigte Namen umbenannt werden, der sich immer auf das Feld bezieht, an das das Planobjektangelegt wurde.

Ein Planobjekt in der benutzerindividuellen Baumstruktur gesucht werden. Die Suche befindet sich inder oberen rechten Ecke des Anzeigefensters (Symbol Lupe). Unter *Suchart* ist die Auswahlmöglichkeit *„Feldart"* auszuwählen und im Bereich Suchkriterium die Feldart in *„Planobjekte"* zu spezifizieren. Wenn Herr Hörtz mehrere Planobjekte in einer Baumstruktur angelegt hat, kann er mit der Funktionstaste *F3* von einem zumanderen Planobjekt springen.

Die folgenden Beispiele sollen den Umgang mit der Funktion Planobjekt veranschaulichen.

Das Planobjekt *„a*b = c"* ermöglicht die Multiplikation zweier Variablen zu einem Produkt. Alle Elemente sind dabei so miteinander verknüpft, sodass die Veränderung einer Variablen zu einer direkten Neuberechnung der anderen führt. Standardmäßig ist die Umsatzberechnung (Preis * Menge) voreingestellt. Gemäß Vorgabe kann darüber hinaus auch eine Lohnberechnung (Lohngruppe * Mitarbeiter oder Stundensatz * Stunden) durchgeführt werden. Außerdem ist es möglich, eigene Definitionen der Variablen vorzunehmen. Dazu sind im Bereich *Definition* die Option *„eigene Definition"* auszuwählen und die eigenen Bezeichnungen in die jetzt aktiven Felder a, b und c im unteren Bereich einzugeben. Abb. 6.34 zeigt das Fenster a*b = c.

Nun legt Herr Hörtz beispielhaft unter Nutzung der Option *„Vorgabe"* ein neues Planobjekt für die Umsatzberechnung an. Dazu sind dieser Dialog sowie der Feldeigenschaftsdialog mit *„OK"* zu bestätigen. In der Baumstruktur wurden automatisch hinter dem Elternfeld drei neue Felder *„Preis"*, *„Menge"* und *„Umsatz"* untereinander angelegt. Wie in Abb. 6.35 dargestellt, erhalten alle drei Felder einen Zusatz mit dem Namen des Elternfeldes (hier: Umsatz).

Wenn ein Wert in eines der Berechnungsfelder eingetragen wird, werden die anderen Berechnungsfelder entsprechend neu berechnet.

- Wird z. B. der Preis oder die Menge eingegeben, berechnet sich der Umsatz neu.
- Bei der Eingabe eines Umsatzes wird die Menge neu berechnet, da diese den abhängigen Faktor darstellt.
- Wird eines der drei Felder gelöscht, werden auch die anderen beiden Felder gelöscht.
- Wird eines der drei Felder umbenannt, werden auch die anderen beiden Felder umbenannt. Dabei ist zu beachten, dass sich der neu eingetragene Feldname nur auf den Inhalt des Namens innerhalb der Klammern bezieht (hier Umsatz). Die Feldnamen, die über das Planobjekt erzeugt werden (Preis, Menge, Umsatz) bleiben immer unverändert.

Abb. 6.34 Planobjekt –
a*b = c (Eigene Darstellung,
Corporate Planner, Version
4.4.103.47)

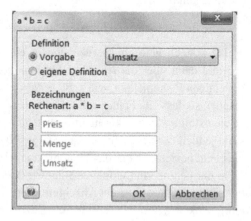

Abb. 6.35 Elternfeld *„Umsatz"* (Eigene Darstellung, Corporate Planner, Version 4.4.103.47)

Bei der Auswahl Gehälter = „*Std.-Satz*Std.*" und Löhne = „*Lohngruppe * Anzahl MA (Löhne)*" würden folgende, in Abb. 6.36 und 6.37 dargestellten, Berechnungsfelder generiert werden.

Das Planobjekt „*Nachschlagefunktion*" kann Herr Hörtz verwenden, um aus einem vorgegebenen Index einen Wert abzubilden. Der Index bezieht sich dabei auf die Informationen einer Nachschlagetabelle. Daher ist es erforderlich, diese Tabelle vor der Anlage des Planobjektes zu erstellen (z. B. Lohngruppen). Durch die Anlage des Planobjektes wird automatisch eine Struktur mit einem Indexfeld und einem Wertefeld angelegt. Die Parametrisierung wird über das Indexfeld gesteuert. In der Zeitreihe (Arbeitsbereich) des Indexfeldes wird die Kontonummer des Feldes der Nachschlagetabelle eingetragen. Die Nachschlagefunktion ermittelt anhand des Wertes aus dem Indexfeld das zugehörige Feld in der Nachschlagetabelle, dessen Wert für die dazugehörige Periode im Wertefeld ausgegeben wird.

Nach der Neuanlage des Planobjektes *Nachschlagefunktion* öffnet sich für Herrn Hörtz das Fenster *Nachschlagetabelle*. Diese Tabelle ist in Abb. 6.38 dargestellt.

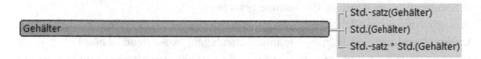

Abb. 6.36 „*Gehälter*" (Eigene Darstellung, Corporate Planner, Version 4.4.103.47)

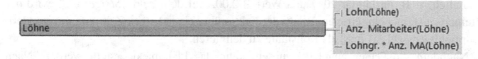

Abb. 6.37 „*Löhne*" (Eigene Darstellung, Corporate Planner, Version 4.4.103.47)

Abb. 6.38 Nachschlagetabelle (Eigene Darstellung, Corporate Planner, Version 4.4.103.47)

Über den oberen Button „*Suchen*" hinterlegt er das Wurzelfeld der zuvor angelegten Nachschlagetabelle. Diese Angabe ist zwingend erforderlich!

Über den unteren Button „*Suchen*" wird ein Indexfeld hinterlegt, sofern ein solches in der Baumstruktur vorliegt. Wird kein Feld zugeordnet, wird das Indexfeld automatisch angelegt.

Ist ein Planobjekt erstellt, kann in den Datenebenen des Indexfeldes die Kontonummer des Feldes aus der Nachschlagetabelle, auf welche Bezug genommen werden soll, eingetragen werden. Im Wertefeld erscheint automatisch der zugehörige Wert je Datenebene aus der Nachschlagetabelle. Der Inhalt des Wertefeldes wird ausschließlich über den Index ermittelt. Es ist nicht möglich, Werte direkt in das Wertefeld einzutragen.

Ein weiteres Planobjekt, das Herr Hörtz anwenden kann, ist die „*Progressionsrechnung*" bestehend aus einem Anfangswert und einer Steigerung. Die Steigerungsrate kann durch einen absoluten Wert oder einen Prozentsatz angegeben werden. Die Steigerungsrate muss für jeden Zeitschritt, für den eine Steigerung ermittelt werden soll, vorhanden sein. Bei einem Wert von 0 erfährt der Anfangswert keine Steigerung. Werden als Anfangswert weitere Werte eingegeben, so werden diese zu dem Startwert hinzu addiert. Die Steigerung wird dann auf die Summe berechnet.

Vor der Anlage des Planobjekts „*Progressionsrechnung*" ist es erforderlich, die Felder „*Anfangswert*" und „*Steigerung*" manuell anzulegen, es sei denn, ihnen liegen in ihrer Struktur bereits verwendbare Parameter vor. Beide Felder werden als „*informativ, nicht saldierend*" definiert.

Das Feld „*Anfangswert*" sollte im ersten Zeitschritt Ihres Zeitraumes einen Startwert enthalten, z. B. im Januar 2017 den Wert 100,00. Auf dem Feld „*Steigerung*" wird der Steigerungsfaktor eingetragen. Bleibt der Faktor über einen langen Zeitraum unverändert, empfiehlt es sich, das Feld als Konstante zu definieren.

Nachdem die Felder angelegt wurden, kann das Planobjekt erstellt werden. Nach Auswahl des Planobjektes „*Progressionsrechnung*" öffnet sich das in Abb. 6.39 dargestellte Fenster.

Über die Buttons „*Anfangswert*" und „*Steigerung*" werden die zuvor angelegten Felder hinterlegt. Es ist dann noch auszuwählen, ob die Steigerungsrate als „*Absoluter Wert*" oder „*In Prozent*" berechnet werden soll.

Über den Button „*Mehr …*" kann Herr Hörtz das Planobjekt zusätzlich zu einem Hybridfeld umwandeln.

Abb. 6.39 Progressionsrechnung (Eigene Darstellung, Corporate Planner, Version 4.4.103.47)

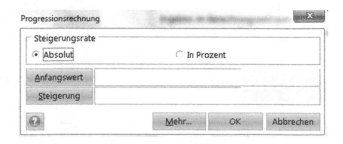

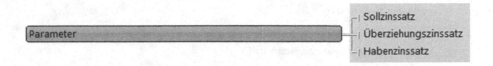

Abb. 6.40 Baumstruktur Zinssätze (Eigene Darstellung, Corporate Planner, Version 4.4.103.47)

Ein weiteres Planobjekt, das Herr Hörtz anwenden kann, ist die *„Zinsrechnung"*. Das Zinsfeld ist ein Feld, welches die Berechnung von Zinszahlungen und Zinserträgen resp. -aufwendungen unterstützt. Diese Feldart ist insb. zur Verbindung der Erfolgs- mit der Liquiditätsplanung geeignet.

Vor der Anlage des Planobjektes werden in der Corporate Planner-Baumstruktur drei Felder als Konstantenfelder angelegt, welche die Zinssätze (Soll-, Haben- und Überziehungszinssatz) enthalten. Diese sind in Abb. 6.40 dargestellt und dienen als Parameter-Felder, auf die sich bei der Zinsrechnung bezogen wird. Dabei ist zu beachten, dass die Einheiten der Felder auf % zu setzen und diese als *„informativ, nicht saldierend"* zu definieren sind. Der Sollzins kann z. B. auf 8 %, der Habenzins auf 1 % und der Überziehungszins auf 12 % festgelegt werden.

Als Nächstes ist das Feld auszuwählen, an welches das Planobjekt *„Zinsrechnung"* angefügt werden soll. Dafür wird bspw. unterhalb des Feldes Parameter ein neues Feld angelegt. Dann ist über die Ansicht *„Struktur bearbeiten"* die Feldeigenschaften zu öffnen. Dort wird unter *„Feldart"* das Planobjekt *„Zinsrechnung"* ausgewählt. Es öffnet sich das in Abb. 6.41 dargestellte Fenster *„Eigenschaften des Zinsfeldes"*.

In diesem Dialog sind die zuvor angelegten Parameterfelder Soll-, Haben- und Überziehungszinssatz aus der Baumstruktur entsprechend zuzuordnen. Weiterhin sind die Werte einzutragen, ab welchem Kontostand die Zinssätze herangezogen werden sollen. Z. B. könnte fürden Überziehungszinssatz der Wert -10.000,00 eingetragen werden. Sobald sich

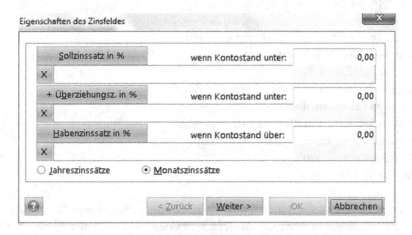

Abb. 6.41 Eigenschaften des Zinsfeldes (1) (Eigene Darstellung, Corporate Planner, Version 4.4.103.47)

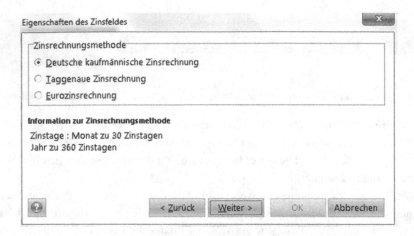

Abb. 6.42 Eigenschaften des Zinsfeldes (2) (Eigene Darstellung, Corporate Planner, Version 4.4.103.47)

der Kontostand unterhalb dieser Kreditlinie befindet, z. B. -12.000,00 erfolgt die folgende Belastung: (-10.000 * Sollzins) + (-2.000) * (Sollzins + Überziehungszins).

Über die beiden Optionen *„Jahreszinssätze"* und *„Monatszinssätze"* wird festgelegt, ob die auf den Parameterfeldern hinterlegten Sätze monatlich gelten oder auf das Jahr verteilt werden. Bei Auswahl der Option „Jahreszinssätze" werden die Sätze (8 %,1 %, 12 %) durch 12 dividiert. Bei Auswahl der Option *„Monatszinssätze"* werden die hinterlegten Sätze direkt monatlich auf den Kontostand berechnet.

Über den Button *„Weiter"* gelangt Herr Hörtz zu demin Abb. 6.42 dargestellten Dialog.

In dem dargestellten Dialog in Abb. 6.42 legt Herr Hörtz die Zinsberechnungsmethode fest, nach der die Zinsberechnung durchgeführt werden soll. Es gibt die folgenden drei Möglichkeiten der Zinsberechnung:

1. deutsche kaufmännische Zinsrechnung 30/360
   – Zinstage: Monat zu 30 Zinstagen
   – Jahr zu 360 Zinstagen
2. taggenaue Zinsrechnung act/act (englische Zinsrechnung)
   – Zinstage kalendermäßig
   – Jahr zu 365 bzw. 366 Zinstagen (lt. Kalender)
3. Eurozinsrechnung act/360 (französische Zinsrechnung)
   – Zinstage kalendermäßig
   – Jahr zu 360 Zinstagen

Anschließend ist erneut der Button *„Weiter"* zu betätigen. So gelangt Herr Hörtz in das nächste Fenster *„Eigenschaften des Zinsfeldes"*, in dem er seine Auswahl bez. der Wertstellung (Zinszahlung) treffen kann. Dieses Fenster ist in Abb. 6.43 dargestellt.

Hier ist zunächst auszuwählen, in welchen Abständen die Wertstellung (Zinszahlung) berechnet werden soll. Sollen Zinsen bspw. monatlich berechnet werden, muss Herr Hörtz

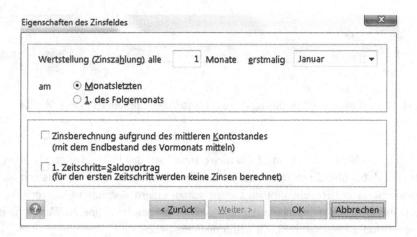

Abb. 6.43 Eigenschaften des Zinsfeldes (3) (Eigene Darstellung, Corporate Planner, Version 4.4.103.47)

„alle 1 Monate" einstellen. Soll die Berechnung quartalsweise erfolgen, stellt er *„alle 3 Monate"* ein. Anschließend ist der Monat zu selektieren, an dem die Wertstellung erstmalig gültig sein soll. Anschließend wird eingegeben, ob die Wertstellung am *„Monatsletzten"* oder am *„1. des Folgemonats"* fällig wird. Diese Optionen haben die folgende Bedeutung:

• Option *„Monatsletzten"*: die Zinsen werden auf den Anfangsbestand +/- Zu-/Abgänge berechnet
• Option *„1. des Folgemonats"*: die Zinsen eines Monats werden auf den Anfangsbestand berechnet.

Weiterhin ist auszuwählen, ob die Zinsberechnung mit dem Endbestand des Vormonats gemittelt und ob für den 1. Zeitschritt keine Zinsen berechnet werden sollen.

Wenn die Angaben getätigt worden sind, sind diese mit „OK" zu bestätigen, um den Dialog zu beenden.

Abb. 6.44 zeigt, dass das Planobjekt *„Zinsrechnung"* an die Baumstruktur angefügt wurde und dass automatisch die dargestellten Felder angelegt wurden.

Das Feld *„Anfangsbestand"* erhält seinen Startwert über einen hinterlegten Wert in den Feldeigenschaften. Über die Ansicht *„Struktur bearbeiten"* werden die Feldeigenschaften des Feldes *„Anfangsbestand"* geöffnet. Anschließend ist auf den Button *„Mehr"* zu klicken. Auf dem Karteireiter *Eröffnungsbestand* kann nun pro Datenebene der gewünschte Eröffnungswert eingetragen werden. In den Folgemonaten wird der Endbestand eines Monats immer als Anfangsbestand des Folgemonats übernommen.

Das Feld *„Zugänge/Abgänge"* ist ein Dateneingabefeld, in dem Werte manuell eingegeben werden können.

Die Werte des Feldes *„Zinszahlung"* werden über die in der Planobjekt-Definition hinterlegten Zinssätze und alle weiteren Einstellungen berechnet. Eine manuelle Eingabe ist nicht möglich.

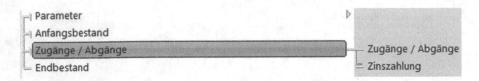

Abb. 6.44 Baumstruktur – Zinsrechnung (Eigene Darstellung, Corporate Planner, Version 4.4.103.47)

Das Feld „*Endbestand*" ist ein „*Querverweisfeld*" auf das Feld „*Anfangsbestand*". Es handelt sich dabei allerdings um einen automatisch erzeugten Querverweis mit Regeln. Der Querverweis mit Regeln gibt im Gegensatz zu einem normalen Querverweis nicht die Werte aus dem Anfangsbestand wieder, sondern die neu berechneten Werte, die durch Zugänge und/oder Abgänge inkl. Zinszahlungen entstehen.

Die Felder „*Anfangsbestand*" und „*Zugänge/Abgänge*" sind automatisch auf „*informativ/nicht saldierend*" gesetzt. Es sind also so genannte geblockte Felder, deren Werte nicht in das Feld, an das Herr Hörtz das Planobjekt „Zinsrechnung" angelegt hat, saldieren.

Wenn später Änderungen an der Zinsberechnung vorgenommen werden sollen, muss Herr Hörtz auf das Feld *Zinszahlung* springen. Über die Ansicht „*Struktur bearbeiten*" werden dann die Feldeigenschaften geöffnet. Neben der aktivierten Feldart „*Planobjekt*" muss auf den Button „Mehr" geklickt werden und Herr Hörtz gelangt in die Definition des Planobjektes, wo er die gewünschten Änderungen vornehmen kann.

Informationen zur Definition der Zinsberechnung können zu jeder Zeit über die *Feldinformationen* unter dem Button „*Mehr*" angesehen werden.

Für die Berechnung von Zinsertrag und -aufwand kann ein zusätzliches Feld angelegt werden, welches als Querverweis auf das Feld „*Zinszahlung*" verweist. Dazu ist z. B. unterhalb des Feldes „*Endbestand*" ein neues Querverweisfeld anzulegen. In dem Moment, in dem als Referenzfeld „*Zinszahlungen*" ausgewählt wird, erkennt der Corporate Planner, dass ein Querverweis mit Regeln angelegt werden muss.

Dazu ist zunächst das Häkchen aus dem Kästchen für „*Ausgabe wie in Formeldefinition*" zu entfernen. Die Auswahlmöglichkeiten werden dadurch aktiv geschaltet.

Im Querverweis mit Regeln ist festzulegen, wie das Feld definiert sein soll. Dabei bestehen die folgenden, in Abb. 6.45 dargestellten Möglichkeiten:

- Zahlung Zinsertrag/-Aufwand
- Zahlung Zinsertrag
- Zahlung Zinsaufwand
- Zinsertrag/-Aufwand
- Zinsertrag
- Zinsaufwand
- fiktiver Kontostand

Der Zinsertrag/-Aufwand wird monatlich ausgewiesen, dabei spielt es keine Rolle, ob die Zinszahlungen z. B. alle drei, vier oder sechs Monate angezeigt werden.

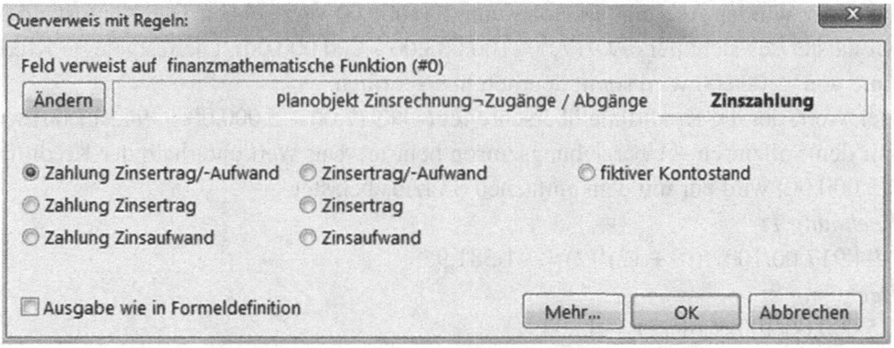

Abb. 6.45 Querverweis mit Regeln (Eigene Darstellung, Corporate Planner, Version 4.4.103.47)

Über den Button *„Mehr"* kann die Hybrideigenschaft des Feldes definiert werden. Beispiel:

- Sollzins = 8 % (8/12 = 0,66 %)
- Überziehungszins = 12 % (12/12 = 1 %), wenn < -5000,00
- Habenzins = 1 % (1/12 = 0,083 %)

Die Zinsen werden in der Planobjekt-Definition als Jahreszinssätze definiert, sodass die angegebenen Zinssätze auf das Jahr verteilt werden (geteilt durch 12). Die Berechnung erfolgt gemäß der deutschen kaufmännischen Zinsrechnung, jeden Monat am Monatsletzten. Zur Nachverfolgung sollten die Feldeigenschaften des Feldes *„Zinszahlungen"* geöffnet werden.

In Tab. 6.17 werden die Werte der einzelnen Felder des Planobjektes dargestellt.

Zur Berechnung der in Tab. 6.17 dargestellten Werte:

- Im Monat Januar sind keine Transaktionen erfolgt.
- Im Februar wird ein Zugang von 100.000,00 verzeichnet. Da im Beispiel der Zinswert am Monatsletzten berechnet wird, werden auf den erfolgten Zugang Habenzinsen (0,083 %) ermittelt. Der Endbestand setzt sich dann aus dem Zugang und den Zinseinzahlungen zusammen. Der Endbestand wird als Anfangsbestand des Monats März fortgeschrieben.

Tab. 6.17 Werte der Zinsberechnung (Eigene Darstellung, Corporate Planner, Version 4.4.103.47)

Feld	Januar	Februar	März
Anfangsbestand	0,00	0,00	100.083,33
Zugänge/Abgänge	0,00	100.000,00	-200.000,00
Zinszahlungen	0,00	83,33	-1.615,30
Endbestand	0,00	100.083,33	-102.000,00

- Im März wurden Abgänge in Höhe von 200.000,00 verzeichnet. Der Kontostand am Monatsletzten steht bei -99.917,00 (100.083,00 – 200.000,00). Die festgelegte Kreditlinie von -5.000,00 wird somit deutlich überschritten.
- Der Wert, der die Kreditlinie überschreitet (-99.917,00 + 5.000,00 = -94.917,00) wird mit den Sollzinsen + Überziehungszinsen belastet. Der Wert unterhalb der Kreditlinie (-5.000,00) wird nur mit dem einfachen Sollzins belastet.
- *Rechnung 1:*
- (-94.917,00/100)*((8 + 12)/12) = – 1.581,95
- *Rechnung 2:*
- (-5.000,00/100) * (8/12) = -33,33
-     – 1581,95 + (-33,33) = -1.615,30 Zinszahlungen gesamt
- Der Endbestand setzt sich dann aus dem Abgang und den Zinsauszahlungen zusammen.

6.1.3.4   Fallaufgabe 4: Erfassung und Verrechnung innerbetrieblicher Leistungen (Vgl. Kicherer et al. (2001), S. 36.)

In der Campus Bicycle Mountainbikes GmbH in München beauftragt Jan Graf, Leiter des dezentralen Controllings, Heiko Diemers, zuständiger Controlling-Mitarbeiter, mit der Aufgabe der Erfassung und Verrechnung innerbetrieblicher Leistungen. In der Produktion wurden dazu zur Erfassung und Verrechnung der innerbetrieblichen Leistungen neben den Fertigungshauptkostenstellen (H) auch allgemeine Kostenstellen (A) eingerichtet. Herr Diemers verschafft sich zunächst einen Überblick über die Primärkosten, die im vergangenen Monat Januar des aktuellen Geschäftsjahres angefallen sind.

Die Kostenstellen enthalten folgende Primärkosten:
A1: 12.250,00 EUR H1: 50.000,00 EUR
A2: 22.500,00 EUR H2: 87.500,00 EUR

Im Folgenden ermittelt er die Sekundärkosten von H1 und H2! Hierzu liegen Herrn Diemers folgende Angaben vor:

- A1 stellt 300 Leistungseinheiten her, wovon A2 = 30, H1 = 120 und H2 = 150 Leistungseinheiten bezogen haben.
- A2 stellt 900 Leistungseinheiten her, wovon A1 = 180, H1 = 360 und H2 = 360 Leistungseinheiten bezogen haben.

Tab. 6.18 zeigt übersichtlich die vorhandenen allgemeinen Angaben (Primärkosten der Kostenstellen, Leistungseinheiten A1 und Leistungseinheiten A2) in Form des Tabellen-Reports.

Seine Rechnungen führt er nach dem Anbauverfahren (Aufgabe 1) und alternativ nach dem Stufenleiterverfahren (Aufgabe 2) durch. Dabei beginnt er jeweils mit der Umlage von A1.

Lösungshinweis Aufgabe 1: Anbauverfahren (Blockverfahren)

Tab. 6.18 Tabellen-Report – Allgemeine Angaben (Eigene Darstellung, Corporate Planner, Version 4.4.103.47)

Freier Tabellen-Report	Einheit	Budget	Ist	Abs. Differenz Ist - Budget	% - Differenz Ist - Budget
⌄ Allgemeine Angaben		0,00	0,00	0,00	
⌄ Primärkosten der Kostenstellen	€	0,00	0,00	0,00	
⌄ Allgemeine Kostenstellen (A)	€	0,00	0,00	0,00	
A1	€	0,00	12.250,00	12.250,00	
A2	€	0,00	22.500,00	22.500,00	
⌄ Fertigungshauptkostenstellen (H)	€	0,00	0,00	0,00	
H1	€	0,00	50.000,00	50.000,00	
H2	€	0,00	87.500,00	87.500,00	
⌄ Leistungseinheiten A1	ME	0,00	300,00	300,00	
davon Leistungseinheiten A2	ME	0,00	30,00	30,00	
davon Leistungseinheiten H1	ME	0,00	120,00	120,00	
davon Leistungseinheiten H2	ME	0,00	150,00	150,00	
⌄ Leistungseinheiten A2	ME	0,00	900,00	900,00	
davon Leistungseinheiten A1	ME	0,00	180,00	180,00	
davon Leistungseinheiten H1	ME	0,00	360,00	360,00	
davon Leistungseinheiten H2	ME	0,00	360,00	360,00	

Umlage 1 A1 (12.250,00 EUR) auf H1 und H2 (Verhältnis 120:150). Die Formelfunktionen sind:

- für A1 auf H1 (5.444,44 EUR): f0/(f1+f2)*f1
  - f0: Primärkosten A1
  - f1: Leistungseinheiten A1, davon Leistungseinheiten H1
  - f2: Leistungseinheiten A1, davon Leistungseinheiten H2
- für A1 auf H2 (6.805,56 EUR): f0/(f1+f2)*f2
  - f0: Primärkosten A1
  - f1: Leistungseinheiten A1, davon Leistungseinheiten H1
  - f2: Leistungseinheiten A1, davon Leistungseinheiten H2

Umlage 2 A2 (22.500,00 EUR) auf H1 und H2 (Verhältnis 360:360). Die Formelfunktionen sind:

- für A2 auf H1 (11.250,00 EUR): f0/(f1+f2)*f1
  - f0: Primärkosten A2
  - f1: Leistungseinheiten A2, davon Leistungseinheiten H1
  - f2: Leistungseinheiten A2, davon Leistungseinheiten H2
- für A2 auf H2 (11.250,00 EUR): f0/(f1+f2)*f2
  - f0: Primärkosten A2
  - f1: Leistungseinheiten A2, davon Leistungseinheiten H1
  - f2: Leistungseinheiten A2, davon Leistungseinheiten H2

Tab. 6.19 zeigt das Anbauverfahren und stellt in Form des Tabellen-Reports die Umlage 1 (A1 auf H1 und H2) und die Umlage 2 (A2 auf H1 und H2) sowie die gesamten Sekundärkosten der Fertigungshauptkostenstellen H1 und H2 dar.

Lösungshinweise Aufgabe 2: Stufenleiterverfahren

Umlage 1 A1 (12.250,00 EUR) auf A2, H1 und H2. Die Formelfunktionen sind:

Tab. 6.19 Tabellen-Report – Anbauverfahren (Eigene Darstellung, Corporate Planner, Version 4.4.103.47)

Freier Tabellen-Report	Einheit ▲	Budget	Ist	Abs. Differenz Ist - Budget	% - Differenz Ist - Budget
⌄ Anbauverfahren		0,00	0,00	0,00	
⌄ Primärkosten	€	0,00	0,00	0,00	
A1	€	0,00	12.250,00	12.250,00	
A2	€	0,00	22.500,00	22.500,00	
H1	€	0,00	50.000,00	50.000,00	
H2	€	0,00	87.500,00	87.500,00	
⌄ Umlage 1 (A1 auf H1 und H2)	€	0,00	12.250,00	12.250,00	
H1	€	0,00	5.444,44	5.444,44	
H2	€	0,00	6.805,56	6.805,56	
⌄ Umlage 2 (A2 auf H1 und H2)	€	0,00	22.500,00	22.500,00	
H1	€	0,00	11.250,00	11.250,00	
H2	€	0,00	11.250,00	11.250,00	
⌄ Sekundärkosten (H1 und H2)	€	0,00	34.750,00	34.750,00	
H1	€	0,00	16.694,44	16.694,44	
H2	€	0,00	18.055,56	18.055,56	

- für A1 auf A2 (1.225,00 EUR): f0/(f1+f2+f3)*f1
  - f0: Primärkosten A1
  - f1: Leistungseinheiten A1, davon Leistungseinheiten A2
  - f2: Leistungseinheiten A1, davon Leistungseinheiten H1
  - f3: Leistungseinheiten A1, davon Leistungseinheiten H2
- für A1 auf H1 (4.900,00 EUR): f0/(f1+f2+f3)*f2
  - f0: Primärkosten A1
  - f1: Leistungseinheiten A1, davon Leistungseinheiten A2
  - f2: Leistungseinheiten A1, davon Leistungseinheiten H1
  - f3: Leistungseinheiten A1, davon Leistungseinheiten H2
- für A1 auf H2 (6.125,00 EUR): f0/(f1+f2+f3)*f3
  - f0: Primärkosten A1
  - f1: Leistungseinheiten A1, davon Leistungseinheiten A2
  - f2: Leistungseinheiten A1, davon Leistungseinheiten H1
  - f3: Leistungseinheiten A1, davon Leistungseinheiten H2

Umlage 2 A2 (23.725,00 EUR[12]) auf H1 und H2. Die Formelfunktionen sind:

- für A2 auf H1 (11.862,50 EUR): (f0+f1)/(f2+f3)*f2
  - f0: Primärkosten A2
  - f1: Umlage 1 = A2 *(für A1 auf A2 (1.225,00 EUR))*
  - f2: Leistungseinheiten A2, davon Leistungseinheiten H1
  - f3: Leistungseinheiten A2, davon Leistungseinheiten H2
- für A2 auf H2 (11.862,50 EUR): (f0+f1)/(f2+f3)*f3
  - f0: Primärkosten A2
  - f1: Umlage 1 = A2 *(für A1 auf A2 (1.225,00 EUR))*

---

[12] Hinweis: Zu beachten sind die 1.225,00 EUR, die zusätzlich durch die Umlage 1 an A2 transferiert wurden.

- f2: Leistungseinheiten A2, davon Leistungseinheiten H1
- f3: Leistungseinheiten A2, davon Leistungseinheiten H2

Tab. 6.20 zeigt das Stufenleiterverfahren und stellt in Form des Tabellen-Reports die Umlage 1 (A1 auf A2, H1 und H2) und die Umlage 2 (A2 auf H1 und H2) sowie die gesamten Sekundärkosten der Fertigungshauptkostenstellen H1 und H2 dar.

Der Corporate Planner integriert ein umfangreiches und flexibles Grafikmodul (vgl. hierzu und im Folgenden o. V. Handbuch – Corporate Planner 2016, S. 302–316), mit dem alle im System angelegten Strukturen und Daten anschaulich dargestellt werden können. Das Grafikmodul besitzt zudem diverse analytische Anwendungsmöglichkeiten. So kann Herr Diemers z. B. unterschiedliche Ergebnisse (Alternativen) simulieren und in einer Grafik miteinander verglichen. Per Mausklick erhält Herr Diemers Grafiken, die automatisch beschriftet werden und mit der richtigen Skalierung sofort zur Verfügung stehen.

Sollen Daten grafisch dargestellt werden, ist im Funktionsbereich Analyse die Funktion *„Grafische Analyse"* auszuwählen oder auf das entsprechende Symbol in der Symbol-leiste zu klicken. Es erscheint der Corporate Planner-Grafikbereich.

Bei der Erstellung von Grafiken unterscheidet Corporate Planner zwei Anwendungs-möglichkeiten. Zum einen die *AdHoc-Grafik* und zum anderen den *Grafikspeicher*. Beim Öffnen der grafischen Analyse wird zunächst immer die AdHoc-Grafik des ausgewählten Feldes der Baumstruktur dargestellt. Unabhängig davon, ob Herr Diemers sich zuvor im Grafikspeicher befand.

Das manuelle Umschalten aus der AdHoc-Grafik in den Grafikspeicher erfolgt über das Icon *„Zwischen AdHoc und Grafikspeicher umschalten"*. Dieses Umschalten ist für Herrn Diemers jedoch nur dann möglich, wenn er über die notwendigen Rechte für den zuletzt geöffneten Grafikspeicher verfügt. Die Rechtevergabe auf gesamte Datenbasen oder bestimmte Strukturbereiche erfolgt im *CP-Control Center*.

Tab. 6.20 Tabellen-Report – Stufenleiterverfahren (Eigene Darstellung, Corporate Planner, Version 4.4.103.47)

Freier Tabellen-Report	Einheit	Budget	Ist	Abs. Differenz Ist - Budget	% - Differenz Ist - Budget
⌄ Stufenleiterverfahren		0,00	0,00	0,00	
⌄ Primärkosten	€	0,00	0,00	0,00	
A1	€	0,00	12.250,00	12.250,00	
A2	€	0,00	22.500,00	22.500,00	
H1	€	0,00	50.000,00	50.000,00	
H2	€	0,00	87.500,00	87.500,00	
⌄ Umlage 1 (A1 auf A2, H1 und H2)	€	0,00	12.250,00	12.250,00	
A2	€	0,00	1.225,00	1.225,00	
H1	€	0,00	4.900,00	4.900,00	
H2	€	0,00	6.125,00	6.125,00	
⌄ Umlage 2 (A2 auf H1 und H2)	€	0,00	23.725,00	23.725,00	
H1	€	0,00	11.862,50	11.862,50	
H2	€	0,00	11.862,50	11.862,50	
⌄ Sekundärkosten (H1 und H2)	€	0,00	34.750,00	34.750,00	
H1	€	0,00	16.762,50	16.762,50	
H2	€	0,00	17.987,50	17.987,50	

In einer Corporate Planner-Datenbasis kann Herr Diemers beliebig viele Grafikspeicher ablegen. Diese Grafiken werden im Dialog *Grafiken verwalten* gelistet vorgehalten und können dort jederzeit wieder aufgerufen, kopiert oder gelöscht werden. Darüber hinaus können von dort aus auch neue Grafikspeicher erstellt werden.

Die Liste der verfügbaren Grafikspeicher steht jedem Anwender/jeder Anwenderin zur Verfügung. Die AnwenderInnen können jedoch nur auf die Grafikspeicher zugreifen, auf deren Felder und Ebenen sie über das CP-Control Center ein Zugriffsrecht besitzen.

Abhängig vom ausgewählten Karteireiter (*Allgemein* oder *Gruppen*) und der Position des Mauscursors stehen die Funktionen zur Bearbeitung einzelner Grafiken bzw. Grafikgruppen zur Auswahl. Folgende Funktionen stehen Herrn Diemers grundsätzlich im Bereich *Grafiken verwalten* zur Verfügung:

• Anzeigen
• Umbenennen
• Neu
• Kopieren
• Löschen
• Drucken
• Info
• Systeminfo
• Suchen
• Schließen.

Der Corporate Planner verwendet Symbole, um die verschiedenen Grafiktypen auf einen Blick unterscheiden zu können. Alle Grafiktypen stehen Herrn Diemers sowohl in der AdHoc-Grafik als auch im Grafikspeicher zur Verfügung. Im Grafikspeicher besteht zusätzlich die Möglichkeit, verschiedene Diagrammtypen (bis zu vier) in einer Grafik miteinanderzu kombinieren.

Die Grafiktypen lassen sich wie folgt unterteilen:

• Grafiken, die Daten im zeitlichen Verlauf darstellen (Liniengrafik, Punktegrafik),
• Grafiken, welche die Zusammensetzung von Daten im zeitlichen Verlauf darstellen (Staffelsäulen, Staffelflächen etc.),
• Grafiken, welche die Zusammensetzung von Daten für einen Zeitraum im Zeit-,- Ebenen- oder Feldvergleich darstellen (Säulen nebeneinander, Säulen hintereinander, Staffelsäulen, Tortengrafiken etc.) und
• Grafiken, die neben der einfachen grafischen Umsetzung von Daten gleichzeitig Analysefunktionen beinhalten (Kumulation).

Im Designer wiederum kann Herr Diemers spezifische Grafikeinstellungen hinsichtlich der Darstellung, Überschrift, Achsenbezeichnungen etc. vornehmen. Sowohl in der AdHoc-Grafik als auch für jeden einzelnen Grafikspeicher ist diese Option verfügbar. Alle

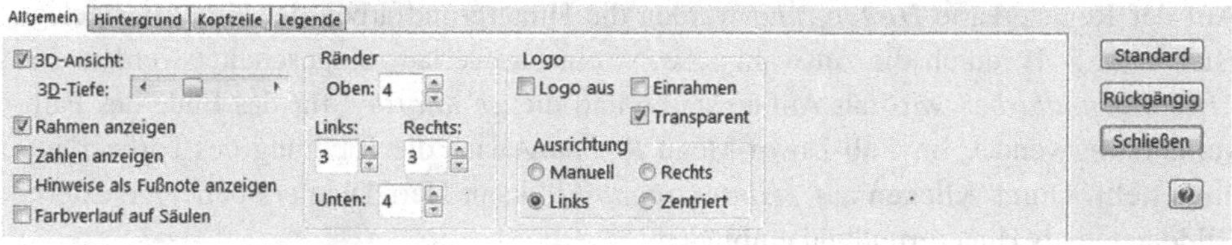

Abb. 6.46 Designer (Eigene Darstellung, Corporate Planner, Version 4.4.103.47)

vorgenommenen Einstellungen bzw. Änderungen im Designer sind sofort in der Grafik sichtbar.

Der Designer wird über das entsprechende Symbol in der Bedienleiste aufgerufen. Alternativ kann Herr Diemers diesen auch per Doppelklick in die Grafik oder über das Kontextmenü durch Klicken mit der rechten Maustaste aufrufen. Es öffnet sich im oberen Bildschirmbereich anstelle der Baumstruktur die in Abb. 6.46 dargestellte Auswahl der folgenden Registerkarten:

- Allgemein
- Hintergrund
- Achsen
- Wände (ist nur bei Auswahl der 3D-Ansicht aktiv)
- Kopfzeile
- Legende.

Einige der hier auswählbaren Optionen wie z. B. die Achsenbezeichnungen oder die Überschrift können direkt mit einem Doppelklick auf das jeweilige Element in der Grafik definiert werden. Einen *eigenen Doppelklick* haben der Grafik-Titel, die Legende, die Achsen, die Achsentitel, die Achsenbeschriftung und das Logo. Es erscheint dann der entsprechende Dialog, in dem beliebige Änderungen vorgenommen werden können. Durch Klicken mit der rechten Maustaste wird das entsprechende Kontextmenü aufgerufen. Ein *eigenes Kontextmenü* haben die Legende, das Logo, die Achsen und die Grafik.

Auf der Registerkarte *Allgemein* kann Herr Diemers generelle Einstellungen hinsichtlich der Grafikränder, des Logos, der Ansicht etc. vornehmen. Es bestehen u. a. folgende Anpassungsmöglichkeiten:

- 3D-Ansicht
- Rahmen anzeigen
- Zahlen anzeigen
- Hinweise als Fußnote anzeigen
- Farbverlauf auf Säulen
- Ränder
- etc.

Auf der Registerkarte *Hintergrund* werden die Hintergrundfarben der Grafik festgelegt. Hier kann z. B. durch die Auswahl *„Aktiv"* ein Farbverlauf eingeschaltet werden. Die *„Hintergrundfarbe"* wird als Anfangsfarbe und die *„Endfarbe"* für das Ende des Farbverlaufs verwendet. Im Pull-Down-Menü *Richtung* wird die Richtung des Farbverlaufs eingestellt. Durch Klicken auf *„Hintergrundbild"* kann Herr Diemers beliebige externe Bilddateien als Hintergrundbild einbinden.

Auf der Registerkarte *Achsen* kann Herr Diemers nähere Angaben zu den Grafikachsen hinterlegen. Hier bestehen u. a. die folgenden Anpassungsmöglichkeiten:

- Die Option *„Alle Achsen aus"* blendet alle Achsenbeschriftungen der X- und Y-Achse aus.
- *„Keine Gitternetzlinien"* blendet alle Gitternetzlinien im Grafikhintergrund aus.
- *„Achse aus"* schaltet die oben eingestellte Achse in der Grafik aus.

Registerkarte *Allgemein*: Hier wird u. a. festgelegt, ob Achsenlinien angezeigt werden, wie breit und welche Farbe diese Linien haben sollen.

Auf der Registerkarte *Benennung* gibt Herr Diemers der Achse eine Bezeichnung. Diese kann automatisch erstellt oder durch Eingabe eines individuellen Texts erzeugt werden.

Registerkarte *Beschriftung*: Hier werden die X- und Y-Achsenbeschriftung, das Format und die Schriftart der Achsenbeschriftung (hoch oder quer) sowie der Abstand der Beschriftung zum Rand (automatisch oder definierbar) festgelegt.

Registerkarte *Gitter*: Hier werden die Anzeige der Gitternetzlinie, deren Breite, Farbe und der Stil (Linie, Striche, Punkte etc.) bestimmt.

Für Herrn Diemers bestehen diverse weitere Möglichkeiten bez. der Anpassung von Grafiken über den Designer im Corporate Planner. Diese betreffen z. B. das Format der Kopfzeilen und der Grafiklegende.

In einem Corporate Planner-Grafikspeicher besteht die Möglichkeit, alle in der Abbildung dargestellten Felder mit ihren Ebenen, Zeiträumen, Grafiktypen etc. im Editor zu bearbeiten und den individuellen Wünschen von Herrn Diemers entsprechend anzuzeigen. Diese Option steht ausschließlich im Grafikspeicher, nicht aber in der AdHoc-Grafik zur Verfügung. Der Editor wird von Herrn Diemers gestartet, indem er im Grafikspeicher auf das Symbol *„Datenebenen bearbeiten"* klickt. Im oberen Bildschirmbereich erscheint dann eine tabellarische Auflistung der in der Grafik abgebildeten Felder inkl. Informationen zur Datenebene, der Zeitspanne, Berechnungsformen, Grafiktyp und farblicher Darstellung. Spaltenweise können hier entweder global (durch Anklicken der jeweiligen Spaltenköpfe) für alle angezeigten Felder Einstellungen vorgenommen werden oder individuell einzelne Eigenschaften für die Datenebenen definiert werden.

Weiterhin besteht die Möglichkeit Datenebenen zu entfernen. Dazu wird die gewünschte Zeile in der Liste markiert. Durch Betätigen der *Del-* oder *Entfernen-Taste* auf der Tastatur wird die ausgewählte Datenebene entfernt. Bei der Markierung mehrerer Datenebenen kann Herr Diemers diese im darauf folgenden Dialogfenster durch Anklicken des Buttons *„Ja"* einzeln oder mit dem Button *„Alle löschen"* sofort alle entfernen.

Die Reihenfolge der Datenebenen in der Grafikspeicherliste kann Herr Diemers individuell sortieren. Des Weiteren kann er mithilfe der Up-/Down-Sortierungspfeile auf der rechten Seite der Liste die Position einer markierten Zeile verändern. So kann z. B. eine Datenebene mit dem nach unten gerichteten Pfeil eine Position nach unten verschoben werden. Im Darstellungsbereich der Grafik wandert diese Datenebene entsprechend um eine Position nach hinten. Diese Funktion ist vor allem in einer 3D-Grafik hilfreich, um die Reihen mit den höchsten Werten in den hinteren Bereich zu verschieben, sodass auch die Datenebenen mit geringeren Werten sichtbar werden.

6.1.3.5   Fallaufgabe 5: Abweichungsanalyse mittels flexibler Plankostenrechnung auf Vollkostenbasis (Vgl. Weber et al. (2014), S. 29 ff)

Versetzen Sie sich in die Lage von Herrn Otto Lustig. Vor zwei Jahren entschied sich die Controlling-Abteilung der Campus Bicycle Allround GmbH durch Empfehlung von Herrn Kurt Tau, Leiter Konzerncontrolling und –planung, und nach Genehmigung durch den kaufmännischen Vorsitzenden Peter Schmidt zur Einführung der flexiblen Plankostenrechnung auf Vollkostenbasis *(Aufgabe 1)*. Im produktiven Betrieb liefert diese Plankostenrechnung für Herrn Lustig für den Monat Januar u. a. für die Kostenstellen Montage Profi-Rennräder und Montage Mountainbikes folgende Gemeinkostendaten, dargestellt in Tab. 6.21.

Diese Informationen liefern die Grundlage für die Berechnungen der einzelnen Abweichungen.

Als Controller soll Herr Lustig Herrn Tau detailliert über die Abweichungen und möglichen Verbesserungen informieren. D. h., er bestimmt den Anteil der Abweichungen, der auf die im Vergleich zum Plan abweichende Beschäftigung (Beschäftigungsabweichung) zurückgeht und interpretiert diese Abweichung. Des Weiteren interpretiert er die

Tab. 6.21 Tabellen-Report – Allgemeine Angaben der Kostenstellen (Eigene Darstellung, Corporate Planner, Version 4.4.103.47)

Freier Tabellen-Report	Einheit	Budget	Ist	Abs. Differenz Ist - Budget	% - Differenz Ist - Budget
⌄ Kostenstellen		0,00	0,00	0,00	
⌄ Kostenstelle 001 - Montage Profi-Rennräder		0,00	0,00	0,00	
⌄ Istdaten		0,00	0,00	0,00	
Gemeinkosten	€	180.000,00	0,00	-180.000,00	-100,00%
Produzierte Stückzahl	ME	450,00	0,00	-450,00	-100,00%
⌄ Gemeinkosten	€	192.500,00	0,00	-192.500,00	-100,00%
Gemeinkosten (variabel)	€	107.500,00	0,00	-107.500,00	-100,00%
Gemeinkosten (fix)	€	85.000,00	0,00	-85.000,00	-100,00%
Geplante Stückzahl	ME	550,00	0,00	-550,00	-100,00%
Montagezeit pro Fahrrad	Std	1,25	0,00	-1,25	-100,00%
⌄ Kostenstelle 002 - Montage Mountainbikes		0,00	0,00	0,00	
⌄ Istdaten		0,00	0,00	0,00	
Gemeinkosten	€	178.000,00	0,00	-178.000,00	-100,00%
Produzierte Stückzahl	ME	525,00	0,00	-525,00	-100,00%
⌄ Gemeinkosten	€	252.000,00	0,00	-252.000,00	-100,00%
Gemeinkosten (variabel)	€	182.000,00	0,00	-182.000,00	-100,00%
Gemeinkosten (fix)	€	70.000,00	0,00	-70.000,00	-100,00%
Geplante Stückzahl	ME	700,00	0,00	-700,00	-100,00%
Montagezeit pro Fahrrad	Std	1,50	0,00	-1,50	-100,00%

verbleibende Restabweichung (Preis- und Verbrauchsabweichung) und gibt Herrn Tau eine entsprechende Handlungsempfehlung.

Zur Berechnung der Verbrauchs-, Beschäftigungs- und Gesamtabweichung werden basierend auf den vorliegenden Informationen der Plankostenverrechnungssatz, die verrechneten Plankosten sowie die Sollkosten jeweils bei Istbeschäftigung berechnet.

Plankostenverrechnungssatz (Planmenge*Planpreis(-kosten)/Planbeschäftigung). Die Formelfunktionen sind:

- für Kostenstelle 001 – Montage Profi-Rennräder (280,00 EUR pro Std.): f0/(f1*f2)
  - f0: Montage Profi-Rennräder – Gemeinkosten
  - f1: Montage Profi-Rennräder – Geplante Stückzahl
  - f2: Montage Profi-Rennräder – Montagezeit pro Fahrrad
- für Kostenstelle 002 – Montage Mountainbikes (240,00 EUR pro Std.): f0/(f1*f2)
  - f0: Montage Mountainbikes – Gemeinkosten
  - f1: Montage Mountainbikes – Geplante Stückzahl
  - f2: Montage Mountainbikes – Montagezeit pro Fahrrad

Verrechnete Plankosten (Plankostenverrechnungssatz (Kp) * Istbeschäftigung). Die Formelfunktionen sind:

- für Kostenstelle 001 – Montage Profi-Rennräder (157.500,00 EUR): (f0*(f1*f2))
  - f0: Plankostenverrechnungssatz – Kostenstelle 001 – Montage Profi-Rennräder
  - f1: Montage Profi-Rennräder – Istdaten – Produzierte Stückzahl
  - f2: Montage Profi-Rennräder – Montagezeit pro Fahrrad
- für Kostenstelle 002 – Montage Mountainbikes (189.000,00 EUR): (f0*(f1*f2))
  - f0: Plankostenverrechnungssatz – Kostenstelle 002 – Montage Mountainbikes
  - f1: Montage Mountainbikes – Istdaten – Produzierte Stückzahl
  - f2: Montage Mountainbikes – Montagezeit pro Fahrrad

Sollkosten bei Istbeschäftigung (fixe Plankosten+(var. Plankosten/Planbeschäftigung)[13] * Istbeschäftigung). Die Formelfunktionen sind:

- für Kostenstelle 001 – Montage Profi-Rennräder (172.954,55 EUR): (f0+(f1/ (f2*f3))*(f4*f2))
  - f0: Montage Profi-Rennräder – Gemeinkosten – Gemeinkosten (fix)
  - f1: Montage Profi-Rennräder – Gemeinkosten – Gemeinkosten (variabel)
  - f2: Montage Profi-Rennräder – Montagezeit pro Fahrrad
  - f3: Montage Profi-Rennräder – Geplante Stückzahl
  - f4: Montage Profi-Rennräder – Istdaten – Produzierte Stückzahl
- für Kostenstelle 002 – Montage Mountainbikes (206.500,00 EUR): (f0+(f1/ (f2*f3))*(f4*f2))

---

[13] Hinweis: (var. Plankosten/Planbeschäftigung) = variabler Verrechnungssatz.

- f0: Montage Mountainbikes – Gemeinkosten – Gemeinkosten (fix)
- f1: Montage Mountainbikes – Gemeinkosten – Gemeinkosten (variabel)
- f2: Montage Mountainbikes – Montagezeit pro Fahrrad
- f3: Montage Mountainbikes – Geplante Stückzahl
- f4: Montage Mountainbikes – Istdaten – Produzierte Stückzahl

Gesamtabweichung (Istkosten – verrechnete Plankosten). Die Formelfunktionen sind:

- für Kostenstelle 001 – Montage Profi-Rennräder (22.500,00 EUR): (f0-f1)
  - f0: Montage Profi-Rennräder – Istdaten – Gemeinkosten
  - f1: Verrechnete Plankosten – Kostenstelle 001 – Montage Profi-Rennräder
- für Kostenstelle 002 – Montage Mountainbikes (-11.000,00 EUR): (f0-f1)
  - f0: Montage Mountainbikes – Istdaten – Gemeinkosten
  - f1: Verrechnete Plankosten – Kostenstelle 002 – Montage Mountainbikes

Beschäftigungsabweichung (Sollkosten bei Istbeschäftigung-verr. Plankosten). Die Formelfunktionen sind:

- für Kostenstelle 001 – Montage Profi-Rennräder (15.454,55 EUR): (f0-f1)
  - f0: Sollkosten bei Istbeschäftigung- Kostenstelle 001 – Montage Profi-Rennräder
  - f1: Verrechnete Plankosten – Kostenstelle 001 – Montage Profi-Rennräder
- für Kostenstelle 002 – Montage Mountainbikes (17.500,00 EUR): (f0-f1)
  - f0: Sollkosten bei Istbeschäftigung- Kostenstelle 002- Montage Mountainbikes
  - f1: Verrechnete Plankosten – Kostenstelle 002 – Montage Mountainbikes

Preis- und Verbrauchsabweichung (Gesamtabweichung-Beschäftigungsabweichung).[14] Die Formelfunktionen sind:

- für Kostenstelle 001 – Montage Profi-Rennräder (7.045,45 EUR): (f0-f1)
  - f0: Gesamtabweichung- Kostenstelle 001 – Montage Profi-Rennräder
  - f1: Beschäftigungsabweichung- Kostenstelle 001 – Montage Profi-Rennräder
- für Kostenstelle 002 – Montage Mountainbikes (-28.500,00 EUR): (f0-f1)
  - f0: Gesamtabweichung- Kostenstelle 002- Montage Mountainbikes
  - f1: Beschäftigungsabweichung – Kostenstelle 002 – Montage Mountainbikes

Tab. 6.22 stellt die Abweichungsanalyse in Form des Tabellen-Reports übersichtlich dar.

Die Gesamtabweichung ergibt sich u. a. aus der Differenz zwischen Istkosten und verrechneten Plankosten. Diese Basisabweichung wird nun immer weiter aufgegliedert. Im ersten Schritt hinsichtlich des Einflusses falsch geplanter Beschäftigung (Beschäftigungsabweichung).

Diese lässt sich durch die Subtraktion der verrechneten Plankosten bei Istbeschäftigung von den Sollkosten bei Istbeschäftigung ermitteln. In beiden Fällen liegt eine positive

---

[14] Hinweis: Weitere Berechnungen der Preis- und Verbrauchsabweichung: (1) Preis- und Verbrauchsabweichung = Sollkosten (Istpreise) - Sollkosten (Planpreise) oder (2) Preis- und Verbrauchsabweichung = Istkosten - Sollkosten (Istpreise).

Tab. 6.22 Tabellen-Report – Übersicht der Abweichungsanalyse (Eigene Darstellung, Corporate Planner, Version 4.4.103.47)

Freier Tabellen-Report	Einheit	Budget	Ist	Abs. Differenz Ist - Budget	% - Differenz Ist - Budget
⌄ Plankostenverrechnungssatz	€	0,00	0,00	0,00	
Kostenstelle 001 - Montage Profi-Rennräd...	€	280,00	0,00	-280,00	-100,00%
Kostenstelle 002 - Mountainbikes	€	240,00	0,00	-240,00	-100,00%
⌄ Verrechnete Plankosten	€	0,00	0,00	0,00	
Kostenstelle 001 - Montage Profi-Rennräd...	€	157.500,00	0,00	-157.500,00	-100,00%
Kostenstelle 002 - Mountainbikes	€	189.000,00	0,00	-189.000,00	-100,00%
⌄ Sollkosten bei Istbeschäftigung	€	0,00	0,00	0,00	
Kostenstelle 001 - Montage Profi-Rennräd...	€	172.954,55	0,00	-172.954,55	-100,00%
Kostenstelle 002 - Mountainbikes	€	206.500,00	0,00	-206.500,00	-100,00%
⌄ Beschäftigungsabweichung	€	0,00	0,00	0,00	
Kostenstelle 001 - Montage Profi-Rennräd...	€	15.454,55	0,00	-15.454,55	-100,00%
Kostenstelle 002 - Mountainbikes	€	17.500,00	0,00	-17.500,00	-100,00%
⌄ Preis- und Verbrauchsabweichung	€	0,00	0,00	0,00	
Kostenstelle 001 - Montage Profi-Rennräd...	€	7.045,45	0,00	-7.045,45	-100,00%
Kostenstelle 002 - Mountainbikes	€	-28.500,00	0,00	28.500,00	100,00%

Beschäftigungsabweichung vor, die auf sog. „*Leerkosten*" hinweist. Die Bezeichnung spielt auf denjenigen Teil der Fixkosten an, der aufgrund der geringeren Auslastung nicht „genutzt" werden konnte. Die Leerkosten sind ein Zeichen für eine „Unterbeschäftigung" in der Periode, sodass der Fixkostenanteil in den Stückkosten steigt. Für diese Abweichung können die entsprechenden Kostenstellenleiter nur sehr bedingt verantwortlich gemacht werden, da sie letztendlich wenig Einfluss auf die tatsächliche Absatzmenge haben und hinsichtlich der Fixkosten für sie nur ein geringer Spielraum für eine kurzfristige Anpassung vorhanden ist.

Die verbleibende Restabweichung (Preis- und Verbrauchsabweichung) ergibt sich aus der Subtraktion der Sollkosten bei Istbeschäftigung von den Ist-Gemeinkosten. Für die Kostenstelle Montage Rennräder ergibt sich eine positive Preis- und Verbrauchsabweichung i. H. v. 7.045,45 EUR. Es liegt also eine Sollkostenüberschreitung vor. Die Ursache hierfür kann sowohl auf höhere Kosten der Mitarbeiter als auch auf eine gegenüber dem Planwert gestiegene Montagezeit pro Fahrrad zurückzuführen sein.

Für die Kostenstelle Montage Mountainbikes ergibt sich ein anderes Bild, da hier eine negative Preis- und Verbrauchsabweichung von -28.500,00 EUR vorliegt. Diese Sollkostenunterschreitung zeigt, dass die Kostenstelle wirtschaftlicher gearbeitet hat als ursprünglich geplant. Ursachen hierfür können sowohl niedrigere Mitarbeiterkosten (bspw. geringere Lohnsteigerungen) als auch geringere Montagezeiten pro Fahrrad gewesen sein.

Herrn Tau ist an dieser Stelle zu raten, mit beiden Kostenstellenleitern das Gespräch zu suchen. Bei den Profi-Rennrädern sollten die Ursachen detaillierter analysiert und Maßnahmen definiert werden, welche eine wirtschaftliche Ressourcenauslastung sicherstellen. Mit dem Kostenstellenleiter der Mountainbikes sollte diskutiert werden, inwieweit die wirtschaftlichere Ressourcennutzung als nachhaltig anzusehen ist. Sollte dies der Fall sein, so könnte und sollte die verbesserte Ressourcenausnutzung Eingang in die Folgeplanung finden (d. h. zu neuen Sollkosten führen) und außerdem möglicherweise als Vorbild für die effizientere Montage der Profi-Rennräder dienen.

Bei den Mountainbikes zeigt sich, dass sich negative Verbrauchs- und positive Beschäftigungsabweichungen in der Gesamtabweichung teilweise gegenseitig aufheben. Die

Tab. 6.23 Tabellen-Report – Kostenstellenspezifische Daten (Kostenstelle 003 – Lackierung) (Eigene Darstellung, Corporate Planner, Version 4.4.103.47)

Freier Tabellen-Report	Einheit ▲	Budget	Ist	Abs. Differenz Ist - Budget	% - Differenz Ist - Budget
˅ Kostenstelle 003 - Lackierung		1.945.000,00	0,00	-1.945.000,00	-100,00%
Istkosten	€	550.000,00	0,00	-550.000,00	-100,00%
Verrechnete Plankosten (Ist)	€	425.000,00	0,00	-425.000,00	-100,00%
Sollkosten (Istpreise)	€	495.000,00	0,00	-495.000,00	-100,00%
Sollkosten (Planpreise)	€	475.000,00	0,00	-475.000,00	-100,00%

Differenzierung nach unterschiedlichen Abweichungsarten ist der starren Plankostenrechnung nicht zu eigen, weshalb die flexible Plankostenrechnung insb. bezüglich der detaillierten Abweichungsanalyse deutliche Vorteile hat.

In der Kostenstelle Lackierung werden die Rahmen für die einzelnen Fahrradtypen mit spezifischen Beschichtungen und Farben versehen. Da hier der Materialeinsatz hinsichtlich Menge und Preis einen großen Kostenfaktor darstellt, würde Herr Tau für diese Kostenstelle gerne genau verstehen, welche Abweichungsursachen vorliegen. Hierzu berechnet Herr Lustig als Controller basierend auf der in Tab. 6.23 stehenden kostenstellenspezifischen Daten für den Monat Januar des aktuelles Geschäftsjahres die Gesamtabweichung bestehend aus Beschäftigungs-, Preis- und Verbrauchsabweichung *(Aufgabe 2)*.

Herr Lustig soll zu allen drei Abweichungsarten kritisch Stellung nehmen. Er beachtet dabei, dass 25 % der Preisabweichung durch gestiegene Preise gegenüber dem Planungszeitpunkt erklärt werden können.

Die Berechnung führt zu einer Gesamtabweichung von 125.000,00 EUR. In den Gesprächen mit dem Kostenstellenverantwortlichen zeigt sich, dass er für die positive Beschäftigungsabweichung i. H. v. 50.000,00 EUR (Fixkostenunterdeckung) keine Verantwortung zu übernehmen hat, da sie auf einer geringeren Auslastung beruht. Die Abweichung ist darauf zurückzuführen, dass bei der Verrechnung der Plankosten fixe Kostenbestandteile proportionalisiert werden, ohne die Nicht-Variabilität der Kosten zu berücksichtigen. So ändern sich beispielsweise die Abschreibungen der Lackieranlagen sowie die Gehälter der Mitarbeiter bei Beschäftigungsschwankungen nicht. Die Beschäftigungsrückgänge selbst resultieren aus einer geringeren Nachfrage nach hochwertigen Fahrrädern, wobei dies nicht im Einflussbereich des Kostenstellenverantwortlichen der Kostenstelle 003 liegt.

Abweichungsanalyse Kostenstelle 003 – Lackierung

Gesamtabweichung (125.000,00 EUR) (hier: Istkosten – verrechnete Plankosten (Ist)). Die Formelfunktion ist: f0-f1

- f0: Kostenstelle 003 – Lackierung – Istkosten
- f1: Kostenstelle 003 – Lackierung – verrechnete Plankosten (Ist)

Beschäftigungsabweichung (50.000,00 EUR) (Sollkosten (Planpreise) – verrechnete Plankosten (Ist)). Die Formelfunktion ist: f0-f1

- f0: Kostenstelle 003 – Lackierung – Sollkosten (Planpreise)
- f1: Kostenstelle 003 – Lackierung – verrechnete Plankosten (Ist)

Preisabweichung (20.000,00 EUR) (Sollkosten (Istpreise) – Sollkosten (Planpreise)). Die Formelfunktion ist: f0-f1

- f0: Kostenstelle 003 – Lackierung – Sollkosten (Istpreise)
- f1: Kostenstelle 003 – Lackierung – Sollkosten (Planpreise)

Verbrauchsabweichung (55.000,00 EUR) (Istkosten – Sollkosten (Istpreise)). Die Formelfunktion ist: f0-f1

- f0: Kostenstelle 003 – Lackierung – Istkosten
- f1: Kostenstelle 003 – Lackierung – Sollkosten (Istpreise)

Tab. 6.24 stellt die Abweichungsanalyse für die Kostenstelle 003 – Lackierung in Form des Tabellen-Reports übersichtlich dar.

Die Preisabweichung von 20.000,00 EUR lässt sich teilweise durch die leicht gestiegenen Kosten für Lacke gegenüber dem Planungszeitpunkt erklären. Hierauf können allerdings nur 5.000,00 EUR zurückgeführt werden. Die verbleibenden 25.000,00 EUR sind aufgrund einer zu ungenauen Planung und dem Bedarf, beispielsweise hier kurzfristig kleinere Lose zu bestellen, entstanden. Für Letzteres kann der Kostenstellenleiter durchaus verantwortlich gemacht werden und er wird aufgefordert, hier Optimierungsmaßnahmen vorzunehmen.

Die Verbrauchsabweichung von 55.000,00 EUR, für die der Kostenstellenleiter vollständig verantwortlich gemacht werden kann, ist schließlich auf die verschiedenen Stillstände in der Anlage durch unzureichende Wartung und Instandhaltung zurückzuführen. Dies führte zu höheren Anfahrtskosten, welche sich im Mengenverbrauch niedergeschlagen haben. Des Weiteren wurde aufgrund von ungenügenden Sicherungsmaßnahmen ein höherer Ausschuss produziert, welcher zukünftig durch entsprechende Vorrichtungen und Trainingsmaßnahmen zu adressieren ist. Ggf. könnte der Controller den Kostenstellenleiter auch auf den Aspekt der *Kostenremanenz* aufmerksam machen, der dem Umstand Rechnung trägt, dass Kosten typischerweise schneller auf- als abgebaut werden können.

Tab. 6.24 Tabellen-Report – Übersicht der Abweichungsanalyse (Kostenstelle 003 – Lackierung) (Eigene Darstellung, Corporate Planner, Version 4.4.103.47)

Freier Tabellen-Report	Einheit	Budget	Ist	Abs. Differenz Ist - Budget	% - Differenz Ist - Budget
⌄ Aufgabe 2		2.195.000,00	0,00	-2.195.000,00	-100,00%
Gesamtabweichung	€	125.000,00	0,00	-125.000,00	-100,00%
Beschäftigungsabweichung	€	50.000,00	0,00	-50.000,00	-100,00%
Preisabweichung	€	20.000,00	0,00	-20.000,00	-100,00%
Verbrauchsabweichung	€	55.000,00	0,00	-55.000,00	-100,00%

Über die Funktion „*Top-down/Bottom-up*" (vgl. hierzu und im Folgenden o. V. Handbuch – Corporate Planner 2016, S. 370–378) im Funktionsbereich Planung kann Herr Lustig jederzeit eine Top-down-Planung oder eine Bottom-up-Planung durchführen. Mit diesen beiden Planungswerkzeugen lassen sich bei der Planung (bspw. des kommenden Jahresbudgets) Zahlenwerte auf einfache Weise in die einzelnen Felder eintragen und über den gewählten Zeitraum verteilen.

Herr Lustig bewegt sich in der Baumstruktur auf das Feld, für welches die Planung erfolgen soll. Dann klickt er das Symbol in der Iconleiste an oder wählt im Funktionsbereich Planung die Funktion „*Top-down/Bottom-up*". Es öffnet sich das Fenster *Planung*. Wurde in der Baumstruktur ein Elternfeld (Saldofeld) ausgewählt, erfolgt die Planung „*Top-down*"; bei einem Dateneingabefeld erfolgt die Planung „*Bottom-up*".

Die Bottom-up-Planung ist die wohl gängigste Methode der Unternehmensplanung. Mit der Bottom-up-Planung ist es Herrn Lustig möglich, die Planung sehr detailliert „*von unten nach oben*" für jedes einzelne Dateneingabefeld durchzuführen. Die Bottom-up-Planung ist daher nur für Dateneingabefelder am Ende des Strukturbaumes möglich.

Eine weitere Möglichkeit, die Herr Lustig in Corporate Planner nutzen kann, ist die *zeitliche Verteilung*. Die Alternativen der zeitlichen Verteilung richten sich nach den getätigten Angaben. So variieren die Platzhalter für den *Planwert*, den *Planzeitraum* und den *Planzeitschritt*. Herrn Lustig stehen die folgenden Optionen der zeitlichen Verteilung zur Verfügung, die er per Klick auf den jeweiligen Button „ … " am rechten Rand weiter verändern kann (Abb. 6.47).

- *Planung je Zeitschritt im Zeitraum < … > eintragen:* Bei der ersten Alternative ist die voreingestellte Verteilungsart „*eintragen*". Per Klick auf den aktiven Button „ … " kann Herr Lustig festlegen, wie sich der eingetragene Planwert verhalten soll. Er kann die Verteilungsart von eintragen auf „*addieren*", „*subtrahieren*", „*multiplizieren*", „*dividieren*" ändern (Abb. 6.48).
- Planwert x im Zeitraum x gleichmäßig (linear) eintragen, addieren oder subtrahieren.
- *Mit Planwert x beginnen und linear, progressiv oder degressiv auf Wert y enden:* Mit dieser Option legt Herr Lustig einen Ausgangswert (= Planwert), einen Zielwert und

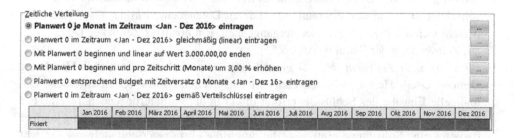

Abb. 6.47 Zeitliche Verteilung (Eigene Darstellung, Corporate Planner, Version 4.4.103.47)

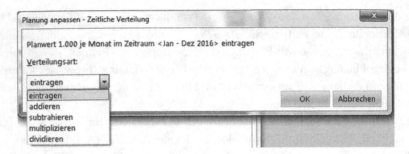

Abb. 6.48 Planung anpassen – Zeitliche Verteilung (Verteilungsart) (Eigene Darstellung, Corporate Planner, Version 4.4.103.47)

Abb. 6.49 Planung anpassen – Zeitliche Verteilung (Progressionsart/Zielwert) (Eigene Darstellung, Corporate Planner, Version 4.4.103.47)

die Art der Steigerung fest. Die Steigerungsart *(Progressionsart)* und den Zielwert definiert er über den Button „ … " (Abb. 6.49).

- *Mit Planwert x beginnen und pro Zeitschritt < … > um y % erhöhen:* Herr Lustig kann den Planwert pro Zeitschritt absolut oder relativ um einen Wert erhöhen oder vermindern. Die Einstellungen nimmt er über den Button „ … " vor (Abb. 6.50).
- *Planwert x entsprechend Datenebene y mit Zeitversatz z eintragen:* Herr Lustig kann hier den Planwert *entsprechend* der zeitlichen Verteilung *einer anderen Datenebene des ausgewählten Feldes* mit einem Zeitversatz verteilen (z. B. Verteilung eines Wertes entsprechend Ist-Vorjahr). Die Einstellungen nimmt er wiederum per Klick auf den Button „ … " vor. Der einzustellende Zeitversatz bezieht sich ausgehend vom Planzeitschritt (= 0) auf den Zeitraum der anderen Datenebene. Ein negativer Zeitbezug bezieht sich auf Zeiträume in der Vergangenheit. Ein positiver Zeitbezug bezieht sich auf Zeiträume in der Zukunft (Abb. 6.51).
- *Planwert x im Zeitraum < … > gemäß Verteilungsschlüssel eintragen:* Mit dieser Option verteilt Herr Lustig den Planwert entsprechend eines Verteilschlüssels. Die manuelle Eingabe des Schlüssels erfolgt direkt in der darunterliegenden Tabelle. Per Klick in die einzelnen Zellen erfolgt die Eingabe der Werte. Zur Überprüfung kann er darunter eine Sollsumme eintragen, die durch die einzelnen Schlüsselwerte erreicht werden muss.

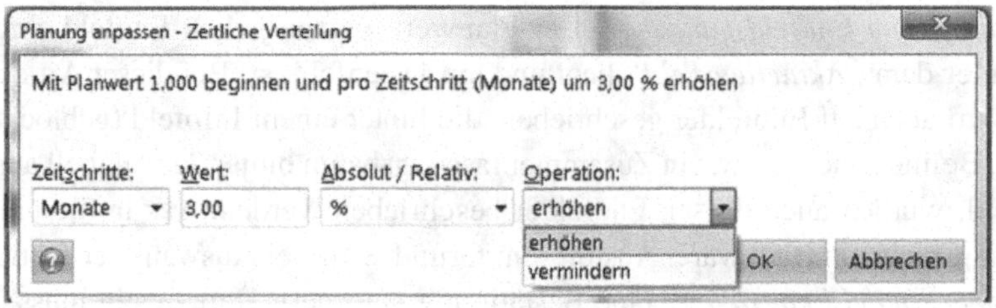

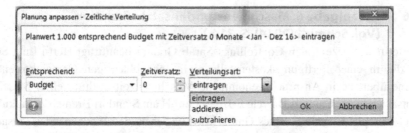

Abb. 6.50 Planung anpassen – Zeitliche Verteilung (Zeitschritte/Wert/Absolut/Relativ/Operation) (Eigene Darstellung, Corporate Planner, Version 4.4.103.47)

Abb. 6.51 Planung anpassen – Zeitliche Verteilung (Entsprechend/Zeitversatz/Verteilungsart) (Eigene Darstellung, Corporate Planner, Version 4.4.103.47)

Des Weiteren steht Herrn Lustig eine *Verteilung auf die Tochterfelder* zur Verfügung. Die Top-down-Planung dient der Durchführung einer ersten Grobplanung sowie einer weitgehend standardisierbaren Verteilung *„von oben nach unten"*. Hier ist es möglich, Werte eines Elternfeldes (Saldofeldes) auf dessen Tochterfelder zu verteilen. Symbol für *Top-down-/ Bottom-up-Planung*: ⚙.

Herr Lustig wählt im Funktionsbereich *Planung* die Funktion *„Top-down/Bottom-up"* aus. Handelt es sich bei dem angewählten Feld um ein Saldofeld, gelangt Herr Lustig zum Fenster *„Planung Top-down-/ Bottom-up"*. Das Fenster ist im Aufbau identisch mit dem der Bottom-up Planung. Auch die unterschiedlichen Planungsvarianten der zeitlichen Verteilung stehen zur Auswahl. Zusätzlich ist jedoch der untere Bereich *„Verteilung auf die Tochterfelder"* aktiviert. Hier legt Herr Lustig fest, wie ein Planwert auf die Tochterfelder des ausgewählten Saldofeldes verteilt werden soll:

- *Verteilung entsprechend einer Datenebene mit Zeitversatz:* Die einzelnen Tochterfelder werden auf der gewählten Datenebene zueinander ins Verhältnis gesetzt und der Planwert diesem Verhältnis entsprechend verteilt. Die Datenebene kann durch Angabe eines Zeitversatzes auch in einem anderen Zeitraum (z. B. in der Vergangenheit) liegen.
- *Gleichmäßig:* Der Planwert wird gleichmäßig auf die Tochterfelder verteilt. Jedes Tochterfeld verteilt seinen erhaltenen Anteil wiederum an mögliche eigene Tochterfelder.
- *Verteilung entsprechend den Top-down-Faktoren der Felder:* In den Feldeigenschaften eines jeden Feldes kann ein Top-down-Faktor hinterlegt werden. Diesem Wert entsprechend wird der Planwert verteilt.

- *Wert auf jedem Endfeld eintragen:* Der Planwert wird in jedem Endfeld eingetragen, das hinter dem *„Aktuellen Feld"* liegt und ein Datenfeld ist. Bei dieser Art der Verteilung wird auch auf Endfelder geschrieben, die hinter einem Infofeld (geblocktes Feld) liegen. Befindet sich bspw. ein Zusammenfassungsbaum hinter dem aktuell ausgewählten Feld, würden auch dessen Endfelder beschrieben werden, was in diesem Zusammenhang nicht sinnvoll wäre. Aus diesem Grund wird bei Auswahl der Option *„Wert auf jedem Endfeld eintragen"* eine Bestätigung gefordert. Herr Lustig muss demnach den Dialog mit *„Ja"* bestätigen, um die Option zu nutzen.

6.1.3.6   Fallaufgabe 6: Maschinenstundensatzkalkulation (Vgl. Schmidt (2014), S. 314.)

Die Leiterin des dezentralen Controllings Sarah Gramm beauftragt Herrn Lutz Schnell damit, die in einer Fertigungskostenstelle nicht lohnabhängigen Gemeinkosten einer Maschine über die in Anspruch genommene Maschinenzeit mithilfe eines Maschinenstundensatzes in der Campus Bicycle E-Bikes GmbH am Standort Bremen zu kalkulieren.

In der Campus Bicycle E-Bikes GmbH wird weder an den Wochenenden (zusammen 104 Tage) noch an Feiertagen gearbeitet, die auf Werktage fallen (13 Tage). Im Dezember schließt der Betrieb für zwei Urlaubswochen (10 Tage). Die tägliche Arbeitszeit beträgt 8,0 Stunden, davon steht die Maschine zu durchschnittlich 1/8 wegen Reparaturen, Wartezeiten etc. still.

Zur Berechnung des Maschinenstundensatzes liegen die in Tab. 6.25 dargestellten Informationen vor.

Im ersten Schritt ermittelt Herr Schnell die produktive Maschinenzeit pro Jahr (365 Tage), die als Grundlage für die Berechnung der jährlichen Maschinenkosten und den Maschinenstundensatz dient.

Tab. 6.25 Tabellen-Report – Informationsübersicht für die Maschinenstundensatzberechnung (Eigene Darstellung, Corporate Planner, Version 4.4.103.47)

Freier Tabellen-Report	Einheit ▲	Budget	Ist	Abs. Differenz Ist - Budget	% - Differenz Ist - Budget
WBW-Index im Anschaffungsjahr		0,00	1,05	1,05	
WBW-Index im laufenden Jahr		0,00	1,23	1,23	
Kalkulationszinssatz	%	0,00	7,00	7,00	
Ø Stromverbrauch vom Anschlusswert	%	0,00	60,00	60,00	
Instandhaltungsfaktor (vom WBW)	%	0,00	3,50	3,50	
Anschaffungswert	€	0,00	1.250.000,00	1.250.000,00	
Strompreis (pro kWh)	€	0,00	0,23	0,23	
Kühlmittelpreis (je 1.000 l)	€	0,00	120,00	120,00	
Jährliche Versicherungsprämie	€	0,00	8.500,00	8.500,00	
Monatlicher Raumkostensatz (je qm)	€	0,00	11,00	11,00	
Nutzungsdauer	Jahre	0,00	12,00	12,00	
Elektrischer Anschlusswert (max.)	kW	0,00	48,00	48,00	
Kühlmittelbedarf (je Maschinenstunde)	l	0,00	5,00	5,00	
Raumbedarf	qm	0,00	35,00	35,00	
Arbeitszeit (pro Tag)	Std	0,00	8,00	8,00	
⌄ Freizeit (Keine Arbeitszeit)	Tage	0,00	127,00	127,00	
Wochenenden	Tage	0,00	104,00	104,00	
Feiertage (die auf Arbeitstage fallen)	Tage	0,00	13,00	13,00	
Betriebs-(Urlaubs-)schliessung	Tage	0,00	10,00	10,00	
Anzahl der Jahrestage	Tage	0,00	365,00	365,00	

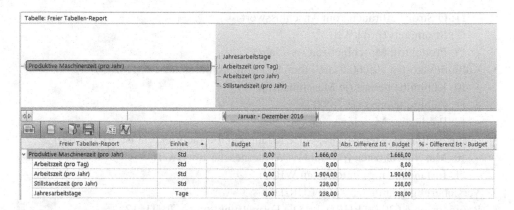

Abb. 6.52 Tabellen-Report inkl. Baumstruktur – Ermittlung produktive Maschinenzeit (pro Jahr) (Eigene Darstellung,Corporate Planner, Version 4.4.103.47)

Die Jahresarbeitstage betragen 365 Tage – 104 Wochenende-Tage – 13 Feiertage (die auf Arbeitstage fallen) -10 Betriebs-(Urlaubs-)schließungstage. In Summe betragen die Jahresarbeitstage 238. Diese multipliziert Herr Schnell mit der täglichen Arbeitszeit (8 Std./Tag) und ermittelt hieraus die Arbeitszeit in Stunden für das Jahr, in Summe: 1.904 Std./Jahr. Davon steht die Maschine zu durchschnittlich 1/8 = 238 Std./Jahr wegen Reparaturen, Wartezeiten etc. still. Als produktive Maschinenzeit ergeben sich somit 1.666 Std./Jahr. Abb. 6.52 stellt den Tabellen-Report für die Ermittlung der produktiven Maschinenzeit (pro Jahr) inklusive Baumstruktur dar.

Da Herr Schnell die produktive Maschinenzeit in Höhe von 1.666 Std./Jahr ermittelt hat, berechnet er anschließend in einem weiteren Schritt den Wiederbeschaffungswert, die jährlichen Maschinenkosten und den Maschinenstundensatz.

Der Wiederbeschaffungswert beträgt 1.465.271,17 EUR. Die Formelfunktion ist: f0*f1/f2

- f0: Anschaffungswert
- f1: WBW-Index im laufenden Jahr
- f2: WBW-Index im Anschaffungsjahr

Die Maschinenkosten 242.295,61 EUR/Jahr setzen sich zusammen aus:

- Kalkulatorische Abschreibungen 122.105,93 EUR/Jahr. Die Formelfunktion ist: f0/12
  - f0: Maschinenkosten (pro Jahr) – Wiederbeschaffungswert
- Kalkulatorische Zinsen 43.750,00 EUR/Jahr. Die Formelfunktion ist: f0/2*f1/100
  - f0: Anschaffungswert
  - f1: Kalkulationszinssatz
- Energiekosten 11.035,58 EUR/Jahr. Die Formelfunktion ist: f0*(f1/100)*f2*f3
  - f0: Elektrischer Anschlusswert (max.)

- f1: Ø Stromverbrauch vom Anschlusswert
- f2: Strompreis (pro kWh)
- f3: Produktive Maschinenzeit (pro Jahr)
- Kühlmittelkosten 999,60 EUR/Jahr. Die Formelfunktion ist: f0*(f1/1000)*f2
  - f0: Kühlmittelbedarf (je Maschinenstunde)
  - f1: Kühlmittelpreis (je 1.000 l)
  - f2: Produktive Maschinenzeit (pro Jahr)
- Instandhaltungskosten 51.284,49 EUR/Jahr. Die Formelfunktion ist: f0*(f1/100)
  - f0: Maschinenkosten (pro Jahr) – Wiederbeschaffungswert
  - f1: Instandhaltungsfaktor (vom WBW)
- Versicherungsprämie 8.500,00 EUR/Jahr.
- Raumkosten 4.620,00 EUR/Jahr. Die Formelfunktion ist: f0*f1*12
  - f0: Raumbedarf
  - f1: Monatlicher Raumkostensatz (je qm)

Abb. 6.53 stellt den Tabellen-Report für die Ermittlung der Maschinenkosten (pro Jahr) inklusive Baumstruktur dar.

Der Maschinenstundensatz (pro Jahr) beläuft sich auf 145,44 EUR/Std: Die Formelfunktion ist: f0/f1

- f0: Maschinenkosten (pro Jahr)
- f1: Produktive Maschinenzeit (pro Jahr)

Herr Schnell hat zudem die Möglichkeit den *Masterbaum-Manager* (vgl. hierzu und im Folgenden o. V. Handbuch – Corporate Planner 2016, S. 136–15) zu verwenden. Der

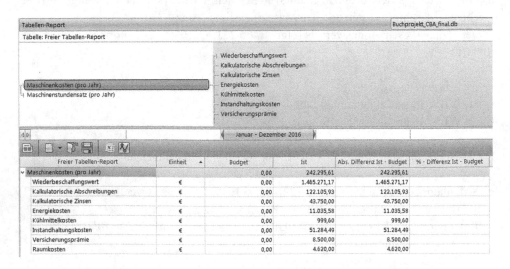

Abb. 6.53 Tabellen-Report inkl. Baumstruktur – Ermittlung Maschinenkosten (pro Jahr) (Eigene Darstellung, Corporate Planner, Version 4.4.103.47)

Masterbaum ist Bestandteil des Master-Client-Prinzips des Corporate Planners, welches der Anlage von Baumstrukturen dient. Über die Funktion „*Masterbaum-Manager*" im Funktionsbereich Strukturbearbeitung kann er alle notwendigen Einstellungen für die Anwendung des Master-Client-Prinzips vornehmen.

Das Master-Client-Prinzip basiert auf zwei separaten Bäumen: Dem Masterbaum und dem Clientbaum. Diese Bäume können sowohl in derselben als auch in getrennten Datenbasen gehalten und gepflegt werden. Im zweiten Fall dürfen allerdings keine Datenverweise angelegt sein. Der Masterbaum und der Clientbaum werden über sog. Master- und Clientdefinitionen im „*Masterbaum-Manager*" miteinander verknüpft.

Herr Schnell kann jede bereits existierende Baumstruktur als Masterstruktur definieren und verwenden. Es empfiehlt sich, die als Masterbaum verwendeten Strukturen in einer eigens dafür angelegten Datenbasis (*Master-Datenbasis*) abzulegen und dort auch zu pflegen. Enthält die als Masterbaum verwendete Struktur Felder mit Verweisen, ist darauf zu achten, dass diese Verweise den als Masterbaum definierten Strukturbereich nicht verlassen. Würden die Verweise außerhalb der Masterstruktur liegen, wäre das Ziel dieser Verweise in der Clientbaum-Datenbasis nicht definiert. Durch die Nutzung eines *Parameterbaums* kann Herr Schnell diese Reglementierung gewollt umgehen. Ein solcher Parameterbaum kann z. B. verwendet werden, um globale Parameter für Formeln (z. B. Umsatzsteuer) außerhalb des Masterbaums zu verwalten.

Die Masterbaum-Struktur wird i. d. R. in einer separaten Datenbasis angelegt und gepflegt. Durch eine spezielle Verknüpfung, der sogenannten *Master-Clientdefinition*, die in der Client-Datenbasis vorgenommen wird, wird der Masterbaum mit einem oder mehreren Clientbäumen verknüpft. Änderungen und Erweiterungen (z. B. neue Einheiten, Zahlungsziele, Warngrenzen etc.) an der Masterstruktur werden aufgrund der Verknüpfung und regelmäßiger Aktualisierungen der Master-Clientdefinition direkt an die Clientbäume übergeben. Ein möglicher Anwendungsfall des Master-Client-Prinzips liegt z. B. dann vor, wenn mehrere Filialen mit gleicher Struktur abgebildet werden sollen.

Über den Button „*Masterbaum-Manager*" im Funktionsbereich Strukturbearbeitung wird die gleichnamige Ansicht geöffnet, in der dann die Master- und Clientdefinitionen erstellt werden können. Abb. 6.54 zeigt, dass der Arbeitsbereich des Masterbaum-Managers in zwei Arbeitsbereiche unterteilt ist.

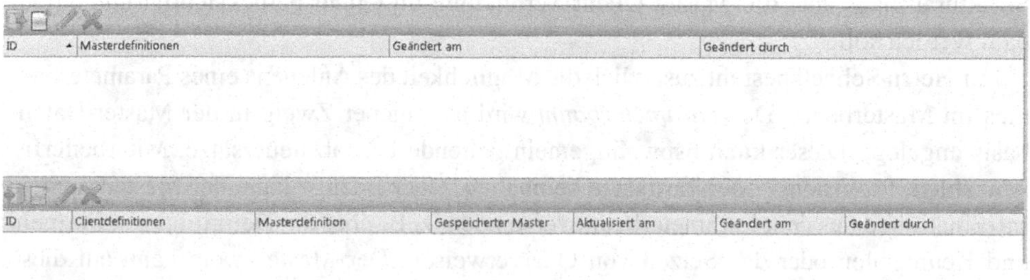

Abb. 6.54 Ansicht – Masterbaum-Manager (Eigene Darstellung, Corporate Planner, Version 4.4.103.47)

Im oberen Bereich sind die Masterdefinitionen zu finden und im unteren Bereich die zugehörigen Clientdefinitionen. Die verfügbaren Funktionen beziehen sich jeweils auf die Bearbeitung der Master- bzw. der Clientdefinitionen. Die Funktionen im Bereich der Clientdefinitionen werden erst dann aktiv, wenn eine Masterdefinition angelegt und markiert wurde. Die folgenden Funktionen stehen Herrn Schnell im Masterbaum-Manager zur Verfügung:

- Aktualisieren der Master- bzw. Clientdefinition
- Erstellung einer neuen Definition
- Editieren einer Definition
- Löschen einer Master- bzw. Clientdefinition.

In der *Masterdefinition* wird die Verbindung zwischen der Client-Datenbasis und der Master-Datenbasis definiert. Über diese Verbindung kann die Client-Datenbasis aus der in der Masterdefinition festgelegten Master-Datenbasis Strukturen beziehen. Dabei werden Unterschiede in den Datenbasen aufgelöst, indem Herr Schnell festlegt, welche Informationen als gleich anzusehen sind (z. B. welche Datenebene im Master, ist welche im Client; welche Einheit im Master, ist welche im Client etc.).

Im Corporate Planner basiert die Anlage einer Masterdefinition auf der Grundidee des „*Mappings*". Dies bedeutet, dass die Eigenschaften des Masterbaums (z. B. Warngrenzen, Einheiten, Gruppen, Zahlungsziele etc.) über Mappingvorschläge auf Grundlage der Namensgleichheit mit dem zugeordneten Client verknüpft werden. Indem die Checkbox „*Neue x im Client automatisch übernehmen*" aktiviert wird, werden Änderungen im Master z. B. bez. neuer Einheiten, Warngrenzen etc. im Client ebenfalls hinzugefügt bzw. geändert. Eine Ausnahme dazu bilden die Datenebenen. Die Datenebenen des Clients müssen immer mit Datenebenen aus dem Master gemappt werden. Andernfalls ist ein Speichern der Definition nicht möglich. Das System versucht, die Datenebenen nach Namen abzugleichen. Gelingt dies nicht, ist es erforderlich, dass Herr Schnell manuell eingreift und das notwendige Mapping vornimmt. Dabei sollten alle Datenebenen immer einzeln geprüft werden, um einen Datenverlust zu verhindern. Das Löschen von Datenebenen wird nicht an den Client weitergegeben.

In der *Clientdefinition* hinterlegt Herr Schnell alle Informationen, die im Rahmen des Strukturaufbaus über die Master-Client-Verbindung im Client berücksichtigt und aufgebaut werden sollen.

Für Herrn Schnell besteht zusätzlich die Möglichkeit des Anlegens eines Parameterbaumes im Masterbaum. Der *Parameterbaum* wird als eigener Zweig in der Master-Datenbasis angelegt. Dieser kann bspw. allgemein geltende Umsatzsteuersätze, MitarbeiterInnenzahlen, Provisions- oder Tarifsätze beinhalten. Über Bezüge kann der Masterbaum so Informationen aus dem Parameterbaum verwenden, z. B. über die Definition von Formeln und Kennzahlen oder das Setzen von Querverweisen. Der Masterzweig kann auf diese Weise auch Informationen verarbeiten, die außerhalb der Masterstruktur liegen.

Das Anlegen eines Parameterbaumes erfolgt im Client. Da der Masterbaum normalerweise keine Bezüge außerhalb der Masterstruktur zulässt, muss in der Clientdefinition

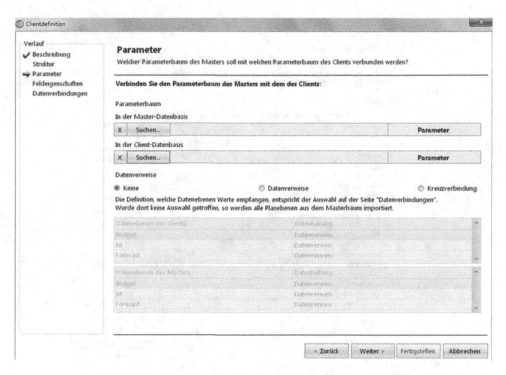

Abb. 6.55 Verbinden des Parameterbaums (Clientdefinition) (Eigene Darstellung, Corporate Planner, Version 4.4.103.47)

hinterlegt werden, in welchen Zweigen die Felder für den Außenbezug zu finden sind. Diese Information gibt Herr Schnell im Bereich *„Parameterbaum"* an, indem er jeweils die Wurzelfelder der Parameterbäume in der Master- sowie der Client-Datenbasis auswählt. Dafür ist es erforderlich, in der Client-Datenbasis ein Feld namens *„Parameter"* anzulegen, auf welches in der Masterbaumdefinition Bezug genommen werden kann. Über den jeweiligen Button *„Suchen"* können die Wurzelfelder auswählt werden. Abb. 6.55 zeigt die Verbindung des Parameterbaums des Masters mit dem des Clients.

Bei einer Aktualisierung des Masterbaums wird die Struktur des Parameterbaumes im Client automatisch dem Master entsprechend angelegt. Bezüge im Masterbaum, die auf Felder des Parameterbaumes verweisen, werden bei der Aktualisierung zugelassen. Damit die Werte des Masterbaums in den Clientbaum übergeben werden können, ist es notwendig, die Datenverweise regelmäßig zu aktualisieren. Über den Funktionsbereich *Strukturbearbeitung* und die Option *„Status der Datenverweise"* werden die Datenverweise aktualisiert. Die Werte werden dann direkt übertragen.

Der Konfigurationsschritt Feldeigenschaften dient dem Abgleich der Feldeigenschaften zwischen Master- und Clientbaum. Nur die in dem in Abb. 6.56 dargestellten Fenster aktivierten Eigenschaften werden bei einer Aktualisierung der Master-Client-Verbindung verglichen und ggf. im Client geändert.

Im Bereich *Aktion bei Außenbezügen* kann Herr Schnell festgelegt, wie sich Felder, mit einer Referenz (z. B. Querverweisfelder) auf ein außerhalb der Struktur liegendes

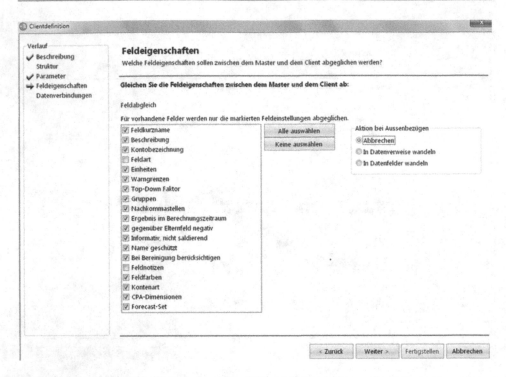

Abb. 6.56 Bestimmung der Feldeigenschaften (Clientdefinition) (Eigene Darstellung, Corporate Planner, Version 4.4.103.47)

Feld, verhalten sollen. Bei Aktivierung der Option *„Abbrechen"* wird die Aktion ohne eine Ausführung beendet. Durch Aktivierung des Kontrollkästchens *„Außenbezüge in Datenverweise wandeln"* wird ermöglicht, dass die Master-Client-Verbindung funktioniert, auch wenn die Masterbaumstruktur per Querverweis Informationen von außerhalb liegenden Feldern bezieht. Diese Querverweise werden in Datenverweise umgewandelt. Über die Option *„In Datenfelder wandeln"* wird der Bezug zu einem anderen Feld entfernt und das Feld in ein Datenfeld gewandelt.

In dem Konfigurationsschritt *Struktur* der Clientdefinition besteht für Herrn Schnell die Möglichkeit, eine sekundäre Sicht auf seine Daten durch Anlegen einer *Zusammenfassung* zu erzeugen. Die im Strukturbaum abgebildeten Daten werden mithilfe einer Zusammenfassung aggregiert, um so eine alternative bzw. gedrehte Sicht auf ihre Struktur zu geben. Die Zusammenfassung ermöglicht i. d. R. keine Sicht auf die Kontenebene. Daten werden mithilfe von Querverweisen aus der originären Struktur übernommen.

Je nachdem wie detailliert bzw. aggregiert die Zusammenfassung gezeigt werden soll, kann Herr Schnell über den Button *„Einstellungen"* (innerhalb *„Felder kopieren"*) die Anzahl der Hierarchiestufen individuell bestimmen. Soll eine aggregiertere Sichtweise auf die Daten erzeugt werden, ist die Anzahl der Hierarchiestufen entsprechend zu reduzieren.

Neben dem Aufbau von Strukturen basierend auf dem Masterbaum können von Herrn Schnell auch Master-Reports angelegt und für die einzelnen Clientfelder als Vorlage verwendet werden.

6.1.3.7   Fallaufgabe 7: Mehrstufige Deckungsbeitragsrechnung (Vgl. Schmidt (2014), S. 327 f.)

Die Campus Bicycle Allround GmbH in Wilhelmshaven verkauft über angemietete Läden in Bremen und Dortmund u. a. im Geschäftsbereich E-Bikes und in der Geschäftssparte E-Trekking die zwei Fahrräder Bike „FLORENZ" der Marke ORCA und Bike „MADRID" der Marke GEPARD.

Versetzen Sie sich in die Lage von Frau Sarah Gramm, Leiterin des zentralen Controllings der Campus Bicycle E-Bikes GmbH (Bremen/Dortmund). Sie bekommt von Herrn Kurt Tau, Leiter Konzerncontrolling und -planung, die Mitteilung, für die o. g. Fahrräder eine mehrstufige Deckungsbeitragsrechnung durchzuführen.

Als Grundlage für die mehrstufige Deckungsbeitragsrechnung stehen Frau Gramm für den abgelaufenen Monat „Januar" die nachfolgende Aufzeichnungen in Tab. 6.26 zur Verfügung, die auch durchaus für das Gesamtjahr repräsentativ sind. Des Weiteren steuert die Geschäfte die Campus Bicycle Allround GmbH aus der Zentrale in Wilhelmshaven.[15] Sowohl für die Läden in Dortmund und Bremen fallen fixe Kosten an, die ebenfalls in Tab. 6.26 aufgeführt sind.

Frau Gramm erstellt eigens eine mehrstufige Deckungsbeitragsrechnung, gegliedert nach Produkten. Sie möchte kalkulieren, welches Produkt den größeren Erfolgsbeitrag (Deckungsbeitrag I, Deckungsbeitrag II und Deckungsbeitrag II in % vom Umsatz) liefert *(Aufgabe 1)*?

Frau Gramm erstellt vorab die benötigte Baumstruktur, um eine Monatsdeckungsbeitragsrechnung nach Produkten durchzuführen. Diese Baumstruktur ist in Abb. 6.57 abgebildet.

Tab. 6.26 Tabellen-Report – Informationsübersichtsgrundlage für die mehrstufige Deckungsbeitragsrechnung (Eigene Darstellung, Corporate Planner, Version 4.4.103.47)

Freier Tabellen-Report	Einheit	Budget	Ist	Abs. Differenz Ist - Budget	% - Differenz Ist - Budget
∨ Bike "FLORENZ"		0,00	0,00	0,00	
Nettoerlös pro Stück	€	1.099,50	1.099,50	0,00	0,00%
Einstandspreis pro Stück	€	478,50	478,50	0,00	0,00%
∨ Anzeigenwerbung	€	1.000,00	1.000,00	0,00	0,00%
Anzeigenwerbung West-Anzeiger	€	700,00	700,00	0,00	0,00%
Anzeigenwerbung Weser-Kurier	€	300,00	300,00	0,00	0,00%
Absatzmenge Laden Dortmund	ME	30,00	30,00	0,00	0,00%
Absatzmenge Laden Bremen	ME	50,00	50,00	0,00	0,00%
∨ Bike "MADRID"		0,00	0,00	0,00	
Nettoerlös pro Stück	€	1.299,50	1.299,50	0,00	0,00%
Einstandspreis pro Stück	€	995,50	995,50	0,00	0,00%
∨ Anzeigenwerbung	€	500,00	500,00	0,00	0,00%
Anzeigenwerbung West-Anzeiger	€	500,00	500,00	0,00	0,00%
Absatzmenge Laden Dortmund	ME	20,00	20,00	0,00	0,00%
Absatzmenge Laden Bremen	ME	10,00	10,00	0,00	0,00%
∨ Feste Personalkosten	€	0,00	0,00	0,00	
Laden Dortmund	€	4.500,00	4.500,00	0,00	0,00%
Laden Bremen	€	5.300,00	5.300,00	0,00	0,00%
∨ Feste sonstige Kosten	€	0,00	0,00	0,00	
Laden Dortmund	€	2.500,00	2.500,00	0,00	0,00%
Laden Bremen	€	2.150,00	2.150,00	0,00	0,00%

---

[15] Anmerkung: Fixe Kosten der Wilhelmshavener Zentrale sind der Einfachheit halber zu vernachlässigen.

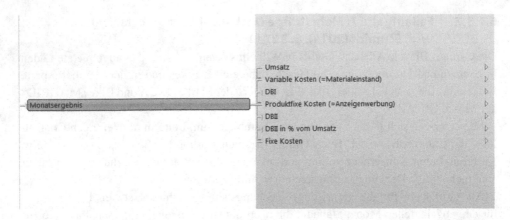

Abb. 6.57 Baumstruktur Monatsdeckungsbeitragsrechnung nach Produkten (Eigene Darstellung, Corporate Planner, Version 4.4.103.47)

Als Tochterfelder bspw. unter anderem vom Umsatz setzt Frau Gramm die Produkte ein, hier: Bike FLORENZ und Bike MADRID. Abb. 6.58 zeigt die Baumstruktur und die Tochterfelder des Umsatzes.

Nachdem Frau Gramm die Baumstruktur erstellt hat, führt sie mithilfe der Formelfunktion(en) die Monatsdeckungsbeitragsrechnung nach Produkten durch. Tab. 6.27 stellt das Ergebnis der Monatsdeckungsbeitragsrechnung nach Produkten in Form des Tabellen-Reports dar.

Bike „FLORENZ" erwirtschaftet deutlich höhere Deckungsbeiträge I und II als Bike „MADRID". In Bezug auf den Deckungsbeitrag II, entspricht dem Anteil des Deckungsbeitrags II am Umsatz, ist Bike „FLORENZ" mit 55,34 % um ein Vielfaches besser als Bike „MADRID" mit 22,11 %. Den Großteil des Erfolgs erwirtschaftet das Unternehmen unter der gegebenen Betrachtung mit dem Bike „FLORENZ".

Frau Gramm erstellt zudem eine weitere Monatsdeckungsbeitragsrechnung, jedoch gegliedert nach Läden (Standorten). Hierdurch möchte Frau Gramm erkennen, welcher Laden besonders erfolgreich arbeitet *(Aufgabe 2)*.

Nachdem Frau Gramm die Baumstruktur erstellt hat, führt sie mithilfe der Formelfunktion(en) die Monatsdeckungsbeitragsrechnung nach Läden (Standorten) durch. Als Tochterfelder bspw. unter anderem vom Umsatz setzt Frau Gramm die Läden (Standorte), hier

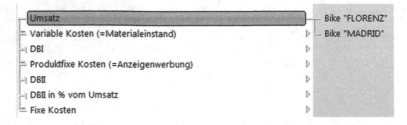

Abb. 6.58 Baumstruktur Monatsdeckungsbeitragsrechnung – Tochterfelder (Beispiel: Umsatz) (Eigene Darstellung, Corporate Planner, Version 4.4.103.47)

Tab. 6.27 Tabellen-Report – Monatsdeckungsbeitragsrechnung nach Produkten (Eigene Darstellung, Corporate Planner, Version 4.4.103.47)

Name	Einheit	Budget	Ist	Abs. Differenz Ist - Budget	% - Differenz Ist - Budget
⌄ Monatsdeckungsbeitragsrechnung nach Produkten		0,00	0,00	0,00	
⌄ Monatsergebnis	€	42.850,00	42.850,00	0,00	0,00%
⌄ Umsatz	€	126.945,00	126.945,00	0,00	0,00%
Bike "FLORENZ"	€	87.960,00	87.960,00	0,00	0,00%
Bike "MADRID"	€	38.985,00	38.985,00	0,00	0,00%
⌄ Variable Kosten (=Materialeinstand)	€	68.145,00	68.145,00	0,00	0,00%
Bike "FLORENZ"	€	38.280,00	38.280,00	0,00	0,00%
Bike "MADRID"	€	29.865,00	29.865,00	0,00	0,00%
⌄ DBI	€	58.800,00	58.800,00	0,00	0,00%
Bike "FLORENZ"	€	49.680,00	49.680,00	0,00	0,00%
Bike "MADRID"	€	9.120,00	9.120,00	0,00	0,00%
⌄ Produktfixe Kosten (=Anzeigenwerbung)	€	1.500,00	1.500,00	0,00	0,00%
Bike "FLORENZ"	€	1.000,00	1.000,00	0,00	0,00%
Bike "MADRID"	€	500,00	500,00	0,00	0,00%
⌄ DBII	€	57.300,00	57.300,00	0,00	0,00%
Bike "FLORENZ"	€	48.680,00	48.680,00	0,00	0,00%
Bike "MADRID"	€	8.620,00	8.620,00	0,00	0,00%
⌄ DBII in % vom Umsatz	%	0,00	0,00	0,00	
Bike "FLORENZ"	%	55,34	55,34	0,00	0,00%
Bike "MADRID"	%	22,11	22,11	0,00	0,00%
Gesamt	%	45,14	45,14	0,00	0,00%
⌄ Fixe Kosten	€	14.450,00	14.450,00	0,00	0,00%
Fixe Kosten Bike "FLORENZ"	€	7.000,00	7.000,00	0,00	0,00%
Fixe Kosten Bike "MADRID"	€	7.450,00	7.450,00	0,00	0,00%

Dortmund und Bremen, ein. Bei den fixen Kosten erstellt sie abweichende Tochterfelder – ein erstes Tochterfeld namens „Fixe Kosten Bike FLORENZ" (Anzeigenwerbung Bike FLORENZ) und ein zweites Tochterfeld namens „Fixe Kosten Bike MADRID" (Anzeigenwerbung Bike MADRID). Tab. 6.28 stellt das Ergebnis der Monatsdeckungsbeitragsrechnung nach Läden (Standorten) in Form des Tabellen-Reports dar.

Tab. 6.28 Tabellen-Report – Monatsdeckungsbeitragsrechnung nach Läden (Standorten) (Eigene Darstellung, Corporate Planner, Version 4.4.103.47)

Name	Einheit	Budget	Ist	Abs. Differenz Ist - Budget	% - Differenz Ist - Budget
⌄ Monatsdeckungsbeitragsrechnung nach Läden		0,00	0,00	0,00	
⌄ Monatsergebnis	€	42.850,00	42.850,00	0,00	0,00%
⌄ Umsatz	€	126.945,00	126.945,00	0,00	0,00%
Laden Dortmund	€	58.975,00	58.975,00	0,00	0,00%
Laden Bremen	€	67.970,00	67.970,00	0,00	0,00%
⌄ Variable Kosten (=Materialeinstand)	€	68.145,00	68.145,00	0,00	0,00%
Laden Dortmund	€	34.265,00	34.265,00	0,00	0,00%
Laden Bremen	€	33.880,00	33.880,00	0,00	0,00%
⌄ DBI	€	58.800,00	58.800,00	0,00	0,00%
Laden Dortmund	€	24.710,00	24.710,00	0,00	0,00%
Laden Bremen	€	34.090,00	34.090,00	0,00	0,00%
⌄ Fixe Kosten der Läden	€	14.450,00	14.450,00	0,00	0,00%
Laden Dortmund	€	7.000,00	7.000,00	0,00	0,00%
Laden Bremen	€	7.450,00	7.450,00	0,00	0,00%
⌄ DBII	€	44.350,00	44.350,00	0,00	0,00%
Laden Dortmund	€	17.710,00	17.710,00	0,00	0,00%
Laden Bremen	€	26.640,00	26.640,00	0,00	0,00%
⌄ DBII in % vom Umsatz	%	0,00	0,00	0,00	
Laden Dortmund	%	30,03	30,03	0,00	0,00%
Laden Bremen	%	39,19	39,19	0,00	0,00%
Gesamt	%	34,94	34,94	0,00	0,00%
⌄ Fixe Kosten	€	1.500,00	1.500,00	0,00	0,00%
Fixe Kosten Bike "FLORENZ"	€	1.000,00	1.000,00	0,00	0,00%
Fixe Kosten Bike "MADRID"	€	500,00	500,00	0,00	0,00%

Tab. 6.29 Tabellen-Report – Monatsdeckungsbeitragsrechnung nach Läden (Standorten) mit Werbung (Eigene Darstellung, Corporate Planner, Version 4.4.103.47)

Name	Einheit	Budget	Ist	Abs. Differenz Ist - Budget	% - Differenz Ist - Budget
⌄ Monatsdeckungsbeitragsrechnung nach Läden (nach Werbung)		0,00	0,00	0,00	
⌄ Monatsergebnis	€	42.850,00	42.850,00	0,00	0,00%
⌄ Umsatz	€	126.945,00	126.945,00	0,00	0,00%
Laden Dortmund	€	58.975,00	58.975,00	0,00	0,00%
Laden Bremen	€	67.970,00	67.970,00	0,00	0,00%
⌄ Variable Kosten (=Materialeinstand)	€	68.145,00	68.145,00	0,00	0,00%
Laden Dortmund	€	34.265,00	34.265,00	0,00	0,00%
Laden Bremen	€	33.880,00	33.880,00	0,00	0,00%
⌄ DBI	€	58.800,00	58.800,00	0,00	0,00%
Laden Dortmund	€	24.710,00	24.710,00	0,00	0,00%
Laden Bremen	€	34.090,00	34.090,00	0,00	0,00%
⌄ Fixe Kosten der Läden mit Werbung	€	15.950,00	15.950,00	0,00	0,00%
Laden Dortmund	€	8.200,00	8.200,00	0,00	0,00%
Laden Bremen	€	7.750,00	7.750,00	0,00	0,00%
⌄ DBII	€	42.850,00	42.850,00	0,00	0,00%
Laden Dortmund	€	16.510,00	16.510,00	0,00	0,00%
Laden Bremen	€	26.340,00	26.340,00	0,00	0,00%
⌄ DBII in % vom Umsatz	€	0,00	0,00	0,00	
Laden Dortmund	%	27,99	27,99	0,00	0,00%
Laden Bremen	%	38,75	38,75	0,00	0,00%
Gesamt	%	33,75	33,75	0,00	0,00%

Der Laden in Bremen weist höhere Deckungsbeiträge I und II aus als der in Dortmund. Der Deckungsgrad II (in % vom Umsatz) ist in Bremen 9,19 % größer als der in Dortmund. Den überwiegenden Teil des Erfolgs erwirtschaftet das Unternehmen unter der gegebenen Betrachtung mit dem Laden in Bremen.

Frau Gramm überlegt sich, wie die Deckungsbeitragsrechnung nach Läden verbessert werden kann, wenn bekannt ist, dass Anfang des zu betrachtenden Monats „Januar" für das Bike „FLORENZ" eine Anzeige im West-Anzeiger (700,00 EUR) für den Raum Dortmund und eine Anzeige im Weser-Kurier (300,00 EUR) für den Raum Bremen geschaltet wurde. Für das Bike „MADRID" wurde lediglich eine Anzeige im West-Anzeiger (500,00 EUR) aufgegeben *(Aufgabe 3)*.

Nachdem Frau Gramm die Baumstruktur erstellt hat, führt sie mithilfe der Formelfunktion(en) die Monatsdeckungsbeitragsrechnung nach Läden (Standorten) mit Werbung durch. Als Tochterfelder bspw. unter anderem vom Umsatz setzt Frau Gramm die Läden (Standorte), hier Dortmund und Bremen, ein. Sie berücksichtigt zudem die fixen Kosten der Läden für Werbung. Tab. 6.29 stellt das Ergebnis der Monatsdeckungsbeitragsrechnung nach Läden (Standorten) mit Werbung in Form des Tabellen-Reports dar. Die Kosten der Werbung sind nach Läden zugeordnet.

Der Deckungsgrad II (in % vom Umsatz) des Ladens in Bremen verbessert sich nochmals im Vergleich zu dem in Dortmund, weil in Bremen relativ weniger standortspezifische Werbung für die Produkte betrieben wurde.

Wie die Aufgabe im Vergleich der Ergebnisse von 2. und 3. zeigt, erfordert eine aussagefähige mehrstufige Deckungsbeitragsrechnung eine präzise, möglichst differenzierte Erfassung der fixen Kosten.

In Corporate Planner hat Frau Gramm außerdem die Möglichkeit eine oder mehrere *Simulation/en zu starten* (vgl. hierzu und im Folgenden o. V. Handbuch – Corporate

| Datenebenen | Einheiten | Warngruppen | Feldgruppen | Logo | Berechnung | Darstellung | Währungen |

lfd. Nr.	Id	Name	Typ
1	0	Budget	Daten
2	1	Ist	Daten
3	2	Forecast	Daten
4	3	Simulation	Daten
5	4	Plan 1	Daten
6	5	Plan 2	Daten
7	6	Plan 3	Daten
8	7	Plan 4	Daten

| Hinzufügen | Bearbeiten | Löschen | Simulation aus | Alle Simulationen aus |

OK   Abbrechen   Übernehmen

Abb. 6.59 Datenbasiseinstellungen – Datenebenen (Eigene Darstellung, Corporate Planner,
Version 4.4.103.47)

Planner 2016, S. 404–406). Das heißt, wie wirkt sich bspw. eine Gehaltserhöhung ab
Januar des laufenden Geschäftsjahres und eine zusätzliche Materialkostenerhöhung
ab Juni des laufenden Geschäftsjahres auf das zu erwartende Ergebnis aus? Eine Antwort
auf diese und viele andere *„Was-wäre-wenn Fragen"*, die im Zuge der Planung auftreten
können, liefert die Simulationsfunktion in Corporate Planner. Sowohl unterschiedliche
Einflussgrößen als auch unterschiedliche Zeiträume können in die Simulation einbezogen
werden. Frau Gramm kann Planspiele durchspielen, indem sie Werte in die Zukunft pro-
jiziert und die Annahmen grafisch umsetzt. Des Weiteren kann sie die unterschiedlichen
Verläufe vergleichen und demnach das neue Ziel bestimmen.

Voraussetzung für die Durchführung einer Simulation ist die Freigabe der *Datenebenen*, die Frau Gramm analysieren möchte. Hierzu wählt sie im Funktionsbereich Einstellungen den Befehl *„Datenbasiseinstellungen"* aus (Abb. 6.59).

Frau Gramm markiert die Ebene, die sie für die Simulation nutzen möchte und klickt
auf den Button *„Bearbeiten"*. Danach aktiviert sie in dem sich öffnenden Fenster durch
Setzen des Häkchens die *Simulationsfunktion*. Die Einstellung bestätigt Frau Gramm mit
„OK". Anschließend wählt sie im Funktionsbereich *Planung* die Funktion *„Simulation"*
aus oder klickt auf das Symbol in der Iconleiste. Symbol für Simulation ▣. Es öffnet sich
das Fenster *„Simulationsebene erstellen"*.

Im Bereich „*Quelle*" wählt sie zunächst die Datenebene(n) aus, die Grundlage für Frau Gramms Simulation sein werden. Dazu kann sie als Quelle zwei Datenebenen mit den entsprechenden Zeiträumen festlegen (z. B. „*Budget*" und „*Ist*").

Anschließend definiert sie das Ziel. Im Bereich „*Ebene*" stehen Frau Gramm die Datenebenen zur Verfügung, in denen eine Simulation erlaubt ist. Sie kann der ausgewählten Ebene auch einen neuen Namen geben (z. B. best case, worst case). Frau Gramm bestätigt ihre Einstellungen mit „*OK*". Wenn die Simulation gestartet werden soll, jedoch zunächst ohne die Datenübernahme aus der Quelldatenebene, muss Frau Gramm außerdem das Schaltkästchen „*Simulation ohne Datenübernahme starten*" aktivieren.

Im Datenbereich der zentralen Sicht erscheint ihre ausgewählte Datenebene in Blau. In der Iconleiste ist das Symbol für „*Simulation*" aktiv gesetzt, welches durch eine rotierende Linse sichtbar gemacht wird. Die Daten, die Frau Gramm in der Simulationsebene erzeugt hat, kann sie nun mit den gewohnten Werkzeugen (z. B. aus dem Funktionsbereich Planung) weiter bearbeiten. Mit „*Simulation beenden*" werden die Werte der Simulationsebene gespeichert und stehen weiterhin für Vergleichszwecke zur Verfügung. Symbol für Simulation beenden: ⬛.

Neben der Simulation kann Frau Gramm einen „*Datenexport*" (vgl. hierzu und im Folgenden o. V. Handbuch – Corporate Planner 2016, S. 546 f.) durchführen. Das heißt, sie kann Daten aus Corporate Planner in andere Systeme exportieren, mit dem Ziel, diese dort weiterbearbeiten und aufbereiten zu können. Unter Daten werden Zahlenwerte, Grafiken, Analysen und Reports, aber auch Strukturinformationen und Feldeigenschaften verstanden, die per Datenexport schnell in andere Anwendungen übertragen werden können. Darüber hinaus kann Frau Gramm die Druckfunktion in Corporate Planner für den Export verwenden. Vor allem für die Verwendung von Reports, Grafiken und Tabellen ist diese Exportvariante sinnvoll. Den Datenexport startet Frau Gramm über den Funktionsbereich *Werkzeuge* und die Funktion „*Daten exportieren*". Alternativ klickt sie in der Symbolleiste auf den Button für „*Datenexport*". Symbol für Datenexport: ⬛. Der Dialog „*Daten exportieren*" wird geöffnet.

Dieser Dialog unterteilt sich in die Auswahl des *Export-Objektes* und dem *Ziel* des Exports. In Abhängigkeit der selektierten Optionen werden unterschiedliche Karteireiter angezeigt. Frau Gramm wählt zunächst das zu exportierende *Objekt* aus und führt danach den Export durch. Zur Auswahl stehen die folgenden Optionen:

- „*Baum*": Eine Baumstruktur inkl. Feldeigenschaften und Werten wird exportiert.
- „*Felddaten*": Es werden ausschließlich die Werte einer Baumstruktur exportiert.
- „*Report*": Diese Option steht nur dann zur Auswahl, wenn der Datenexport über den Dialog „*Reports verwalten*" gestartet wurde. Es wird ein vollständiger Bericht, wenn gewünscht mit Layout, exportiert werden.
- „*Tabelle*": Diese Option steht nur dann zur Auswahl, wenn der Datenexport über die AdHoc-Tabellenansicht gestartet wurde. Die AdHoc-Tabelle mit Layout kann exportiert werden. Anschließend wählt Frau Gramm das „*Ziel*" des Exports aus. Die folgenden Optionen stehen zur Auswahl:

- *„Datei"*: Es wird im Textformat in eine *.txt-Datei (Textdatei) exportiert.
- *„Zwischenablage"*: Es wird im Textformat in die Zwischenablage exportiert. Der Inhalt der Zwischenablage kann anschließend durch den Befehl *„Einfügen"* oder durch die Tastenkombination *Shift+Einfg* in die gewünschte Anwendung übernommen werden.
- *„Excel"*: Es wird in eine MS-Excel-Tabelle exportiert.
- *„Internet"*: Es wird in ein HTML-Format für Internetanwendungen exportiert.
- *„XML"*: Es wird in eine XML-Datei exportiert und das Objekt ins XML-Format gewandelt.

6.2   Seneca Business Software[16]

Am Anfang stand die Vision für eine völlig neuartige Controlling Software. Weitreichende Globalisierungsprozesse, Basel III und die Notwendigkeit der Liquiditätssicherung bedeuten für kleine, große und auch mittelständische Unternehmen enorme Anforderungen bei der Erfüllung wirtschaftlicher Maßgaben, bei der Realisierung sozialer Verantwortung und hinsichtlich des notwendigen Erhalts ihrer Wettbewerbsfähigkeit. Diese Anforderungen betreffen sämtliche Unternehmen. Die Fragestellungen sind allerorten ähnlich, die zu bewältigenden Herausforderungen sind anspruchsvoll. Demzufolge war es Zeit, über das Bisherige hinaus, einfach zu bedienende Lösungen zu schaffen, die den Anforderungen der Zeit gerecht werden. Unter der Nutzung der neuen technologischen Möglichkeiten wurde ein neues Rüstzeug für kleine, große und mittelständische Unternehmen entwickelt, das den Erhalt ihrer Wirtschaftlichkeit und ihrer Wettbewerbsfähigkeit ermöglicht: Die Seneca Business Software wurde in 3 Editionen entwickelt.

6.2.1   Seneca Business Software GmbH[17]

Das Unternehmen Seneca Business Software GmbH wurde Anfang 2011 von langjährig erfahrenen Managern aus den Bereichen Controlling, Finance und Unternehmensanalyse gegründet. Der Unternehmenssitz ist in München und von dort aus werden Kunden im In- und Ausland mittels Partnerunternehmen sowie auch direkt betreut. Das erklärte Ziel der Seneca Business Software GmbH ist es, ihren Kunden ein Controlling-System anzubieten, das aufgrund moderner Technologien und zeitgemäßer Funktionalitäten den Anforderungen der Zeit entspricht.

---

[16] Vgl. Seneca - Philosophie. http://www.seneca-control.com/unternehmen/philosophie/. Zugegriffen: 4. November 2016.

[17] Vgl. Seneca - Das Unternehmen. http://www.seneca-control.com/de/unternehmen/seneca/. Zugegriffen: 4. November 2016.

Jedes Unternehmen ist nur erfolgreich, wenn es seine Zahlenwelt beherrscht, so die Philosophie der Seneca Business Software GmbH. Voraussetzung dafür ist ein leistungsfähiges Controlling-System für Planung, Analyse und Informationsversorgung. In einer sich immer schneller verändernden Welt schlägt das Unternehmen Seneca mit seiner Controlling-Software neue Wege im Controlling ein. Die Entwicklungen in IT, Wirtschaft, Unternehmen und Kultur verdeutlichen, dass sich die Schere zwischen den Möglichkeiten im Controlling, den Anforderungen an valide Finanzplanungen und den zur Verfügung stehenden Instrumenten für eine strategische Unternehmensplanung zunehmend öffnet. Seneca begegnet dieser Entwicklung in den Bereichen des Controllings und der Betriebswirtschaft mit einer Lösung, die den Anforderungen an Finanzplanung, strategische Unternehmensplanung und an ein Reporting gerecht wird.

Seneca bietet, unabhängig von Größe und Branche der Unternehmen, eine Controlling-Software, die für die AnwenderInnen leicht und intuitiv bedienbar ist, und damit die Möglichkeit, eine hohe Transparenz in ihre Zahlenwelt zu bringen und ihre spezifischen Unternehmensprozesse effizient zu steuern.

6.2.2 Seneca Business Software – Editionsvergleich

Seneca ist technologisch und funktional die zeitgemäße Antwort auf die Fragen des Controllings für Unternehmen. Die Seneca Software ist hochverfügbar, kompatibel zu allen Plattformen (MS, iOS, UNIX, …), datenbankunabhängig, 64-Bit optimiert und monatlich skalierbar. Insgesamt: *easy-to-use* ! Die unterschiedlichen Editionen stellen branchenunabhängig für die individuellen Ansprüche eines Unternehmens ein einfaches und umfassendes System zur Unternehmenssteuerung bereit.

6.2.2.1   Seneca Business Software – Edition: Local[18]
Seneca Local bietet den Einstieg für Start-Ups, kleinere Unternehmen oder Unternehmensberater. Die SaaS-Lösung (Software as a Service Lösung) erlaubt es den NutzernInnen, schnell und einfach ein professionelles Controlling aufzubauen.

Die Möglichkeiten im Einzelnen:

* Einfacher Datenimport und -export zum Generieren der Unternehmensstrukturen und der IST-Situation
* Umfangreiche Editierfunktionen für individuelle Erweiterungen und Anpassungen
* Zahlreiche Planungswerkzeuge für bis zu 5.000 Objekte
* Modelle zur Finanzplanung nach HGB/IFRS mit GuV, Cashflow und Bilanz
* Taggenaue Liquiditätsplanung
* Auswertungen für Plan/Ist/Forecast/Budget mit umfangreichen Berichtswesen

---

[18] Vgl. Seneca Edition Local. http://www.seneca-control.com/de/produkte/seneca-local/. Zugegriffen: 4. November 2016.

- Professionelles Banken-Reporting
- Aussagekräftige Analysen wie z. B. der Abweichungen, ABC-Szenarien, Portfolio
- Alarm- und Erinnerungsfunktion
- Bis zu 5 User
- Mehrmandantenfähig
- Moderne Kennzahlenermittlung

6.2.2.2   Seneca Business Software – Edition: Global[19]

Seneca Global ist die Lösung für kleine und mittlere Unternehmen (KMU) und größere Beratungsunternehmen. In der Private- oder Public-Cloud erlaubt die Lösung den NutzernInnen, ein komplexes und umfassendes Controlling aufzubauen.

Die Möglichkeiten im Einzelnen:

- Umfangreiche Möglichkeiten bei Datenimport und -export zum Generieren der Unternehmensstrukturen und der IST-Situation
- (Datenbankanbindung, XML, xls, …)
- Umfangreiche Editierfunktionen für individuelle Erweiterungen und Anpassungen
- Zahlreiche Planungswerkzeuge und Hochrechnungen
- Modelle zur Finanzplanung nach HGB/IFRS/GAAP mit GuV, Cashflow und Bilanz
- Taggenaue Liquiditätsplanung
- Auswertungen für beliebig viele Szenarien mit umfangreichem Berichtswesen
- Professionelles Banken-Reporting
- Aussagekräftige Analysen wie z. B. der Abweichungen, ABC-Szenarien, Portfolio
- Alarm- und Erinnerungsfunktion
- Workflow zur Steuerung der Unternehmensprozesse
- Bis 30 User
- Mehrmandantenfähig mit Online-Währungsumrechnung
- Volle Flexibilität durch temporäres Hinzubuchen weiterer Module und User
- Moderne Kennzahlenermittlung

6.2.2.3   Seneca Business Software – Edition: Galaxy[20]

Seneca Galaxy ist die Lösung für anspruchsvolle Unternehmen und große Beratungshäuser. In der Private- oder Public Cloud erlaubt sie den NutzernInnen, ein komplexes Controlling aufzubauen.

---

[19] Vgl. Seneca Edition Global. http://www.seneca-control.com/de/produkte/seneca-global. Zugegriffen: 4. November 2016.

[20] Vgl. Seneca Edition Galaxy. http://www.seneca-control.com/de/produkte/seneca-galaxy. Zugegriffen: 4. November 2016.

Die Möglichkeiten im Einzelnen:

- Umfangreiche Methoden für Datenimport und -export und globale Unternehmensdatensammlung
- Umfangreiche Editierfunktionen für individuelle Erweiterungen und Anpassungen
- Zahlreiche Planungswerkzeuge und Hochrechnungen
- Modelle zur Finanzplanung nach HGB/IFRS/GAAP mit GuV, Cashflow und Bilanz
- Taggenaue Liquiditätsplanung
- Auswertungen für beliebig viele Szenarien mit umfangreichem Berichtswesen
- Professionelles Banken-Reporting
- Analyse von Abweichungen, ABC-Szenarien, Portfolios
- Alarm- und Erinnerungsfunktion
- Workflow zur Steuerung der Unternehmensprozesse
- Unbegrenzte User-Zahl
- Mehrmandantenfähig
- Konsolidierung mit Online-Währungsumrechnung
- Data Mining
- Die Module RiskManagement, Balanced Scorecard, Unternehmensbewertung u. a. inklusive

6.2.3   Softwarefunktionalitäten der Seneca Business Software[21]

Planung:

Mithilfe von Top-down- und Bottom-up- sowie saisonaler Planung und der Nutzung von Steigerungsfaktoren können zahlreiche Szenarien durchspielt werden. Bereits hinterlegte Planungsvarianten, unabhängig von Zeitraum und Granularität (Tag, Monat, Jahr …) sind bereits standardmäßig vorhanden und individuell anpassbar. Eine große Anzahl von bereits hinterlegten Formeln unterstützt weite Planungsspielräume. AnwenderInnen können zudem unterschiedliche Regionen, Produkte und Kundengruppen mit maßgeschneiderten Steigerungswerten und in verschiedensten Einheiten (Tonnen, Euro, Prozente …) planen.

Analyse:

Innerhalb der Analysemöglichkeiten können u. a. die Kundenstruktur definiert und „Tops" und „Flops" mithilfe von ABC- und Paretoauswertungen identifiziert werden. Es besteht außerdem die Möglichkeit, unterschiedliche Planvarianten mit den aktuellen Daten zu vergleichen und anhand grafischer und tabellarischer Darstellungen die absoluten und relativen Abweichungen bzw. Werte abzubilden. Sämtliche Daten eines Unternehmens

---

[21] Vgl. Seneca Softwarefunktionalitäten. http://www.seneca-control.com/leistungen/softwarefunktio-nalitaeten/. Zugegriffen: 4. November 2016.

lassen sich in kombinierten Grafike in Wasserfall-, Linien-, Flächen-, Kreis- oder Säulen-diagrammen zusammenfassen.

Berichtswesen:

Dashboards liefern das Wichtigste auf einen Blick. Tachos, Ampeln und Fortschrittsbal-ken werden in Seneca automatisch aktualisiert. Tabellarische Berichte lassen sich erstel-len, formatieren und nach Excel exportieren. Zudem ist die dynamische Anpassung an einen frei gewählten Zeitraum möglich. In unternehmensweiten Berichtsmappen können sämtliche Analysen konsolidiert sowie Berichte und Grafiken per Drag-and-drop zusam-mengeführt werden. Schließlich haben AnwenderInnen die Möglichkeit, den Bericht in einen Präsentationsmodus zu überführen oder ein PDF-Dokument zu erstellen.

Heatmaps:

Mithilfe geocodierter Informationen können die ControllerInnen ihre Umsätze und Kosten transparent auf einer Karte darstellen. Von Detailansichten auf Straßenebene bis hin zur globalen Betrachtung. Die AnwenderInnen identifizieren so geografische Schwer-punkte ihres Vertriebsnetzes oder optimieren logistische Prozesse.

Mehrmandantenfähigkeit:

ControllerInnen können beliebig viele Unternehmen separat abbilden und einzelne Inhalte, wie Vertrieb, Personal oder Kostenstellen, als Mandanten darstellen. Die Unter-nehmensstruktur kann etwa aus ERP-Systemen und der elektronischen Buchhaltung über-nommen, mandantenübergreifende Informationen können konsolidiert und beliebig viele Inhalte, wie GuV, Bilanz, Kunden oder Produkte, veranschaulicht werden. Seneca passt sich den jeweiligen individuellen Bedürfnissen an.

Internationale Anwendung:

Jede/r NutzerIn loggt sich in seiner bevorzugten Sprache ein. Das Programm sowie die individuellen Strukturen lassen sich der gewählten Sprache und der internationalen Rech-nungslegung anpassen. Durch die Verlinkung mit der Europäischen Zentralbank (EZB) sind die AnwenderInnen in der Lage, Daten zu tagesaktuellen Kursen aufzubereiten.

Chat und Workflow:

AnwenderInnen können eine Chatfunktion ohne vorherige Installation nutzen. Sie sehen auf einen Blick, welche Chatpartner verfügbar sind und tauschen sich direkt im System mit ihnen aus. In der Gruppe können Abstimmungen über Planung und Projekte erfolgen und Termine wie auch Zuständigkeiten festgelegt werden. Des Weiteren besteht die Möglichkeit, Visualisierungen in Gantt-Diagrammen (ein Gantt-Diagramm, auch als Balkenplan bezeichnet, ist ein nach seinem Erfinder Henry L. Gantt (1861 – 1919) benanntes Instrument des Projektmanagements, das die zeitliche Abfolge von Aktivitäten grafisch in Form von Balken auf einer Zeitachse darstellt) vorzunehmen und sich mit der Erinnerungsfunktion auf dem Laufenden zu halten.

Editierfunktionen:

Unterschiedliche Geschäftsmodelle lassen sich durch das Anlegen beliebiger Positio-nen und per Drag-and-drop abbilden. Bestehende Strukturen können von den Anwender-Innen zudem schnell geändert oder eigene Vorlagen erstellt werden. Zeitperioden sind auf Knopfdruck nach Belieben einstellbar, auch über die Jahreswechsel hinweg. Berichte und Auswertungen lassen sich auf das Corporate Design des eigenen Unternehmens abstimmen.

Datenimport und -export:

Durch bedienbare Schnittstellenassistenten ist der/die AnwenderIn in der Lage, Daten in unterschiedlichen Formaten zu übergeben. Mit Seneca können die Daten im XML-Format, als CSV oder Microsoft Excel-Tabelle exportiert werden. Sämtliche Berichte, Grafiken und Analysen können die AnwenderInnen auch als PDF oder Excel formatieren und auf dem Seneca FTP-Speicherplatz bereitstellen.

6.2.4   Einsatz von Seneca Software (Edition: Global) bei der CBA GmbH

6.2.4.1   Fallaufgabe 1: Zuschlagskalkulation (Vgl. Schmidt (2014), S. 313.)

Jan Graf, Leiter des dezentralen Controllings der Campus Bicycle Mountainbikes GmbH (CBA GmbH) in München beauftragt den Controller Herrn Heinrich, die Selbstkosten eines Kundenauftrags, der im Monat Januar anfällt, zu kalkulieren. Für den Auftrag sind folgende Materialien einzusetzen: Radelemente (Speichen, Mantel, Schlauch, Lager, Katzenaugen) zu 4.750,00 EUR und Rahmenelemente (Rohre, Bremsen, Pedale, Lampen, Dynamo) zu 8.315,00 EUR. Des Weiteren fallen Kosten für das Sattelgrundgerüst (Federn, Stange, Polster, Leder) zu 2.150,00 EUR und für das Lenkergrundgerüst (Stange, Griffe, Bremsen, Tacho, Klingel) zu 4.825,00 EUR sowie sonstiges Material zu 2.122,00 EUR an. Abb. 6.60 zeigt eine Übersicht der Materialkosten des Auftrags.

Die Fertigungszeit beträgt in der Kostenstelle Teilefertigung 78,00 Stunden, in der Vormontage 110,00 Stunden und in der Endmontage 45,00 Stunden. Die Lohnsätze der

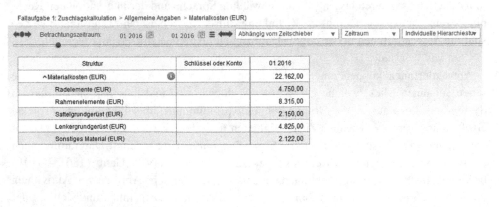

Fallaufgabe 1: Zuschlagskalkulation > Allgemeine Angaben > Materialkosten (EUR)

Struktur	Schlüssel oder Konto	01 2016
^Materialkosten (EUR)		22.162,00
Radelemente (EUR)		4.750,00
Rahmenelemente (EUR)		8.315,00
Sattelgrundgerüst (EUR)		2.150,00
Lenkergrundgerüst (EUR)		4.825,00
Sonstiges Material (EUR)		2.122,00

Abb. 6.60 Dynamische Tabelle – Materialkosten des Auftrags (Eigene Darstellung, Seneca Global, Version 3.5.18)

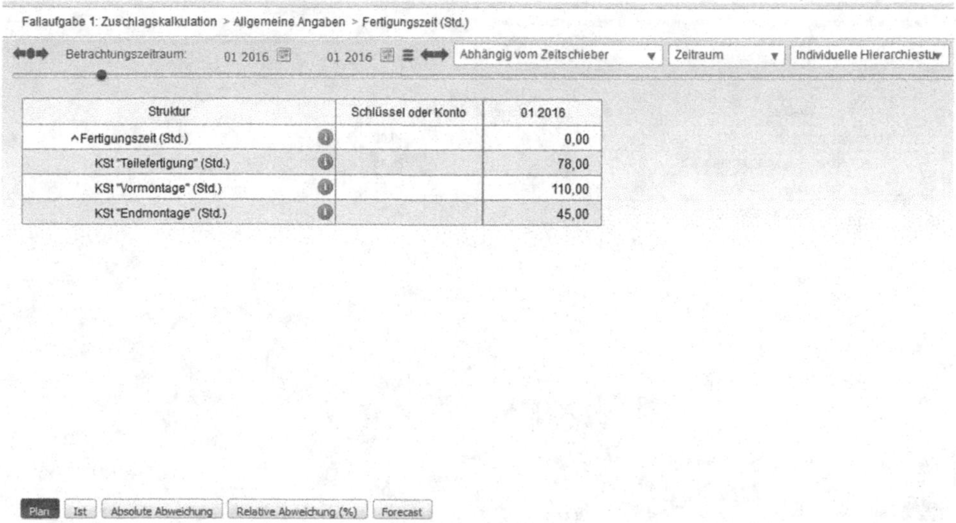

Abb. 6.61 Dynamische Tabelle – Fertigungszeit der KSt des Auftrags (Eigene Darstellung, Seneca Global, Version 3.5.18)

Kostenstellen betragen in der genannten Reihenfolge 26,45 EUR/Stunde, 27,50 EUR/Stunde und 26,15 EUR/Stunde. Abb. 6.61 zeigt in Form der dynamischen Tabelle die Fertigungszeiten (Std.) für den Auftrag und je Kostenstelle (KSt).

Abb. 6.62 zeigt in Form der dynamischen Tabelle den Lohnsatz (EUR/Std.) für den Auftrag und je Kostenstelle (KSt).

Außerdem sind für die Bearbeitung des Auftrags Konstruktionszeichnungen und spezielle Werkzeuge notwendig, die Kosten dafür betragen in der genannten Reihenfolge 450,00 EUR und 2.150,00 EUR. Schließlich berechnet eine Spedition für den Transport Frachtkosten inkl. Versicherung zum Kunden i. H. v. 7.150,00 EUR. Das Unternehmen kalkuliert mit folgenden Normalzuschlagssätzen: Materialbereich 7,50 %, Teilefertigung 310,00 %, Vormontage 195,00 %, Endmontage 265,00 %, Verwaltung 4,75 % und Vertrieb 8,50 %. Abb. 6.63 zeigt die weiteren Kosten (EUR) in Form der dynamischen Tabelle.

Abb. 6.64 gibt die Normalzuschlagssätze (%) in Form der dynamischen Tabelle an.

Im ersten Schritt berechnet Herr Heinrich in einer übersichtlichen Aufstellung, Abb. 6.65, die Selbstkosten des Auftrags mithilfe der differenzierenden Zuschlagskalkulation.

Für die Angabe „Berechnung" der Materialeinzelkosten (MEK) kann ein Querverweis erfolgen. In der Business Logic hinterlegt Herr Heinrich mit der Option „Bearbeiten" den Knotentyp des „Querverweises" und nimmt anschließend die entsprechende Knotenauswahl, wie in Abb. 6.66 dargestellt, vor.

In der Struktur ist der Querverweis an folgendem Symbol (im jeweiligen Knoten rechts angeordnet): MEK (EUR) ⬤ ⬤ erkennbar. Für die Berechnung der jeweiligen Gemeinkosten, Fertigungslöhne sowie Sondereinzelkosten (SEK) der Fertigung ist es hilfreich, die Formelfunktion anzuwenden. Eine Formelfunktion wird in Seneca in der

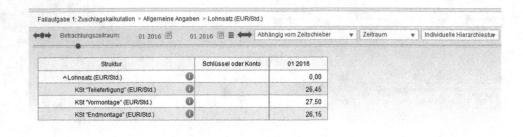

Abb. 6.62 Dynamische Tabelle – Lohnsatz der KSt des Auftrags (Eigene Darstellung, Seneca Global, Version 3.5.18)

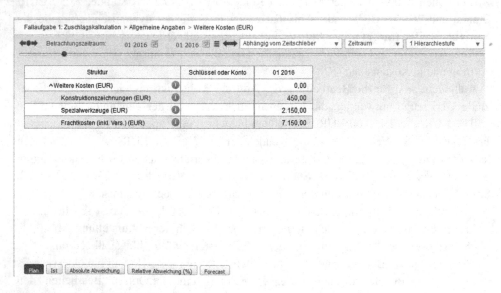

Abb. 6.63 Dynamische Tabelle – Weitere Kosten des Auftrags (Eigene Darstellung, Seneca Global, Version 3.5.18)

Abb. 6.64 Dynamische Tabelle – Normalzuschlagssätze (Eigene Darstellung, Seneca Global, Version 3.5.18)

Abb. 6.65 Dynamische Tabelle – Differenzierende Zuschlagskalkulation (Selbstkosten) (Eigene Darstellung, Seneca Global, Version 3.5.18)

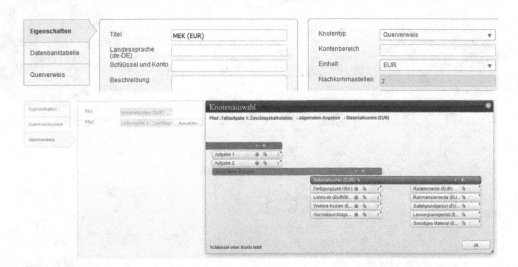

Abb. 6.66 Knoteneigenschaften – Knotentyp Querverweis (Bsp. MEK) (Eigene Darstellung, Seneca Global, Version 3.5.18)

Business Logic unter der Option „Bearbeiten" hinterlegt. Dazu gibt Herr Heinrich in den Knoteneigenschaften als Knotentyp „Formel" ein. Abb. 6.67 zeigt die hinterlegte Formel für die Materialgemeinkosten (MGK).

In Tab. 6.30 sind die einzelnen Formeln inkl. Bezeichnung für die Berechnung der Selbstkosten nach der differenzierenden Zuschlagskalkulation angegeben.

Die Selbstkosten der differenzierenden Zuschlagskalkulation betragen somit insgesamt 61.625,23 EUR.

Außerdem berechnet Herr Heinrich (eine weitere Vorgabe von Herrn Graf) die Selbstkosten des Auftrags mithilfe der summarischen Zuschlagskalkulation. Auf die Summe der Einzelkosten (ohne Sondereinzelkosten) sollen pauschal 75,00 % für die Gemeinkosten aufgeschlagen und anschließend noch die Sondereinzelkosten addiert werden. Abb. 6.68 stellt in einer übersichtlichen Aufstellung die Selbstkosten des Auftrags der summarischen Zuschlagskalkulation dar.

Für die Berechnung der Gemeinkosten, Fertigungslöhne sowie SEK der Fertigung ist es hilfreich die Formelfunktion anzuwenden. Abb. 6.69 zeigt die hinterlegte Formel für die Gemeinkosten.

In Tab. 6.31 sind die einzelnen Formeln inkl. Bezeichnung für die Berechnung der Selbstkosten nach der summarischen Zuschlagskalkulation angegeben.

Die Selbstkosten der summarischen Zuschlagskalkulation betragen somit insgesamt 59.496,99 EUR.

Da Herr Graf Leiter des dezentralen Controllings der Campus Bicycle Mountainbikes GmbH in München ist, besitzt er für die Campus Bicycle Mountainbikes GmbH die jeweiligen Benutzereinstellungsrechte. Unter den Benutzereinstellungen kann er in diesem Fall z. B. Herrn Heinrich und anderen MitarbeiternInnen individuelle Rechte zuweisen.

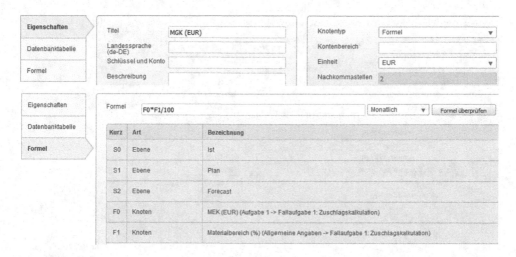

Abb. 6.67 Knoteneigenschaften – Knotentyp Formel (Bsp. MGK) (Eigene Darstellung, Seneca Global, Version 3.5.18)

Tab. 6.30 Formel-Übersicht – Differenzierende Zuschlagskalkulation (Eigene Darstellung)

Titel	Formel	Bezeichnung
MEK	Querverweis	F0 = Materialkosten
MGK	F0*F1/100	F0 = MEK
		F1 = Materialbereich (%)
FL Teilefertigung	F0*F1	F0 = KSt „Teilefertigung" (Std.)
		F1 = KSt „Teilefertigung" (EUR/Std.)
FGK Teilefertigung	F0*F1/100	F0 = FL Teilefertigung
		F1 = Teilefertigung (%)
FL Vormontage	F0*F1	F0 = KSt „Vormontage" (Std.)
		F1 = KSt „Vormontage" (EUR/Std.)
FGK Vormontage	F0*F1/100	F0 = FL Vormontage
		F1 = Vormontage (%)
FL Endmontage	F0*F1	F0 = KSt „Endmontage" (Std.)
		F1 = KSt „Endmontage" (EUR/Std.)
FGK Endmontage	F0*F1/100	F0 = FL Endmontage
		F1 = Endmontage (%)
SEK der Fertigung	F0+F1	F0 = Konstruktionszeichnungen
		F1 = Spezialwerkzeuge
HK	F0+F1	F0 = Materialkosten
		F1 = Fertigungskosten
Verwaltungskosten	F0*F1/100	F0 = Herstellkosten
		F1 = Verwaltung (%)
Vertriebskosten	F0*F1/100	F0 = Herstellkosten
		F1 = Vertrieb (%)
SEK des Vertriebs	Querverweis	F0 = Frachtkosten (inkl. Versicherung)

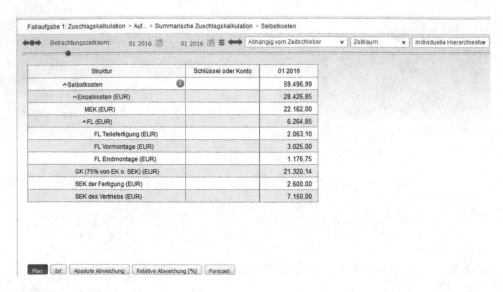

Abb. 6.68 Dynamische Tabelle – Differenzierende Zuschlagskalkulation (Selbstkosten) (Eigene Darstellung, Seneca Global, Version 3.5.18.)

Abb. 6.69 Knoteneigenschaften – Knotentyp Formel (Bsp. GK) (Eigene Darstellung, Seneca Global, Version 3.5.18)

Tab. 6.31 Formel-Übersicht – Summarische Zuschlagskalkulation (Eigene Darstellung)

Titel	Formel	Bezeichnung
MEK	Querverweis	F0 = Materialkosten
FL Teilefertigung	F0*F1	F0 = KSt „Teilefertigung" (Std.)
		F1 = KSt „Teilefertigung" (EUR/Std.)
FL Vormontage	F0*F1	F0 = KSt „Vormontage" (Std.)
		F1 = KSt „Vormontage" (EUR/Std.)

Tab. 6.31   (Fortsetzung)

Titel	Formel	Bezeichnung
FL Endmontage	F0*F1	F0 = KSt „Endmontage" (Std.)
		F1 = KSt „Endmontage" (EUR/Std.)
GK	F0*75/100	F0 = EK
SEK der Fertigung	F0+F1	F0 = Konstruktionszeichnungen
		F1 = Spezialwerkzeuge
SEK des Vertriebs	Querverweis	F0 = Frachtkosten (inkl. Versicherung)

In Seneca hat er die Möglichkeit einem Mitarbeiter/einer Mitarbeiterin folgende Rechte zuzuweisen:

- *Struktur Browser:* Mit dieser Berechtigung darf der Nutzer/die Nutzerin ausgewählte Strukturen einsehen.
- *Zeitbegrenzung:* Als BenutzerIn mit dieser Berechtigung dürfen sie Daten einer ausgewählten Struktur aus einem bestimmten Zeitraum einsehen.
- *Dateneinsicht:* Mit dieser Berechtigung darf der Nutzer/die Nutzerin die Daten einer ausgewählten Struktur in einer bestimmten Ebene einsehen.
- *Datenmanager:* Als Datenmanager darf der Nutzer/die Nutzerin Daten einer ausgewählten Struktur in einer bestimmten Ebene verändern.
- *Datenexport*: Mit dieser Berechtigung kann der Nutzer/die Nutzerin Daten einer Ebene aus einer ausgewählten Struktur exportieren.
- *Datenanalyse:* Mit der Berechtigung Datenanalyse können alle Funktionen der Analyse benutzt werden, u. a. auch das Berichtswesen.
- *StrukturexporterIn:* Als StrukturexporterIn dürfen sie ausgewählte Strukturen exportieren.
- *Datenimport*: Als DatenimporteurIn haben sie die Möglichkeit, Daten zu importieren.
- *StrukturmanagerIn:* Als StrukturmanagerIn können sie für ausgewählte Datensätze Änderungen an der Struktur und/oder neue Knoten anlegen.
- *StrukturimporterIn:* Als StrukturimporterIn dürfen sie aus XML-Dateien neue Strukturen importieren.
- *Benutzereinstellungen:* Diese Berechtigung erlaubt es, Benutzerrechte zu verteilen.
- *DatensatzmanagerIn:* Als DatensatzmanagerIn sind sie berechtigt, neue Datensätze anzulegen und bestehende zu bearbeiten.
- *Datensatz entfernen:* Diese Berechtigung überträgt dem Anwender/der Anwenderin die Rechte des Datenmanagers und erlaubt es ihm/ihr zugleich, Datensätze zu löschen.
- *AdministratorIn:* Als AdministratorIn haben sie alle o. g. Rechte (o. V. Seneca – Das Handbuch zum Programm 2016, S. 9 f.).

Herr Heinrich wiederum kann seine Daten in Seneca anhand vielseitiger *Diagrammtypen* darstellen. In der Editierfunktion der Planung unter *Analysen – Diagramme* kann er

Diagramme in Form eines Kreisdiagramms, Grafs, Grafs mit ausgefüllter Fläche, Säulendiagramms, additiven Säulendiagramms oder Wasserfalls darstellen. Seneca ermöglicht Herrn Heinrich außerdem, seine erstellten Diagramme in alle gängigen Formate zu exportieren (o. V. Seneca – Das Handbuch zum Programm, 2016, S. 91).

6.2.4.2 Fallaufgabe 2: Prozesskostenrechnung und –analyse (Vgl. Schmidt (2014), S. 344 f.)

Nach einem Meeting zwischen Herrn Hans Dampf (Kfm. Geschäftsführer) und Reiner Engel (Tech. Geschäftsführer) sowie Frau Wilma Holle (Leiterin dezentrales Controlling) will die Campus Bicycle Profi-Rennräder GmbH mit Sitz in Berlin für die indirekten Bereiche die *Prozesskostenrechnung* einführen. Eine durchgeführte Tätigkeitsanalyse im Januar der Kostenstelle (KSt) Qualitätsmanagement führte zu folgenden Teilprozessen,[22] Kostentreibern und Kostentreibermengen eines Jahres. Abb. 6.70 bildet die Teilprozesse und die dazugehörigen Kostentreibermengen in der Ist-Ebene ab.

Die Kostentreiber für Q1 sind die Anzahl der Produktänderungen; für Q2 die Anzahl gefertigter Lose und für Q3 die Anzahl der Verfahrensanweisungen. Die Kostentreiber für Q4 und Q5 entfallen.

Aus Selbstaufschreibungen der MitarbeiterInnen mit anschließender kritischer Reflexion im Projektteam zur Einführung der Prozesskostenrechnung ist die Aufteilung der

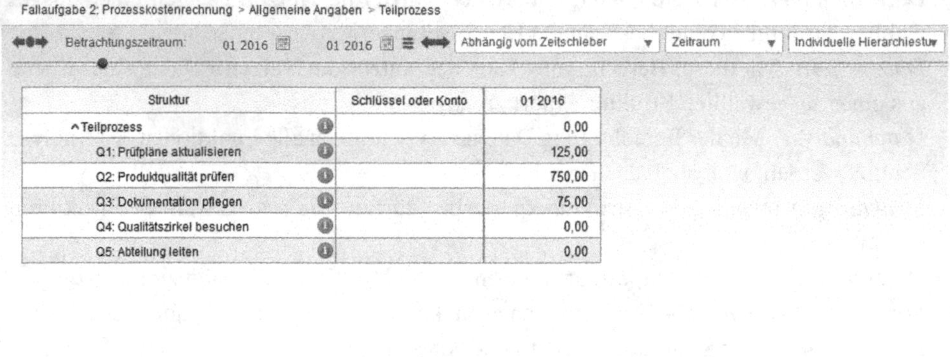

Fallaufgabe 2: Prozesskostenrechnung > Allgemeine Angaben > Teilprozess

	Betrachtungszeitraum:	01 2016	01 2016	≡	Abhängig vom Zeitschieber ▼	Zeitraum ▼	Individuelle Hierarchiestuv

Struktur		Schlüssel oder Konto	01 2016
⌃ Teilprozess	ⓘ		0,00
Q1: Prüfpläne aktualisieren	ⓘ		125,00
Q2: Produktqualität prüfen	ⓘ		750,00
Q3: Dokumentation pflegen	ⓘ		75,00
Q4: Qualitätszirkel besuchen	ⓘ		0,00
Q5: Abteilung leiten	ⓘ		0,00

Plan | Ist | Absolute Abweichung | Relative Abweichung (%) | Forecast

Abb. 6.70 Dynamische Tabelle – Teilprozesse inkl. Kostentreibermengen (Eigene Darstellung, Seneca Global, Version 3.5.18)

---

[22] Anmerkung: Zu den lmi-Prozessen gehören die drei Teilprozesse Q1, Q2 und Q3. Zu den lmn-Prozessen gehören die zwei Teilprozesse Q4 und Q5.

Arbeitszeit der MitarbeiterInnen pro Jahr, gemessen in MitarbeiterInnenmonaten (MM), bekannt. Als Vollzeitkraft leistet jede/r MitarbeiterIn 12 MM, die sich wie folgt aufteilen:

- Herr Meier arbeitet 6 MM für Q1 und 5 MM für Q2.
- Frau Müller leistet 7 MM für Q1, 1 MM für Q2 und 3 MM für Q3.
- Herr Schulze setzt sich zu 7 MM für Q2 und zu 4 MM für Q3 ein.
- Frau Schmidt benötigt 10 MM für Q2 und 1 MM für Q3.
- Alle genannten MitarbeiterInnen besuchen pro Jahr jeweils einen MM Qualitätszirkel (Q4).

Abteilungsleiterin Ahrens setzt 6 MM für die Leitungsfunktion ein. In der übrigen Zeit übernimmt sie Fachaufgaben wie ihre MitarbeiterInnen. Konkret entfallen ihre restlichen MM zu gleichen Teilen auf die Prozesse Q1, Q3 und Q4; die Produktqualität prüft sie nicht.

Abb. 6.71 stellt die Arbeitszeit der MitarbeiterInnen (pro Jahr) in MM mithilfe der dynamischen Tabelle in der Ist-Ebene übersichtlich gegenüber.

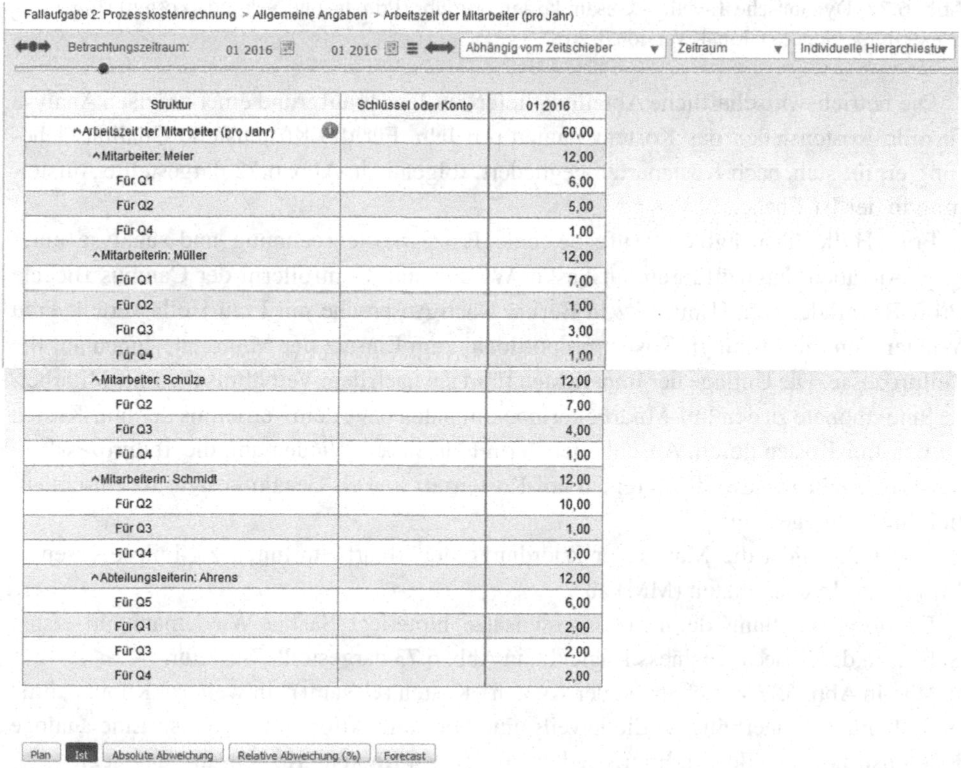

Fallaufgabe 2: Prozesskostenrechnung > Allgemeine Angaben > Arbeitszeit der Mitarbeiter (pro Jahr)

Betrachtungszeitraum: 01 2016   01 2016 | Abhängig vom Zeitschieber ▼ | Zeitraum ▼ | Individuelle Hierarchiestu▼

Struktur	Schlüssel oder Konto	01 2016
^Arbeitszeit der Mitarbeiter (pro Jahr) ⓘ		60,00
^Mitarbeiter: Meier		12,00
Für Q1		6,00
Für Q2		5,00
Für Q4		1,00
^Mitarbeiterin: Müller		12,00
Für Q1		7,00
Für Q2		1,00
Für Q3		3,00
Für Q4		1,00
^Mitarbeiter: Schulze		12,00
Für Q2		7,00
Für Q3		4,00
Für Q4		1,00
^Mitarbeiterin: Schmidt		12,00
Für Q2		10,00
Für Q3		1,00
Für Q4		1,00
^Abteilungsleiterin: Ahrens		12,00
Für Q5		6,00
Für Q1		2,00
Für Q3		2,00
Für Q4		2,00

Plan Ist Absolute Abweichung Relative Abweichung (%) Forecast

Abb. 6.71 Dynamische Tabelle – Arbeitszeit der MitarbeiterInnen (pro Jahr in MM) (Eigene Darstellung, Seneca Global, Version 3.5.18)

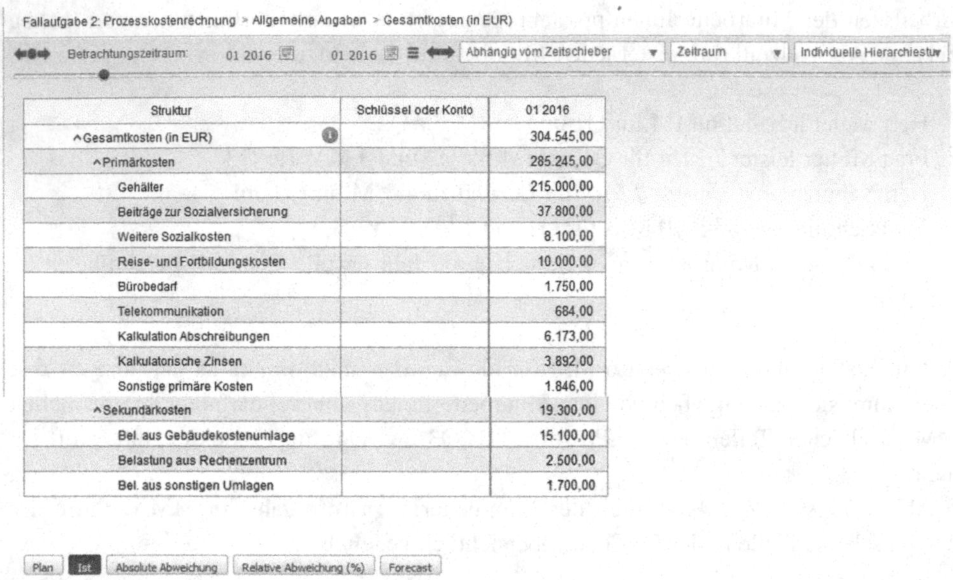

Struktur	Schlüssel oder Konto	01 2016
^Gesamtkosten (in EUR)		304.545,00
^Primärkosten		285.245,00
Gehälter		215.000,00
Beiträge zur Sozialversicherung		37.800,00
Weitere Sozialkosten		8.100,00
Reise- und Fortbildungskosten		10.000,00
Bürobedarf		1.750,00
Telekommunikation		684,00
Kalkulation Abschreibungen		6.173,00
Kalkulatorische Zinsen		3.892,00
Sonstige primäre Kosten		1.846,00
^Sekundärkosten		19.300,00
Bel. aus Gebäudekostenumlage		15.100,00
Belastung aus Rechenzentrum		2.500,00
Bel. aus sonstigen Umlagen		1.700,00

Abb. 6.72 Dynamische Tabelle – Gesamtkosten pro Jahr (Primär- und Sekundärkosten) (Eigene Darstellung, Seneca Global, Version 3.5.18)

Die betriebswirtschaftliche Abteilung liefert im Januar aufgrund einer präzisen Analyse für alle Kostenstellen das Kostenvolumen pro Jahr. Für die Kostenstelle Qualitätssicherung ergibt sich, nach Kostenarten gegliedert, folgende in Abb. 6.72 dargestellte Aufstellung in der Ist-Ebene.

Frau Holle überträgt die Aufgabe, eine Prozesskostenrechnung und -analyse unter o. g. Angaben durchzuführen, an Saskia Wiedemann, Controllerin der Campus Bicycle Profi-Rennräder GmbH mit Sitz in Berlin. Nach Absprache mit Frau Holle verteilt Frau Wiedemann die gesamten Kosten proportional zum Einsatz der MitarbeiterInnen auf die Teilprozesse. Die Umlage der lmn-Kosten führt sie nach dem Verhältnis der lmn-MitarbeiterInnenmonate zu den lmi-MitarbeiterInnenmonaten bzw. dem Verhältnis der lmn-Kosten zu den lmi-Kosten durch. Anschließend ermittelt Saskia Wiedemann die Teilprozesskostensätze, und zwar jeweils als reinen lmi-Kostensatz und als Gesamtkostensatz einschließlich lmn-Umlageanteil.

Tab. 6.32 bildet die Matrix der Zuordnung der MitarbeiterInnen zu Teilprozessen in MitarbeiterInnenmonaten (MM) ab.

Für die Ermittlung der Prozesskostensätze hinterlegt Saskia Wiedemann im ersten Schritt in der Seneca Business Logic die in Abb. 6.73 dargestellte Struktur.

Wie in Abb. 6.73 zu sehen, ist der Knoten „Kosten (Gesamt)" in weiterte Knoten „lmi" und „Umlage" unterteilt, für die jeweils eine Formelfunktion hinterlegt ist. Eine analoge Knotenstruktur wurde von Frau Wiedemann für den Knoten „Kostensatz" angelegt.

Im zweiten Schritt sind den Kostentreiberarten den jeweiligen Kostentreibermengen und MM zuzuweisen. Für die Zuweisung der Kostentreibermengen zu der Kostentreiberart

Tab. 6.32 MitarbeiterInnen-Zuordnung zu Teilprozessen (in MM) (Eigene Darstellung)

Teilprozess	Frau Ahrens	Herr Meier	Frau Müller	Herr Schulze	Frau Schmidt	Gesamt
Q1	2	6	7			15
Q2		5	1	7	10	23
Q3	2		3	4	1	10
Q4	2	1	1	1	1	6
Q5	6					6
Gesamt	12	12	12	12	12	60

Abb. 6.73 Seneca Business Logic – Knotenstruktur „Ermittlung der Prozesskostensätze" (Eigene Darstellung, Seneca Global, Version 3.5.18)

„Anzahl der Produktänderungen", im Folgenden am Beispiel des Teilprozesses Q1 „Prüfpläne aktualisieren" dargestellt, verwendet Frau Wiedemann einen Querverweis. Abb. 6.74 zeigt die Knoteneigenschaften sowie die Knotenauswahl des Querverweises.

Die Kostentreibermengen betragen somit für den Teilprozess Q1 „Prüfpläne aktualisieren" insgesamt 125.

Für die Zuweisung der MM zu der Kostentreiberart „Anzahl der Produktänderungen", im Folgenden am Beispiel des Teilprozesses Q1 „Prüfpläne aktualisieren" dargestellt, verwendet Frau Wiedemann den Knotentyp „Formel". Abb. 6.75 zeigt die Knoteneigenschaften sowie die Knotenauswahl des Querverweises.

Die MM betragen somit für den Teilprozess Q1 „Prüfpläne aktualisieren" insgesamt 15 MM (Frau Ahrens: 2 MM, Herr Meier: 6 MM, Frau Müller: 7 MM).

Im dritten Schritt ermittelt Frau Wiedemann die gesamten Kosten des Teilprozesses Q1 „Prüfpläne aktualisieren". Diese setzen sich aus lmi-Kosten und Umlage-Kosten zusammen. Die durchschnittlichen Kosten je MM betragen dabei = 304.545 EUR/60 = 5.075,75 EUR je MM. Sie nutzt für die Berechnung jeweils die Formelfunktion. Abb. 6.76 bildet die Knotenstruktur inkl. der Formeleigenschaften des Knotens lmi-Kosten ab.

Die lmi-Kosten belaufen sich somit auf = [(304.545 EUR/60)*15] = 76.136,25 EUR.

Abb. 6.77 bildet die Knotenstruktur inkl. der Formeleigenschaften des Knotens Umlage-Kosten ab.

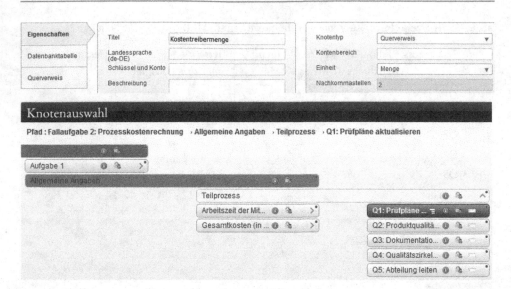

Abb. 6.74 Querverweis inkl. Knotenauswahl „Teilprozess Q1" – Kostentreibermenge (Eigene Darstellung, Seneca Global, Version 3.5.18)

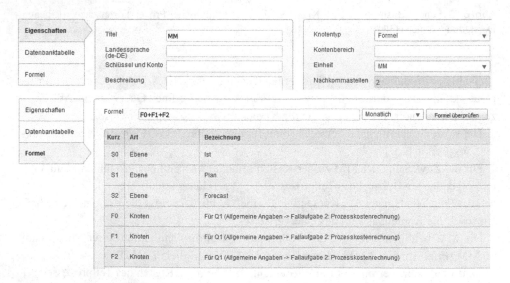

Abb. 6.75 Formel „Teilprozess Q1" – MM (Eigene Darstellung, Seneca Global, Version 3.5.18)

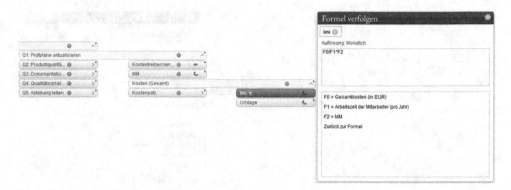

Abb. 6.76 Formel „Teilprozess Q1" – lmi-Kosten (Eigene Darstellung, Seneca Global, Version 3.5.18)

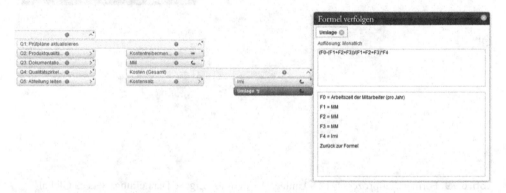

Abb. 6.77 Formel „Teilprozess Q1" – Umlage-Kosten (Eigene Darstellung, Seneca Global, Version 3.5.18)

Die Umlage-Kosten betragen somit = 76.136,25 EUR * 25 % = 19.034,06 EUR. Die Kosten (Gesamt) demnach 76.136,25 EUR + 19.034,06 EUR = 95.170,31 EUR.

Im vierten Schritt ermittelt Frau Wiedemann den Kostensatz des Teilprozesses Q1 „Prüfpläne aktualisieren". Dieser setzt sich aus dem lmi-Kostensatz und dem Umlage-Kostensatz zusammen. Die durchschnittlichen Kosten je MM betragen dabei = 304.545 EUR/60 = 5.075,75 EUR je MM. Frau Wiedemann nutzt für die Berechnung jeweils die Formelfunktion. Abb. 6.78 bildet die Knotenstruktur inkl. der Formeleigenschaften des Knotens lmi-Kostensatz ab.

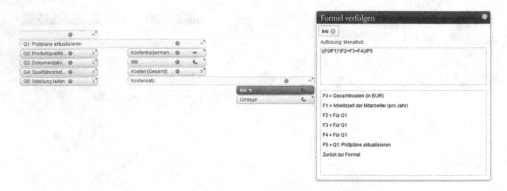

Abb. 6.78 Formel „Teilprozess Q1" – lmi-Kostensatz (Eigene Darstellung, Seneca Global, Version 3.5.18)

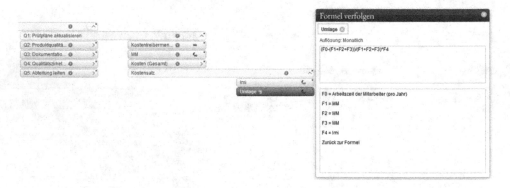

Abb. 6.79 Formel „Teilprozess Q1" – Umlage-Kostensatz (Eigene Darstellung, Seneca Global, Version 3.5.18)

Der lmi-Kostensatz beläuft sich somit auf = 5.075,75 EUR je MM * 15 MM/125 = 609,09 EUR.

Abb. 6.79 bildet die Knotenstruktur inkl. der Formeleigenschaften des Knotens Umlage-Kostensatz ab.

Der Umlage-Kostensatz beträgt somit = 609,09 EUR * 25 % = 152,27 EUR. Die Kostensatz insgesamt demnach 609,09 EUR + 152,27 EUR = 761,36 EUR.

In Tab. 6.33 werden ergänzend die einzelnen Formeln inkl. Bezeichnung für die Ermittlung der Prozesskostensätze der Teilprozesse angegeben.

Abb. 6.80 bildet die Ermittlung der Prozesskostensätze des Teilprozesses Q1 „Prüfpläne aktualisieren" ab.

Abb. 6.81 zeigt die Ermittlung der Prozesskostensätze des Teilprozesses Q2 „Produktqualität prüfen".

Tab. 6.33 Formel-Übersicht – Ermittlung der Prozesskostensätze der Teilprozesse (Eigene Darstellung)

Q2: Produktqualität prüfen

Titel	Formel	Bezeichnung
Kostentreiber-menge	Querverweis	F0 = Allgemeine Angaben - Teilprozess - Q2: Produktqualität prüfen
MM	F0+F1+F2+F3	F0 = Allgemeine Angaben - Arbeitszeit der Mitarbeiter (pro Jahr) - Mitarbeiter: Meier - Für Q2 F1 = Allgemeine Angaben - Arbeitszeit der Mitarbeiter (pro Jahr) - Mitarbeiterin: Müller - Für Q2 F2 = Allgemeine Angaben - Arbeitszeit der Mitarbeiter (pro Jahr) - Mitarbeiter: Schulze - Für Q2 F3 = Allgemeine Angaben - Arbeitszeit der Mitarbeiter (pro Jahr) - Mitarbeiterin: Schmidt - Für Q2
lmi-Kosten	F0/F1*F2	F0 = Allgemeine Angaben - Gesamtkosten (in EUR) F1 = Allgemeine Angaben - Arbeitszeit der Mitarbeiter (pro Jahr) F2 = Ermittlung der Prozesskostensätze - Q2: Produktqualität prüfen - MM
Umlage-Kosten	(F0-(F1+F2+F3))/(F1+F2+F3)*F4	F0 = Allgemeine Angaben - Arbeitszeit der Mitarbeiter (pro Jahr) F1 = Ermittlung der Prozesskostensätze - Q1: Prüfpläne aktualisieren - MM F2 = Ermittlung der Prozesskostensätze - Q2: Produktqualität prüfen - MM F3 = Ermittlung der Prozesskostensätze - Q3: Dokumentation pflegen - MM F4 = Ermittlung der Prozesskostensätze - Q2: Produktqualität prüfen - Kosten (Gesamt) - lmi
lmi-Kostensatz	((F0/F1)*(F2+F3+F4+F5))/F6	F0 = Allgemeine Angaben - Gesamtkosten (in EUR) F1 = Allgemeine Angaben - Arbeitszeit der Mitarbeiter (pro Jahr) F2 = Allgemeine Angaben - Arbeitszeit der Mitarbeiter (pro Jahr) - Mitarbeiter: Meier - Für Q2 F3 = Allgemeine Angaben - Arbeitszeit der Mitarbeiter (pro Jahr) - Mitarbeiterin: Müller - Für Q2 F4 = Allgemeine Angaben - Arbeitszeit der Mitarbeiter (pro Jahr) - Mitarbeiter: Schulze - Für Q2 F5 = Allgemeine Angaben - Arbeitszeit der Mitarbeiter (pro Jahr) - Mitarbeiterin: Schmidt - Für Q2 F6 = Allgemeine Angaben - Teilprozess - Q2: Produktqualität prüfen

Tab. 6.33 (Fortsetzung)

Umlage-Kostensatz	(F0-(F1+F2+F3))/(F1+F2+F3)*F4	F0 = Allgemeine Angaben - Arbeitszeit der Mitarbeiter (pro Jahr) F1 = Ermittlung der Prozesskostensätze - Q1: Prüfpläne aktualisieren - MM F2 = Ermittlung der Prozesskostensätze - Q2: Produktqualität prüfen - MM F3 = Ermittlung der Prozesskostensätze - Q3: Dokumentation pflegen - MM F4 = Ermittlung der Prozesskostensätze - Q2: Produktqualität prüfen - Kostensatz - lmi

Q3: Dokumentation pflegen

Titel	Formel	Bezeichnung
Kostentreibermenge	Querverweis	F0 = Allgemeine Angaben - Teilprozess - Q3: Dokumentation pflegen
MM	F0+F1+F2+F3	F0 = Allgemeine Angaben - Arbeitszeit der Mitarbeiter (pro Jahr) - Abteilungsleiterin: Ahrens - Für Q3 F1 = Allgemeine Angaben - Arbeitszeit der Mitarbeiter (pro Jahr) - Mitarbeiterin: Müller - Für Q3 F2 = Allgemeine Angaben - Arbeitszeit der Mitarbeiter (pro Jahr) - Mitarbeiter: Schulze - Für Q3 F3 = Allgemeine Angaben - Arbeitszeit der Mitarbeiter (pro Jahr) - Mitarbeiterin: Schmidt - Für Q3
lmi-Kosten	F0/F1*F2	F0 = Allgemeine Angaben - Gesamtkosten (in EUR) F1 = Allgemeine Angaben - Arbeitszeit der Mitarbeiter (pro Jahr) F2 = Ermittlung der Prozesskostensätze - Q3: Dokumentation pflegen - MM
Umlage-Kosten	(F0-(F1+F2+F3))/(F1+F2+F3)*F4	F0 = Allgemeine Angaben - Arbeitszeit der Mitarbeiter (pro Jahr) F1 = Ermittlung der Prozesskostensätze - Q1: Prüfpläne aktualisieren - MM F2 = Ermittlung der Prozesskostensätze - Q2: Produktqualität prüfen - MM F3 = Ermittlung der Prozesskostensätze - Q3: Dokumentation pflegen - MM F4 = Ermittlung der Prozesskostensätze - Q3: Dokument pflegen - Kosten (Gesamt) - lmi

Tab. 6.33   (Fortsetzung)

lmi-Kostensatz	((F0/F1)*(F2+ F3+F4+F5))/F6	F0 = Allgemeine Angaben - Gesamtkosten (in EUR)
		F1 = Allgemeine Angaben - Arbeitszeit der Mitarbeiter (pro Jahr)
		F2 = Allgemeine Angaben - Arbeitszeit der Mitarbeiter (pro Jahr) - Abteilungsleiterin: Ahrens - Für Q3
		F3 = Allgemeine Angaben - Arbeitszeit der Mitarbeiter (pro Jahr) - Mitarbeiterin: Müller - Für Q3
		F4 = Allgemeine Angaben - Arbeitszeit der Mitarbeiter (pro Jahr) - Mitarbeiter: Schulze - Für Q3
		F5 = Allgemeine Angaben - Arbeitszeit der Mitarbeiter (pro Jahr) - Mitarbeiterin: Schmidt - Für Q3
		F6 = Allgemeine Angaben - Teilprozess - Q3: Dokumentation pflegen
Umlage-Kostensatz	(F0-(F1+F2+ F3))/(F1+F2+ F3)*F4	F0 = Allgemeine Angaben - Arbeitszeit der Mitarbeiter (pro Jahr)
		F1 = Ermittlung der Prozesskostensätze - Q1: Prüfpläne aktualisieren - MM
		F2 = Ermittlung der Prozesskostensätze - Q2: Produktqualität prüfen - MM
		F3 = Ermittlung der Prozesskostensätze - Q3: Dokumentation pflegen - MM
		F4 = Ermittlung der Prozesskostensätze - Q3: Dokumentation pflegen - Kostensatz - lmi

Q4: Qualitätszirkel besuchen

Titel	Formel	Bezeichnung
MM	F0+F1+F2 +F3+F4	F0 = Allgemeine Angaben - Arbeitszeit der Mitarbeiter (pro Jahr) - Abteilungsleiterin: Ahrens - Für Q4
		F1 = Allgemeine Angaben - Arbeitszeit der Mitarbeiter (pro Jahr) - Mitarbeiter: Meier - Für Q4
		F2 = Allgemeine Angaben - Arbeitszeit der Mitarbeiter (pro Jahr) - Mitarbeiterin: Müller - Für Q4
		F3 = Allgemeine Angaben - Arbeitszeit der Mitarbeiter (pro Jahr) - Mitarbeiter: Schulze - Für Q4
		F4 = Allgemeine Angaben - Arbeitszeit der Mitarbeiter (pro Jahr) - Mitarbeiterin: Schmidt - Für Q4

Tab. 6.33 (Fortsetzung)

lmi-Kosten	F0/F1*F2	F0 = Allgemeine Angaben - Gesamtkosten (in EUR) F1 = Allgemeine Angaben - Arbeitszeit der Mitarbeiter (pro Jahr) F2 = Ermittlung der Prozesskostensätze - Q4: Qualitäts- zirkel besuchen - MM

Q5: Abteilung leiten

Titel	Formel	Bezeichnung
MM	Querverweis	F0 = Allgemeine Angaben - Arbeitszeit der Mitarbeiter (pro Jahr) - Abteilungsleiterin: Ahrens - Für Q5
lmi-Kosten	F0/F1*F2	F0 = Allgemeine Angaben - Gesamtkosten (in EUR) F1 = Allgemeine Angaben - Arbeitszeit der Mitarbeiter (pro Jahr) F2 = Ermittlung der Prozesskostensätze - Q5: Abteilung leiten - MM

lmi-gesamt

Titel	Formel	Bezeichnung
MM	F0+F1+F2	F0 = Ermittlung der Prozesskostensätze - Q1: Prüfpläne aktualisieren - MM F1 = Ermittlung der Prozesskostensätze - Q2: Produkt- qualität prüfen - MM F2 = Ermittlung der Prozesskostensätze - Q3: Dokumen- tation pflegen - MM
lmi-Kosten	F0+F1+F2	F0 = Ermittlung der Prozesskostensätze - Q1: Prüfpläne aktualisieren - Kosten (Gesamt) - lmi F1 = Ermittlung der Prozesskostensätze - Q2: Produkt- qualität prüfen - Kosten (Gesamt) - lmi F2 = Ermittlung der Prozesskostensätze - Q3: Dokumen- tation pflegen - Kosten (Gesamt) - lmi

lmn-gesamt

Titel	Formel	Bezeichnung
MM	F0+F1	F0 = Ermittlung der Prozesskostensätze - Q4: Qualitäts- zirkel besuchen - MM F1 = Ermittlung der Prozesskostensätze - Q5: Abteilung leiten - MM
lmi-Kosten	F0+F1	F0 = Ermittlung der Prozesskostensätze - Q4: Qualitäts- zirkel besuchen - Kosten (Gesamt) - lmi F1 = Ermittlung der Prozesskostensätze - Q5: Abteilung leiten - Kosten (Gesamt) - lmi

Tab. 6.33   (Fortsetzung)

Gesamt		
Titel	Formel	Bezeichnung
MM	F0+F1	F0 = Ermittlung der Prozesskostensätze - Gesamt - lmi-gesamt - MM F1 = Ermittlung der Prozesskostensätze - Gesamt - lmn-gesamt - MM
lmi-Kosten	F0+F1	F0 = Ermittlung der Prozesskostensätze - Gesamt - lmi-gesamt - lmi-Kosten F1 = Ermittlung der Prozesskostensätze - Gesamt - lmn-gesamt - lmi-Kosten

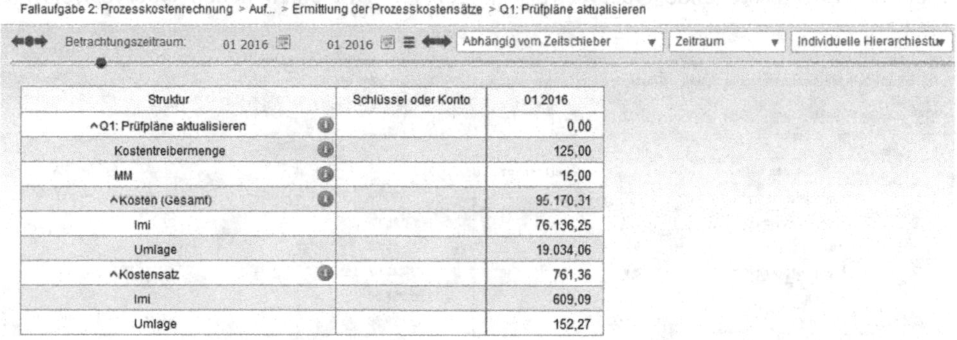

Fallaufgabe 2: Prozesskostenrechnung > Auf... > Ermittlung der Prozesskostensätze > Q1: Prüfpläne aktualisieren

Struktur	Schlüssel oder Konto	01 2016
∧Q1: Prüfpläne aktualisieren		0,00
Kostentreibermenge		125,00
MM		15,00
∧Kosten (Gesamt)		95.170,31
lmi		76.136,25
Umlage		19.034,06
∧Kostensatz		761,36
lmi		609,09
Umlage		152,27

Abb. 6.80 Dynamische Tabelle – Teilprozess Q1: „Prüfpläne aktualisieren" (Eigene Darstellung, Seneca Global, Version 3.5.18)

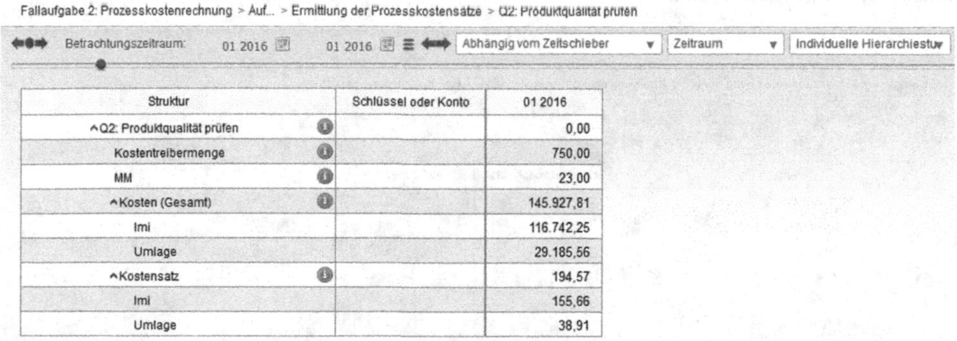

Fallaufgabe 2: Prozesskostenrechnung > Auf... > Ermittlung der Prozesskostensätze > Q2: Produktqualität prüfen

Struktur	Schlüssel oder Konto	01 2016
∧Q2: Produktqualität prüfen		0,00
Kostentreibermenge		750,00
MM		23,00
∧Kosten (Gesamt)		145.927,81
lmi		116.742,25
Umlage		29.185,56
∧Kostensatz		194,57
lmi		155,66
Umlage		38,91

Abb. 6.81 Dynamische Tabelle – Teilprozess Q2 „Produktqualität prüfen" (Eigene Darstellung, Seneca Global, Version 3.5.18)

Abb. 6.82 veranschaulicht die Ermittlung der Prozesskostensätze des Teilprozesses Q3 „Dokumentation pflegen".

Abb. 6.83 bildet die Ermittlung der Prozesskostensätze des Teilprozesses Q4 „Qualitätszirkel besuchen" ab.

Abb. 6.84 visualisiert die Ermittlung der Prozesskostensätze des Teilprozesses Q5 „Abteilung leiten".

Abb. 6.85 bildet die Ermittlung der Prozesskostensätze der Teilprozesse insgesamt ab.

Frau Wiedemann hat in Seneca zudem die Möglichkeit, für Querverweise den *Querverweismanager* zu nutzen. Mithilfe des Querverweismanagers kann sie mehrere Konten gleichzeitig managen. Dabei gilt es zu beachten, dass die Kopplung über Knoten erfolgt. Ein Querverweis ist der Verweis von einem Knoten zu seinem Quellknoten. Der Vorteil liegt darin, dass sich bei Änderung der Werte im Quellknoten automatisch die Werte des Zielknotens mitändern. Im Querverweismanager wird Frau Wiedemann zunächst eine Übersicht über bestehende Querverweise angezeigt. Um einen neuen Querverweis zu

Abb. 6.82 Dynamische Tabelle – Teilprozess Q3: „Dokumentation pflegen" (Eigene Darstellung, Seneca Global, Version 3.5.18)

Abb. 6.83 Dynamische Tabelle – Teilprozess Q4 „Qualitätszirkel besuchen" (Eigene Darstellung, Seneca Global, Version 3.5.18)

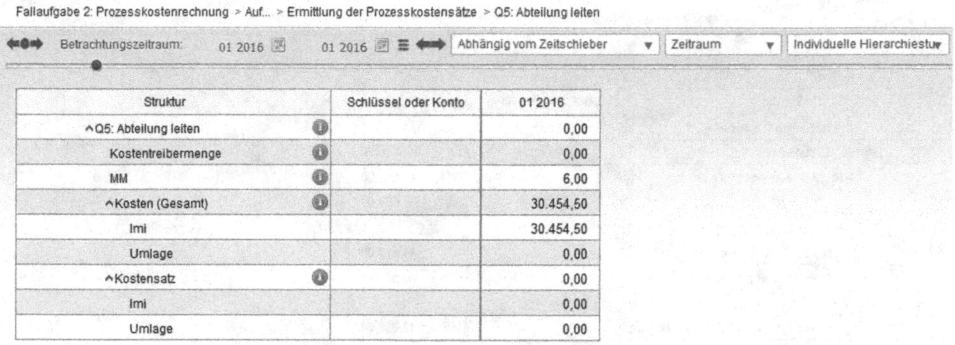

Fallaufgabe 2: Prozesskostenrechnung > Auf... > Ermittlung der Prozesskostensätze > Q5: Abteilung leiten

◄●► Betrachtungszeitraum: 01 2016 🗓 01 2016 📄 ☰ ◄► | Abhängig vom Zeitschieber ▼ | Zeitraum ▼ | Individuelle Hierarchiestu▼

Struktur		Schlüssel oder Konto	01 2016
⌃Q5: Abteilung leiten	ⓘ		0,00
Kostentreibermenge	ⓘ		0,00
MM	ⓘ		6,00
⌃Kosten (Gesamt)	ⓘ		30.454,50
Imi			30.454,50
Umlage			0,00
⌃Kostensatz	ⓘ		0,00
Imi			0,00
Umlage			0,00

Abb. 6.84 Dynamische Tabelle – Teilprozess Q5 „Abteilung leiten" (Eigene Darstellung, Seneca Global, Version 3.5.18)

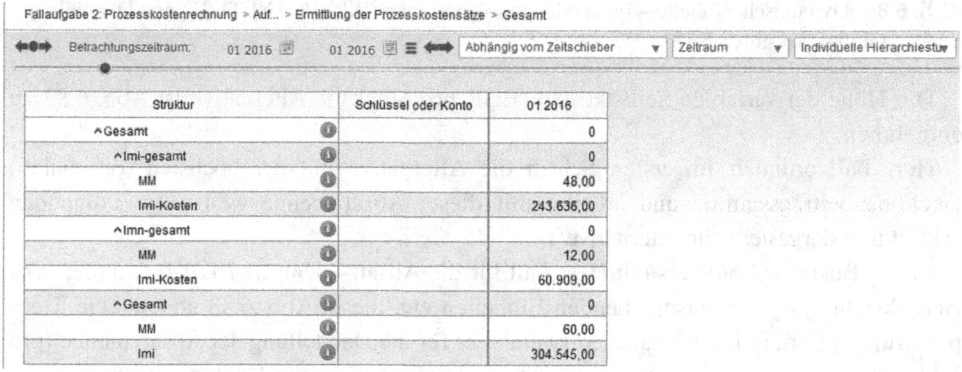

Fallaufgabe 2: Prozesskostenrechnung > Auf... > Ermittlung der Prozesskostensätze > Gesamt

◄●► Betrachtungszeitraum: 01 2016 🗓 01 2016 🗓 ☰ ◄► | Abhängig vom Zeitschieber ▼ | Zeitraum ▼ | Individuelle Hierarchiestu▼

Struktur		Schlüssel oder Konto	01 2016
⌃Gesamt	ⓘ		0
⌃Imi-gesamt	ⓘ		0
MM	ⓘ		48,00
Imi-Kosten	ⓘ		243.636,00
⌃Imn-gesamt	ⓘ		0
MM	ⓘ		12,00
Imi-Kosten	ⓘ		60.909,00
⌃Gesamt	ⓘ		0
MM	ⓘ		60,00
Imi	ⓘ		304.545,00

Abb. 6.85 Dynamische Tabelle – Teilprozesse insgesamt (Eigene Darstellung, Seneca Global, Version 3.5.18)

etablieren, muss sie auf *Hinzufügen* klicken. Im weiteren Verlauf gibt sie einen *Namen* ein und bestimmt die *Quelle* des Querverweises. Diese kann auch außerhalb der bisherigen Struktur liegen. Mit *Zuordnung hinzufügen,* wählt sie ein Ziel aus und klickt anschließend auf *Ausgewählte aktualisieren,* um den Querverweis zu etablieren. Der Querverweismanager erstellt die Verweise mittels der Kontonummern und ermöglicht es, alle Querverweise oder nur bestimmte zu aktualisieren (o. V. Seneca – Das Handbuch zum Programm 2016, S. 15 f).

6.2.4.3 Fallaufgabe 3: Planungsrechnungen (Vgl. Eichholz et al. (2011), S. 39 f.)

Der Vertriebsleiter Walther Seller und der Leiter des dezentralen Controllings Bob Fall der Campus Bicycle Standardräder GmbH in Wilhelmshaven halten folgende in Abb. 6.86 im Januar dargestellte alternative Preis-Mengen-Relationen für das Bike „PLANET" für realisierbar.

Fallaufgabe 3: Planungsrechnungen > All... > Absatz-/Umsatz-/DB-Planung > Preis-Mengen-Relationen

◄■► Betrachtungszeitraum:	01 2016 ▦ 01 2016 ▦ ≋ ◄■►	Abhängig vom Zeitschieber ▼	Zeitraum ▼	Individuelle Hierarchiestuv

Struktur	Schlüssel oder Konto	01 2016
^Preis-Mengen-Relationen ⓘ		0
^1. Alternative ⓘ		0
Absatzmenge (Sück pro Jahr) ⓘ		15.000,00
Preis (EUR pro Stück) ⓘ		500,00
^2. Alternative ⓘ		0
Absatzmenge (Stück pro Jahr) ⓘ		14.500,00
Preis (EUR pro Stück) ⓘ		550,00
^3. Alternative ⓘ		0
Absatzmenge (Stück pro Jahr) ⓘ		12.000,00
Preis (EUR pro Stück) ⓘ		600,00
^4. Alternative ⓘ		0
Absatzmenge (Stück pro Jahr) ⓘ		10.500,00
Preis (EUR pro Stück) ⓘ		630,00

Abb. 6.86 Dynamische Tabelle – Preis-Mengen-Relationen (Bike PLANET) (Eigene Darstellung, Seneca Global, Version 3.5.18)

Die Höhe der variablen Selbstkosten (EUR pro Stück) je Alternative ist Abb. 6.87 zu entnehmen.

Herr Fall ermittelt im ersten Schritt die Alternative mit der höchsten (optimalen) Deckungsbeitragssumme und arbeitet mit dieser Absatzmenge weiter. Im Folgenden erklärt und dargestellt für Alternative 1.

In der Business Logic erstellt Herr Fall für die Absatz-/ Umsatz-/ DB-Rechnung inkl. Berücksichtigung der entsprechenden Einheiten etc. die in Abb. 6.88 abgebildete Treppenstruktur. Für die 1. Alternative verwendet er für die Darstellung der Absatzmenge (pro Jahr) als Knotentyp einen „Querverweis" mit der dazugehörigen Knotenauswahl.

Ebenfalls für die 1. Alternative verwendet er für die Darstellung des Preises (EUR pro Stück) als Knotentyp einen „Querverweis" mit der in Abb. 6.89 angegebenen Knotenauswahl.

Er verwendet für die Darstellung der variablen Selbstkosten (EUR pro Stück) als Knotentyp einen „Querverweis" mit der in Abb. 6.90 angegebenen Knotenauswahl.

Für die Darstellung des Deckungsbeitrages (EUR pro Stück) verwendet er für die 1. Alternative als Knotentyp eine „Formel" mit der in Abb. 6.91 angegebenen Formel: F0-F1. Der Platzhalter F0 definiert den Preis (EUR pro Stück) der 1. Alternative und der Platzhalter F1 definiert die variablen Selbstkosten (EUR pro Stück) der 1. Alternative.

Des Weiteren errechnet Herr Fall für die 1. Alternative den gesamten DB. Hierzu verwendet er für die Darstellung des Deckungsbeitrages (EUR gesamt) als Knotentyp eine „Formel" mit der in Abb. 6.92 angegebenen Formel: F0*F1. Der Platzhalter F0 definiert die Absatzmenge (Stück pro Jahr) der 1. Alternative und der Platzhalter F1 definiert den DB (EUR pro Stück) der 1. Alternative.

Fallaufgabe 3: Planungsrechnungen > All... > Absatz-/Umsatz-/DB-Planung > Var. Selbstkosten (EUR pro Stück)

◀■▶   Betrachtungszeitraum: 01 2016 ⊡   01 2016 ⊡ ≡ ◀▶ | Abhängig vom Zeitschieber ▼ | Zeitraum ▼ | Individuelle Hierarchiestu▼

Struktur	Schlüssel oder Konto	01 2016
∧Var. Selbstkosten (EUR pro Stück) ⓘ		0,00
1. Alternative ⓘ		350,00
2. Alternative ⓘ		350,00
3. Alternative ⓘ		350,00
4. Alternative ⓘ		350,00

Abb. 6.87 Dynamische Tabelle – Variable Selbstkosten je Alternative (Eigene Darstellung, Seneca Global, Version 3.5.18)

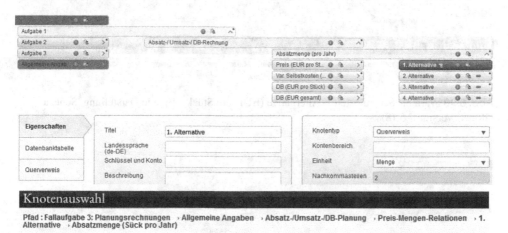

Abb. 6.88 Absatzmenge 1. Alternative (Stück pro Jahr) (Eigene Darstellung, Seneca Global, Version 3.5.18)

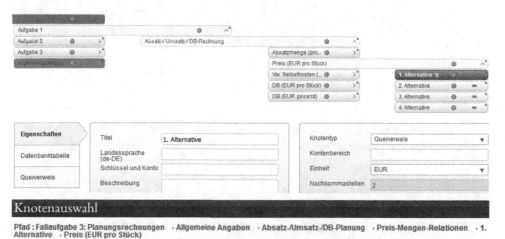

Abb. 6.89 Preis 1. Alternative (EUR pro Stück) (Eigene Darstellung, Seneca Global, Version 3.5.18)

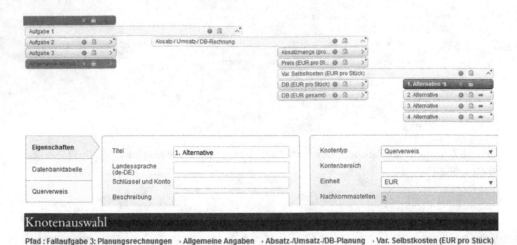

Abb. 6.90 Variable Selbstkosten 1. Alternative (EUR pro Stück) (Eigene Darstellung, Seneca Global, Version 3.5.18)

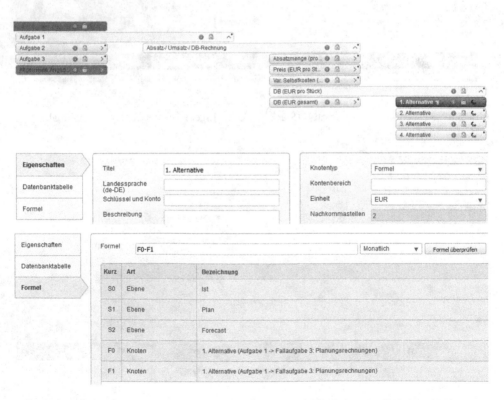

Abb. 6.91 DB 1. Alternative (EUR pro Stück) (Eigene Darstellung, Seneca Global, Version 3.5.18.)

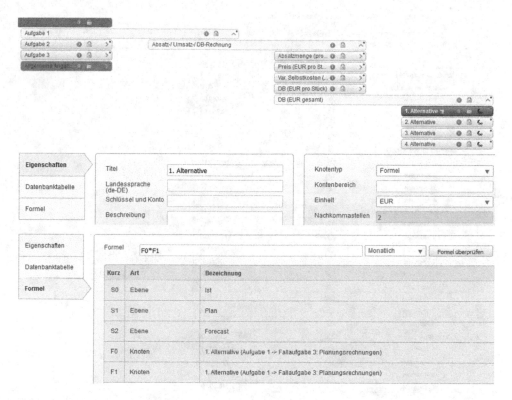

Abb. 6.92 DB 1. Alternative (EUR gesamt) (Eigene Darstellung, Seneca Global, Version 3.5.18)

Diese Vorgehensweise führt er synonym für die Alternativen 2. bis 4. durch. Aus Abb. 6.93 wird ersichtlich, dass der höchste Deckungsbeitrag = 3.000.000,00 EUR (12.000 Stück pro Jahr * 250,00 dB (EUR pro Stück) mit der 3. Alternative erwirtschaftet werden kann.

Herr Fall arbeitet somit mit der 3. Alternative weiter.

Des Weiteren widmet sich Bob Fall der Produktionsplanung (Aufgabe 2). Er plant folgende Fertigwarenbestände: Die Planreichweite der Fertigwaren soll 15 Arbeitstage (AT) betragen. Es ist mit 250 AT/Jahr zu rechnen. Der Ist-Lagerbestand beträgt 850 Stück und enthält einen Sicherheitsbestand von 300 Stück. Hierzu ermittelt er den zu planenden Lagerauf- bzw. -abbau. Daneben plant Herr Fall die Produktionsmenge: Die ausgewählte Absatzmenge ist um die Lagerveränderungen zu erhöhen/vermindern (= Nettomenge) und eine Ausfallquote von 1,75 % (von der Bruttomenge) zu berücksichtigen. Im Ergebnis ermittelt er die zu planenden Brutto-Produktionsstückzahlen (auf volle Stück abrunden). Er berücksichtigt zudem die zu planenden Maschinenstunden: Zur Herstellung der Produktionsmenge stehen 3 Maschinen an 250 AT zu 8,0 Stunden/AT, vermindert um Stillstandzeiten von 12,5 %, zur Verfügung. Jede Maschine produziert 6 Stück/Stunde

Fallaufgabe 3: Planungsrechnungen > Aufgabe 1 > Absatz-/ Umsatz-/ DB-Rechnung

◄●► Betrachtungszeitraum: 01 2016 🗓   01 2016 🗓 ≡ ◄► │ Abhängig vom Zeitschieber ▼ │ Zeitraum ▼ │ Individuelle Hierarchiestu▼

Struktur	Schlüssel oder Konto	01 2016
∧Absatz-/ Umsatz-/ DB-Rechnung ⓘ		0,00
∧Absatzmenge (pro Jahr) ⓘ		0,00
1. Alternative ⓘ		15.000,00
2. Alternative ⓘ		14.500,00
3. Alternative ⓘ		12.000,00
4. Alternative ⓘ		10.500,00
∧Preis (EUR pro Stück) ⓘ		0,00
1. Alternative ⓘ		500,00
2. Alternative ⓘ		550,00
3. Alternative ⓘ		600,00
4. Alternative ⓘ		630,00
∧Var. Selbstkosten (EUR pro Stück) ⓘ		0,00
1. Alternative ⓘ		350,00
2. Alternative ⓘ		350,00
3. Alternative ⓘ		350,00
4. Alternative ⓘ		350,00
∧DB (EUR pro Stück) ⓘ		0,00
1. Alternative ⓘ		150,00
2. Alternative ⓘ		200,00
3. Alternative ⓘ		250,00
4. Alternative ⓘ		280,00
∧DB (EUR gesamt) ⓘ		0,00
1. Alternative ⓘ		2.250.000,00
2. Alternative ⓘ		2.900.000,00
3. Alternative ⓘ		3.000.000,00
4. Alternative ⓘ		2.940.000,00

Abb. 6.93 Dynamische Tabelle – Übersicht der Absatz-/ Umsatz-/ DB-Rechnung (Eigene Darstellung, Seneca Global, Version 3.5.18)

Laufzeit. Er ermittelt die für die geplante Produktionsmenge erforderlichen Maschinenstunden, gleicht diese mit der verfügbaren Maschinenkapazität (netto) ab und hinterfragt, ob aufgrund seiner Berechnungen Erweiterungsinvestitionen einzuplanen sind. Abb. 6.94 zeigt in Form der dynamischen Tabelle die Produktionsplanung.

Der Plan-Lagerbestand beläuft sich auf 720 Stück (48 Stück/AT*(aus = 12.000 Stück/250 AT)* *15 AT), der Ist-Lagerbestand reduziert um den Sicherheitsbestand (850 Stück – 300 Stück) beträgt 550 Stück. Die Planung der Fertigwarenbestände summiert sich somit auf einem Lageraufbau in Höhe von 170 Stück (720 Stück – 550 Stück). Im weiteren Schritt plant er die Produktionsmenge, in Summe betragen die Brutto-Produktionsstückzahlen 12.386 *(12.386,77)* Stück [(12.000 Stück + 170 Stück)/0,9825]. Im letzten Schritt plant Herr Fall im Zusammenhang mit der Produktionsplanung die Maschinenstunden, er errechnet eine Maschinenstundenkapazität von 5.250 Maschinenstunden (3 Maschinen * 250 AT * 8,0 Std. * 0,875), die erforderlichen Maschinenstunden betragen

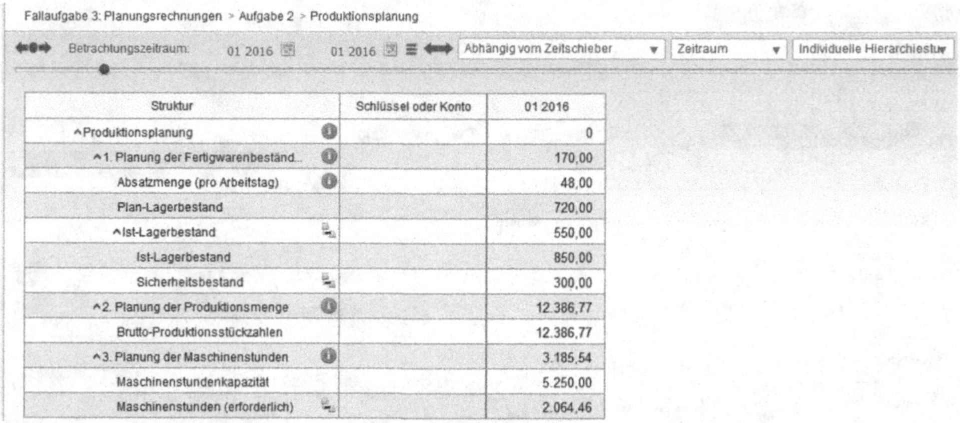

Abb. 6.94 Dynamische Tabelle – Übersicht Produktionsplanung (Eigene Darstellung, Seneca Global, Version 3.5.18)

im Gegensatz dazu 2.064 *(2.064,46)* Maschinenstunden (12.386 *(12.386,77)*/6 Stück/Std). Herr Fall stellt im Ergebnis somit fest, dass keine Erweiterungsinvestitionen zu planen sind.

Des Weiteren plant Herr Fall die Beschäftigungs-/ Personalplanung (Aufgabe 3). Folgende Angaben fließen in seine Planung ein: Jede Maschine ist mit vier Personen besetzt. Es muss mit Neben-/ Fehlzeiten von 25 % gerechnet werden (gearbeitet wird an 250 AT zu je 8,0 Stunden). Er ermittelt die Anzahl der benötigten Personen. Abb. 6.95 stellt die Beschäftigungs-/ Personalplanung in Form der Treppenstruktur, Knoteneigenschaften und dynamischen Tabellen dar. Im Ergebnis werden 16 (3 Maschinen * 4 Personen/0,75) Personen benötigt.

6.2.4.4   Fallaufgabe 4: Kostenartenrechnung – Erfassung des Materialverbrauchs (Vgl. Specht et al. (2006), S. 42.)

In der Campus Bicycle Allround Standardräder GmbH in Wilhelmshaven liegen Herrn Bob Fall für das zugekaufte Fertigprodukt „Fahrradsattel – Bike ADVENTURE" folgende Informationen, dargestellt in Abb. 6.96, vor.

Er berechnet im ersten Schritt die Verbrauchsmengen nach der Inventurmethode (Aufgabe 1), die körperliche Inventur am 31.01. hat einen (End-)Bestand von 320 Stück Fahrradsattel ergeben. Für die Berechnung nutzt er die Formelfunktion in Abb. 6.97.

Die Verbrauchssumme lt. Inventursumme beträgt am 31.01. 1.200 Stück Fahrradsattel.

Im zweiten Schritt berechnet Herr Fall die Verbrauchsmengen nach der Fortschreibungsmethode (Aufgabe 2), dazu liegen ihm folgende Materialentnahmescheine vor, s. Abb. 6.98.

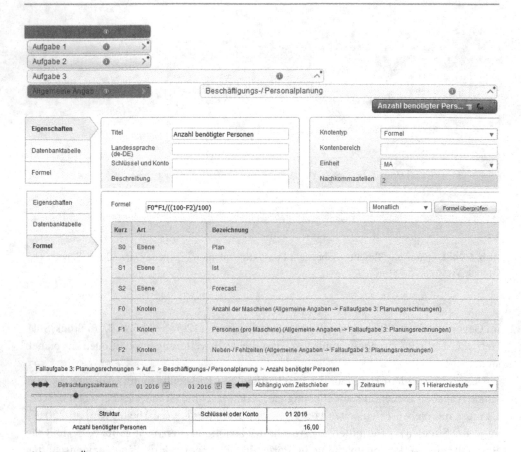

Abb. 6.95 Übersicht Beschäftigungs-/ Personalplanung (Eigene Darstellung, Seneca Global, Version 3.5.18)

Fallaufgabe 4: Kostenartenrechnung - Erfassung des MaterialverbrauchsTarget Costing > Allgemeine Angaben > Fertigerzeugnis Fahrradsattel (Zugang)

| Betrachtungszeitraum: | 01 2016 | 01 2016 | | Abhängig vom Zeitschieber ▼ | Zeitraum ▼ | 1 Hierarchiestufe ▼ |

Struktur		Schlüssel oder Konto	01 2016
^Fertigerzeugnis Fahrradsattel (Zugang)			0,00
Bestand 01.01. (Stück)	❶		400,00
Zugang 06.01. lt. ME 101 (Stück)	❶		600,00
Zugang 15.01. lt. ME 102 (Stück)	❶		200,00
Zugang 20.01. lt. ME 103 (Stück)	❶		320,00
Endbestand 31.01.	❶		320,00

Abb. 6.96 Dynamische Tabelle – Zugang Fertigerzeugnis „Fahrradsattel – Bike ADVENTURE" (Eigene Darstellung, Seneca Global, Version 3.5.18)

Abb. 6.97 Formel – Inventurmethode (Eigene Darstellung,
Seneca Global, Version 3.5.18)

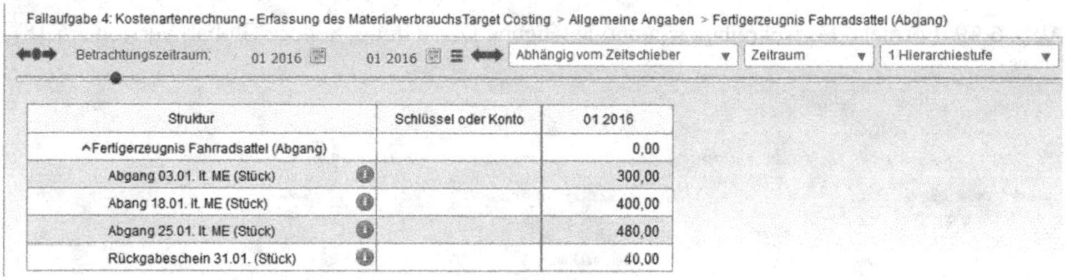

Abb. 6.98 Dynamische Tabelle – Abgang Fertigerzeugnis „Fahrradsattel – Bike ADVENTURE"
(Eigene Darstellung, Seneca Global, Version 3.5.18)

Welche zusätzlichen Informationen enthält Herr Fall, wenn die Information der körper-
lichen Inventur aus (Aufgabe 1) berücksichtigt wird?

Für die Berechnung der Verbrauchsmengen nach der Fortschreibungsmethode nutzt er
die Formelfunktion in Abb. 6.99.

Die Verbrauchssumme lt. Fortschreibungsmethode beträgt am 31.01. 1.140 Stück Fahrradsattel. Eine weitere Zusatzinformation unter Berücksichtigung von Aufgabe 1 gibt die
dynamische Tabelle in Abb. 6.100.

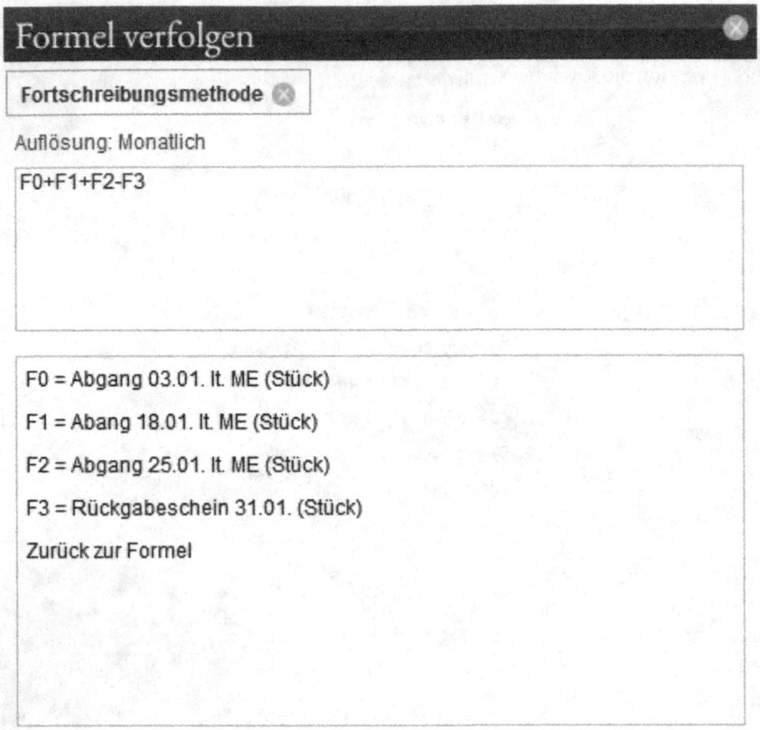

Formel verfolgen   ⊗

Fortschreibungsmethode ⊗

Auflösung: Monatlich

F0+F1+F2-F3

F0 = Abgang 03.01. lt. ME (Stück)

F1 = Abang 18.01. lt. ME (Stück)

F2 = Abgang 25.01. lt. ME (Stück)

F3 = Rückgabeschein 31.01. (Stück)

Zurück zur Formel

Abb. 6.99 Formel – Fortschreibungsmethode (Eigene Darstellung, Seneca Global, Version 3.5.18)

Fallaufgabe 4: Kostenartenrechnung - Erfassung des MaterialverbrauchsTarget Costing > Aufgabe 2 > Lager Sollbestand - Schwund/Diebstahl

| ⬅️⬆️➡️ | Betrachtungszeitraum: | 01 2016 🗓 | 01 2016 🗓 ≡ ⬅➡ | Abhängig vom Zeitschieber | ▼ | Zeitraum | ▼ | 1 Hierarchiestufe | ▼ |

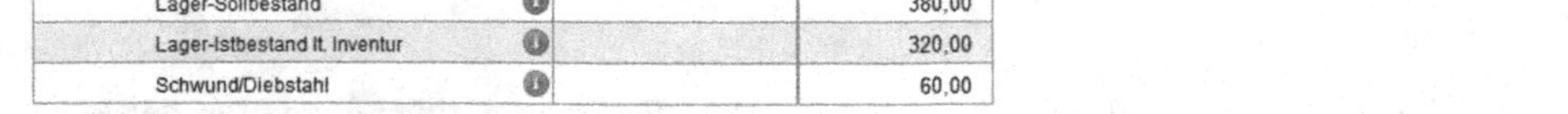

Struktur	Schlüssel oder Konto	01 2016
∧Lager Sollbestand - Schwund/Diebstahl		0,00
Anfangsbestand ⓘ		400,00
Zugänge lt. Lagerkonto ⓘ		1.120,00
Abgänge lt. ME ⓘ		1.140,00
Lager-Sollbestand ⓘ		380,00
Lager-Istbestand lt. Inventur ⓘ		320,00
Schwund/Diebstahl ⓘ		60,00

Abb. 6.100 Dynamische Tabelle – Lager-Sollbestand – Schwund/Diebstahl (Eigene Darstellung, Seneca Global, Version 3.5.18)

Zur Berechnungen des Lager-Sollbestandes 380 Stück abzüglich des Lager-Istbestandes lt. Inventur 60 Stück (Grund: Schwund/Diebstahl) nutzt Herr Fall die in Tab. 6.34 hinterlegten Formeln und Querverweise.

Tab. 6.34 Formel-Querverweis-Übersicht – Lager Sollbestand – Schwund/Diebstahl (Eigene Darstellung)

Titel	Querverweis/Formel	Bezeichnung
Anfangsbestand	Querverweis	F0 = Allgemeine Angaben - Fertigerzeugnis Fahrradsattel (Zugang) - Bestand 01.01. (Stück)
Zugänge lt. Lagerkonto	F0+F1+F2	F0 = Allgemeine Angaben - Fertigerzeugnis Fahrradsattel (Zugang) - Zugang 06.01. lt. ME 101 (Stück) F1 = Allgemeine Angaben - Fertigerzeugnis Fahrradsattel (Zugang) - Zugang 15.01. lt. ME 102 (Stück) F2 = Allgemeine Angaben - Fertigerzeugnis Fahrradsattel (Zugang) - Zugang 20.01. lt. ME 103 (Stück)
Abgänge lt. ME	Querverweis	F0 = Aufgabe 2 - Fortschreibungsmethode
Lager-Sollbestand	F0+F1-F2	F0 = Aufgabe 2 - Lager Sollbestand - Schwund/Diebstahl - Anfangsbestand F1 = Aufgabe 2 - Lager Sollbestand - Schwund/Diebstahl - Zugänge lt. Lagerkonto F2 = Aufgabe 2 - Lager Sollbestand - Schwund/Diebstahl - Abgänge lt. ME
Lager-Istbestand lt. Inventur	Querverweis	F0 = Allgemeine Angaben - Fertigerzeugnis Fahrradsattel (Zugang) - Endbestand 31.01.
Schwund/Diebstahl	F0-F1	F0 = Aufgabe 2 - Lager Sollbestand - Schwund/Diebstahl - Lager-Sollbestand F1 = Aufgabe 2 - Lager Sollbestand Schwund/Diebstahl - Lager-Istbestand lt. Inventur

Im dritten und letzten Schritt berechnet Herr Fall die Verbrauchsmengen nach der Zugangsmethode (Aufgabe 3). Für die Berechnung nutzt er die Formelfunktion in Abb. 6.101

Die Verbrauchssumme nach der Zugangsmethode beträgt am 31.01. 1.120 Stück Fahrradsattel.

Den *Workflow* kann Herr Fall sich in Seneca mithilfe eines Gantt-Diagramms anzeigen lassen. Dies ermöglicht es, Aufgaben visuell nachzuvollziehen und in Beziehung zu setzen. Durch einen Klick auf *Ereignis* kann er ein neues Ereignis erstellen. Für die Erstellung nutzt er als *Betreff* den Titel des neuen Ereignisses. Bei *Beschreibung* kann er die

Abb. 6.101 Formel –
Zugangsmethode (Eigene
Darstellung, Seneca Global,
Version 3.5.18)

Aktivität näher erläutern. Des Weiteren kann er die *Priorität*, den *Status* sowie *Beginn*, *Ende* und *Erinnerungsdatum* des Ereignisses eingeben. Um Abhängigkeiten zwischen den Ereignissen zu vergeben, kann er im Punkt *Hauptereignis* ein anderes Ereignis auswählen. Im Diagramm werden die beiden Ereignisse dann durch einen Pfeil verbunden (o. V. Seneca – Das Handbuch zum Programm 2016, S. 24).

Des Weiteren steht für Herrn Fall bzw. für seine KollegenInnen eine *Chat-Funktion* zur Verfügung. Alle User, die gerade in Seneca angemeldet sind, sind mit einem grünen Punkt markiert. Mit einem Klick auf das Pluszeichen kann Herr Fall mit dem jeweiligen User/ der jeweiligen Userin seiner Wahl chatten (o. V. Seneca – Das Handbuch zum Programm 2016, S. 25).

6.2.4.5 Fallaufgabe 5: Break-even-Analyse zweier neuer E-Bikes (Vgl. Weber et al. (2014), S. 28 f.)

Das Ziel der Campus Bicycle E-Bikes GmbH ist es, den eingeschlagenen Wachstumskurs erfolgreich fortzusetzen. Da insb. die Produkte des Geschäftsbereichs E-Bike mit der Sparte E-Trekking immer stärker von den Kunden nachgefragt werden, planen die Geschäftsführer Karl Auer und Maria Ave, die aktuelle Geschäftssparte um die Prototypen *„E-Bike 2.0"* und *„E-Bike 3.0"* zu erweitern.

Zur Fundierung ihres Vorhabens entschließen sie sich, Frau Sarah Gramm, Leiterin des dezentralen Controllings, damit zu beauftragen, diejenigen Stückzahlen zu ermitteln, bei denen die geplanten neuen E-Bikes die Gewinnschwelle erreichen bzw. einen Gewinn erwirtschaften. Frau Gramm beschließt daher, auf Basis der erwarteten Verkaufspreise und Kosten sowie der maximalen Produktionskapazität eine Break-even-Analyse für die beiden neuen E-Bikes durchzuführen.

In der Business Logic legt Sie die in Abb. 6.102 zu erkennende Treppenstruktur an, jeweils mit den Töchterknoten „E-Bike 2.0" und „E-Bike 3.0".

Außerdem hinterlegt sie die entsprechenden produktspezifischen Daten inkl. Einheiten. Die dynamische Tabelle in Abb. 6.103 gibt diese wieder.

Exkurs:

Die Break-even-Analyse wird zu Erstellung von Erfolgsprognosen verwendet. Dabei gilt die implizite Prämisse, dass Kosten bzw. Erlöse ausschließlich von der Beschäftigung bzw. Ausbringungsmenge beeinflusst werden und andere Faktoren wie Beschaffungs- oder Verkaufspreise ein Fixum darstellen.

Des Weiteren wird ein zur Menge proportionaler Anstieg von Erlösen bzw. variablen Kosten unterstellt. Kostensprünge (z. B. zur Kapazitätserweiterung) bzw. Erlössprünge (z. B. aufgrund von Rabattschwellen) werden in der Regel nicht berücksichtigt bzw. erfordern eine erweiterte Break-even-Analyse.

Des Weiteren werden sämtliche Annahmen (bspw. fixe und variable Kosten) als sicher und bekannt vorausgesetzt. Die Break-even-Analyse ist also summa summarum eine

Abb. 6.102 Allgemeine Angaben – Treppenstruktur „Break-even-Analyse" (Eigene Darstellung, Seneca Global, Version 3.5.18)

Struktur		Schlüssel oder Konto	01 2016
∧Allgemeine Angaben	ⓘ		0,00
∧Preis (netto) pro Stück	ⓘ		0,00
E-Bike 2.0	ⓘ		2.100,00
E-Bike 3.0	ⓘ		1.500,00
∧Variable Kosten pro Stück	ⓘ		0,00
E-Bike 2.0	ⓘ		1.100,00
E-Bike 3.0	ⓘ		300,00
∧Produktionsspezif. Fixkosten pro Stück	ⓘ		0,00
E-Bike 2.0	ⓘ		200.000,00
E-Bike 3.0	ⓘ		150.000,00
∧Produktionskapazität (pro Jahr)	ⓘ		0,00
E-Bike 2.0	ⓘ		600,00
E-Bike 3.0	ⓘ		480,00

Abb. 6.103 Dynamische Tabelle – Produktspezifische Daten „Break-even-Analyse" (Eigene Darstellung, Seneca Global, Version 3.5.18)

periodenbezogene Analyse, wobei eine Periode in ihrer Länge unterschiedlich definiert werden kann; in der Realität können „Fixkosten" jedoch nicht immer eindeutig perioden-genau zugerechnet werden.

Versetzen Sie sich in die Lage von Sarah Gramm und ermitteln Sie die Break-even-Absatzmengen und die Break-even-Umsätze (Aufgabe 1).

Für die Berechnung der Break-even-Absatzmengen (Stück pro Jahr) sowie der Break-even-Umsätze (EUR pro Jahr) können sowohl das Verfahren nach dem Umsatz-Gesamtkostenmodell als auch nach dem Deckungsbeitragsmodell verwendet werden.

Abb. 6.104 zeigt die Nutzschwellenanalyse nach dem Umsatz-Gesamtkostenmodell in Form der dynamischen Tabelle. Am Break-even-Point gilt: Umsatz = Kosten.

Zur Berechnung nutzt Frau Gramm die in Tab. 6.35 angegebenen Formeln.

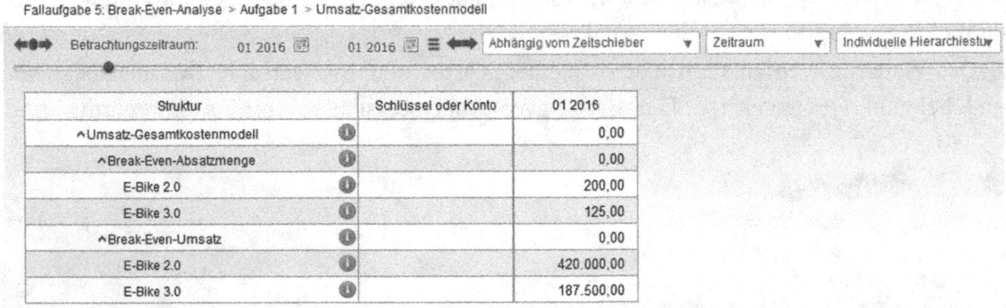

Fallaufgabe 5: Break-Even-Analyse > Aufgabe 1 > Umsatz-Gesamtkostenmodell

Struktur	Schlüssel oder Konto	01 2016
⌃Umsatz-Gesamtkostenmodell		0,00
⌃Break-Even-Absatzmenge		0,00
E-Bike 2.0		200,00
E-Bike 3.0		125,00
⌃Break-Even-Umsatz		0,00
E-Bike 2.0		420.000,00
E-Bike 3.0		187.500,00

Abb. 6.104 Dynamische Tabelle – Umsatz-Gesamtkostenmodell „Break-even-Analyse" (Eigene Darstellung, Seneca Global, Version 3.5.18)

Tab. 6.35 Formel-Übersicht – Ermittlung Break-even-Absatzmenge und – Umsatz (Eigene Darstellung)

Titel	Formel	Bezeichnung
Break-even-Absatzmenge		
E-Bike 2.0	**F0/(F1-F2)**	F0 = Allgemeine Angaben - Produktionsspe-zif. Fixkosten pro Stück - E-Bike 2-0 F1 = Allgemeine Angaben - Preis (netto) pro Stück - E-Bike 2.0 F2 = Allgemeine Angaben - Variable Kosten pro Stück - E-Bike 2.0
E-Bike 3.0	**F0/(F1-F2)**	F0 = Allgemeine Angaben - Produktionsspe-zif. Fixkosten pro Stück - E-Bike 3.0 F1 = Allgemeine Angaben - Preis (netto) pro Stück - E-Bike 3.0 F2 = Allgemeine Angaben - Variable Kosten pro Stück - E-Bike 3.0

Tab. 6.35   (Fortsetzung)

Titel	Formel	Bezeichnung
Break-even-Umsatz		
E-Bike 2.0	**F0*F1**	F0 = Allgemeine Angaben - Preis (netto) pro Stück - E-Bike 2.0 F1 = Aufgabe 1 - Umsatz-Gesamtkostenmodell - Break-Even-Absatzmenge - E-Bike 2.0
E-Bike 3.0	**F0*F1**	F0 = Allgemeine Angaben - Preis (netto) pro Stück - E-Bike 3.0 F1 = Aufgabe 1 - Umsatz-Gesamtkostenmodell - Break-even-Absatzmenge - E-Bike 3.0

Fallaufgabe 5: Break-Even-Analyse > Aufgabe 1 > Deckungsbeitragsmodell

◀▉▶   Betrachtungszeitraum: 01 2016 ▦   01 2016 ▦ ≡ ◀▶ Abhängig vom Zeitschieber ▼ Zeitraum ▼ Individuelle Hierarchiestu▼

Struktur		Schlüssel oder Konto	01 2016
∧Deckungsbeitragsmodell	ⓘ		0,00
∧Stückdeckungsbeitrag	ⓘ		0,00
E-Bike 2.0	ⓘ		1.000,00
E-Bike 3.0	ⓘ		1.200,00
∧Break-Even-Absatzmenge	ⓘ		0,00
E-Bike 2.0	ⓘ		200,00
E-Bike 3.0	ⓘ		125,00
∧Break-Even-Umsatz	ⓘ		0,00
E-Bike 2.0	ⓘ		420.000,00
E-Bike 3.0	ⓘ		187.500,00

Abb. 6.105 Dynamische Tabelle – Deckungsbeitragsmodell „Break-even-Analyse" (Eigene Darstellung, Seneca Global, Version 3.5.18)

Abb. 6.105 zeigt die Nutzschwellenanalyse nach dem Deckungsbeitragsmodell in Form der dynamischen Tabelle. Am Break-even-Point gilt: Deckungsbeitrag = Fixkosten.

Zur Berechnung nutzt Frau Gramm die in Tab. 6.36 angegebenen Formeln.

Die Break-even-Umsätze belaufen sich auf 420.000,00 EUR für das E-Bike 2.0 sowie auf 187.500,00 EUR für das E-Bike 3.0. Die Break-even-Absatzmengen liegen mit 200 E-Bikes 2.0 und 125 E-Bikes 3.0 im Rahmen der maximalen Produktionskapazität. Der Stückdeckungsbeitrag lässt sich als Differenz aus Preis und variablen Kosten berechnen. Er beträgt 1.000,00 EUR für ein E-Bike 2.0 und 1.200,00 EUR für ein E-Bike 3.0.

Sarah Gramm stellt weitere Überlegungen an und erwartet sich von den E-Bikes 2.0 einen Gewinn (G) von 35.000,00 EUR und von den E-Bikes 3.0 einen solchen in Höhe von 25.000,00 EUR. Bei welcher Absatzmenge wird der erwartete Gewinn erreicht (Aufgabe 2)?

Die Gleichung für die Break-even-Analyse bei Gewinnvorgabe lautet: Deckungsbeitrag = Fixkosten + Gewinn bzw. Absatzmenge = (Fixkosten + Gewinn)/[Preis netto (pro

Tab. 6.36 Formel-Übersicht – Ermittlung Stückdeckungsbeitrag, Break-even-Absatzmenge und –Umsatz (Eigene Darstellung)

Titel	Formel	Bezeichnung
Stückdeckungsbeitrag		
E-Bike 2.0	F0-F1	F0 = Allgemeine Angaben - Preis (netto) pro Stück - E-Bike 2.0 F1 = Allgemeine Angaben - Variable Kosten pro Stück - E-Bike 2.0
E-Bike 3.0	F0-F1	F0 = Allgemeine Angaben - Preis (netto) pro Stück - E-Bike 3.0 F1 = Allgemeine Angaben - Variable Kosten pro Stück - E-Bike 3.0
Break-even-Absatzmenge		
E-Bike 2.0	F0/(F1-F2)	F0 = Allgemeine Angaben - Produktions- spezif. Fixkosten pro Stück - E-Bike 2.0 F1 = Allgemeine Angaben - Preis (netto) pro Stück - E-Bike 2.0 F2 = Allgemeine Angaben - Variable Kosten pro Stück - E-Bike 2.0
E-Bike 3.0	F0/(F1-F2)	F0 = Allgemeine Angaben - Produktions- spezif. Fixkosten pro Stück - E-Bike 3.0 F1 = Allgemeine Angaben - Preis (netto) pro Stück - E-Bike 3.0 F2 = Allgemeine Angaben - Variable Kosten pro Stück - E-Bike 3.0
Break-even-Umsatz		
E-Bike 2.0	F0*F1	F0 = Allgemeine Angaben - Preis (netto) pro Stück - E-Bike 2.0 F1 = Aufgabe 1 - Deckungsbeitragsmodell - Break-Even-Absatzmenge - E-Bike 2.0
E-Bike 3.0	F0*F1	F0 = Allgemeine Angaben - Preis (netto) pro Stück - E-Bike 3.0 F1 = Aufgabe 1 - Deckungsbeitragsmodell - Break-even-Absatzmenge - E-Bike 3.0

Stück) – variable Kosten (pro Stück)]. Um die geforderten Gewinne zu erzielen, müssen 235 E-Bikes 2.0 und 146 (145,83) E-Bikes 3.0 verkauft werden.

Abb. 6.106 zeigt die Break-even-Analyse bei Gewinnvorgabe in Form der dynamischen Tabelle.

Zur Berechnung nutzt Frau Gramm die in Tab. 6.37 angegebenen Formeln.

Fallaufgabe 5: Break-Even-Analyse > Aufgabe 2 > Break-Even-Analyse bei Gewinnvorgabe

◄■► Betrachtungszeitraum: 01 2016 🗓 01 2016 🗓 ≡ ◄■► Abhängig vom Zeitschieber ▼ Zeitraum ▼ Individuelle Hierarchiestu ▼

Struktur	Schlüssel oder Konto	01 2016
∧Break-Even-Analyse bei Gewinnvorgabe ⓘ		0,00
∧Gewinnerwartung ⓘ		0,00
E-Bike 2.0 ⓘ		35.000,00
E-Bike 3.0 ⓘ		25.000,00
∧Stückdeckungsbeitrag ⓘ		0,00
E-Bike 2.0 ⓘ		1.000,00
E-Bike 3.0 ⓘ		1.200,00
∧Absatzmenge ⓘ		0,00
E-Bike 2.0 ⓘ		235,00
E-Bike 3.0 ⓘ		145,83
∧Umsatz ⓘ		0,00
E-Bike 2.0 ⓘ		493.500,00
E-Bike 3.0 ⓘ		218.749,95

Abb. 6.106 Dynamische Tabelle – Break-even-Analyse bei Gewinnvorgabe (Eigene Darstellung, Seneca Global, Version 3.5.18)

Tab. 6.37 Formel-Übersicht – Ermittlung Stückdeckungsbeitrag, Absatzmenge und Umsatz bei Gewinnvorgabe (Eigene Darstellung)

Titel	Formel	Bezeichnung
Gewinnerwartung		
E-Bike 2.0	**Lt. Vorgabe**	35.000,00 EUR
E-Bike 3.0	**Lt. Vorgabe**	25.000,00 EUR
Stückdeckungsbeitrag		
E-Bike 2.0	**F0-F1**	F0 = Allgemeine Angaben - Preis (netto) pro Stück - E-Bike 2.0 F1 = Allgemeine Angaben - Variable Kosten pro Stück - E-Bike 2.0
E-Bike 3.0	**F0-F1**	F0 = Allgemeine Angaben - Preis (netto) pro Stück - E-Bike 3.0 F1 = Allgemeine Angaben - Variable Kosten pro Stück - E-Bike 3.0
Absatzmenge		
E-Bike 2.0	**(F0+F1)/F2**	F0 = Allgemeine Angaben - Produktionsspezif. Fixkosten pro Stück - E-Bike 2.0 F1 = Aufgabe 2 - Break-even-Analyse bei Gewinnvorgabe - Gewinnerwartung - E-Bike 2.0 F2 = Aufgabe 2 - Break-even-Analyse bei Gewinnvorgabe - Stückdeckungsbeitrag - E-Bike 2.0

Tab. 6.37 (Fortsetzung)

Titel	Formel	Bezeichnung
E-Bike 3.0	**(F0+F1)/F2**	F0 = Allgemeine Angaben - Produktionsspezif. Fixkosten pro Stück - E-Bike 3.0 F1 = Aufgabe 2 - Break-even-Analyse bei Gewinnvorgabe - Gewinnerwartung - E-Bike 3.0 F2 = Aufgabe 2 - Break-even-Analyse bei Gewinnvorgabe - Stückdeckungsbeitrag - E-Bike 3.0

Nach der Einführung des E-Bikes 2.0 und des E-Bikes 3.0 wurden eher solide Ergebnisse erwirtschaftet. Für die Geschäftsführung der Campus Bicycle E-Bikes GmbH ist eine Umsatzrendite (ROS) von 20,00 % auf die E-Bikes 2.0 und von 23,00 % auf die E-Bikes 3.0 wünschenswert. Sarah Gramm soll die entsprechenden Absatzmengen und Umsätze, die zum Erreichen der formulierten ROS-Erwartung nötig sind, für die Geschäftsführung berechnen (Aufgabe 3).

Die Gleichung zur Berechnung des Break-even-Punktes nach dem Deckungsbeitragsmodell ist bereits bekannt. Zusätzlich gilt in diesem Fall die Gleichung zur Ermittlung des ROS, die sich nach dem Gewinn auflösen und in die Break-even-Gleichung einsetzen lässt. Deckungsbeitrag = Fixkosten + Gewinn. Außerdem gilt: ROS = Gewinn/Umsatz und Umsatz * ROS = Gewinn. Daraus folgt: Deckungsbeitrag = Fixkosten + Umsatz * ROS bzw. Absatzmenge = Fixkosten/[$DB_{Stück}$ − (Preis * ROS)].

Abb. 6.107 zeigt die Break-even-Analyse bei Vorgabe einer Umsatzrendite in Form der dynamischen Tabelle.

Zur Berechnung nutzt Frau Gramm die in Tab. 6.38 angegebenen Formeln.

Es zeigt sich, dass zum Erreichen der angestrebten Umsatzrendite 344 (344,83) E-Bikes 2.0 mit einem Umsatz von 722.400,00 (724.137,96) EUR und 175 (175,44) E-Bikes

Fallaufgabe 5: Break-Even-Analyse > Aufgabe 3 > Break-Even-Analyse bei Vorgabe einer Umsatzrendite

Betrachtungszeitraum:	01 2016	01 2016	Abhängig vom Zeitschieber ▼	Zeitraum ▼	Individuelle Hierarchiestu▼

Struktur		Schlüssel oder Konto	01 2016
^Break-Even-Analyse bei Vorgabe einer ...	ⓘ		0,00
^Return on Sales (ROS) (%)	ⓘ		0,00
E-Bike 2.0	ⓘ		20,00
E-Bike 3.0	ⓘ		23,00
^Absatzmenge (Stück pro Jahr)	ⓘ		0,00
E-Bike 2.0	ⓘ		344,83
E-Bike 3.0	ⓘ		175,44
^Umsatz (EUR pro Jahr)	ⓘ		0,00
E-Bike 2.0	ⓘ		724.137,96
E-Bike 3.0	ⓘ		263.157,90

Abb. 6.107 Dynamische Tabelle – Break-even-Analyse bei Gewinnvorgabe (Eigene Darstellung, Seneca Global, Version 3.5.18)

Tab. 6.38 Formel-Übersicht – Ermittlung Absatzmenge und Umsatz bei Vorgabe einer Umsatzrendite (Eigene Darstellung)

Titel	Formel	Bezeichnung
Return on Sales (ROS)		
E-Bike 2.0	**Lt. Vorgabe**	20,00 %
E-Bike 3.0	**Lt. Vorgabe**	23,00 %
Absatzmenge		
E-Bike 2.0	**(F0/((F1-F2)-(F1*(F3/100))))**	F0 = Allgemeine Angaben - Produktionsspezif. Fixkosten pro Stück - E-Bike 2.0 F1 = Allgemeine Angaben - Preis (netto) pro Stück - E-Bike 2.0 F2 = Allgemeine Angaben - Variable Kosten pro Stück - E-Bike 2.0 F3 = Aufgabe 3 - Break-even-Analyse bei Vorgabe einer Umsatzrendite - Return on Sales (ROS) (%) - E-Bike 2.0
E-Bike 3.0	**(F0/((F1-F2)-(F1*(F3/100))))**	F0 = Allgemeine Angaben - Produktionsspezif. Fixkosten pro Stück - E-Bike 3.0 F1 = Allgemeine Angaben - Preis (netto) pro Stück - E-Bike 3.0 F2 = Allgemeine Angaben - Variable Kosten pro Stück - E-Bike 3.0 F3 = Aufgabe 3 - Break-even-Analyse bei Vorgabe einer Umsatzrendite - Return on Sales (ROS) (%) - E-Bike 3.0
Umsatz		
E-Bike 2.0	**F0*F1**	F0 = Allgemeine Angaben - Preis (netto) pro Stück - E-Bike 2.0 F1 = Aufgabe 3 - Break-even-Analyse bei Vorgabe einer Umsatzrendite - Absatzmenge (Stück pro Jahr) - E-Bike 2.0
E-Bike 3.0	**F0*F1**	F0 = Allgemeine Angaben - Preis (netto) pro Stück - E-Bike 3.0 F1 = Aufgabe 3 - Break-even-Analyse bei Vorgabe einer Umsatzrendite - Absatzmenge (Stück pro Jahr) - E-Bike 3.0

3.0 mit einem Umsatz von 262.500,00 (263.157,90) EUR verkauft werden müssen. Diese Absatzmengen liegen immer noch im Rahmen der maximalen Produktionskapazität.

Für Frau Gramm besteht in Seneca die Möglichkeit *Dashboards* zu verwenden. Um das Dashboard zu nutzen, wählt sie zunächst im *Ressourcen-Manager* eine Datenquelle aus. Im Ressourcen-Manager erhält sie einen Überblick über jegliche Analysen, Gesamtberichte, Warngrenzen und Daten-Importe, die für die Campus Bicycle E-Bikes GmbH gespeichert wurden. Unter *Art* kann sie ihre Suche verfeinern, z. B. klickt sie auf Analyse und Diagramm, anschließend auf Ressourcen. Nach Auswahl eines Datensatzes sieht Frau Gramm Informationen wie z. B. Name, BenutzerIn, Änderung durch BenutzerIn, Änderungsdatum und Aktionen. Unter Aktionen kann sie entweder die Einstellungen der jeweiligen Ressource aufrufen und bearbeiten oder die jeweilige Ressource per Klick auf das Minus-Zeichen löschen. Um ein Dashboard abzubilden, wählt Frau Gramm bspw. einen fertigen Gesamtbericht aus und setzt dafür rechts, unter Aktionen, ein Häkchen bei der Datenquelle. Das Dashboard öffnet sie im Homebildschirm, indem sie links auf den Reiter Dashboard klickt. Nun werden ihr alle Grafiken des gewählten Geschäftsberichts angezeigt. Zudem hat sie die Möglichkeit den Zeitraum auszuwählen, für den die Berichte angezeigt werden sollen (o. V. Seneca – Das Handbuch zum Programm 2016, S. 22, 27).

Bezüglich der Planung kann Frau Gramm verschiedene Möglichkeiten auswählen:

* Bei der *Bottom-Up*-Planung gibt sie einen Planwert an, der innerhalb des Betrachtungszeitraums jedem Monat gemäß der Rechenoperation (Überschreiben, Hinzufügen, Subtrahieren, Multiplizieren, Dividieren) hinzugefügt wird.
* Bei der *Top-Down*-Planvariante kann sie den Planwert gleichmäßig auf den festgelegten Zeitraum aufteilen.
* Gemäß *Progressionsmethode* kann sie die Planwerte zwischen Start- und Endwert aufteilen. Sie kann zwischen der linearen, progressiven und degressiven Progressionsmethode wählen.
* Bei der *Entwicklungsvariante* muss sie zunächst einen Planwert eingeben. Anschließend entscheidet sie sich für eine prozentuale Zunahme oder für einen absoluten Wert und bestimmt außerdem das Intervall, in dem die Zunahme erfolgen soll. Diese Planungsvariante eignet sich bspw. für Abschreibungen.
* Eine weitere Planvariante eignet sich besonders gut zur *saisonalen Planung*. Dazu wird der Planwert gemäß Verteilungsschlüssel (in %) auf die Zeitintervalle aufgeteilt. Vorab muss Frau Gramm aber für den gesamten Betrachtungszeitraum einen Planwert wählen.
* Die letzte Planvariante eignet sich besonders, wenn Frau Gramm einen Planwert auf mehrere Knoten aufteilen möchte (o. V. Seneca – Das Handbuch zum Programm, 2016, S. 59 ff.).

Frau Gramm hat außerdem in Seneca bspw. für die Break-even Analyse zweier neuer E-Bikes u. a. die Möglichkeit des *Daten-Imports*. Seneca kann Daten aus einer von ihr zu bestimmenden Datei (zulässige Formate: Excel, Datenbank, CSV oder XML) in die

Knoten der Struktur importieren. Frau Gramm kann mithilfe des Import-Wizards den Datenimport durchführen, einzelne zu beachtende Schritte eines Imports aus Excel sind: die Auswahl der Importvariante, das Hochladen der Datei, die Auswahl des Importziels und der Importlogik, die Festlegung des Datums, des Schlüssels, der Bezeichnung, der Knoteneigenschaften sowie der Datenebene. Um den Import durch- bzw. abzuschließen, klickt sie auf das Feld „Import". Wie kurz genannt, muss Frau Gramm u. a. für die Ausführung des Datenimports eine Importlogik auswählen. Seneca verfügt über fünf verschiedene Importlogiken:

1. Importlogik: Bei dieser Importlogik importiert Seneca Daten in Ihre Struktur gemäß den vorher angegebenen Konten.
2. Importlogik: Bei dieser Importlogik wird ein kombinierter Schlüssel aus dem Excel-Dokument von Seneca automatisch aufgespalten und in verschiedene Hierarchieebenen aufgeteilt.
3. Importlogik: Bei der dritten Variante geht es darum, dass Sie vorher aus Seneca exportierte Daten nun wieder importieren können.
4. Importlogik: Bei dieser Importlogik handelt es sich um einen Hybrid aus der fünften und zweiten Variante. Die Einteilung in Hierarchieebenen wird hier, trotz Angabe der verschiedenen Schlüssel mit Bezeichnungen, automatisch vorgenommen und zwar nach dem Prinzip der zweiten Importlogik.
5. Importlogik: Mit dieser Logik importieren Sie eine genau definierte Struktur inklusive Unterebenen und Ihre Daten. Der Unterschied zur ersten Importvariante liegt darin, dass Sie mehrere Schlüssel angeben können, die verschiedene Hierarchieebenen erstellen (o. V. Seneca – Das Handbuch zum Programm 2016, S. 75 ff.).

6.2.4.6   Fallaufgabe 6: Budgetierung der Snackbar (Vgl. Weber et al. (2014), S. 26 ff.)

Der Januar ist traditionell ein guter Monat für die direkt an der Campus Bicycle Allround GmbH angrenzende Snackbar in Wilhelmshaven. Die Snackbar wird seit einigen Jahren vom pensionierten Inhaberehepaar Niemann betrieben, die jedoch teilweise fehlende betriebswirtschaftliche (Fach-)Kenntnisse aufweisen. Da viele MitarbeiterInnen der Campus Bicycle GmbH das Angebot der Snackbar nutzen, erklärte sich nach Bitte der Niemanns das Management der Campus Bicycle Allround GmbH bereit, das Inhaberehepaar betriebswirtschaftlich zu unterstützten und beauftragte Heinrich Tammen, der ein sechsmonatiges Praktikum in der Wilhelmshavener Controllingabteilung absolviert u. a. mit dieser Aufgabe.

Das Inhaberehepaar Niemann ist guter Dinge, dass sie in den Januarwochen ein leichtes Plus erzielen und die ruhigen Wintermonate November, Dezember durch den Gewinn aus dem Januar teilweise gegenfinanzieren können. Die Niemanns waren ursprünglich nicht selbst Betreiber der Snackbar, sondern haben die Snackbar u. a. nach gutem Zureden durch Bekannte, Freude und CBA-Management fortgeführt (inkl. der 2006 für 50.000,00 EUR angeschafften und über 10 Jahre nutzbaren Ladeneinrichtung), nachdem die Vorbesitzer den Betrieb Mitte 2009 nicht weiter aufrechterhalten konnten. Da die Niemanns direkt über der Snackbar wohnen und ihnen das gesamte Haus gehört, müssen sie keine Miete für das Ladenlokal zahlen. Würden sie das Ladenlokal nicht selbst betreiben, könnten sie Mieteinnahmen i. H. v. 600,00 EUR pro Monat durch die Vermietung der Räumlichkeiten erzielen.

Geöffnet ist die Snackbar von Montag bis Samstag, sonntags ist Ruhetag. Unter der Woche beschäftigen Niemanns tagsüber eine Aushilfskraft. Am Samstag und während der Abendstunden steht Frau Niemann i. d. R. selbst hinter der Theke. Einzige Ausnahme ist der sog. „After Work Friday", ein von der CBA-Personalabteilung gestalteter Abend, an dem ab einer höheren Besucherzahl die Abendschicht doppelt besetzt ist. Abb. 6.108 stellt die Öffnungs- und Arbeitszeiten (Std. pro Tag) in Form der dynamischen Tabelle dar.

Die Lohnkosten der Aushilfe betragen inkl. Zuschlägen 8,00 EUR pro Std. Zum Produktangebot der Snackbar gehören neben diversen Getränken auch leckere Brownies sowie belegte Bagels, die jeden Tag frisch zubereitet werden. Sämtliche Produkte werden zu einem Bruttopreis von 2,00 EUR inkl. 19 % USt. angeboten.

Abb. 6.109 stellt die Zutaten für belegte Bagles (Äquivalent zur Stückliste in einem produzierenden Betrieb) in Form der dynamischen Tabelle dar.

Jeden Samstag kauft Herr Niemann für die kommende Woche im Einzelhandel Milch und Brownies sowie die Zutaten für Bagels und Heißgetränke und den Wochenbedarf an Flaschengetränken. Dabei finden natürlich die aktuellen und die angestrebten (Sicherheits-) Bestände von Zutaten und Produkten Berücksichtigung.

Fallaufgabe 6: Budgetierung > Allgemeine Angaben > Öffnungs-und Arbeitszeiten (Std. pro Tag)

Struktur	Schlüssel oder Konto	01 2016
^Öffnungs-und Arbeitszeiten (Std. pro Tag)		0,00
^Tage		6,00
"After Work Friday"		1,00
Normaler Wochentag		4,00
Samstag		1,00
^Öffnungsdauer (Std. pro Tag)		38,00
"After Work Friday"		16,00
Normaler Wochentag		16,00
Samstag		6,00
^Arbeitszeit Fr. Niemann (Std. pro Tag)		18,00
"After Work Friday"		6,00
Normaler Wochentag		6,00
Samstag		6,00
^Arbeitszeit Aushilfskraft (Std. pro Tag)		26,00
"After Work Friday"		16,00
Normaler Wochentag		10,00
Samstag		0,00

Abb. 6.108 Dynamische Tabelle – Öffnungs- und Arbeitszeiten (Std. pro Tag) (Eigene Darstellung, Seneca Global, Version 3.5.18)

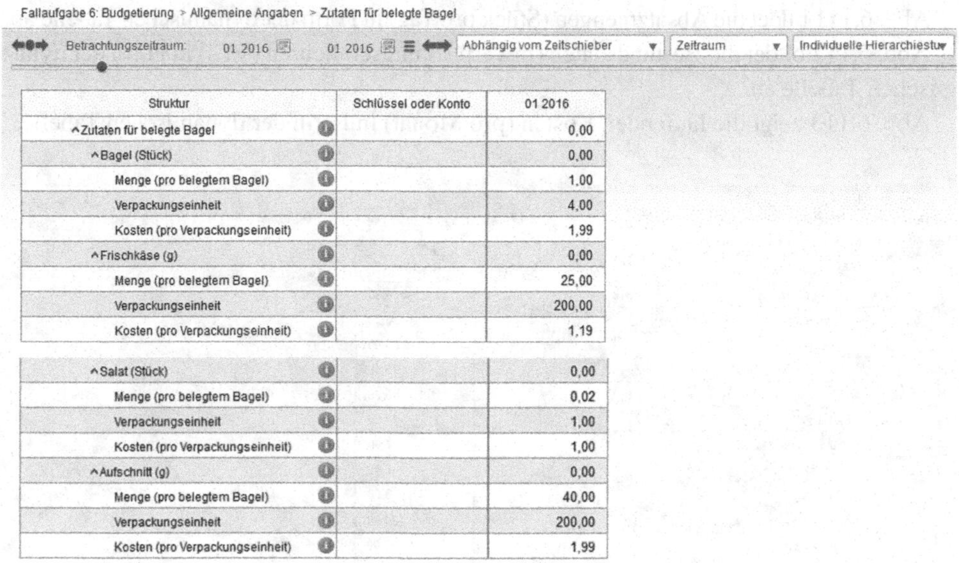

Fallaufgabe 6: Budgetierung > Allgemeine Angaben > Zutaten für belegte Bagel

Struktur		Schlüssel oder Konto	01 2016
^Zutaten für belegte Bagel	ⓘ		0,00
^Bagel (Stück)	ⓘ		0,00
Menge (pro belegtem Bagel)	ⓘ		1,00
Verpackungseinheit	ⓘ		4,00
Kosten (pro Verpackungseinheit)	ⓘ		1,99
^Frischkäse (g)	ⓘ		0,00
Menge (pro belegtem Bagel)	ⓘ		25,00
Verpackungseinheit	ⓘ		200,00
Kosten (pro Verpackungseinheit)	ⓘ		1,19
^Salat (Stück)	ⓘ		0,00
Menge (pro belegtem Bagel)	ⓘ		0,02
Verpackungseinheit	ⓘ		1,00
Kosten (pro Verpackungseinheit)	ⓘ		1,00
^Aufschnitt (g)	ⓘ		0,00
Menge (pro belegtem Bagel)	ⓘ		40,00
Verpackungseinheit	ⓘ		200,00
Kosten (pro Verpackungseinheit)	ⓘ		1,99

Abb. 6.109 Dynamische Tabelle – Zutaten für belegte Bagels (Eigene Darstellung, Seneca Global, Version 3.5.18)

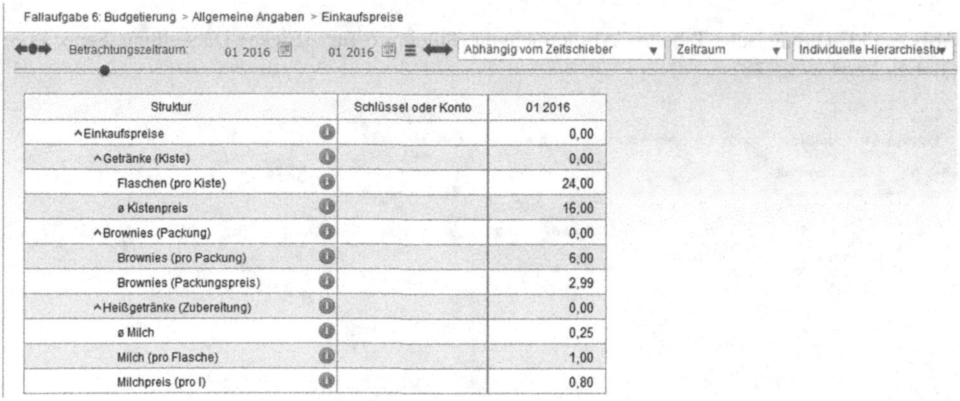

Fallaufgabe 6: Budgetierung > Allgemeine Angaben > Einkaufspreise

Struktur		Schlüssel oder Konto	01 2016
^Einkaufspreise	ⓘ		0,00
^Getränke (Kiste)	ⓘ		0,00
Flaschen (pro Kiste)	ⓘ		24,00
ø Kistenpreis	ⓘ		16,00
^Brownies (Packung)	ⓘ		0,00
Brownies (pro Packung)	ⓘ		6,00
Brownies (Packungspreis)	ⓘ		2,99
^Heißgetränke (Zubereitung)	ⓘ		0,00
ø Milch	ⓘ		0,25
Milch (pro Flasche)	ⓘ		1,00
Milchpreis (pro l)	ⓘ		0,80

Abb. 6.110 Dynamische Tabelle – Einkaufspreise (Eigene Darstellung, Seneca Global, Version 3.5.18.)

Die Getränke kaufen die Niemanns in Kisten à 24 Flaschen zu einem Kistenpreis von durchschnittlich 16,00 EUR sowie die Brownies in Packungen à 6 Brownies zu einem Preis von 2,99 EUR pro Packung. Zur Zubereitung der Heißgetränke brauchen die Niemanns im Durchschnitt 0,25 Liter Milch, die Herr Niemann zu einem Preis von 0,80 EUR pro Literflasche einkauft. Abb. 6.110 stellt die Einkaufspreise in Form der dynamischen Tabelle dar.

Abb. 6.111 bildet die Absatzmengen (Stück pro Tag) in Form der dynamischen Tabelle ab.

Abb. 6.112 bildet die Bestandsdaten (in Verpackungseinheit/en (VE)) in Form der dynamischen Tabelle ab.

Abb. 6.113 zeigt die laufenden Kosten (pro Monat) in Form der dynamischen Tabelle.

Fallaufgabe 6: Budgetierung > Allgemeine Angaben > Absatzmenge (pro Tag)

| Betrachtungszeitraum: | 01 2016 | 01 2016 | Abhängig vom Zeitschieber ▼ | Zeitraum ▼ | Individuelle Hierarchiestu▼ |

Struktur	Schlüssel oder Konto	01 2016
∧Absatzmenge (pro Tag)		0,00
∧Belegte Bagel		50,00
"After Work Friday"		20,00
Normaler Wochentag		25,00
Samstag		5,00
∧Brownies		17,00
"After Work Friday"		7,00
Normaler Wochentag		7,00
Samstag		3,00
∧Getränkeflaschen		130,00
"After Work Friday"		100,00
Normaler Wochentag		20,00
Samstag		10,00
∧Heißgetränke		125,00
"After Work Friday"		50,00
Normaler Wochentag		60,00
Samstag		15,00

Abb. 6.111 Dynamische Tabelle – Absatzmengen (Stück pro Tag) (Eigene Darstellung, Seneca Global, Version 3.5.18)

Fallaufgabe 6: Budgetierung > Allgemeine Angaben > Bestandsdaten (in Verpackungseinheiten)

| Betrachtungszeitraum: | 01 2016 | 01 2016 | Abhängig vom Zeitschieber ▼ | Zeitraum ▼ | Individuelle Hierarchiestu▼ |

Struktur	Schlüssel oder Konto	01 2016
∧Bestandsdaten (in Verpackungseinheit...		0,00
∧Aktuell		0,00
Bagel (Packung à 4 Stück)		2,00
Frischkäse (Packung à 200 g)		1,00
Salat (Stück)		0,00
Aufschnitt (Packung à 200 g)		0,00
Brownies (Packung à 6 Stück)		1,00
Getränke (Kiste à 24 Flaschen)		4,00
Milch (Flasche à 1 Liter)		6,00
∧Angestrebt		0,00
Bagel (Packung à 4 Stück)		3,00
Frischkäse (Packung à 200 g)		2,00
Salat (Stück)		0,00
Aufschnitt (Packung à 200 g)		0,00
Brownies (Packung à 6 Stück)		2,00
Getränke (Kiste à 24 Flaschen)		3,00
Milch (Flasche à 1 Liter)		5,00

Abb. 6.112 Dynamische Tabelle – Bestandsdaten (Aktuell – Angestrebt) (Eigene Darstellung, Seneca Global, Version 3.5.18)

Fallaufgabe 6: Budgetierung > Allgemeine Angaben > Laufende Kosten (EUR pro Monat)

Struktur	Schlüssel oder Konto	01 2016
^Laufende Kosten (EUR pro Monat)		480,00
Strom		300,00
Wasser		30,00
Heizung		30,00
Sonstige		120,00
Tage (Monat)		30,00
Tage (Woche)		7,00

Abb. 6.113 Dynamische Tabelle – Laufende Kosten (pro Monat) (Eigene Darstellung, Seneca Global, Version 3.5.18)

Fallaufgabe 6: Budgetierung > Aufgabe 1 > Absatz- und Erlösbudget

Struktur	Schlüssel oder Konto	01 2016
^Absatz- und Erlösbudget		0,00
^Absatzbudget (in Einheiten)		0,00
Belegte Bagel (Stück)		125,00
Brownies (Stück)		38,00
Getränkeflaschen (Flaschen)		190,00
Heißgetränke (Becher)		305,00
^Erlösbudget (in EUR)		1.105,44
Belegte Bagel		210,00
Brownies		63,84
Getränkeflaschen		319,20
Heißgetränke		512,40

Abb. 6.114 Dynamische Tabelle – Absatz- und Erlösbudget (Eigene Darstellung, Seneca Global, Version 3.5.18)

Es ist Freitagmorgen: Der Praktikant Heinrich Tammen soll den Niemanns helfen, indem er für sie das Absatz- und Erlösbudget sowie das Materialbedarfs- und -kostenbudget für die kommende Woche zur Planung des Wocheneinkaufs ermittelt (Aufgabe 1).

Da sich das Erlös-, das Materialbedarfs- und das Materialkostenbudget unmittel- oder zumindest mittelbar aus dem Absatzbudget ergeben, ist es zunächst sinnvoll und nötig, das Absatzbudget zu bestimmen. Abb. 6.114 stellt das Absatz- und Erlösbudget dar.

Zur Berechnung des Absatz- und Erlösbudgets nutzt Herr Tammen die in Tab. 6.39 angegebenen Formeln.

Das Absatzbudget lässt sich relativ einfach aus den Absatzmengen der einzelnen Produkte pro Tag und der Anzahl der Tage bestimmen. Das Erlösbudget ergibt sich dann im nächsten Schritt durch Multiplikation der Absatzmengen der Produkte mit dem Nettopreis i. H. v. 1,68 EUR pro Produkt, der sich aus dem Bruttopreis i. H. v. 2,00 EUR abzüglich der USt berechnen lässt.

Auf Basis der budgetierten Absatzmengen (in Einheiten (EH) und Verpackungseinheiten (VE)) lassen sich das Materialbedarfsbudget des Absatzes sowie unter zusätzlicher Berücksichtigung der aktuellen und der geplanten Lagerbestände die Einkaufs- bzw.

Tab. 6.39 Formel-Übersicht – Ermittlung Absatz- und Erlösbudget (Eigene Darstellung)

Titel	Formel	Bezeichnung
Absatzbudget (in Einheiten)		
Belegte Bagels (Stück)	**F0*F1+F2* F3+F4*F5**	F 0 = Allgemeine Angaben - Öffnungs- und Arbeitszeiten (Std. pro Tag) - Tage - „After Work Friday"
		F1 = Allgemeine Angaben - Absatzmenge (pro Tag) - Belegte Bagels - „After Work Friday"
		F2 = Allgemeine Angaben - Öffnungs- und Arbeitszeiten (Std. pro Tag) - Tage - Normaler Wochentag
		F3 = Allgemeine Angaben - Absatzmenge (pro Tag) - Belegte Bagels - Normaler Wochentag
		F4 = Allgemeine Angaben - Öffnungs- und Arbeitszeiten (Std. pro Tag) - Tage - Samstag
		F5 = Allgemeine Angaben - Absatzmenge (pro Tag) - Belegte Bagels - Samstag
Brownies (Stück)	**F0*F1+F2* F3+F4*F5**	F0 = Allgemeine Angaben - Öffnungs- und Arbeitszeiten (Std. pro Tag) - Tage - „After Work Friday"
		F1 = Allgemeine Angaben - Absatzmenge (pro Tag) - Brownies - „After Work Friday"
		F2 = Allgemeine Angaben - Öffnungs- und Arbeitszeiten (Std. pro Tag) - Tage - Normaler Wochentag
		F3 = Allgemeine Angaben - Absatzmenge (pro Tag) - Brownies - Normaler Wochentag
		F4 = Allgemeine Angaben - Öffnungs- und Arbeitszeiten (Std. pro Tag) - Tage - Samstag
		F5 = Allgemeine Angaben - Absatzmenge (pro Tag) - Brownies - Samstag
Getränkeflaschen (Flaschen)	**F0*F1+F2* F3+F4*F5**	F0= Allgemeine Angaben - Öffnungs- und Arbeitszeiten (Std. pro Tag) - Tage - „After Work Friday"
		F1= Allgemeine Angaben - Absatzmenge (pro Tag) - Getränkeflaschen - „After Work Friday"
		F2= Allgemeine Angaben - Öffnungs- und Arbeitszeiten (Std. pro Tag) - Tage - Normaler Wochentag
		F3= Allgemeine Angaben - Absatzmenge (pro Tag) - Getränkeflaschen - Normaler Wochentag
		F4= Allgemeine Angaben - Öffnungs- und Arbeitszeiten (Std. pro Tag) - Tage - Samstag
		F5= Allgemeine Angaben - Absatzmenge (pro Tag) - Getränkeflaschen - Samstag

Tab. 6.39   (Fortsetzung)

Titel	Formel	Bezeichnung
Heißgetränke (Becher)	**F0*F1+F2 *F3+F4*F5**	F0 = Allgemeine Angaben - Öffnungs- und Arbeitszeiten (Std. pro Tag) - Tage - „After Work Friday" F1 = Allgemeine Angaben - Absatzmenge (pro Tag) - Heißgetränke - „After Work Friday" F2 = Allgemeine Angaben - Öffnungs- und Arbeitszeiten (Std. pro Tag) - Tage - Normaler Wochentag F3 = Allgemeine Angaben - Absatzmenge (pro Tag) - Heißgetränke - Normaler Wochentag F4 = Allgemeine Angaben - Öffnungs- und Arbeitszeiten (Std. pro Tag) - Tage - Samstag F5 = Allgemeine Angaben - Absatzmenge (pro Tag) - Heißgetränke - Samstag
Erlösbudget (in EUR)		
Belegte Bagels	**F0*F1**	F0 = Aufgabe 1 - Absatz- und Erlösbudget - Absatzbudget (in Einheiten) - Belegte Bagels (Stück) F1 = Allgemeine Angaben - Produktpreis - Produktpreis (netto)
Brownies	**F0*F1**	F0 = Aufgabe 1 - Absatz- und Erlösbudget - Absatzbudget (in Einheiten) - Brownies (Stück) F1 = Allgemeine Angaben - Produktpreis - Produktpreis (netto)
Getränkeflaschen	**F0*F1**	F0 = Aufgabe 1 - Absatz- und Erlösbudget - Absatzbudget (in Einheiten) - Getränkeflachen (Flaschen) F1 = Allgemeine Angaben - Produktpreis - Produktpreis (netto)
Heißgetränke	**F0*F1**	F0 = Aufgabe 1 - Absatz- und Erlösbudget - Absatzbudget (in Einheiten) - Heißgetränke (Becher) F1 = Allgemeine Angaben - Produktpreis - Produktpreis (netto)

Bestellmenge für Produkte und Zutaten (Materialbedarfsbudget der Woche) ermitteln. Da sich der Materialbedarf nicht auf die Endprodukte, sondern auf Verpackungseinheiten (VE) bezieht, ist es notwendig, den Bedarf unter Berücksichtigung des Packungsinhalts der Zutaten bzw. des Fassungsvermögens einer Kiste in einen Bedarf an Verpackungseinheiten (VE) umzurechnen. Die Einkaufs- bzw. Bestellmenge ergibt sich als Summe aus dem Materialbedarf des Absatzes zzgl. der angestrebten Bestandsmenge abzüglich der aktuell noch im Lager befindlichen Bestandsmenge.

Das Materialkostenbudget der Absatz- bzw. Einkaufsmenge errechnet sich im letzten Schritt aus den Kosten einer Verpackungseinheit (VE) (z. B. einer Getränkekiste) und dem budgetierten Bedarf dieser Verpackungseinheit (VE).

Abb. 6.115 bildet das Materialbedarfs- und -kostenbudget ab. Die Einkaufsmenge (in VE) stellt den Bedarf der kommenden Wochen unter Berücksichtigung der Bestandsveränderung (BV) dar.

Herr Tammen führt, um das o. g. Materialbedarfs- und -kostenbudget zu erhalten, die in Tab. 6.40 angegebenen Berechnungen (ohne Formelverweise dargestellt) durch.

Fallaufgabe 6: Budgetierung > Aufgabe 1 > Materialbedarfs- und -kostenbudget

Betrachtungszeitraum: 01 2016   01 2016   Abhängig vom Zeitschieber ▼   Zeitraum ▼   Individuelle Hierarchiestu▼

Struktur	Schlüssel oder Konto	01 2016
^Materialbedarfs- und -kostenbudget		0,00
^Absatzmengenbedarf		0,00
^Absatzmengenbedarf (in EH)		0,00
Bagel		125,00
Frischkäse		3.125,00
Salat		2,50
Aufschnitt		5.000,00
Brownies		38,00
Getränke		190,00
Milch		76,25
^Absatzmengenbedarf (in VE)		0,00
Bagel (Packung)		31,25
Frischkäse (Packung)		15,63
Salat		2,50
Aufschnitt (Packung)		25,00
Brownies (Packung)		6,33
Getränke (Kiste)		7,92
Milch (Flasche)		76,25
^Einkaufsmenge (in VE)		0,00
Bagel (Packung)		32,25
Frischkäse (Packung)		16,63
Salat		2,50
Aufschnitt (Packung)		25,00
Brownies (Packung)		'7,33
Getränke (Kiste)		6,92
Milch (Flasche)		75,25
^Materialkostenbudget (in EUR)		0,00
^MKbudget der Absatzmenge		339,63
Bagel (Packung)		62,19
Frischkäse (Packung)		18,59
Salat		2,50
Aufschnitt (Packung)		49,75
Brownies (Packung)		18,94
Getränke (Kiste)		126,67
Milch (Flasche)		61,00
^MKbudget der Einkaufsmenge		329,01
Bagel (Packung)		64,18
Frischkäse (Packung)		19,78
Salat		2,50
Aufschnitt (Packung)		49,75
Brownies (Packung)		21,93
Getränke (Kiste)		110,67
Milch (Flasche)		60,20

Abb. 6.115 Dynamische Tabelle – Materialbedarfs- und -kostenbudget (Eigene Darstellung, Seneca Global, Version 3.5.18)

Tab. 6.40 Formel-Übersicht – Ermittlung Materialbedarfs- und -kostenbudget (Eigene Darstellung)

Produkt	Einheit (EH)	Verpackungseinheit (VE)	Absatzmengenbedarf		Einkaufsmenge[a]	Materialkostenbudget (in EUR)	
			in EH	in VE	in VE	der Absatzmenge	der Einkaufsmenge
Bagels	Stück	Packung à 4 Stück	125 (20*1+25*4+5*1)	31,25 (32) (125/4)	32,25 (33) (31,25-2+3)	62,19 (63,68) (1,99*31,25)	64,18 (65,67) (1,99*32,25)
Frischkäse	g	Packung à 200 g	3.125 (125*25)	15,63 (16) (3.125/200)	16,63 (17) (15,63-1+2)	18,59 (19,04) (1,19*15,63)	19,78 (20,23) (1,19*16,63)
Salat	Stück	Stück	2,5 (3) (125*0,02)	2,5 (3) (2,5/1)	2,5 (3) (2,5-0+0)	2,5 (3) (1,00*2,5)	2,5 (3) (1,00*2,5)
Aufschnitt	g	Packung à 200 g	5.000 (125*40)	25 (5.000/200)	25 (25-0+0)	49,75 (1,99*25)	49,75 (1,99*25)
Brownies	Stück	Packung à 6 Stück	38 (7*1+7*4+3*1)	6,33 (7) (38/6)	7,33 (8) (6,33-1+2)	18,94 (20,93) (2,99*6,33)	21,93 (23,92) (2,99*7,33)
Getränke	Flasche	Kiste à 24 Flaschen	190 (100*1+20*4+10*1)	7,92 (8) (190/24)	6,92 (7) (7,92-4+3)	126,67 (128,00) (16*7,92)	110,67 (112,00) (16*6,92)
Milch	Liter	Flasche à 1 Liter	76,25 (77) (305*0,25)	76,25 (77) (305*0,25)	75,25 (76) (76,25-6+5)	61 (61,60) (0,80*76,25)	60,20 (60,80) (0,80*75,25)
Gesamt						**339,63 (346,00)**	**329,01 (335,37)**

[a]Bedarf der kommenden Wochen unter Berücksichtigung der Bestandsveränderung

Eine weitere Aufgabe von Heinrich Tammen ist es, das Lohnbudget und anschließend das Erfolgsbudget für die kommende Woche zu ermitteln. Dabei sollen die Materialgemeinkosten i. H. v. 30,00 EUR pro Woche (z. B. für Kaffee) sowie die laufenden monatlichen Kosten Berücksichtigung finden (Aufgabe 2).

Das Lohnbudget lässt sich aus der Anzahl der durch eine kostenpflichtige Aushilfskraft gearbeiteten Stunden pro Woche und den Lohnkosten pro Stunde i. H. v. 8,00 EUR berechnen. Da nun sämtliche im Detail budgetierten Kostenarten vorliegen, kann das Erfolgsbudget der Woche aufgestellt werden. Von den Erlösen sind neben den Materialeinzel- auch Materialgemeinkosten abzuziehen, um den Bruttogewinn zu ermitteln, von dem dann allerdings noch die Lohnkosten und die laufenden Kosten abzuziehen sind, um den Gewinn vor Steuern zu berechnen. Abb. 6.116 bildet das Lohnbudget (Lohnkosten pro Woche) ab. Weiter differenziert ist dieses in Tage pro Woche (Tage), Arbeitszeit (AZ) Aushilfskraft (in Std. pro Tag), AZ Aushilfskraft (in Std. pro Woche) sowie Lohnkosten (in EUR pro Woche).

Zur Berechnung des Lohnkostenbudgets nutzt Herr Tammen die in Tab. 6.41 angegebenen Querverweise und Formeln.

Die Lohnkosten in EUR pro Woche betragen somit 448,00 EUR.

Für das Erfolgsbudget (Gewinn) werden die in Abb. 6.117 von Herrn Tammen erzeugte Treppenstruktur sowie einzelne Beträge in der dynamischen Tabelle ersichtlich.

Zur Berechnung des Erfolgsbudgets (Gewinn) nutzt Herr Tammen die in Tab. 6.42 angegebenen Querverweise und Formeln:

Fallaufgabe 6: Budgetierung > Aufgabe 2 > Lohnbudget (Lohnkosten pro Woche)

| Betrachtungszeitraum: | 01 2016 | 01 2016 | Abhängig vom Zeitschieber ▼ | Zeitraum ▼ | Individuelle Hierarchiestu▼ |

Struktur	Schlüssel oder Konto	01 2016
ʌLohnbudget (Lohnkosten pro Woche) ⓘ		448,00
ʌTage pro Woche (Tage) ⓘ		6,00
"After Work Friday"		1,00
Normaler Wochentag		4,00
Samstag		1,00
ʌAZ Aushilfskraft (Std. pro Tag) ⓘ		26,00
"After Work Friday"		16,00
Normaler Wochentag		10,00
Samstag		0,00
ʌAZ Aushilfskraft (Std. pro Woche) ⓘ		56,00
"After Work Friday"		16,00
Normaler Wochentag		40,00
Samstag		0,00
ʌLohnkosten (EUR pro Woche) ⓘ		448,00
"After Work Friday"		128,00
Normaler Wochentag		320,00
Samstag		0,00

Abb. 6.116 Dynamische Tabelle – Lohnkostenbudget (Lohnkosten pro Woche) (Eigene Darstellung, Seneca Global, Version 3.5.18)

Tab. 6.41 Formel-Übersicht – Ermittlung Lohnbudget (Lohnkosten pro Woche) (Eigene Darstellung)

Titel	Formel	Bezeichnung
Tage pro Woche (Tage)		
„After Work Friday"	Querverweis	F0 = Allgemeine Angaben - Öffnungs- und Arbeitszeiten (Std. pro Tag) - Tage - „After Work Friday"
Normaler Wochentag	Querverweis	F0 = Allgemeine Angaben - Öffnungs- und Arbeitszeiten (Std. pro Tag) - Tage - Normaler Wochentag
Samstag	Querverweis	F0 = Allgemeine Angaben - Öffnungs- und Arbeitszeiten (Std. pro Tag) - Tage - Samstag
AZ Aushilfskraft (Std. pro Tag)		
„After Work Friday"	Querverweis	F0 = Allgemeine Angaben - Öffnungs- und Arbeitszeiten (Std. pro Tag) - Arbeitszeit Aushilfskraft (Std. pro Tag) - „After Work Friday"
Normaler Wochentag	Querverweis	F0 = Allgemeine Angaben - Öffnungs- und Arbeitszeiten (Std. pro Tag) - Arbeitszeit Aushilfskraft (Std. pro Tag) - Normaler Wochentag
Samstag	Querverweis	F0 = Allgemeine Angaben - Öffnungs- und Arbeitszeiten (Std. pro Tag) - Arbeitszeit Aushilfskraft (Std. pro Tag) - Samstag
AZ Aushilfskraft (Std. pro Woche)		
„After Work Friday"	F0*F1	F0 = Allgemeine Angaben - Öffnungs- und Arbeitszeiten (Std. pro Tag) - Arbeitszeit Aushilfskraft (Std. pro Tag) - „After Work Friday" F1 = Allgemeine Angaben - Öffnungs- und Arbeitszeiten (Std. pro Tag) - Tage - „After Work Friday"
Normaler Wochentag	F0*F1	F0 = Allgemeine Angaben - Öffnungs- und Arbeitszeiten (Std. pro Tag) - Arbeitszeit Aushilfskraft (Std. pro Tag) - Normaler Wochentag F1 = Allgemeine Angaben - Öffnungs- und Arbeitszeiten (Std. pro Tag) - Tage - Normaler Wochentag

Tab. 6.41   (Fortsetzung)

Titel	Formel	Bezeichnung
Samstag	**F0*F1**	F0 = Allgemeine Angaben - Öffnungs- und Arbeitszeiten (Std. pro Tag) - Arbeitszeit Aushilfskraft (Std. pro Tag) - Samstag F1 = Allgemeine Angaben - Öffnungs- und Arbeitszeiten (Std. pro Tag) - Tage - Samstag
Lohnkosten (EUR pro Woche)		
„After Work Friday"	**F0*F1*F2**	F0 = Allgemeine Angaben - Öffnungs- und Arbeitszeiten (Std. pro Tag) - Arbeitszeit Aushilfskraft (Std. pro Tag) - „After Work Friday" F1 = Allgemeine Angaben - Öffnungs- und Arbeitszeiten (Std. pro Tag) - Tage - „After Work Friday" F2 = Allgemeine Angaben - Lohnkosten der Aushilfe inkl. Zuschläge (pro Std.)
Normaler Wochentag	**F0*F1*F2**	F0 = Allgemeine Angaben - Öffnungs- und Arbeitszeiten (Std. pro Tag) - Arbeitszeit Aushilfskraft (Std. pro Tag) - Normaler Wochentag F1 = Allgemeine Angaben - Öffnungs- und Arbeitszeiten (Std. pro Tag) - Tage - Normaler Wochentag F2 = Allgemeine Angaben - Lohnkosten der Aushilfe inkl. Zuschläge (pro Std.)
Samstag	**F0*F1*F2**	F0 = Allgemeine Angaben - Öffnungs- und Arbeitszeiten (Std. pro Tag) - Arbeitszeit Aushilfskraft (Std. pro Tag) - Samstag F1 = Allgemeine Angaben - Öffnungs- und Arbeitszeiten (Std. pro Tag) - Tage - Samstag F2 = Allgemeine Angaben - Lohnkosten der Aushilfe inkl. Zuschläge (pro Std.)

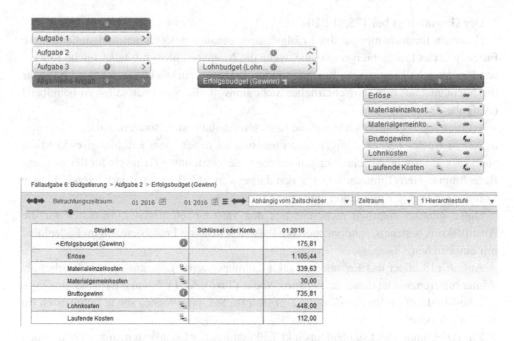

Abb. 6.117 Treppenstruktur und Dynamische Tabelle – Erfolgsbudget (Gewinn) (Eigene Darstellung, Seneca Global, Version 3.5.18)

Tab. 6.42 Formel-Übersicht – Ermittlung Erfolgsbudget (Gewinn in EUR) (Eigene Darstellung)

Titel	Formel	Bezeichnung
Erlöse	**Querverweis**	F0 = Aufgabe 1 - Absatz- und Erlösbudget - Erlösbudget (in EUR)
Materialeinzelkosten	**Querverweis**	F0 = Aufgabe 1 - Materialbedarfs- und -kostenbudget (in EUR) - Mkbudget der Absatzmenge
Materialgemeinkosten	**Querverweis**	F0 = Allgemeine Angaben - Materialgemeinkosten (pro Woche)
Bruttogewinn	**F0-F1-F2**	F0 = Aufgabe 2 - Erfolgsbudget (Gewinn) - Erlöse F1 = Aufgabe 2 - Erfolgsbudget (Gewinn) - Materialeinzelkosten F2 = Aufgabe 2 - Erfolgsbudget (Gewinn) - Materialgemeinkosten
Lohnkosten	**Querverweis**	F0 = Aufgabe 2 - Lohnbudget (Lohnkosten pro Woche)
Laufende Kosten	**F0/F1*F2**	F0 = Allgemeine Angaben - Laufende Kosten (EUR pro Monat) F1 = Allgemeine Angaben - Laufende Kosten (EUR pro Monat) - Tage (Monat) F2 = Allgemeine Angaben - Laufende Kosten (EUR pro Monat) - Tage (Woche)

Der Gewinn liegt bei 175,81 EUR.

Heinrich Tammen möchte das Erfolgsbudget genauer untersuchen und stellt sich die Frage, wie das Erfolgsbudget aussähe, wenn die Niemanns nicht nur tatsächliche Kosten, sondern auch kalkulatorische Kosten in ihrem Budget berücksichtigen würden? Ist es für die Niemanns aus rein wirtschaftlicher Sicht sinnvoll, die Snackbar selbst zu betreiben? (Aufgabe 3)

Würden die Niemanns nicht nur die tatsächlich anfallenden, sondern auch die kalkulatorischen Kosten berücksichtigen, dann müssten sie neben einer kalkulatorischen Miete auch kalkulatorische Abschreibungen auf die Ladeneinrichtung (Hinweis für die Wochen-Berechnung: Herr Tammen legt für den Jahreswert 365 Tage zugrunde) sowie höhere Lohnkosten in ihre Kalkulation einbeziehen.

Diese müssten nämlich nicht nur aus den zahlungsrelevanten Lohnkosten für die Aushilfskraft bestehen, sondern auch die Präsenzzeiten von Frau Niemann im Ladenlokal mit einbeziehen.

Abb. 6.118 bildet das Lohnbudget inkl. kalkulatorischer Lohnkosten (pro Woche) ab. Weiter differenziert ist dieses in Tage pro Woche (Tage), AZ Fr. Niemann (in Std. pro Tag), AZ Aushilfskraft (in Std. pro Tag), AZ gesamt (in Std. pro Woche) sowie Lohnkosten (in EUR pro Woche).

Zur Berechnung des Lohnbudgets inkl. kalkulatorischer Lohnkosten nutzt Herr Tammen die in Tab. 6.43 angegebenen Querverweise und Formeln.

Fallaufgabe 6: Budgetierung > Aufgabe 3 > Lohnbudget inkl. kalk. Lohnkosten (pro Woche)

Betrachtungszeitraum:	01 2016	01 2016	Abhängig vom Zeitschieber	Zeitraum	Individuelle Hierarchiestur

Struktur	Schlüssel oder Konto	01 2016
^Lohnbudget inkl. kalk. Lohnkosten (pro ...		736,00
^Tage pro Woche (Tage)		6,00
"After Work Friday"		1,00
Normaler Wochentag		4,00
Samstag		1,00
^AZ Fr. Niemann (Std. pro Tag)		18,00
"After Work Friday"		6,00
Normaler Wochentag		6,00
Samstag		6,00
^AZ Aushilfskraft (Std. pro Tag)		26,00
"After Work Friday"		16,00
Normaler Wochentag		10,00
Samstag		0,00
^AZ gesamt (Std. pro Woche)		92,00
"After Work Friday"		22,00
Normaler Wochentag		64,00
Samstag		6,00
^Lohnkosten (EUR pro Woche)		736,00
"After Work Friday"		176,00
Normaler Wochentag		512,00
Samstag		48,00

Abb. 6.118 Dynamische Tabelle – Lohnbudget inkl. kalkulatorischer Lohnkosten (pro Woche) (Eigene Darstellung, Seneca Global, Version 3.5.18)

Tab. 6.43 Formel-Übersicht – Ermittlung Lohnbudget inkl. kalk. Lohnkosten (pro Woche) (Eigene Darstellung)

Titel	Formel	Bezeichnung
Tage pro Woche (Tage)		
„After Work Friday"	**Querverweis**	F0 = Allgemeine Angaben - Öffnungs- und Arbeitszeiten (Std. pro Tag) - Tage - „After Work Friday"
Normaler Wochentag	**Querverweis**	F0 = Allgemeine Angaben - Öffnungs- und Arbeitszeiten (Std. pro Tag) - Tage - Normaler Wochentag
Samstag	**Querverweis**	F0 = Allgemeine Angaben - Öffnungs- und Arbeitszeiten (Std. pro Tag) - Tage - Samstag
AZ Fr. Niemann (Std. pro Tag)		
„After Work Friday"	**Querverweis**	F0 = Allgemeine Angaben - Öffnungs- und Arbeitszeiten (Std. pro Tag) - Arbeitszeit Fr. Niemann (Std. pro Tag) - „After Work Friday"
Normaler Wochentag	**Querverweis**	F0 = Allgemeine Angaben - Öffnungs- und Arbeitszeiten (Std. pro Tag) - Arbeitszeit Fr. Niemann (Std. pro Tag) - Normaler Wochentag
Samstag	**Querverweis**	F0 = Allgemeine Angaben - Öffnungs- und Arbeitszeiten (Std. pro Tag) - Arbeitszeit Fr. Niemann (Std. pro Tag) - Samstag
AZ Aushilfskraft (Std. pro Tag)		
„After Work Friday"	**Querverweis**	F0 = Allgemeine Angaben - Öffnungs- und Arbeitszeiten (Std. pro Tag) - Arbeitszeit Aushilfskraft (Std. pro Tag) - „After Work Friday"
Normaler Wochentag	**Querverweis**	F0 = Allgemeine Angaben - Öffnungs- und Arbeitszeiten (Std. pro Tag) - Arbeitszeit Aushilfskraft (Std. pro Tag) - Normaler Wochentag

Tab. 6.43   (Fortsetzung)

Titel	Formel	Bezeichnung
Samstag	**Querverweis**	F0 = Allgemeine Angaben - Öffnungs- und Arbeitszeiten (Std. pro Tag) - Arbeitszeit Aushilfskraft (Std. pro Tag) - Samstag
AZ gesamt (Std. pro Woche)		
„After Work Friday"	**(F0+F1)*F2**	F0 = Aufgabe 3 - Lohnbudget inkl. kalk. Lohnkosten (pro Woche) - AZ Fr. Niemann (Std. pro Tag) - „After Work Friday" F1 = Aufgabe 3 - Lohnbudget inkl. kalk. Lohnkosten (pro Woche) - AZ Aushilfskraft (Std. pro Tag) - „After Work Friday" F2 = Aufgabe 3 - Lohnbudget inkl. kalk. Lohnkosten (pro Woche) - Tage pro Woche (Tage) - „After Work Friday"
Normaler Wochentag	**(F0+F1)*F2**	F0 = Aufgabe 3 - Lohnbudget inkl. kalk. Lohnkosten (pro Woche) - AZ Fr. Niemann (Std. pro Tag) - Normaler Wochentag F1 = Aufgabe 3 - Lohnbudget inkl. kalk. Lohnkosten (pro Woche) - AZ Aushilfskraft (Std. pro Tag) - Normaler Wochentag F2 = Aufgabe 3 - Lohnbudget inkl. kalk. Lohnkosten (pro Woche) - Tage pro Woche (Tage) - Normaler Wochentag
Samstag	**(F0+F1)*F2**	F0 = Aufgabe 3 - Lohnbudget inkl. kalk. Lohnkosten (pro Woche) - AZ Fr. Niemann (Std. pro Tag) - Samstag F1 = Aufgabe 3 - Lohnbudget inkl. kalk. Lohnkosten (pro Woche) - AZ Aushilfskraft (Std. pro Tag) - Samstag F2 = Aufgabe 3 - Lohnbudget inkl. kalk. Lohnkosten (pro Woche) - Tage pro Woche (Tage) - Samstag
Lohnkosten (EUR pro Woche)		
„After Work Friday"	**F0*F1**	F0 = Aufgabe 3 - Lohnbudget inkl. kalk. Lohnkosten (pro Woche) - AZ gesamt (Std. pro Woche) - „After Work Friday" F1 = Allgemeine Angaben - Lohnkosten der Aushilfe inkl. Zuschläge (pro Std.)

Tab. 6.43 (Fortsetzung)

Titel	Formel	Bezeichnung
Normaler Wochentag	**F0*F1**	F0 = Aufgabe 3 - Lohnbudget inkl. kalk. Lohnkosten (pro Woche) - AZ gesamt (Std. pro Woche) - Normaler Wochentag F1 = Allgemeine Angaben - Lohnkosten der Aushilfe inkl. Zuschläge (pro Std.)
Samstag	**F0*F1**	F0 = Aufgabe 3 - Lohnbudget inkl. kalk. Lohnkosten (pro Woche) - AZ gesamt (Std. pro Woche) - Samstag F1 = Allgemeine Angaben - Lohnkosten der Aushilfe inkl. Zuschläge (pro Std.)

Das Lohnbudget inkl. kalkulatorischer Lohnkosten beträgt insgesamt 736,00 EUR pro Woche.

Für das Erfolgsbudget (Gewinn) inkl. Berücksichtigung der o. g. kalkulatorischen Positionen werden die in Abb. 6.119 von Herrn Tammen erzeugte Treppenstruktur sowie einzelne Beträge in der dynamischen Tabelle ersichtlich.

Zur Berechnung des kalkulatorischen Erfolgsbudgets nutzt Herr Tammen die in Tab. 6.44 angegebenen Querverweise und Formeln.

Das kalkulatorische Erfolgsbudget (Gewinn) beträgt -348,09 EUR. Unter der Berücksichtigung der Anderskosten bei den Lohnkosten sowie der Zusatzkosten in Form der kalkulatorischen Mietkosten und Abschreibungen zeigt sich, dass die Niemanns nicht einmal in einer verhältnismäßig guten Märzwochen mit dem Betrieb der Snackbar einen Gewinn erzielen. Aus rein wirtschaftlichen Gesichtspunkten ist den Niemanns die Fortführung des Betriebs der Snackbar also nicht anzuraten.

Insofern gilt dem Ehepaar Niemann ein großes Dankeschön u. a. seitens der angrenzenden Campus Bicycle Allround GmbH, dass es den Betrieb trotzdem aufrecht erhält und u. a. den CBA-Mitarbeitern einen direkten Anlaufpunkt bietet.

Herr Tammen kann außerdem unter *Gesamtbericht* per Drag-and-drop einen Bericht erstellen. Durch Hineinziehen der verschiedenen Strukturelemente erhält er seine ausgewählten Struktureigenschaften, wie bspw., dass die Seite in zwei Spalten geteilt wird, eine einzelne Seite und/oder eine Spalte horizontal geteilt wird, ein Seitenumbruch und/oder ein Textfeld eingefügt werden. Er wählt zwischen den verschiedenen abgespeicherten Ressourcen der Campus Bicycle Allround und zieht diese dann per Drag-and-drop in das gewünschte Kästchen. Anschließend kann er den fertigen Bericht in alle gängigen Formate exportieren. Ein Gesamtbericht kann über den Ressourcen-Manager auch als Eröffnungsdashboard freigeschaltet werden, um die wichtigsten Informationen gleich nach dem Einloggen auf dem Bildschirm zu haben (o. V. Seneca – Das Handbuch zum Programm 2016, S. 28).

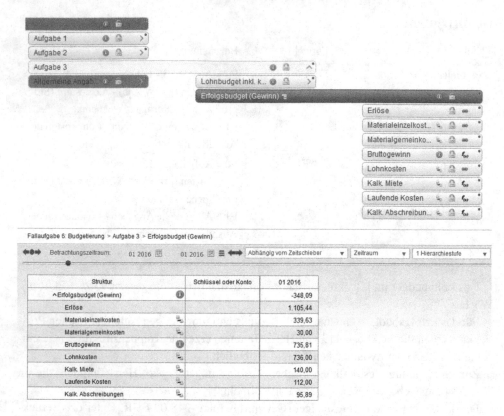

Abb. 6.119 Treppenstruktur und Dynamische Tabelle – Kalkulatorisches Erfolgsbudget (Eigene Darstellung, Seneca Global, Version 3.5.18)

Tab. 6.44 Formel-Übersicht – Ermittlung kalk. Erfolgsbudget (Gewinn in EUR) (Eigene Darstellung)

Titel	Formel	Bezeichnung
Erlöse	**Querverweis**	F0 = Aufgabe 1 - Absatz- und Erlösbudget - Erlösbudget (in EUR)
Materialeinzelkosten	**Querverweis**	F0 = Aufgabe 1 - Materialbedarfs- und -kosten-budget (in EUR) - Mkbudget der Absatzmenge
Materialgemeinkosten	**Querverweis**	F0 = Allgemeine Angaben - Materialgemeinkos-ten (pro Woche)
Bruttogewinn	**F0-F1-F2**	F0 = Aufgabe 3 - Erfolgsbudget (Gewinn) - Erlöse F1 = Aufgabe 3 - Erfolgsbudget (Gewinn) - Materialeinzelkosten F2 = Aufgabe 3 - Erfolgsbudget (Gewinn) - Materialgemeinkosten

Tab. 6.44 (Fortsetzung)

Titel	Formel	Bezeichnung
Lohnkosten	**Querverweis**	F0 = Aufgabe 3 - Lohnbudget inkl. kalkulatorischer Lohnkosten (pro Woche)
Kalkulatorische Miete	**F0/F1*F2**	F0 = Allgemeine Angaben - Miete (Kalkulatorisch) - Miete (Monat) F1 = Allgemeine Angaben - Miete (Kalkulatorisch) - Tage (Monat) F2 = Allgemeine Angaben - Miete (Kalkulatorisch) - Tage (Woche)
Laufende Kosten	**F0/F1*F2**	F0 = Allgemeine Angaben - Laufende Kosten (EUR pro Monat)) F1= Allgemeine Angaben - Laufende Kosten (EUR pro Monat) - Tage (Monat) F2 = Allgemeine Angaben - Laufende Kosten (EUR pro Monat) - Tage (Woche)
Kalkulatorische Abschreibungen	**((F0/F1)/ 365)*F2**	F0 = Allgemeine Angaben - Abschreibungen (kalkulatorisch) - Anschaffungspreis (Maschine) F1 = Allgemeine Angaben - Abschreibungen (kalkulatorisch) - Nutzungsdauer F2 = Allgemeine Angaben - Abschreibungen (kalkulatorisch) - Tage (Woche)

Des Weiteren kann Herr Tammen in Seneca nach Knoten mittels *Suchfunktion* suchen. Er geht dazu unter MAP-Menü – Suchen und gibt den gesuchten Knoten in die Suchmaske ein. Wichtig ist, dass er dabei die Groß- und Kleinschreibung beachtet. Er kann jedoch auch mit einem Platzhalter arbeiten. Die Suchanfrage Roh* liefert als Ergebnis alle Knoten, die mit den Zeichen „Roh" beginnen. Herr Tammen kann hier nach unterschiedlichen Namen in einer Struktur suchen und ggf. Namen oder Schlüssel ersetzen. Zusätzlich kann er die Suche auch von einem beliebigen Knoten aus starten. Hierzu muss er bei dem entsprechenden Knoten auf das Balkensymbol klicken und anschließend *Suchen* anklicken und die Suchmaske entsprechend ausfüllen (o. V. Seneca – Das Handbuch zum Programm, 2016, S. 85).

6.2.4.7 Fallaufgabe 7: Handelskalkulation – Retrograde Kalkulation (Vgl. Specht et al. (2006), S. 65.)

Die Campus Bicycle Allround GmbH möchte ein neu entwickeltes Profi-Rennrad der Marke GEPARD als SPEEDER 2.0 auf den Markt bringen. Die in Abb. 6.120 dargestellten Werte stehen zur Verfügung.

Fallaufgabe 7: Handelskalkulation - Retrograde Kalkulation > Allgemeine Angaben

| Betrachtungszeitraum: | 01 2016 | 01 2016 | Abhängig vom Zeitschieber ▼ | Zeitraum ▼ | 1 Hierarchiestufe ▼ |

Struktur	Schlüssel oder Konto	01 2016
∧Allgemeine Angaben ⓘ		0,00
Bruttoverkaufspreis (EUR) ⓘ		2.250,00
Kundenrabatt (%) ⓘ		2,50
Kundenskonto (%) ⓘ		3,00
Gewinnzuschlag (%) ⓘ		20,00
Handlungskostenzuschlag (%) ⓘ		35,00
Bezugskosten (EUR) ⓘ		78,00
Lieferskonto (%) ⓘ		2,00
Lieferrabatt (%) ⓘ		12,50
Umsatzsteuersatz (%) ⓘ		19,00

Abb. 6.120 Dynamische Tabelle – Allgemeine Angaben für die Handelskalkulation (Eigene Darstellung, Seneca Global, Version 3.5.18)

Fallaufgabe 7: Handelskalkulation - Retrograde Kalkulation > Aufgabe 1

| Betrachtungszeitraum: | 01 2016 | 01 2016 | Abhängig vom Zeitschieber ▼ | Zeitraum ▼ | 1 Hierarchiestufe ▼ |

Struktur	Schlüssel oder Konto	01 2016
∧Aufgabe 1 ⓘ		0,00
Listeneinkaufspreis, brutto (pro Stück) ⓘ		1.423,58
Umsatzsteuer ⓘ		227,29
Listeneinkaufspreis (netto) ⓘ		1.196,29
Lieferrabatt ⓘ		149,54
Zieleinkaufspreis ⓘ		1.046,75
Lieferskonto ⓘ		20,94
Bareinkaufspreis ⓘ		1.025,82
Bezugskosten ⓘ		78,00
Bezugspreis ⓘ		1.103,82
Handlungskosten ⓘ		386,34
Selbstkosten ⓘ		1.490,15
Gewinnzuschlag ⓘ		298,03
Barverkaufspreis ⓘ		1.788,18
Kundenskonto ⓘ		55,30
Zielverkaufspreis ⓘ		1.843,49
Kundenrabatt ⓘ		47,27
Nettoverkaufspreis ⓘ		1.890,76
Umsatzsteuer ⓘ		359,24
Bruttoverkaufspreis ⓘ		2.250,00

Abb. 6.121 Dynamische Tabelle – Listeneinkaufspreis (brutto) pro Stück (Retrograde Kalkulation) (Eigene Darstellung, Seneca Global, Version 3.5.18)

Herr Lustig soll hierfür unter o. g. Angaben den Listeneinkaufspreis (brutto) pro Stück berechnen (Retrograde Kalkulation). Die in Abb. 6.121 dargestellten Werte stehen hierfür zur Verfügung.

Der Listeneinkaufspreis (brutto) pro Stück nach der retrograden Kalkulation beträgt 1.423,58 EUR.

Zur Berechnung des Listeneinkaufspreises (brutto) pro Stück nutzt Herr Lustig die in Tab. 6.45 angegebenen Formeln und Querverweise.

Tab. 6.45 Formel-Querverweis-Übersicht – Handelskalkulation (Retrograde Kalkulation) (Eigene Darstellung)

Titel	Formel	Bezeichnung
Listeneinkaufspreis, brutto (pro Stück)	F0+F1	F0 = Aufgabe1 - Listeneinkaufspreis (netto) F1 = Aufgabe 1 - Umsatzsteuer
Umsatzsteuer	F0*F1/100	F0 = Aufgabe1 - Listeneinkaufspreis (netto) F1 = Allgemeine Angaben - Umsatzsteuersatz (%)
Listeneinkaufspreis (netto)	F0+F1	F0 = Aufgabe 1 - Zieleinkaufspreis F1 = Aufgabe 1 - Lieferrabatt
Lieferrabatt	(F0*F1/(100-F1))	F0 = Aufgabe 1 - Zieleinkaufspreis F1 = Allgemeine Angaben - Lieferrabatt (%)
Zieleinkaufspreis	F0+F1	F0 = Aufgabe 1 - Bareinkaufspreis F1 = Aufgabe 1 - Lieferskonto
Lieferskonto	(F0*F1/(100-F1))	F0 = Aufgabe 1 - Bareinkaufspreis F1 = Allgemeine Angaben - Lieferskonto (%)
Bareinkaufspreis	F0-F1	F0 = Aufgabe 1 - Bezugspreis F1 = Aufgabe 1 - Bezugskosten
Bezugskosten	Querverweis	F0 = Allgemeine Angaben - Bezugskosten (EUR)
Handlungskosten	(F0*F1/(100+F1))	F0 = Aufgabe 1 - Selbstkosten F1 = Allgemeine Angaben - Handelskostenzuschlag (%)
Selbstkosten	F0-F1	F0 = Aufgabe 1 - Barverkaufspreis F1 = Aufgabe 1 - Gewinnzuschlag
Gewinnzuschlag	(F0*F1/(100+F1))	F0 = Aufgabe 1 - Barverkaufspreis F1 = Allgemeine Angaben - Gewinnzuschlag (%)
Barverkaufspreis	F0-F1	F0 = Aufgabe 1 - Zielverkaufspreis F1 = Aufgabe 1 - Kundenskonto
Kundenskonto	F0*F1/100	F0 = Aufgabe 1 - Zielverkaufspreis F1 = Allgemeine Angaben - Kundenskonto (%)
Zielverkaufspreis	F0-F1	F0 = Aufgabe 1 - Nettoverkaufspreis F1 = Aufgabe 1 - Kundenrabatt

Tab. 6.45   (Fortsetzung)

Titel	Formel	Bezeichnung
Kundenrabatt	**F0*F1/100**	F0 = Aufgabe 1 - Nettoverkaufspreis F1 = Allgemeine Angaben - Kundenrabatt (%)
Nettoverkaufspreis	**F0-F1**	F0 = Aufgabe 1 - Bruttoverkaufspreis F1 = Aufgabe 1 - Umsatzsteuer
Umsatzsteuer	**((F0*F1)/(100+F1))**	F0 = Aufgabe 1 - Bruttoverkaufspreis F1 = Allgemeine Angaben - Umsatzsteuer- satz (%)
Bruttoverkaufspreis	**Querverweis**	F0 = Allgemeine Angaben - Bruttoverkaufs- preis (EUR)

Außerdem hat Herr Lustig die Möglichkeit, Daten eines Knotens (und alle dahinterliegenden Knoten) aus einer Ebene in eine andere Ebene zu kopieren. Dazu wählt er die Editierfunktion der Planung *Ebene kopieren* aus. Des Weiteren kann er im Bearbeitungsfenster bestimmen, ob die Werte auch zeitlich verschoben oder ob mit einem Faktor alle Werte der Ebene multipliziert werden sollen. Unter dem Anwendungsbereich bestimmt er, ob nur die Ebene des ausgewählten Knotens oder die Werte der gesamten Struktur kopiert werden sollen. Zudem ist es notwendig, dass er die entsprechende Ziel- und Quellebene und einen Betrachtungszeitraum angibt (o. V. Seneca – Das Handbuch zum Programm, 2016 S. 64).

Neben Ebenen kopieren kann Herr Lustig auch *Simulationen* in Seneca durchführen. Die Simulation ermöglicht es Herrn Lustig, bestimmte Szenarien zu simulieren, d. h., er kann Annahmen für seine Planung treffen und deren Auswirkungen an verschiedenen Positionen in der Struktur nachvollziehen. Um die Simulation zu beginnen, klickt er im MAP-Menü auf *Simulation*. In der Simulationsmaske hinterlegt er die entsprechenden Ebenen, den Knoten für die Planung und fügt das *Monitoring* hinzu. Durch Hinzufügen eines Monitoringfeldes kann Herr Lustig sehen, wie sich ein oder mehrere Knoten durch das Planen eines anderen Knotens in der Simulation verändern würde/n (o. V. Seneca – Das Handbuch zum Programm 2016, S. 69 ff.).

Seneca bietet Herrn Lustig außerdem die Möglichkeit, bspw. wie hier die Handelskalkulation, zu exportieren *(Datenexport)*. Unter die Menüfolge: *MAP-Menü – DatenTransfer – Export*, kann er die Struktur und/oder Daten exportieren. Im anschließenden Fenster wählt er aus, ob er seine Struktur, Daten oder beides zusammen exportieren möchte. Wenn er *„Struktur"* oder *„Struktur und Datenübersicht"* wählt, exportiert Seneca automatisch ins XML-Format. Bei *„Datenübersicht"* hat Herr Lustig die Möglichkeit, noch selbst zwischen Excel, XML Knoten-ID und XML Kontenschlüssel zu wählen. Des Weiteren bestimmt er die zu exportierende Ebene und die Zeitspanne, in der die Daten exportiert werden sollen. Unter Hierarchiestufe legt er fest, wie viele Hierarchiestufen, ausgehend vom ausgewählten Knoten, beim Export berücksichtigt werden sollen. Um letztendlich den Export durch- bzw. auszuführen klickt Herr Lustig auf das Feld „*Export*" (o. V. Seneca – Das Handbuch zum Programm 2016, S. 74).

6.3   Das SAP-System R/3 (Anwendung: FI/CO-Modul)

6.3.1   SAP SE[23]

Seit seiner Gründung im Jahr 1972 hat sich das Unternehmen SAP zum führenden Anbieter von Unternehmenssoftware entwickelt. Mehr als 300.000 Kunden weltweit sind dank der Anwendungen und Services von SAP in der Lage, rentabel zu wirtschaften, sich Anforderungen anzupassen und nachhaltig zu wachsen. Im Juli 2014 wurde das Unternehmen im Zuge der Änderung der Rechtsform der SAP von einer deutschen Aktiengesellschaft (SAP AG) in eine europäische Gesellschaft – in SAP Deutschland SE & Co. KG – umfirmiert.

Der unternehmerische Fokus der SAP Deutschland SE & Co. KG liegt auf den Geschäftsfeldern Vertrieb, Beratung, Schulung und Marketing rund um das Produktportfolio der SAP SE in Deutschland. Die heutigen Themen der SAP SE & Co. KG sind die Neuausrichtung zu einem Cloud-Anbieter. Tatsächlich weist SAP das stärkste Wachstum für cloudbasierte Unternehmensanwendungen auf. Gemessen an der Anzahl der Nutzer (70 Millionen) ist SAP das größte Cloud-Unternehmen der Welt.

6.3.2   Module

Die Erwartungen von Kunden und Märkten sind hoch. Für SAP-AnwenderInnen, die in der Softwareumgebung ihre betriebswirtschaftlichen Arbeiten erledigen, bietet SAP diverse Module, damit die Arbeit effizient gestaltet werden kann.

Eine effiziente Bearbeitung von Geschäftsprozessen verlangt u. a. eine gemeinsame unternehmerische Daten- und Anwendungsbasis. Die Daten- und Informationsflüsse von betrieblichen Prozessen müssen nach der SAP Philosophie weitgehend ohne Schnittstellen in *einer* Software erfasst und gehalten werden. SAP bietet daher zur effizienteren Bearbeitung von Geschäftsvorfällen sog. *Enterprise Resource Planning-Systeme* (ERP-Systeme) an. Ziel ist es, die Ressourcen wie Betriebsmittel, Kapital, Arbeitskräfte und Informationen möglichst effizient einzusetzen und durch die Integration der IT-Systeme abteilungsübergreifendes Arbeiten zu ermöglichen.

Die Datenintegration wird durch eine zentrale Datenbank im anwendenden Unternehmen realisiert, auf die alle Komponenten des ERP-Systems zugreifen können. Folglich entsteht keine redundante, also mehrfache Datenspeicherung. Die Funktionsintegration

---

[23] Vgl. SAP SE - Unser Unternehmen - Geschichte. Verfügbar unter: http://go.sap.com/corporate/de/company/23 history.2011-present.html. (Abgerufen am: 23.11.2016)

wird durch eine informationstechnische Verknüpfung der einzelnen Module erreicht. Da betriebliche Prozesse im Allgemeinen ineinander greifen und verschiedene Abteilungen in die Bearbeitung des Geschäftsprozesses involviert sind, müssen auch die IT-Systeme dieser Abteilungen miteinander kommunizieren können.[24] Abteilungsübergreifend sind bspw. die Funktionen des Controllings, des Finanzwesens, des Einkaufs, der Materialwirtschaft, des Personalwesens, der Produktion und des Vertriebs.

6.3.2.1   Controlling (CO)

Das Modul Controlling (CO) unterstützt die Entscheidungsfindung des Managements. Hauptaufgaben sind dabei die Planung und die Kostenrechnung. SAP Controlling (CO) bietet Funktionen für die Koordination, Überwachung und Optimierung unternehmerischer Aktivitäten. Das Modul ist nicht nur mit dem Finanzwesen (FI), sondern auch eng mit den Logistik-Modulen integriert, sodass alle Daten, die für die Kostenrechnung relevant sind, automatisch dort einfließen können. Die wichtigsten CO-Komponenten sind:

- Gemeinkostenrechnung (Overhead Cost Management),
- Produktkostenrechnung (Product Costing) und
- Ergebnis- und Marktsegmentrechnung (Profitability Analysis).

In der Gemeinkostenrechnung wird jeweils nochmals zwischen Kostenarten-, Kostenstellen- und Kostenträgerrechnung unterschieden. Bei der Kostenartenrechnung handelt es sich um die erste Stufe der Kosten- und Leistungsrechnung, in der Kosten von Aufwendungen und Erträge von Leistungen abgegrenzt und innerhalb einer Periode geplant und festgestellt werden. Die Kostenstellenrechnung stellt fest, wo die Kosten angefallen sind und stellt so die Verbindung zwischen Kostenarten- und Kostenträgerrechnung her. Zu bestimmen, wofür die Kosten entstanden sind, ist eine der zentralen Aufgaben der Kostenträgerrechnung. Die Kostenträgerrechnung rechnet die im Unternehmen angefallenen Kosten den Leistungseinheiten des Betriebes, z. B. Erzeugnissen, Erzeugnisgruppen und Aufträgen zu.

6.3.2.2   Finanzwesen (FI)

Das Modul Finanzwesen (FI) umfasst das externe Rechnungswesen eines Unternehmens. Hier werden die Konten des Unternehmens geführt und die Geschäftsvorfälle gebucht.

In der Hauptbuchhaltung laufen die gesammelten Zahlen aus allen Nebenbüchern zusammen. Auf dieser Grundlage werden Bilanzen erstellt. Die Debitorenbuchhaltung ist in Echtzeit an das Hauptbuch angeschlossen und ermöglicht ein Forderungsmanagement auf Kunden- und Einzelpostenebene. Neue Geschäfte werden in Form von Rechnungen vom Vertriebsmodul (Sales and Distribution (SD)) direkt übergeben. Die

---

[24] Eine andere Möglichkeit der Integration wäre die Vernetzung der einzelnen Systeme über (Standard-) Schnittstellen.

Kreditorenbuchhaltung verwaltet die Lieferanten und damit Verbindlichkeiten des anwendenden Unternehmens. Ist das Modul Materialwirtschaft (MM) i. V. m. der Teilkomponente Einkauf im Einsatz, können neue Eingangsrechnungen direkt gegen Bestellungen und Wareneingänge geprüft werden. Bei der Bankbuchhaltung handelt es sich um ein *„unechtes Nebenbuch"*. Bankkonten werden über das Hauptbuch abgebildet, lediglich das Kassenbuch hat hier den Charakter einer kleinen Nebenbuchhaltung.

6.3.2.3   Weitere Module

6.3.2.3.1   Materialwirtschaft

Das Modul Materialwirtschaft (MM) besteht aus den Teilkomponenten Einkauf, Bestandsführung, Lagerverwaltung und Rechnungsprüfung. Die Daten und Funktionen des Moduls bilden mit den folgenden Hauptaufgaben die Basis für eine Vielzahl von Geschäftsprozessen:

- Verwaltung von Material-, Lieferanten- und anderen Stammdaten,
- Materialdisposition,
- Materialbeschaffung,
- Materialbewertung,
- Materialbewegungen,
- Lagerverwaltung und Bestandsführung,
- Rechnungsprüfung sowie
- Logistikinformationssystem.

6.3.2.3.2   Personalwesen

Das Modul Personalwesen bzw. Human Capital Management (HCM) hat die Aufgabe, das Personalmanagement eines Unternehmens zu unterstützen. Eine der Hauptaufgaben des Moduls ist die Personalabrechnung. Dieses Modul stellt ein vollumfängliches Personalwirtschaftssystem dar.

Durch die Nutzung des Moduls hat das Unternehmen alle Personalthemen an einem Ort bspw. die Stammdatenpflege, Abrechnung, Mitarbeiterakquise u. Ä. Es besteht die Möglichkeit, komplette Personalprozesse abzubilden oder Genehmigungsprozesse an der Organisationsstruktur des anwendenden Unternehmens auszurichten. Die essentiellen Bestandteile und oft verwendeten Teilmodule von SAP HCM sind:

- Personaladministration (PA),
- Personalabrechnung (PY),
- Personalzeitwirtschaft (PT),
- Veranstaltungsmanagement (PE),
- Personalbeschaffung (PB) und
- Personalentwicklung (PD).

6.3.2.3.3 Produktion

Das Modul Produktionsplanung und -steuerung (PP) hat die Aufgabe, die Produktion in einem Unternehmen zu planen und zu steuern und beschäftigt sich deshalb mit der mengen- und zeitmäßigen Planung zu produzierender Erzeugnisse sowie der Steuerung des Fertigungsablaufs. Es unterstützt dabei unterschiedliche Planungskonzepte. Hauptaufgabenbereiche des Moduls sind:

• Verwaltung von Stücklisten, Arbeitsplänen und anderen Stammdaten,
• Absatz- und Produktionsgrobplanung,
• Produktionsplanung,
• Materialbedarfs- und Kapazitätsplanung sowie
• diskrete und kontinuierliche Auftragsbearbeitung.

6.3.2.3.4 Vertrieb

Das Modul Vertrieb bzw. Sales and Distribution (SD) bildet das Vertriebssystem eines Unternehmens ab. Alle Aufgaben im Verkauf, Versand und bei der Fakturierung werden in diesem Modul abgebildet. Es deckt dabei folgende Hauptaufgabenbereiche ab:

• Verwaltung von Produkt-, Kunden- und anderen Stammdaten,
• Verkauf,
• Versand,
• Fakturierung,
• Vertriebsunterstützung sowie
• Vertriebsinformationssystem.

Im Folgenden sollen Übungen die Anwendungsmöglichkeiten der für dieses Buch relevanten Module von SAP veranschaulichen.

6.3.3 SAP-Übungen – Finanzbuchhaltung (Vgl. Gadatsch and Frick (2005), S. 15 ff.)

„Das IT-gestützte betriebliche Rechnungswesen ist seit Jahren von einem vergleichsweise stillen Wandel geprägt." (Gadatsch und Frick 2005, S. 15). Die folgenden Übungen werden daher gezielt die durch das SAP-System abgedeckten operativen Prozesse in der Finanzbuchhaltung beschreiben. Innerhalb dieser Übungen wird übersichtlich dargestellt, wie BenutzerInnen einen Kreditoren- und Debitorenstammsatz im SAP-System anlegen können sowie, wie sich auf diesen Stammsätzen Buchungen vornehmen lassen.

SAP-Systeme können auf einer Vielzahl von Rechner-Plattformen der unterschiedlichsten Hersteller installiert werden. Die Systeme sind hierbei skalierbar unter Beibehaltung der gleichen betriebswirtschaftlichen Funktionalität. Insgesamt ist die Integration von Finanzwesen und Controlling sowie der weiteren Teilsysteme eines der wesentlichen Merkmale des SAP-Systems. Die Finanzbuchhaltung dient hierbei als Bindeglied zwischen dem externen Rechnungswesen (Financial Accounting) und dem Controlling (Management Accounting), den logischen Anwendungen und der Personalwirtschaft. Zentrale Integrationsinstrumente sind der Kontenplan und die Sachkonten der Finanzbuchhaltung. Der Kostenarten- und Erlösrechnung kommt hierbei wiederum die Rolle der Brücke zwischen dem Controlling und Daten liefernden Modulen wie Finanzen, Materialwirtschaft usw. zu.

Die Autoren berufen sich in ihren Übungen und der Fallstudie auf den IDES Konzern[25] (Mandant: 904), mit Teilkonzern Europa (Kostenrechnungskreis: 1000), Gesellschaft Best Run Germany in Frankfurt (Buchungskreis: 1000), Produktionsstandort in Hamburg (Werk: 1000) und Profitcenter Motorräder (Profitcenter: 1000).

Abb. 6.122 zeigt die Unternehmensstruktur für die Übungen und anschließende Fallstudie.

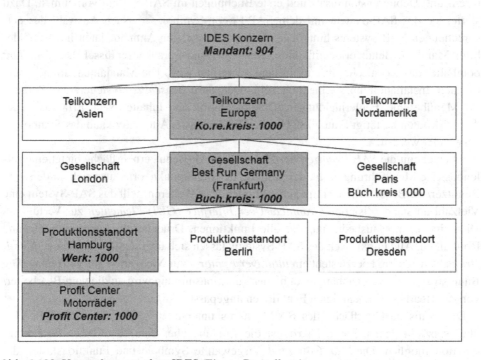

Abb. 6.122 Unternehmensstruktur IDES (Eigene Darstellung)

---

[25] IDES - das „International Demonstration and Education System" im SAP System stellt eine Modellfirma dar. Sie besteht aus einem internationalen Konzern mit Tochtergesellschaften in verschiedenen Ländern. IDES enthält beispielhafte Anwendungsdaten für unterschiedliche Geschäftssituationen im SAP System. Im IDES sind die Geschäftsprozesse genau wie in einem richtigen Unternehmen abgebildet, daher sind sie mit vielen realistischen Merkmalen ausgestattet. Auf diese Weise macht IDES die anspruchsvolle Funktionalität des SAP Systems an leicht nachvollziehbaren Beispielen deutlich. Der Schwerpunkt von IDES liegt jedoch nicht auf der Darstellung einzelner Funktionen, sondern auf den durchgängigen Geschäftsprozessen und deren Integration.

In der IDES Gesellschaft Best Run Germany muss Adam Jung krankheitsbedingt mehrere Monate auf Maria Heese, Mitarbeiterin in der Finanzbuchhaltung, verzichten. Herr Jung möchte aus diesem Grund übergangsweise eine interne Stellenbesetzungslösung und Aufgabenübertragung schaffen. Nach Rücksprache mit Herrn Kreuz, Leiter des dezentralen Controllings der IDES Gesellschaft, wurden beide auf Sarah Nienaber aufmerksam. Frau Nienaber arbeitet als zweite Mitarbeiterin in der Controlling-Abteilung der IDES Gesellschaft in Frankfurt und hat vor kurzem eine Weiterbildung zur Finanzbuchhalterin erfolgreich abgeschlossen. Des Weiteren verfügt sie über fundierte Kenntnisse im FI- und CO-Modul des SAP-Systems. In einem kollegialen Gespräch zwischen Herrn Jung, Herrn Kreuz und Frau Nienaber ist Frau Nienaber bereit, übergangsweise die Aufgaben von Frau Heese zu übernehmen.

In der Finanzbuchhaltung muss Frau Nienaber nun am ersten Tag einen neuen Kreditoren- und Debitorenstammsatz und erste Buchungen im SAP-System vornehmen. Dazu startet sie das SAP-System mit dem SAP-Logon-Symbol: ▣. Nach Auswahl des entsprechenden SAP-Systems hinterlegt sie ihre notwendigen Anmeldedaten im Anmeldebild: Mandant, Benutzeridentifikation, Kennwort und Sprachenschlüssel. Der *Mandant* beinhaltet das technische System, in dem gearbeitet wird. Die Mandantennummer kann je nach Installation unterschiedlich sein. Der *Sprachenschlüssel* steuert die Sprache für Menübefehle, Fehlermeldungen, Dokumentation und Inhalte. Nach Erfassung aller Anmeldedaten bestätigt Frau Nienaber die *ENTER*-Taste. Alternativ kann das Symbol ✅ verwendet werden.

Es erscheint die *SAP-Benutzeroberfläche*. Die SAP-Benutzeroberfläche bietet eine rollenbasierte Menüführung, d. h., der Umfang der Menüpunkte orientiert sich an den vom Benutzer/der Benutzerin benötigten Funktionen. Des Weiteren stellt das SAP-System eine Vielzahl an standardisierten *Graphical User Interface (GUI)-Elementen* zur Verfügung. Dies sind u. a. Mausbedienung für alle Funktionen, Drucktasten, Auswahlknöpfe und Rollbalken. Alle Funktionen des SAP-Systems lassen sich über eine geschachtelte *Menüstruktur* ansteuern. Hierzu steht ein *intuitiver Explorer* zur Navigation zur Verfügung. Die Baumstruktur ist rollenabhängig, d. h., der Funktionsumfang wird an die vom Bearbeiter/ von der Bearbeiterin benötigten Funktionen angepasst.

Die grafische Oberfläche des SAP-Systems unterstützt häufig verwendete Befehle über spezielle Icons. Parallel dazu ist die Eingabe über eine Taste bzw. Tastenkombination möglich. Die Tab. 6.46 zeigt ausgewählte Symbole und Funktionstasten der Funktionsleiste.

Mit dem SAP-System ist paralleles Arbeiten mit mehreren virtuellen Bildschirmfenstern (Modi) möglich. Ein neues Fenster kann über die Menüfolge: System → *Neues GUI-Fenster* (Alternativ: Strg+N) eröffnet werden. Daneben stellt das SAP-System AnwenderInnen vielfältige Hilfemöglichkeiten zur Verfügung. Die kontextsensitive Hilfe gibt detaillierte Informationen zu Bildschirmelementen oder auch zu Fehlermeldungen. Durch die Positionierung des Cursors auf dem Feld F1 erhält der/die AnwenderIn detaillierte

Tab. 6.46 Symbole und Tastenkombination im SAP-System (Eigene Darstellung)

Symbol	Tastenkombination	Bedeutung
✓	Enter	Bestätigung der Dateneingabe
💾	Strg+S	Sicherung der Dateneingabe
⏪	F3	Schritt zurück
⏫	Umsch+F3	Aktion beenden
✖	F12	Aktion abbrechen
⏏	Strg+Bild hoch	Zur ersten Seite blättern
⏬	Strg+Bild runter	Zur letzten Seite blättern
🔼	Bild hoch	Vorwärts blättern
🔽	Bild runter	Rückwärts blättern

Informationen und Verweise. Eine Liste der möglichen Eingabefelder oder Matchcodes erhalten AnwenderInnen durch die Cursorpositionierung auf das Eingabefeld und F4.

Zusätzlich bietet das System die Möglichkeit, eine Transaktion durch einen Aufruf des Transaktionscodes direkt zu starten. AnwenderInnen können jederzeit über den Befehl: System →Status Informationen über den jeweils benutzten *Transaktionscode* erhalten, alternativ können Sie den Transaktionscode dem SAP-Menü entnehmen. Neben dem Transaktionscode erleichtern *Matchcodes* die Suche nach nicht bekannten Schlüsselbegriffen von Stamm- und Bewegungssätzen.

Bevor die Finanzbuchhaltung-Übungen von Frau Nienaber durchgeführt werden, sollen folgende betriebswirtschaftlich-organisatorischen Aspekte definiert werden:

- Auf einem SAP-System können mehrere *Mandanten* eingerichtet werden. Mandanten dienen u. a. der Strukturierung der Entwicklungsumgebung. Je nach Verantwortlichkeit (Entwicklung, Fachabteilung) werden unterschiedliche Zugriffsrechte erteilt.
- Der *Buchungskreis* ist die kleinste organisatorische Einheit, für die eine Bilanz aufgestellt werden kann. Eine Buchungskreisgrenze bildet ein Kunden-Lieferantenverhältnis ab. Buchungskreise werden für rechtlich selbständige Tochterunternehmen, Auslandsniederlassungen u. a. eingerichtet.
- Eine *Gesellschaft* ist eine organisatorische Einheit, für die optional eine Bilanz aufgestellt werden kann. Sie kann einen oder mehrere Buchungskreise umfassen, z. B. zur Konsolidierung von mehreren Tochterunternehmen mit dem gleichen Kontenplan.
- Ein *Geschäftsbereich* kann dazu eingesetzt werden, interne Bilanzen und Gewinn- und Verlustrechnungen für Unternehmensbereiche zu erstellen. Ein Buchungskreis kann in mehrere *Geschäftsbereiche* unterteilt werden. Geschäftsbereiche können sich über mehrere Buchungskreise hinweg erstrecken. Beispielsweise können strategische Geschäftseinheiten eines Unternehmens hiermit abgebildet werden.

- Der *Kostenrechnungskreis* ist eine Organisationseinheit, in der eine in sich abgeschlossene Kostenrechnung durchgeführt wird. Ein Kostenrechnungskreis kann mehreren Buchungskreisen zugeordnet sein. Beispielsweise können dies Tochterunternehmen sein, für die eine gemeinsame Kostenrechnung vorgesehen ist.
- Das *Hauptbuch* dient der Erfüllung gesetzlicher Anforderungen nach den International Accounting Standards (IAS), US Generally Accepted Accounting Principles (US-GAAP) usw., d. h. der Erstellung der Bilanz und Gewinn- und Verlustrechnung. Das Hauptbuch enthält die Bilanz- und GuV-Konten.
- Die *Nebenbücher* dienen der Integration der wertführenden Module innerhalb und außerhalb des Rechnungswesens. Sie enthalten detaillierte Informationen. Kontenbewegungen schlagen sich unmittelbar in den ihnen zugeordneten Bilanzkonten des Hauptbuches nieder *(Mitbuchkontentechnik)*.
- Die Zuordnung der Nebenbücher zum Hauptbuch erfolgt über *Abstimmkonten*. Ein Abstimmkonto ist ein Sachkonto, d. h. im Hauptbuch angelegt, auf dem die Kontenbewegungen der Nebenbuch-Konten parallel mitgeführt werden. Abstimmkonten dienen der permanenten und sicheren Abstimmung der Nebenbücher mit dem Hauptbuch. Mehrere Nebenbuchkonten verweisen in der Regel auf ein Mitbuchkonto. Durch diese Technik sind die Nebenbücher jederzeit mit den Hauptbüchern abgestimmt.
- Der *Kontenplan* ist ein im Hauptbuch geführtes Gliederungsschema zur Erfassung von Buchungen. Die Positionen eines Kontenplans können gleichzeitig Aufwands- und Ertragskonto in der Finanzbuchhaltung oder Kosten- oder Erlösart im Controlling sein.
- Ein wichtiger Begriff zur Unterscheidung der Stammdaten ist die *Kontoart*, die angibt, zu welchen Buchhaltungsteilbereichen ein Konto gehört. Kontoarten sind beispielsweise Kreditoren, Debitoren, Sachkonten und Anlagenkonten. Die Kontoart ordnet ein Konto dem Hauptbuch (Sachkonto) oder einem Nebenbuch (z. B. Kreditorenkonto) zu.
- Die Stammdaten der Personenkonten und der Sachkonten werden durch die *Kontengruppe* strukturiert, die eines der wesentlichen Datenfelder der Stammsätze darstellt. Die Kontengruppe fasst DV-technische Eigenschaften zur Verwaltung der Stammsätze zusammen.

Nachdem ein (Kurz-)Überblick über die Benutzeroberfläche, die Symbole und die Begriffsdefinitionen gegeben wurde, soll Frau Nienaber nun im ersten Schritt einen Kreditorenstammsatz anlegen.

6.3.3.1 Übung 1: Anlegen Kreditorenstammsatz (Vgl. Gadatsch und Frick, (2005), S. 49 ff.)

Frau Nienaber liegt eine Rechnung eines neuen Kreditors vor. Demzufolge legt sie einen Kreditorenstammsatz für einen deutschen Lieferanten an. Der Name des Kreditors ist Meyer Schreibwaren GmbH und der Suchbegriff 1/2: Meyer Schreibwaren. Die Kontonummer soll vom System vorgeschlagen werden (interne Vergabe). Der Lieferant hat seinen Sitz in 26452 Sande. Die Straße lautet: Sander Ring 5. Er hat ein Bankkonto bei der Volks- und Raiffeisenbank in Sande-Wangerland (Bankschlüssel bzw. Bankleitzahl:

28262582; Bankkonto: 123765482). Als Umsatzsteuer-ID-Nr. verwenden Sie bitte DE123456782. Das Abstimmkonto im Hauptbuch lautet: 160000 (Bilanzkonto für Verbindlichkeiten an Lieferanten). Die Einzelposten sollen nach dem Belegdatum sortiert werden (Sortierschlüssel: 003). Der Kreditor gehört zur Finanzdispogruppe A1 (Kreditoren Inland) und wird nach dem Mahnverfahren: 0002 (4-stufig, monatlich) gemahnt. Die Zahlungen sollen in Form von Schecks (Zahlweg: S) und Überweisung (Zahlweg: U) sofort zahlbar ohne Abzug (Zahlungsbedingung: 0001) erfolgen.

Zum Anlegen des Kreditors nutzt Frau Nienaber im SAP-System folgende Menüfolge: *Rechnungswesen → Finanzwesen → Kreditoren → Stammdaten → Anlegen*. Alternativ kann die *Transaktion: FK01 Anlegen* verwendet werden. Nach dem Start der Transaktion erhält sie das folgende Bild, in das sie den Buchungskreis „1000" und die Kontengruppe „KRED" einträgt. Mit ENTER oder einem Mausklick auf das Symbol ✅ gelangt sie in das nächste Bild. Dort trägt sie die Anschrift ein. In das Feld Suchbegriff kann sie eine Kurzbezeichnung eintragen, die den Lieferanten charakterisiert. Als Land wählt sie „DE". Abb. 6.123 veranschaulicht das Anlegen der Kreditorenanschrift.

Mit F8 oder einem Mausklick auf das Symbol 🗒 gelangt Frau Nienaber in das Bild zur Erfassung der Steuerungsdaten (siehe Abb. 6.124).

Beim Anlegen der Kreditoren-Steuerdaten legt Frau Nienaber lediglich eine gültige Umsatzsteuer-Identifikationsnummer an. Die setzt sich aus dem Sprachenschlüssel (2-stellig) + 9 Ziffern zusammen, also z. B. „DE123456782". Die restlichen Felder sind

Abb. 6.123 Anlegen der Kreditoren-Anschrift (Eigene Darstellung, SAP ERP 6.00)

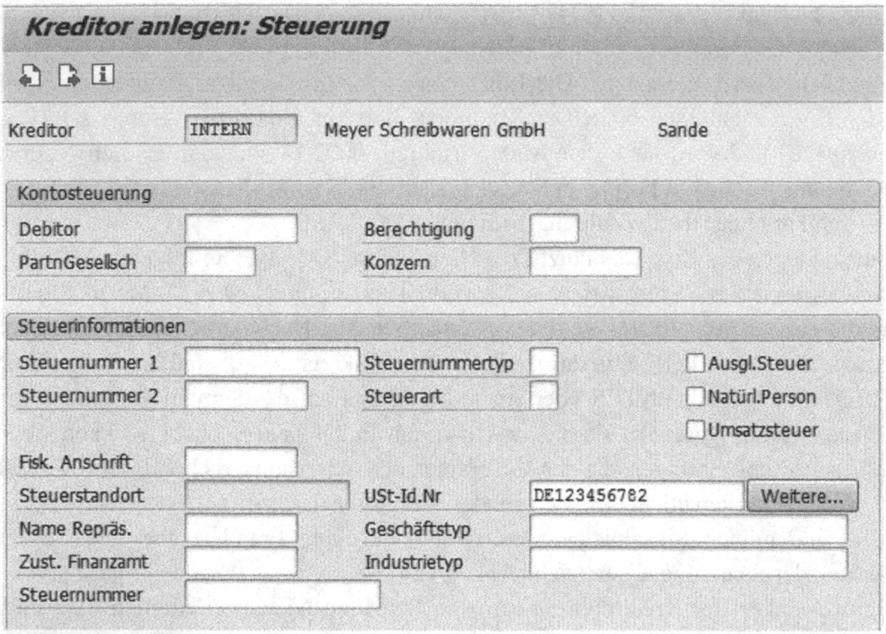

Kreditor anlegen: Steuerung

⬦ ⬦ ⊞

Kreditor   INTERN   Meyer Schreibwaren GmbH   Sande

Kontosteuerung

Debitor   Berechtigung

PartnGesellsch   Konzern

Steuerinformationen

Steuernummer 1   Steuernummertyp   ☐ Ausgl.Steuer

Steuernummer 2   Steuerart   ☐ Natürl.Person

                                                              ☐ Umsatzsteuer

Fisk. Anschrift

Steuerstandort   USt-Id.Nr   DE123456782   Weitere...

Name Repräs.   Geschäftstyp

Zust. Finanzamt   Industrietyp

Steuernummer

Abb. 6.124 Anlegen der Kreditoren-Steuerdaten (Eigene Darstellung, SAP ERP 6.00)

(hier) nicht relevant. Das Feld Debitor ist z. B. für den Fall vorgesehen, dass einer ihrer GeschäftspartnerInnen zugleich Kunde (Debitor) und Lieferant (Kreditor) ist. In diesem Fall kann sie hier die Nummer des zugehörigen Debitorenstammsatzes erfassen und an anderer Stelle Funktionen zum automatischen Ausgleich von Forderungen und Verbindlichkeiten nutzen, ohne dass z. B. Geldüberweisungen fließen müssen. Mit F8 oder einem Mausklick auf das Symbol ⬦ gelangt Frau Nienaber zur Erfassung der Daten für den automatisierten Zahlungsverkehr. Dort trägt sie das Bankkonto des Lieferanten ein und beachtet dabei, dass sie in der Spalte Länderschlüssel „DE" für die Bank, in der Spalte Bankschlüssel die „Bankleitzahl" und in der Spalte Bankkonto die „Kontonummer" eintragen muss. Das Feld Kontoinhaber ist optional.

Mit F8 oder einem Mausklick auf das Symbol ⬦ gelangt sie in das Bild zur Erfassung von Daten für die Kontoführung der Buchhaltung. *Hinweis:* Für den Fall, dass die von ihr angegebene Bank nicht im System vorhanden ist, bekommt sie ein Erfassungsfenster eingeblendet. Dies ist hier der Fall! Frau Nienaber pflegt die erforderlichen Angaben ein, um den Bankenstammsatz anzulegen. (Siehe hierzu Abb. 6.125)

Im nächsten Bild könnte sie die AnsprechpartnerInnen hinterlegen. Sie überspringt diese Anzeige mit dem Symbol ⬦. Im nächsten Bild (Abb. 6.126) erfasst sie die Daten zur Steuerung des Kontos. Hier sind insb. die Mussfelder Abstimmkonto (Bilanzkonto = „160000") sowie Finanzdispogruppe (= „A1") zu füllen. Weiterhin trägt sie in das

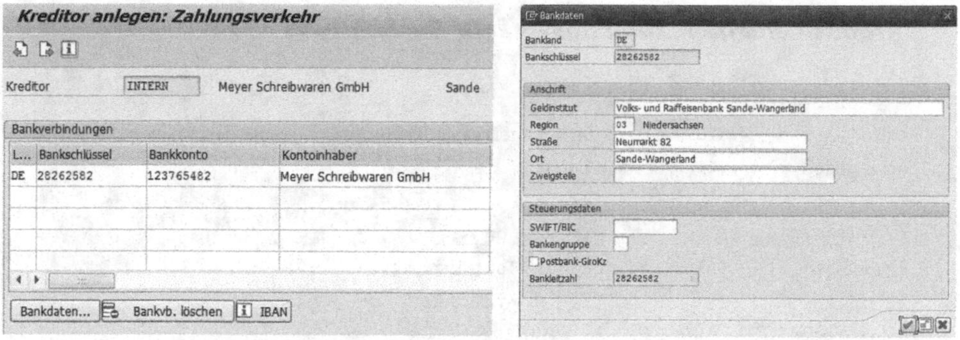

Abb. 6.125 Bankdaten des Kreditors (Eigene Darstellung, SAP ERP 6.00)

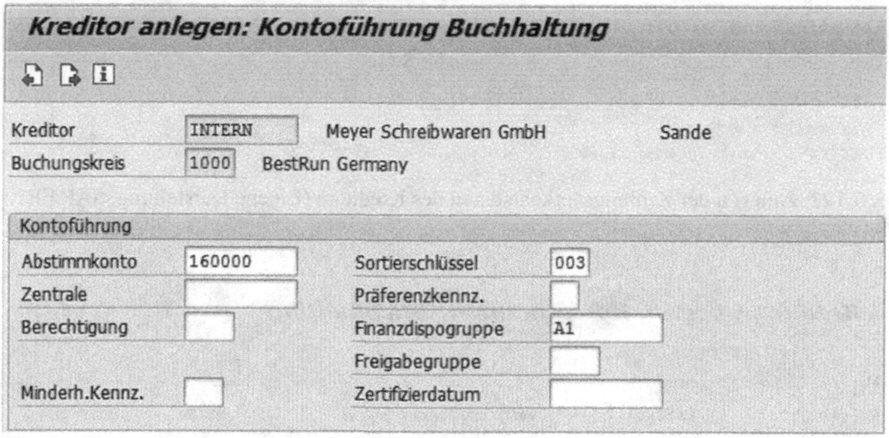

Abb. 6.126 Anlegen Kreditorendaten zur Kontoführung (Eigene Darstellung, SAP ERP 6.00)

Feld Sortierschlüssel den Eintrag „003" ein, der dafür sorgt, dass sie später ihre Buchungs-belege für dieses Lieferantenkonto nach dem Belegdatum sortiert dargestellt bekommt.

Mit F8 oder einem Mausklick auf das Symbol ⎘ gelangt sie in das Bild zur Erfassung von Daten für den Zahlungsverkehr (Abb. 6.127). Dort erfasst sie den Schlüssel für die Zahlungsbedingung (hier: 0001) und die Zahlwege Scheck („S") und Überweisung („U"). Die gewählte Zahlungsbedingung wird z. B. bei der Rechnungserfassung vorgeschlagen. Die Zahlwege sind für das SAP-System zur Durchführung des automatisierten Zahlwe-sens erforderlich. Sie dienen der Identifikation der Zahlungsmöglichkeiten.

Mit F8 oder einem Mausklick auf das Symbol ⎘ gelangt Frau Nienaber in das Bild zur Erfassung der Mahndaten (Abb. 6.128). Dort erfasst sie den Schlüssel für das Mahnver-fahren „0002". Dieser Eintrag bewirkt, dass bei einer monatlichen Mahnung überfällige

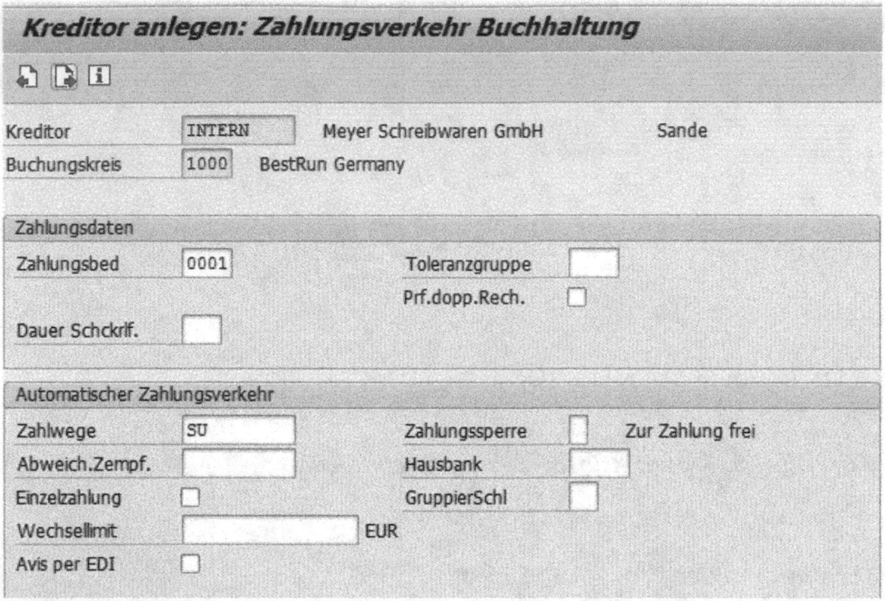

Kreditor anlegen: Zahlungsverkehr Buchhaltung

🔖 📋 ℹ️

Kreditor	INTERN	Meyer Schreibwaren GmbH	Sande
Buchungskreis	1000	BestRun Germany	

Zahlungsdaten

Zahlungsbed	0001	Toleranzgruppe	
		Prf.dopp.Rech.	☐
Dauer Schckrlf.			

Automatischer Zahlungsverkehr

Zahlwege	SU	Zahlungssperre	☐ Zur Zahlung frei
Abweich.Zempf.		Hausbank	
Einzelzahlung	☐	GruppierSchl	
Wechsellimit		EUR	
Avis per EDI	☐		

Abb. 6.127 Anlegen der Zahlungsverkehrsdaten des Kreditors (Eigene Darstellung, SAP ERP 6.00)

Kreditor anlegen: Korrespondenz Buchhaltung

☐ 📋 ℹ️

Kreditor	INTERN	Meyer Schreibwaren GmbH	Sande
Buchungskreis	1000	BestRun Germany	

Mahndaten

Mahnverfahren	0002	Mahnsperre	☐
Mahnempfänger		Gerichtl. Mahnv.	
Letzte Mahnung		Mahnstufe	☐
Sachb.Mahnung		Gruppierschlüssel	☐
Mahnbereiche			

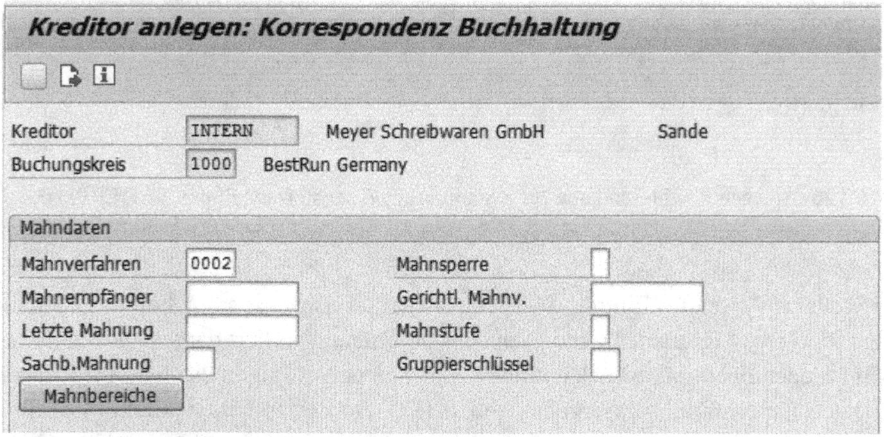

Abb. 6.128 Erfassung des Mahnverfahrens (Eigene Darstellung, SAP ERP 6.00)

Posten vierstufig hoch gezählt werden. Einer Mahnstufe sind unterschiedliche (ggf. individuelle) Aktionen (Mahnbrief, Berechnung von Verzugszinsen usw.) zugeordnet.

Mit F8 oder einem Mausklick auf das Symbol 📋 hat Frau Nienaber alle notwendigen Daten erfasst und gelangt in ein Bild, das sie auffordert, den Beleg zu buchen oder den

Vorgang abzubrechen. Sie beantwortet die Frage mit *Ja*, um den Buchungsbeleg zu erzeugen. Der Stammsatz wurde nun im SAP-System unter der Nummer 100563 angelegt.

6.3.3.2   Übung 2: Anlegen Debitorenstammsatz (Vgl. Gadatsch and Frick (2005), S. 59 ff.)

Nach dem Anlegen des Kreditorenstammsatzes steht Frau Nienaber vor der Aufgabe, einen Debitorenstammsatz für einen deutschen Kunden im Buchungskreis 1000 anzulegen. Der Name des Kunden lautet: Tabeling Fahrradgroßhandel GmbH; Suchbegriff 1/2: Tabeling Fahrrad; Straße: Hauptstr. 12 und Postleitzahl, Ort: 26121 Oldenburg. Die Kontonummer ist: 1949494983 mit Bankkonto bei der Landessparkasse zu Oldenburg (Bankschlüssel 28050183). Als Umsatzsteuer-ID-Nr. verwendet sie DE123456783. Das Abstimmkonto im Hauptbuch lautet: 140000 (Forderungen). Die Einzelposten sollen nach dem Belegdatum *(Sortierschlüssel: 003)* sortiert werden. Offene Posten sollen monatlich verzinst werden *(Zinskennzeichen: 01 und Zinsrhythmus: 1)*. Mit dem Kunden wurde Zahlung in Form von *Schecks und Überweisung* und die Zahlungsbedingung: *0001 sofort zahlbar ohne Abzug* vereinbart. Der Debitor soll 14-tägig gemahnt werden *(Mahnverfahren: 0001)*. Das *Kreditlimit beträgt 0,25 Mio. im Kreditkontrollbereich: 1000*.

Zum Anlegen des Debitors nutzt Frau Nienaber im SAP-System folgende Menüfolge: *Rechnungswesen → Finanzwesen → Debitoren → Stammdaten → Anlegen*. Alternativ kann die *Transaktion: FD0I Anlegen* verwendet werden. Nach dem Programmstart trägt Frau Nienaber den Buchungskreis (hier: *"1000"*) ein und wählt die Kontengruppe durch Selektion des Eintrages *„Debitoren allgemein"*. Anschließend trägt sie in das Feld *„Debitor"* die gewünschte Debitorennummer (hier *„DEB83"*) ein. Siehe hierzu Abb. 6.129.

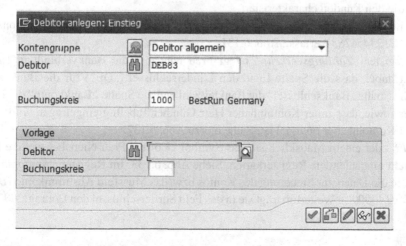

Abb. 6.129 Debitor Auswahlliste (Eigene Darstellung, SAP ERP 6.00)

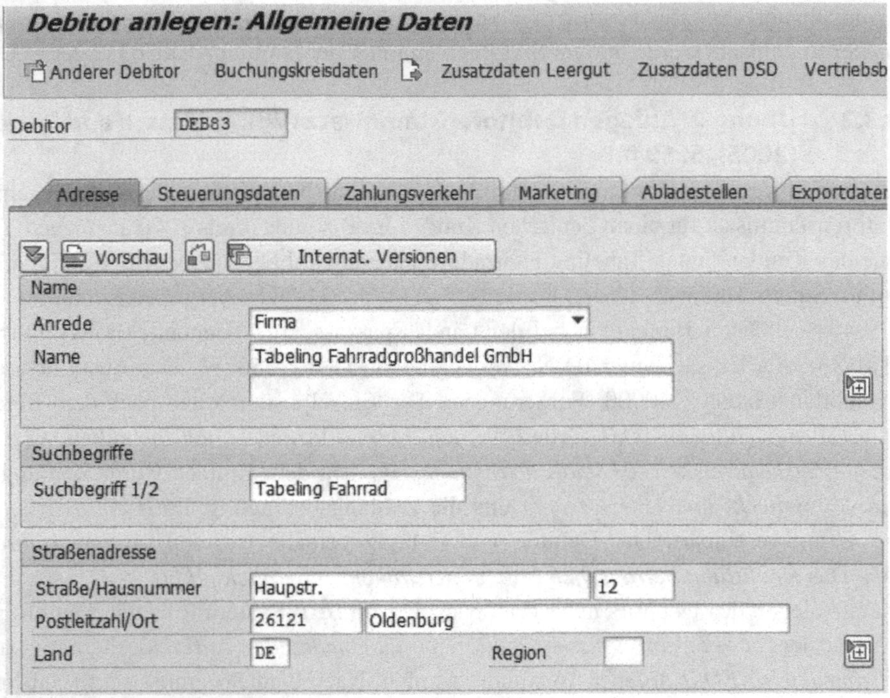

Debitor anlegen: Allgemeine Daten

⌕ Anderer Debitor   Buchungskreisdaten   📄 Zusatzdaten Leergut   Zusatzdaten DSD   Vertriebsb

Debitor   DEB83

| Adresse | Steuerungsdaten | Zahlungsverkehr | Marketing | Abladestellen | Exportdater |

⤓ 🖨 Vorschau   📑 📇   Internat. Versionen

Name

Anrede   Firma   ▼

Name   Tabeling Fahrradgroßhandel GmbH

Suchbegriffe

Suchbegriff 1/2   Tabeling Fahrrad

Straßenadresse

Straße/Hausnummer   Haupstr.   12

Postleitzahl/Ort   26121   Oldenburg

Land   DE   Region

Abb. 6.130 Anlegen der Anschrift des Debitors (Eigene Darstellung, SAP ERP 6.00)

Mit *ENTER* gelangt Frau Nienaber in das nächste Bild (Abb. 6.130). Dort trägt sie die Anschrift ein. In das Feld Suchbegriff wird eine entsprechende Kurzbezeichnung einge-tragen, die den Kunden charakterisiert.

Anschließend werden die *„Steuerungsdaten"* – die Umsatzsteuer-Identifikationsnum-mer - *"DE123456783"* erfasst. Abb. 6.131.

Im Register *„Zahlungsverkehr"* pflegt Frau Nienaber die Bankverbindung ein und beachtet dabei, dass die Spalte Land den Länderschlüssel („DE") für die Bank enthält sowie die Spalte „Bankschlüssel" die Bankleitzahl und die Spalte „Bankkonto" die Konto-nummer sowie, dass unter Kontoinhaber Herr Günther Tabeling eingetragen wird, wobei das Feld Kontoinhaber optional ist. Siehe hierzu Abb. 6.132.

Mit *F8* oder einem Mausklick auf das Symbol 📄 öffnet Frau Nienaber weitere bisher noch nicht eingeblendete Registerkarten. Siehe Abb. 6.133. Im Register *„Kontoführung"* erfasst sie die Daten zur Steuerung des Kontos bzw. das Mussfeld Abstimmkonto *(Bilanz-konto = „140000")*. Weiterhin trägt sie in das Feld Sortierschlüssel den Eintrag *„003"* ein,

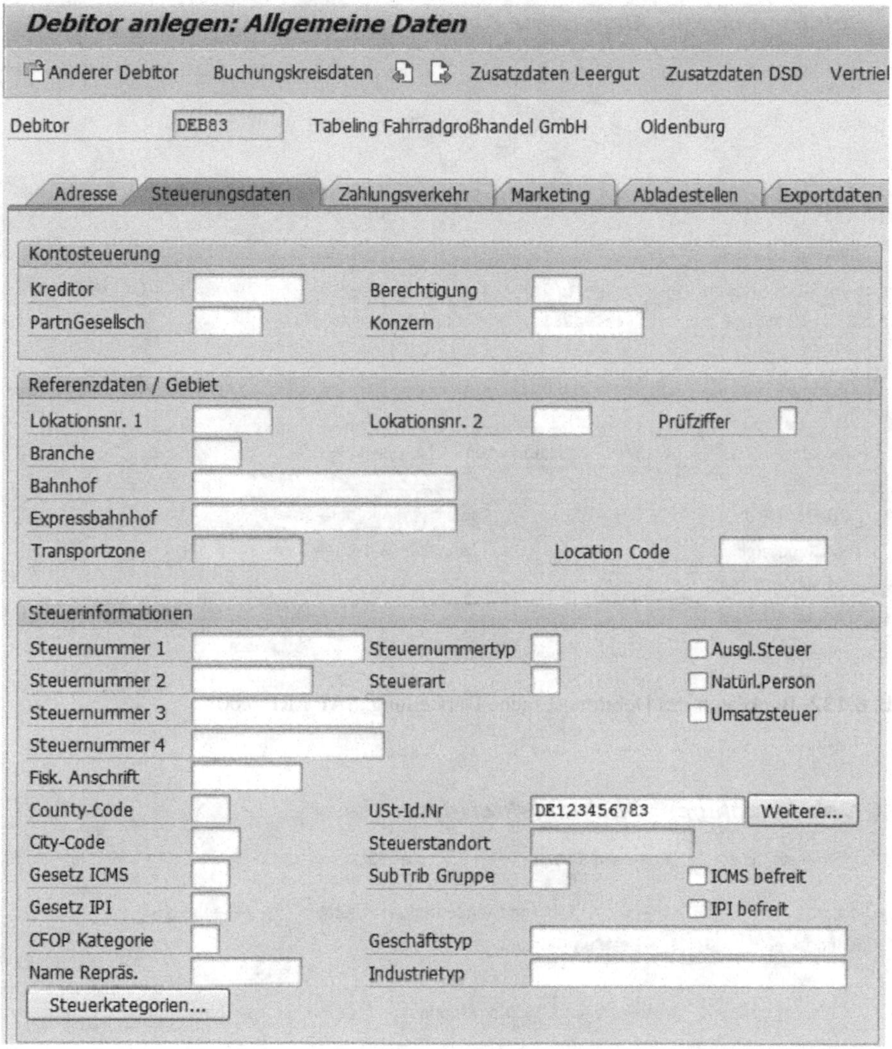

Abb. 6.131 Anlegen der Debitoren-Steuerungsdaten (Eigene Darstellung, SAP ERP 6.00)

der dafür sorgt, dass sie später ihre Buchungsbelege für dieses Konto nach der Belegnummer sortiert angezeigt bekommt. Schließlich erfasst sie die Einträge für die Verzinsung überfälliger Posten (*Zinskennzeichen = 01, Zinsrhythmus = 01*).

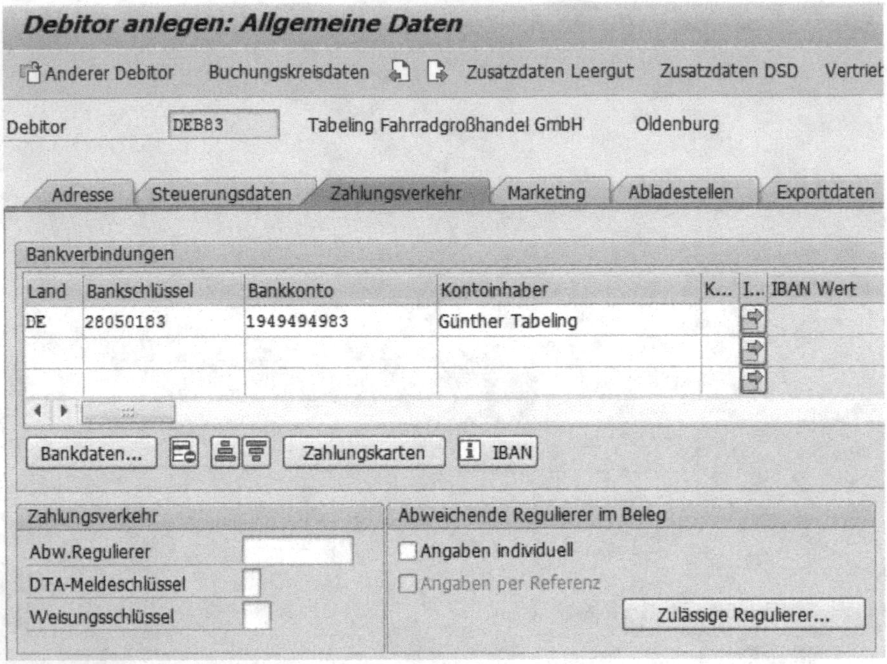

Debitor anlegen: Allgemeine Daten

Anderer Debitor   Buchungskreisdaten   Zusatzdaten Leergut   Zusatzdaten DSD   Vertrieb

Debitor   DEB83   Tabeling Fahrradgroßhandel GmbH   Oldenburg

Adresse   Steuerungsdaten   Zahlungsverkehr   Marketing   Abladestellen   Exportdaten

Bankverbindungen

Land	Bankschlüssel	Bankkonto	Kontoinhaber	K...	I..	IBAN Wert
DE	28050183	1949494983	Günther Tabeling			

Bankdaten...   Zahlungskarten   i IBAN

Zahlungsverkehr
Abw.Regulierer
DTA-Meldeschlüssel
Weisungsschlüssel

Abweichende Regulierer im Beleg
☐ Angaben individuell
☐ Angaben per Referenz

Zulässige Regulierer...

Abb. 6.132 Bankdaten des Debitors (Eigene Darstellung, SAP ERP 6.00)

Debitor anlegen: Buchungskreisdaten

Anderer Debitor   Allgemeine Daten   Zusatzdaten Leergut   Zusatzdaten DSD   Vertriebst

Debitor   DEB83   Tabeling Fahrradgroßhandel GmbH   Oldenburg
Buchungskreis   1000   BestRun Germany

Kontoführung   Zahlungsverkehr   Korrespondenz   Versicherung

Kontoführung

Abstimmkonto	140000	Sortierschlüssel	003	Belegdatum
Zentrale		Präferenzkennz.		
Berechtigung		Finanzdispogruppe		
Freigabegruppe		Wertberichtigung		

Verzinsung

Zinskennzeichen	01	Letzter Stichtag	
Zinsrhythmus	1	Letzter Zinslauf	

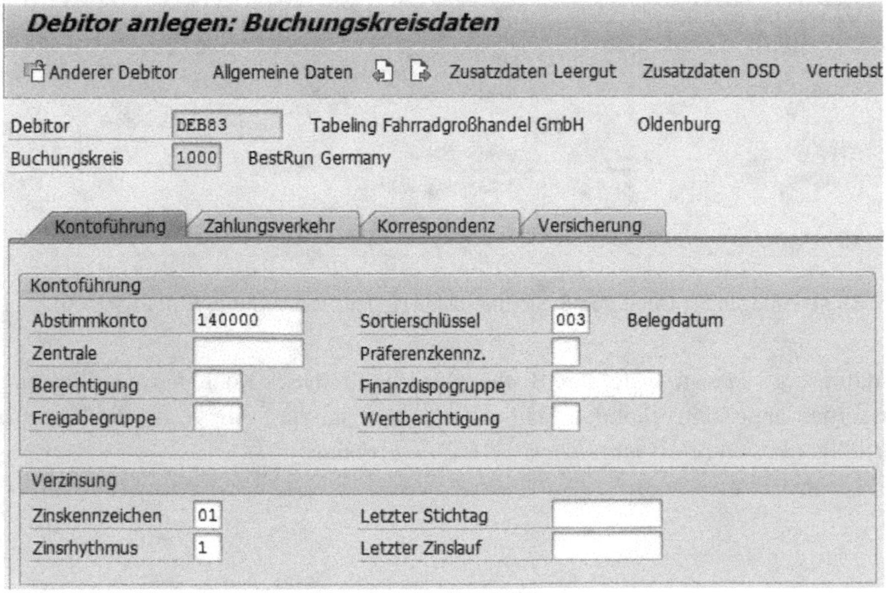

Abb. 6.133 Anlegen der Debitorendaten zur Kontoführung (Eigene Darstellung, SAP ERP 6.00)

Durch Aktivieren des entsprechenden Registers gelangt sie in das Bild zur Erfassung von Daten für den Zahlungsverkehr, dargestellt in Abb. 6.134. Dort erfasst sie die Zahlungsbedingung *(hier „0001")* und die Zahlwege Scheck *("S")* und Überweisung *("U")*. Die Zahlwege sind für den automatisierten Zahlungsverkehr erforderlich.

Mit *F8* oder einem Mausklick auf das Symbol 🖪 oder durch die Aktivierung des entsprechenden Registers *„Korrespondenz"* gelangt sie in das Bild zur Erfassung der Mahndaten (Abb. 6.135). Dort erfasst sie den Schlüssel für das Mahnverfahren *„0001"*.

Mit *F8* oder einem Mausklick auf das Symbol 🖪 hat Frau Nienaber alle notwendigen Daten erfasst. Mit 🖫 bucht sie den Beleg und hat den Debitor *DEB83* im Buchungskreis 1000 angelegt. Anschließend verzweigt sie in das SAP-Menü und wählt dort die folgende Menüfolge aus, um in das Kreditmanagement zu gelangen und das Kreditlimit für diesen Kunden festzulegen: *Rechnungswesen → Finanzwesen → Debitoren → Kreditmanagement → Stammdaten → Ändern*. Alternativ kann die *Transaktion: FD32 Ändern* verwendet werden. Nach dem Programmaufruf erhält sie das Kreditmanagement Startbild, in das sie die Nummer ihres Debitors (hier *„DEB83"*) sowie den Kreditkontrollbereich *„1000"* einträgt und das Feld *„Status"* im Block Kreditkontrollbereichsdaten aktiviert. Mit *ENTER* oder einem Mausklick auf das Symbol ⊘ gelangt sie in das nächste Bild (Abb. 6.136). Dort trägt sie das Kreditlimit gemäß Aufgabenstellung ein und sichert ihre Eingaben.

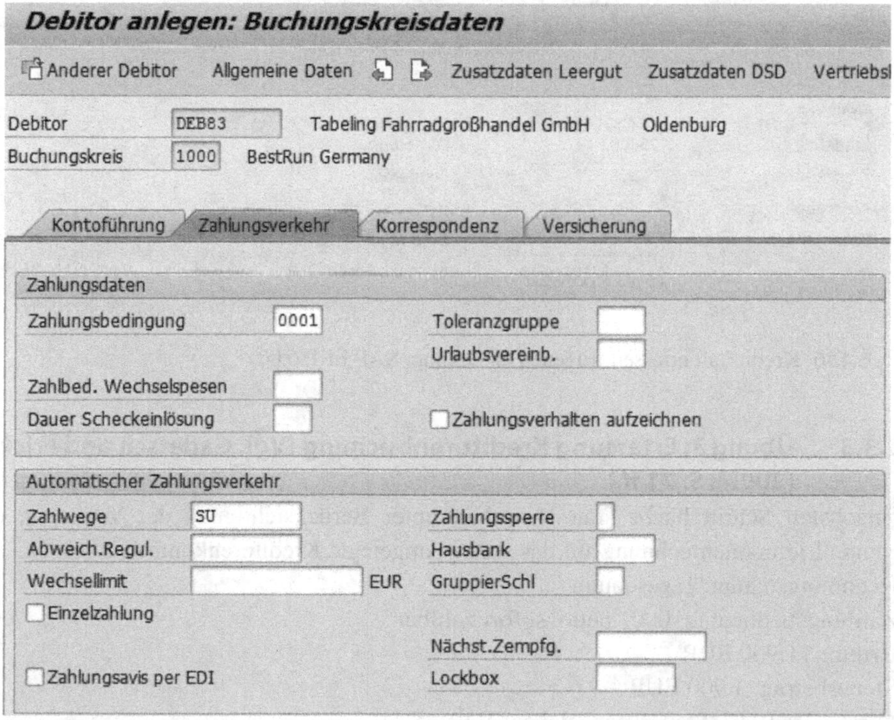

Abb. 6.134 Anlegen Zahlungsverkehrsdaten (Eigene Darstellung, SAP ERP 6.00)

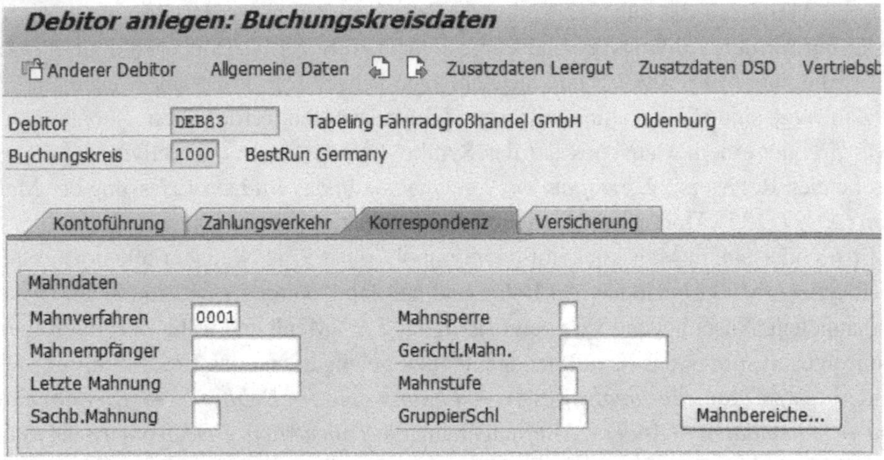

Debitor anlegen: Buchungskreisdaten

🗂 Anderer Debitor   Allgemeine Daten 🔲 🔳 Zusatzdaten Leergut   Zusatzdaten DSD   Vertriebsk

Debitor   DEB83   Tabeling Fahrradgroßhandel GmbH   Oldenburg
Buchungskreis   1000   BestRun Germany

| Kontoführung | Zahlungsverkehr | Korrespondenz | Versicherung |

Mahndaten

Mahnverfahren	0001	Mahnsperre	☐
Mahnempfänger		Gerichtl.Mahn.	
Letzte Mahnung		Mahnstufe	☐
Sachb.Mahnung	☐	GruppierSchl	☐

Mahnbereiche...

Abb. 6.135 Erfassung des Mahnverfahrens (Eigene Darstellung, SAP ERP 6.00)

🖳 ⏎ **Debitor Kreditmanagement ändern: Status**

🔲 🔳 📝 Texte...   Verwaltungsdaten

Debitor   DEB83   Tabeling Fahrradgroßhandel GmbH
Kreditkontr.Bereich 1000   Kreditkontrollbereich Europa   EUR

Kreditlimit

Kreditlimit	250000	Forderungen	0,00
Kreditkonto	DEB83	Sonderobligo	0,00
Ausschöpfungsgrad	0,00 %	Vertriebswert	0,00
Datum Kredithorizont		Gesamtobligo	0,00
	Kreditvektor	Abgesich.Ford.	0,00

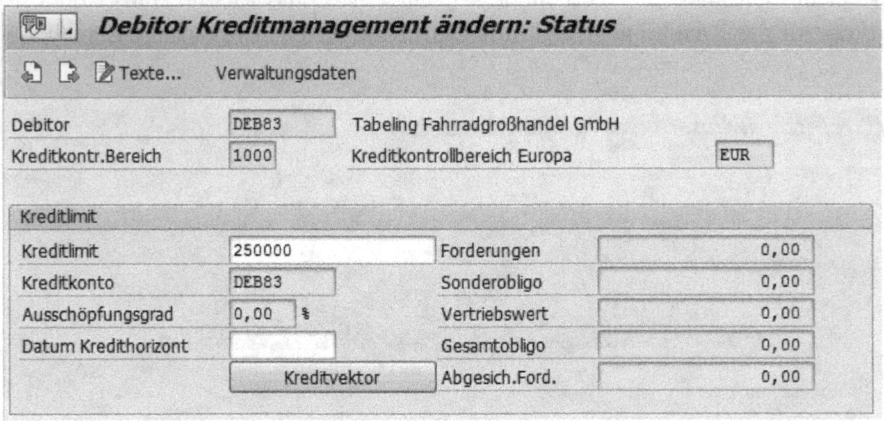

Abb. 6.136 Kreditlimit erfassen (Eigene Darstellung, SAP ERP 6.00)

6.3.3.3 Übung 3: Erfassung Kreditorenbuchung (Vgl. Gadatsch and Frick (2005), S. 71 ff.)

Im nächsten Schritt bucht Frau Nienaber, unter Berücksichtigung der Vorsteuer, die folgende Lieferantenrechnung auf das soeben angelegte Kreditorenkonto *(Übung 1)*:

Rechnungsdatum: Tagesdatum

Zahlungsbedingung: 0001 netto, sofort zahlbar

Brutto: 11.900 EUR

Steuerbetrag: 1.900 EUR

Vorsteuer: 19 % (Steuerkennzeichen: VN)

Kostenstelle: 1000

Die gesamte Rechnung betrifft die Kostenart 475082 Kfz-Kosten, die auf der Kosten-
stelle 1000 angefallen sind. Anschließend wird Frau Nienaber auch das Lieferantenkonto
(Kontokorrentkonto) überprüfen. Zur Erfassung der Kreditorenbuchung nutzt sie folgende
Menüfolge: *Rechnungswesen → Finanzwesen → Kreditoren → Buchung → Rechnung.*
Alternativ kann die *Transaktion FB60 Rechnung* verwendet werden.

In der Erfassungsmaske gibt Frau Nienaber die Belegkopfdaten an. In das Feld *„Kreditor"* trägt sie die Nummer ihres Kreditors ein. Das Feld *„Rechnungsdatum"* wird mit
dem Datum der Originalrechnung gefüllt. Das Feld *„Buchungsdatum"* ist normalerweise
das Tagesdatum. Es steuert die Buchungsperiode, in welcher der Beleg gebucht wird. Es
kann aber auch ein anderer Wert eingetragen werden. Die *„Buchungsperiode"* wird aus
dem Buchungsdatum abgeleitet. Der *„Rechnungsbetrag"* ist brutto, d. h. einschließlich
Vorsteuer zu erfassen. In das Feld *„Steuerbetrag"* kann der Steuerbetrag (Umsatzsteuer)
eingegeben werden, sofern er nicht automatisch ermittelt werden soll. Das Feld *„Steuer
rechnen"* kann aktiviert werden, wenn Vorsteuer bzw. Umsatzsteuer aus allen Werten her-
ausgerechnet werden sollen. Ist das Feld aktiv, werden *alle* Beträge als Bruttowerte interpretiert. In diesem Fall wird das Feld *„Steuerbetrag"* ausgeblendet, d. h., es ist nicht mehr
sichtbar. Haben alle Positionen der Rechnung das gleiche Steuerkennzeichen, kann es an
dieser Stelle erfasst werden. Das Kennzeichen wird in die Rechnungspositionen übertragen. Das Feld *„Text"* ist ein optionales Feld zur Erfassung eines rechnungsbezogenen
Textes. Im unteren Teil des Bildes pflegt Frau Nienaber noch Angaben zur Gegenbuchung
ein, d. h. der Kostenkontierung. Der Betrag ist netto einzugeben, wenn der Rechnungsbetrag (Kopfdaten) zusammen mit einem Steuerbetrag eingegeben wurde. Der Betrag ist
brutto zu erfassen, wenn das System die Umsatzsteuer und den Nettobetrag ermitteln soll.
Zeilen mit dem Wert *„Null"* werden ignoriert. In das Feld Steuerkennzeichen (St) muss,
wenn in den Kopfdaten des Beleges der Wert *„*"* eingegeben wurde, ein Eintrag erfasst
werden. Diesen Prozess veranschaulicht Abb. 6.137.

Nun hat Frau Nienaber alle Daten erfasst. Der Beleg kann gebucht werden. Es besteht
die Möglichkeit, die Buchung vorab zu simulieren. Hierbei werden automatisch zu erzeu-
gende Buchungszeilen (z. B. Vorsteuer) berücksichtigt. Frau Nienaber kann hierzu den
Button *„Simulieren"* aktivieren oder über den Befehl *Beleg → Simulieren* gehen. Siehe
hierzu Abb. 6.138.

Des Weiteren sieht Frau Nienaber zwei Buchungszeilen mit Angabe der Buchungsschlüssel. Die Zeile 3 wurde vom System aus den Vorsteuerangaben erzeugt, d. h., das
Konto 154000 wurde automatisch ermittelt. Da der Beleg ohne Fehlerhinweis dargestellt
ist, kann sie nun den Beleg in der Datenbank speichern, d. h. buchen. Dies kann sie durch
die Tastenkombination *Strg+S* oder durch Aktivierung des Symbols ⊟ erreichen. Frau
Nienaber erhält im unteren Teil des Bildschirms die Belegnummer des Buchungsbeleges.
Der Beleg: *1900000001* wurde im Buchungskreis 1000 gebucht.

Im nächsten Schritt erfolgt die Überprüfung des Kreditorenkontos. Frau Nienaber wählt
hierzu die Transaktion zur Darstellung der Einzelposten im Kreditorenkonto. Menüfolge:
Rechnungswesen → Finanzwesen → Kreditoren → Konto → Posten anzeigen/ändern.
Alternativ kann die *Transaktion: FBL1N Posten anzeigen/ändern* verwendet werden.
Nach Eingabe der Kreditorennummer *100563* und des Buchungskreises *1000*, führt Frau

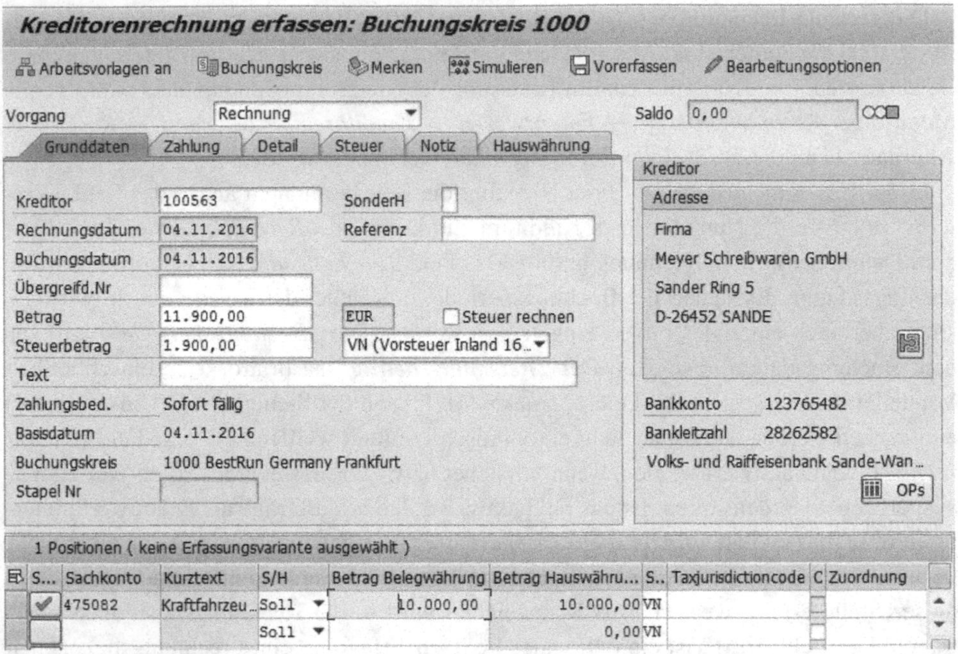

Kreditorenrechnung erfassen: Buchungskreis 1000

🔧 Arbeitsvorlagen an   🗒 Buchungskreis   🔖 Merken   🎯 Simulieren   💾 Vorerfassen   🖊 Bearbeitungsoptionen

Vorgang | Rechnung   ▼ | Saldo   0,00   ⚗🔲

| Grunddaten | Zahlung | Detail | Steuer | Notiz | Hauswährung |

				Kreditor

				Adresse
Kreditor	100563	SonderH	☐	
Rechnungsdatum	04.11.2016	Referenz		Firma
Buchungsdatum	04.11.2016			Meyer Schreibwaren GmbH
Übergreifd.Nr				Sander Ring 5
Betrag	11.900,00	EUR	☐ Steuer rechnen	D-26452 SANDE
Steuerbetrag	1.900,00	VN (Vorsteuer Inland 16... ▼		
Text				
Zahlungsbed.	Sofort fällig			Bankkonto 123765482
Basisdatum	04.11.2016			Bankleitzahl 28262582
Buchungskreis	1000 BestRun Germany Frankfurt			Volks- und Raiffeisenbank Sande-Wan...
Stapel Nr				📋 OPs

1 Positionen (keine Erfassungsvariante ausgewählt)

🖹	S...	Sachkonto	Kurztext	S/H	Betrag Belegwährung	Betrag Hauswähru...	S..	Taxjurisdictioncode	C	Zuordnung
✓		475082	Kraftfahrzeu...	Soll ▼	10.000,00	10.000,00	VN		☐	
				Soll ▼		0,00	VN		☐	

Abb. 6.137   Erfassung der Kreditor Rechnung (Eigene Darstellung, SAP ERP 6.00)

Belegübersicht

🔍 ↺ Rücksetzen   ℹ Steuern   💾 Vorerfassen   💾 Vollständig   🔻 🖹 🖹 🗐 🗐 Auswählen   🗐 Sichern   Σ

```
Belegart : KR ( Kreditoren Rechnung ) Normaler Beleg
Belegnummer                  Buchungskreis   1000       Geschäftsjahr   2016
Belegdatum    04.11.2016     Buchungsdatum   04.11.2016 Periode         11
Steuer rechnen □
Belegwährung  EUR
```

Pos	BS	Konto	Kurztext Konto	Zuordnung	St	Betrag
1	31	100563	Meyer Schreibwaren G		VN	11.900,00-
2	40	475082	Kraftfahrzeugkosten		VN	10.000,00
3	40	154000	Eingangssteuer		VN	1.900,00

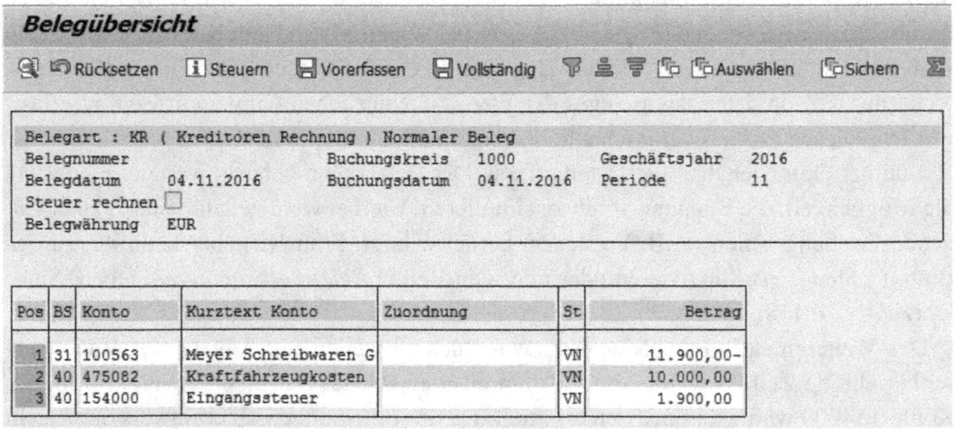

Abb. 6.138   Simulierter Buchungsbeleg (Eigene Darstellung, SAP ERP 6.00)

Nienaber anschließend mit „*F8*" oder alternativ mit dem Symbol 🔵 die Postenanzeige durch. Hierdurch wird das Analyseprogramm gestartet. In der Einzelpostenliste ist für Frau Nienaber der Buchungsbeleg ersichtlich.

Hinweise: Die Anzeige von gebuchten Belegen ist über verschiedene Transaktionen und Menüfolgen möglich. Menüfolge: *Rechnungswesen → Finanzwesen → Kreditoren → Beleg → Anzeigen*. Alternativ kann die *Transaktion: FB03 Anzeigen* verwendet werden.

Änderungen gebuchter Belege sind nur eingeschränkt möglich. So können z. B. der Buchungsschlüssel, Geschäftsjahr, Kontonummer, Betrag oder Steuerkennzeichen nicht geändert werden, da diese Daten die Fortschreibung der Verkehrszahlen der Konten beeinflussen. Änderbare Daten sind z. B. Zahlungskonditionen oder Belegtexte. Menüfolge: *Navigation: Rechnungswesen → Finanzwesen → Kreditoren → Beleg → Ändern.* Alternativ kann die *Transaktion: FB02 Ändern* verwendet werden.

6.3.3.4 Übung 4: Erfassung Debitorenrechnung (Vgl. Gadatsch and Frick (2005), S. 76 ff.)

Im Folgenden bucht Frau Nienaber eine Debitorenrechnung an den Kunden, dessen Stammsatz sie zuvor angelegt hat *(DEB83)*. Die Steuer lässt sie sich automatisch errechnen. Das Rechnungsdatum ist das aktuelle Tagesdatum. Der Bruttobetrag der Rechnung beträgt 11.900 EUR. Sie bucht den Erlös auf das Konto 800200 Umsatzerlöse. Die Konten 174000 Umsatzsteuer und das Abstimmkonto des Kunden Konto 140000, vgl. den Eintrag im Stammsatz, werden automatisch gebucht. Zur Buchung der Debitorenrechnung wählt Frau Nienaber die Menüfolge: *Rechnungswesen → Finanzwesen → Debitoren → Buchung → Rechnung.* Alternativ kann die *Transaktion: FB70 Rechnung,* verwendet werden. In der Maske gibt sie die Belegkopfdaten, die Rechnungsdaten und die Belegposition für die Gegenbuchung ein. Siehe Abb. 6.139.

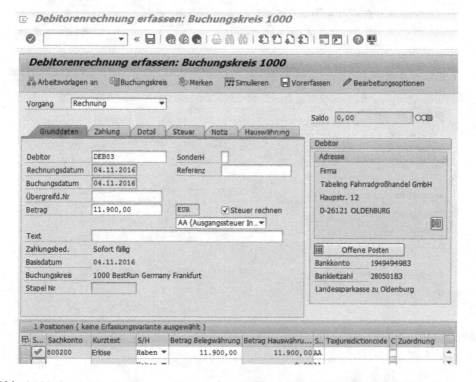

Abb. 6.139 Startbild – Debitorenrechnung erfassen (Eigene Darstellung, SAP ERP 6.00)

Der Beleg kann simuliert und gebucht werden. Über *Beleg → Simulieren* erhält Frau Nienaber einen simulierten Buchungsbeleg. Da der Beleg korrekt ist, kann sie ihn nun buchen. Dies erreicht sie entweder durch Betätigen der Tastenkombination *Strg+S* oder durch Aktivierung des Symbols 🖫. Sie erhält im unteren Teil des Bildschirms die Belegnummer und den Hinweis des Buchungsbeleges: „*Beleg: 1800000000 wurde im Buchungskreis 1000 gebucht.*" *Hinweis:* Für die Anzeige und Änderung des Kontos finden Sie im Debitorenmenü analog zur Kreditorenbuchhaltung entsprechende Anzeigeprogramme.

6.3.3.5 Übung 5: Storno Debitorenrechnung (Vgl. Gadatsch and Frick (2005), S. 78 ff.)

Bei der Buchung des Debitors *DEB83* hat sich Frau Nienaber leider versehen. Sie möchte aus diesem Grund eine Stornobuchung vornehmen. Sie storniert deshalb die in der vorherigen Übung angelegte Rechnung, prüft die Einzelposten des Debitorenkontos und gibt als Stornogrund *07: falsche Belegdaten* an. Das Buchungsdatum ist das aktuelle Tagesdatum. Zur Stornierung der Debitorenrechnung wählt Frau Nienaber die Menüfolge: *Rechnungswesen → Finanzwesen → Hauptbuch → Beleg → Stornieren → Einzelstorno*. Alternativ kann die *Transaktion: FB08 Einzelstorno*, verwendet werden. Siehe Abb. 6.140.

Abb. 6.140 Startbild – Beleg stornieren (Eigene Darstellung, SAP ERP 6.00)

In das Feld „*Belegnummer*" trägt Frau Nienaber die Belegnummer des zu stornierenden Beleges ein. Die Felder „*Buchungskreis*" und „*Geschäftsjahr*" beschreiben den Buchungskreis des zu stornierenden Beleges und das Geschäftsjahr, in dem der zu stornierende Beleg gebucht wurde. Das Feld „*Buchungsdatum*" wird gefüllt, sofern der Stornobeleg nicht in die Buchungsperiode des Originalbeleges gebucht werden kann. Dies kann z. B. sein, wenn die Buchungsperiode bereits geschlossen wurde, weil der Monats- oder Jahresabschluss bereits erfolgt ist.

Der Beleg kann von Frau Nienaber vor dem Storno mit *F5* oder ⟨ Anzeige vor Storno noch einmal betrachtet werden. Hierdurch kann sie evtl. Fehlbuchungen vermeiden. Sie kann nun die Stornierung vornehmen. Dies erreicht sie durch Betätigen der Tastenkombination *Strg+S* oder durch Aktivierung des Symbols 💾. Sie erhält anschließend die Belegnummer und den Hinweis des Stornobeleges: „*Beleg 1800000001 wurde im Buchungskreis 1000 gebucht.*"

Im nächsten Schritt möchte Frau Nienaber das Debitorenkonto überprüfen. Hierzu wählt Sie die Transaktion zur Darstellung der Einzelposten im Debitorenkonto. Menüfolge: *Rechnungswesen → Finanzwesen → Debitoren → Konto → Posten anzeigen/ ändern*. Alternativ kann die *Transaktion: FBL5N Posten anzeigen/ändern* verwendet werden. Sie trägt die Nummer ihres Kundenkontos in das Datenfeld „*Debitorenkonto*" ein und aktiviert das Kontrollfeld „*Alle Posten*", denn der stornierte Beleg ist nicht mehr unter den offenen Posten zu finden. Anschließend drückt sie *F8* oder klickt alternativ auf das Symbol 🕒 (Ausführen). Hierdurch wird das Analyseprogramm gestartet. Das Ergebnis sehen Sie in Abb. 6.141.

Zu erkennen sind die stornierte Rechnung mit der Belegnummer 1800000001 sowie der zuvor gebuchte Stornobeleg mit der Belegnummer 1800000000. Insgesamt beträgt der Saldo des Debitorenkontos DEB83 – Tabeling Fahrradgroßhandel GmbH – wieder 0 EUR.

6.3.3.6   Übung 6: Zahlungsausgleich Rechnung (Vgl. Gadatsch and Frick (2005), S. 80 ff.)

Frau Nienaber gleicht nun die vorhandene Kreditorenrechnung *(Übung 3)* in voller Hohe aus. Sie prüft hierzu ihr Lieferantenkonto *(100563)* und wählt zuvor eine Rechnung aus. Als Zahlungsdatum verwendet sie das Tagesdatum, der Zahlbetrag beträgt 11.900 EUR. Die Zahlung erfolgt per Überweisung vom Konto 113100 Deutsche Bank. Zum Zahlungsausgleich der Rechnung wählt sie die Menüfolge: *Rechnungswesen → Finanzwesen → Kreditoren → Buchung → Zahlungsausgang → Buchen*. Alternativ kann *Transaktion: F-53 Buchen* verwendet werden. Siehe Abb. 6.142.

In den Kopfdaten erfasst Frau Nienaber im oberen Bereich die Ausgleichsdaten (Zahlbetrag, Texte, Bankkonto und Ausgleichskonto – im Block „*Auswahl der offenen Posten*" trägt sie ihre Kreditorennummer ein. Die Angabe „*Belegnummer*" im Block „*Weitere Selektion*" öffnet im nächsten Schritt ein Fenster zur Eingabe der Belegnummern der zu bezahlenden Rechnungen.

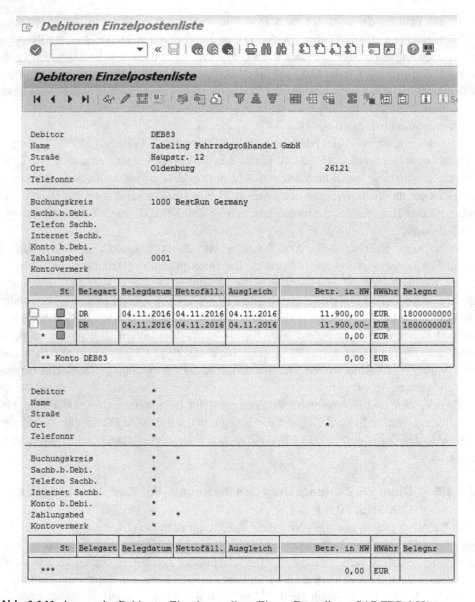

Abb. 6.141 Auszug der Debitoren Einzelpostenliste (Eigene Darstellung, SAP ERP 6.00)

Anschließend gelangt sie mit   OP bearbeiten   oder *Umsch+F4* in das nächste Fenster. Dort trägt sie die Belegnummer der Rechnung ein: 1900000001. *Hinweis:* Sie können ggf. auch mehrere Belegnummern erfassen, sofern mehrere Rechnungen bezahlt werden sollen. Mit   OP bearbeiten   oder *Umsch+F4* gelangt sie wiederum in das nächste Fenster.

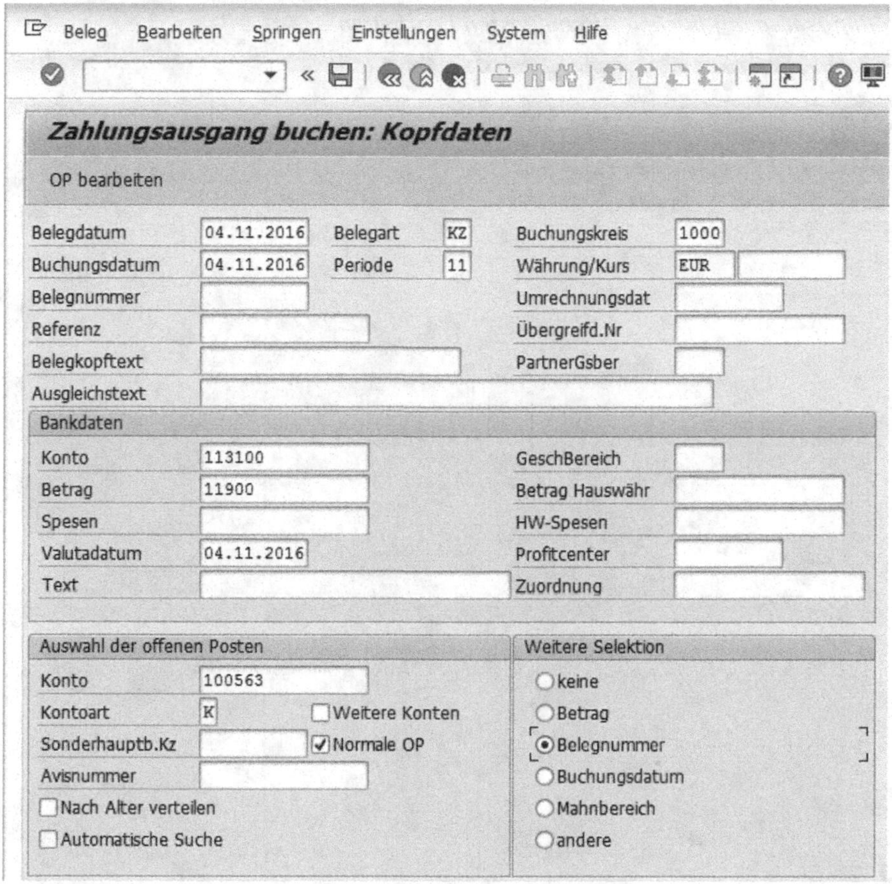

Abb. 6.142 Kopfdaten – Zahlungsausgang buchen (Eigene Darstellung, SAP ERP 6.00)

Dort findet sie den selektierten offenen Beleg. Unten rechts im Bild (Abb. 6.143) erkennt sie, dass der Zahlbetrag mit der Summe aller selektierten Posten übereinstimmt, d. h. der Saldo ist null.

Über *Beleg → Simulieren* kann sie nun den Buchungsbeleg prüfen und anschließend wie gewohnt über *Strg+S oder* durch Aktivierung des Symbols 🖫 buchen. Sie erhält anschließend die Meldung: *„Beleg 1500000000 wurde im Buchungskreis 1000 gebucht. "*

Im nächsten Schritt möchte Frau Nienaber das Kreditorenkonto überprüfen. Zur Überprüfung des Kreditorenkontos wählt sie die Menüfolge: *Rechnungswesen → Finanzwesen → Kreditoren → Konto → Posten anzeigen/ändern.* Alternativ kann die *Transaktion: FBL1N Posten anzeigen/ändern* verwendet werden. Siehe Abb. 6.144. Sie trägt das Lieferantenkonto in das Datenfeld *„Kreditorenkonto"* ein und aktiviert das Kontrollfeld *„Alle Posten".* Der Eintrag bewirkt, dass auch die ausgeglichenen Posten angezeigt werden. Anschließend drückt Sie *F8* oder klickt alternativ auf das Symbol ⊕ (Ausführen). Hierdurch wird das Analyseprogramm gestartet.

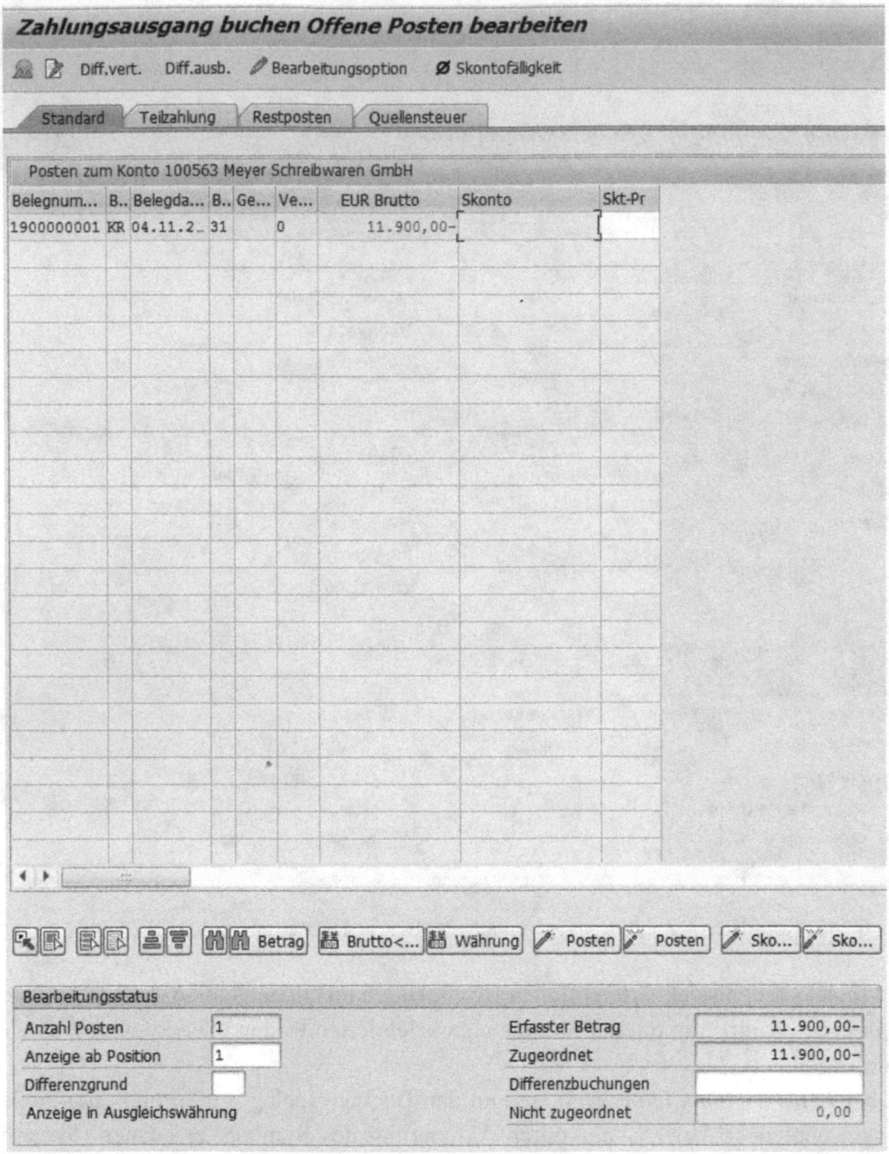

Zahlungsausgang buchen Offene Posten bearbeiten

Diff.vert.   Diff.ausb.   Bearbeitungsoption   Ø Skontofälligkeit

| Standard | Teilzahlung | Restposten | Quellensteuer |

Posten zum Konto 100563 Meyer Schreibwaren GmbH

Belegnum...	B..	Belegda...	B..	Ge...	Ve...	EUR Brutto	Skonto	Skt-Pr
1900000001	KR	04.11.2..	31		0	11.900,00-	[	]

◄ ►

🔍 🔳 🔳🔳 ⬇⬇ 🔍🔍 Betrag Brutto<... Währung Posten Posten Sko... Sko...

Bearbeitungsstatus

Anzahl Posten	1	Erfasster Betrag	11.900,00-
Anzeige ab Position	1	Zugeordnet	11.900,00-
Differenzgrund		Differenzbuchungen	
Anzeige in Ausgleichswährung		Nicht zugeordnet	0,00

Abb. 6.143 Zahlungsausgang buchen – Offene Posten bearbeiten (Eigene Darstellung, SAP ERP 6.00)

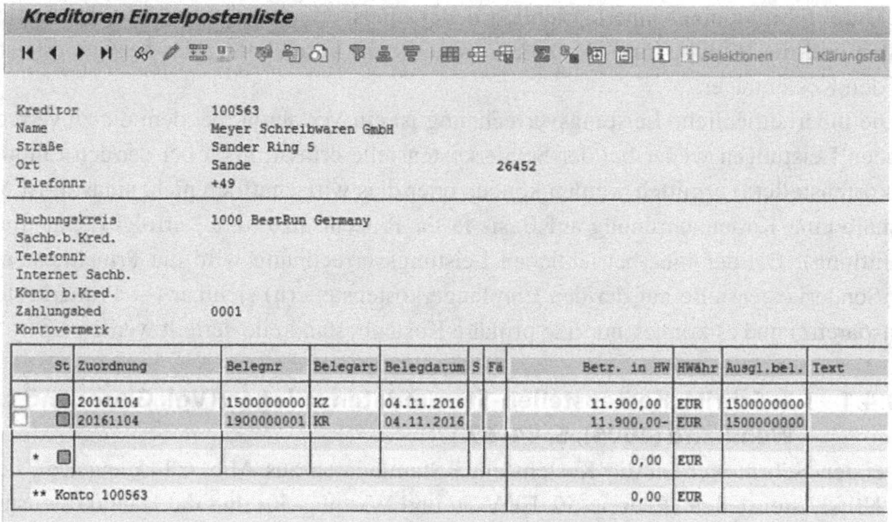

Kreditoren Einzelpostenliste

Kreditor	100563	
Name	Meyer Schreibwaren GmbH	
Straße	Sander Ring 5	
Ort	Sande	26452
Telefonnr	+49	

Buchungskreis	1000 BestRun Germany
Sachb.b.Kred.	
Telefonnr	
Internet Sachb.	
Konto b.Kred.	
Zahlungsbed	0001
Kontovermerk	

St	Zuordnung	Belegnr	Belegart	Belegdatum	S	Fä	Betr. in HW	HWähr	Ausgl.bel.	Text
☐	20161104	1500000000	KZ	04.11.2016			11.900,00	EUR	1500000000	
☐	20161104	1900000001	KR	04.11.2016			11.900,00-	EUR	1500000000	
*							0,00	EUR		
** Konto 100563							0,00	EUR		

Abb. 6.144 Ausgeglichene Posten (Eigene Darstellung, SAP ERP 6.00)

Im Bildbereich erkennt Frau Nienaber übersichtlich die Belegnummern für die Zahlung sowie der Rechnung.

6.3.4   SAP-Übungen – Controlling: Kostenstellenplanung mit SAP R/3 (Vgl. Glaser und Wendland (2005), S. 1 ff.)

Die Übungen bzw. die nachfolgende Fallstudie des Controllings zur Kostenstellenplanung mit SAP R/3 dient der Anwendung der Verteilung und der direkten Leistungsverrechnung im Rahmen der *innerbetrieblichen Leistungsverrechnung*. Je Arbeitsschritt sind die Szenarien mit der Aufgabenstellung gegeben und werden folgend ausführlich beschrieben. Die Autoren berufen sich auch für die Kostenstellenplanung auf den IDES Konzern (Mandant: 904), mit Teilkonzern Europa (Kostenrechnungskreis: 1000), Gesellschaft Best Run Germany in Frankfurt (Buchungskreis: 1000), Produktionsstandort in Hamburg (Werk: 1000) und Profitcenter Motorräder (Profitcenter: 1000).

Die Kostenstellenplanung wird für die Kostenstellen Energie-*50*,[26] EDV-*50*, Wartung-*50* und Fertigung-*50* für das aktuelle Geschäftsjahr durchgeführt. Des Weiteren wird die Bezugsgröße (Leistungsart) für jede Kostenstelle festgelegt und es wird jeder Bezugsgröße (Planung der Leistungsausbringung) ein Planwert zugeordnet. Außerdem erfolgt die Zuordnung von Plankosten für die jeweilige Bezugsgröße (Planung der Primärkostenaufnahme),

---

[26] Anmerkung: Die Zahl „-*50*" dient hier lediglich als Platzhalter und hat keinerlei weitere Bedeutung.

die Durchführung einer innerbetrieblichen Leistungsverrechnung zwischen den Kosten-stellen und die Bildung eines Kalkulationssatzes zur Verrechnung der Fertigungskosten auf den Kostenträger.

Die innerbetriebliche Leistungsverrechnung ist ein Verfahren, bei dem die zu verrech-nenden Leistungen weder bei der Senderkostenstelle erfasst, noch bei der/den Empfän-gerkostenstelle(n) ermittelt werden können oder dies wirtschaftlich nicht sinnvoll ist und deshalb eine Kostenzuordnung auf Basis fester Prozentsätze (u. a.) erfolgt (keine Tarif-ermittlung). Bei der innerbetrieblichen Leistungsverrechnung wird die Primärkostenart der Senderkostenstelle auf der/den Empfängerkostenstelle(n) sichtbar (→ Primärkosten-transparenz) und es können nur fixe primäre Kostenbestandteile verteilt werden.

6.3.4.1 1. Schritt: Kostenstellen-Stammdaten anlegen (Vgl. Glaser and Wendland (2005), S. 44–67.)

Im ersten Schritt werden die Kostenstellen-Stammdaten aus Abb. 6.145 angelegt, d. h. die Hilfskostenstellen (Energie-*50*, EDV-*50* und Wartung-*50*) und die Hauptkostenstelle (Fertigung-*50*).

Die (Kostenstellen-)*Stammdaten* sind Daten einer Unternehmung, die für einen gewis-sen Zeitraum im SAP R/3-System hinterlegt und nur geringfügig oder gar nicht geän-dert werden, z. B. Kennzeichen einer Kostenstelle. Im Gegensatz dazu sind *Bewegungs-daten* vorgangsbezogene Daten einer Unternehmung, die Veränderungen von Zuständen beschreiben und bestimmten Stammdaten zugeordnet sind, z. B. Lagerbestandsdaten. Die *Kostenstelle* ist eine organisatorische Einheit innerhalb eines Kostenrechnungskreises, die einen eindeutig abgrenzbaren Ort der Kostenentstehung darstellt. Kriterien für die Bildung von Kostenstellen sind das *Verantwortungsprinzip* (jede Kostenstelle = eindeutiger

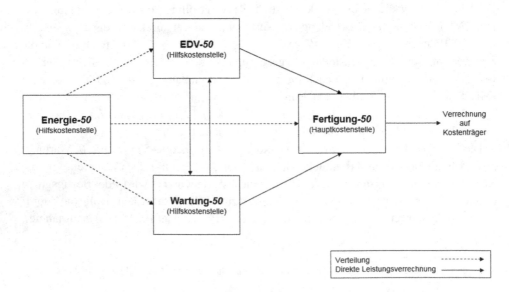

Abb. 6.145 Szenario – 1. Schritt: Kostenstellen Stammdaten anlegen (Eigene Darstellung)

Verantwortungsbereich), das *Bezugsgrößenprinzip* (für jede Kostenstelle ist die Festsetzung eindeutiger Kostenstellenfaktoren als Bezugsgrößen möglich) oder das *Kontierungsprinzip* (für jede Kostenstelle ist die eindeutige Zuordnung von Kostenartenbelegen möglich). Die Kostenstellen gliedern sich nach der Verrechnungstechnik in Hilfs- und Hauptkostenstellen. *Hilfskostenstellen* sind Kostenstellen, die keine Absatzleistung erstellen. Sie stellen innerbetriebliche Leistungen bereit, z. B. Energieerzeugung als innerbetrieblich benötigte Leistung. Die Verrechnung der (Hilfs-)Kosten erfolgt auf den Hauptkostenstellen. Die *Hauptkostenstellen* sind Kostenstellen, die Absatzleistungen erstellen. Die Verrechnung der (Haupt-)Kosten erfolgt auf den/die Kostenträger. Insgesamt lassen sich Kostenstellen nach Funktionsbereichen gliedern und zwar nach Material-, Fertigungs-, Verwaltungs- und Vertriebskostenstellen. Als Beispiel, wie im SAP-System eine Kostenstelle angelegt wird, wird diese Vorgehensweise anhand der Hilfskostenstelle Energie-*50* beschrieben.

Um im SAP R/3-System eine Kostenstelle anzulegen, nutzen Sie die Menüfolge: Rechnungswesen → Controlling → Kostenstellenrechnung → Stammdaten → Kostenstelle → Einzelbearbeitung → Anlegen. Alternativ kann der Transaktionscode KS01 verwendet werden. Sie gelangen zum Einstiegsbild „Kostenstelle anlegen".[27] Als Kostenstelle geben Sie ein Kennzeichen ein, das eine Kostenstelle eindeutig identifiziert. Eingabe von „KS-ENE-50" für die anzulegende Kostenstelle Energie-50. Unter „Gültig ab" geben Sie das Datum an, ab dem die Kostenstelle „Energie-50" im R/3-System gültig ist. Geben Sie hier „01.01. des aktuellen Geschäftsjahres" an. Durch Drücken der Enter-Taste oder des Buttons Stammdaten gelangen Sie zum Grundbild „Kostenstelle anlegen". Unter Bezeichnung geben Sie einen Text ein, der die Kostenstelle näher beschreibt. Eingabe von „Energie-50". Als Verantwortlichen geben Sie eine Person ein, die für die Kostenstelle „Energie-50" verantwortlich ist. Eingabe des Namens „Sarah Nienaber". Die Art der Kostenstelle ist das Kennzeichen der Kostenstellenart, der die Kostenstelle „Energie-50" zugeordnet wird. Eingabe von „2" für die Zuordnung der Kostenstelle Energie-50 zur Kostenstellenart Hilfskostenstelle. Der Hierarchiebereich ist die Zusammenfassung von Kostenstellengruppen zum Zwecke der Vereinfachung im Rahmen der Stammdaten-Massenpflege und der Generierung von verdichteten Berichten. Eine Kostenstellengruppe wiederrum definiert die Zusammenfassung von Kostenstellen zum Zwecke der Vereinfachung im Rahmen der Stammdaten-Massenpflege, der Generierung von verdichteten Berichten und der Zusammenfassung von Empfängern bei Kostenverrechnungen. Als Hierarchiebereich geben Sie das Kennzeichen ein, dem die Kostenstelle „Energie-50" zugeordnet wird. Eingabe von „H_1150" für den Hierarchiebereich „Interne Dienste_50". Als Buchungskreis geben Sie das Kennzeichen des Buchungskreises ein, dem die Kostenstelle „Energie-50" zugeordnet wird. Eingabe von „1000" für Best Run Germany (Frankfurt). Als Geschäftsbereich geben Sie „9900" für den Geschäftsbereich Verwaltung/Sonstiges ein. Eine Kostenstelle erfordert, in Abhängigkeit des Buchungskreises dem sie zugeordnet ist, eine Geschäftsbereichszuordnung. Soll für den verwendeten Buchungskreis eine

---

[27] Bei der Aufforderung „Kostenrechnungskreis setzen", Eingabe von „1000" für „CO Europa".

Bilanz bzw. GuV pro Geschäftsbereich erstellt werden, so ist die Eingabe eines Geschäftsbereichs notwendig. Als Profitcenter geben Sie „1000" für das Profitcenter „Motorräder" ein. Das Profitcenter ist eine organisatorische Einheit des Rechnungswesens, die das Unternehmen managementorientiert, d. h. zum Zwecke der internen Steuerung gliedert. Für ein Profitcenter können Ergebnisse ausgewiesen werden, die nach dem Umsatz- und/oder nach dem Gesamtkostenverfahren ermittelt werden. Durch den Ausweis des gebundenen Vermögens kann das Profitcenter zum Investment Center erweitert werden. Abb. 6.146 zeigt das Grundbild – Kostenstelle anlegen nach den o. g. Eingaben.

Der Klick auf das Symbol 🖫 führt zur Sicherung der Kostenstelle „Energie-*50*". Sie gelangen zurück zum Einstiegsbild „Kostenstelle anlegen". Es erscheint die Systemmeldung, dass die Kostenstelle hinzugefügt wurde.

Ein identisches Vorgehen führen Sie für die drei weiteren Kostenstellen mit o. g. Menüfolge bzw. Transaktion aus. Tab. 6.47 gibt einen Überblick über die einzupflegenden Angaben:

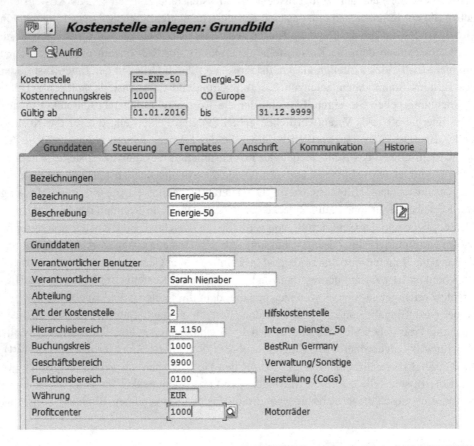

Abb. 6.146 Kostenstelle „Energie-50" anlegen – Grundbild (Eigene Darstellung, SAP ERP 6.00)

Tab. 6.47 Übersicht zum Anlegen weiterer Kostenstellen (Eigene Darstellung)

	KS-EDV-*50*	KS-WAR-*50*	KS-FER-*50*
Bezeichnung	EDV-*50*	Wartung-*50*	Fertigung-*50*
Verantwortliche/r	Sarah Nienaber		
Art der Kostenstelle	2 Hilfskostenstelle		1 Hauptkostenstelle
Hierarchiebereich	H_1450 Technischer Bereich_50	H_145001 Instandhaltung_50	H_145002 Produktion_50
Buchungskreis	1000 BestRun Germany (Frankfurt)		
Geschäftsbereich	9900 Verwaltung/Sonstige		
Profitcenter	1000 Motorräder		

6.3.4.2   2. Schritt: Primäre Kostenarten anlegen (Vgl. Glaser und Wendland, (2005), S. 68–83.)

Im zweiten Schritt werden die primären Kostenarten angelegt. *Primäre Kosten* sind Kosten, die durch den Verzehr extern bezogener Produktionsfaktoren entstehen, z. B. bei der menschlichen Arbeitsleistung sind es Löhne oder Gehälter oder bei Werkstoffe sind es Rohstoffkosten, die entstehen. Abb. 6.147 zeigt pro Kostenstelle, welche primäre Kostenart jeweils angelegt werden soll.

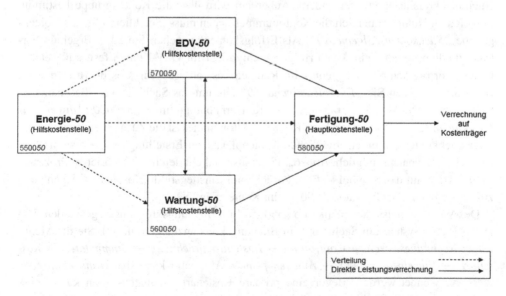

Abb. 6.147 Szenario – 2. Schritt: Primäre Kostenarten anlegen (Eigene Darstellung)

Zum Ausweis primärer Kosten ist das Anlegen von entsprechenden Stammsätzen im SAP R/3-System erforderlich. Das Anlegen eines Stammsatzes für eine Primärkostenart im Modul CO ist nur möglich, wenn ein entsprechendes Konto im Modul FI existiert; die Nummer des betreffenden Kontos ist zu übernehmen (z. B. FI-Konto 550050 „Aufwand für Energie" → Primäre Kostenart 550050 „Energiekosten"). Als Beispiel, wie im SAP R/3 eine primäre Kostenart angelegt wird, wird diese Vorgehensweise anhand der primären Kostenart 550050 Energiekosten beschrieben.

Um im SAP R/3-System eine primäre Kostenart anzulegen, nutzen Sie die Menüfolge: Rechnungswesen → Controlling → Kostenartenrechnung → Stammdaten → Kostenart → Einzelbearbeitung → Anlegen primär. Alternativ kann der Transaktionscode KA01 verwendet werden.

Ein Aufruf der o. g. Menüfolge bzw. Transaktion führt zum Einstiegsbild „Kostenart anlegen". Bevor eine primäre Kostenart angelegt werden kann, muss ein entsprechendes Sachkonto im Kontenplan und im Buchungskreis angelegt sein. In der Menüleiste klicken Sie hierfür auf Menü → Umfeld und anschließend auf den Menüpunkt „Anlegen Sachkonto → Im Kontenplan". Sie gelangen in die Kontenplandaten, um ein Sachkonto zu bearbeiten. Als Sachkonto geben Sie das Kennzeichen an, durch das ein über Bilanz bzw. GuV-Rechnung abzuschließendes Konto eindeutig identifiziert wird. Eingabe von „550050 „ als Nummer des anzulegenden Sachkontos. Als Kontenplan nutzen Sie das Kennzeichen „INT" (internationaler Kontenplan), dem das Sachkonto 550050 zugeordnet werden soll.

Ein Klick auf ⬜ ermöglicht das Anlegen des Sachkontos im Kontenplan und die Pflege der Kontendaten. Die Kontengruppe ist ein klassifizierendes Merkmal innerhalb der Sachkostenstammsätze. Die Kontengruppe ist ein Muss-Eingabefeld. Mit der Kontengruppe werden die Felder für die Erfassungsbilder festgelegt, wenn Sie einen Stammsatz im Buchungskreis anlegen oder ändern. Außerdem wird über die Kontengruppe bestimmt, in welchem Nummernbereich die Kontonummer liegen muss. Selektieren Sie als Kontengruppe „Sachkonten Allgemein I". Als Erfolgskontentyp geben Sie „X" (Ergebnis-Vortrag aus dem Vorjahr) ein. Der Erfolgskontentyp legt für GuV-Konten fest, auf welches Gewinnvortragskonto das Ergebnis im Rahmen des Jahresabschlusses übertragen wird. Als Kurztext geben Sie „Energieaufwand_50" ein, um das Sachkonto 550050 näher zu beschreiben. Des Weiteren tragen Sie die Konzernkontonummer „310600 (Aufwand für Heizung und Strom)" ein. Durch die Konzernkontonummer ist die Zusammenfassung mehrerer Sachkonten aus unterschiedlichen Kontenplänen zur Erstellung einer Konzernbilanz bzw. GuV-Rechnung möglich. Abb. 6.148 veranschaulicht den hier beschrieben Prozess.

Ein Klick auf das Symbol 🖫 führt zurück zum Einstiegsbild „Kostenart anlegen" und zum Anlegen des Sachkontos „550050" im Kontenplan INT.

Des Weiteren muss das Sachkonto „550050" im Buchungskreis angelegt werden. Um im SAP R/3-System ein Sachkonto im Buchungskreis anzulegen, nutzen Sie die Menüfolge: Rechnungswesen → Controlling → Kostenartenrechnung → Stammdaten → Kostenart → Einzelbearbeitung → Anlegen primär. Alternativ kann der Transaktionscode KA01 verwendet werden. Bevor eine primäre Kostenart angelegt werden kann, muss ein entsprechendes Sachkonto auch im Buchungskreis angelegt sein. In der Menüleiste klicken Sie hierfür auf Menü → Umfeld und anschließend auf den Menüpunkt „Anlegen

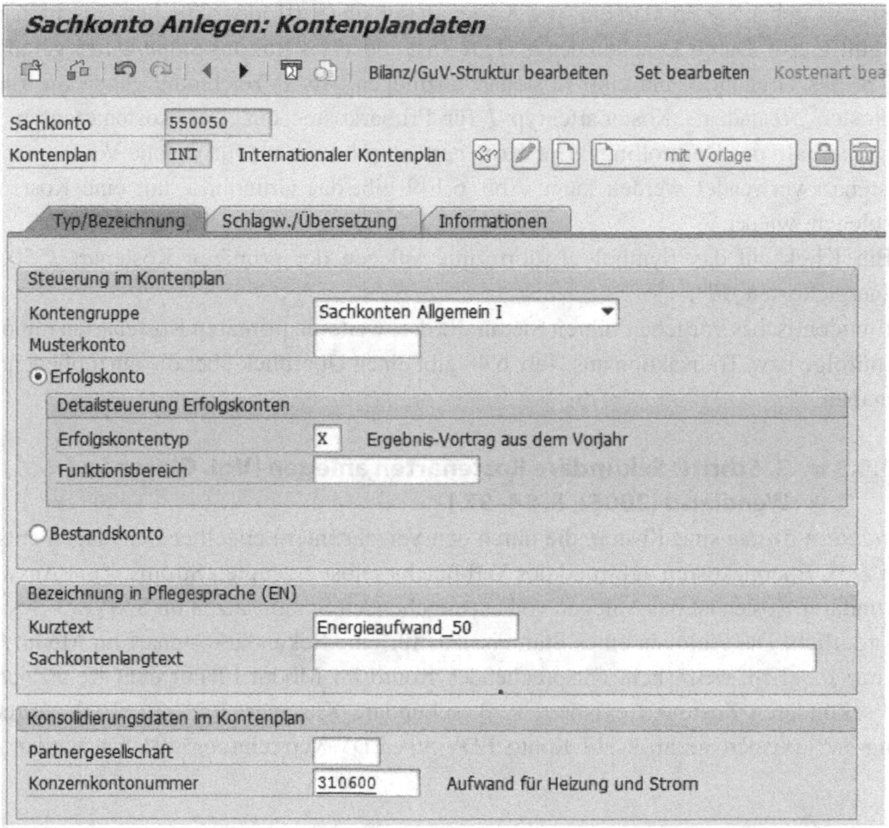

Abb. 6.148 Sachkonto anlegen – Kontenplandaten (Eigene Darstellung, SAP ERP 6.00)

Sachkonto → Im Buchungskreis". Sie gelangen in die Buchungskreisdaten, um ein Sachkonto zu bearbeiten.

Als Sachkonto geben Sie die Nummer „550050" als anzulegendes Sachkonto ein. Außerdem geben Sie den Buchungskreis *„1000"* für die Best Run Germany ein. Klick auf ⬚ ermöglicht das Anlegen des Sachkontos im Buchungskreis und die Pflege buchungskreisspezifischer Kontendaten. Als Kontowährung geben Sie Eingabe *„EUR"* für Euro als Währungseinheit ein, in der das Sachkonto 550050 geführt werden soll. Ein Klick auf das Symbol ▶ führt zur Registerkarte `Erfassung/Bank/Zins`. In der Feldstatusgruppe geben Sie *„G004"* für Kostenkonten ein. Die Feldstatusgruppe legt den Bildschirmaufbau bei der Belegerfassung fest. Sie geben die Feldstatusgruppe in den Stammsatz eines Sachkontos ein. Bei der Belegerfassung werden dann die zur Gruppe hinterlegten Definitionen wirksam. Ein Klick auf das Symbol 🖫 führt zurück zum Einstiegsbild „Kostenart anlegen" und zum Anlegen des Sachkontos „550050" im Buchungskreis 1000.

Nachdem das Sachkonto im Kontenplan und im Buchungskreis angelegt ist, kann die primäre Kostenart angelegt werden. Dazu wählen Sie die Menüfolge: *Rechnungswesen → Controlling → Kostenartenrechnung → Stammdaten → Kostenart → Einzelbearbeitung → Anlegen primär.* Alternativ kann der *Transaktionscode KA01* verwendet werden. Als

Kostenart geben Sie 550050 ein. Die Kostenart soll ab 01.01. des aktuellen Geschäftsjahres gültig sein. Durch Drücken der *ENTER*-Taste oder des Buttons *Stammdaten* gelangen Sie in das Grundbild, um eine Kostenart anzulegen. Als Bezeichnung geben Sie Energiekosten_50 und als Kostenartentyp *1* für Primärkosten ein. Der Kostenartentyp gilt nur innerhalb des Controllings. Der Kostenartentyp bestimmt, für welche Vorgänge eine Kostenart verwendet werden kann. Abb. 6.149 gibt das Grundbild, um eine Kostenart anzulegen, wieder.

Ein Klick auf das Symbol 🖫 führt zum Anlegen der primären Kostenart „550050 – Energiekosten_50".

Ein identisches Vorgehen führen Sie für die drei weiteren primären Kostenarten mit o. g. Menüfolge bzw. Transaktion aus. Tab. 6.48 gibt einen Überblick über die einzupflegenden Angaben.

6.3.4.3   3. Schritt: Sekundäre Kostenarten anlegen (Vgl. Glaser and Wendland (2005), S. 84–97.)

Sekundäre Kosten sind Kosten, die durch den Verzehr intern erstellter Leistungen entstehen z. B. Energiekosten aufgrund des Verbrauchs selbst erzeugten Stroms. Zum Ausweis sekundärer Kosten ist das Anlegen von entsprechenden Stammsätzen im SAP-R/3-System erforderlich. Das Anlegen eines Stammsatzes für eine Sekundärkostenart im Modul CO ist nur möglich, wenn kein entsprechendes Konto im Modul FI mit dem Kennzeichen der sekundären Kostenart existiert, z. B. sekundäre Kostenart EDV-50 „EDV-Verrechnung-50" existiert nicht als FI-Konto EDV-50 „EDV-Verrechnung-50". Es werden die

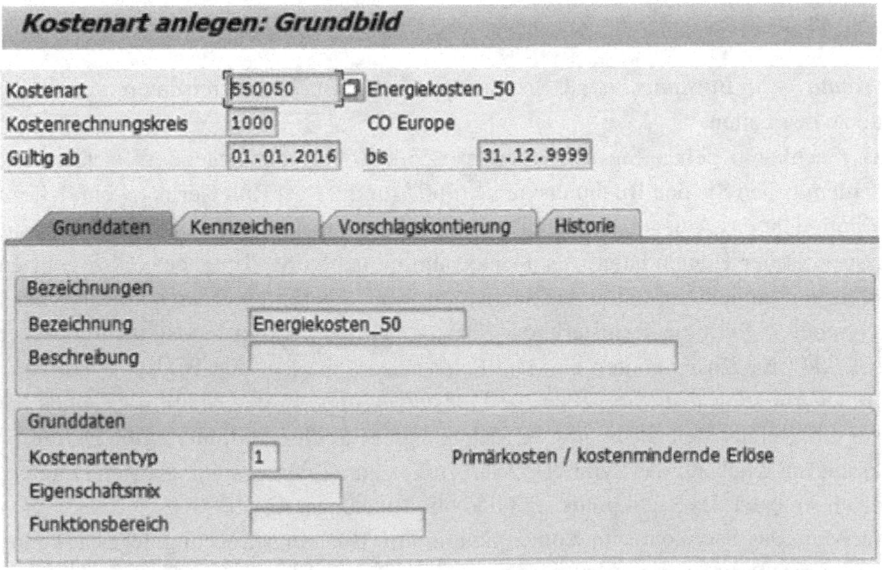

Abb. 6.149 Kostenart anlegen – Grundbild (Eigene Darstellung, SAP ERP 6.00)

Tab. 6.48 Übersicht zum Anlegen weiterer primärer Kostenarten (Eigene Darstellung)

Anlegen des Sachkontos im Kontenplan			
Bezeichnung	570050	560050	580050
Kontenplan	INT (Internationaler Kontenplan)		
Kontengruppe	Sachkonten Allgemein I		
Erfolgskonto/ Erfolgskontentyp	X		
Kurztext	EDV-Aufwand_50	Wartungsaufwand_50	Fertigungsaufwand_50
Konzernkontonummer	312300 Telekommunikation	312600 Sonstige allgemeine Aufwendungen	
Anlegen des Sachkontos im Buchungskreis			
Sachkonto	570050	560050	580050
Buchungskreis	1000		
Kontowährung	EUR		
Feldstatusgruppe	G004 Kostenkonten		
Anlegen der primären Kostenart			
Kostenart	570050	560050	580050
Gültig ab	01.01. des aktuellen Geschäftsjahres		
Bezeichnung	EDV-Kosten_50	Wartungs-kosten_50	Fertigungs-kosten_50
Kostenartentyp	1 (Primärkosten)		

folgenden in Abb. 6.150 dargestellten sekundären Kostenarten angelegt: EDV-*50*, WAR-*50* und FER-*50*.

Als Beispiel, wie in SAP R/3 eine sekundäre Kostenart angelegt wird, wird diese Vorgehensweise anhand der sekundären Kostenart EDV-*50* – (EDV-Verrechnung-*50)* beschrieben. Um im SAP R/3-System eine sekundäre Kostenart anzulegen, nutzen Sie die Menüfolge: *Rechnungswesen → Controlling → Kostenstellenrechnung → Stammdaten → Kostenart → Einzelbearbeitung → Anlegen sekundär*. Alternativ kann der *Transaktionscode KA06* verwendet werden.

Ein Aufruf der o. g. Menüfolge bzw. Transaktion führt zum Einstiegsbild *„Kostenart anlegen"*, dargestellt in Abb. 6.151. Als Kostenart tragen Sie „EDV-*50*" für die anzulegende sekundäre Kostenart, die in Verbindung mit der innerbetrieblichen Leistungsverrechnung der EDV-Stunden für die empfangende(n) Kostenstelle(n) entsteht, ein. Gültig ist diese ab 01.01. des aktuellen Geschäftsjahres. Ein Klick auf das Symbol ✓ oder den Button *Stammdaten* führt zum Grundbild eine sekundäre Kostenart anzulegen.

Als Bezeichnung geben Sie „EDV-Verrechnung_*50*" und als Kostenartentyp*43* (Verrechnung Leistungen/Prozesse) ein. Durch den Kostenartentyp erfolgt die Festlegung

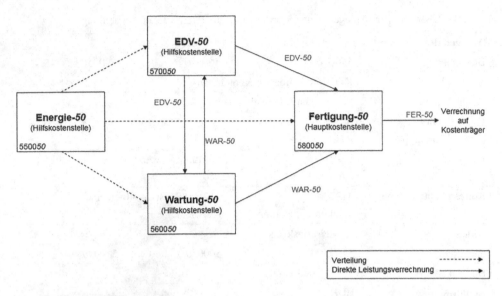

Abb. 6.150 Szenario – 3. Schritt: Sekundäre Kostenarten anlegen (Eigene Darstellung)

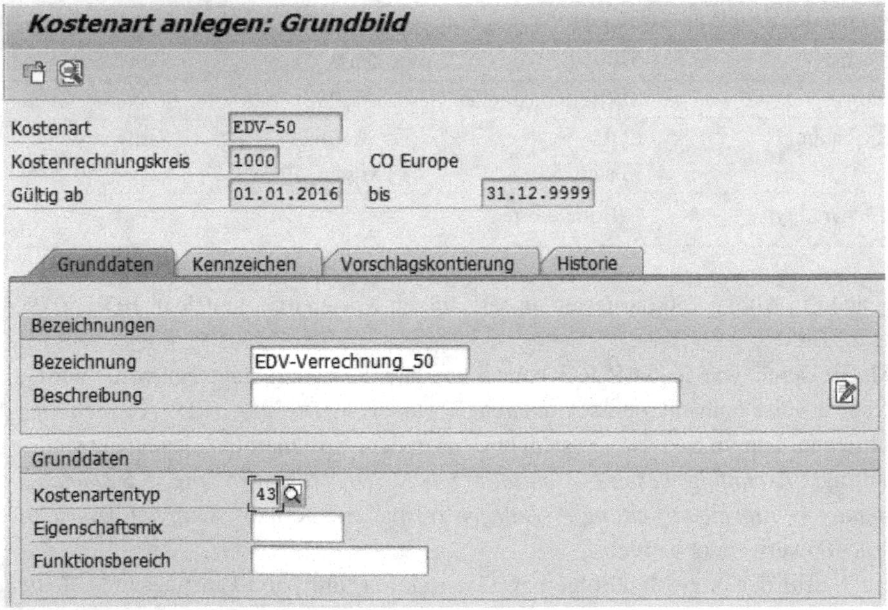

Abb. 6.151 Grundbild – Anlegen einer sekundären Kostenart (Eigene Darstellung, SAP ERP 6.00)

der Verrechnungsmethode für diese Kostenart. Der Kostenartentyp *43* gibt bspw. an, dass diese Kostenart lediglich zur direkten und indirekten Leistungsverrechnung verwendet wird.

Ein Klick auf das Symbol 💾 führt zum Anlegen der sekundären Kostenart „EDV-*50*". Sie gelangen zurück zum Einstiegsbild Kostenart anlegen und erhalten zudem die Meldung *„Kostenart wurde hinzugefügt"*.

Tab. 6.49 Übersicht zum Anlegen weiterer sekundärer Kostenarten (Eigene Darstellung)

Anlegen der sekundären Kostenart		
Kostenart	WAR-*50*	FER-*50*
Gültig ab	01.01. des aktuellen Geschäftsjahres	
Bezeichnung	Wartung-Verr._50	Fertigung-Verr._50
Kostenartentyp	43 (Verrechnung Leistungen/Prozesse)	

Ein identisches Vorgehen führen Sie für die zwei weiteren sekundären Kostenarten mit o. g. Menüfolge bzw. Transaktion aus. Tab. 6.49 gibt einen Überblick über die einzupflegenden Angaben.

6.3.4.4   4. Schritt: Leistungsarten anlegen (Vgl. Glaser and Wendland (2005), S. 98–114.)

Im vierten Schritt werden die Leistungsarten angelegt, d. h. die Bezugsgröße, die zur Erfassung und Verrechnung von Kosten einer Kostenstelle benutzt wird z. B. für die KS Fertigung-*50*: Maschinenstunden. Leistungsarten stellen die Grundlage für die direkte Leistungsverrechnung dar. Zur Erfassung und Verrechnung von Kosten auf einer Kostenstelle ist daher das Anlegen von Leistungsarten-Stammsätzen im SAP-R/3-System erforderlich. Für die Fallstudie sind die in Abb. 6.152 gekennzeichneten Leistungsarten EDV-Stunden (E-*50*), Wartungsstunden (W-*50*) und Maschinenstunden (M-*50*) anzulegen.

Als Beispiel, wie im SAP R/3-System eine Leistungsart angelegt wird, wird diese Vorgehensweise anhand der Leistungsart E-*50* (EDV-Stunden-*50*) beschrieben. Um im SAP R/3-System eine Leistungsart anzulegen nutzen Sie die Menüfolge: *Rechnungswesen*

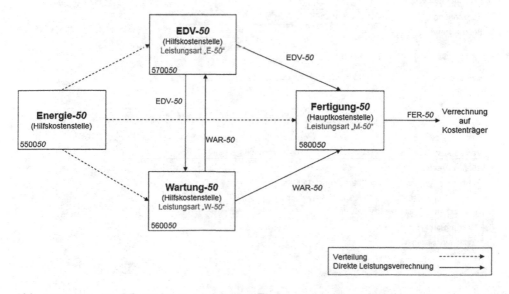

Abb. 6.152 Szenario – 4. Schritt: Leistungsarten anlegen (Eigene Darstellung)

→ *Controlling* → *Kostenstellenrechnung* → *Stammdaten* → *Leistungsart* → *Einzelbe-arbeitung* → *Anlegen.* Alternativ kann der *Transaktionscode KL01* verwendet werden. Sie gelangen zum Einstiegsbild eine Leistungsart anzulegen. Als Leistungsart geben Sie „E-*50*" für die anzulegende Leistungsart EDV-Stunden-*50* ein. Gültig ist diese Leistungsart ab 01.01. des aktuellen Geschäftsjahres. Ein Klick auf das Symbol ⊘ oder den Button *Stammdaten* führt zum Grundbild eine Leistungsart anzulegen.

Als Bezeichnung geben Sie einen Text ein, der die Leistungsart „E-*50*" näher beschreibt, hier „EDV-Stunden-*50*". Als Leistungseinheit geben Sie ein Kennzeichen ein, das die Mengeneinheit der Leistungsart „E-*50*" festlegt. Geben Sie *„STD"* für Stunden ein. Die Kostenstellenart legt fest, für welche Kostenstellenart die Leistungsart „E-*50*" benutzt werden kann. Geben Sie *„2"* ein, sodass diese Leistungsart nur für Kostenstellen der Kostenstellenart Hilfskostenstelle verwendet werden kann. Als Leistungsartentyp verwenden Sie *„1"* für manuelle Erfassung, manuelle Verrechnung. Hiermit wird festgelegt, wie die Leistungsmengen der Leistungsart „E-*50*" erfasst und verrechnet werden. Als Verrechnungskostenart geben Sie die „EDV-*50*" für die sekundäre Kostenart EDV-Verrechnung-*50* ein. Die beschriebenen Arbeitsschritte visualisiert Abb. 6.153.

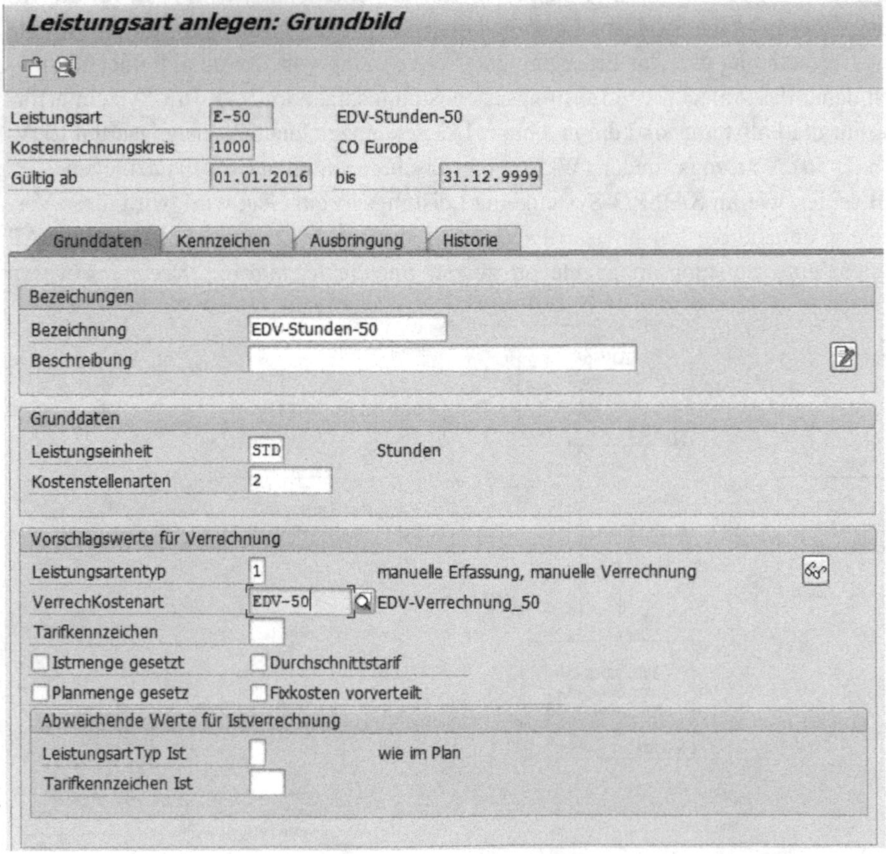

Abb. 6.153 Grundbild – Leistungsart anlegen (Eigene Darstellung, SAP ERP 6.00)

Tab. 6.50 Übersicht zum Anlegen weiterer Leistungsarten (Eigene Darstellung)

Anlegen der Leistungsarten		
Leistungsart	W-*50*	M-*50*
Gültig ab	01.01. des aktuellen Geschäftsjahres	
Bezeichnung	Wartungsstunden-*50*	Maschinenstunden-*50*
Leistungseinheit	STD	
Kostenstellenarten	2 (Hilfskostenstelle)	1 (Hauptkostenstelle)
Leistungsartentyp	1 (Manuelle Erfassung, manuelle Verrechnung)	
VerrechKostenart	WAR-*50*	FER-*50*

Ein Klick auf das Symbol 🖫 führt zum Anlegen der Leistungsart „E-*50*". Sie gelangen zurück zum Einstiegsbild Leistungsart anlegen und erhalten zudem die Meldung „*Leistungsart wurde hinzugefügt*".

Ein identisches Vorgehen führen Sie für die zwei weiteren Leistungsarten mit o. g. Menüfolge bzw. Transaktion aus. Tab. 6.50 gibt einen Überblick über die einzupflegenden Angaben.

6.3.4.5   5. Schritt: Kostenstellengruppe anlegen (Vgl. Glaser and Wendland (2005), S. 115–121.)

Im 5. Schritt wird eine Kostenstellengruppe angelegt. Kostenstellengruppen dienen zur Zusammenfassung von Kostenstellen zum Zwecke der Vereinfachung im Rahmen der Stammdaten-Massenpflege, der Generierung von verdichteten Berichten und der Zusammenfassung von Empfängern bei Kostenverrechnungen. Eine Kostenstellengruppe kann – einerseits ohne Gruppenbildung: Angabe einer Sender-/Empfängerbeziehung bei gegebenem Sender für jeden Empfänger oder – andererseits mit Gruppenbildung: Angabe einer Beziehung zwischen Sender- und Kostenstellengruppe, jede Kostenstelle ist als Element der Kostenstellengruppe dann „automatisch" Empfänger – angelegt werden. Es soll die in Abb. 6.154 dargestellte Kostenstellengruppe angelegt werden.

Um eine Kostenstellengruppe, hier „GRUPPE.*50*", im SAP R/3-System anzulegen, nutzen Sie die Menüfolge: *Rechnungswesen → Controlling → Kostenstellenrechnung → Stammdaten → Kostenstellengruppe → Anlegen.* Alternativ kann der *Transaktionscode KSH1* verwendet werden. Sie gelangen zu dem in Abb. 6.155 dargestellten Einstiegsbild, um eine Kostenstellengruppe anzulegen. Als Kostenstellengruppe geben Sie „GRUPPE.*50*" für die anzulegende Gruppe von Kostenstellen ein. Ein Klick auf das Symbol ✅ führt zur Struktur eine Kostenstellengruppe anzulegen.

Im Feld GRUPPE.*50* geben Sie den Text ein, der die Kostenstellengruppe „GRUPPE.*50*" näher beschreibt. Geben Sie hier *"Empfänger der Energiekosten"* ein. Klicken Sie auf das Symbol 🔲 Kostenstelle, um die Eingabemöglichkeiten von Kostenstellen vorzunehmen.

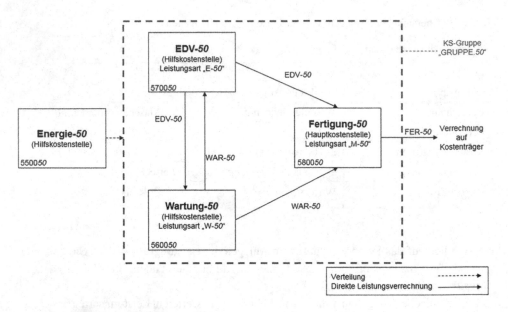

Abb. 6.154 Szenario – 5. Schritt: Kostenstellengruppe anlegen (Eigene Darstellung)

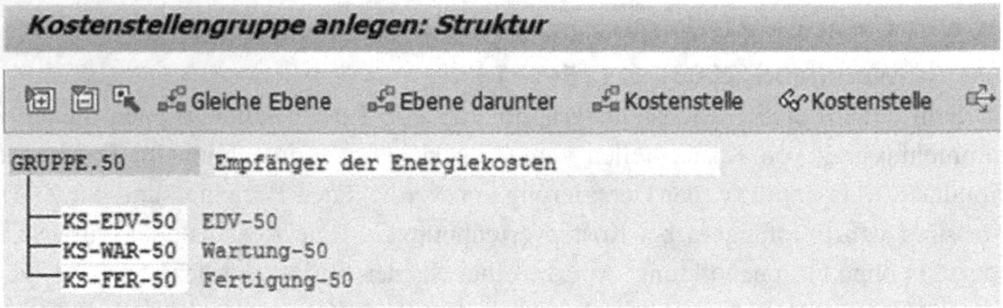

Abb. 6.155 Anlegen der Kostenstellengruppe (Eigene Darstellung, SAP ERP 6.00)

Tragen Sie KS-EDV-*50* in der ersten Zeile der linken Spalte; „KS-WAR-*50*" in der zweiten Zeile der linken Spalte und „KS-FER-*50*" in der dritten Zeile der linken Spalte, ein.

Ein Klick auf das Symbol 💾 führt zum Anlegen der Kostenstellengruppe „GRUPPE.*50*". Sie gelangen zurück zum Einstiegsbild – Kostenstellengruppe anlegen.

6.3.4.6   6. Schritt: Planung der Leistungsausbringungen (Vgl. Glaser and Wendland (2005), S. 122–136.)

Im sechsten Schritt werden die Leistungsausbringungen einzelner Kostenstellen geplant. Nutzen Sie hierzu die Menüfolge: *Rechnungswesen → Controlling → Kostenstellenrechnung → Planung → Leistungserbringung/Tarife → Ändern.* Alternativ kann der

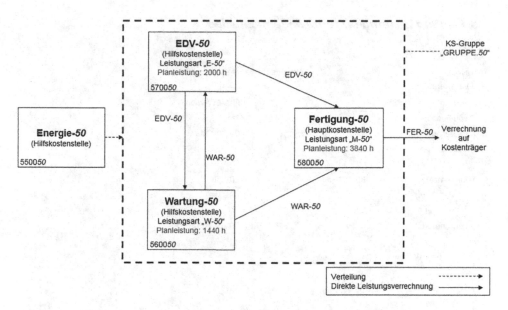

Abb. 6.156 Szenario – 6. Schritt: Planung der Leistungsausbringungen (Eigene Darstellung)

Transaktionscode KP26 verwendet werden. Abb. 6.156 gibt die Planleistungen je Kostenstelle wieder.

Als Beispiel, wie im SAP R/3-System eine Leistungsausbringung geplant wird, wird
diese Vorgehensweise anhand der Leistungsausbringung der Hilfskostenstelle EDV-*50*
beschrieben. Die o. g. Menüfolge bzw. der o. g. Transaktionscode führt zum Einstiegsbild
Leistungen/Tarife zu planen.

Als Version geben Sie „0“ (Plan-/Istversion) ein. Die Version identifiziert einen
bestimmten Planungs- bzw. Erfassungsprozess mit den entsprechenden Plandaten. Eine
Hinterlegung von mehreren Versionen mit alternativen Plan-Mengen- und Wertansätzen
im SAP R/3-System ist möglich. Verwenden Sie die Perioden von 1 bis 12 des aktuellen
Geschäftsjahres. Als Kostenstelle tragen Sie „KS-EDV-*50*“ für die Hilfskostenstelle EDV-
50 ein. Als Leistungsart geben Sie „E-*50*“ für EDV-Stunden ein. Als Eingabe wählen Sie
„freie Eingabe“. Für die Merkmale werden nur Werte, für die bereits Plandaten auf der
Datenbank existieren, angezeigt. Alternativ kann der Modus *„formularbasierte Eingabe“*
verwendet werden. Für die Merkmale werden alle Werte mit gültigen Stammdaten angezeigt (Abb. 6.157).

F5 oder alternativ ein Klick auf das Symbol 🔍 (Übersichtsbild) führt zum Übersichtsbild Leistungen/Tarife zu planen, dargestellt in Abb. 6.158. Tragen Sie hier 2.000 Std. als
Planleistung ein.

Ein Klick auf das Symbol 💾 führt zur Sicherung der Planleistung der Hilfskostenstelle
EDV-*50* und zurück zum Einstiegsbild für die Planung der Leistungen/Tarife.

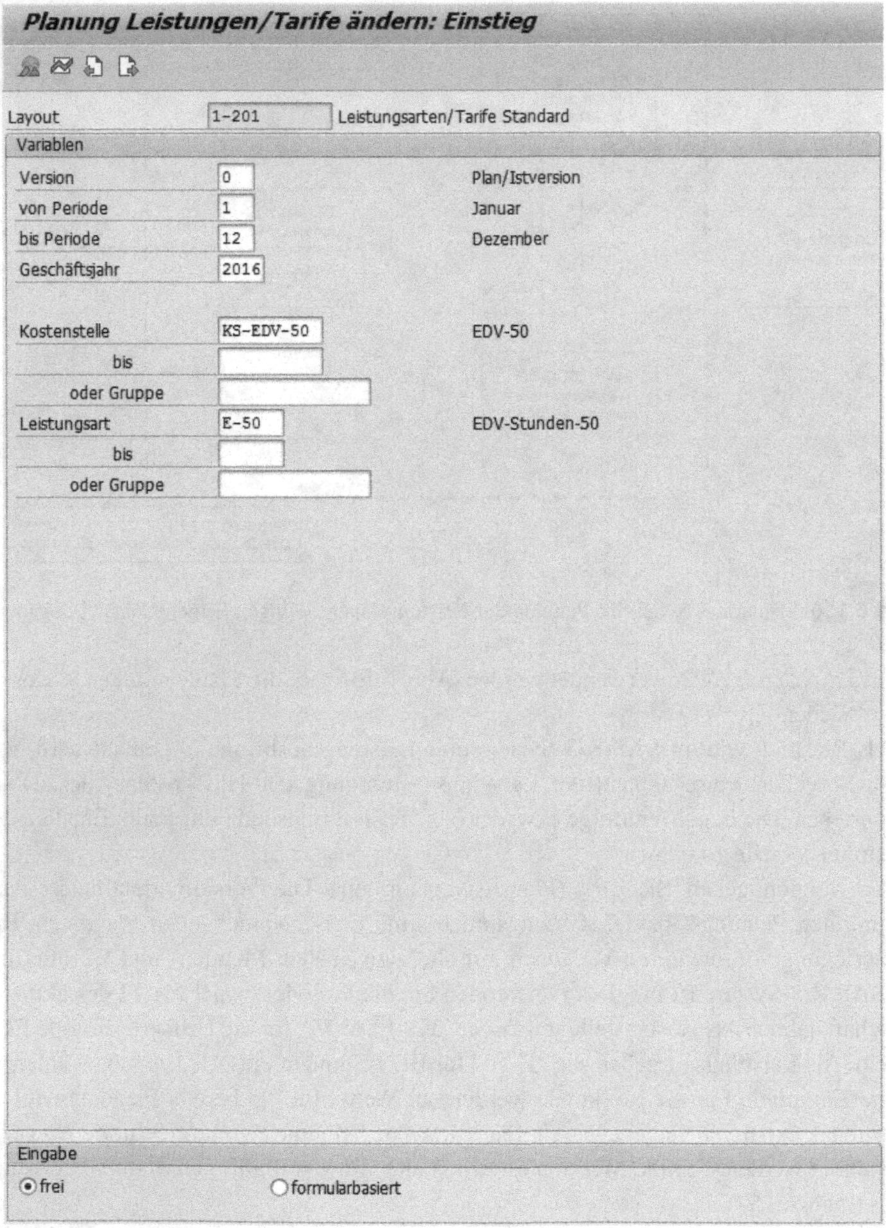

Planung Leistungen/Tarife ändern: Einstieg

🗠 🖾 🗄 🗋

| Layout | 1–201 | Leistungsarten/Tarife Standard |

Variablen

Version	0	Plan/Istversion
von Periode	1	Januar
bis Periode	12	Dezember
Geschäftsjahr	2016	

Kostenstelle	KS–EDV–50	EDV-50
bis		
oder Gruppe		
Leistungsart	E–50	EDV-Stunden-50
bis		
oder Gruppe		

Eingabe

◉ frei   ○ formularbasiert

Abb. 6.157 Einstiegsbild für die Planung der Leistungen/Tarife (Eigene Darstellung, SAP ERP 6.00)

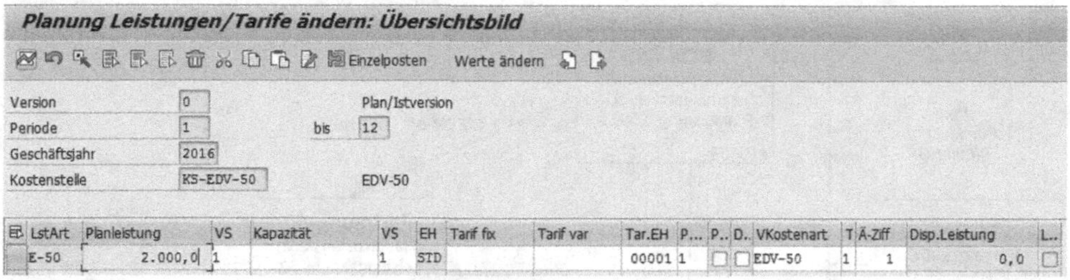

Abb. 6.158 Übersichtsbild für die Planung der Leistungen/Tarife (Eigene Darstellung, SAP ERP 6.00)

Tab. 6.51 Übersicht zum Planen weiterer Leistungsausbringungen (Eigene Darstellung)

Leistungsausbringen planen		
Version	0 (Plan-/Istversion)	
Von Periode	1	
Bis Periode	12	
Geschäftsjahr	aktuelles Geschäftsjahr	
Kostenstelle	KS-WAR-*50*	KS-FER-*50*
Leistungsart	W-*50*	M-*50*
Planleistung	1.440	3.840

Ein identisches Vorgehen führen Sie für die zwei weiteren Leistungsausbringungspla-
nungen mit o. g. Menüfolge bzw. Transaktion aus. Tab. 6.51 gibt einen Überblick über die
einzupflegenden Angaben.

6.3.4.7   7. Schritt: Planung der Primärkostenaufnahmen (Vgl. Glaser and Wendland (2005), S. 137–156.)

Im 7. Schritt werden die Primärkostenaufnahmen geplant. Nutzen Sie hierzu die Menüfolge: *Rechnungswesen → Controlling → Kostenstellenrechnung → Planung → Kosten/
Leistungsaufnahmen → Ändern*. Alternativ kann der *Transaktionscode KP06* verwendet
werden. Abb. 6.159 gibt die Planung der Primärkostenaufnahmen wieder.

Als Beispiel, wie im SAP R/3-System eine Primärkostenaufnahme geplant wird, wird
diese Vorgehensweise anhand der Hilfskostenstelle EDV-*50* beschrieben. Die o. g. Menüfolge bzw. der o. g. Transaktionscode führt zum Einstiegsbild Kostenarten/Leistungsauf-
nahmen zu planen.

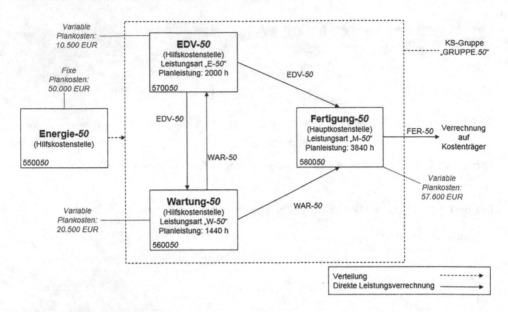

Abb. 6.159 Szenario – 7. Schritt: Planung der Primärkostenaufnahmen (Eigene Darstellung)

Als Version geben Sie „*0*" (Plan-/Istversion) ein. Verwenden Sie die Perioden von 1 bis 12 des aktuellen Geschäftsjahres. Als Kostenstelle tragen Sie „KS-EDV-*50*" für die Hilfskostenstelle EDV-*50*, ein. Als Leistungsart geben Sie E-*50* für EDV-Stunden-*50* und als Kostenart geben Sie 570050 für EDV-Kosten_50 ein. Wählen Sie „*freie Eingabe*". (Abb. 6.160)

F5 oder alternativ ein Klick auf das Symbol 🔍 (Übersichtsbild) führt zum Übersichtsbild Kostenarten/Leistungsaufnahmen zu planen, dargestellt in Abb. 6.161. Tragen Sie hier 10.500 EUR als variable Plankosten ein.

Ein Klick auf das Symbol 🖫 führt zur Sicherung der Planung der variablen Kosten der Kostenstelle KS-EDV-*50* und zurück zum Einstiegsbild für die Planung der Kostenarten/Leistungsaufnahmen.

Ein identisches Vorgehen führen Sie für drei weitere Primärkostenaufnahmen mit o. g. Menüfolge bzw. Transaktion aus. Tab. 6.52 gibt einen Überblick über die einzupflegenden Angaben.

6.3.4.8   8. Schritt: Planung der direkten Leistungsaufnahmen (Vgl. Glaser and Wendland (2005), S. 157–180.)

Im 8. Schritt werden die direkten Leistungsaufnahmen geplant. Nutzen Sie hierzu die Menüfolge: *Rechnungswesen → Controlling → Kostenstellenrechnung → Planung → Kosten/Leistungsaufnahmen → Ändern*. Alternativ kann der *Transaktionscode KP06* verwendet werden. Abb. 6.162 gibt die Planung der direkten Leistungsaufnahmen wieder.

Als Beispiel, wie im SAP R/3-System eine direkte Leistungsaufnahme geplant wird, wird diese Vorgehensweise anhand des variablen Planverbrauchs von der Hilfskostenstelle

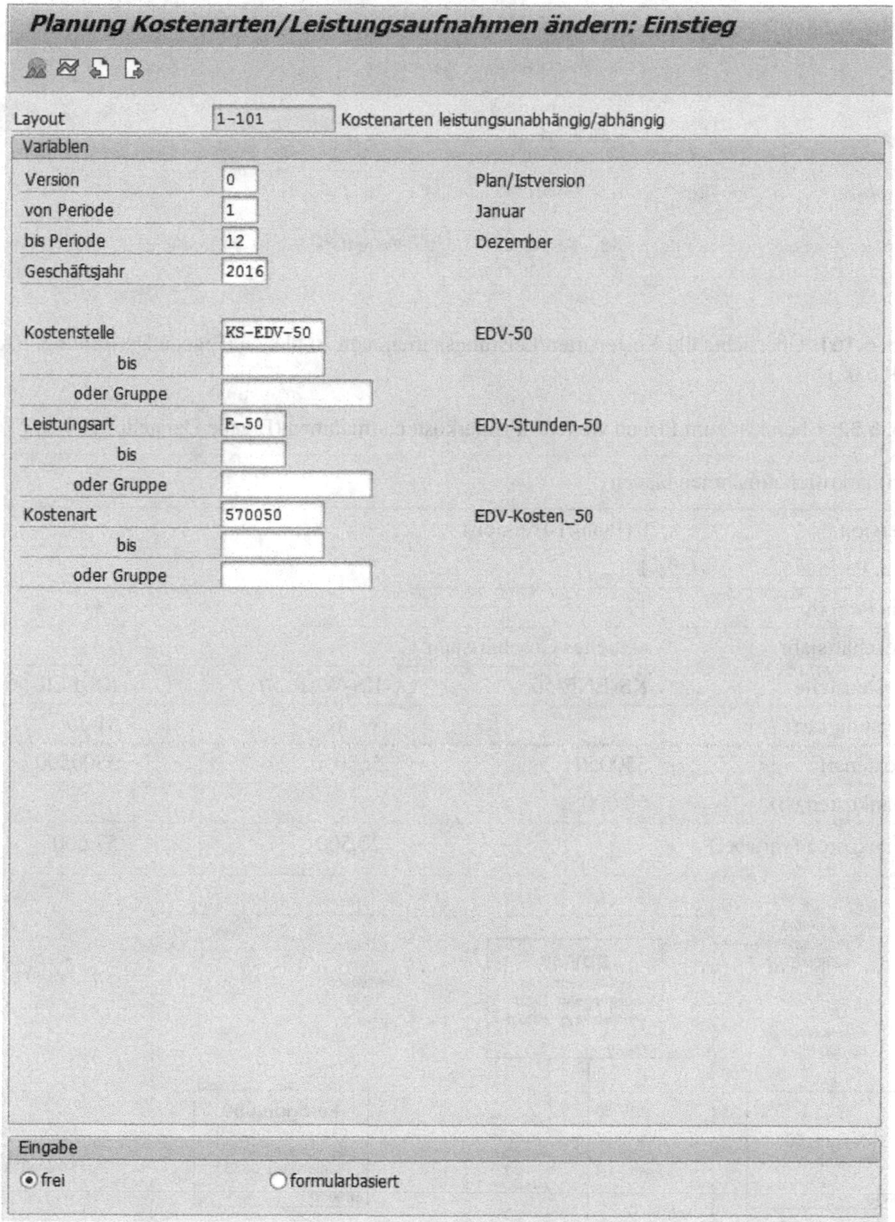

Abb. 6.160 Einstiegsbild Kostenarten/Leistungsaufnahmen zu planen (Layout 1–101) (Eigene Darstellung, SAP ERP 6.00)

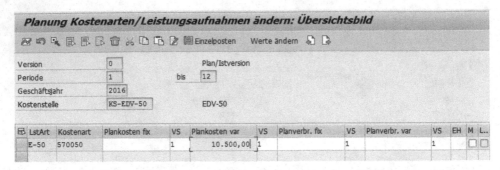

Abb. 6.161 Übersichtsbild Kostenarten/Leistungsaufnahmen zu planen (Eigene Darstellung, SAP ERP 6.00)

Tab. 6.52 Übersicht zum Planen weiterer Primärkostenaufnahmen (Eigene Darstellung)

Primärkostenaufnahmen planen			
Version	0 (Plan-/Istversion)		
Von Periode	1		
Bis Periode	12		
Geschäftsjahr	aktuelles Geschäftsjahr		
Kostenstelle	KS-ENE-*50*	KS-WAR-*50*	KS-FER-*50*
Leistungsart		W-*50*	M-*50*
Kostenart	5500*50*	5600*50*	5800*500*
Plankosten (fix)	50.000		
Plankosten (variabel)		20.500	57.600

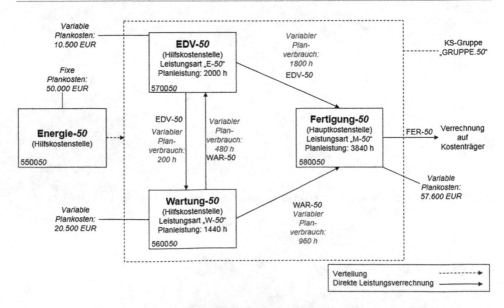

Abb. 6.162 Szenario – 8. Schritt: Planung der direkten Leistungsaufnahmen (Eigene Darstellung)

EDV-*50* durch die Hilfskostenstelle Wartung-*50* mit *200 EDV-Stunden*, beschrieben. Die
o. g. Menüfolge bzw. der o. g. Transaktionscode führt zum Einstiegsbild Kostenarten/
Leistungsaufnahmen zu planen. Siehe Abb. 6.163. Klicken Sie auf das Symbol ⬚, um das
Layout „*Leistungsaufnahmen leistungsunabh./abh.*" zu aktivieren.

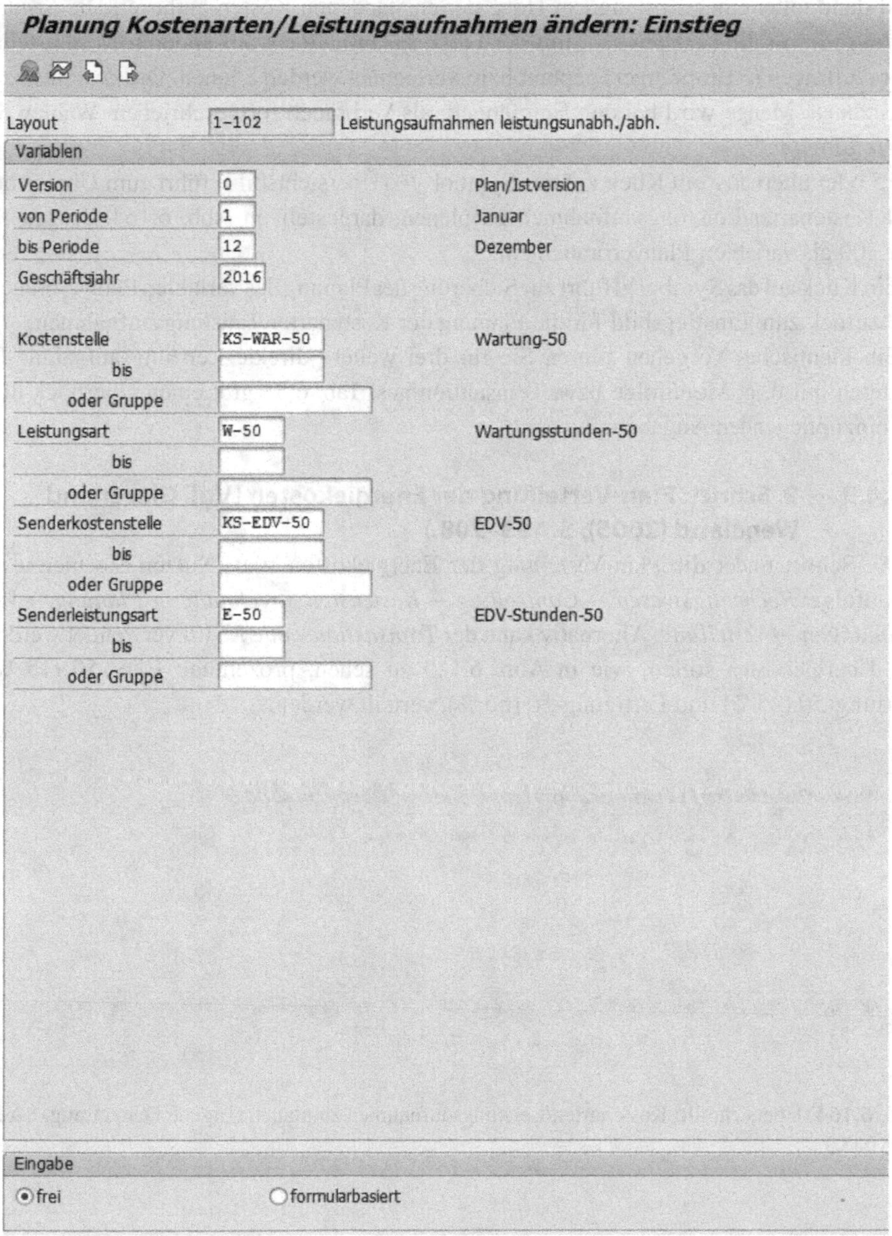

Planung Kostenarten/Leistungsaufnahmen ändern: Einstieg

🐾 ⊠ ➴ ➴

Layout	1–102	Leistungsaufnahmen leistungsunabh./abh.

Variablen

Version	0	Plan/Istversion
von Periode	1	Januar
bis Periode	12	Dezember
Geschäftsjahr	2016	

Kostenstelle	KS-WAR-50	Wartung-50
bis		
oder Gruppe		
Leistungsart	W-50	Wartungsstunden-50
bis		
oder Gruppe		
Senderkostenstelle	KS-EDV-50	EDV-50
bis		
oder Gruppe		
Senderleistungsart	E-50	EDV-Stunden-50
bis		
oder Gruppe		

Eingabe

◉ frei   ○ formularbasiert

Abb. 6.163 Einstiegsbild Kostenarten/Leistungsaufnahmen zu planen (Layout 1–102) (Eigene
Darstellung, SAP ERP 6.00)

Als Version geben Sie „0" (Plan-/Istversion) ein. Verwenden Sie die Perioden von 1 bis 12 des aktuellen Geschäftsjahres. Als Kostenstelle tragen Sie „KS-WAR-*50*", die Leistungsart „W-*50*", die Senderkostenstelle „KS-EDV-*50*" und die Senderleistungsart „E-*50*" ein. Die sendende Kostenstelle ist dasjenige Objekt, von dem aus Kosten oder Leistungen auf andere Kostenstellen oder Aufträge weiterverrechnet werden. Diese Kostenstelle wird dann unter einer Kostenart in Höhe der entstandenen Kosten entlastet. Die *Sender-leistungsart* ist die Leistungsart, mit der Leistungsaufnahmen auf anderen Kostenstellen oder Aufträgen (= Empfänger) geplant bzw. verrechnet werden können. Die geplante bzw. verrechnete Menge wird bei den Empfängern als Verbrauch fortgeschrieben. Wählen Sie „*freie Eingabe*".

F5 oder alternativ ein Klick auf das Symbol 🔍 (Übersichtsbild) führt zum Übersichtsbild Kostenarten/Leistungsaufnahmen zu planen, dargestellt in Abb. 6.164. Tragen Sie hier 200 als variablen Planverbrauch ein.

Ein Klick auf das Symbol 💾 führt zur Sicherung der Planung des variablen Planverbrauchs und zurück zum Einstiegsbild für die Planung der Kostenarten/Leistungsaufnahmen.

Ein identisches Vorgehen führen Sie für drei weitere direkte Leistungsaufnahme-Planungen mit o. g. Menüfolge bzw. Transaktion aus. Tab. 6.53 gibt einen Überblick über die einzupflegenden Angaben.

6.3.4.9   9. Schritt: Plan-Verteilung der Energiekosten (Vgl. Glaser and Wendland (2005), S. 193–208.)

Im 9. Schritt findet die Plan-Verteilung der Energiekosten statt. Nutzen Sie hierzu die Menüfolge: *Rechnungswesen → Controlling → Kostenstellenrechnung → Planung → Verrechnungen → Verteilung.* Alternativ kann der *Transaktionscode KSVB* verwendet werden. Die Energiekosten sollen, wie in Abb. 6.165 zu sehen, prozentual: EDV-*50* (15 %), Wartung-*50* (25 %) und Fertigung-*50* (60 %), verteilt werden.

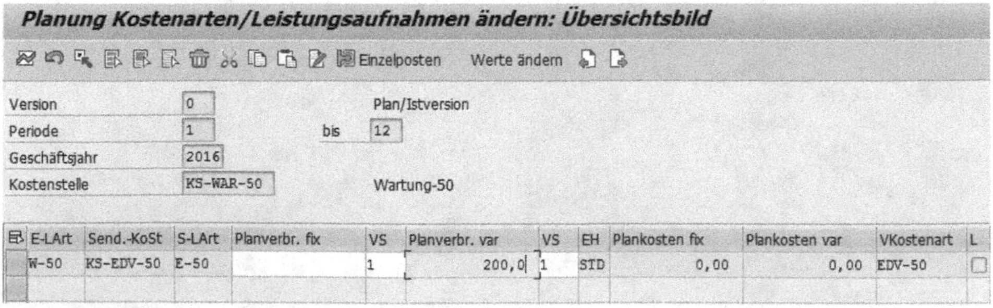

Abb. 6.164 Übersichtbild Kostenarten/Leistungsaufnahmen zu planen (Eigene Darstellung, SAP ERP 6.00)

Tab. 6.53 Übersicht zum Planen weiterer direkter Leistungsaufnahmen (Eigene Darstellung)

Direkte Leistungsaufnahmen planen			
Version	0 (Plan-/Istversion)		
Von Periode	1		
Bis Periode	12		
Geschäftsjahr	aktuelles Geschäftsjahr		
Kostenstelle	KS-EDV-*50*	KS-FER-*50*	KS-FER-*50*
Leistungsart	E-*50*	M-*50*	M-*50*
Senderkostenstelle	KS-WAR-*50*	KS-WAR-*50*	KS-EDV-*50*
Senderleistungsart	W-*50*	W-*50*	E-*50*
Planverbrauch (variabel)	480 h	960 h	1.800 h

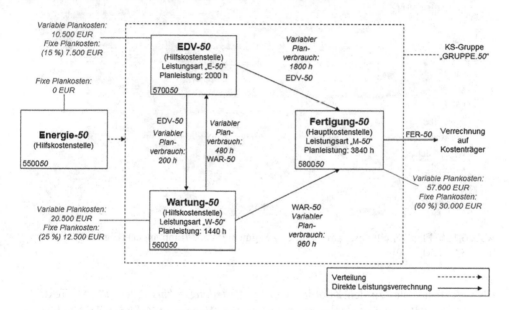

Abb. 6.165 Szenario – 9. Schritt: Plan-Verteilung der Energiekosten (Eigene Darstellung)

Im Einstiegsbild der Plan-Verteilung (vgl. Abb. 6.166) klicken Sie auf Menü *„Zusätze → Zyklus → Anlegen"*, alternativ *Umsch+F5*. Sie gelangen zum Einstiegsbild einen Plan-Verteilungszyklus anzulegen. Als Zyklus geben Sie „VER-*50*" mit Anfangsdatum 01.01. des aktuellen Geschäftsjahres ein. Der Zyklus erfasst die für Kostenverrechnungen relevanten Sender-/Empfängerbeziehungen sowie die zugehörigen Verrechnungsregeln. Eine Erfassung mehrerer unterschiedlicher Sender-/Empfängerbeziehungen sowie zugehöriger Verrechnungsregeln innerhalb eines Zyklus ist möglich *(= Segmente)*. Ein Klick auf die

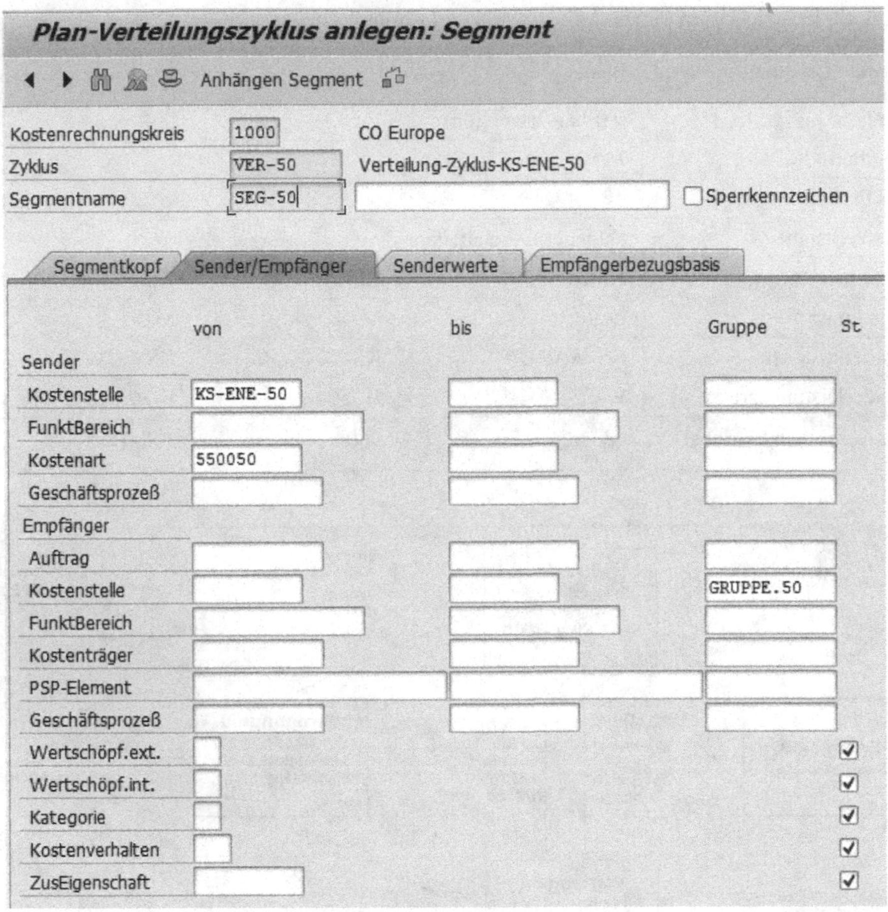

Abb. 6.166 Plan-Verteilungszyklus anlegen – Segment (Sender/Empfänger) (Eigene Darstellung, SAP ERP 6.00)

ENTER-Taste führt zu den Kopfdaten *„Plan-Verteilungszyklus anlegen"*. Als Text, der den Zyklus „VER-*50*" näher beschreibt, geben Sie „Verteilung-Zyklus-KS-ENE-*50*" ein. Außerdem aktivieren Sie die iterative Verarbeitung. Die iterative Verarbeitung steuert, ob bei der Verarbeitung dieses Zyklus iterative Sender-Empfänger-Beziehungen berücksichtigt werden. Die Iteration wird so oft wiederholt, bis jeder Sender vollständig entlastet ist (unter Umständen bleibt ein kleiner Rest übrig. Klicken Sie anschließend auf Anhängen Segment oder alternativ Umsch+F8 um ein Segment für den Plan-Verteilungszyklus anzulegen. Ein Segment ist Bestandteil eines Zyklus. In einem Segment werden bei einer periodischen Verrechnung die Sender, bei denen die zu verrechnenden Werte nach den gleichen Regeln ermittelt werden, sowie die zugehörigen Empfängerobjekte, bei denen die Bezugsbasen nach den gleichen Regeln ermittelt werden, zusammengefasst. Als Segmentname, der ein Segment innerhalb eines Zyklus eindeutig identifiziert, geben Sie „SEG-*50*" für das innerhalb des Zyklus VER-*50* anzulegende Segment ein, in dem die Sender-/Empfängerbeziehung sowie die zugehörige Verteilungsregel für die Verteilung der Energiekosten definiert werden. Als Empfängerregel selektieren Sie die für die Kostenverteilung benötigte Verteilungsregel. Selektieren Sie „*Feste Prozentsätze*". Des Weiteren wählen Sie die Registerkarte „*Sender/Empfänger*" aus, um die in der Abb. 6.166 gekennzeichneten Eingaben von Sender- und Empfängerkostenstellen bzw. -gruppen vorzunehmen.

Im weiteren Verlauf wählen Sie die Registerkarte „*Empfängerbezugsbasis*" aus, um weitere Eingabemöglichkeiten hinsichtlich der Spezifikation der Verteilungsregel vorzunehmen. Hier geben Sie die jeweiligen prozentualen Anteile an Energiekosten ein, den die jeweilige Empfängerkostenstelle zugewiesen bekommen soll. Abb. 6.167 gibt einen Überblick über die Registerkarte „Empfängerbezugsbasis".

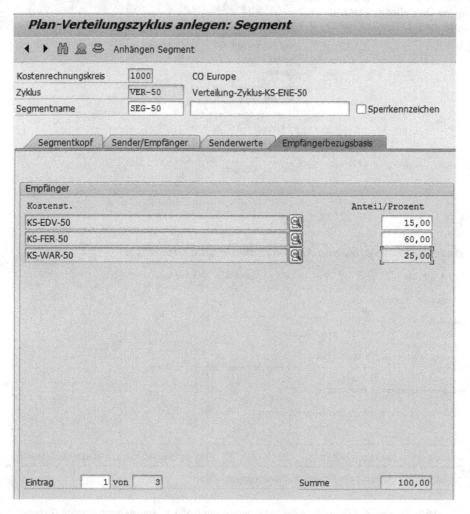

Abb. 6.167 Registerkarte Empfängerbezugsbasis – Plan-Verteilungszyklus anlegen (Eigene Darstellung, SAP ERP 6.00)

Ein Klick auf das Symbol 🖫 führt zur Sicherung des Zyklus VER-*50* für die Verteilung der Energiekosten. Sie erhalten die Systemmeldung: *„Zyklus VER-50, Anfangsdatum
01.01.2016 wurde gesichert"*.

Mit dem Zyklus VER-*50* soll nun die Plan-Verteilung ausgeführt werden. Von Periode
1 bis 12 des aktuellen Geschäftsjahres. Geben Sie den Zyklus VER-*50* ein und führen Sie
die Plan-Verteilung mit 🕑 oder alternativ *F8* aus. Die Bildschirmansicht „Plan-Verteilung ausführen: Einstieg" zeigt Abb. 6.168.

Nach Ausführung der Plan-Verteilung erhalten Sie die *„Anzeige der Plan-Verteilung
der Kostenstellenrechnung in einer Grundliste"* (Abb. 6.169) angezeigt.

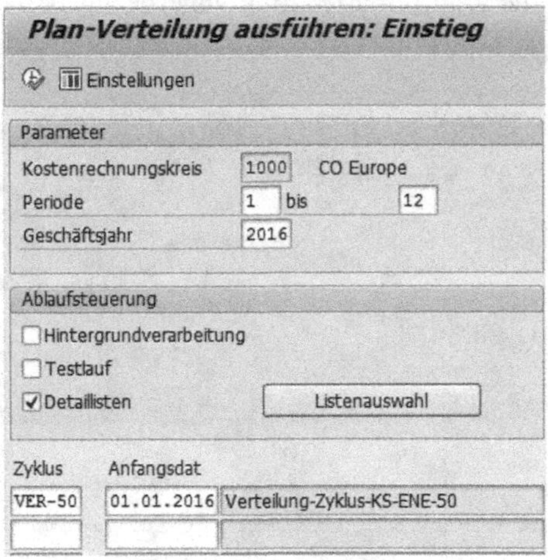

Abb. 6.168 Einstiegsbild zum
Ausführen der Plan-Verteilung
(Eigene Darstellung, SAP ERP
6.00)

Plan-Verteilung ausführen: Einstieg

🕀 ⊞ Einstellungen

Parameter

Kostenrechnungskreis	1000	CO Europe
Periode	1	bis	12
Geschäftsjahr	2016

Ablaufsteuerung

☐ Hintergrundverarbeitung
☐ Testlauf
☑ Detaillisten   Listenauswahl

Zyklus	Anfangsdat	
VER-50	01.01.2016	Verteilung-Zyklus-KS-ENE-50

Anzeige Plan-Verteilung Kostenstellenrechng Grundliste

⏮ ◀ ▶ ⏭ ⬕ ⬕ Σ ⋎ ☖Segmente ☖Sender ☖Empfänger ☖ ⬚

```
Kostenrechnungskreis 1000
Version              0
Kostenart            550050
Periode              001   bis   012
Geschäftsjahr        2016
Wertstellungsdatum   01.01.2015
Kurstyp              M              Standardumrechnung zum Mittelkurs
Belegnummer          33598
Verarbeitungsstatus  Echtlauf

Verarbeitung wurde fehlerfrei abgeschlossen
```

Zyklus	Anfangsdat	Text	A	Anz Sender	Anz Empfänger	Anz. Meldungen
VER-50	01.01.2016	Verteilung-Zyklus-KS-ENE-50	I	1	3	0

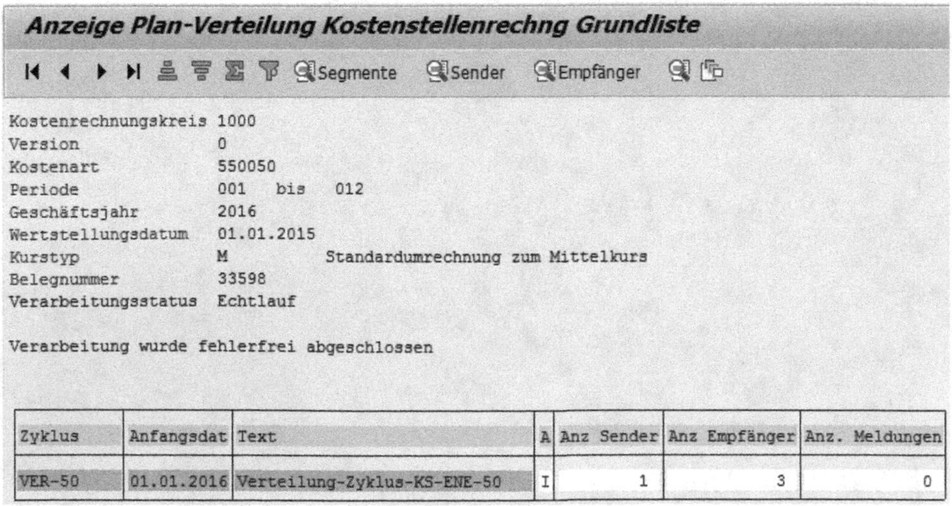

Abb. 6.169 Anzeige der Grundliste der Plan-Verteilung in der Kostenstellenrechnung (Eigene
Darstellung, SAP ERP 6.00)

6.3.4.10   10. Schritt: Plan-Tarifermittlung der Leistungsarten (Vgl. Glaser and Wendland (2005), S. 213–231.)

Im 10. Schritt wird die Plan-Tarifermittlung der Leistungsarten durchgeführt. Nutzen Sie hierzu die Menüfolge: *Rechnungswesen → Controlling → Kostenstellenrechnung → Planung → Verrechnungen → Tarifermittlung.* Alternativ kann der *Transaktionscode KSPI* verwendet werden. In Abb. 6.170 ist die Plan-Tarifermittlung der Leistungsarten dargestellt.

Die o. g. Menüfolge bzw. der o. g. Transaktionscode führt zum Einstiegsbild *„Plantarif-Ermittlung ausführen" (Abb. 6.171).* Als Kostenstellengruppe selektieren Sie GRUPPE.50. Unter Geschäftsprozesse selektieren Sie *„keine Geschäftsprozesse"*, sodass keine Prozesskosten bei der Plan-Tarifermittlung berücksichtigt werden sollen. Als Version tragen Sie *„0"* ein für die Plan-/Istversion und die Periode 1 bis 12 des aktuellen Geschäftsjahres. Deselektieren Sie *Testlauf* und führen Sie die Plantarif-Ermittlung aus. Sie haben damit die Ergebnisse der iterativen Tarifermittlung verbucht. Ein Klick auf das Symbol ☑ führt zu *„Ergebnisse Tarifermittlung Plan".* In Abb. 6.171 ersehen Sie die Ergebnisse der Tarifermittlung Plan.

Verwendung des Iterationsverfahrens (Einzelschrittverfahren) zur Plan-Tarifermittlung der Leistungsarten der Hilfskostenstellen „EDV-*50"*, „Wartung-*50* und der Fertigungskostenstelle „Fertigung-*50"*

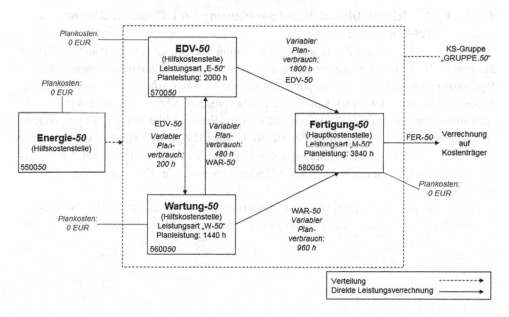

Abb. 6.170 Szenario – 10. Schritt: Plan-Tarifermittlung der Leistungsarten (Eigene Darstellung)

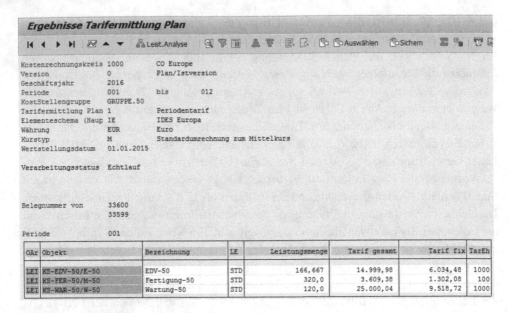

Abb. 6.171 Ergebnisse Tarifermittlung Plan (Eigene Darstellung, SAP ERP 6.00)

6.3.4.11 11. Schritt: Überprüfung der Planung (Vgl. Glaser and Wendland (2005), S. 232–240.)

Im 11. und letzten Schritt der Kostenstellenplanung überprüfen Sie die Planung. Nutzen Sie hierzu die Menüfolge: *Rechnungswesen → Controlling → Kostenstellenrechnung → Infosystem → Berichte zur Kostenstellenrechnung → Planungsberichte → Kostenstellen: Planungsübersicht.* Alternativ kann der *Transaktionscode KSBL* verwendet werden. Die Menüfolge bzw. der Transaktionscode führt zum Einstiegsbild der Planungsübersicht. Lassen Sie sich hier zu Beginn die Kostenstelle KS-EDV-50 im aktuellen Geschäftsjahr von Periode 1 bis 12 anzeigen. Als Version verwenden Sie „0" Plan/Istversion. Nach Ausführen gelangen Sie zu der Kostenstellen Planungsübersicht der Kostenstelle KS-EDV-50. Siehe Abb. 6.172.

Lassen Sie sich im Einstiegsbild der Planungsübersicht die Kostenstelle KS-WAR-*50* im aktuellen Geschäftsjahr von Periode 1 bis 12 anzeigen. Als Version verwenden Sie „*0*"

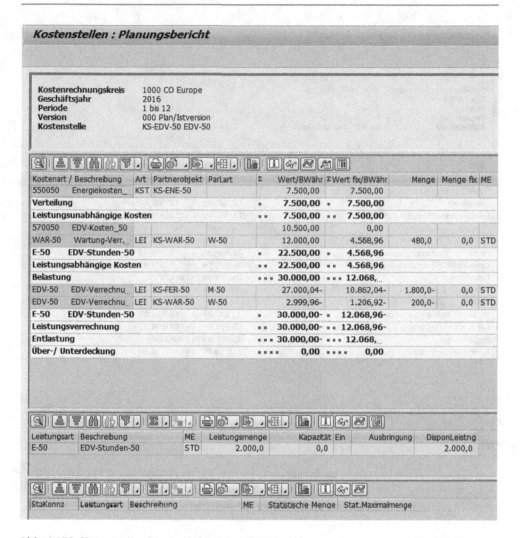

Abb. 6.172 Kostenstellen Planungsübersicht KS-EDV-50 (Eigene Darstellung, SAP ERP 6.00)

Plan/Istversion. Nach Ausführen gelangen Sie zu der Kostenstellen Planungsübersicht der Kostenstelle KS-WAR-*50* (Abb. 6.173).

Kostenstellen : Planungsbericht

Kostenrechnungskreis   1000 CO Europe
Geschäftsjahr   2016
Periode   1 bis 12
Version   000 Plan/Istversion
Kostenstelle   KS-WAR-50 Wartung-50

Kostenart / Beschreibung	Art	Partnerobjekt	ParLart	Σ	Wert/BWähr	ΣWert fix/BWähr	Menge	Menge fix	ME
550050 Energiekosten_	KST	KS-ENE-50			12.500,00	12.500,00			
Verteilung				▪	12.500,00 ▪	12.500,00			
Leistungsunabhängige Kosten				▪▪	12.500,00 ▪▪	12.500,00			
560050 Wartungskoste...					20.500,00	0,00			
EDV-50 EDV-Verrechnu...	LEI	KS-EDV-50	E-50		2.999,96	1.206,92	200,0	0,0	STD
W-50 Wartungsstunden-50				▪	23.499,96 ▪	1.206,92			
Leistungsabhängige Kosten				▪▪	23.499,96 ▪▪	1.206,92			
Belastung				▪▪▪	35.999,96 ▪▪▪	13.706,...			
WAR-50 Wartung-Verr...	LEI	KS-EDV-50	E-50		12.000,00-	4.568,96-	480,0-	0,0	STD
WAR-50 Wartung-Verr...	LEI	KS-FER-50	M-50		23.999,96-	9.137,96-	960,0-	0,0	STD
W-50 Wartungsstunden-50				▪	35.999,96- ▪	13.706,92-			
Leistungsverrechnung				▪▪	35.999,96- ▪▪	13.706,92-			
Entlastung				▪▪▪	35.999,96- ▪▪▪	13.706,...			
Über-/ Unterdeckung				▪▪▪▪	0,00 ▪▪▪▪	0,00			

Leistungsart	Beschreibung	ME	Leistungsmenge	Kapazität	Ein	Ausbringung	DisponLeistng
W-50	Wartungsstunden-50	STD	1.440,0	0,0			1.440,0

StaKennz	Leistungsart	Beschreibung	ME	Statistische Menge	Stat.Maximalmenge

Abb. 6.173 Kostenstellen Planungsübersicht KS-WAR-50 (Eigene Darstellung, SAP ERP 6.00)

Lassen Sie sich im Einstiegsbild der Planungsübersicht die Kostenstelle KS-ENE-*50* im aktuellen Geschäftsjahr von Periode 1 bis 12 anzeigen. Als Version verwenden Sie „*0*" Plan/Istversion. Nach Ausführen gelangen Sie zu der Kostenstellen Planungsübersicht der Kostenstelle KS-ENE-*50*. Vgl. Abb. 6.174.

Lassen Sie sich im Einstiegsbild der Planungsübersicht die Kostenstelle KS-FER-*50* im aktuellen Geschäftsjahr von Periode 1 bis 12 anzeigen. Als Version verwenden Sie „*0*"

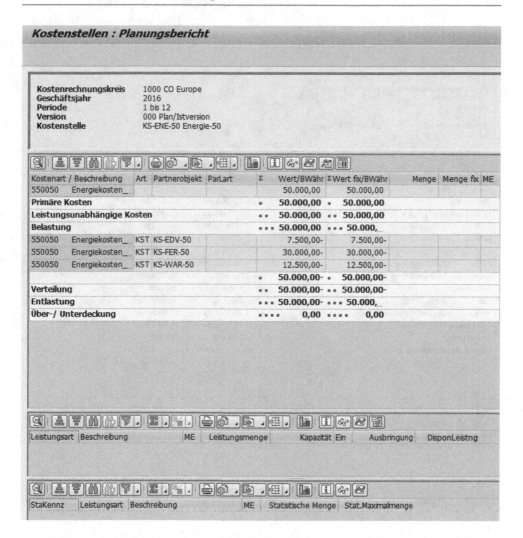

Abb. 6.174 Kostenstellen Planungsübersicht KS-ENE-50 (Eigene Darstellung, SAP ERP 6.00)

Plan/Istversion. Nach Ausführen gelangen Sie zu der Kostenstellen Planungsübersicht der Kostenstelle KS-FER-*50*, wie in Abb. 6.175 dargestellt.

Im aktuellen Kap. 6 wurden bisher die wichtigsten Softwarelösungen für das Controlling aufgezeigt und anhand von umfassenden Fallstudien und weiteren kleinen Übungen umfangreich beschrieben: im Abschn. 6.1 der Corporate Planner, in Abschn. 6.2 Seneca – Edition Global, in diesem Abschn. 6.3 das SAP-System R/3 (Anwendung: FI/CO-Modul). Im nun folgenden letzten Teil des Kap. 6, dem Abschn. 6.4, werden weitere kleinere Systeme näher erläutert.

Abb. 6.175 Kostenstellen Planungsübersicht KS-FER-50 (Eigene Darstellung, SAP ERP 6.00)

6.4   Sonstige (Controlling-)Informationssysteme

Im Folgenden werden die Controlling-Informationssystem *Diamant/3 IQ*, *macsCon-trolling* und *proALPHA* jeweils kurz vorgestellt. Diese Systeme dienen als Beispiele für weitere Systeme, die im Bereich des Controllings als Unterstützung durchaus ihre Nutzungsberechtigung haben.

Das Geschäftsfeld der Controlling-Informationssysteme ist hoch dynamisch. Es werden in kurzen Abständen immer wieder neue Lösungen und neue Releases bereits existieren-der Programme auf den Markt gebracht. Daher können die hier und in den vorhergehenden Abschnitten vorgestellten Systeme nur eine Momentaufnahme des derzeitigen Lösungs-angebotes sein.

6.4.1   Diamant/3 IQ

Diamant/3 IQ ist eine sog. Rechnungswesen-Lösung für Unternehmen. Sie bietet den Funktionsumfang von einer Buchhaltungssoftware bis hin zu einem unternehmensweiten Controlling durch ein integriertes BI-System. Unternehmen sind damit in der Lage, Geschäftsprozesse zu automatisieren, Geschäftsrisiken zu überwachen und Informationen ohne Zeitverlust im Unternehmen zu verteilen.

Da die finanziellen und personellen Ressourcen der Unternehmen i. d. R. begrenzt sind, sollten die vorhandenen Kapazitäten optimal ausgeschöpft werden. Rechnungseingang, Konsolidierung, Quartals-Reporting, Jahresabschluss stehen regelmäßig auf der Agenda. Wiederkehrende Prozesse werden mit der Diamant Software automatisiert. So entstehen Freiräume, die sich für wichtigere Aufgaben wie etwa Unternehmensplanung oder Kostenanalyse nutzen lassen. Diamant/3 IQ ist eine Software, die Finanzbuchhaltung, Anlagenbuchhaltung, Kostenrechnung und Controlling in einem integrierten System verbindet.

6.4.1.1   Diamant Software GmbH & Co. KG

Seit mehr als 30 Jahren befasst sich die *Diamant Software GmbH & Co. KG* damit, wie Software für das Rechnungswesen optimal in Unternehmen eingesetzt werden kann. Das Unternehmen bietet für bislang über 4.000 mittelständische Unternehmen aus allen Branchen, öffentlichen Institutionen und Einrichtungen des Sozial- und Gesundheitswesens leistungsfähige Lösungen und Dienstleistungen an.

Seit der Unternehmensgründung 1980 konzentriert sich die Diamant Software GmbH & Co. KG auf ihr Kerngeschäft, die kontinuierliche Entwicklung anwenderfreundlicher Rechnungswesen-Software für den Mittelstand. Die Diamant Software passt sich den Kundenanforderungen flexibel an. Dies gilt sowohl in Bezug auf den Leistungsumfang als auch für die Integration mit anderen Softwarelösungen und Informationssystemen. Grundlage hierfür bilden die Skalierbarkeit der Lösung, die Technologie und die einfache Bedienung.

Diamant Software ist in über 300 unterschiedliche ERP-Lösungen integriert. Dank der Integrationsfähigkeit können übergreifende Geschäftsprozesse abgebildet und abgewickelt werden. Diamant Rechnungswesen- und Controlling-Lösungen stellen demzufolge u. a. eine Integration in die bestehende Systemlandschaft eines Unternehmens, z. B. Warenwirtschaft, Faktura und Lohnprogramme oder komplette ERP/CRM-Systeme, sicher. Denn erst, wenn die Daten ungehindert zwischen verschiedenen Softwareprogrammen fließen, kann ein Unternehmen von den Rationalisierungseffekten einer integrierten Unternehmenssoftware profitieren. Die BenutzerInnen können direkt auf die Datenbank des Rechnungswesens von Diamant zugreifen und bei Bedarf eine eigene, direkte Integration programmieren. Diamant stellt für den releasefähigen Zugriff ein Business Controlling Modul zur Verfügung, über das Daten abgerufen werden können. Tab. 6.54 gibt einen Überblick über die bestehenden Integrationsmöglichkeiten.

Insgesamt sind die o. g. Integrationsmöglichkeiten Bestandteil sog. *Web-Services*, also Softwarekomponenten mit offenen und standardbasierten Schnittstellen. Mit Web-Services

Tab. 6.54 Überblick der Integrationsmöglichkeiten von Diamant/3 IQ (Eigene Darstellung. In Anlehnung an: www.diamant-software.de)[28]

Integrationsmöglichkeit	Erläuterung
Datei-Integration	Mit der *Datei-Integration* können Buchungssätze, Stammdaten, Adressen, Ratensätze, Kostenstellen und andere Daten aus Vorsystemen automatisch übernommen werden. Sicherheit wird per Protokollierung gewährleistet. Die einfache Form der Integration.
Office-Integration	Mit der bidirektionalen *MS Office-Integration* lassen sich Daten aus der Diamant Software in Office-Anwendungen übernehmen und nach der Bearbeitung wieder in Diamant einbinden. BenutzerInnen können Planungen und Berichte in Excel erstellen und diese mit aktuellen Zahlen aus dem Rechnungswesen befüllen. Neue Planwerte werden direkt aus MS Excel wieder an das Rechnungswesen zurückgeschrieben.
Online-Integration	Die *Online-Integration* sorgt für eine permanente oder zeitgesteuerte Hintergrundverarbeitung der Buchungs-, Stamm- und Adressdaten aus den Vorsystemen. Fehlerhafte Daten werden automatisch abgewiesen, protokolliert und können nach einer Korrektur erneut verarbeitet werden.
Betriebsdatenerfassung (BDE)	Aus der *Betriebsdatenerfassung* werden Leistungen in die Kostenrechnung übernommen. Der Erfassungsaufwand ist für BenutzerInnen somit minimiert und Fehler werden per Plausibilitätsprüfung vermieden.
DATEV Integration	Diamant/3 ist vollständig kompatibel zur Softwareanwendung eines Steuerberaters. Daten werden aus den Vorsystemen einfach im *DATEV-Format* übermittelt.
Archiv Integration	BenutzerInnen können eine direkte Integration von Buchhaltung und Archivierungssystem nutzen: Im Archivsystem werden alle benötigten Daten angezeigt, per Drill-Down-Funktion recherchieren BenutzerInnen die Buchungen direkt aus der Software *(Archiv Integration)*.

---

[28] Vgl. Diamant Rechnungswesen - Integration. https://www.diamant-software.de/diamant-rechnungswesen/integration/. Zugegriffen: 3. Januar 2017

Tab. 6.54   (Fortsetzung)

Integrationsmöglichkeit	Erläuterung
Oberflächen-Integration	Die *Oberflächen-Integration* macht es möglich, verschiedene Programme in einer Oberfläche zu nutzen. BenutzerInnen können entweder die Dialoge aus dem Vorsystem heraus direkt aus dem Rechnungswesen aufrufen oder sie wählen aus Diamant/3 IQ direkt das Vorsystem an.
§ 301 Avisverarbeitung	Elektronischer Austausch von Abrechnungsdaten für stationäre Krankenhausfälle und ambulante Leistungen der Krankenhäuser zwischen Kliniken und Krankenkassen. Des Weiteren werden Vorgangs- und Fakturadaten sowie Zahlungsinformationen bzw. Avise automatisiert übergeben (*§ 301 Avisverarbeitung*).

können Anwendungen nicht nur Daten gemeinsam nutzen, sondern auch Funktionen anderer Anwendungen abrufen. Dabei sorgen Web-Services für den Datenaustausch in Echtzeit durch synchrone Programmierschnittstellen, unabhängig von Betriebssystemen, Datenbanken und Programmiersprachen. Web-Services eröffnen neue Möglichkeiten der Integration und die Unternehmens-IT lässt sich leichter an die Geschäftsanforderungen anpassen.[29]

6.4.1.2   Module
Die Software erfüllt im Standardumfang viele Anforderungen des Rechnungswesens. Diamant/3 IQ umfasst je nach Bedarf Lösungen für FiBu, Kostenrechnung, Anlagenbuchhaltung, Profitcenter- und Konzernmanagement sowie Controlling/BI. Dabei unterstützt die Bedienerfreundlichkeit den Anwender/die Anwenderin bei der schnellen Erfassung und Analyse der Daten. Ein Reporting ermöglicht ein Controlling mit geringem Aufwand. Zusätzliche Funktionen können als Module dazu genommen werden. Das heißt: die Software mit den Anforderungen des Controllings bzw. der ControllerInnen.

6.4.1.2.1   Modul: Finanzbuchhaltung[30]
Die *Diamant Finanzbuchhaltung* erfüllt die Anforderungen des betrieblichen Rechnungswesens. Berichte und Analysen bieten die Basis für Geschäftsentscheidungen. Bei der Diamant Finanzbuchhaltung können Berichte und Diagramme mithilfe der

---

[29] Vgl. Diamant Rechnungswesen - Integration. https://www.diamant-software.de/diamant-rechnungswesen/integration/. Zugegriffen: 3. Januar 2017

[30] Vgl. Diamant Rechnungswesen - Finanzbuchhaltung. https://www.diamant-software.de/diamant-rechnungswesen/finanzen/finanzbuchhaltung/. Zugegriffen: 3. Januar 2017

„Drill-Down"-Funktion bis auf den Einzelbeleg aufgelöst und interpretiert werden. Das Programm ist der Zahlenlieferant für viele Unternehmensbereiche und liefert die Basis für operative und strategische Entscheidungen. Das Rechnungswesen wandelt sich immer mehr in einen gefragten Dienstleister.

Mit den Modul Diamant Finanzbuchhaltung kann eine parallele Rechnungslegung nach HGB, Steuerrecht, IFRS etc. durchgeführt werden. Das Modul bietet eine Analyse der zukünftigen Liquiditätsentwicklung tagesgenau, einfach, sicher und per Knopfdruck. Innerhalb des OP-Managements können AnwenderInnen ein kundenspezifisches Mahnwesen und eine bestmögliche Ausnutzung von Zahlungskonditionen im Zahlungsverkehr vornehmen. Neben der Automatisierung im Rechnungseingangsmanagement: Scannen, Speichern, Prüfen, Umlauf, Kontierung, Freigabe und Archiv, kann die Kassenbuchführung auch dezentral durchgeführt werden. Mithilfe des Imports von Bankauszügen können Ressourcen besser genutzt werden, da das System Routinearbeiten übernimmt.

Dank der automatischen Verarbeitung von elektronischen Bankauszügen und Zahlungsavisen bleibt auch bei 100.000 Belegen im Jahr genug Zeit für die wichtigen Controlling-Tätigkeiten. Die Finanzbuchhaltung übernimmt „automatisch" das Einlesen und Ausziffern bzw. Buchen ohne lästige Abstimmungsdifferenzen.

Das *Offene-Posten-Management* für den Zahlungs- und Lastschriftenverkehr sowie für ein individuelles und flexibles Mahnwesen liefert BenutzernInnen wichtige Informationen zu unbezahlten Rechnungen. Mit der Finanz- und Liquiditätsplanung und dem Debitorenregister Deutschland erhalten sie Werkzeuge zur nachhaltigen Liquiditätssicherung.

Weitere Highlights aus der Diamant FiBu:

- Ganzheitliche Prozess-Unterstützung der Meldepflichten an die Finanzverwaltung bspw. in Form von E-Bilanz, ELSTER, Zusammenfassende Meldung(en) oder Umsatzsteuer-Identifikationsnummer-Validierung.
- Erzeugung eines individuellen, flexiblen und ausführlichen Berichtswesens, das Berichte in Echtzeit erzeugt. Unternehmen schaffen damit eine Basis mit mehr Transparenz über ihre Unternehmenszahlen für eine ganzheitliche Unternehmenssteuerung.
- Anforderungserfüllung der GoBD (Grundsätze zur ordnungsmäßigen Führung und Aufbewahrung von Büchern, Aufzeichnungen und Unterlagen in elektronischer Form sowie zum Datenzugriff) an eine digitale Buchführung, welches von einer Prüfungsgesellschaft mit einem Software-Testat kontinuierlich bestätigt wird.
- Auswertungen von Fremdwährungsbeständen über die Salden auf den Devisenkonten.

Tab. 6.55 zeigt übersichtlich die zentralen Funktionen, die die Diamant Finanzbuchhaltung bietet.

Tab. 6.55 Überblick FiBu-Funktionen von Diamant/3 IQ (Eigene Darstellung. In Anlehnung an: www.diamant-software.de)[a]

FiBu-Funktionen	Erläuterung
Stammdaten	• Sachkontonummern bis 8-stellig numerisch • Personenkonten bis 12-stellig alphanumerisch • Belegnummern bis 15-stellig alphanumerisch • Zentralsuche über alle Objekte • Suchen, vollständiges Anlegen und Ändern von Konten • Einrichtung beliebig vieler Zusatzfelder als Selektions- und Sortierkriterien für Berichtswesen • Saldenvergleich im Sachkonto
Erfassung	• Gleichzeitige Erfassung für Finanzbuchhaltung, Kostenrechnung, Anlagenbuchhaltung und Konzernbuchhaltung • Automatische Kontierung und Buchungsvorschriften • Individuelle Ausbuchungsfälle • Verwaltung von Dauerbuchungsbelegen • „Diverse Konten" mit Adressverwaltung für Mahnungen und Zahlungsverkehr • Anzeige des Journals, der Offenen Posten und Buchungen • Stets aktuelle Saldenanzeige • Automatischer Belegstorno • Buchung in Euro und Fremdwährung (Voraussetzung ist das Modul „Währung")
Offene Posten	• Komfortable, direkte oder nachträgliche Auszifferung auf Personen und Sachkonten • Auszug der Offenen Posten mit Korrektur und Ausgleichsliste • Pflege der Offenen Posten direkt aus der Liste der Offenen Posten durch „Drill-Down"-Funktion • Individuelle Auswertungen durch Sortier- und Selektionsmerkmale beim Abruf der Berichte • Umfangreiche Selektionsmöglichkeiten für schnelle Suche nach Offenen Posten

Tab. 6.55 (Fortsetzung)

FiBu-Funktionen	Erläuterung
Zahlungsverkehr	• Komfortabler Zahlungsverkehr und Lastschriften (SEPA) • Automatischer Zahlungsvorschlag nach wählbaren Kriterien unter Berücksichtigung von Skonto- und Fälligkeitsfristen • Zahlungsverkehr per Scheck, Diskette oder Datenfernübertragung (DTAUS-Format/SEPA) • Projektzahlungen i. V. m. der Kostenrechnung • Änderungsmöglichkeiten und Ergänzungen • Vorgabe der Banken mit maximalem Belastungsbetrag und Priorität • Scheck in Buchhaltungswährung und Fremdwährung (Voraussetzung ist das Modul „Währung") • Zahlungen an Kreditoren mit ausländischer Bankverbindung (IBAN, SWIFT) • Zahlungsavis zur detaillierten Angabe über die Offenen Posten • Wiederholung der Zahlungsvorschläge • Wahlweise automatischer Ausgleich der Offenen Posten • Berücksichtigung von Rechnungen im Umlauf
Aktives Forderungsmanagement	• Bis zu neun Mahnstufen pro Mahngruppe • Frei gestaltbare Mahntexte - auch in Fremdsprachen • Klärungsbeleg und Brief an den Rechtsanwalt • Interne Klärungs- und Rechtsfallstufe möglich • Ausdruck von Kontoauszügen und Saldenbestätigungen der Offenen Posten • Zinsberechnung pro Mahnstufe • Mahngebühren - auch in Fremdwährung (Voraussetzung ist das Modul „Währung") • Mahnlimit pro Rechnung und Mahnung • Mahnlimit in Prozent zum Kontosaldo • Hinzufügen und Abschließen von einzelnen Offenen Posten oder OP-Konten • Erinnerungslauf für Kleinbeträge • Wiederholung der Mahnvorschläge • Selektieren des Mahnvorschlages nach Konten, Rechnungsarten, Geschäftsvorfällen, etc. • Zurücksetzung des durchgeführten Mahnlaufes • Wahlweise Buchung der Mahnzinsen und Mahngebühren als Offene Posten

Tab. 6.55 (Fortsetzung)

FiBu-Funktionen	Erläuterung
Auswertungen und Berichte	• Für Sie zur Auswahl - über 200 mitgelieferte Auswertungen • Ausgeben der Informationen am Monitor, Drucker oder als Datei-Export, z.B. Excel • Sachkontensaldenlisten mit bis zu fünf Vorjahren • Debitoren-, Kreditorensaldenliste mit Warenumsatz für zwei Vorjahre • Umsatzlisten mit fünf Vorjahren • Individuelle BWAs, mit Planzahlen für das aktuelle Jahr und Folgejahr • Vorjahresvergleiche für alle Saldenlisten und BWAs • Standardbilanz mit GuV und Kontennachweis, individuelle Bilanzschemata • Kontendruck - auch zur späteren Archivierung • Alle Auswertungen auch am Bildschirm mit Sortier- und Selektionsmöglichkeit sowie „Drill-Down"-Funktion bis auf Belegebene, auch für individuelle Auswertungen • Individueller Tabellenaufbau wahlweise pro Benutzer, Benutzergruppe oder im Firmenstandard einstellbar • Ampeln und Diagramme individuell definierbar
Amtliche Auswertungen	• Umsatzsteuervoranmeldung (direkt per ELSTER) mit Umsatzsteuerverprobung - im Standard auch Vorsteuerverprobung möglich • Dauerfristverlängerung 1/11 • Zusammenfassende Meldung für EU-Exporte (vom Bundesamt für Finanzen in Saarlouis genehmigt) mit Verprobung (Voraussetzung ist das Modul „Zusammenfassende Meldung")
Kontenrahmen und Standardbilanz	• SKR03, SKR04, IKR, KHBV, PBV • Individuelle Änderungen durch den Anwender möglich • Individuelle Kontenrahmen und Bilanzschemata möglich • Vorschlag einer IFRS-Bilanz • Alternative Bilanzschemata bis auf Kontoebene
Planbilanzen/Budgets	• Pro Periode für das aktuelle Jahr und Folgejahre • Jahresplan mit frei wählbaren Aufteilungsschlüsseln • Bis zu 8 Planalternativen

[a] Vgl. o.V.: Diamant Rechnungswesen - Finanzbuchhaltung/Funktionen. Unter: https://www.diamant-software.de/diamant-rechnungswesen/finanzen/finanzbuchhaltung/funktionen/ (Stand: 03.01.2017).

Falls Unternehmen bzw. BenutzerInnen explizite Anforderungen an einzelne Prozesse ihres Rechnungswesens haben, können sie das Diamant/3 Rechnungswesen entsprechend ihren Anforderungen erweitern. Die FiBu-Erweiterungsfunktionen des Diamant/3 Rechnungswesens sind in Tab. 6.56 aufgelistet.

Tab. 6.56 Überblick FiBu-Erweiterungsfunktionen von Diamant/3 IQ (Eigene Darstellung. In Anlehnung an: www.diamant-software.de)[a]

FiBu-Erweiterungsfunktionen	Erläuterung
Kassenbuch	• Zeitersparnis durch dezentrale Vorerfassung • Korrekturen jederzeit möglich • Prüfung vor Buchung in der Finanzbuchhaltung • Aktueller Kassenstand jederzeit verfügbar • Auszifferungsvorschläge und Mehrfachauszifferung • Quittungsdruck • Zentraler und dezentraler Einsatz • Integrierte Kassenbestandsprüfung
Berichts-/Taxonomie Assistent	• Übersichtliche Darstellung der Taxonomien mit intelligenten Filtern und Erläuterungen der Finanzverwaltung • Zuordnung von Kontenrahmenzeilen und Sachkonten per Drag & Drop • Automatische Zuordnung von Kontenrahmenzeilen und Sachkonten gemäß Vorlagen • Bereitstellung von Vorlagen für vorbereitete Kontenrahmen (z. B. SKR03, SKR04) • Erstellung individueller Vorlagen (auch mandanten- und jahresübergreifend nutzbar) • Zuordnung von Konten mit wechselnden Soll/Haben-Salden (Alternativpositionen) • Zuordnung von Kontengruppensalden mit wechselnden Soll/Haben-Salden (Gruppenzuordnung) • Einrichtung des taxonomiekonformen Kontenplans • Vorbereitung der Meldung • Basis für schnellen Einstieg in das Diamant/3 Business Intelligence

Tab. 6.56   (Fortsetzung)

FiBu-Erweiterungsfunktionen	Erläuterung
E-Bilanz Meldemodul	• Aufbereitung der Meldedaten • Übermittlung des steuerrechtlichen Abschlusses im XBRL-Format • Vorjahresmeldung als Vorlage für aktuelles Jahr nutzbar • Eingabe von Werten zu Taxonomie-Positionen über Formularfelder • Überleitung der Wertansätze aus der Handelsbilanz zur Steuerbilanz (Überleitungs- und Umgliederungsrechnung) • Eingabe von internen Kommentaren / Notizen zu einzelnen Positionen zwecks Erläuterung • Plausibilitätsprüfung / Validierung der zu meldenden Daten vor Versendung • Authentifizierung der Meldung über Software-Zertifikat • Protokollierung der Übertragung • Eigenständige Datensätze zur Übermittlung der Sonder- und Ergänzungsbilanzen der Personengesellschafter • Übermittlung der Kapitalkontenentwicklung für Personengesellschafter
Kontokorrentrechnung	• Verrechnungsfunktion für Zahlungsverkehr und Mahnwesen • Manuelle Buchungen weitestgehend entbehrlich • Aktueller OP-Bestand durch Auswertung „gemischtes Kontokorrent" • Gemeinsames Kontokorrentkonto in den Stammdaten • Verrechnungsfunktion für Zahlungsverkehr und Mahnwesen (Kreditor und Debitor)
Organschaften	• Konsolidierte Umsatzsteuer für Organschaften • Erstellung per Knopfdruck und mit ELSTER übertragen
Import Bankauszüge	• Zur schnellen, sicheren und automatischen Buchung von elektronischen Bankauszügen • Ausziffern offener Posten über die Rechnungsnummer bei Debitoren und Kreditoren • Buchungsvorschriften für Lastschriften & Abbuchungsaufträge • Erkennung von Personenkonten über Bankverbindung • Protokoll- und Anzeigefunktion pro Auszug über alle Positionen sichtbar und selektierbar

Tab. 6.56 (Fortsetzung)

FiBu-Erweiterungsfunktionen	Erläuterung
Zentralregulierung Verbände	• Mit kontenübergreifender OP-Verrechnung und OP-Auszifferung • Transparenz und Kontrolle durch OP-Listen pro Verband • Zahlungsverkehr, Mahnwesen und Lastschrifteneinzug für Verbände • Mahnungen wahlweise an Verband oder deren Mitglieder
Währung	• Führen von Devisenkonten und Bewertung von Fremdwährungsbeständen • Verwaltung beliebig vieler Währungen • Erfassung und Zahlung der Rechnungen in Fremdwährungen • Mahnung getrennt nach Währungen • Kursgewinne und Kursverluste automatisch buchen • Auswertung Fremdwährungsbestand
Rechtskreise	• Erfassung und parallele Darstellung mehrerer Rechtsnormen (HR, StR, IFRS, US-GAAP) • Zuordnung von Sachkonten zu Rechtskreisen • Prüfungen bei der Belegerfassung verhindern Vermischung von Rechtskreisen • Aufruf der Summensaldenlisten, BWA-Steuerungen, Bilanzberichte und Bilanzanlagen nach der Rechtskreiszugehörigkeit des Sachkontos • Auswertung verschiedener Rechtskreise über eine zentrale BWA-Steuerung bzw. Bilanzbericht
Auslandszahlungsverkehr	• Komfortabler Auslandszahlungsverkehr inklusive Meldewesen
§ 301 Avisverarbeitung	• Elektronischer Austausch von Abrechnungsdaten für stationäre Krankenhausfälle und ambulante Leistungen gemäß §301 Abs. 1 SGB V. • Auslesen der buchungsrelevanten Zahlungsinformationen aus den EDIFACT Zahlungsdaten zwischen Krankenhäusern und Krankenkassen • Automatische Übernahme der Zahlungsdaten ins Rechnungswesen • Konfigurierbare Such- und Verarbeitungslogik für Zahlungsbuchungen und Auszifferungen • Automatische und manuelle Verarbeitung der avisierten Zahlungen inklusive Auszifferungen Offener Posten • Nachweisprotokoll der Zahlungsverwendung • Unterschiedliche Avistypen konfigurierbar

Tab. 6.56 (Fortsetzung)

FiBu-Erweiterungsfunktionen	Erläuterung
Zentrale Stammdaten	• Zentrale Führung sorgt für einen homogenen Datenbestand im Konzern bzw. Unternehmensverbund. • Manuelles Nachpflegen in den einzelnen Tochterunternehmen entfällt. • Wählen welche Objekte bzw. Felder zentral geführt werden • Protokollierung von Unstimmigkeiten bei der Kombination von zentral geführten Objekten und Felder • Flexibilität: separater Konsolidierungsmandant oder Mutterunternehmen als stammdatenführender Mandant sowie Kombination aus beiden möglich • Minimierte Kontenpläne
Zusammenfassende Meldung	• Für exportorientierte Unternehmen innerhalb der Europäischen Union • Plausibilitätskontrolle mit ZM-Verprobung
Öffentliches Mahnwesen	• Mahnen mit Gebührenstaffeln und Säumniszuschlägen • Rationales und kostengünstiges Debitorenmanagement • Nebenforderungen automatisch ermitteln und buche
ELSTER-Integration	• Umsatzsteuer-Voranmeldung per elektronischem Versand • Vermeidung von Erfassungsfehlern • Geringere Rückfragen durch automatische Plausibilitätsprüfung
eBeleg	• Erstellung von Dokumenten im Rechnungswesen für Umbuchungen, Verkauf von Wirtschaftsgütern, Weiterberechnungen im Konzernverbund • Automatische Übergabe der Dokumente an die empfangende Firma bei Buchungen zwischen Konzerngesellschaften (Voraussetzung Modul „Intercompany") • Dokumentation im Belegprotokoll • Archivierung der eBelege in der revisionssicheren Ablage möglich
Prüferarbeitsplatz/IDEA-Ausgabeformat	• Erfüllung der Abgabenordnung (GoBD) • Mehrjahreskonzept für Zugriff auf beliebig viele Jahre • Daten automatisch im IDEA-Format erzeugen • Protokollierung der Bewegungen und Abrufe des Prüfers bis auf Belegebene • Automatische Freischaltung notwendiger Sachverhalte für den Prüfer

Tab. 6.56   (Fortsetzung)

FiBu-Erweiterungsfunktionen	Erläuterung
Anzahlungen	• Verwaltung von Anzahlungsfällen in Buchhaltungs- und Fremdwährung • Abschlagsrechnungen unter Berücksichtigung von Skonti und sonstigen Abzügen • Schlussrechnungen • Teilschlussrechnungen • Berücksichtigung bei Mahn- und Zahlungsläufen • Automatische Berücksichtigung bei Mahn- und Zahlungsläufen
Debitorenregister Deutschland der Creditreform (DRD)	• Abgleich der eigenen Zahlungserfahrungen mit Zahlungsinformationen aus dem Datenpool der Creditreform • Frühwarnsystem • Risikominimierung erhöht Rating bei Banken
Übergreifende Module	• Verschiedene Landesrechte und alternative Oberfläche in Englisch oder Französisch • Layout-Manager zur individuellen Gestaltung der Programmoberfläche, zugeschnitten auf die Arbeitsabläufe

[a] Vgl. Diamant Rechnungswesen - Finanzbuchhaltung/Funktionen. https://www.diamant-software.de/diamant-rechnungswesen/finanzen/finanzbuchhaltung/funktionen/. Zugegriffen: 3. Januar 2017

6.4.1.2.2   Modul: Kostenrechnung[31]

Die *Diamant Kostenrechnung* liefert einen Einblick in die Kosten und Leistungen des Unternehmens. Zur Standardausstattung gehören die Dimensionen Projekte, Kostenstellen, Kostenarten und Kostenträger. Letztere Dimension lässt sich bspw. auf Zielgrößen wie Kosten pro Stück, pro Produkt oder pro Produktgruppe ausrichten. Die Pluspunkte sind dabei die Transparenz und Flexibilität der Abrechnung.

Mithilfe der Kostenrechnung kann eine Kostenarten-Verteilung und eine innerbetriebliche Leistungsverrechnung (ibL) vollzogen werden. Zudem sind Umlagen und Verteilungen zur Differenzierung der Gemeinkosten möglich. Dabei bilden Dimensionen und Hierarchien die Basis für das Controlling. Des Weiteren schaffen die Teilkostenrechnung und die Differenzierung nach fixen und variablen Kostenbestandteilen die Basis für eine mehrstufige Deckungsbeitragsrechnung. Planalternativen, mehrdimensionale Planungserfassung, Forecasting, Umwertungen und weitere Funktionen unterstützen die Plankostenrechnung bzw. den Planungsprozess. Dabei besteht die Möglichkeit, dass der Anwender/die Anwenderin vorhandene oder neue Planungsformulare in Microsoft Excel

---

[31] Vgl. Diamant Rechnungswesen - Controlling/Kostenrechnung. https://www.diamant-software.de/diamant-rechnungswesen/controlling/kostenrechnung/. Zugegriffen: 3. Januar 2017

mit der automatischen Übertragungsfunktion in das Diamant Rechnungswesen für mehr Datenkonsistenz im Planungsprozess nutzt.

Weitere Highlights aus der Diamant Kostenrechnung:

- Über Kostenarten, Kostenstellen, Kostenträger und Projekte sowie eine Zuordnung kann eine individuelle Kostenrechnung entworfen und so der Kapitaleinsatz des Unternehmens optimiert werden. Es lässt sich bspw. auch über Kostenstellen eine Profitcenter-Rechnung abbilden.
- Berichte werden „direkt" mit der Kostenrechnung mitgeliefert. Alle Berichte sind anpassbar. Die Kostenrechnung eines Unternehmens lässt sich mit dem Kosten- und Erfolgscontrolling weiter ausbauen.
- Zusammen mit dem Originalbeleg kontieren die zuständigen MitarbeiterInnen bereits während der Eingabe in der FiBu Kostenstelle, Kostenträger oder Projekt und erfassen die Anzahl der zu berücksichtigenden Perioden, z. B. für die Verteilungsrechnung.
- Unternehmen können Kostenkontrollen sowie Vergleiche von Istkosten mit Plan- oder Sollkosten, um Abweichungen bei Verbrauch, Preis oder Beschäftigung aufzudecken, durchführen.

Tab. 6.57 zeigt übersichtlich die zentralen Funktionen, die die Diamant Kostenrechnung bietet.

6.4.1.2.3 Modul: Anlagenbuchhaltung[32]

Die *Diamant Anlagenbuchhaltung* sorgt für einen Überblick über die vorhandenen Anlagegüter, den tatsächlichen Wertefluss und den Investitionsstand im Unternehmen. Die AnwenderInnen sehen tagesaktuell, was ihre Investitionen wert sind, wahlweise aus dem Blickwinkel des Handelsrechts, des Steuerrechts, der Kostenrechnung oder internationaler Richtlinien wie IFRS und US-GAAP. Dabei kann die Diamant Anlagenbuchhaltung auch als Einzelanwendung, ohne die FiBu und Kostenrechnung, eingesetzt werden.

Die Vorteile sind, dass es keine Doppelerfassung der Wirtschaftsgüter gibt, um nach unterschiedlichen Rechnungslegungsvorschriften zu bewerten und abzuschreiben. Es erfolgt die Einbettung in den Planungsprozess durch Vorschaufunktionen und Planwirtschaftsguterfassung. Die AnwenderInnen haben eine monatsgenaue Berechnung der Abschreibungen und Vorschau auf den Abschreibungsverlauf. Außerdem können sie gängige und individuelle Abschreibungsmethoden nutzen sowie mit Anlagegruppen arbeiten.

Weitere Highlights der Diamant Anlagenbuchhaltung:

- Die zuständigen MitarbeiterInnen profitieren von den Planungsfunktionen in Diamant/3. Sie legen bspw. Werte und Planwirtschaftsgüter an und erkennen über die

---

[32] Vgl. Diamant Rechnungswesen - Finanzen/Anlagenbuchhaltung. https://www.diamant-software. de/diamant-rechnungswesen/finanzen/anlagenbuchhaltung/. Zugegriffen: 3. Januar 2017

Tab. 6.57 Überblick Kostenrechnungs-Funktionen von Diamant/3 IQ (Eigene Darstellung. In Anlehnung an: www.diamant-software.de)[a]

Kostenrechnungs-Funktionen	Erläuterung
Stammdaten	• Kostenarten bis 8-stellig numerisch • Kostenstellen bis 8-stellig numerisch • Kostenträger bis 16-stellig alphanumerisch • Projekte bis 16-stellig alphanumerisch
Allgemeines	• Beliebig viele Wirtschaftsjahre, 14 Perioden pro Wirtschaftsjahr • Automatische Abstimmung von Finanzbuchhaltung und Kostenrechnung • Mehrdimensionale Erfassung und Analyse in der Kostenrechnung in den Dimensionen Kostenstellen, Kostenträger und Projekte • Abbildung von Hierarchien und Bereichen in allen Kostenrechnungs-Dimensionen
Kostenrechnungssysteme	• Ist-Kostenrechnung • Starre Plankostenrechnung • Grenzplankostenrechnung • Flexible Grenzplankostenrechnung • Profitcenter-Rechnung • Deckungsbeitragsrechnung (Voraussetzung ist das Modul „Teilkostenrechnung")
Kostenarten	• Diverse Kostenartentypen (wie z. B. Einzelkosten, Gemeinkosten, Erlösart) zur Strukturierung und gezielten Weiterverrechnung • Kostencharakter: fixe und variable Kosten (Voraussetzung ist das Modul „Teilkostenrechnung) • Aufteilung in fix und variabel (Voraussetzung ist das Modul „Teilkostenrechnung) • Kontierungshilfe mit Vorgabe der Verteilung auf die Kostenstelle • Kostenartengruppen • Zusatzfelder frei definierbar • Notizen

Tab. 6.57   (Fortsetzung)

Kostenrechnungs-Funktionen	Erläuterung
Kostenstellen	• Vor-, Haupt- oder Verwaltungskostenstelle • Kostenstellengruppen, -hierarchien, -bereiche • Mengeneinheiten • Beliebig viele Bezugsgrößen pro Kostenstelle • Beschäftigungsnachweis • Kostensätze zu Bezugsgrößen • Ermittlung von Gemeinkostenzuschlagssätzen • Beliebig viele Zusatzfelder (anwenderdefiniert) • Gültigkeitszeitraum und Buchungssperre • Berechtigung auf Kostenstellen-Ebene
Kostenträger/Projekte	• Kostenträgergruppen, -hierarchien • Verbrauchsmengen • Beschäftigung: Nutzung des Leistungsvermögens • Vorkalkulation, Zwischenkalkulation, Nachkalkulation • Verschiedene Kostenträgerarten (Produkt, Auftrag) • Beliebig viele Zusatzfelder (anwenderdefiniert) • Gültigkeitszeitraum und Buchungssperre • Automatische Umlage an Kostenträger
Auswertungen und Berichte	• Vollständige „Drill-Down"- Funktion in allen Auswertungen bis auf Belegebene • Automatisierter Kostenstellen (KST)-Betriebsabrechnungsbogen (BAB) auf Kostenartenbasis • Beliebig viele Strukturen KST-BAB möglich • Beliebig viele Strukturen Kostenträgerberichte möglich • Deckungsbeitragsrechnung • Ergebnisrechnung • Verknüpfung von Kostenstellenwerten, Kostenträgerwerten, Projekten in einem Bericht • Mehrjahresvergleiche für Kostenarten, Kostenstellen, Kostenträger, Projekt, Ergebnisrechnung • Einzelnachweise • Kostenartenberichte I Kostenstellenberichte: Monatlich, kumulierte Planwerte; Ist-Werte; Plan- und Ist-Vergleich; Soll- und Ist-Vergleich; Chefübersichten • Kostenträgerberichte I Projekt: Vorkalkulation, Zwischenkalkulation und Nachkalkulation; monatlich, kumuliert, historisch kumulierte Werte; Plan- und Ist-Vergleich; Soll- und Ist-Vergleich

Tab. 6.57 (Fortsetzung)

Kostenrechnungs-Funktionen	Erläuterung
Maßgrößen/ Statistische Größen	• Verbrauchsmengen, Verteilungsmengen • Beschäftigung • Umlageschlüssel • Wertschlüssel • Leistungsgeflecht zwischen Kostenstellen • Leistungen von Kostenstellen an Kostenträger und Projekte • Erfassung innerhalb der Kostenrechnung • Übernahme von Leistungsmengen aus anderen Systemen (z. B. PPS)
Plankostenrechnung	• Acht Planalternativen parallel • Analytische Kostenplanung (mehrdimensional) • Budgetierung • Planpreis, Planmengen • Fix und variabel (Voraussetzung ist das Modul „Teilkostenrechnung") • Berücksichtigung Betriebskalender und Saisonfaktoren
Verteilung/Umlagen	• Kostenartenverteilung nach Verteilungsmengen oder Wertschlüssel • IBL - innerbetriebliche Leistungsverrechnung unter Kostenstellen • Innerbetriebliche Leistungsverrechnung (IBL / ILV) auf Basis Istkosten-Verrechnung oder alternativ zu Plankostensätzen. • Permanente Rück- und Neuberechnung der Umlagen und Verteilungen
Innerbetriebliche Leistungsverrechnung	• Verrechnung von Leistungen von Kostenstellen an Kostenstellen auf Basis von Bezugsgrößen • Verrechnung von Leistungen von Kostenstellen an Kostenträger auf Basis von Bezugsgrößen und Leistungsarten • Umbuchung von Kostenstellen auf Kostenstellen und Projekt • Umbuchung von Kostenstellen auf Kostenträger und Projekt • Automatische Leistungsverrechnung an Kostenträger • BDE-Schnittstelle (Voraussetzung ist das Modul „Betriebsdatenerfassung (BDE)")

Tab. 6.57 (Fortsetzung)

Kostenrechnungs-Funktionen	Erläuterung
Zuschläge	• Plan- und Ist-Kostenzuschlag zu Voll- und Teilkosten (Voraussetzung ist das Modul „Teilkostenrechnung") • Automatische Zuschlagsverrechnung • Kostenstellen, Kostenträger, Projekte
Schnittstellen	• Integration mit Finanzbuchhaltung und Anlagenbuchhaltung • Lohn • Betriebsdatenerfassung (BDE)* • Import von MS Office • Export zu MS Office und Management-Informationssystemen
Teilkostenrechnung	• Parallele Voll- und Teilkostenrechnung • Trennung von Kosten nach fix und variabel • Voreinstellungen für automatische Kostenverteilung • Vergleich von Istkosten mit Plan- bzw. Sollkosten (flexible Plankostenrechnung zu Voll- und Teilkosten)
Projektzahlungen	• Projektbezogene Auswertungen und Zahlungsverkehr
Sonstige Funktionen	• Online-Dokumentation • Logbuch • Protokolle

[a] Vgl. o.V.: Diamant Rechnungswesen - Controlling/Kostenrechnung/Funktionen. Unter: https://www.diamant-software.de/diamant-rechnungswesen/controlling/kostenrechnung/funktionen/ (Stand: 03.01.2017).

Vorschaufunktion die Entwicklung der Abschreibungen in den kommenden Wirtschaftsjahren. Dies gibt ihnen Planungssicherheit für Investitionen über Jahre im Voraus.

• Außerdem können die AnwenderInnen Berichte out-of-the-box zur Darstellung und Auswertung des Anlagevermögens, u. a. mit Anlagenspiegel und Inventurliste, nutzen. Berichte können ebenfalls individuell erstellt, selektiert und gruppiert werden. Per Drill-Down-Funktion lassen sich Berichte bis auf die Stammdaten der Wirtschaftsgüter und von dort auf Bewegungen auflösen.

• Kalkulatorische Abschreibungen, auch nach indexierten Wiederbeschaffungskosten, können gemäß der individuellen Kostenrechnung strukturiert und in diese übernommen werden.

• Die Anlagenbuchhaltung ist in das Diamant/3 Rechnungswesen integriert, dadurch lassen sich die Daten neuer Wirtschaftsgüter für FiBu und Kostenrechnung gleich miterfassen oder umgekehrt die Angaben zur Anlagenbuchhaltung ergänzen. Die Anlagenbuchhaltung kann aber auch „Stand-Alone" eingesetzt werden.

• Transparentes Versicherungsmanagement in dem evtl. Über- oder Unterdeckungen der Versicherung erkannt werden und qualifizierte Zahlen entstehen, die die optimale Basis für das Gespräch mit der Versicherung bilden.

6.4.1.2.4   Modul: Profitcenter-Management und Management-Konsolidierung

Das *Profitcenter- und Konzernmanagement* ist eine Lösung speziell für mittelständische Unternehmen mit komplexen, konzernartigen Organisationsstrukturen, z. B. Profitcentern, Filialen oder Tochtergesellschaften mit hohen Anforderungen an ein Controlling. Es erfüllt nationale (HGB, Steuerrecht) und internationale Anforderungen (z. B. IFRS) sowohl für Einzel- als auch Konzernabschlüsse.

Zentrale Stammdaten sorgen für homogene Datenbestände, somit ist kein manuelles Nachpflegen in einzelnen Tochterunternehmen notwendig. Des Weiteren wird die Abstimmung über Konzernebenen hinweg erleichtert. Die legale Konsolidierung ermöglicht neben Bilanz und GuV die Konsolidierung von Forderungen und Verbindlichkeiten, offenen Posten, Warenumsätzen, Ist- und Planwerten. Individuelle Organisationsstrukturen und Aufbauorganisationen über Geschäftsfelder und Geschäftseinheiten können abgebildet werden. Demzufolge herrscht eine betriebswirtschaftliche Transparenz über z. B. Profitcenter, Filialen und Einrichtungen sowie eine Flexibilität bei Ausbau und Zusammenlegung von Geschäftsaktivitäten.

Weitere Highlights der Profitcenter-Rechnung[33]:

- AnwenderInnen können in den Konzernabschlussbericht für jedes Segment Aussagen zu Umsatz, Ertragsstrukturen, Anlagevermögen etc. innerhalb ihres Verbundes treffen. Bei Bedarf erstellen sie für jedes Segment eine eigene Bilanz.
- Unternehmen erhalten mit den Analysemöglichkeiten per BI samt vorbereiteter grafischer Analysen eine optimale Unterstützung zur Darstellung der wirtschaftlichen Gesamtsituation über die einzelnen Geschäftseinheiten und Geschäftsfelder.
- Die Werte der Geschäftseinheiten und Geschäftsfelder lassen sich nicht nur separat auswerten, sondern auch planen. Dabei unterstützen Funktionen wie Kopieren, Umwerten, Hochrechnung und Revision die zeitsparende Datenerfassung. Zusätzlich besteht die Möglichkeit die Geschäftseinheiten und Geschäftsfelder aus dem gesamten Unternehmensverbund per Management-Konsolidierung zusammenzufassen und diese weiter zu analysieren.

Die zuständigen MitarbeiterInnen können zudem Analysen zur Planung, Steuerung und Kontrolle in der Unternehmensgruppe erstellen. Dabei sind sowohl die Zusammenfassung aller Teilbereiche als auch vergleichende Analysen zwischen diesen möglich. Abb. 6.176 zeigt die Möglichkeit der Management-Konsolidierung in Diamant/3 IQ.

Weitere Highlights der Management-Konsolidierung[34]:

- Auswertungen zur Konsolidierung der Kostenrechnung werden mitgeliefert. Die Zahlen im Bericht der Unternehmensgruppe können die AnwenderInnen per Drill-Down-Funktion bis zum Einzelkonto auflösen.

---

[33] Vgl. Diamant Rechnungswesen - Konsolidierung/Profi-Center-Rechnung. https://www.diamant-software.de/diamant-rechnungswesen/konsolidierung/profit-center-rechnung/. Zugegriffen: 3. Januar 2017

[34] Vgl. Diamant Rechnungswesen - Konsolidierung/Management-Konsolidierung. https://www.diamant-software.de/diamant-rechnungswesen/konsolidierung/management-konsolidierung/. Zugegriffen: 3. Januar 2017

- Primär- und Sekundärkosten lassen sich zentral zusammenführen und analysieren.
- Die zentrale Haltung der Stammdaten sorgt für homogene Daten in zusammengehörigen Firmen und schafft bessere Vergleichbarkeit in Auswertungen.

6.4.1.2.5   Modul: Controlling und Unternehmensplanung

Das in Diamant/3 IQ enthaltene BI-System nutzt moderne OLAP-Technologien. Dabei werden Daten nicht in herkömmlichen Listen und Tabellen gespeichert, sondern in sog.*Würfeln*. Damit lassen sich Dimensionen aus FiBu und Kostenrechnung sowie Regionen, Zeit, Produkten, Märkten oder sonstigen Geschäftsfeldern beliebig aufeinanderbeziehen und in Abhängigkeit voneinander auswerten.

Benutzerfreundliche Tools helfen dem Anwender/der Anwenderin, alle wichtigen Kennzahlen zu überwachen und zu optimieren. Die Daten werden in übersichtlichen, dynamischen Tabellen, Diagrammen und grafischen Messinstrumenten visualisiert. Spezielle Sachverhalte können mehrdimensional abgefragt, verdichtet und analysiert werden. Das Reporting ermöglicht eine Finanzkommunikation, z. B. zur Verbesserung des Ratings und zur Senkung von Finanzierungskosten.

Mit Diamant/3 IQ kann ein ganzheitliches Controlling-System aufgebaut werden. Die AnwenderInnen sind in der Lage, jegliche Unternehmensdaten einzubinden und zu analysieren und so die im Rechnungswesen integrierte BI-Lösung für alle Aufgaben des Controllings anzuwenden, vom Personal- und Beschaffungs- bis hin zum Vertriebs- und Risikocontrolling.

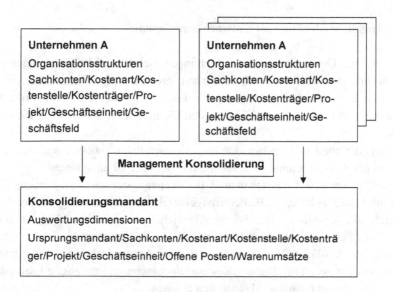

Abb. 6.176 Diamant Management-Konsolidierung (Eigene Darstellung)

Die Funktionen des Diamant Controllings auf einen Blick:

- Umfangreiche Auswertungen und Analysen im Standard enthalten, mit durchgängigem „Drill-Down" bis auf Belegebene.
- Vorbereitetes Datenmodell für Finanz- und Bilanz-Controlling/Kosten- und Erfolgs-controlling/Forderungsmanagement – Installations- und Einrichtungsaufwand für das Basis-Controlling sinkt um bis zu 80 %.
- Mehr als 40 Spitzen- und 300 Einzelkennzahlen im Werkzeugkoffer.
- Vorbereitete Kennzahlenanalysen aus dem Rechnungswesen, z. B. für Unternehmens-rentabilität, Finanzkraft, Liquidität und Unternehmenserfolg.
- Individuelle BWA-Steuerungen sorgen für Flexibilität.
- Darstellung aller wichtigen Daten in grafischer Form, als übersichtliches Business Chart, Ampel, Tachometer, Torten- oder Balkendiagramm oder auf einer Landkarte.
- Microsoft Office-Integration – Vereinfachung des unternehmensweiten Planungs- und Reportingprozesses durch die Integration neuer oder bestehender Excel-Formulare mit Diamant/3 IQ.
- Automatischer Berichtsversand – zeitgesteuert oder bei Über-/Unterschreitung von individuellen Schwellenwerten.
- Analyse- und Berichtserstellung durch den Anwender/die Anwenderin ohne Programmierkenntnisse.
- Offen für beliebige Fremdsysteme und BI-Oberflächen.

Tab. 6.58 zeigt übersichtlich die zentralen Funktionen, die die Diamant Unternehmens-planung bietet.

Weitere Highlights der Diamant Unternehmensplanung[35]:

- Durch die Drill-Down-Funktion auf Buchungen, Belege und Planbuchungen erhöhen die AnwenderInnen die Nachvollziehbarkeit ihrer Planung. Mit der Docking-Funk-tion lassen sich Registerkarten parallel neben- oder untereinander anordnen. Wird in eine Karte geklickt, synchronisieren sich die Inhalte in der anderen Registerkarte automatisch.
- Die AnwenderInnen können Berichte und Abweichungen – neben der Analyse in der FiBu und der Kostenrechnung – auch in Excel oder per BI analysieren.
- Für die Planung liefert das Diamant/3 IQ Rechnungswesen Vorlagen und Berichte direkt mit. Dazu gehören z. B. der Budgetvergleich oder ein allgemeiner Plan-/Ist-Vergleich inkl. Ampeln im Bericht, die Abweichungen auf einen Blick klassifizieren. Alle Vorlagen und Berichte sind jederzeit individuell anpassbar.
- Durch ein ganzheitliches Berichtswesen erkennen AnwenderInnen sofort Abweichun-gen. Sie können so rechtzeitig auf Kostensteigerungen und mögliche Liquiditätseng-pässe reagieren und passende Maßnahmen ableiten.

---

[35] Vgl. Diamant Rechnungswesen - Controlling/Planung/Highlights. https://www.diamant-software.de/diamant-rechnungswesen/controlling/planung/#highlights. Zugegriffen: 3. Januar 2017

Tab. 6.58 Überblick Unternehmensplanungs-Funktionen von Diamant/3 IQ (Eigene Darstellung. In Anlehnung an: www.diamant-software.de)[a]

Unternehmensplanungs-Funktionen	Erläuterung
Finanz- und Liquiditätsplanung	• Kennzahlen und Finanzanalysen für Rating und Unternehmensplanung • Tagesgenaue Liquiditätsplanung und -übersicht auf Basis - optional verdichtet auf Wochen oder Monate • Unterschiedliche Verteilungsschlüssel für die Berechnung der Liquiditätsentwicklung • Nutzung der Erfahrungswerte (Zahlungsmoral) für die Planung des Zahlungsverhaltens von Debitoren und Kreditoren • Individuelle Auswertungen mit Ampelfunktion • Bis zu acht Planalternativen für unterschiedliche Szenarien • Zeitsparende Planungsfunktionen: Umwertung, Kopieren, Vorschau, Hochrechnung und Revision • Gegenstromverfahren in Verbindung mit Kosten- und Erfolgsplanung • Erweiterte Funktionen für Zeilensteuerungen in betriebswirtschaftlichen Auswertungen (BWA) • Ausbau der Planungs- und Reportingfunktionen durch Integration mit MS Excel (Voraussetzung ist das Modul „MS Excel-Integration Input/Output")
Kosten- und Erfolgsplanung	• Detaillierte, zeitsparende Planung der Kosten und Erlöse • Erfassung von Planwerten auf Kostenstellen und Kostenträgern • Bewertung verrechneter Leistungen • Revision vergleicht das geplante Budget mit den Ist-Werten und verteilt das Restbudget • Genaue Leistungsverrechnung • Bis zu acht Planalternativen für unterschiedliche Szenarien • Zeitsparende Planungsfunktionen: Umwertung, Kopieren, Vorschau, Hochrechnung und Revision • Gegenstromverfahren in Verbindung mit Finanz- und Liquiditätsplanung im Planungsprozess • Berichtsanpassungen - Einfügen von Ampeln und Abweichungen • Ausbau der Planungs- und Reportingfunktionen durch Integration mit MS Excel (Voraussetzung ist das Modul „MS Excel-Integration Input/Output")

Tab. 6.58 (Fortsetzung)

Unternehmensplanungs-Funktionen	Erläuterung
Plankostenrechnung	• Bis zu acht Planalternativen für bis zu acht Szenarien • Budgetierung • Planpreis, Planmengen • Kombinierte Mengen- und Werteplanung: Planung von Kosten und Leistung/Beschäftigung einer Kostenstelle und Kontrolle der Auslastung • Parallele Planung auf Kostenstellen, Kostenträger und Projekt sowie Budgetierung und Kalkulation auf Kostenträger und Projekt • Exakte Kostenplanung und Budgetierung durch Trennung in fixe und variable Kosten (Voraussetzung: Modul „Teilkostenrechnung") • Zeitsparende Planungsfunktionen: Umwertung, Kopieren, Vorschau, Hochrechnung und Revision • Exakte Leistungsverrechnung auf Basis geplanter Primärkosten und Sekundärkostenarten • Entscheidungssicherheit durch komfortable Abweichungsanalysen • Vergleich von Istkosten mit Plankosten bzw. Sollkosten zur Aufdeckung von Verbrauchs-, Preis- und Beschäftigungsabweichungen und Analyse ihrer Ursachen (Voraussetzung: Modul „Teilkostenrechnung" sowie „Business Controlling Modell") • Berücksichtigung Betriebskalender und Saisonfaktoren

[a] Vgl. o.V.: Diamant Rechnungswesen - Controlling/Planung/Funktionen. Unter: https://www.diamant-software.de/diamant-rechnungswesen/controlling/planung/funktionen/ (Stand: 03.01.2017).

6.4.2 macsControlling

In Kundenprojekten entwickelten sich aus InformatikerInnen über die Jahre SpezialistenInnen der Betriebswirtschaft und des Controllings. Im Kreise der macs-Kunden gilt die *macs Software GmbH* als *„Hidden Champion"* unter den Anbietern für Controlling-Lösungen. Ohne großen Marketing-Aufwand ist es macs gelungen, eine Lösung zu platzieren, welche den Anforderungen im Controlling und in den vom Controlling unterstützen Teilbereichen gerecht wird.

6.4.2.1   macs Software GmbH

„macs" steht für Management Accounting Systems. Die macs Software GmbH ist weltweit Partner für die Themen integrierte Unternehmensplanung, Controlling, Forecasting, Simulation, BI und Kostenrechnung. Unternehmen aller Größenordnungen und Branchen setzen seit 1999 auf die betriebswirtschaftliche, methodische und technische Kompetenz der macs Software GmbH. Effizienz und Flexibilität von macs complete zeichnen die Projekte von macs Software aus. Neben der mittelständischen Kundschaft bereichern eine ganze Reihe namhafter Konzerne wie Alcoa, Magna Powertrain, TRW, Andreas Stihl AG, Gelita AG sowie der Internal Revenue Service (IRS) des amerikanischen Finanzministeriums das Kundenportfolio von macs.

6.4.2.2   Module[36]

Macs complete umfasst insgesamt vier Module. In *sales & profit* werden Absatzmengen, Umsätze und Konditionen geplant. Die Absatzmengen werden im *product costing* über Arbeitspläne und Stücklisten in Kapazitäts- und Materialbedarfe aufgelöst. Das product costing als 2. Modul ermittelt absatzmengenbasiert den Kapazitäts- und Materialbedarf und berechnet die Herstellkosten. Das 3. Modul – *cost center* – ist eine teilkostenrechnungsbasierte Kostenstellenrechnung mit den Ergänzungen für Prozesskostenrechnung und Projektcontrolling. Im *finance* Modul laufen die Werte aus allen anderen Modulen zur GuV zusammen. Hier werden, basierend auf der GuV, die Bilanz und das Cashflow statement erstellt.

6.4.2.2.1   macs[sales & profit]

Das Modul *sales & profit* unterstützt bei der Planung und Analyse aktueller Deckungsbeiträge und der Einleitung von Korrekturen durch:

- Ermittlung des Erfolges auf Kundenebene,
- Ermittlung des Erfolges auf Artikel-/Produktebene,
- Erfolgs-/Deckungsbeitragsermittlung für alle Bereiche der Organisation,
- Erfolgs-/Deckungsbeitragsermittlung für alle Aggregationsebenen der Produkt- und Vertriebsdimension,
- Analyse und Reporting jeder beliebigen Hierarchiekombination,
- Erwartungsrechnungen auf Basis bekannter Veränderungen (z. B. neue Verkaufspreise, neue Einkaufspreise, neue Erlösschmälerungen, neue Währungskurse u. Ä.) für die Ermittlung neuer hochgerechneter Ergebnisse; Planung, Hochrechnung, Analyse, Szenariorechnung über alle Zeithorizonte.

In sales & profit werden Absatzmengen, Umsätze und Konditionen geplant. Die Absatzmengen werden im Product Costing über Arbeitspläne und Stücklisten in Kapazitäts- und Materialbedarfe aufgelöst.

---

[36] Vgl. macscontrolling - Modulübersicht. http://www.macscontrolling.com/de/L%C3%B6sungen/macs-die-L%C3 %B6sung/Modul%C3 %BCbersicht. Zugegriffen: 5. Januar 2017

Das Modul sales & profit unterstützt die Perspektiven Bereichs- und Ergebnisverantwortung.

Bereichsverantwortung: In vielen Unternehmen wird heute das dezentrale Führungsprinzip angewendet, d. h. die Übernahme von Verantwortung für Teilbereiche – Profitcenter, Sparten, Geschäftsfelder – des Unternehmens.

Ergebnisverantwortung: Mit der Bereichsverantwortung ist auch Ergebnisverantwortung verbunden. Primäres Ziel ist die Ergebnisermittlung für die Teilbereiche des Unternehmens. Dem Management werden in Form von Deckungsbeitragsrechnungen und Managementerfolgsrechnungen Steuerungsinformationen zeitnah geliefert, u. a. zur operativen Umsetzung der strategischen Ziele. In den Modulen macs sales & profit und macs project wird sowohl eine Ergebnisdarstellung nach dem *Gesamtkostenverfahren* wie auch nach dem *Umsatzkostenverfahren* unterstützt.

Umsatzkostenverfahren (UKV): Im UKV wird das Ergebnis aufgrund von Standards (z. B. Ansatz von Plankosten/Plankostensätzen) ermittelt. Aufbauend auf den Deckungsbeiträgen I werden die Fixkosten und Strukturkosten auf die frei definierbaren Deckungsbeitragsstufen zugerechnet. Durch die direkte Zuordnung der Fixkosten auf die einzelnen Stufen der Vertriebs-/Produkt- oder Projekt-/Auftragsdimension kann auf eine Schlüsselung dieser Kosten verzichtet werden. So wird die Erstellung einer relativen Einzelkosten- und Deckungsbeitragsrechnung ermöglicht.

Gesamtkostenverfahren (GKV): Mit der Übernahme der Abweichungen aus dem Modul macs product costing und dem macs cost center kann die auf Standardwerten basierende UKV um eine geschlossene, mit der FiBu abgestimmte Gesamtkostenrechnung erweitert werden.

Alternative Betrachtungen:

- Deckungsbeitragsrechnungen/Managementerfolgsrechnungen über alle Dimensionen bzw. Stufen der Vertriebs-/Kundenhierarchie bzw. Projekt-/Auftragshierarchie auf Basis von Standardwerten
- Profitcenter-Ergebnisse durch die stufenweise Zuordnung von Fixkosten
- Ergebnisrechnungen (GuV) auf Basis der Konten der FiBu (Gesamtunternehmen) Gesamtkostenverfahren unter Berücksichtigung der Lagerbestände und Zurechnung der Abweichungen

6.4.2.2.2 macs^{product costing}

Der Preisdruck steigt, globaler Wettbewerb ist Realität, Qualitäts- und Prozessverbesserungen wurden gezielt vorangetrieben und jetzt kaufen Kunden ihre Produkte beim billigsten Anbieter. Was tun? Zum einen heißt es, die Kosten der eigenen Produkte und Leistungen ständig zu optimieren, zum anderen wird ein exakter Materialfluss benötigt, um Ausschüsse zu vermeiden. Die Ermittlung des Kapazitätsbedarfs muss auf erreichbaren Best-Practice-Standards basieren und die Arbeitsgänge müssen die Prozessschritte in der Fertigung widerspiegeln.

Erfolgskritischer Faktor: Das tiefe Verständnis der Kostenstruktur von Produkten und Leistungen dient nicht nur dem Ausmerzen von Schwachstellen. Es ist auch Voraussetzung für

- das Benchmarking mit dem Wettbewerb,
- die Identifizierung der eigenen Stärken und Schwächen,
- die Identifizierung der profitablen Bereiche.

Im Modul product costing erfolgt die Neuberechnung der Herstellkosten innerhalb von Minuten, auch für sehr große Datenbestände. Das product costing Modul unterstützt die Ansätze des *Target Costings*, *Standard-Kostenrechnungen* und *Ist-Kostenrechnungen*.

- *Target Costing* (dt. Zielkostenrechnung) beruht auf der Simulation bzw. Kalkulation der noch akzeptablen Herstellkosten bei einem gegebenen Marktpreis.
- Bei der *Standard-Kostenrechnung* erfolgt die Festlegung von Standards für Teile und Arbeitsgänge, Leistungsziele und Anlagennutzung im Rahmen des Budgetierungsprozesses. Es besteht die Möglichkeit von Simulationen alternativer Standards im Rahmen einer Szenariorechnung unter Berücksichtigung der Pflege monatsbezogener Materialpreise.
- Bei der *Ist-Kostenrechnung* werden auf Basis der Istkosten zu den Standardkosten Abweichungsanalysen durchgeführt. Die beste Variante wird für die Deckungsbeitragsrechnung als Grundlage festgelegt. Außerdem erfolgt die Zuordnung von Ist-Materialpreisen und Ist-Kostensätzen.

6.4.2.2.3   macs^{cost center}

Die Höhe der Gemeinkosten wird zunehmend zu einem erfolgskritischen Faktor, da sie in Relation zu den anderen Kosten steigen. Das Verständnis für die Sensibilität und Dynamik der Kosten – in Bezug darauf, wie sich welche Kosten z. B. proportional zum Absatz verhalten und welche sind fix – ist ein Schlüsselelement für erfolgreiches Wirtschaften.

Wie sieht z. B. die Situation in produzierenden Unternehmen aus? Die Fertigungskosten sind unter ständiger Beobachtung und die Spielräume vielfach ausgereizt. Wie sieht die Lösung aus? Absolute Notwendigkeit ist die Kenntnis der drei Hauptbereiche für die Steuerung der Gemeinkosten:

- Kostenverantwortung,
- exakte Kostensätze,
- tiefes Verständnis der Kostenstruktur.

Kostenverantwortung bedeutet klare Regelung der personellen Zuständigkeiten für die im Unternehmen anfallenden Kosten. Die Kostenrechnung ermöglicht die Steuerung der Kostenverantwortung von Abteilungen oder Personen innerhalb der Organisation. Die

Kostenstellen spiegeln die verschiedenen Funktionen und Funktionsbereiche des Unternehmens wider. Die Kostenstellen-Verantwortlichen sind dafür zuständig, die Kostenplanung in einen Zusammenhang mit den auf der Kostenstelle erbrachten Leistungen zu stellen. Die Messung der Ist-Leistungen und der Ist-Kosten sowie deren Abgleich mit einer rollierenden, dynamischen Planung sind fundamental für die Verbesserung des Kosten-/Leistungsverhältnisses. Der Vergleich mit einem statischen – z. B. über ein Jahr unveränderten – Plan ist absolut unbefriedigend.

Exakte Kostensätze auf den einzelnen Kostenstellen sind das Ergebnis eines tiefen Verständnisses der Kostentreiber und ihrer Auswirkung auf die Kosten. Die variablen und fixen Bestandteile der Kostenarten sind bekannt. Der Abgleich der Istkosten mit dynamischen Standards allein ist wertvoll und gewinnt an Bedeutung für die laufende Kontrolle der Standards. Das Ergebnis ist ein kontinuierlicher Prozess der Verbesserung der Kostensätze und Kosteneinsparungen durch Produktivitätssteigerungen. Ein tiefes Verständnis der Kostenstruktur ist die Voraussetzung für ständige Verbesserungen in vielen Bereichen:

* Entscheidung über neue Technologien der Energieeinsparung in energieintensiven Prozessen,
* sofortige Überprüfbarkeit des Einflusses von Veränderungen des Produkt-Mix auf das Ergebnis,
* Entscheidungen über Selbstherstellung oder Fremdbezug,
* Entscheidungen über alternative Produktionsmethoden durch neue Technologien.

Straffes Projektmanagement: Die Abwicklung von Projekten hat in den vergangenen Jahren in vielen Unternehmen deutlich zugenommen. Der Bogen reicht dabei von der Entwicklung eines neuen Produktes, der Einführung einer neuen Software bis zu kundenbezogenen Aufträgen. Häufig werden auch heute noch der Projektplanung zu Beginn des Projektes und der laufenden Projektkontrolle (kurzfristige Plan-Ist-Vergleiche) zu geringe Bedeutung beigemessen. Die Überraschung am Ende der Projektlaufzeit über die Höhe der angefallenen Kosten ist meist sehr groß. Ein straffes Projektmanagement mit einer detaillierten Planung sowie einer starken Projektleitung ist sicherlich ein Erfolgsfaktor für jedes Projekt. Im Modul macs project werden alle projektbezogenen Aktivitäten zusammengefasst.

Die Grundidee der *Prozesskostenrechnung* ist es, auch die im Gemeinkostenbereich erbrachten Leistungen als Basis für die Zuordnung von Kosten zu Produkten zu verwenden. Sie stellt damit eine spezielle Methode zur Planung, Steuerung und Verrechnung der Kosten indirekter Leistungsbereiche dar.

Die Vielzahl der in den indirekten Leistungsbereichen erbrachten Aktivitäten müssen gebündelt werden. Deshalb werden Aktivitäten zu Teilprozessen zusammengefasst und Teilprozesse zu Hauptprozessen verdichtet. Dabei fassen *Hauptprozesse* Teilprozesse zusammen, die sich über mehrere Kostenstellen erstrecken können. Jeder Aktivität und jedem *Teilprozess* müssen die von ihm verursachten Kosten zugeordnet werden.

Für die einzelnen Aktivitäten und Prozesse sind die *Kostentreiber* zu ermitteln, welche die Prozessinanspruchnahme der entsprechenden Leistungen bestimmen. Für den Prozess „Auslandsauftragsabwicklung" wären dies z. B. die Anzahl der bearbeiteten Aufträge mit der Anzahl der Auftragspositionen. Dispositive Prozesse (z. B. Leitungsfunktion) werden als „leistungsmengenneutral" bezeichnet.

Für die Kostentreiber sind die jeweiligen Mengen zu ermitteln, z. B. die Anzahl der Auslandsauftragspositionen. In der Einführungsphase einer Prozesskostenrechnung bedeutet dies häufig auch ein Schätzen dieser Mengen.

Im nächsten Schritt werden die Prozesskostensätze errechnet. Die Kostenanteile „leistungsmengenneutraler" Prozesse können entweder auf die Leistungsprozesse verteilt werden oder es wird hierfür ein Restzuschlag für die Kalkulation ermittelt.

Die Prozesskosten werden im Rahmen der Kalkulation auf die Produkte verrechnet. Dazu werden Prozesspläne erstellt (Zusammenfassung verschiedener Prozesse), die den Produkten oder Produktgruppen zugeordnet werden.

6.4.2.2.4   macs^finance

Das Management benötigt ein effizientes Instrument, um die Liquiditätswirksamkeit von Entscheidungen beurteilen zu können. Mit dem *finance*-Modul wurde ein Instrument für die integrierte Erfolgs- und Finanzplanung entwickelt, das die finanzrelevanten Veränderungen aller Bereiche im Unternehmen berücksichtigt.

Dynamische Verknüpfung: Umsatzveränderungen, Kostensteigerungen oder -senkungen, Veränderungen des Working Capitals, Investitionsverhalten, Tilgung oder Neuaufnahme von Krediten usw. wirken sich automatisch im gesamten Planungsmodell aus, da alle Teilbereiche dynamisch miteinander verknüpft sind.

Cashflow: Informationsvorsprung durch:

- Aufzeigen finanzieller Engpässe, auch wenn die Ergebnisse der Erfolgsrechnung noch positiv sind.
- Größtmögliche Transparenz über die gesamte Liquiditätssituation des Unternehmens zu jedem Zeitpunkt.
- Unterstützung durch komfortable Planungsfunktionen für eine schnelle und dennoch qualitativ hochwertige Planung.
- Bewährte Technik für schnelle und komfortable Simulationen zur Beantwortung von „Was wäre wenn?"- Fragestellungen.
- Leistungsstarken Reportgenerator für die Erstellung entscheidungsgerecht aufbereiteter Informationen aus einer großen Anzahl komplexer Daten.
- Integration einer Reihe von Standard-Reports, wie Planerfolgsrechnung, Finanzplan/ Bewegungsbilanz, Liquiditätsplan, Planbilanz und Kennzahlenmodelle.
- Managementkonsolidierung bis hin zur legalen Konsolidierung.

6.4.3 proALPHA

Die ERP-Lösung *proALPHA* sorgt für Effizienz in den Prozessen mittelständischer Unternehmen. Mit ihrem Funktionsspektrum steuert die ERP-Komplettlösung Abläufe entlang der gesamten Wertschöpfungskette. Vom Einkauf über Produktion und Vertrieb bis hin zu Finanz- und Rechnungswesen. Das integrierte Workflow-Management sorgt dafür, Prozesse unternehmensindividuell zu steuern, zu automatisieren und zu beschleunigen. Mithilfe von BI-Funktionen sind unternehmerische Erfolgskennzahlen stets verfügbar.

6.4.3.1 proALPHA Software GmbH[37]
Die *proALPHA Gruppe* ist deutschlandweit der drittgrößte ERP-Anbieter für mittelständische Unternehmen in Fertigung und Handel. Seit mehr als 20 Jahren bietet proALPHA eine ERP-Komplettlösung, die mit ihrem Funktionsspektrum Prozesse entlang der Wertschöpfungskette steuert. Davon profitieren rund 1.800 mittelständische Kunden verschiedenster Branchen und in 50 Ländern. Die Branchen die proALPHA nutzen reichen vom Maschinen- und Anlagenbau über die Elektrotechnik- und Hightech-Industrie, die Metallbe- und -verarbeitung und die Kunststoffindustrie bis hin zum Großhandel sowie Automotive & Supply.

Mit weltweit 25 Niederlassungen und zertifizierten PartnernInnen sowie mehr als 800 MitarbeiternInnen sorgt das Unternehmen weltweit für Kundennähe. Mehr als 100 EntwicklerInnen arbeiten an der kontinuierlichen Weiterentwicklung der Lösung. Zur Innovation tragen auch Kooperationen mit namhaften Forschungseinrichtungen wie Fraunhofer oder Software-Cluster bei.

6.4.3.2 Module[38]
proALPHA stellt den AnwendernInnen aller Hierarchieebenen Controlling- und Analysewerkzeuge zur Verfügung. Die Softwarearchitektur bietet Individualisierungsmöglichkeiten bei vollständiger Release-Fähigkeit. Der modulare Aufbau der Lösung ermöglicht es jederzeit, den Einsatzumfang auszuweiten. Dank des modularen Aufbaus ist es möglich, die passende Lösung für ein Unternehmen zu finden. Die Module sind dabei vollständig integriert und gewährleisten einen Mengen- und Werte fluss.

Zudem kann proALPHA Spezialanwendungen in der ERP-Umgebung einbinden. Die *Integration Workbench (INWB)* vernetzt als *Enterprise Service Bus (ESB)* Systeme und Standorte. proALPHA bietet damit einwandfreie Prozesse sämtlicher Geschäftsbereiche und vereinfacht die Kommunikation mit GeschäftspartnernInnen, Kunden und Lieferanten. Der Web-basierte ERP-Zugang ermöglicht den Zugriff auf Echtzeitdaten unabhängig

---

[37] Vgl. proALPHA - Unternehmen. https://www.proalpha.com/de/unternehmen/. Zugegriffen: 5. Januar 2017.

[38] Vgl. proALPHA - ERP-Module. https://www.proalpha.com/de/proalpha-erp/module/. Zugegriffen: 5. Januar 2017.

von Endgerät, Plattform und Standort. Insgesamt bildet die prozess- und serviceorientierte Softwarearchitektur (SOA) die Grundlage für wirtschaftliche und zeitnahe Anpassungen an künftige Herausforderungen (vgl. proALPHA – ERP – Komplettlösung für den Mittelstand 2016, S. 5).

6.4.3.2.1 Kosten- und Leistungsrechnung

Mit der *proALPHA Kosten- und Leistungsrechnung* werden Informationen in Bezug auf Planung, Kontrolle und Steuerung den Prozessen der betrieblichen Leistungserbringung zur Verfügung gestellt.

Die proALPHA Kosten- und Leistungsrechnung enthält die Module der Kostenstellen-, Kostenträger- und Ergebnisrechnung. In jedem dieser Module steht für jedes Planungsobjekt eine analytische, rollierende oder eine auf Plan- oder Istwerten basierende indizierte Mengen- bzw. Wertplanung in beliebigen Varianten zur Verfügung. Kostenstellen, Kostenträger und Ergebnisträger können angelegt, strukturiert und verdichtet werden. Eine mandantenübergreifende Konsolidierung ist ebenfalls möglich. Die Splittung in fixe und variable Kostenbestandteile erlaubt die Realisierung zahlreicher Kostenrechnungssysteme bei paralleler Betrachtung nach betriebswirtschaftlich oder steuerlich relevanten Gesichtspunkten.

Des Weiteren ist durch den Integrationsgrad sämtlicher Module ein vollständiger Mengen- und Wertefluss gegeben, der die Kostenrechnung mit allen Daten bedient.

Sämtliche Auswertungen, ob Kostenstellen-BAB, Kosten- oder Ergebnisträgerbogen, können in unterschiedlichen Detaillierungsgraden frei gestaltet werden. Mit dem *proALPHA MIS* und dem *proALPHA Kennzahlensystem* stehen dem Anwender/der Anwenderin Mittel zur Verfügung, um wiederkehrende Auswertungen zu generieren. Daneben dient der *proALPHA Analyzer* für beliebige Ad-hoc-Auswertungen ohne Programmieraufwand.

Die Vorteile auf einen Blick:

- Managemententscheidungen auf Basis aktueller, richtiger und vollständiger Informationen.
- Automatische Übernahme von aktuellen Zahlen aus vorgelagerten Unternehmensbereichen.
- Mehrdimensionale Ergebnisrechnung analysiert Ergebnisträger aus mehreren Blickwinkeln.
- Detaillierte Analysen und schnelle Antworten auf Ad-hoc-Fragestellungen.
- Flexibel für Handel sowie Einzel- und Serienfertiger geeignet (vgl. proALPHA – ERP – Komplettlösung für den Mittelstand 2016, S. 12).

6.4.3.2.2 Finanzwesen

Das *proALPHA Finanzwesen* ist ein zentrales Element zur sachlichen und chronologischen Aufzeichnung aller Geschäftsvorfälle eines Unternehmens und erfüllt sämtliche Rechnungslegungsvorschriften, einschließlich der Grundsätze ordnungsgemäßer Buchführung. Mit einem Informationssystem bietet das proALPHA Finanzwesen gleichzeitig ein Controlling-Instrument, mit dem sich komplexe Sachverhalte transparent darstellen lassen.

Die vollständige Integration des proALPHA Finanzwesens ermöglicht die Übernahme von Daten aus anderen Modulen und die wertmäßig identische Abbildung in der Materialwirtschaft und Finanzbuchhaltung bei Bestandsänderungen.

Jedes vollständige Wirtschaftsjahr ist in 13 Buchungsperioden geteilt, die getrennt auswertbar sind. Alle Jahres- und Vorjahreswerte können beliebig lange beauskunftet werden. Somit hat der Finanzbuchhalter Zugriff auf die Buchungen in der Finanzbuchhaltung, aber auch z. B. auf im Vertrieb erstellte Ausgangsrechnungen. Alle Buchungen können im Dialog- und im Stapelverfahren durchgeführt werden.

Die automatische Übermittlung der Umsatzsteuervoranmeldung beziehungsweise der Umsatzsteuererklärung mittels Elster ist in proALPHA integriert. Die Verwaltung von Fremdwährungen entspricht den internationalen Anforderungen.

Die Vorteile auf einen Blick:

- Integration ins Gesamtsystem sorgt für aktuelle Finanzdaten und vermeidet Doppelarbeiten.
- Einfache und übersichtliche internationale Konsolidierung.
- Effiziente Analysen und Auswertungen für das Controlling.
- Berücksichtigung deutscher sowie internationaler Steuer- und Rechtsvorschriften.
- Revisionssichere Archivierung nach GoBD (vgl. proALPHA – ERP – Komplettlösung für den Mittelstand 2016, S. 11).

6.4.3.2.3 Weitere Module

6.4.3.2.3.1 Einkauf

Der *proALPHA Einkauf* bietet Funktionalitäten von der Lieferantenauswahl, Bestellabwicklung und -überwachung bis hin zum Wareneingang, der sich anschließenden Rechnungskontrolle und der Lieferantenbewertung. Alle für den Einkäufer relevanten Daten stehen dem Anwender/der Anwenderin zur Verfügung.

Es lassen sich komplette Fremdvergaben, Bestellungen eigener Bauteile oder die Beschaffung von Dienstleistungen direkt im ERP-System anstoßen. Weitere Funktionalitäten sind frei einstellbare Preiseinheiten und absolute, wie auch prozentuale Rabatte und Zuschläge. Zum Standard gehört die gesamte Funktionalität zur Abwicklung von Kontrakten und Lieferabrufen.

Die Vorteile auf einen Blick:

- Angebotsmanagement für kosteneffizienten und Compliance-konformen Einkauf.
- Zulieferer einfach in Einkaufsprozesse einbinden.
- Instrumente für die strategische Einkaufsplanung und Lageroptimierung.
- Workflows entlasten von Routineaufgaben und beschleunigen Durchlaufzeiten.
- Controlling für Beschaffung und Lieferanten (vgl. proALPHA – ERP – Komplettlösung für den Mittelstand 2016, S. 7).

6.4.3.2.3.2 Materialwirtschaft

Die *proALPHA Materialwirtschaft* bildet das organisatorische Rückgrat für alle Geschäftsprozesse, die an der Wertschöpfung der Produkte beteiligt sind. Die zentralen Komponenten bilden materialwirtschaftliche Grundfunktionen wie Bedarfsermittlung und Lagerverwaltung. Die proALPHA Materialwirtschaft managt den Materialfluss und organisiert damit die Kopplung von Teilprozessen in den geschäftsbereichs-übergreifenden Abläufen.

ProALPHA gewährleistet die Synchronität von Material- und Wertefluss im Gesamtsystem. Bestände, Bestandsveränderungen und Materialverbräuche lassen sich somit in der Finanzbuchhaltung und in der Kostenrechnung identisch abbilden.

Neben der konventionellen Mehrlagerortverwaltung unterstützt proALPHA die chaotische Lagerbewirtschaftung sowie die Besonderheiten der Wareneingangs- und Sperrlager. Die Chargenverwaltung ist für viele Unternehmen ein Werkzeug, um Schadensersatzforderungen abzuwenden. Gleichzeitig ist sie Bestandteil der Qualitätssicherung, denn proALPHA erlaubt die vollständige Rückverfolgung der Chargenherkunft und -verwendung.

Die Disposition unterstützt alle gängigen Verfahren und ermittelt zuverlässig die Bedarfe an Endprodukten, Baugruppen, Kaufteilen sowie an Hilfs- und Betriebsstoffen. Das Dispositionskonto erlaubt eine stets aktuelle zeitraumbezogene Betrachtung der Bedarfe. Die fiktive Bestandshochrechnung gibt Auskunft über die zukünftige Lieferfähigkeit. Des Weiteren unterstützt proALPHA neben der Stichtagsinventur weitere Inventur-Verfahren.

Die Vorteile auf einen Blick:

- Beschleunigung der Abläufe durch leistungsstarke Disposition.
- Unterstützung jedes Lagertyps.
- Sicherheit durch eindeutige Identifizierung von Produkten und Komponenten.
- Kostentransparenz durch synchronisierten Mengen- und Wertefluss.
- Zukunftsorientierte Programmplanung (vgl. proALPHA – ERP – Komplettlösung für den Mittelstand 2016, S. 8).

6.4.3.2.3.3 Personalwesen

Mit dem *proALPHA Personalwesen* werden die Anforderungen an eine Lohn- und Gehaltsabrechnung abgedeckt. Die Personalabrechnung ist auf die Ansprüche mittelständischer Industrie-, Handels- und Dienstleistungsunternehmen und deren Tarifverträge zugeschnitten und vollständig in die ERP-Komplettlösung integriert. Sie deckt neben allgemeinen Grundfunktionen auch Features wie Rückrechnungen, Märzklausel, Altersteilzeit, vermögenswirksame Leistungen, betriebliche Altersvorsorge, Zahlstellenmeldeverfahren, Pfändungen und den gesamten Onlineversand der unterschiedlichsten Meldeverfahren ab.

Die ERP-Komplettlösung proALPHA verfügt über ein Lohnartenwerkzeug mit individuellen Berechnungsarten wodurch die jeweiligen betriebsspezifischen Anforderungen ganz flexibel berücksichtigt werden können.

Die Vorteile auf einen Blick:

- Integrierte Personalprozesse entlasten MitarbeiterInnen und sorgen für eine hohe Prozessqualität.

- Personalzeiterfassung als wichtige Grundlage zur Personaleinsatzplanung.
- Detaillierte Analysen zur aktuellen Personalsituation.
- Direkter Zugriff auf alle wichtigen Dokumente.
- Anpassbar an betriebsspezifische Anforderungen (vgl. proALPHA – ERP – Personal-wesen, 2016, S. 6).

6.4.3.2.3.4 Produktion

Um den Anforderungen steigender Termintreue gerecht zu werden, wird auch in der mit-telständischen Industrie eine marktsynchrone Produktionsorganisation immer häufiger gefordert. Produktionsplanung und -steuerungs-Systeme (PPS), die den Produktions-prozess abbilden, reichen dafür nicht mehr aus. Das proALPHA Advanced Planning and Scheduling (APS) bietet hierfür die Funktionen wie Multiressourcenplanung und Realtime-Optimierung.

Die Kombination verschiedener Fertigungsarten und -typen wird immer öfter gefordert. Die integrierten proALPHA Module für die Produktion erfüllen die spezifischen Anforde-rungen von Einzel- über Klein- bis hin zur Serienfertigung.

Der Kernbaustein der proALPHA Produktionsplanung ist das APS (Advanced Planning and Scheduling). Mit proALPHA APS, einer Multiressourcenplanung und Realtime-Optimierung, kann die Ressourcennutzung nach betriebswirtschaftlichen Zielfunktionen wie Liefertermintreue, minimale Durchlaufzeiten oder Bestandsreduzierung optimiert werden.

Die Vorteile auf einen Blick:

- Multiressourcenplanung für Einzel- und Serienfertiger.
- Ressourcenoptimierte Planung vermeidet Engpässe.
- Feinplanung für kurzfristige manuelle Anpassungen.
- Visualisierung komplexer Abhängigkeiten.
- Produktionsprogrammplanung: langfristige Bedarfe im Visier.
- Zuverlässige Liefertermzusagen (vgl. proALPHA – ERP – Komplettlösung für den Mittelstand 2016, S. 9).

6.4.3.2.3.5 Vertrieb

Kunden optimal zu bedienen ist das oberste Ziel des Vertriebs. Dafür bietet proALPHA Funktionalitäten, mit denen vertriebsrelevante Aufgaben abgewickelt werden können. Von der Verkaufsplanung über das Marketing und die Angebotserstellung bis hin zur Auftrags-abwicklung unterstützt die integrierte ERP-Lösung alle vertriebsrelevanten Aufgaben, ein-schließlich des Kundenbeziehungsmanagements (CRM). Alle Vertriebsmodule basieren auf einem einheitlichen Datenmodell, welches eine ständige Verfügbarkeit aktueller Infor-mationen auch über das Internet garantiert.

Die Vorteile auf einen Blick:

- Unternehmensübergreifende Abwicklung von Vertriebsprozessen.
- Automatisierung von Routineabläufen.
- Flexible Angebotskalkulation von Capable to Promise-Anfragen (CTP-Anfragen).
- Einbinden von E-Business-Lösungen.
- Automatische Überwachung von Vertriebskennzahlen (vgl. proALPHA – ERP – Komplettlösung für den Mittelstand 2016, S. 6).

Literatur

CP Corporate Planning AG (2016) Handbuch – CP Strategy, CP Corporate Planning AG, Hamburg. http://www.corporate-planning.com/de/

Chamoni P, Gluchowski P Hrsg. (2006) Analytische Informationssysteme. Business Intelligence-Technologien und -Anwendungen, 3. Aufl. Springer Verlag, Wiesbaden

CP Corporate Planning AG (2015a) Imageprospekt „CP Corporate Planning – Pioniere im Controlling, CP Corporate Planning AG, Hamburg, http://www.corporate-planning.com/download_files/CP-Imageprospekt.pdf. Zugegriffen: 26. Okt. 2016

CP Corporate Planning AG (2015b) Prospekt „Corporate Planner (operatives Controlling)", CP Corporate Planning AG, Hamburg, http://www.corporate-planning.com/download_files/Corporate-Planner_D.pdf. Zugegriffen: 27. Okt. 2016

CP Corporate Planning AG (2015c) Prospekt „CP-BSC", CP Corporate Planning AG, Hamburg, http://www.corporate-planning.com/download_files/CP-BSC.pdf. Zugegriffen: 28. Okt. 2016

CP Corporate Planning AG (2015d) Prospekt „CP-Cash", CP Corporate Planning AG, Hamburg, http://www.corporate-planning.com/download_files/CP-Cash.pdf. Zugegriffen: 28. Okt. 2016

CP Corporate Planning AG (2015e) Prospekt „CP-Cons", CP Corporate Planning AG, Hamburg, http://www.corporate-planning.com/download_files/CP-Cons.pdf. Zugegriffen: 28. Okt. 2016

CP Corporate Planning AG (2015f) Prospekt „CP-Risk", CP Corporate Planning AG, Hamburg, http://www.corporate-planning.com/download_files/CP-Risk.pdf. Zugegriffen: 28. Okt. 2016

CP Corporate Planning AG (2015 g) Prospekt „CP-Strategy", CP Corporate Planning AG, Hamburg, http://www.corporate-planning.com/download_files/CP-Strategy.pdf. Zugegriffen: 27. Okt. 2016

CP Corporate Planning AG (2016) Handbuch – Corporate Planner, CP Corporate Planning AG, Hamburg, http://www.corporate-planning.com/de/

Diamant Software GmbH & Co. KG (o. J.) Diamant Rechnungswesen – Controlling/Kostenrechnung, Diamant Software GmbH & Co. KG, Bielefeld, https://www.diamant-software.de/diamant-rechnungswesen/controlling/kostenrechnung/. Zugegriffen: 3. Jan. 2017

Diamant Software GmbH & Co. KG (o. J.) Diamant Rechnungswesen – Controlling/Kostenrechnung/Funktionen, Diamant Software GmbH & Co. KG, Bielefeld, https://www.diamant-software.de/diamant-rechnungswesen/controlling/kostenrechnung/funktionen/. Zugegriffen: 3. Jan. 2017

Diamant Software GmbH & Co. KG (o. J.) Diamant Rechnungswesen – Controlling/Planung/Funktionen, Diamant Software GmbH & Co. KG, Bielefeld, https://www.diamant-software.de/diamant-rechnungswesen/controlling/planung/funktionen/. Zugegriffen: 3. Jan. 2017

Diamant Software GmbH & Co. KG (o. J.) Diamant Rechnungswesen – Controlling/Planung/Highlights, Diamant Software GmbH & Co. KG, Bielefeld, https://www.diamant-software.de/diamant-rechnungswesen/controlling/planung/#highlights. Zugegriffen: 3. Jan. 2017

Diamant Software GmbH & Co. KG (o. J.) Diamant Rechnungswesen – Finanzbuchhaltung, Diamant Software GmbH & Co. KG, Bielefeld, https://www.diamant-software.de/diamant-rechnungswesen/finanzen/finanzbuchhaltung/. Zugegriffen: 3. Jan. 2017

Diamant Software GmbH & Co. KG (o. J.) Diamant Rechnungswesen – Finanzbuchhaltung/Funktionen, Diamant Software GmbH & Co. KG, Bielefeld, https://www.diamant-software.de/diamant-rechnungswesen/finanzen/finanzbuchhaltung/funktionen/. Zugegriffen: 3. Jan. 2017

Diamant Software GmbH & Co. KG (o. J.) Diamant Rechnungswesen – Finanzen/Anlagenbuchhaltung, Diamant Software GmbH & Co. KG, Bielefeld, https://www.diamant-software.de/diamant-rechnungswesen/finanzen/anlagenbuchhaltung/. Zugegriffen: 3. Jan. 2017

Diamant Software GmbH & Co. KG (o. J.) Diamant Rechnungswesen – Integration, Diamant Software GmbH & Co. KG, Bielefeld, https://www.diamant-software.de/diamant-rechnungswesen/integration/. Zugegriffen: 3. Jan. 2017

Diamant Software GmbH & Co. KG (o. J.) Diamant Rechnungswesen – Konsolidierung/Management-Konsolidierung, Diamant Software GmbH & Co. KG, Bielefeld, https://www.diamant-software.de/diamant-rechnungswesen/konsolidierung/management-konsolidierung/. Zugegriffen: 3. Jan. 2017

Diamant Software GmbH & Co. KG (o. J.) Diamant Rechnungswesen – Konsolidierung/Profi-Center-Rechnung, Diamant Software GmbH & Co. KG, Bielefeld, https://www.diamant-software.de/diamant-rechnungswesen/konsolidierung/profit-center-rechnung/. Zugegriffen: 3. Jan. 2017

Eichholz RR, Kicherer H-P, Nicolini HJ, Neuhäuser-Metternich S, Witt F-J, Rieg R (2011) Controllertraining. Prüfungsaufgaben, Hinweise und Empfehlungen zur Prüfungsvorbereitung, 2. Aufl. Controller, Bd. 7. Verlag C.H. Beck, München

Gadatsch A, Frick D (2005) SAP gestütztes Rechnungswesen. Methodische Grundlagen und Fallbeispiele mit mySAP ERP und SAP-BI, 2. Aufl. Springer Verlag, Wiesbaden

Glaser H, Wendland N (2005) Praktikum zum Controlling mit SAP. Arbeitsunterlagen zum „Controlling mit SAP R/3". CO- Fallstudie 1: Kostenstellenplanung mit SAP R/3. Lehrstuhl für Industriebetriebslehre und Controlling. Universität des Saarlandes

Kicherer HP, Nicolini HJ, Neuhäuser-Metternich S, Witt F-J (2001) Controllingtraining. Prüfungsaufgaben, Übungen und Fallstudien zur Prüfungsvorbereitung, Bd. 7. Verlag C.H. Beck, München

macs Software GmbH (o. J.) macscontrolling – Modulübersicht, macs Software GmbH, Zimmern ob Rottweil, http://www.macscontrolling.com/de/L%C3%B6sungen/macs-die-L%C3%B6sung/Modul%C3%BCbersicht. Zugegriffen: 5. Jan. 2017

proALPHA Consulting GmbH (2016a) proALPHA – ERP – Komplettlösung für den Mittelstand, proALPHA Consulting GmbH, Ahrensburg, https://www.proalpha.com/de/

proALPHA Consulting GmbH (2016b) proALPHA – ERP – Personalwesen, proALPHA Consulting GmbH, Ahrensburg, https://www.proalpha.com/de/

proALPHA Consulting GmbH (o. J.) proALPHA – Unternehmen, proALPHA Consulting GmbH, Ahrensburg, https://www.proalpha.com/de/unternehmen/. Zugegriffen: 5. Jan. 2017.

SAP SE (o. J.) SAP SE – Unser Unternehmen – Geschichte, SAP SE, Walldorf, http://go.sap.com/corporate/de/ company/history.2011-present.html. Zugegriffen: 23. Nov. 2016

Schmidt A (2014) Kostenrechnung – Grundlagen der Vollkosten-, Deckungsbeitrags- und Plankostenrechnung sowie des Kostenmanagements, 7. Aufl. Kohlhammer Verlag, Stuttgart

Seneca Business Software GmbH (2016) Seneca – Das Handbuch zum Programm, Seneca Business Software GmbH, München, https://www.seneca-control.com/

Seneca Business Software GmbH (o. J.) Seneca – Das Unternehmen, Seneca Business Software GmbH, München, http://www.seneca-control.com/de/unternehmen/seneca/. Zugegriffen: 4. Nov. 2016

Seneca Business Software GmbH (o. J.) Seneca – Philosophie, Seneca Business Software GmbH, München, http://www.seneca-control.com/unternehmen/philosophie/. Zugegriffen: 4. Nov. 2016

Seneca Business Software GmbH (o. J.) Seneca Edition Galaxy, Seneca Business Software GmbH, München, http://www.seneca-control.com/de/produkte/seneca-galaxy. Zugegriffen: 4. November 2016

Seneca Business Software GmbH (o. J.) Seneca Edition Global, Seneca Business Software GmbH, München, http://www.seneca-control.com/de/produkte/seneca-global. Zugegriffen: 4. Nov. 2016

Seneca Business Software GmbH (o. J.) Seneca Edition Local, Seneca Business Software GmbH, München, http://www.seneca-control.com/de/produkte/seneca-local/. Zugegriffen: 4. Nov. 2016

Seneca Business Software GmbH (o. J.) Seneca Softwarefunktionalitäten, Seneca Business Software GmbH, München, http://www.seneca-control.com/leistungen/softwarefunktionalitaeten/. Zugegriffen: 4. Nov. 2016

Specht O, Schweer H, Ceyp M (2006) Übungen zur Markt- und ergebnisorientierten Unternehmensführung mit Lösungen, 6. Aufl. Books on Demand, Norderstedt

Weber J, Schäffer U, Binder C (2014) Einführung in das Controlling. Übungen und Fallstudien mit Lösungen, 2. Aufl. Schäffer-Poeschel Verlag, Stuttgart

Wirtschaftlichkeit, Anforderungskatalog und Auswahlprozess von Controlling-Informationssystemen

7

Im Folgenden wird zunächst auf Wirtschaftlichkeitsaspekte in Bezug auf Controlling-Informationssysteme eingegangen, da diese ein wichtiges Auswahlkriterium für ein bestimmtes Controlling-Informationssystem sind. Dieses und weitere Kriterien werden anschließend in einem exemplarischen Anforderungskatalog für CIS zusammengefasst, um den EntscheidernInnen im Unternehmen die Auswahl einer für ihr Unternehmen passenden Lösung zu erleichtern. Abschließend wird ein strukturierter Prozess zur Auswahl des passenden Controlling-Informationssystems vorgestellt, der die Qualität der Auswahlentscheidung verbessern und den zeitlichen, personellen und kostenmäßigen Aufwand dieses Prozesses reduzieren soll.

7.1   Wirtschaftlichkeit[1]

Die Praxis zeigt, dass oftmals im Controlling Tabellenkalkulationsprogramme wie z. B. MS-Excel *und* Controlling-Informationssysteme parallel verwendet werden. Sofern Unternehmen vor der Entscheidung stehen, ob neben einem Tabellenkalkulationsprogramm der Einsatz eines Controlling-Informationssystems die Controlling-Treibenden unterstützen soll und ob der Einsatz des CISs wirtschaftlich ist, hängt wesentlich von der Auswahl des CISs ab, die im Rahmen des Auswahlprozesses getroffen wird.

Die Wirtschaftlichkeit eines CISs ist eine zentrale systemorientierte Anforderung. Aus diesem Grund wird an dieser Stelle der Wirtschaftlichkeitsaspekt näher betrachtet.

Im Rahmen einer Wirtschaftlichkeitsanalyse sollen möglichst alle Faktoren, die die wirtschaftliche Zweckmäßigkeit eines Controlling-Informationssystems beeinflussen,

---

[1] Vgl. hierzu und im Folgenden Hoffmann et al. (1996), S. 17 f. und 190 ff.; Franke (1995), S. 212 ff.

zusammengefasst und anschließend für die Beurteilung des computergestützten Informationssystems aufbereitet werden. Die Zweckmäßigkeit eines CISs wird dabei durch den gewonnenen Informationsnutzen und die entstehenden Informationskosten bestimmt. Ziel ist dabei die Optimierung des Verhältnisses von Informationsnutzen zu Informationskosten. Die Ermittlung der Informationskosten und vor allem des Informationsnutzens erweist sich in der Praxis allerdings als problematisch, da für Informationen, als Output eines CISs, kein echter Markt und somit auch kein Marktpreis gegeben sind.

Im Folgenden erfolgt eine nähere Betrachtung der Informationskosten und des Informationsnutzens, um trotz des fehlenden Marktes die Wirtschaftlichkeit eines computergestützten Informationssystems bestimmen zu können. Die Begriffe „Informationskosten und Kosten eines Controlling-Informationssystems" sowie die Begriffe „Informationsnutzen und Nutzen eines Controlling-Informationssystems" werden dabei synonym verwendet.

7.1.1 Kosten eines Controlling-Informationssystems

Die durch den Einsatz eines Controlling-Informationssystems entstehenden Kosten lassen sich grundsätzlich leichter als der gewonnene Nutzen abschätzen. Die Informationskosten sind dabei in Beschaffungskosten und sonstige Kosten zu unterscheiden.

7.1.1.1 Beschaffungskosten
Beschaffungskosten eines Controlling-Informationssystems umfassen sowohl die Kosten für die Anschaffung der Software (Softwarekosten) als auch die Kosten für die Anschaffung der Hardware (Hardwarekosten).

Da viele Unternehmen bereits über leistungsstarke elektronische Rechenanlagen verfügen, die für vielfältige Zwecke genutzt werden können, erfordert die Implementierung eines computergestützten Informationssystems auf der gerätetechnischen Seite oftmals lediglich die Investition in weitere Arbeitsplatzrechner. Darüber hinaus kann die Einführung eines Controlling-Informationssystems die Anschaffung von Ein- und Ausgabegeräten sowie die Vernetzung der Geräte untereinander und mit dem Zentralrechner erfordern. Bei der Prognose und Planung der Hardwarekosten sollte zudem stets eine Berücksichtigung von Folgekosten aus Instandhaltung und Ersatzbeschaffung erfolgen.

Die Softwarebeschaffungskosten sind von der Wahl der Anwendungssoftware abhängig. Je nachdem, ob das Unternehmen für das Controlling-Informationssystem eine am Markt vorhandene Standardsoftwarelösung mit der Möglichkeit der Anpassung an unternehmensindividuelle Bedürfnisse wählt oder sich für die Entwicklung einer speziell auf die Anforderungen des eigenen Unternehmens zugeschnittene Individualsoftwarelösung (Customizing) entscheidet, fallen die Softwarebeschaffungskosten unterschiedlich aus. Mit zunehmender Individualisierung steigen die Investitionskosten für die Softwarebeschaffung. Die Entscheidung der Unternehmen über den Grad der Individualisierung ist dabei wesentlich davon abhängig, inwiefern eine Standardsoftware unter Berücksichtigung der Möglichkeit des Customizings den Anforderungen des Unternehmens gerecht werden kann oder ob letztendlich eine vollkommen auf die unternehmensspezifischen Bedürfnisse abgestimmte Software die beste Lösungsvariante darstellt. Insgesamt gesehen lassen sich die Kosten für die Beschaffung der Hard- und Software jedoch relativ leicht und exakt abschätzen.

7.1.1.2 Sonstige Kosten

Neben den Beschaffungskosten fallen für den Einsatz eines Controlling-Informationssystems sonstige Kosten an, die im Vergleich zu den Beschaffungskosten wesentlich schwieriger abschätzbar sind. Zu den sonstigen Kosten gehören u. a. die Kosten für die Anpassung der betrieblichen Organisation an das einzuführende CIS. Ein CIS führt durch seine Funktionalitäten und die Vernetzung mit den anderen betrieblichen Informationssystemen zu Änderungen des betrieblichen Berichtswesens. Durch die Zusammenfassung von Informationen aus den verschiedenen Teilbereichen ist eine bessere Koordination der verschiedenen Aktivitäten möglich. Oftmals ist daher eine Anpassung des betrieblichen Weisungssystems durch die Verlagerung von Entscheidungskompetenzen bei der Einführung eines CISs sinnvoll.

Des Weiteren umfassen die sonstigen Kosten die Aufwendungen für Schulungen, die nötig sind, um den AnwendernInnen eine effektive Nutzung der Software zu ermöglichen. Die Kosten für Schulungen hängen nicht nur von der Komplexität der Software ab, sondern auch davon, inwiefern die komplizierteren Teile der Software von den AnwendernInnen genutzt werden sollen.

Sonstige Kosten können auch durch eine regelmäßige manuelle Erfassung von entscheidungsrelevanten Daten entstehen, sofern diese nicht bereits durch die anderen betriebliche Informationssysteme automatisiert zur Verfügung gestellt werden können.

7.1.1.3 Nutzen eines Controlling-Informationssystems

Im Rahmen der Wirtschaftlichkeitsanalyse ist neben der Ermittlung und Planung der anfallenden Kosten auch die Ermittlung und Planung des Nutzens erforderlich, der durch den Einsatz eines bestimmten Controlling-Informationssystems generiert wird. Die Bestimmung des Informationsnutzens erweist sich jedoch im Vergleich zur Ermittlung der Kosten als relativ schwierig.

Ausgangspunkt für die Ermittlung des Informationsnutzens ist der Informationsstand, der dem Unternehmen *vor* der Einführung des computergestützten Informationssystems zur Verfügung steht. Die durch die Einführung eines Controlling-Informationssystems ermöglichten Verbesserungen des Informationsstandes stellen den Informationsnutzen dar. Der Informationsnutzen ist dabei lediglich im Rahmen spezifischer Aufgabenerfüllungsprozesse bestimmbar, d. h., der Informationsnutzen ist die in Bezug auf seinen Beitrag zur Erledigung bestimmter Aufgaben bewertete Leistung.

Die erzielte Verbesserung des Informationsstandes lässt sich allerdings schwer in Geldeinheiten messen. Die Messung des Nutzens in Geldeinheiten ist Utopie. Aus diesem Grund müssen andere Wege zur Messung des Nutzens herangezogen werden. Dazu

gehören u. a. die Messung der Verbesserung der Entscheidungsqualität, der Zeitersparnis der EntscheiderInnen sowie der Verbesserung der Nutzung des Controlling-Informationssystems durch den Lernprozess.

7.1.1.3.1 Verbesserung der Entscheidungsqualität

Bei der Messung der Auswirkungen auf die *Entscheidungsqualität* erfolgt eine Analyse,
inwiefern durch die umfassenderen, besseren und bedarfsgerechten Informationen,
die ein Controlling-Informationssystem liefert, Entscheidungen sorgfältiger vorbereitet
werden können. Bei der Vorbereitung der Entscheidungen geht es dabei häufig nicht um
die Menge der zur Verfügung gestellten Daten, sondern vielmehr um die Möglichkeiten,
die für bestimmte Entscheidungen erforderlichen Informationen aufarbeiten zu können
und auf dem Bildschirm zusammenfassen zu können. Die *Aufbereitung* der Informationen
stellt die Stärke guter computergestützter Informationssysteme dar, denn sie ermöglicht
eine Selektion der gerade benötigten Informationen zur richtigen Zeit, am richtigen Ort,
in der richtigen Menge, sowohl tabellarisch als auch grafisch, aber vor allem übersichtlich und verständlich. So lassen sich bspw. Daten für bestimmte Kundengruppen oder
Produkte aufrufen. Computergestützte Informationssysteme bieten durch Auswertungsmethoden zahlreiche Möglichkeiten, vorhandene Datenbestände wirkungsvoller zu nutzen
und damit die Qualität anstehender Entscheidungen wesentlich zu verbessern.

7.1.1.3.2 Zeitersparnis

Die Anwendung eines Controlling-Informationssystems ermöglicht im Vergleich zu
papier-gespeicherten Daten eine wesentlich genauere und schnellere Selektion relevanter
Informationen. Vor allem dann, wenn Entscheidungen unter Termindruck stehen, ist eine
schnelle Bereitstellung von Informationen erforderlich. Je weniger Zeit für die Datensammlung und Aufbereitung aufgewendet wird, desto mehr Zeit verbleibt für die eigentliche Entscheidung. Durch die Möglichkeit der schnelleren Selektion relevanter Informationen und durch die gewonnene Zeit für die eigentliche Entscheidung, wird die Qualität
von Entscheidungen unter Termindruck wesentlich verbessert.

Die durch den Einsatz eines Controlling-Informationssystems gewonnene Zeit wirkt
sich allerdings nicht nur positiv auf zu treffende Entscheidungen aus. Durch die wesentlich schnellere Arbeitsweise und Selektion von relevanten Informationen, die ein CIS
ermöglicht, lassen sich grundsätzlich Arbeitszeit gewinnen, die für die Erfüllung anderer
wichtiger Aufgaben zur Verfügung steht. Durch den Einsatz eines CISs lässt sich daher vor
allem teure Manager-Arbeitszeit einsparen, da dem Management ebenfalls die Möglichkeit gegeben ist, die relevanten Informationen direkt aus dem CIS abrufen und mithilfe der
Auswertungsmethoden entsprechend aufbereiten zu können.

7.1.1.3.3 Lernprozess

Controlling-Informationssysteme bieten oftmals eine Vielzahl an Programmapplikationen, von denen die AnwenderInnen unmittelbar nach Implementierung nur ausgewählte
Applikationen für die tägliche Arbeit anwenden. Die Nutzung eines computergestützten

Informationssystems unterliegt jedoch einem Lernprozess, der kürzer oder länger sein kann. Im Rahmen des Lernprozesses kommt es erfahrungsgemäß zu neuen Erkenntnissen, die eine Verbesserung und intensivere Nutzung des computergestützten Informationssystems ermöglichen und einen potentiellen Nutzen für die Zukunft darstellen. Der potentielle Nutzen sollte ebenfalls bei der Bewertung des Informationsnutzens berücksichtigt werden. Das CIS sollte hinsichtlich der Bewertung des Informationsnutzens nicht nur nach seinem gegenwärtigen Entwicklungsstand bewertet werden. Zu bewerten sind auch Möglichkeiten, das CIS an neue Informationsbedarfe und Entscheidungsprobleme im Rahmen des Lernprozesses anpassen und es nach neuen Erkenntnissen weiterentwickeln zu können.

7.1.2   Vergleich von Informationskosten und -nutzen

Die übliche Beurteilung der Wirtschaftlichkeit eines Investitionsvorhabens knüpft an den Vergleich von Kosten und Erträgen oder von Aus- und Einzahlungen an. Der Kapitalwert der Aus- und Einzahlungen erlaubt dann, die voraussichtliche Vorteilhaftigkeit des Investitionsvorhabens zu bestimmen. Bei der Beurteilung der Wirtschaftlichkeit eines Controlling-Informationssystems versagt jedoch der Vergleich von Aus- und Einzahlungen, da die Einzahlungen im Rahmen des Informationsnutzens nicht in Geldeinheiten gemessen werden können und lediglich auf Schätzungen beruhen. Sowohl der Informationsnutzen als auch die Informationskosten sind dabei wesentlich von der Wahl der Anwendungssoftware abhängig. Je nachdem inwiefern die ausgewählte Software den Anforderungen des Unternehmens gerecht werden kann, fallen die Kosten und der Nutzen des Controlling-Informationssystems höher oder niedriger aus.

Sofern Unternehmen jedoch vor der Wahl zwischen verschiedenen Controlling-Informationssystemen stehen, stellen dennoch die Gesamtkosten der Software den ausschlaggebenden Entscheidungsfaktor dar und sollten daher so genau wie möglich kalkuliert werden.

Die Aussage, ob ein Controlling-Informationssystem letztendlich wirtschaftlich ist, lässt sich von Unternehmen tatsächlich nur durch eigene Erfahrungen im Umgang mit dem CIS treffen. Nur das Unternehmen allein kann für sich festlegen, ob die Investition in ein CIS sinnvoll gewesen ist und ob und in welchem Ausmaß das CIS eine Unterstützung der Controlling-Treibenden bei der Lösung von Controlling-Sachproblemen ermöglicht. Das Verhältnis von Informationsnutzen und Informationskosten wird selbst bei Wahl des gleichen CISs von Unternehmen zu Unternehmen unterschiedlich sein.

Um bereits in der Planungsphase zur Einführung eines Controlling-Informationssystems ein möglichst vorteilhaftes Kosten-Nutzen-Verhältnis der später einzuführenden Softwarelösung zu berücksichtigen, ist es sinnvoll, einen möglichst konkreten Anforderungskatalog für das CIS zu erstellen. Anhand dieses unternehmensindividuellen Anforderungskatalogs können dann die zur Verfügung stehenden CIS Alternativen u. a. bezüglich ihrer Kosten-Nutzen-Relationen geprüft und miteinander verglichen werden, um dann zu einer fundierten Entscheidung zu kommen.

7.2   Anforderungskatalog[2]

In Abschn. 7.3 werden die Autoren die einzelnen Phasen des Auswahlprozesses für ein Controlling-Informationssystem beschreiben. Dabei wird deutlich werden, dass die in der dritten Phase des Auswahlprozesses zu definierenden unternehmensindividuellen Anforderungen, auf die in diesem Abschnitt näher eingegangen wird, die Basis für alle weiteren Phasen des Auswahlprozesses bilden.

Hier soll die Ermittlung der unternehmensindividuellen Anforderungen an ein Controlling-Informationssystem im Rahmen eines *Anforderungskataloges* erfolgen.

Die Definition und Dokumentation der unternehmensindividuellen Anforderungen in Form eines *Lastenheftes* erfordert oftmals einen relativ hohen Zeitaufwand. Dieser Prozess ist dem *Softwareeinführungsprojekt* vorgelagert.

Der Zeitaufwand für die Erstellung des Anforderungskataloges bzw. des Pflichtenheftes ist verhältnismäßig gering gegenüber der ständigen Zeitersparnis, die, bei der Auswahl des richtigen Systems, realisiert werden kann. Abraham Lincoln sagte einst: *„Wenn ich acht Stunden Zeit hätte, einen Baum zu fällen, würde ich sechs Stunden auf das Schärfen der Axt verwenden."* Die Aussage von Lincoln lässt sich auf den zeitlichen Aufwand, der für die Ist-Analyse und die Definition der unternehmensindividuellen Anforderungen vom Projektteam aufzubringen ist, reflektieren. Das Fällen eines Baumes mit einer stumpfen Axt führt ebenso wenig zu dem gewünschten Ergebnis wie die Einführung eines Controlling-Informationssystems ohne vorherige Analyse der Prozesse und Schnittstellen und die Erstellung eines Anforderungskataloges. Der Baum kann nicht ohne wiederholte Anläufe in der vorgegeben Zeit gefällt werden. Die Implementierung der neuen Softwarelösung kann ebenfalls nicht in der vorgegebenen Zeit eingeführt werden und birgt Risiken. Um am Ende des Softwareauswahlprojektes eine Entscheidung für dasjenige CIS treffen zu können, das den Bedürfnissen des Unternehmens am ehesten gerecht werden kann, erfordert die Auswahl des CISs zu Beginn des Auswahlprozesses eine präzise Analyse der derzeitigen Prozesse und eine detaillierte Beschreibung der unternehmensindividuellen Anforderungen im Rahmen eines Lastenheftes (Anforderungskatalog).

Die Anforderungen an ein Controlling-Informationssystem sind von Unternehmen zu Unternehmen unterschiedlich. Die unterschiedlichen Anforderungen ergeben sich oftmals aufgrund der Unternehmensbranche, der Unternehmensgröße, der Unternehmenskultur und der Ziele des Managements. Auch wenn die Anforderungen an ein CIS bei Unternehmen unterschiedlich sind, lässt sich dennoch ein allgemeiner Anforderungskatalog für ein CIS formulieren, der sich aus der einschlägigen Literatur ergibt.

---

[2] Vgl. hierzu und im Folgenden insbesondere Joswig (1992); Almstedt (1994); Biethahn und Fischer (1994); Bullinger et al. (1991); Mertens et al. (1991); Abts und Mülder (2013); Gronau (1992); Grupp (1994); Hoffmann et al. (1996); Ott (1991); Riebel (1994); Griese (1990); Kemper (1997); Brodbeck und Rupietta (1994) und Bauer und Schwab (1988).

Die Anforderungen an ein Controlling-Informationssystem lassen sich dabei grundsätzlich in drei verschiedene Kategorien einteilen:

1. anwendungsorientierte Anforderungen,
2. systemorientierte Anforderungen und
3. humanorientierte Anforderungen.

Im Folgenden werden die Anforderungen an ein CIS näher erläutert.

7.2.1   Anwendungsorientierte Anforderungen

Die *anwendungsorientierten Anforderungen* an ein Controlling-Informationssystem umfassen zum einen die Bereitstellung von zweckneutralen Daten und Applikationen für eine angemessene Informationsversorgung, zum anderen die Anpassungsfähigkeit an spezifische Benutzersichten (Customizing) und an sich im Zeitverlauf ändernde Strukturen, Prozesse und Systemumgebungen (Flexibilität). Die Begriffe *„Applikationen"* und *„Auswertungsmethoden"* werden im Folgenden synonym verwendet.

7.2.1.1   Bereitstellung von zweckneutralen Daten und Applikationen

Aufgabe von Controlling-Informationssystemen ist es, die Controlling-AufgabenträgerInnen bei ihren Tätigkeiten in optimaler Weise zu unterstützen. Durch die Bereitstellung von zweckneutralen Daten und Methoden wird den ControllernInnen eine angemessene Informationsversorgung ermöglicht und die optimale Unterstützung gewährleistet. Durch den Einsatz eines CISs wird eine möglichst hohe Deckungsgleichheit zwischen dem individuellen Informationsbedarf der Controlling-AufgabenträgerInnen und dem Informationsangebot des CISs erzielt. Die Controlling-AufgabenträgerInnen legen dabei ihren individuellen Informationsbedarf je nach Aufgabenbereich eigenständig fest. Um eine möglichst hohe Deckungsgleichheit zwischen dem individuellen Informationsbedarf und dem Informationsangebot des CISs erzielen zu können, hat das CIS zu gewährleisten, dass die Controlling-Treibenden stets mit den zur Befriedigung ihres individuellen Informationsbedarfes erforderlichen Daten versorgt werden und auf die erforderlichen Daten Zugriff haben.

Für die Leistungsfähigkeit eines CISs ist jedoch nicht nur die Bereitstellung der Daten entscheidend, sondern vielmehr auch die Möglichkeit, auf *zweckneutrale Daten* zugreifen zu können. Eine zweckgebundene Speicherung der Daten würde die spätere Verwendung der Daten erheblich begrenzen. Die Qualität der zur Verfügung gestellten Daten ist ausschlaggebend für die Deckungsgleichheit zwischen dem Informationsbedarf und -angebot und somit auch für die Leistungsfähigkeit eines CISs.

Für die Controlling-AufgabenträgerInnen ist jedoch nicht nur die Bereitstellung der für ihren Aufgabenbereich erforderlichen zweckneutralen Daten entscheidend, sondern vielmehr auch die Möglichkeit, die bereitgestellten Daten durch verschiedene Auswertungsmethoden und -werkzeuge bearbeiten zu können. Durch die Verfügbarkeit von

Auswertungsmethoden wird es den AnwendernInnen möglich, die vorhandenen zweck-neutralen Daten eigenständig auf einen bestimmten Zweck ausgerichtet auswerten zu können. Die reine Betrachtung von zweckneutralen Daten würde keine Lösung von Cont-rolling-Sachproblemen, nicht das Treffen von Entscheidungen oder die Durchführung von Planungen und Kontrollen ermöglichen. Erst durch die Bereitstellung von Applikationen können die anstehenden Controlling-Tätigkeiten gelöst werden.

Um den AnwendernInnen die Möglichkeit zu geben, die bereitgestellten zweckneut-ralen Daten nach den unterschiedlichsten Blickwinkeln und Problemstellungen auswer-ten zu können, sollte das Controlling-Informationssystem eine Vielzahl unterschiedlicher Applikationen zur Verfügung stellen. Sofern keine oder nur wenige Applikationen zur Verfügung gestellt werden, führt die steigende Datenmenge trotz des Vorhandenseins eines CISs zu einer sinkenden Informationsqualität. Die zur Lösung von Controlling-Sachprob-lemen notwendigen Informationen werden aufgrund der entstehenden Unübersichtlichkeit für den Anwender/die Anwenderin nur noch schwer erkennbar.

Um den AnwendernInnen durch eine individuelle Informationsversorgung eine opti-male Unterstützung gewährleisten zu können, ist *vor* der Auswahl eines Controlling-Informationssystems nicht nur zu konkretisieren, welche Schnittstellen und technischen Anpassungen erforderlich werden, sondern vor allem, welche Applikationen das CIS mit sich bringen soll. Die Auswertungsmethoden sind letztendlich ausschlaggebend dafür, ob das CIS auch tatsächlich die Durchführung von Controlling-Aufgaben erleichtert und die Qualität der Ergebnisse verbessert und seitens der AnwenderInnen sowie des Manage-ments Akzeptanz findet. Ein CIS, dessen Auswertungsmethoden nicht auf die Belange der AnwenderInnen ausgerichtet sind, wird nicht auf Dauer im Unternehmen Anwendung finden und den Controlling-Tätigen eher mehr Arbeit bringen als eine Hilfestellung zu sein.

7.2.1.2   Flexibilität

Eine weitere wesentliche anwendungsorientierte Anforderung stellt die *Flexibilität* eines Controlling-Informationssystems dar. Flexibilität bedeutet dabei zum einen die Anpas-sungsfähigkeit an die betriebsindividuellen Anforderungen vor der Inbetriebnahme der Standardsoftware, zum anderen die Anpassungsfähigkeit an unterschiedliche spezifische Sichtweisen der AnwenderInnen und die Anpassungsfähigkeit an sich im Zeitverlauf ändernde Strukturen und Prozesse nach der Inbetriebnahme.

Eine Standardsoftware kann oftmals keine vollständige Deckungsgleichheit zwischen den unternehmensindividuellen Anforderungen und dem standardmäßigen Leistungsumfang gewährleisten. Aus diesem Grund bieten die meisten Standardsoftwareprogramme die Mög-lichkeit einer Anpassung an die unternehmensindividuellen Anforderungen vor der Inbe-triebnahme der Software im Rahmen des sog. *Customizing*. Die Anpassungsfähigkeit an die unternehmensindividuellen Anforderungen stellt ein zentrales Qualitätsmerkmal einer guten Standardsoftware (SSW) dar. Bei der Auswahl eines Controlling-Informationssystems ist daher besonders darauf zu achten, dass bei unvollständiger Deckungsgleichheit die ausge-wählte SSW das Customizing *vor* der Inbetriebnahme der Software ermöglicht.

Auch *nach* Inbetriebnahme sollte das Controlling-Informationssystem noch Anpas-sungen an die spezifischen Sichtweisen der Controlling-Treibenden ermöglichen. Da das CIS Anwendung von verschiedenen Controlling-Treibenden findet, bestehen oftmals unterschiedliche Sichtweisen auf die Strukturen und Prozesse des Unternehmens. Je nach Aufgabengebiet haben die Controlling-Treibenden eine spezifische Sichtweise auf das Unternehmens- und Umweltgeschehen. Auch nach der Inbetriebnahme sollte es möglich sein, Veränderungen bei Auswertungsmethoden und Berichten vornehmen zu können. Eine Anpassung an spezifische Sichtweisen der Controlling-Treibenden erfordert zudem oftmals die Anpassung an die benutzer- und bereichsspezifischen Begrifflichkeiten. Bei der Anwendung des CISs sollten die Begrifflichkeiten wiederzufinden sein, die im Alltag der Controlling-Treibenden Anwendung finden. Die Flexibilität des CISs bestimmt im hohen Maße die Akzeptanz des CISs bei den Controlling-Treibenden. Mangelt es dem CIS an der notwendigen Flexibilität, werden die Controlling-Treibenden vor einer intensiven Anwendung des CISs zurückschrecken.

Neben der Möglichkeit der Anpassung an individuelle Anforderungen, sollte ein Controlling-Informationssystem zudem eine langfristige Einsatzmöglichkeit für das Unternehmen haben. Änderungen der Aufgabenstellungen und Änderungen der Unternehmensorganisation erfordern eine Anpassung des CISs an die neuen Erfordernisse bzw. die neuen zugrundeliegenden Unternehmensstrukturen. Damit das CIS eine langfristige Anwendbarkeit für das Unternehmen hat, ist die Möglichkeit der Anpassung an Veränderungen der Systemumgebung bzw. sich im Zeitverlauf ändernde Strukturen und Prozesse zu gewährleisten. Auch die Anpassungsfähigkeit an spezifische Benutzersichten (Customizing) und an sich im Zeitverlauf ändernde Strukturen, Prozesse bzw. Systemumgebungen bestimmen im hohen Maße die Eignung und Akzeptanz des CISs.

7.2.2 Systemorientierte Anforderungen

Die *systemorientierten Anforderungen* umfassen die Integrierbarkeit, Transparenz und Zuverlässigkeit eines Controlling-Informationssystems.

7.2.2.1 Integrierbarkeit

Da das Controlling-Informationssystem kein separates Teilsystem darstellt und auf die Daten und Methoden in einem Unternehmen zugreift, die auch von den anderen Teilsystemen des gesamten betrieblichen Informationssystems genutzt werden, muss eine *Integrierbarkeit* der Standardsoftware in die Architektur des gesamten betrieblichen Informationssystems gewährleistet sein. Das ausgewählte Softwarepaket sollte mit verschiedenen vor- und nachgelagerten Softwarepaketen durch geeignete Schnittstellen verbunden werden können. Eine gute Standardsoftware ist gekennzeichnet durch die Verfügbarkeit vielfältiger vorbereiteter Standardschnittstellen.

7.2.2.2 Transparenz

Da Controlling-Informationssysteme sehr komplex sind und der Datenursprung oftmals vielschichtige Verknüpfungen aufweist, ist eine Nachvollziehbarkeit der Verarbeitungslogik und Informationsbildung für die Controlling-Treibenden erforderlich.

Controlling-Treibende werden den Informationen als Output des CISs nur dann Vertrauen schenken und die Informationen ohne weitere Bedenken verwenden, sofern die Informationsbildung nachvollziehbar ist. Die *Transparenz* der Verarbeitungslogik spielt daher für die Anwenderakzeptanz eine wesentliche Rolle.

7.2.2.3   Zuverlässigkeit

Die *Zuverlässigkeit* des Controlling-Informationssystems ist als weitere systemtechnische Anforderung zu sehen und ist ausschlaggebend für das Vertrauen der AnwenderInnen in das CIS. Die Zuverlässigkeit und das daraus erwachsende Vertrauen sind wesentliche Voraussetzung für die Akzeptanz des CISs seitens der AnwenderInnen. Die AnwenderInnen eines CISs müssen sich bei der Lösung von Controlling-Sachproblemen stets darauf verlassen können, dass das Controlling-Informationssystem jederzeit einsatzbereit ist, die für den Aufgabenbereich relevanten Daten verlässlich zur Verfügung stellt und die Daten mithilfe der Applikationen zuverlässig ausgewertet werden können. Die Zuverlässigkeit eines CISs wird durch Korrektheit, Robustheit und Sicherheit bestimmt.

Das System sollte gewährleisten, dass die Daten und Auswertungen stets fehlerfrei dargestellt werden, sodass keine ergänzenden Kontrollen des Anwenders erforderlich sind *(Korrektheit)*.

Das System sollte über Plausibilitätskontrollen, Eingabeprüfungen bzw. Fehlerbehandlungsroutinen verfügen, die das System bei falscher Dateneingabe nicht abstürzen lassen und die Eingabe entweder selbst korrigieren oder den/die AnwenderInnen auf den Fehler hinweisen *(Robustheit)*.

Das System sollte nicht nur über geeignete Sicherungsmöglichkeiten für Daten und Wiederherstellungsmöglichkeiten nach Systemdefekten verfügen, sondern auch über Schutzmechanismen gegen unerwünschte Zugriffe auf die Daten z. B. in Form eines passwortgesteuerten Zugriffs *(Sicherheit)*. Ein passwortgesteuerter Zugriff stellt sicher, dass die AnwenderInnen nur auf die für ihren Aufgabenbereich relevanten Daten und Auswertungsmethoden Zugriff haben und vertrauliche Daten von anderen AnwendernInnen nicht abgerufen werden können. Die im Rahmen der anwendungsorientierten Anforderungen genannte Anpassung an die spezifischen Blickwinkel ist nur dann möglich, wenn der Zugriff auf das System für jede/n einzelne/n AnwenderIn passwortgesteuert gesichert ist.

7.2.2.4   Wirtschaftlichkeit

Eine zentrale systemorientierte Anforderung an das zukünftige Controlling-Informationssystem ist die *Wirtschaftlichkeit*. Hierauf wurde bereits ausführlich in Abschn. 7.1 eingegangen. Computergestützte Informationssysteme ermöglichen zwar eine Unterstützung der Controlling-Treibenden, verursachen jedoch auch hohe Kosten. Vor der Einführung eines CISs muss daher immer darauf geachtet werden, dass die Kosten, welche überwiegend Kosten für Software, Hardware und das Personal umfassen, verhältnismäßig zum geschaffenen Ertrag bzw. Nutzen stehen.

7.2.3 Ergonomische Anforderungen

Ergonomische Überlegungen zielen darauf ab, die Effizienz der Arbeit zu steigern und die Arbeitsbedingungen den psychischen und physischen Eigenschaften der/s AnwendersIn idealerweise anpassen zu können. Im Falle der Ergonomie von Controlling-Informationssystemen betreffen die ergonomischen Überlegungen die Wechselbeziehung zwischen dem CIS und den AnwenderInnen und lassen sich allgemein unter dem Begriff der *Benutzerfreundlichkeit* zusammenfassen. Als Benutzerfreundlichkeit wird eine ergonomisch angepasste Gestaltung der Mensch-Maschinen-Schnittstelle verstanden. Der Grad der Benutzerfreundlichkeit ist vor allem von der Bedienbarkeit und der Ausgestaltung der *Benutzeroberfläche* des CISs abhängig. Auch das Vorhandensein eines Hilfesystems und die Ausgestaltung der bereitgestellten Applikationen determinieren den Grad der Benutzerfreundlichkeit in wesentlichem Umfang. Neben der Flexibilität des CISs ist auch die Benutzerfreundlichkeit des CISs dafür ausschlaggebend, ob das CIS im Unternehmen Akzeptanz und damit intensive Anwendung findet.

7.2.3.1 Bedienbarkeit und Benutzeroberfläche

Die Bedienung des Controlling-Informationssystems darf an die Controlling-Treibenden keine zusätzlichen Anforderungen stellen. Auch für unerfahrene und nur gelegentliche AnwenderInnen sollte ein einfacher und intuitiver Umgang mit dem System möglich sein. Aus diesem Grund muss das CIS so konzipiert sein, dass nicht nur AnwenderInnen, die im Umgang mit dem System geübt sind, Informationen abrufen und auswerten können, sondern auch unerfahrene und nur gelegentliche AnwenderInnen das System ohne Hinzuziehung der Hilfe von Dritten bedienen können. Im Idealfall ist das CIS selbsterklärend, indem es die Controlling-Treibenden Schritt für Schritt durch die Anwendung führt. Für die Akzeptanz des CISs trägt zudem wesentlich bei, dass abgefragte Informationen möglichst zeitnah übermittelt werden. Die ControllerInnen werden nur dann gerne auf die Unterstützung des CISs zurückgreifen, wenn das CIS eine einfache, gewohnte, verständliche, funktionale und effektive Bedienbarkeit gewährleistet und wenn die Benutzeroberfläche entsprechend individueller Arbeitsgewohnheiten anpassbar ist.

Neben der einfachen Bedienbarkeit ist zudem wichtig, dass die Benutzeroberfläche des Controlling-Informationssystems logisch, übersichtlich und für die AnwenderInnen angenehm aufgebaut ist. So kann z. B. die Gestaltung der Benutzeroberfläche mit grellen Farben bei längerer Anwendung des Systems zu einer Schädigung des Sehvermögens der AnwenderInnen führen.

7.2.3.2 Hilfesystem

Die Verfügbarkeit eines *Hilfesystems* steigert die Benutzerfreundlichkeit des Controlling-Informationssystems wesentlich. Ein Hilfesystem macht oftmals erst eine effiziente Nutzung des computergestützten Informationssystems möglich und ist daher als ein wichtiger Bestandteil eines CISs zu sehen. Das Hilfesystem dient der Unterstützung der AnwenderInnen bei der Erfüllung ihrer Controlling-Aufgaben. Hilfesysteme unterstützen die Controlling-Treibenden nicht nur beim Auftreten von Diskrepanzen und bei der näheren Bestimmung von Fehlern. Darüber hinaus sollte das Hilfesystem zu jedem Programmschritt und jeder Applikation eine interaktive kontextbezogene Hilfestellung leisten. Allerdings ist darauf zu achten, dass eine große Menge an Hilfeinformationen nicht unbedingt zu einem guten Hilfesystem führen. Ein gutes Hilfesystem zeichnet sich durch seine einfache Bedienbarkeit aus. Auch muss das Hilfesystem für die Anwender-Innen selbsterklärend sein und somit den Hilfesuchenden einen schnellen und leichten Umgang mit der Hilfe erlauben.

7.2.3.3 Applikationen

Zur Benutzerfreundlichkeit eines Controlling-Informationssystems tragen zudem die seitens des CISs zur Verfügung gestellten *Applikationen* bei. Ein CIS zeichnet sich nicht nur durch die Menge der verfügbaren zweckneutralen Daten aus, sondern vielmehr auch durch die Möglichkeit, die zur Verfügung gestellten Informationen entsprechend der Controlling-Sachprobleme aufbereiten zu können. Die Auswertungsmethoden der Applikationen sollten ebenfalls wie das gesamte CIS einfach und überschaubar gehalten sein, sodass es allen AnwendernInnen, auch trotz mangelnder Systemkenntnisse, möglich ist, die Applikationen zu verstehen und anzuwenden.

7.3   Auswahlprozess[3]

Es wurde bereits deutlich, dass den Controlling-Informationssystemen in der Praxis aus vielfältigen Gründen eine immer größer werdende Bedeutung zukommt. In der Praxis werden dennoch häufig die Qualität des Controllings (Entscheidungs- und Führungssicherheit im Unternehmen) sowie die Wirtschaftlichkeit des CISs (Kosten- und Nutzverhältnis) bemängelt. Aus diesem Grund ergibt sich für Unternehmen und deren Controlling-Treibende die Notwendigkeit, vorhandene computergestützte (Standard-)Informationssysteme im Controlling vor der Einführungsentscheidung eingehend zu analysieren oder evtl. eine vollkommen neue Softwarelösung für das eigene Controlling zu finden. Nicht nur die mangelnde Qualität des Controllings und die Kritik an der Wirtschaftlichkeit der CISs können ursächlich für eine neue Softwarelösung sein. Auch der Lebenszyklus der eingesetzten Software kann zum Einsatz einer neuen Controllingsoftware führen. Nach

---

[3] Vgl. hierzu und im Folgenden insbesondere Huch und Schimmelpfeng (1994); Schwarzer und Krcmar (2014); Groß (2011); Sontow und Treutlein (2007); Vering (2007); Maisberger (1997); Grupp (1994); Bange und Keller (2004); Ott (1991); Abts und Mülder (2013); Mertens et al. (2012); Gadatsch (2002); Gluchowski et al. (2008); Keil und Lang (1998); Ruf (1988); Horváth und Partners (2006); Becker et al. (2007); Joswig (1992); Brosze et al. (2006); Spillner und Linz (2012) und Franke (1995).

durchschnittlich 7 bis 10 Jahren endet i. d. R. der Lebenszyklus eines Controlling-Informationssystems. Auch diese Erkenntnis ist bei der Auswahl der unternehmensindividuell passenden Lösung zu berücksichtigen.

Jede/r ControllerIn bzw. jede die Controlling-Tätigkeit ausführende Fach- und Führungskraft steht in seinem/ihrem beruflichen Werdegang zumindest einmal vor der Frage, welches Controlling-Informationssystem als neue Softwarelösung ausgewählt werden soll. Der Softwaremarkt bietet für die meisten Anwendungsgebiete eine Vielzahl an verschiedensten Softwarelösungen, die Unternehmen als CIS wählen können. Für Unternehmen ist es daher besonders wichtig, aus den angebotenen Softwarelösungen diejenige Alternative zu wählen, die für das eigene Unternehmen am besten geeignet ist.

Hinsichtlich des Einsatzes von Controlling-Informationssystemen lassen sind in der Praxis oftmals deutliche Unterschiede vermerken, denn der Einsatz von computergestützten integrierten Informationssystemen im Controlling ist nicht nur von der Größe eines Unternehmens abhängig, sondern vor allem von den unternehmens-individuellen Anforderungen an ein CIS. Die Auswahl einer neuen Softwarelösung für das Controlling erweist sich oftmals als eine große Herausforderung für Unternehmen. Aus diesem Grund neigen Unternehmen dazu, die Auswahl eines neuen CISs aufzuschieben, um den mit der Softwareauswahl verbundenen Aufwand möglichst lange hinauszuzögern. Die Praxis zeigt, dass manche Unternehmen leider dazu neigen, ihre Auswahl zu nachlässig zu treffen. Dies führt allzu häufig dazu, dass die eigenen Geschäftsprozesse im Nachhinein an die Gegebenheiten und Funktionalitäten der (falsch) ausgewählten Softwarelösung angepasst werden müssen. Diese Situation ist u. a. aus Kosten-Nutzen-Aspekten in Bezug auf den Einsatz von CISs zu vermeiden. Um die eigene Wettbewerbsfähigkeit langfristig sichern und steigern zu können, sollten Unternehmen bei Notwendigkeit einer neuen Softwarelösung die Softwareauswahl nicht allzu lange hinauszögern und diese sorgfältig, ggf. unterstützt durch externe unabhängige ExpertenInnen betreiben.

Im Folgenden wird zunächst die Notwendigkeit eines fundierten Auswahlprozesses für eine neue Controllingsoftware dargelegt. Im Anschluss erfolgt die Darstellung des Auswahlprozesses für ein Controlling-Informationssystem in der empfohlenen Form eines Projektes. Mithilfe des Auswahlprozesses soll nicht nur veranschaulicht werden, welche Phasen bei der Auswahl einer neuen Softwarelösung zu beachten sind, sondern es soll auch bekräftigt werden, wie wichtig das strukturierte Vorgehen bei der Auswahl der neuen Controllingsoftware für ein Unternehmen ist.

7.3.1 Notwendigkeit eines fundierten Auswahlprozesses

Damit eine neue Softwarelösung zu einer Verbesserung der Qualität des Controllings und der Wirtschaftlichkeit eines Controlling-Informationssystems führen kann, ist die Auswahl eines Controlling-Informationssystems seitens des Unternehmens gut zu durchdenken. Die ausgewählte Software bindet das Unternehmen für mehrere Jahre, wodurch die Funktionsweise des Unternehmens wesentlich beeinflusst wird. Um die bestmögliche

Wahl treffen zu können, erfordert die Auswahl der neuen Controllingsoftware ein systematisches Vorgehen.

Eine gescheiterte Softwareeinführung führt nicht nur zu einer Belastung des vorhandenen Budgets, sondern oftmals auch zu einer Beeinträchtigung des Geschäftsbetriebs des Unternehmens. Ein wesentlicher Grund für das Scheitern eines Softwareeinführungsprojektes ist in einer unzureichend durchgeführten Softwareauswahl zu sehen, bei der die betriebsspezifischen Anforderungen an ein Controlling-Informationssystem von dem Projektteam nicht ausreichend formuliert wurden und/oder das Projektziel nicht eindeutig definiert wurde. Darüber hinaus wird aus zeittechnischen Gründen bei der Softwareauswahl häufig auf den Vergleich unterschiedlicher Softwarealternativen verzichtet. Anstelle des Vergleichs der unterschiedlichen Alternativen erfolgt stattdessen frühzeitig die Auswahl einer Softwarelösung, bei der die Leistungsfähigkeit nicht richtig eingeschätzt wurde und/oder es sich lediglich um die neueste Version des bereits im Unternehmen eingesetzten CISs handelt. Durch die frühzeitige Auswahl einer Softwarelösung stimmen die Funktionalitäten der neuen Software oftmals nicht oder nur zum Teil mit den betriebsspezifischen Anforderungen überein. Die Folgen, die dem Unternehmen durch einen unsystematischen Auswahlprozess für ein CIS entstehen können, können sich z. T. drastisch auf das Unternehmen auswirken. Die Auswahl des falschen Softwareprogramms aufgrund eines unsystematischen Auswahlprozesses ist allzu häufig der sicherste Weg, ein Unternehmen in den Ruin zu führen.

Eine systematische Vorgehensweise bei der Softwareauswahl führt nicht nur zu einer Steigerung der Investitionssicherheit, sondern ermöglicht eine Minimierung der zuvor genannten Projektrisiken. Da die Auswahl und Einführung eines Controlling-Informationssystems eine Vielzahl an Projektrisiken mit sich bringen kann, ist die Auswahl einer neuen Softwarelösung für das CIS in Form eines Projektes durchzuführen. Auch wenn ein fundierter Auswahlprozess einer neuen Softwarelösung in Form eines Projektes insgesamt einen hohen Aufwand mit sich bringt, ist die sich anschließende Umsetzung bzw. Implementierung der neuen Softwarelösung jedoch mit deutlich weniger Aufwand und vor allem mit erheblich geringeren Risiken verbunden.

7.3.2 Phasen des Auswahlprozesses

Für die Auswahl einer neuen Softwarelösung für ein Controlling-Informationssystem stehen verschiedenste Vorgehensweisen, bei denen der Auswahlprozess mehr oder weniger detailliert dargelegt wird, zur Verfügung. Abb. 7.1 stellt den aus Autoren-Sicht geeignetsten Prozess für die Auswahl einer Standardsoftware dar.

7.3.2.1 Projektziel- und Projektdefinition
Die *Projektziel- und Projektdefinition* stellt den ersten wichtigen Schritt des Softwareauswahlprojekts dar *(1. Phase)*.

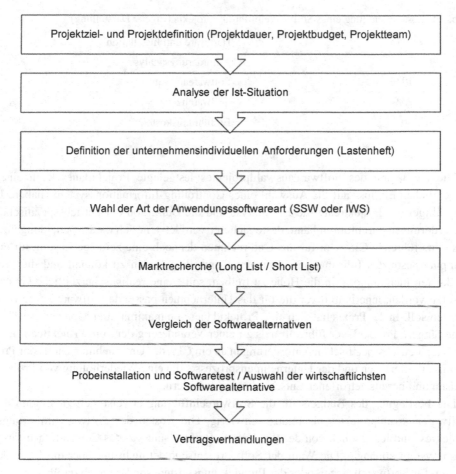

Abb. 7.1 Auswahlprozess für eine Standardsoftwarelösung (Eigene Darstellung in Anlehnung an: Abts und Mülder 2013, S. 54 ff.; Bange und Keller 2004, S. 13 f.; Horváth & Partners 2006, S. 281; Schwarzer und Krcmar 2014, S. 136 f.; Sontow und Treutlein 2007, S. 125 f.; Spillner und Linz 2012, S. 6 f.)

Die Projektzieldefinition dient zur Festlegung des anzusteuernden Zustands und ist maßgeblich für das gesamte Softwareeinführungsprojekt. Diese Teilphase des Projektes dient nicht nur der Steuerung des Projektes, sondern auch der Messung des Projekterfolges. Die Projektziele sind so zu definieren, dass sie nicht nur den zu erwartenden Nutzen, sondern auch die erforderlichen personellen und organisatorischen Veränderungen, die die Auswahl und spätere Einführung eines Controlling-Informationssystems mit sich bringt, umfassen.

Im Rahmen der Projektdefinition werden Rahmenparameter wie die Projektdauer, das Projektbudget und das Projektteam zur Erreichung der Projektziele festgelegt.

Tab. 7.1 Kostenverteilung eines Softwareeinführungsprojekts (Eigene Darstellung)

5 %	Hardware und Installation
10 %	Anforderungsanalyse
10 %	Softwareauswahl
25 %	Softwarelizenz
50 %	Einführungskosten

Die zu Beginn des Softwareauswahlprojektes festgelegte Projektdauer kann einen wesentlichen Einfluss auf die Auswahl eines Controlling-Informationssystems haben. Je sorgfältiger das Projektteam die Ist-Analyse und die Definition der betriebsspezifischen Anforderungen durchführen kann, desto sicherer wird letztendlich die Entscheidung über das einzuführende CIS. Um für das Unternehmen dennoch eine zeitnahe Lösung für ein computergestütztes Informationssystem im Controlling finden zu können und die Projektkosten nicht unnötig in die Höhe zu treiben, sollte eine realistische zeitliche Grenze gesetzt werden, innerhalb derer die für das Unternehmen passende Software ausgewählt werden soll. In der Praxis hat sich eine Projektdauer von maximal drei Monaten bewährt. Eine längere Projektdauer führt oftmals zu einer Veränderung der vom Projektteam festgelegten betriebsspezifischen Anforderungen an ein CIS, der Unternehmensziele, der ProjektmitarbeiterInnen und der Unternehmensprozesse, die eine Wiederholung von Projektphasen und bereits getroffener Entscheidungen erfordern.

Die Festlegung des Budgets für die Softwareeinführung erweist sich zu Beginn des Softwareauswahlprojektes als relativ schwierig. Die Kosten des Softwareeinführungsprojektes sind letztendlich von der Wahl der Softwarelösung für das Controlling-Informationssystem abhängig. Die Wahl der Software entscheidet nicht nur über die Höhe der Kosten für Softwarelizenzen oder der Entwicklungskosten, sondern auch darüber, welche Kosten auf das Unternehmen durch die Anschaffung und Installation neuer Hardware, die Einführung der Software und erforderliche MitarbeiterInnenschulungen zukommen. Tab. 7.1 gibt einen Überblick über die grobe Verteilung der Kosten, die im Rahmen eines Softwareeinführungsprojekts i. d. R. entstehen.

Die Einführung eines Controlling-Informationssystems erfordert nach Festlegung der Projektziele, der Projektdauer und des Projektbudgets die Bildung des Projektteams. Teile dieses Einführungsteams sollten bereits auch Mitglieder des Auswahlprojektes sein.

Idealerweise besteht das Projektteam aus einem Kernteam von zwei bis drei MitarbeiterInnen aus der IT-Abteilung und einer entsprechenden Anzahl von Anwendermitarbeitern, also ControllerInnen, die als KoordinatorenInnen den Kontakt zu der Controllingabteilung und dem Management halten sollen. Bei der Wahl der Teammitglieder aus der Fachabteilung ist darauf zu achten, dass sich die MitarbeiterInnen als optimale TeammitarbeiterIn erweisen. Die Teammitglieder aus der Fachabteilung sollten nicht nur die erforderliche Zeit für die Projektarbeit aufbringen können, sondern vor allem die Fach- und ggf. Führungskompetenz im eigenen Arbeitsgebiet besitzen. Die Teammitglieder sollten lernwillig, psychisch und physisch belastbar, gut motiviert und in der Lage sein, die anderen Teammitglieder zu motivieren. Darüber hinaus ist es wichtig, dass die Teammitglieder aus der Fachabteilung dazu fähig sind, sich in das Projektteam einzubringen und auf die Ideen der anderen Projektmitglieder einzugehen.

Das Kernteam, bestehend aus den MitarbeiternInnen aus der IT-Abteilung und den Teammitgliedern aus der Fachabteilung, kann bei Bedarf um zwei bis drei TeammitarbeiterInnen erweitert werden. Um einen vollkommenen Informationsaustausch zwischen den Teammitgliedern gewährleisten zu können, ist eine Beschränkung der Teamgröße auf fünf bis sechs Teammitglieder einzuhalten.

Die Effizienz und Arbeitsfähigkeit des Projektteams hängt wesentlich von der richtigen Teamzusammensetzung und den Qualifikationen der Teammitglieder ab. Nicht selten wirkt ein/e unabhängige/r externe/r BeraterIn bei der Softwareauswahl und dem sich anschließenden Einführungsprojekt mit, da die internen Teammitglieder oftmals nicht über das nötige Fach- und Methodenwissen für die Auswahl und Einführung einer neuen Softwarelösung für ein Controlling-Informationssystem verfügen. Durch das Hinzuziehen eines/r externen BeratersIn lässt sich in vielen Fällen die Sicherheit und Effizienz bei der Auswahl erhöhen, da der/die externe BeraterIn nicht nur das erforderliche Wissen im spezifischen Softwaresegment, sondern auch das Wissen und die Erfahrung in der Vorgehensweise im Softwareauswahlprojekt mit sich bringt. Hier ist unbedingt auf die (Produkt-)Unabhängigkeit und -neutralität zu achten, um Interessenskonflikte des/r BeratersIn, bereits im Vorfeld zu vermeiden.

Der Erfolg des Softwareprojektes hängt zudem maßgeblich von der Wahl des/der ProjektleitersIn ab. Hauptaufgaben der Projektleitung sind die Planung und Führung der bevorstehenden Projekttätigkeiten sowie die Führung und Motivation der ProjektmitarbeiterInnen sowie der künftigen AnwenderInnen. Der/Die ProjektleiterIn ist nicht nur dafür verantwortlich, die Projektaktivitäten im Überblick zu haben, sondern vor allem das Projektteam im Rahmen von Inspirationen und Koordination voranzubringen.

7.3.2.2   Analyse der Ist-Situation

Um eine Definition der unternehmensindividuellen Anforderungen an das Controlling-Informationssystem vornehmen zu können, ist nach der Projektziel- und Projektdefinition zunächst eine *Analyse der Ist-Situation erforderlich (2. Phase)*. Im Rahmen der Ist-Analyse erfolgt die Untersuchung der Arbeitsabläufe und -prozesse, der Daten, der eingesetzten betrieblichen Informationssysteme und der von dem Softwareeinführungsprojekt beteiligten Stellen (Abteilungen/MitarbeiterIn/Schnittstellen). Im Rahmen der Ist-Analyse sollen Schwachstellen wie Kommunikationsprobleme, falsche und doppelte Dateneingaben oder fehlende Funktionalitäten bereits im Auswahlprozess aufgedeckt werden. Bei der Kalkulation der Dauer des Auswahlprojektes ist für die Analyse der Ist-Situation ausreichend Zeit einzukalkulieren. Nur eine sorgfältige Analyse des aktuellen Zustands an vorhandenen und fehlenden Schnittstellen sowie den Schwachstellen des bereits vorhandenen computergestützten Informationssystems ermöglicht eine hinreichende Grundlage für die im Anschluss vorzunehmende Definition der betriebsspezifischen Anforderungen an das neue CIS.

7.3.2.3   Definition der unternehmensindividuellen Anforderungen

Im Anschluss an die Ist-Analyse erfolgt die Definition der *unternehmensindividuellen Anforderungen* an das zukünftige Controlling-Informationssystem *(Phase 3)*. Die Anforderungen an das CIS ergeben sich dabei u. a. aus der zuvor durchgeführten Ist-Analyse. Für die Auswahl einer neuen Softwarelösung ist es entscheidend, die betriebsspezifischen Anforderungen an die Software im Vorhinein möglichst genau zu definieren und zu dokumentieren, wobei erfahrungsgemäß die Anforderungen im Verlauf des Auswahlprozesses oftmals ergänzt und verfeinert werden. Diese Flexibilität ist durchaus sinnvoll und gewünscht. Im Rahmen der Definition der Anforderungen werden die Ergebnisse der Ist-Analyse aufgegriffen und ergänzt. Aus diesem Grund sind die Anforderungen an ein CIS von Unternehmen zu Unternehmen unterschiedlich. Die unternehmensindividuellen Anforderungen sind in einem *Lastenheft* als Anforderungskatalog, dargestellt in Abschn. 7.1, zu dokumentieren. Ein Lastenheft dient der Beschreibung der Gesamtheit der vom Projektteam definierten unternehmensindividuellen Anforderungen an die Lieferungen der Software und die erwarteten Leistungen des Auftragnehmers (Softwareanbieter) und ermöglicht somit eine systematische und schriftliche Dokumentation der Anforderungen als Basis für den weiteren Verlauf des Auswahlprozesses.

7.3.2.4   Wahl der Art der Anwendungssoftware

Nach Definition der unternehmensindividuellen Anforderungen erfolgt die *Wahl der Anwendungssoftware (AS)* für das Controlling-Informationssystem *(4. Phase)*. Unter einer AS werden dabei alle Programme verstanden, die von den AnwenderInnen direkt genutzt werden können und die Aufgabe haben, die AnwenderInnen bei der Bearbeitung der Geschäftsprozesse und der betrieblichen Funktionen effektiv zu unterstützen. Die Bereitstellung der Anwendungssoftware in Form eines konkreten Controlling-Informationssystems im Unternehmen kann dabei durch die Beschaffung einer allgemeingültigen Standardsoftware oder durch die Entwicklung einer maßgeschneiderten Individualsoftware erfolgen. Diese beiden Varianten weisen jeweils Vor- und Nachteile auf.

Unter einer *Individualsoftware* (ISW) wird eine Anwendungssoftware verstanden, die für die spezifischen betrieblichen Anforderungen individuell angefertigt wird. Die ISW wird für ein einzelnes Unternehmen bzw. für ein spezielles Aufgabengebiet maßgeschneidert entwickelt. Die Entwicklung von Individualsoftware kann dabei sowohl von eigenen MitarbeiternInnen der IT-Abteilung (Eigenentwicklung) als auch von externen IT-Spezialisten (Fremdentwicklung) unter strikter Berücksichtigung der Anforderungen der Fachabteilung/en erfolgen.

Die *Standardsoftware* (SSW) als Anwendungssoftware stellt im Gegensatz zur Individualsoftware ein vorgefertigtes Softwarepaket dar, das zum Erwerb am Markt erhältlich ist und für den Einsatz in mehreren bzw. vielen Unternehmen für ähnliche Problemstellungen geeignet ist. Da die SSW in mehreren bzw. vielen Unternehmen einsetzbar ist, wird die SSW i. d. R. für den Massenmarkt entwickelt. Standardsoftware beinhaltet dabei nicht nur die Software im engeren Sinne, sondern auch Zusatzleistungen wie eine Einführungsberatung, eine Anwenderschulung und eine Unterstützung bei der Installation und Wartung der Software. Darüber hinaus wird vom Hersteller des Öfteren ein Update-Service für eine stetige Weiterentwicklung und Anpassung an gesetzliche Erfordernisse angeboten.

Die Standardsoftware lässt sich grundsätzlich in zwei verschiedene Kategorien unterteilen. Auf dem Massenmarkt ist SSW in der Form einer Komplettlösung oder in der Form einzelner Anwendungen erhältlich. SSW als *Komplettlösung* umfasst die wichtigsten oder aber auch alle Anwendungsgebiete wie z. B. Finanzen, Personal, Vertrieb. SSW in der Form *einzelner Anwendungen* dient dahingegen der Erfüllung ausgewählter Teilaufgaben, wie bspw. der Unterstützung des Controllings durch die Abbildung von Kosten-Leistungsrechnungs- und Reportfunktionen.

Für die Beschaffung von Standardsoftware kann das Unternehmen zwischen Kauf und Miete (z. B. in Formen von Lizenzen) der Software entscheiden. Die Entscheidung ist dabei auf Basis einer Wirtschaftlichkeitsanalyse zu zutreffen.

Die meisten Standardsoftwareprodukte ermöglichen eine Anpassung der Standardsoftware an die betriebsspezifischen Gegebenheiten sowie an unternehmensindividuelle Anforderungen vor der Inbetriebnahme der Software. Durch die Wahl einer SSW verfügen die Unternehmen daher nicht zwangsläufig über eine „*starre*" Software. Die Anpassung an betriebsspezifische Gegebenheiten und unternehmensindividuelle Anforderungen wird auch als Customizing bezeichnet. Die SSW lässt sich, sofern die Möglichkeit der Anpassung an die individuellen Belange besteht, daher auch als Mix aus Standard- und Individualsoftware sehen. Dieser Sichtweise wird auch im weiteren Verlauf dieses Kapitels gefolgt.

Gegenüberstellung von Individualsoftware und Standardsoftware: Mit der Wahl der Anwendungssoftware steht das Projektteam vor der ersten wichtigen Entscheidung, die den weiteren Verlauf des Auswahlprozesses maßgeblich beeinflusst. Dem Projektteam stellt sich die Frage, ob als Anwendungssoftware eine allgemeingültige Standardsoftware mit der Möglichkeit der Anpassung an individuelle Belange (Mix aus SSW und ISW) den Anforderungen des Unternehmens gerecht werden kann oder ob eine maßgeschneiderte ISW als AS der SSW vorzuziehen ist.

Das Entscheidungsproblem Standardsoftware versus Individualsoftware geht dabei weit über den reinen Kostenvergleich der beiden Alternativen hinaus. Eine Entscheidung zwischen SSW und ISW erfordert neben dem reinen Kostenvergleich vor allem eine Abwägung der Vor- und Nachteile der SSW und der ISW sowie eine Abwägung der unterschiedlichen Kosten- und Nutzenverhältnisse. Die Abwägung der Kosten- und Nutzenverhältnisse soll im Rahmen des Entscheidungsproblems SSW oder ISW nicht näher betrachtet werden, denn nicht nur die Prognostizierung der Kosten, sondern auch die Abschätzung der Nutzen, erweisen sich in der Praxis als problematisch und sehr unternehmensindividuell. Allgemein ist z. B. nur schwer einschätzbar, in welchem Umfang sich ein höherer Umsatz durch den Einsatz von SSW bzw. ISW generieren lässt. Die Abwägung des Kosten-Nutzenverhältnisses wurde im Rahmen der Analyse der Wirtschaftlichkeit eines Controlling-Informationssystems in Abschn. 7.1 näher betrachtet.

Im Folgenden erfolgt eine Gegenüberstellung der Vor- und Nachteile der Standardsoftware und der Individualsoftware. Dabei werden die Kriterien Kosten und Zeitfaktor,

Risiko, Anpassungsfähigkeit/Customizing, Wartung und Weiterentwicklung, Akzeptanz und Schulung näher betrachtet. Hinsichtlich der Vor- und Nachteile der SSW und ISW gilt grundsätzlich, dass die Vorteile der Standardsoftware den Nachteilen der Individualsoftware entsprechen und umgekehrt.

Kosten- und Zeitfaktor: Ein wesentlicher Vorteil der Standardsoftware gegenüber der Individualsoftware ist der Kostenfaktor. Auch trotz relativ hoher Beschaffungskosten bietet die SSW im Vergleich zur ISW einen Kostenvorteil. Ausschlaggebend für den Kostenvorteil der SSW ist vor allem der Wegfall der Softwareentwicklungskosten und Weiterentwicklungskosten. Der Einsatz einer SSW erfordert kein eigenes Entwicklungsteam mit dem entsprechenden software-technischen Wissen. Sowohl die Softwareentwicklungskosten als auch die Weiterentwicklungskosten der SSW werden auf eine Vielzahl von AnwenderInnen verteilt. Hohe Lizenzkosten und Wartungsgebühren einer SSW werden langfristig gesehen durch niedrigere Pflege- und Administrationskosten der SSW kompensiert. Die Beschaffungskosten der SSW können sich allerdings durch die Anpassung an unternehmensindividuelle Anforderungen, das Customizing, erhöhen. Diese Zusatzkosten machen z. T. mehr als 50 % der Gesamtkosten aus und sind daher unbedingt bei der Auswahl des Controlling-Informationssystems zu berücksichtigen.

Ein weiterer Vorteil der SSW ist die Möglichkeit der vorhergehenden Kalkulation der Kosten für den Erwerb und die Einführung einer SSW sowie die damit zusammenhängenden Beratungs- und Serviceleistungen. Die im Voraus kalkulierten Kosten weichen, wenn korrekt durchgeführt, nur selten von den tatsächlich anfallenden Kosten für die SSW inkl. der Customizing-Kosten ab. Diese sind abhängig von ggf. noch vorzunehmenden unternehmensindividuellen Anpassungen, welche bereits im Auswahlprojekt exakt zu bestimmen und zu kalkulieren sind.

Die Kosten für eine Individualsoftware liegen aufgrund der anfallenden Softwareentwicklungskosten und Weiterentwicklungskosten oftmals über den Kosten für eine Standardsoftware. Auch die vorhergehende Kalkulation der Kosten für eine ISW erweist sich im Gegensatz zur Kalkulation der Kosten für eine SSW als relativ schwierig. In der Vergangenheit haben Software-Entwicklungsprojekte des Öfteren gezeigt, dass die tatsächlichen Entwicklungskosten und -zeiten für eine ISW nicht selten mehrfach so hoch ausfielen, wie die zu Beginn des Projektes geplanten Kosten. Grund für die z. T. deutlich höheren Entwicklungskosten ist vor allem die lange Entwicklungszeit. Aufgrund der langen Entwicklungszeit kommt es nicht selten vor, dass Unternehmen die zu Beginn der Entwicklung an eine ISW formulierten Anforderungen in großem Umfang und teilweise mehrfach ändern bzw. ergänzen. Veränderte Anforderungen führen nicht nur zu einer längeren Entwicklungszeit für die ISW, sondern auch zu einer Erhöhung der Kosten.

Jedoch sind nicht nur veränderte Anforderungen Grund für eine Erhöhung der Kosten. Häufig nehmen Unternehmen keine systematische Planung einer späteren Anpassung der ISW an sich verändernde Wettbewerbsbedingungen vor, sodass eine Anpassung an neue Geschäftsstrukturen oftmals ohne einen Neuentwurf der ISW nicht mehr möglich ist, wodurch die Kosten stark ansteigen können.

Neben dem Kostenfaktor spielt zudem der Zeitfaktor bei der Wahl der Anwendungs-software eine wesentliche Rolle. Die Standardsoftware lässt sich im Vergleich zur Indi-vidualsoftware i. d. R. schneller einführen und in Betrieb nehmen. Grund hierfür ist der Wegfall der langen Entwicklungszeit. Die ISW erfordert im Gegensatz zur SSW eine relativ lange Entwicklungs- und Einführungszeit. Auch hinsichtlich des Zeitfaktors haben Software-Entwicklungsprojekte in der Vergangenheit des Öfteren gezeigt, dass die Entwi-cklungs- und Einführungszeit oftmals dreimal so lang andauerte wie die prognostizierte Entwicklungszeit.

Risiko: Die Entwicklung einer Individualsoftware bringt häufig ein höheres Risiko mit sich, als die Wahl einer Standardsoftware. Eine lange Entwicklungszeit, sich verändernde Wettbewerbsbedingungen sowie der Ausfall wichtiger am Projekt beteiligter Mitarbeiter-Innen können das Projekt im schlimmsten Fall zum Scheitern bringen. Neben der Mög-lichkeit des Scheiterns des Projektes weist die Entwicklung einer ISW zudem ein hohes Fehlerrisiko auf, da nicht von Vornherein klar ist, ob die ISW überhaupt eine fehlerfreie Anwendung ermöglicht.

Die Standardsoftware hingegen weist ein deutlich geringeres Risiko als die Individual-software auf und kennzeichnet sich durch den Wegfall der bei der Entwicklung einer ISW vorhandenen Risiken. Die SSW umfasst das Fachwissen vieler AnwenderInnen und ver-schiedenster Unternehmen. Sie weist ein geringes Fehlschlagrisiko auf, da sie im Voraus getestet wird und bei anderen Unternehmen bereits im Echteinsatz ist.

Anpassungsfähigkeit/Customizing: Da die Standardsoftware für einen Massenmarkt ausgelegt ist, haben Unternehmen die Möglichkeit, die Software vor dem Kauf in Bezug auf ihre Funktionalitäten zu begutachten. Ein erster Eindruck hinsichtlich der Funktionali-täten der Software kann bspw. über eine Internetrecherche oder eine Testversion erfolgen.

Die Standardsoftware bietet im Gegensatz zur Individualsoftware allerdings häufig keine vollständige Deckungsgleichheit zwischen den Anforderungen der AnwenderInnen und dem standardmäßigen Leistungsumfang der SSW. Vielmehr verfügt eine SSW oftmals über eine Vielzahl an für das eigene Unternehmen überflüssigen Programmapplikationen. Unternehmen müssen aufgrund dieser häufig unvollständigen Deckungsgleichheit eine Möglichkeit haben, die SSW an unternehmensindividuelle Anforderungen anpassen zu können. Um eine Deckungsgleichheit zu ermöglichen, bieten die meisten Standardsoft-wareprodukte vor der Inbetriebnahme der Software die Möglichkeit, eine Anpassung an betriebsspezifische Gegebenheiten und an unternehmensindividuellen Anforderungen (Customizing) vorzunehmen, wodurch die SSW zu einem Mix aus SSW und ISW wird.

Im Rahmen des Customizings sollten grundsätzlich Anpassungen der Standardsoftware an die Organisation des Unternehmens, die Prozesse und die Softwareumgebung möglich sein (technische Anpassung). Sofern die SSW keine Anpassung an die Organisation des Unternehmens ermöglicht oder die Anpassung mit einem hohen Risiko und hohen Kosten verbunden ist, besteht für Unternehmen lediglich die Möglichkeit, die Organisation und Prozesse des Unternehmens sowie die Systemumgebung an die SSW anzupassen (orga-nisatorische Anpassung), was zu suboptimalen Lösungen führt. Das Customizing vor der

Inbetriebnahme der Software führt allerdings in den meisten Fällen zu einer Erhöhung der vorher kalkulierten Beschaffungskosten der SSW.

Im Gegensatz zur Standardsoftware erfordert die Individualsoftware vor der Inbetriebnahme keine zusätzlichen Kosten für das Customizing. Die ISW wird bei der Entwicklung auf die speziellen Belange des Unternehmens ausgerichtet. Zudem werden die Organisation, die Prozesse sowie die Systemumgebung des Unternehmens bei der Entwicklung der ISW berücksichtigt. Da die ISW mit dem Ziel entwickelt wird, einen genau definierten Aufgabenbereich abzudecken, verfügt eine ISW im Gegensatz zur SSW nicht über überflüssige Programmapplikationen.

Wartung und Weiterentwicklung: Bei der Entwicklung einer neuen Software können – besonders in der ersten Zeit des Praxiseinsatzes – Fehler auftreten. Oftmals haben Softwareprogramme den Ruf, nicht besonders zuverlässig zu sein, was sich jedoch bei der Wahl der auf die betriebsspezifischen Anforderungen abgestimmte Softwarelösung nicht bestätigen lässt. Bei der Entwicklung einer Standardsoftware wird das Fachwissen vieler AnwenderInnen und vieler verschiedener Unternehmen berücksichtigt, sodass bei der SSW von einer sich in der Vergangenheit bewährten Software gesprochen werden kann. Darüber hinaus erfolgt eine ständige Weiterentwicklung und Wartung durch den Hersteller. Die Hersteller, als spezialisierte Entwickler der SSW, leisten sowohl für die technische als auch für die fachliche Qualität der SSW Sicherheit. Die kontinuierliche Weiterentwicklung und Wartung durch die Hersteller ermöglichen es, die in der Vergangenheit bei der Installation der Software aufgetretenen Fehler und Schwierigkeiten im Umgang mit der Software im Folge-Release zu beheben. Die stetige Weiterentwicklung und Wartung erhöhen somit die Zuverlässigkeit der SSW.

Neben der Weiterentwicklung und Wartung bieten viele Hersteller von Standardsoftware die Möglichkeit, sich bei auftretenden Problemen während der Installation oder der Anwendung im Rahmen einer Kundenhotline den erforderlichen Rat einzuholen, sofern andere (z. B. das Hilfesystem) keine Hilfestellung für eine entsprechende Lösung bieten. Die Bereitstellung einer Kundenhotline für eine speziell auf die Belange des Unternehmens abgestimmte Individualsoftware ist im Gegensatz zur Standardsoftware grundsätzlich nicht möglich. Die ISW wird von eigenen MitarbeiternInnen oder externen IT-SpezialistenInnen entwickelt und gänzlich auf die unternehmensindividuellen Anforderungen ausgerichtet. Sofern bei der Installation oder Anwendung Probleme erkennbar werden, sind die an der Entwicklung Mitwirkenden selbst dazu angehalten, die Probleme zu beheben.

Akzeptanz/Schulung: Die Entwicklung einer Individualsoftware erfolgt oftmals in enger Zusammenarbeit mit den AnwendernInnen. Die AnwenderInnen sind durch die Mitwirkung an der ISW weitestgehend mit den Funktionalitäten der Software vertraut, sodass nach Einführung der Software nur ein geringer Schulungsaufwand erforderlich ist. Neben dem geringen Schulungsaufwand, erzielt die ISW grundsätzlich eine hohe Akzeptanz seitens der AnwenderInnen. Die Applikationen der ISW sind durch die Mitwirkung an dem Konzept weitestgehend vertraut. Zudem bietet die ISW eine hohe Deckungsgleichheit der Funktionalitäten mit den zuvor definierten individuellen Belangen der AnwenderInnen.

Im Gegensatz zu der Individualsoftware erfordert die Einführung einer Standardsoftware einen wesentlich höheren Schulungsaufwand. Die AnwenderInnen sind mit den Funktionalitäten der SSW meistens nicht tiefergehend vertraut. Grund dafür ist, dass die SSW als fertiges Produkt am Massenmarkt erworben wird. Die SSW bietet häufig keine vollständige Deckungsgleichheit zwischen den Anforderungen der AnwenderInnen und dem standardmäßigen Leistungsumfang der Software und bringt des Öfteren eine Vielzahl an überflüssigen Programmapplikationen mit sich. Aufgrund der unzureichenden Deckungsgleichheit und der überflüssigen Funktionalitäten erlangt die SSW oftmals eine geringe Akzeptanz seitens der AnwenderInnen als die ISW, auch wenn die Möglichkeit der Anpassung an die individuellen Belange im Rahmen des Customizing gegeben ist.

Trend hin zum Einsatz von individualisierter Standardsoftware: Nach Abwägung der Vor- und Nachteile der Standardsoftware und der Individualsoftware hat das Projektteam darüber eine Entscheidung zu treffen, welche der beiden Arten von Anwendungssoftwareprogrammen für das Unternehmen vorzuziehen ist. Das Controlling-Informationssystem sollte dabei den festgelegten unternehmensindividuellen Anforderungen weitestgehend gerecht werden können, um der Aufgabe der effektiven Unterstützung der Bearbeitung der Geschäfts- und Controlling-Prozesse und der betrieblichen Funktionen tatsächlich nachkommen zu können.

In vielen Fällen ist für den ausgewählten Anwendungsbereich, folglich auch für den Bereich Controlling, eine Standardsoftware vorhanden, mit der die fachlichen Anforderungen weitestgehend abgedeckt werden können. Spezifische Anforderungen können dahingegen oftmals nur durch die Entwicklung einer Individualsoftware abgedeckt werden oder durch die Modifizierung und Erweiterung der ausgewählten SSW. Die Definition der unternehmensindividuellen Anforderungen an ein Controlling-Informationssystem im Vorfeld ist daher zwingend erforderlich, um festzulegen, in welcher Form welche Prozesse durch die neue Software unterstützt werden sollen. Die ausgewählte SSW bzw. entwickelte ISW sollte diesen Anforderungen gerecht werden. Je nachdem, welche Anforderungen an ein CIS gestellt werden und auf welche der o. g. Kriterien (Vor- und Nachteile einer SSW und ISW) im Rahmen der Anforderungen besonderer Wert gelegt wird, fällt die Entscheidung über die AS von Unternehmen zu Unternehmen unterschiedlich aus.

Die in den letzten Jahren deutlich verbesserte Qualität und Verbesserung der Funktionalitäten der verfügbaren Standardsoftwareprogramme sowie die Möglichkeit der Anpassung an die individuellen Belange, lässt in den meisten Anwendungsbereichen einen eindeutigen Trend zum Einsatz von individualisierter Standardsoftware erkennen. Ausschlaggebend für den zunehmenden Trend zur individualisierten SSW sind zudem die hohen Entwicklungskosten von Individualsoftwarelösungen. Aufgrund der verbesserten Qualität und Funktionsbreite der derzeit zur Verfügung stehenden Standardsoftwareprodukte ist Unternehmen daher tendenziell von einer Entwicklung einer ISW abzuraten. Auf die Entwicklung einer ISW wird meistens nur noch dann zurückgegriffen, wenn der Massenmarkt keine Standardsoftwarelösung bietet, den sehr speziellen betrieblichen Anforderungen und dem Aufgabenbereich ausreichend gerecht werden. Auch können strategische Überlegungen, wie die Idee eines Innovationsvorsprunges gegenüber den Wettbewerbern, die

Entwicklung einer ISW erfordern. Die Entscheidung zwischen individualisierter SSW und ISW wird dennoch für viele Unternehmen immer mehr zu einer theoretischen Entscheidung. Als Gründe sind oftmals fehlendes Personal und fehlende Zeit sowie der Mangel an dem erforderlichen softwaretechnischen Wissen im eigenen Unternehmen zu sehen.

Auch wenn ein zunehmender Trend hin zur individualisierten Standardsoftware zu erkennen ist, ist der Einsatz jedoch nur dann möglich und ratsam, wenn die Anforderungen des Unternehmens mit den Leistungsmerkmalen einer SSW weitestgehend übereinstimmen bzw. im Rahmen des Customizing abgedeckt werden können. Bei der Wahl einer SSW müssen Unternehmen das Risiko eingehen, möglicherweise auf Teilfunktionen zu verzichten oder diese ergänzend selbst zu realisieren, sofern die SSW die Teilfunktionen nicht zur Verfügung stellt. Die Einführung einer SSW erfordert zudem oftmals organisatorische Änderungen in verschiedenen Unternehmensbereichen.

Bei Kleinstunternehmen, kleinen und mittleren Unternehmen findet sich in der Praxis oftmals eine Standardsoftwarelösung wieder, denn die genannten Unternehmensklassen sind häufig mit der Implementierung einer komplexen Individualsoftware überfordert. Die Entwicklung der Individualsoftware erfordert hohe Entwicklungskosten und geht mit einem langen Entwicklungszeitraum einher. Aufgrund der hohen Entwicklungskosten kommt daher bei den zuvor genannten Unternehmensgrößen für das Controlling-Informationssystem oftmals eine individualisierte SSW zum Einsatz.

7.3.2.5   Marktrecherche

Nachdem die Wahl über die Art der Anwendungssoftware auf Basis der betriebsspezifischen Anforderungen und Abwägung der Vor- und Nachteile von Standardsoftware und Individualsoftware getroffen wurde, kann der Auswahlprozess für ein Controlling-Informationssystem fortgeführt werden. Aufgrund des zunehmenden Trends zur SSW soll im Folgenden lediglich der Auswahlprozess für eine SSW fortgeführt werden.

Die Auswahl einer geeigneten Standardsoftware für ein Controlling-Informationssystem sollte nicht nur auf Erfahrungen der ProjektmitarbeiterInnen mit einer im vorherigen Unternehmen eingesetzten Software beruhen. Auch die aus der Presse, Werbung sowie von Messen bekannten Softwareanbieter sollten bei der Auswahl mit einbezogen werden. Grundsätzlich gilt es immer nach *der* Alternative Ausschau zu halten, die den Anforderungen des Unternehmens und dem Projektbudget am ehesten gerecht wird. Die MitarbeiterInnen der Auswahlprojektgruppe sind daher dazu angehalten, eine ausgiebige *Marktrecherche* der verfügbaren Standardsoftwareprodukte durchzuführen *(5. Phase)*.

Die mangelhafte Transparenz des Softwaremarktes stellt oftmals ein Problem bei der Auswahl der unternehmensindividuell passenden Standardsoftware dar, denn für bestimmte Anwendungsgebiete existieren mehr als 100 verschiedene Standardsoftwareprodukte, aus denen das Projektteam *„die richtige"* Lösung auszuwählen hat. Informationen über die einzelnen Softwareprodukte können dabei über ganz unterschiedliche Wege gewonnen werden. Dem Projektteam wird die Möglichkeit gegeben, über Suchmaschinen im Internet und/oder direkt auf den Homepages der Softwarehersteller nach einer SSW zu suchen. Außerdem besteht die Möglichkeit, auf Softwarekataloge von spezialisierten

Portalen zuzugreifen. Beispielsweise bietet die Homepage *http://www.it-matchmaker.com* die Möglichkeit, über mehr als 1.600 Softwareprodukte zu recherchieren.

Neben den Suchmöglichkeiten im Internet bieten die Software-Hersteller oftmals umfassende eigene Informationen durch Informationsveranstaltungen und -broschüren, Demo-Programme bis hin zu einer Testmöglichkeit im eigenen Unternehmen an. Neben den eigenen Informationen der Softwarehersteller bieten auch Fachpressen und Messen einen guten Überblick über die am Markt vorhandenen Standardsoftwareprodukte. Als praxisnahe Informationsquellen können zudem Erfahrungsberichte von Software-AnwendernInnen herangezogen werden.

Aufgrund der Vielzahl der auf dem Markt verfügbaren Softwareanbieter sollte der Vorgang der Marktrecherche wie ein Trichter funktionieren. Aus einem Angebot von oftmals mehr als 100 Anbietern für ein Anwendungsgebiet ist die am besten geeignetste und auf die unternehmensindividuellen Anforderungen zutreffendste Standardsoftware auszuwählen. Aus diesen Grund sollten im Rahmen der Marktrecherche zunächst die auf dem Massenmarkt für ein Controlling-Informationssystem verfügbaren Standardsoftwareprodukte *(„Long List")* von den prinzipiell geeigneten Standardsoftwareprodukten *(„Short List")* mithilfe des definierten Anforderungskataloges differenziert werden.

Ziel der Marktrecherche ist es, einen Überblick über alle prinzipiell geeigneten Standardsoftwareanbieter (Short List) mit den wichtigsten Funktionalitäten der Software und die für eine Entscheidung relevanten Daten wie Funktionalität, Technologie, Referenzen und Unternehmen zu erlangen. Nach Durchführung der Marktrecherche sind drei bis fünf Standardsoftwareprodukte auszuwählen, die in der engeren Wahl stehen und im Anschluss einer näheren Untersuchung durch das Projektteam unterliegen sollen. Die in der engeren Wahl stehenden Standardsoftwareprodukte entsprechen überwiegend den im Anforderungskatalog definierten betriebsspezifischen Anforderungen. Der eigentliche Auswahlprozess für eine SSW erfolgt erst im Anschluss an die Erstellung der Long und Short List im Rahmen der Untersuchung der ausgewählten Standardsoftwareprodukte.

7.3.2.6 Vergleich der Softwarealternativen

Nachdem im Rahmen der Short List drei bis fünf Softwareprodukte von dem Auswahlprojektteam in die engere Wahl aufgenommen wurden (Softwarealternativen), erfolgt im Anschluss eine nähere *Untersuchung der Softwarealternativen* anhand weiterer Selektions- bzw. Entscheidungskriterien, die im Rahmen des Anforderungskataloges nicht erfasst wurden, jedoch für die Wahl des Controlling-Informationssystems ausschlaggebend sind *(6. Phase)*. Ebenfalls erfolgt ein Einbezug der prognostizierten Kosten der Softwarealternativen.

Die nähere Untersuchung der Alternativen erfordert detailliertere Informationen zu den einzelnen Standardsoftwareprodukten, die entweder über Produktpräsentationen der jeweiligen Softwareanbieter, über Testzugänge oder den Besuch von Referenzkunden bzw. -anwendern eingeholt werden können. Die Kriterien für die nähere Untersuchung sind dabei in produkt- und anbieterbezogene Kriterien zu differenzieren, die neben den zu Beginn des Projektes festgelegten aktuellen unternehmensindividuellen Anforderungen auch strategische, zukunftsorientierte Aspekte berücksichtigen sollen. Die Definition der produkt- und anbieterbezogenen Kriterien dient dem systematischen Vergleich der Alternativen der Short List. Wie Tab. 7.2 veranschaulicht, lassen sich die Entscheidungskriterien für eine SSW in vier Kategorien einteilen, wobei die Zusammenstellung der Kriterien auf den im Lastenheft definierten Anforderungen basiert.

Die dargestellten Entscheidungskriterien können dabei in Muss- und Kann-Kriterien unterteilt werden. *Muss-Kriterien* sind diejenigen Kriterien, die die Standardsoftware unbedingt erfüllen muss. Eine Nichterfüllung eines Muss-Kriteriums führt zum Ausschluss der SSW. *Kann-Kriterien* sind diejenigen Kriterien, die nicht zwingend erfüllt werden müssen und führen bei Nichterfüllung nicht zum Ausschluss der SSW.

In der Regel ist es jedoch nicht ausreichend, den Anforderungskatalog bzw. das Lastenheft mit den unternehmensindividuellen Anforderungen und ergänzten Entscheidungskriterien an die Software-Anbieter zu versenden. Vielmehr sollte ein/e SpezialistIn des Software-Anbieters gemeinsam mit dem Projektteam das Lastenheft und die Entscheidungskriterien Schritt für Schritt durcharbeiten. Auch Demo-Programme und Referenzkunden können dabei mit einbezogen werden und führen oftmals zu einer zufriedenstellenden Antwort.

Im Anschluss hat das Projektteam des Auswahlprojektes eine Gewichtung der Kriterien und Anforderungen vorzunehmen. Das Projektteam hat die weniger wichtigen Anforderungen und Kriterien von den für die Wahl der zukünftigen Standardsoftware wichtigeren Anforderungen und Kriterien abzugrenzen. Nachdem eine Gewichtung der Anforderungen und Kriterien erfolgt ist, schließt sich die Bewertung der Anforderungs- und Kriterienerfüllung der in die engere Wahl aufgenommenen Standardsoftwareprodukte an. Das Projektteam hat festzulegen, wie gut die einzelnen Standardsoftwareprodukte die Anforderungen und Kriterien erfüllen. Durch die Gewichtung und Bewertung lässt sich daraufhin eine Reihenfolge der Standardsoftwareprodukte der Short List bilden.

7.3.2.7   Probeinstallation, Softwaretest und Auswahl

Auch wenn bereits anhand der Gewichtung und Bewertung der einzelnen Softwareprodukte die vermeintlich beste Softwarelösung ermittelt wurde, sollten vor der eigentlichen

Tab. 7.2 Kriterien der Auswahl eines Controlling-Informationssystems (Eigene Darstellung)

	Aktuelle Kriterien	Strategische Kriterien
Produktbezogene Kriterien	• Erfüllung der funktionalen Anforderungen • Erfüllung der technischen Anforderungen • Höhe der Preise	• Flexibillität der Software • Modernität der Software
Anbieterberzogene Kriterien	• Beraterqualität • Branchenwissen • Schulungsangebot • Reaktionsgeschwindigkeit des Supports • Qualität des Supports	• Seriosität des Herstellers • Marktstellung des Herstellers • Wirtschaftliche Situation des Herstellers • Produktstrategie für die Weiterentwicklung der Software

Entscheidung zwei bis drei Standardsoftwareprodukte probeweise installiert werden *(Probeinstallation)* und mindestens zwei Monate mit der neuen Software gearbeitet werden *(7. Phase)*.

Die abschließende Begutachtung eines Controlling-Informationssystems ist nur dann möglich, wenn die Software auf einem Rechner zur Ausführung in Form der Vollversion oder eine im Funktionsumfang reduzierte Testversion kommt (Softwaretest). Im Rahmen des Softwaretests soll das Verhalten der Software im Vergleich mit den Anforderungen und Kriterien untersucht werden. Ziel des Softwaretests ist die Aufdeckung von Fehlern bzw. Mängeln, die die Qualität der Standardsoftware und damit letztendlich den Kauf der SSW beeinflussen. Unter einem *Fehler* ist dabei die Nichterfüllung einer festgelegten Anforderung zu verstehen. Ein *Mangel* hingegen liegt vor, wenn eine gestellte Anforderung prinzipiell erfüllt wird, aber noch Beeinträchtigungen vorhanden sind.

Auch wenn überwiegend die Funktionalitäten einer Standardsoftware für das Controlling-Informationssystem im Vordergrund stehen, sollte berücksichtigt werden, dass der Vergleich der Kosten immer eine wichtige Determinante für die Entscheidung ist, sofern mehrere Standardsoftwareprodukte zur Auswahl stehen. Die tatsächliche Auswahl erfolgt daher erst mit Abwägung der Kosten-/Nutzenverhältnisse. Das Kosten-/Nutzenverhältnis wird an dieser Stelle nicht weiter präzisiert. Die Ermittlung der Kosten-Nutzenverhältnisse wurde bereits im Rahmen der Ausführungen zu Wirtschaftlichkeit einer SSW in Abschn. 7.1 aufgegriffen und näher erläutert.

7.3.2.8 Vertragsverhandlungen

Der letzte Schritt *(8. Phase)* des Auswahlprozesses für ein Controlling-Informationssystem umfasst die *Vertragsverhandlung und -gestaltung* mit dem ausgewählten Anbieter. Grundlage für die Vertragsverhandlung und -gestaltung bildet der Anforderungskatalog bzw. das Pflichtenheft. Mithilfe des Pflichtenheftes können alle Leistungen beider Vertragspartner (Auftraggeber und Auftragnehmer) eindeutig definiert und schriftlich festgehalten werden. Das Pflichtenheft ist dabei auf Basis des Lastenheftes, des Softwaretests und aller weiterer bisher gewonnenen Erkenntnisse zu erstellen. Darin sollen alle, vor allem aber die über die Standardfunktionen hinausgehenden Leistungen, wie beispielhaft die erforderlichen Schnittstellen und Funktionalitäten der Software festgehalten werden. Während des Softwaretests werden oftmals Schwächen festgestellt, die Änderungswünsche mit sich bringen, sowie Ergänzungen und Anpassungen der einzuführenden Softwarelösung erfordern. Ergänzungs-, Änderungs- und Anpassungswünsche sind ebenfalls im Pflichtenheft aufzunehmen. Kritische betriebsspezifische Anforderungen sollten im Rahmen des Pflichtenheftes nochmals detailliert untersucht und die systematische Umsetzung festgehalten werden. Neben der systematischen Umsetzung müssen auch die erforderlichen Programmierungen für Schnittstellen im Pflichtenheft dokumentiert werden. Ebenfalls sind die Aufwendungen, die bei der Übernahme der Daten aus den zuvor eingesetzten Softwareprogrammen im Rahmen der sog. *Datenmigration* entstehen, im Pflichtenheft mit aufzunehmen. Neben den Lizenz- und Dienstleistungskosten wird das Gesamtbudget maßgeblich von den Kosten für die Programmierung von Anpassungen und Schnittstellen sowie für die Datenmigration bestimmt.

Die Erstellung eines Einführungs- und Schulungsplans sollten ebenfalls im Rahmen der Vertragsgestaltung berücksichtigt werden, um eine fristgemäße Einführung des neuen Controlling-Informationssystems zu gewährleisten. Ebenfalls sind die gewünschten Dienstleistungen, die sich an die Hardware-und Softwareinstallation anschließen, bei der Vertragsgestaltung zu berücksichtigen.

Mit der Phase 8 (Vertragsverhandlungen) ist das Projekt zur Auswahl des Controlling-Informationssystems abgeschlossen. Anschließend werden die Projektergebnisse und die Projektdokumentation an das sich anschließende Controlling-Informationssystem-Einführungsprojekt übergeben. Eine sich hieran anschließende Projektwirkungskontrolle könnte sinnvoll sein, um Lerneffekte für Folgeprojekte realisieren zu können.

Literatur

Abts D, Mülder W (2013) Grundkurs Wirtschaftsinformatik. Eine kompakte und praxisorientierte Einführung, 8. Aufl. Springer Verlag, Wiesbaden

Almstedt M (1994) Anforderungen an ein Controlling-Informationssystem in Unternehmen mit schlanker Organisationsstruktur. In: Biethahn J, Schumann M (Hrsg.) Göttinger Wirtschafts-informatik. Arbeitsbericht Nr. 5. Göttingen

Bange C, Keller P (2004) Softwareauswahl. Schnelle und sichere Identifikation anforderungsge-rechter Standardsoftware, 1. Aufl. Business Village Verlag, Göttingen

Bauer J, Schwab T (1988) Anforderungen an Hilfesysteme. In: Balzert H et al. (Hrsg.) Einführung in die Software-Ergonomie, 1. Aufl. Springer Verlag, Berlin

Becker J, Vering O, Winkelmann A (2007) Unternehmenssoftwareeinführung. Eine strategische Ent-scheidung. In: Becker J, Vering O, Winkelmann A (Hrsg.) Softwareauswahl und -einführung in Industrie und Handel. Vorgehen bei und Erfahrungen mit ERP- und Warenwirtschaftssystemen, 1. Aufl. Springer Verlag, Heidelberg

Biethahn J, Fischer D (1994) Controlling-Informationssysteme. In: Biethahn J, Huch B (Hrsg.) Informationssysteme für das Controlling. Konzepte, Methoden und Instrumente zur Gestaltung von Controlling-Informationssystemen, 1. Aufl. Springer Verlag, Berlin/Heidelberg

Brodbeck F, Rupietta W (1994) Fehlermanagement und Hilfesysteme. In: Eberleh E, Oberquelle H, Oppermann R (Hrsg.) Einführung in die Software-Ergonomie. Gestaltung graphisch-interakti-ver Systeme. Prinzipien, Werkzeuge, Lösungen, 2. Aufl. De Gruyter Verla, Berlin

Brosze T, Treutlein P, Schmidt C (2006) Vertikalisierung im ERP-Markt. IS Report 6

Bullinger H-J, Huber H, Koll K (1991) Chefinformationssysteme (CIS) – Navigationsinstrumente der Unternehmensführung. Office Management 3

Franke G (1995) Zur Wirtschaftlichkeit von Management-Informationssystemen. In: Hichert R, Moritz M (Hrsg.) Management-Informationssysteme. Praktische Anwendungen, 2. Aufl. Springer Verlag, Berlin/Heidelberg

Gadatsch A (2002) Einsatz betriebswirtschaftlicher Standardanwendungssoftware. In: Gadatsch A, Mayr R (Hrsg.) Best-Practice mit SAP-Strategien, Technologien und Case Studies, 1. Aufl. Springer Verlag, Wiesbaden

Gluchowski P, Gabriel R, Dittmar C (2008) Management Support Systeme und Business Intelli-gence. Computergestützte Informationssysteme für Fach- und Führungskräfte, 2. Aufl. Sprin-ger Verlag, Berlin/Heidelberg

Griese J (1990) Softwareergonomie. In: Mertens P (Hrsg.) Lexikon der Wirtschaftsinformatik, 2. Aufl. Springer Verlag, Berlin/Heidelberg

Gronau N (1992) Rechnergestütztes Produktionsmanagement – PPS-Systeme sind keine Management-Informationssysteme. Fortschrittliche Betriebsführung und Industrial Engineering 4

Groß C (2011) Die richtige Controlling- oder Kostenrechnungssoftware finden. Controller Magazin 5

Grupp B (1994) Standard-Software richtig auswählen und einführen. Mit System zur kostengünstigsten und umfassenden DV-Lösung, 1. Aufl. TAW-Verlag, Wuppertal

Hoffmann F, Brauweiler H-C, Wagner R (1996) Computergestützte Informationssysteme. Einführung in die Bürokommunikation und Datentechnik für Wirtschaftswissenschaftler, 2. Aufl. Oldenbourg Verlag, München

Horváth und Partners (2006) Das Controllingkonzept. Der Weg zu einem wirkungsvollen Controllingsystem, 6. Aufl. dtv Verlagsgesellschaft, München

Huch B, Schimmelpfeng K (1994) Controlling: Konzepte, Aufgaben und Instrumente. In: Biethahn J, Huch B (Hrsg.) Informationssysteme für das Controlling. Konzepte, Methoden und Instrumente zur Gestaltung von Controlling-Informationssystemen, 1. Aufl. Springer Verlag, Berlin/Heidelberg

Joswig D (1992) Das Controlling-Informationssystem CIS. Entwicklung – Einsatz in Unternehmen der Einzel- und Kleinserienfertigung – Integrationsfähigkeit hinsichtlich PPS-Systemen, 1. Aufl. Springer Verlag, Wiesbaden

Keil C, Lang C (1998) Standardsoftware und organisatorische Flexibilität. Eine Untersuchung am Beispiel der Siemens AG. Zeitschrift für betriebswirtschaftliche Forschung:9

Kemper H-G (1997) Benutzerfreundlichkeit/Benutzungsfreundlichkeit. In: Mertens P (Hrsg.) Lexikon der Wirtschaftsinformatik, 3. Aufl. Springer Verlag, Berlin/Heidelberg

Maisberger P (1997) Methodische Auswahl von Software. Industrie-Management 3

Mertens P, Back-Hock A, Fiedler R (1991) Einfluss der computergestützten Informations- und Wissensverarbeitung auf das Controlling. Zeitschrift für Betriebswirtschaft 3

Mertens P, Bodendorf F, König W, Picot A, Schumann M, Hess T (2012) Grundzüge der Wirtschaftsinformatik, 11. Aufl. Springer Verlag, Berlin/Heidelberg

Ott H-J (1991) Software-Systementwicklung. Praxisorientierte Verfahren und Methoden, 1. Aufl. Hanser Verlag, München/Wien

Riebel P (1994) Einzelkosten- und Deckungsbeitragsrechnung. Grundfragen einer markt- und entscheidungsorientierten Unternehmensrechnung, 7. Aufl. Springer Verlag, Wiesbaden

Ruf W (1988) Ein Software-Entwicklungs-System auf der Basis des Schnittstellen-Management-Ansatzes. Für Klein- und Mittelbetriebe, 1. Aufl. Springer Verlag, Berlin/Heidelberg

Schwarzer Bund Krcmar H (2014) Wirtschaftsinformatik. Grundlagen betrieblicher Informationssysteme, 5. Aufl. Schäffer Poeschel Verlag, Stuttgart

Sontow K, Treutlein P (2007) Einsatz von Werkzeugen zur Softwareauswahl am Beispiel des IT-Matchmakers. In: Becker J, Vering O, Winkelmann A (Hrsg.) Softwareauswahl und -einführung in Industrie und Handel. Vorgehen bei und Erfahrungen mit ERP- und Warenwirtschaftssystemen, 1. Aufl. Springer Verlag, Berlin/Heidelberg

Spillner A, Linz T (2012) Basiswissen Softwaretest. Aus- und Weiterbildung zum Certified Tester. Foundation Level nach ISTQB-Standard, 5.. Aufl. Springer Verlag, Heidelberg

Vering O (2007) Systematische Auswahl von Unternehmenssoftware. In: Becker J, Vering O, Winkelmann A (Hrsg.) Softwareauswahl und -einführung in Industrie und Handel: Vorgehen bei und Erfahrungen mit ERP- und Warenwirtschaftssystemen, 1. Aufl. Springer Verlag, Berlin/Heidelberg

Controlling-Informationssysteme: Schlussbetrachtung und Handlungsempfehlungen

Tabellenkalkulationsprogramme wie MS Excel bieten den Controllerinnen und Controllern durch zahlreiche Funktionen eine gute Unterstützung bei der Aufbereitung von zweckneutralen Daten im Rahmen der Informationsversorgungsfunktion des Controllings. Bei komplexen Auswertungen gelangen derartige Programme jedoch rasch an ihre Grenzen. Sofern sich die für die Lösung der Controlling-Sachprobleme notwendigen Informationen nicht mehr hinreichend mithilfe eines Tabellenkalkulationsprogrammes aufbereiten und abbilden lassen, sollte ein Controlling-Informationssystem als umfangreichere Anwendungssoftware zum Einsatz gebracht werden.

Der Einsatz eines Controlling-Informationssystems (CIS), als am Markt erhältliche Standardsoftware, kann jedoch nur dann die Controlling-Treibenden bei der Ausübung ihrer Aufgaben unterstützen, sofern das CIS auf die betriebsspezifischen Anforderungen des jeweiligen Unternehmens angepasst wird und in der Lage ist, die Lücken zu schließen, die das Tabellenkalkulationsprogramm hinterlässt. In diesem Zusammenhang wird von dem sog. *„Customizing"* gesprochen.

Sofern das eingesetzte Tabellenkalkulationsprogramm nicht mehr die ausreichende Unterstützung bei der Aufbereitung und Auswertung der Daten bietet, empfiehlt sich der Einsatz eines CISs. Nichtsdestotrotz befinden sich in der Praxis des Controllings in vielen Unternehmen *zusätzlich* Tabellenkalkulationsprogramme im Einsatz. Mithilfe eines Tabellenkalkulationsprogrammes lassen sich Daten entweder direkt aus dem CIS oder indirekt über einen sog. Datenmarkt exportieren oder in das CIS importieren. Tabellenkalkulationsprogramme werden von ControllernInnen häufig ergänzend für flexible Auswertungen verwendet, die sich nicht direkt durch die Anwendung des CISs umsetzen lassen.

In dem vorliegenden Buch sind wir zunächst kurz auf die Controlling-Funktionen, -Aufgaben und -Instrumente eingegangen, die im Rahmen einer bereits existierenden oder noch zu schaffenden Controlling-Organisation zu berücksichtigen sind. Durch die gezielte und unternehmensspezifisch zu gestaltende Kombination dieser Controlling-Elemente

© Springer Fachmedien Wiesbaden GmbH 2018
J. Petzold, M. Westerkamp, *Informationssysteme im wertorientierten Controlling*,
https://doi.org/10.1007/978-3-658-12378-9_8

entstehen Controlling-Strukturen, in denen verschiedene Controlling-Konzeptionen umgesetzt werden können. Auch diese sind von Unternehmen zu Unternehmen unterschiedlich und hängen u. a. von den jeweiligen Controlling-Zielen und der Größe des Unternehmens ab. Ein Vergleich der Controlling-Konzeptionen, unter Berücksichtigung der Gegebenheiten im eigenen Unternehmen, führt i. d. R. zur Wahl der geeigneten Controlling-Konzeption.

Nachdem dies geschehen ist, stehen die EntscheiderInnen vor der Aufgabe, ein passgenaues Controlling-Informationssystem auszuwählen. Dazu stehen ihnen verschiedene Referenzarchitekturen zur Verfügung. Es wird unterschieden zwischen dem Data Warehousing, dem Online Analytical Processing (OLAP), der Business Intelligence (BI) und dem Data Mining.

Je nachdem, welche Architektur(en) gewählt wird bzw. gewählt werden, ergeben sich unterschiedliche Nutzenpotenziale von Controlling-Informationssystemen. Letzten Endes sollte ein exakter Vergleich von (Informations-)Kosten und -Nutzen zur Auswahl des Controlling-Informationssystems führen, welches die Wirtschaftlichkeit am besten unterstützt.

Anhand des Referenzunternehmens *Campus Bicycle Allround GmbH* und diverser Fallaufgaben, die Teile der täglichen Controlling-Aufgaben darstellen, haben wir Ihnen exemplarisch verschiedene CIS in Form von Standardsoftwarelösungen zur Unterstützung der Controlling-Funktionen vorgestellt. Es handelt sich hierbei um die Corporate Planning Suite (Anwendung: Corporate Planner) der Corporate Planning AG und die Seneca Business Software (Anwendung: Seneca Global) der Seneca Business Software GmbH. Die Funktionen des SAP-Systems R/3 (Anwendung FI/CO-Modul) der SAP SE wurden anhand des SAP-Referenzunternehmens *IDES* dargestellt. Des Weiteren haben wir ihnen weitere Systeme in Form von Diamant/3 IQ der Diamant Software GmbH & Co. KG, macsControlling der macs Software GmbH und proALPHA der proALPHA Software GmbH vorgestellt.

Die Auswahl der vorgestellten CIS erhebt keinen Anspruch auf Vollständigkeit. Sie ist eine Momentaufnahme der Standardcontrolling-Lösungen, die zurzeit am weitesten verbreitet sind, wenn die Anzahl der Unternehmen zugrunde gelegt wird, die eines dieser Systeme im Einsatz hat.

Bei der Auswahl einer Standardsoftware für ein Controlling-Informationssystem sollten Unternehmen systematisch vorgehen und die Auswahl im Rahmen eines Softwareeinführungsprojektes mit entsprechenden ProjektmitarbeiternInnen durchführen. So muss bereits die Zusammenstellung des Projektteams gut durchdacht sein. Auch ist es erforderlich, dass die Projektmitglieder nicht nur über das erforderliche Fachwissen verfügen, sondern vor allem auch das Interesse und die Zeit für die Projektarbeit aufbringen können. Zudem sollte jedes Projektmitglied dazu in der Lage sein, die anderen Projektmitglieder zu motivieren, um das Projekt voranzubringen. Auch die Projektdauer und das Projektbudget sind für die Auswahl des CISs ausschlaggebend. Die Projektdauer darf nicht zu knapp bemessen werden, damit die Phasen des Auswahlprozesses sorgfältig durchlaufen werden können. Bei falscher Zusammenstellung des Projektteams, einer zu knapp bemessenen Projektdauer und einem zu gering angesetzten Projektbudget ist die Auswahl des für das Unternehmen passenden CISs bereits zu Beginn des Projektes gefährdet.

Auf dem Softwaremarkt stehen den Unternehmen die verschiedensten Lösungen für ein CIS zur Verfügung. Dabei gilt es diejenige Anwendungssoftware auszuwählen, die den betriebsspezifischen Anforderungen des jeweiligen Unternehmens am ehesten gerecht werden kann. Der Einsatz eines CISs ist nur dann lohnenswert, wenn die Schwächen des bisher eingesetzten Tabellenkalkulationsprogrammes aufgefangen werden können und die Informationsversorgungsfunktion der Controlling-Treibenden unterstützt werden kann.

In der Praxis stellt sich immer wieder die Frage, ob Individualsoftware entwickelt oder ob ein Standardprodukt zur Unterstützung der Controlling-Funktion zum Einsatz gebracht werden soll. Aufgrund der verbesserten Qualität und deutlicher Fortschritte in Bezug auf die Funktionalitäten der am Softwaremarkt zur Verfügung gestellten Standardsoftwareprogramme lässt sich ein eindeutiger Trend zum Einsatz von individualisierter Standardsoftware für ein CIS erkennen. Die meisten Standardsoftwareprodukte ermöglichen heutzutage die Anpassung an unternehmensindividuelle Anforderungen. Darüber hinaus fehlen den Unternehmen oftmals die erforderlichen finanziellen, personellen und zeitlichen Ressourcen sowie das softwaretechnische Wissen, um eine vollkommen auf die betriebsspezifischen Belange abgestimmte Individualsoftware entwickeln zu können. Sofern keine strategischen Gründe vorliegen, ist darum den Unternehmen zu empfehlen, bei der Wahl eines CISs auf eine am Softwaremarkt vorhandene Standardsoftware zurückzugreifen.

Um das Standardsoftwareprogramm auswählen zu können, das den unternehmensindividuellen Anforderungen am ehesten gerecht werden kann, sollte zunächst eine Ist-Analyse erfolgen, bei der das Projektteam alle Faktoren bzw. Schwachstellen erarbeitet, die die Entscheidung für den Einsatz eines Controlling-Informationssystems erforderlich gemacht haben. Zudem müssen die Prozessabläufe und vorhandenen Schnittstellen sorgfältig ermittelt werden, um anschließend die betriebsspezifischen Anforderungen erarbeiten zu können. Für die Definition der betriebsspezifischen Anforderungen ist besonders viel Zeit im Rahmen der Dauer des Auswahlprojektes einzuplanen. Im Rahmen der unternehmensindividuellen Anforderungen sind *alle* Kriterien zu erfassen, die das einzusetzende CIS erfüllen soll. Das Projektteam hat jede einzelne noch so kleine anwendungsorientierte, systemorientierte und ergonomische Anforderung an das CIS zu erfassen; idealerweise im Form eines Lastenheftes, welches der Dokumentation der unternehmensindividuellen Anforderungen an die Lieferungen und Leistungen des Aufragnehmers (Softwareanbieters) dient. Das Lastenheft ermöglicht eine systematische und schriftliche Dokumentation der Anforderungen und ist Basis für den weiteren Verlauf des Auswahlprozesses. Aus diesem Grund muss das Projektteam bei der Aufstellung des Lastenheftes besonders sorgfältig vorgehen.

Im Anschluss daran ist auf Basis des erstellten Anforderungskataloges der Softwaremarkt auf geeignete Softwarelösungen zu analysieren. Aus den am Softwaremarkt vorhandenen Standardsoftwareprodukten („Long List") sollten drei bis fünf prinzipiell geeignete Softwareprodukte in die engere Wahl genommen werden („Short List"). Die enge Wahl darf dabei nur solche Softwareprodukte enthalten, die den unternehmensindividuellen Anforderungen größtenteils gerecht werden können. Diese in der engeren Wahl stehenden Standardsoftwareprodukte müssen durch das Projektteam näher untersucht werden. Dabei können Testzugänge, Besuche von Referenzkunden oder Produktpräsentation herangezogen werden. Muss- und Kann-Kriterien können bei der Auswahl des richtigen CIS unterstützten. Dennoch sollten letztlich auch immer die kalkulierten Kosten des CISs in die Entscheidung mit einbezogen werden, um den Wirtschaftlichkeitsaspekt nicht aus den Augen zu verlieren. Sofern die Wahl für ein Controlling-Informationssystem getroffen wurde, sind alle Leistungen im Rahmen des Lizenzvertrages schriftlich zu dokumentieren.

Die Auswahl eines nicht auf die konkreten Anforderungen des Unternehmens abgestimmten Controlling-Informationssystems kann ein Unternehmen durch hohe Kosten und der ausbleibenden Unterstützung bei der Lösung der Controlling-Sachprobleme in seiner Existenz bedrohen. Ob das CIS die gewünschte Unterstützung erbringen kann, hängt wesentlich davon ab, welches CIS das Unternehmen auswählt. Nicht jedes CIS eignet sich, den Controlling-Treibenden bei der Aufbereitung der für ihr Unternehmen entscheidungsrelevanten Informationen unterstützend zur Seite zu stehen. Zudem sollten die AnwenderInnen bei der Lösung von Controlling-Sachproblemen gerne auf das CIS zurückgreifen. Die Akzeptanz seitens der AnwenderInnen kann das CIS jedoch nur dann für sich gewinnen, wenn die anwendungsorientierten, systemorientierten und ergonomischen Anforderungen weitestgehend durch das ausgewählte CIS abgedeckt werden bzw. zufriedenstellend umgesetzt werden können.

Im Rahmen der Analyse der vorgestellten Controlling-Informationssysteme wurden ausgewählte Teilbereiche näher beleuchtet, um diese in Bezug auf ihre Umsetzung zu überprüfen und somit eine Aussage darüber treffen zu können, ob das jeweilige CIS den im Rahmen des Anforderungskataloges definierten anwendungsorientierten, systemorientierten und ergonomischen Anforderungen an ein CIS gerecht werden kann. Denn nur dann ist das CIS geeignet, den Controlling-Treibenden bei der Ausführung ihrer Tätigkeiten unterstützend zur Seite zu stehen. Nur sofern ein CIS den im Anforderungskatalog definierten Anforderungen gerecht werden kann, ist der Einsatz einen CISs neben einem Tabellenkalkulationsprogramm als sinnvoll zu erachten.

Bei dem hier vorgestellten Anforderungskatalog handelt es sich um einen Rahmen, der von Unternehmen bei der Definition von Anforderungen an ein CIS eingehalten werden sollte. Der Katalog kann durch weitere Anforderungen ergänzt werden und ist durch Unternehmen in den einzelnen Punkten zu spezifizieren. Der Anforderungskatalog dient den Unternehmen als Leitfaden, welche Faktoren bei der Auswahl eines CISs zu beachten sind.

Im Rahmen der anwendungsorientierten Anforderungen sollte das ausgewählte Controlling-Informationssystem zweckneutrale Daten zur Verfügung stellen können und durch Applikationen eine zweckgebundene Aufbereitung ermöglichen, um die Controlling-Treibenden bei der Informationsversorgungsfunktion zu unterstützen. Darüber hinaus ist darauf zu achten, dass das CIS flexibel gestaltbar ist. Ein CIS weist dann die erforderliche Flexibilität auf, wenn es angepasst werden kann an:

- sich im Zeitverlauf ändernde Strukturen und Prozesse,
- an die bereichs- und benutzerspezifischen Begrifflichkeiten und
- an die unterschiedlichen spezifischen Benutzersichtweisen.

Die hier vorgestellten CIS ermöglichen einen flexiblen Aufbau der GuV-Struktur. Diese Struktur ist jederzeit erweiterbar und an sich im Zeitverlauf ändernde Strukturen und Prozesse anpassbar. Darüber hinaus bieten die meisten CIS die Möglichkeit einer Anpassung der Struktur im Rahmen des Imports neuer Konten, sofern ein automatischer Strukturaufbau erfolgt. Die CIS ermöglichen jedoch nicht nur eine Anpassung an sich im Zeitverlauf ändernde Strukturen und Prozesse, sondern auch eine Anpassung an die bereichs- und benutzerspezifischen Begrifflichkeiten, da sich die meisten Datenfelder beliebig bezeichnen lassen und auch die zur Verfügung gestellten Datenebenen nach den Vorstellungen der AnwenderInnen benannt werden können. Darüber hinaus ermöglichen die untersuchten CIS eine Anpassung an die unterschiedlichen spezifischen Benutzersichtweisen durch die Erweiterung der Datenebenen und zum Teil durch die farbliche Gestaltung der Datenfelder und Daten.

In den hier vorgestellten CIS lassen sich alle unternehmensrelevanten zweckneutralen Daten in den zur Verfügung gestellten Datenebenen, die sich jederzeit erweitern lassen, erfassen. Neben den Daten des aktuellen Geschäftsjahres können Vorjahresdaten und Plandaten erfasst werden. Darüber hinaus bieten die Systeme die Möglichkeit, einen Best Case zu erstellen, wodurch sich bspw. die Auswirkung einer Umsatzsteigerung darstellen lässt.

Auch wenn im Rahmen der Analyse nur ein ausgewählter Bereich der Funktionalitäten, die die untersuchten CIS als Standardlösungen bieten, untersucht wurde, lässt sich die Aussage treffen, dass sie den im Rahmen des Anforderungskataloges aufgeführten anwendungsorientierten Anforderungen weitgehend gerecht werden können.

Die systemorientierten Anforderungen an ein Controlling-Informationssystem fordern die *Integration* des CISs in die bestehende Architektur des betrieblichen Informationssystems. Aus diesem Grund ist es erforderlich, im Rahmen der Ist-Analyse zu erfassen, welche *Schnittstellen* die betrieblichen Informationssysteme aufweisen und welche für das CIS erforderlich sind. Sofern die erforderlichen Schnittstellen vorhanden bzw. eingerichtet wurden, lässt sich jedes der hier betrachteten CIS problemlos installieren.

Im Rahmen der systemorientierten Anforderungen sollte das CIS darüber hinaus eine Transparenz der Verarbeitungslogik ermöglichen. Die *Transparenz der Verarbeitungslogik* bestimmt wesentlich die Akzeptanz der AnwenderInnen. Sofern die AnwenderInnen die Informationsbildung nicht nachvollziehen können, werden die Controlling-Treibenden dem CIS nur eingeschränkt ihr Vertrauen schenken und vor der Anwendung zurückschrecken.

Die *Zuverlässigkeit* eines CISs, die sich durch seine Sicherheit, Korrektheit und Robustheit auszeichnet, stellt eine weitere systemorientierte Anforderung da. Die Analyse der hier vorgestellten CIS hat gezeigt, dass sie sich durch Korrektheit, Robustheit und Sicherheit beweisen konnten. Durch die Definition von Formeln verringert sich die Fehleranfälligkeit der Daten wesentlich. Das passwortgesteuerte Login und die Erstellung von Sicherungskopien bringen die gewünschte Sicherheit mit sich. Sofern sich bei Funktionen Fehler ergeben haben, die die Ausführung nicht ermöglichen, wird der Anwender/die Anwenderin auf das Vorhandensein dieser Fehler hingewiesen, sodass die CIS auch der geforderten Robustheit nachkommen können.

Die *Wirtschaftlichkeit* eines Controlling-Informationssystems ist eine zentrale systemorientierte Anforderung. Der Einsatz eines CISs ist nur dann empfehlenswert, wenn der durch die Anwendung des CISs gewonnene Nutzen höher ist, als die entstehenden Kosten. Der Einsatz eines CISs ist grundsätzlich mit zum Teil hohen Kosten, u. a. für Lizenzen, Schulungen und Wartungen, verbunden. Sofern das Unternehmen jedoch bei der Auswahl des CISs sorgfältig vorgeht und dasjenige CIS wählt, welches den unternehmensspezifischen Anforderungen gerecht werden kann, sollte der Nutzen des CISs über die Jahre höher als die Kosten sein, sodass sich das CIS als wirtschaftlich erweist. Die Analyse hat gezeigt, dass die hier vorgestellten CIS eine Vielzahl an verschiedenen Funktionalitäten bieten und auch für unerfahrene AnwenderInnen überwiegend einfach und intuitiv zu bedienen sind. Die Applikationen ermöglichen eine Unterstützung bei vielen Tätigkeiten der Controlling-Treibenden, sodass sich die CIS über eine längere Anwendung hinweg als wirtschaftlich erweisen werden.

Das zukünftige Controlling-Informationssystem sollte durch eine einfache *Bedienbarkeit* und eine anwenderfreundliche Benutzeroberfläche gekennzeichnet sein (*ergonomische Anforderungen*). Die farbliche Gestaltung und der Aufbau bestimmen im hohen Maße die Akzeptanz des CISs seitens der AnwenderInnen. Die meisten CIS überzeugen durch die farbliche Gestaltung und den übersichtlichen Aufbau des Funktionsbereiches und der Funktionen. Durch Erklärungsfelder, wie sie z. B. bei den Symbolen zum Strukturaufbau oder den einzelnen Schritten des Importes zu finden sind, sind die Anwendungen überwiegend selbsterklärend und der/die Controlling-Treibende wird Schritt für Schritt durch die Anwendungen geführt.

Im Rahmen der ergonomischen Anforderungen sollte das zukünftige Controlling-Informationssystem zudem Applikationen mit sich bringen, die den Controller/der Controllerin bei der Informationsversorgungsfunktion unterstützen. Die meisten CIS bieten eine Vielzahl an Applikationen, die den Controlling-Treibenden bei der Lösung von Controlling-Sachproblemen unterstützend entgegenkommen. So ermöglichen z. B. Formeln die automatische Berechnung von Daten. Durch Funktionen und betriebswirtschaftliche Kennzahlen lassen sich weitere entscheidungsrelevante Daten aufnehmen und darstellen. Die Möglichkeiten, die die meisten CIS für die Definition von Formeln, Funktionen und betriebswirtschaftlichen Kennzahlen bieten, sind nicht nur geeignet, die Controlling-Treibenden bei der Lösung von Controlling-Sachproblemen zu unterstützen, sondern tragen auch zur Korrektheit bzw. Zuverlässigkeit des CISs (systemorientierte Anforderung) bei. Die Formeln, Funktionen und betriebswirtschaftlichen Kennzahlen erfordern eine einmalige Definition, sodass auch an dieser Stelle die Fehleranfälligkeit deutlich reduziert werden kann.

Ein gutes Controlling-Informationssystem kennzeichnet sich zudem durch das Vorhandensein eines Hilfesystems (ergonomische Anforderung), welches oftmals erst die effiziente Nutzung des CISs möglich macht. Das Hilfesystem sollte geeignet sein, dem Anwender/der Anwenderin beim Auftreten von Unklarheiten, Diskrepanzen und bei der näheren Bestimmung von Fehlern unterstützend zur Seite zu stehen. Ein gutes Hilfesystem kennzeichnet sich dadurch, dass für jeden Programmschritt und jede Applikation eine Hilfestellung ermöglicht wird. Die untersuchten CIS weisen Hilfesysteme auf, die den AnwenderInnen bei (fast) jedem Programmschritt (Funktionsbereichen und Funktionen) die erforderliche Hilfestellung durch Erklärungen und Beispiele ermöglicht. Die Hilfesysteme sind i. d. R. übersichtlich und verständlich aufgebaut und lassen sich einfach bedienen.

Um als Unternehmen das CIS auszuwählen, das einerseits eine hohe Akzeptanz seitens der AnwenderInnen findet und sich andererseits dauerhaft als wirtschaftlich erweist, ist den EntscheidernInnen in den Unternehmen geraten, den Auswahlprozess für ein CIS Schritt für Schritt zu durchlaufen und die Anforderungen an das CIS mithilfe des Anforderungskataloges genauestens zu definieren. Letztendlich hat das Unternehmen das CIS auszuwählen, welches den definierten Anforderungen am ehesten gerecht werden kann und somit eine bestmögliche Unterstützung der Controlling-AufgabenträgerInnen gewährleistet. Nur so lässt sich vermeiden, dass die Kosten des CISs höher sind als sein Nutzen.

Abschließend lässt sich die Aussage treffen, dass sich der Einsatz eines Controlling-Informationssystems bei Unternehmen, bei denen die Anwendung eines vorhandenen Tabellenkalkulationsprogrammes an seine Grenzen stößt und die Controlling-Treibenden dadurch bei der Ausübung ihrer Controlling-Tätigkeiten eingeschränkt werden, als sinnvoll und empfehlenswert erweist. Die hier vorgestellten Systeme stellen zwar nur einige von vielen auf dem Softwaremarkt zur Verfügung stehenden Standardsoftwareprogramme für ein CIS dar, sie zeigen jedoch, dass ein Controlling-Informationssystem nicht nur ein Spielzeug für die AufgabenträgerInnen des Controllings ist, sondern, dass es die gewünschte Unterstützung des Controllings ermöglicht.

Unternehmen sollten allerdings ein vorhandenes Tabellenkalkulationsprogramm dennoch nicht vollständig durch ein CIS ersetzen. Es empfiehlt sich eine parallele Anwendung der beiden Anwendungssoftwareprogramme. Nicht nur Datenimporte und Datenexporte lassen sich über ein Tabellenkalkulationsprogramm abwickeln. Auch für die Erstellung individueller Berechnungsmodelle und regelmäßiger Berichte ist der Einsatz eines Tabellenkalkulationsprogrammes neben einem CIS sinnvoll.

Es empfiehlt sich, den Auswahlprozess für ein Controlling-Informationssystem durch unabhängige externe ExpertenInnen begleiten zu lassen. Diese haben einen Überblick über einen sich ständig wandelnden Markt für Standardsoftwarelösungen zur Unterstützung und verfügen über die erforderliche Methodenkompetenz, um derartige Auswahlprozesse in Form von Projekten zu organisieren und zu steuern.

Gesamtübersicht Literatur

Ahrendts F, Marton A (2008) IT-Risikomanagement leben! Wirkungsvolle Umsetzung für Projekte in der Softwareentwicklung, 1. Aufl. Springer Verlag, Heidelberg

Ahrendts, F und Marton, A (2008) IT-Risikomanagement leben! Wirkungsvolle Umsetzung für Projekte in der Softwareentwicklung, 1. Aufl. Heidelberg, Springer Verlag

Al-Laham A (2003) Organisationales Wissensmanagement. Eine strategische Perspektive, 1. Aufl. Franz Vahlen Verlag, München

Almstedt, M (1994) Anforderungen an ein Controlling-Informationssystem in Unternehmen mit schlanker Organisationsstruktur. In: Biethahn, J und Schumann, M (Hrsg.) Göttinger Wirtschaftsinformatik. Arbeitsbericht Nr. 5. Göttingen

Amann K, Petzold J (2014) Management und Controlling. Instrumente – Organisation – Ziele, 2. Aufl. Springer Gabler Verlag, Wiesbaden

Azevedo P, Brosius G, Dehnert S, Neumann B, Scheerer B (2006) Business Intelligence und Reporting mit Microsoft SQL Server 2005, 1. Aufl. Microsoft Press Deutschland, Unterschleißheim

Bange C, Keller P (2004) Softwareauswahl. Schnelle und sichere Identifikation anforderungsgerechter Standardsoftware, 1. Aufl. Business Village Verlag, Göttingen

Bankhofer U (2004) Data Mining und seine betriebswirtschaftliche Relevanz. Betriebswirtschaftliche Forschung und Praxis (BFuP).04/2004. Herne, NWB Verlag

Bauer J, Schwab T (1988) Anforderungen an Hilfesysteme. In: Balzert H et al. (Hrsg.) Einführung in die Software-Ergonomie, 1. Aufl. Springer Verlag, Berlin

Baum H-G, Coenenberg AG, Günther T (2013) Strategisches Controlling, 5. Aufl. Schäffer-Poeschel Verlag, Stuttgart

Bär-Sieber M, Krumm R, Wiehle H (2014) Unternehmen verstehen, gestalten, verändern. Das Graves-Value-System in der Praxis, 3. Aufl. Springer Gabler Verlag, Wiesbaden

Becker J, Vering O, Winkelmann A (2007) Unternehmenssoftwareeinführung. Eine strategische Entscheidung. In: Becker J, Vering O, Winkelmann A (Hrsg.) Softwareauswahl und -einführung in Industrie und Handel. Vorgehen bei und Erfahrungen mit ERP- und Warenwirtschaftssystemen, 1. Aufl. Springer Verlag, Heidelberg

Becker W (1999) Begriff und Funktionen des Controllings. Nr. 106. Bamberger Betriebswirtschaftliche Beiträge. Lehrstuhl für Betriebswirtschaftslehre, insbes. Unternehmensführung & Controlling, Universität Bamberg, Bamberg

© Springer Fachmedien Wiesbaden GmbH 2018

J. Petzold, M. Westerkamp, *Informationssysteme im wertorientierten Controlling*,

https://doi.org/10.1007/978-3-658-12378-9

Becker W (2009) Konzepte, Methoden und Instrumente des Controllings, 5. Aufl. Lehrstuhl für Betriebswirtschaftslehre, insbes. Unternehmensführung & Controlling, Universität Bamberg, Bamberg

Becker W, Baltzer B (2009) Controlling. Eine instrumentelle Perspektive. Nr. 162. Bamberger Betriebswirtschaftliche Beiträge. Lehrstuhl für Betriebswirtschaftslehre, insbes. Unternehmensführung & Controlling, Universität Bamberg, Bamberg

Becker W, Benz K (1996) Effizienz des Controllings. Nr. 108. Bamberger Betriebswirtschaftliche Beiträge. Lehrstuhl für Betriebswirtschaftslehre, insbes. Unternehmensführung & Controlling, Universität Bamberg, Bamberg

Becker W, Fuchs R (Hrsg. 2004) Controlling-Informationssysteme. Bamberger Betriebswirtschaftliche Beiträge, Bd 130. Lehrstuhl für Betriebswirtschaftslehre, insbes. Unternehmensführung & Controlling, Universität Bamberg, Bamberg

Biesel HH (2013) Vertriebsarbeit leicht gemacht. Die besten Strategiewerkzeuge, Checklisten und Lösungsmuster, 2. Aufl. Springer Gabler Verlag, Wiesbaden

Biethahn J, Huch B (Hrsg 1994) Informationssysteme im Controlling. Konzepte, Methoden und Instrumente zur Gestaltung von Controlling-Informationssystemen, 1. Aufl. Springer Verlag, Heidelberg

Biethahn J, Fischer D (1994) Controlling-Informationssysteme. In: Biethahn J, Huch B (Hrsg.) Informationssysteme für das Controlling. Konzepte, Methoden und Instrumente zur Gestaltung von Controlling-Informationssystemen, 1. Aufl. Springer Verlag, Berlin/Heidelberg

Brandl P (2016) Mitdenken und Entscheiden. Controller müssen mehr als Zahlenjongleure sein. Controller Magazin. Heft 02/2016

Brodbeck F, Rupietta W (1994) Fehlermanagement und Hilfesysteme. In: Eberleh E, Oberquelle H, Oppermann R (Hrsg.) Einführung in die Software-Ergonomie. Gestaltung graphisch-interaktiver Systeme. Prinzipien, Werkzeuge, Lösungen, 2. Aufl. De Gruyter Verla, Berlin

Brosze T, Treutlein P, Schmidt C (2006) Vertikalisierung im ERP-Markt. IS Report 6

Bullinger H-J, Huber H, Koll K (1991) Chefinformationssysteme (CIS) – Navigationsinstrumente der Unternehmensführung. Office Management 3

Burmann C, Halaszovich T, Schade M, Hemmann F (2015) Identitätsbasierte Markenführung. Grundlagen-Strategie-Umsetzung-Controlling, 2. Aufl. Springer Gabler Verlag, Wiesbaden

Chamoni P, Gluchowski P (2006) Analytische Informationssysteme – Business Intelligence-Technologien und -Anwendungen, 3. Aufl. Springer Verlag, Heidelberg

Dahnken O, Keller P, Narr J, Bange C (2005) Planung und Budgetierung. 21 Software-Plattformen für den Aufbau unternehmensweiter Planungsapplikationen, 1. Aufl. Oxygon Verlag, München

Dreger W (1973) Management-Informationssysteme, 1. Aufl. Gabler Verlag, Wiesbaden

Drerup B, Wömpener A (2014) Controlling-Transformation – Erfolgreiche Gestaltung durch Change Management. Controller Magazin 4

Eichholz RR, Kicherer H-P, Nicolini HJ, Neuhäuser-Metternich S, Witt F-J und Rieg R (2011) Controllertraining. Prüfungsaufgaben, Hinweise und Empfehlungen zur Prüfungsvorbereitung, 2. Aufl. Controller Band 7. Verlag C.H. Beck, München

Fell M (1994) Kreditwürdigkeitsprüfung mittelständischer Unternehmen. Entwicklung eines neuen Ansatzes auf der Basis von Erfolgsfaktoren, 1. Aufl. Gabler Verlag, Wiesbaden

Franke G (1995) Zur Wirtschaftlichkeit von Management-Informationssystemen. In: Hichert R, Moritz M (Hrsg.) Management-Informationssysteme – Praktische Anwendungen, 2. Aufl. Springer Verlag, Berlin und Heidelberg

Gadatsch A (2002) Einsatz betriebswirtschaftlicher Standardanwendungssoftware. In: Gadatsch A, Mayr R (Hrsg.) Best-Practice mit SAP-Strategien, Technologien und Case Studies, 1. Aufl. Springer Verlag, Wiesbaden

Gadatsch A und Frick D (2005) SAP gestütztes Rechnungswesen. Methodische Grundlagen und Fallbeispiele mit mySAP ERP und SAP-BI, 2. Aufl. Springer Verlag, Wiesbaden

Geiger D (2006) Wissen und Narration. Der Kern des Wissensmanagements, 1. Aufl. Erich Schmidt Verlag, Berlin

Gibiino S (1995) Möglichkeiten der Unterstützung organisatorischer Koordinationsmechanismen durch computergestützte Informationssysteme. Diplomarbeit

Glaser H und Wendland N (2005) Praktikum zum Controlling mit SAP. Arbeitsunterlagen zum „Controlling mit SAP R/3". CO- Fallstudie 1: Kostenstellenplanung mit SAP R/3. Lehrstuhl für Industriebetriebslehre und Controlling. Universität des Saarlandes

Gluchowski P, Gabriel R, Dittmar C (2008) Management Support Systeme und Business Intelligence. Computergestützte Informationssysteme für Fach- und Führungskräfte, 2. Aufl. Springer Verlag, Berlin/Heidelberg

Gottfreund KM (2015) Kommunale Unternehmen und Controlling. Entwicklung eines Konzeptes am Beispiel der KDI GmbH, 1. Aufl. Diplomica Verlag, Hamburg

Griese J (1990) Softwareergonomie. In: Mertens P (Hrsg.) Lexikon der Wirtschaftsinformatik, 2. Aufl. Springer Verlag, Berlin/Heidelberg

Grochla E, Szyperski N (1971) Management-Informationssysteme. Eine Herausforderung an Forschung und Entwicklung. Schriftenreihe des Betriebswirtschaftlichen Instituts für Organisation und Automation an der Universität zu Köln, Bd 14

Gronau N (1992) Rechnergestütztes Produktionsmanagement – PPS-Systeme sind keine Management-Informationssysteme. Fortschrittliche Betriebsführung und Industrial Engineering 4

Groß C (2011) Die richtige Controlling- oder Kostenrechnungssoftware finden. Controller Magazin 5

Grundei J, Becker L (2009) Herausforderung Organisations-Controlling – Entwicklung von Bewertungskriterien für die Aufbau- und Führungsorganisation. Controlling & Management . Heft 2. 53. Jg

Grupp B (1994) Standard-Software richtig auswählen und einführen. Mit System zur kostengünstigsten und umfassenden DV-Lösung, 1. Aufl. TAW-Verlag, Wuppertal

Hahn D, Hungenberg H (2001) PuK – Wertorientierte Controllingkonzepte, 6. Aufl. Gabler Verlag, Wiesbaden

Hasler Roumois U (2010) Studienbuch Wissensmanagement. Grundlagen der Wissensarbeit in Wirtschafts-, Non-Profit- und Public-Organisationen, 2. Aufl. UTB Verlag, Stuttgart

Henneböle J (1995) Executive Information Systems für die Unternehmensführung und Controlling, 1. Aufl. Springer Gabler Verlag, Wiesbaden

Hichert R, Moritz M Hrsg (1995) Management-Informationssysteme. Praktische Anwendungen, 2. Aufl. Springer Verlag, Heidelberg

Hichert R und Moritz M (Hrsg. 1995) Management-Informationssysteme. Praktische Anwendungen, 2. Aufl. Springer Verlag, Heidelberg

Hinterhuber HH. (2011) Strategische Unternehmensführung. I. Strategisches Denken – Vision - Ziele – Strategie, 8. Aufl. Erich Schmidt Verlag, München

Hoffmann F, Brauweiler H-C, Wagner R (1996) Computergestützte Informationssysteme. Einführung in die Bürokommunikation und Datentechnik für Wirtschaftswissenschaftler, 2. Aufl. Oldenbourg Verlag, München

Holten R, Knackstedt R, Becker J, Grob HL, Müller-Funk U, Vossen G (Hrsg. 1997) Führungsinformationssysteme. Historische Entwicklung und Konzeption. Arbeitsberichte des Instituts für Wirtschaftsinformatik. Arbeitsbericht Nr. 55. Westfälische Wilhelms-Universität Münster 10

Horváth und Partners (2006) Das Controllingkonzept. Der Weg zu einem wirkungsvollen Controllingsystem, 6. Aufl. dtv Verlagsgesellschaft, München

Horváth P, Gleich R, Seiter M (2015) Controlling, 13. Aufl. Vahlen Verlag, München

Horváth P (2009) Controlling, 11. Aufl. Vahlen Verlag, München

Huch B, Schimmelpfeng K (1994) Controlling: Konzepte, Aufgaben und Instrumente. In: Biethahn J, Huch B (Hrsg.) Informationssysteme für das Controlling. Konzepte, Methoden und Instrumente zur Gestaltung von Controlling-Informationssystemen, 1. Aufl. Springer Verlag, Berlin/Heidelberg

Internationaler Controller Verein e.V. (2007) Controller-Leitbild. Controller-Statements. Gauting

International Group of Controlling (2005) Controlling-Wörterbuch. Die zentralen Begriffe der Controllerarbeit mit ausführlichen Erläuterungen, 3. Aufl. Schäffer-Poeschel Verlag, Stuttgart

Jaeger M (2001) Ganzheitliches Performance Management mit der Balanced Scorecard? Diplomarbeit, 1. Aufl. Diplomica Verlag, Norderstedt

Joos-Sachse T (2006) Controlling, Kostenrechnung und Kostenmanagement. Grundlagen – Instrumente – Neue Ansätze, 4. Aufl. Gabler Verlag, Wiesbaden

Joswig D (1992) Das Controlling-Informationssystem CIS. Entwicklung – Einsatz in Unternehmen der Einzel- und Kleinserienfertigung – Integrationsfähigkeit hinsichtlich PPS-Systemen, 1. Aufl. Springer Verlag, Wiesbaden

Jung H (2014) Controlling, 4. Aufl. Oldenbourg Wissenschaftsverlag, München

Keil C, Lang C (1998) Standardsoftware und organisatorische Flexibilität. Eine Untersuchung am Beispiel der Siemens AG. Zeitschrift für betriebswirtschaftliche Forschung:9

Kemper H-G (1997) Benutzerfreundlichkeit/Benutzungsfreundlichkeit. In: Mertens P (Hrsg.) Lexikon der Wirtschaftsinformatik, 3. Aufl. Springer Verlag, Berlin/Heidelberg

Kemper HG, Baars H, Mehanna W (2010) Business Intelligence – Grundlagen und praktische Anwendungen. Eine Einführung in die IT-basierte Managementunterstützung, 3. Aufl. Vieweg + Teubner Verlag, Wiesbaden

Kicherer H-P, Nicolini HJ, Neuhäuser-Metterich S und Witt F-J (2001) Controllingtraining. Prüfungsaufgaben, Übungen und Fallstudien zur Prüfungsvorbereitung. Band 7. Beck Verlag, München

Kottbauer M (2016) Richtig Entscheiden. Der Dreiklang von Fähigkeiten, Strukturen und Werkzeugen führt zu richtigen Entscheidungen. Controller Magazin. Heft 02/2016

Königs HP (2009) IT-Risiko-Management mit System. Von den Grundlagen bis zur Realisierung – Ein praxisorientierter Leitfaden, 3. Aufl. Vieweg+Teubner Verlag, Wiesbaden

Krcmar H (2015) Informationsmanagement, 6. Aufl. Springer Verlag, Wiesbaden

Küpper HU (2008) Controlling, 5. Aufl. Schäffer-Poeschel Verlag, Stuttgart

Küpper HU, Wagenhofer A, Back A (2001) Handwörterbuch Unternehmensrechnung und Controlling (HWU). Entscheidungsunterstützungssysteme, 4. Aufl. Schäffer-Poeschel Verlag, Stuttgart

Maisberger P (1997) Methodische Auswahl von Software. Industrie-Management 3

Mentzel W, Nölke M (2012) Managementwissen, 1. Aufl. Haufe Verlag, Freiburg

Mertens P, Back A, Becker J, König W, Krallmann H, Rieger B, Scheer A-W, Seibt D, Stahlknecht P, Strunz H, Thome R und Wedekind H (Hrsg. 2001) Lexikon der Wirtschaftsinformatik, 4. Aufl. Springer Verlag, Heidelberg

Mertens P, Back-Hock A, Fiedler R (1991) Einfluss der computergestützten Informations- und Wissensverarbeitung auf das Controlling. Zeitschrift für Betriebswirtschaft 3

Mertens P, Bodendorf F, König W, Picot A, Schumann M, Hess T (2012) Grundzüge der Wirtschaftsinformatik, 11. Aufl. Springer Verlag, Berlin/Heidelberg

Moser KS, Schaffner D, Wyssusek B (Hrsg.) Wissensmanagement komplex. Perspektiven und soziale Praxis, 1. Aufl. Erich Schmidt Verlag, Berlin

Müller-Hedrich BW (2002) Controlling mit SAP R/3 sowie SAP BW und SEM. Betrieb und Wirtschaft. Heft 10/2002

North K (1999) Wissensorientierte Unternehmensführung – Wertschöpfung durch Wissen, 2. Aufl. Gabler Verlag, Wiesbaden

Oppelt R, Ulrich G (1995) Computerunterstützung für das Management - Neue Möglichkeiten der computerbasierten Informationsunterstützung oberster Führungskräfte auf dem Weg von MIS zu EIS, 1. Aufl. Oldenbourg Wissenschaftsverlag, München

Ott H-J (1991) Software-Systementwicklung. Praxisorientierte Verfahren und Methoden, 1. Aufl. Hanser Verlag, München/Wien

o. V. (2017) Diamant Rechnungswesen - Controlling/Kostenrechnung. Unter: https://www.diamant-software.de/diamant-rechnungswesen/controlling/kostenrechnung/. Zugegriffen: 03. Jan. 2017

o. V. (2017) Diamant Rechnungswesen - Controlling/Kostenrechnung/Funktionen. Unter: https://www.diamant-software.de/diamant-rechnungswesen/controlling/kostenrechnung/funktionen/. Zugegriffen: 03. Jan. 2017

o. V. (2017) Diamant Rechnungswesen - Controlling/Planung/Funktionen. Unter: https://www.diamant-software.de/diamant-rechnungswesen/controlling/planung/funktionen/. Zugegriffen: 03. Jan. 2017

o. V. (2017) Diamant Rechnungswesen - Controlling/Planung/Highlights. Unter: https://www.diamant-software.de/diamant-rechnungswesen/controlling/planung/#highlights. Zugegriffen: 03. Jan. 2017

o. V. (2017) Diamant Rechnungswesen - Finanzbuchhaltung. Unter: https://www.diamant-software.de/diamant-rechnungswesen/finanzen/finanzbuchhaltung/. Zugegriffen: 03. Jan. 2017

o. V. (2017) Diamant Rechnungswesen - Finanzbuchhaltung/Funktionen. Unter: https://www.diamant-software.de/diamant-rechnungswesen/finanzen/finanzbuchhaltung/funktionen/. Zugegriffen: 03. Jan. 2017

o. V. (2017) Diamant Rechnungswesen - Finanzen/Anlagenbuchhaltung. Unter: https://www.diamant-software.de/diamant-rechnungswesen/finanzen/anlagenbuchhaltung/. Zugegriffen: 03. Jan. 2017

o. V. (2017) Diamant Rechnungswesen - Integration. Unter: https://www.diamant-software.de/diamant-rechnungswesen/integration/. Zugegriffen: 03. Jan. 2017

o. V. (2017) Diamant Rechnungswesen - Konsolidierung/Management-Konsolidierung. Unter: https://www.diamant-software.de/diamant-rechnungswesen/konsolidierung/management-konsolidierung/. Zugegriffen: 03. Jan. 2017

o. V. (2017) Diamant Rechnungswesen - Konsolidierung/Profi-Center-Rechnung. Unter: https://www.diamant-software.de/diamant-rechnungswesen/konsolidierung/profit-center-rechnung/. Zugegriffen: 03. Jan. 2017

o. V. (2016) Handbuch - Corporate Planner

o. V. (2016) Handbuch - CP-Strategy

o. V. (2016) Imageprospekt „CP Corporate Planning - Pioniere im Controlling ". 10/2015. Unter: http://www.corporate-planning.com/download_files/CP-Imageprospekt.pdf. Zugegriffen: 26. Okt. 2016

o. V. (2016) proALPHA - ERP - Komplettlösung für den Mittelstand. 08/2016

o. V. (2017) proALPHA - ERP-Module. Unter: https://www.proalpha.com/de/proalpha-erp/module/. Zugegriffen: 05. Jan. 2017

o. V. (2016) proALPHA - ERP - Personalwesen. 12/2016

o. V. (2017) proALPHA - Unternehmen. Unter: https://www.proalpha.com/de/unternehmen/. Zugegriffen: 05. Jan. 2017

o. V. (2016) Prospekt „CP-BSC". 10/2015. Unter: http://www.corporate-planning.com/download_files/CP-BSC.pdf. Zugegriffen: 28. Okt. 2016

o. V. (2016) Prospekt „CP-Cash". 10/2015. Unter: http://www.corporate-planning.com/download_files/CP-Cash.pdf. Zugegriffen: 28. Okt. 2016

o. V. (2016) Prospekt „CP-Cons". 10/2015. Unter: http://www.corporate-planning.com/download_files/CP-Cons.pdf. Zugegriffen: 28. Okt. 2016

o. V. (2016) Prospekt „Corporate Planner (operatives Controlling)". 10/2015. Unter: http://www.corporate-planning.com/download_files/Corporate-Planner_D.pdf. Zugegriffen: 27. Okt. 2016

o. V. (2016) Prospekt „CP-Risk". 10/2015. Unter:http://www.corporate-planning.com/download_files/CP-Risk.pdf. Zugegriffen: 28. Okt. 2016

o. V. (2016) Prospekt „CP-Strategy". 10/2015. Unter: http://www.corporate-planning.com/down-load_files/CP-Strategy.pdf. Zugegriffen: 27. Okt. 2016

o. V. (2017) macscontrolling - Modulübersicht. Unter: http://www.macscontrolling.com/de/L%C3%B6sungen/macs-die-L%C3%B6sung/Modul%C3%BCbersicht. Zugegriffen: 05. Jan. 2017

o. V. (2016) SAP SE - Unser Unternehmen - Geschichte. Verfügbar unter: http://go.sap.com/corporate/de/company/history.2011-present.html. Zugegriffen: 23. Nov. 2016

o. V. (2016) Seneca - Das Unternehmen. Unter: http://www.seneca-control.com/de/unternehmen/seneca/. Zugegriffen: 04. Nov. 2016

o. V. (2016) Seneca Edition Galaxy. Unter: http://www.seneca-control.com/de/produkte/seneca-galaxy. Zugegriffen: 04. Nov. 2016

o. V. (2016) Seneca Edition Global. Unter: http://www.seneca-control.com/de/produkte/seneca-global. Zugegriffen: 04. Nov. 2016

o. V. (2016) Seneca Edition Local. Unter: http://www.seneca-control.com/de/produkte/seneca-local/. Zugegriffen: 04. Nov. 2016

o. V. (2016) Seneca - Das Handbuch zum Programm

o. V. (2016) Seneca - Philosophie. Unter: http://www.seneca-control.com/unternehmen/philosophie/. Zugegriffen: 04. Nov. 2016

o. V. (2016) Seneca Softwarefunktionalitäten. Unter: http://www.seneca-control.com/leistungen/softwarefunktionalitaeten/. Zugegriffen: 04. Nov. 2016

Pietsch T, Martiny L, Klotz M (2004) Strategisches Informationsmanagement – Bedeutung, Konzeption und Umsetzung, 4. Aufl. Erich Schmidt Verlag, Berlin

Pillkahn U (2007) Trends und Szenarien als Werkzeuge zur Strategieentwicklung. Der Weg in die unternehmerische Zukunft, 1. Aufl. Publicis Corporate Publishing, Erlangen

Probst G, Raub S, Romhardt K (2012) Wissen managen. Wie Unternehmen ihre wertvollste Ressource optimal nutzen, 7. Aufl. Gabler Verlag, Wiesbaden

Pünsch FM (1996) Einsatz von Controlling-Instrumenten bei Lebensversicherungsunternehmen. Diplomarbeit, Justus-Liebig-Universität Gießen

Ratzek W (2013) Daten – Information – Wissen. Synonyme oder Mehrwerte. Wissensmanagement. Heft 07/2013

Rehäuser J, Krcmar H (1996) Wissensmanagement im Unternehmen. In: Schreyögg G, Conrad P (Hrsg) Wissensmanagement. Managementforschung, Bd 6. de Gruyter, Berlin, New York

Reichmann T (2006) Controlling mit Kennzahlen und Managementberichten, 7. Aufl. Vahlen Verlag, München

Riebel P (1994) Einzelkosten- und Deckungsbeitragsrechnung. Grundfragen einer markt- und entscheidungsorientierten Unternehmensrechnung, 7. Aufl. Springer Verlag, Wiesbaden

Ruf W (1988) Ein Software-Entwicklungs-System auf der Basis des Schnittstellen-Management-Ansatzes. Für Klein- und Mittelbetriebe, 1. Aufl. Springer Verlag, Berlin/Heidelberg

Schäffer U, Weber J (2016) Wirklich rationale Entscheidungen. Die nächste Herausforderung für das Controlling. Controller Magazin. Heft 02/2016

Schermann MP (2007) Managementinformationssysteme – Praxisgerechte Steuerungstools auf Basis der Balanced Scorecard, 1. Aufl. Linde Verlag, Wien

Schirp G (2001) Anforderungsanalyse im Data-Warehouse-Projekt. Ein Erfahrungsbericht aus der Praxis. HMD Praxis der Wirtschaftsinformatik 222. 38. Jg.Heidelberg: dpunkt.verlag.12/2001.

Schmidt A (2014) Kostenrechnung - Grundlagen der Vollkosten-, Deckungsbeitrags- und Plankostenrechnung sowie des Kostenmanagements, 7. Aufl. Kohlhammer Verlag, Stuttgart

Schmidt W (2014) Moderne Wertorientierung – vom „Wertobjekt" zur „Teilhabe an der Wertschöpfung". Controller Magazin. Heft 05/2014

Schulze S (2014) Controlling im Krankenhaus – Empirische Untersuchung zu Nutzungsmöglichkeiten etablierter Controlling-Instrumente im Zuge der zunehmenden Globalisierung von Gesundheitsdienstleistungen. disserta Verlag, Hamburg

Schwarzer B und Krcmar H (2014) Wirtschaftsinformatik. Grundlagen betrieblicher Informationssysteme, 5. Aufl. Schäffer Poeschel Verlag, Stuttgart

Sontow K, Treutlein P (2007) Einsatz von Werkzeugen zur Softwareauswahl am Beispiel des IT-Matchmakers. In: Becker J, Vering O, Winkelmann A (Hrsg.) Softwareauswahl und -einführung in Industrie und Handel. Vorgehen bei und Erfahrungen mit ERP- und Warenwirtschaftssystemen, 1. Aufl. Springer Verlag, Berlin/Heidelberg

Spath D (2012) Führungsinformationssysteme. Manuskript zur Vorlesung. Universität Stuttgart. Institut für Arbeitswissenschaft und Technologiemanagement

Specht O, Schweer H und Ceyp M (2006) Übungen zur Markt- und ergebnisorientierten Unternehmensführung mit Lösungen, 6. Aufl. Oldenbourg Wissenschaftsverlag, München

Spillner A, Linz T (2012) Basiswissen Softwaretest. Aus- und Weiterbildung zum Certified Tester. Foundation Level nach ISTQB-Standard, 5. Aufl. Springer Verlag, Heidelberg

Spremann K, Zur E (Hrsg. 1992) Controlling – Grundlagen – Informationssysteme – Anwendungen, 1. Aufl. Gabler Verlag, Wiesbaden

Strieder T (2005) DCGK – Deutscher Corporate Governance Kodex, 1. Aufl. Erich Schmidt Verlag, Berlin

Szer B (2013) Cloud-Computing und Wissensmanagement. Bewertung von Wissensmanagementsystemen in der Cloud, 1. Aufl. Diplomica Verlag, Hamburg

Totok A (2000) Modellierung von OLAP- und Data-Warehouse-Systemen, 1. Aufl. Springer Gabler Verlag, Wiesbaden

Veit T (2007) Business Intelligence – Entscheidungshilfe für den Mittelstand. Information Management & Consulting. Heft 04/2007

Vering O (2007) Systematische Auswahl von Unternehmenssoftware. In: Becker J, Vering O, Winkelmann A (Hrsg.) Softwareauswahl und -einführung in Industrie und Handel: Vorgehen bei und Erfahrungen mit ERP- und Warenwirtschaftssystemen, 1. Aufl. Springer Verlag, Berlin/Heidelberg

Weber J (2012) Der Controller als Stratege? Controller Magazin. Heft 02/2012

Weber J, Schäffer U (2008) Einführung in das Controlling, 12. Aufl. Schäffer-Poeschel Verlag, Stuttgart

Weber J, Schäffer U und Binder C (2014) Einführung in das Controlling. Übungen und Fallstudien mit Lösungen, 2. Aufl. Schäffer-Poeschel Verlag, Stuttgart

Werder AV, Stöber H, Grundei J (Hrsg. 2006) Organisations-Controlling. Konzepte und Praxisbeispiele, 1. Aufl. GWV Fachverlage, Wiesbaden

Wolf RJ, Schlüchtermann J (Hrsg. 2010) Risikoorientiertes Netzwerkcontrolling. Bestimmung der Risikoposition von Unternehmensnetzwerken und Anpassung kooperationsspezifischer Controllinginstrumente an die Anforderungen des Risikomanagements. Reihe Produktionswirtschaft und Industriebetriebslehre. Band 21, 1. Aufl. Dissertation, Josef Eul Verlag, Lohmar

Zülsdorf RG (2008) Strukturelle Konflikte in Unternehmen. Strategien für das Erkennen, Lösen, Vorbeugen, 1. Aufl. Gabler Verlag, Wiesbaden

Stichwortverzeichnis

© Springer Fachmedien Wiesbaden GmbH 2018
J. Petzold, M. Westerkamp, *Informationssysteme im wertorientierten Controlling*,
https://doi.org/10.1007/978-3-658-12378-9

Printed in the United States
By Bookmasters